혼돈에서 — 질서로

# 혼돈에서

중국 상고시대 지리사상사 탐구

탕샤오펑 지음 ― 김윤자 옮김

# 질서로

글항아리

## 한국어판 서문

　중국의 당대 학술 저서가 한국어로 번역되는 것은 기쁜 일이다. 중국과 한국은 지리적으로 가깝고, 문화 전통 또한 비슷한 면이 많다. 중국 고대 역사문헌 중에는 한국에 대한 기록이 많은데, 『선화봉사고려도경宣和奉使高麗圖經』(약칭 『고려도경』)이 그런 예다. 한국의 역사문헌 중에도 중국의 기록이 많다. 1960년대 중국의 유명한 역사학자인 우한吳晗이 『조선왕조실록』 가운데 중국 관련 사료를 편집하여 중화서국에서 출판한 적이 있다. 또 아주 많은 연행록燕行錄(이미 『연행록전집燕行錄全集』으로 집대성되었다)이 있는데, 이 연행록은 조선시대 사신들이 중국을 오가며 자신들이 몸소 보고 들은 바를 기록으로 남긴 것이다. 그 사신들은 중국어가 유창하고 중국 문화에 소양이 깊어 모든 내용을 한자로 기록했다. 그 속에 담긴 많은 진귀한 사료는 당시의 중국 역사서적에 보이지 않는 것들이다.

　중국과 한국의 역사적 연계는 중국 역사의 일부이자 한국 역사의 일부이기도 하며 나아가 동아시아 역사의 중요한 구성 요소다. 시대의 발전을 따라 역사 연구의 시야는 부단히 확대되었고, 단독적인 한 나라의 역사 연구만으로는 더 깊고 많은 인류 역사의 문제를 해석할 수 없게 되었다. 한 나라의 역사에서부터 더 큰 지역의 역사로 확장하는 것이 오늘날 역사 연구의 필연적 추세다. 최근 몇 년간, 갈수록 많은 중국의 역사학자가 한국의 역사와 역사문헌에 관심을 기울이기 시작했는데, 내가 연구하는 역사지리학 영역에도 한국어에 정통하며 한국 역사지리 연구에 진력하는 전문가가 이미 있다. 내가 알기로 조선의 행정구역, 역사 지명 및 고지도古地圖 등 한국에 관한 연구 성과가 상당히 많다. 마테오리치의 중국어판 세계지도의 조선 묘화본描畵本 및 조선에서 그린 일련의 '천하여지도天下輿地圖'와 원형圓形의 '천하도天下圖' 등도 학자들의 주목을 끌었다.

서울에 가본 적이 있는데, 서울이라는 도시의 역사지리 문제에 많은 흥미를 느꼈다. 그 도시는 산천山川 형세와의 조화, 도시 계획발전의 특징, 거리와 정원 배치의 독특함 등 모두 중요한 인류 문명의 의의를 갖추고 있었다. 한국 안동 지역의 역사지리에 관한 연구도 읽은 적이 있다. 안동은 한국 정신문화유산의 집중지로 심오한 문화적 함의가 있으며, 방문하여 둘러볼 가치가 대단히 높은 곳이다.

오늘날 국가 간의 교류에서 정치와 경제관계가 중요하기는 하나, 각국 국민 간의 이해를 촉진시키는 것으로 치자면 문화교류의 영향이 갖는 깊이와 꾸준함에는 크게 못 미친다. 이런 문화 학술의 교류가 갈수록 깊어지길 기대한다.

탕샤오펑唐曉峰

**차례**

# 서론[1]

　얼핏 보면 지리학은 생각[2]이 필요하지도 않고 '쓸데없는 생각'을 허락하지도 않는 학과목이다. 대지 위에 있는 만물이 이처럼 분명하니 지리학의 임무란 하나부터 열까지 만물의 위치를 확실히 밝히는 것이다. 그런 뒤, 무엇이 어디에 있는지 알려주거나 무엇을 찾으려면 어디로 가야 하는지 말해주면 된다. 이런 일을 하는 데 무슨 복잡한 생각이 필요하겠는가?

　문제는 다중적인 생활을 요하는 우리 인류가 대지에서 찾는 것들이 무엇인가 하는 데 있다. 타이산泰山이 어디에 있느냐고 묻는다면 그 대답은 간명하다. 태산은 산둥山東 성 타이안泰安에 있다. 그러나 중국에서 가장 위대한 산이 어디에 있느냐는 질문에는 대답이 곤란해진다. 그 답은 여러 개가 나올 수 있다. 각각의 답은 각기 다른 가치관과 심미적 견해에 근거하고 있다. 이와 유사한 지리 문제는 많다. 예를 들어, 중국에서 역사가 가장 유구한 곳은 어디인가? 중국은 역사상 도성都城의 위치가 여러 번 바뀌었는데 수도로 가장 좋은 위치는 어디인가? 현재 중국에는 성省이 20여 개 있는데, 30개로 구획하는 것이 좋을까, 50개로 구획하는 것이 좋을까? 오늘날 중국에서 가장 살기 좋은 도시는 어디인가? 중국 중앙부 허페이合肥 주민은 남방계일까, 북방계일까? 당신은 어느 고장의 풍속과 문화를 가장 좋아하는가? 당신 삶의 이상을 실현코자 한다면 그 이상을 실현하기에 가장 유리한 곳은 어디인가? (좀 불길한 문제이지만 그 누구도 피할 수 없는데) 사후의 유택으로 마지막 '귀착지'를 사람들은 어떻게 선택하는가? 이러한 것들 모두가 인문지리학의 문제다. 지리학이 연구하는 대상은 원래 평가·선택·인정·해석·계획 등과 관련이 많은 문제인데, 이러한 문제의 배후에는 사상적 요소와 관념적 요소들이 암암리에 그 힘을 발휘하고 있다.

지리학은 단순히 세계를 묘사하고 서술하는 데서 그치는 것이 아니라 세계를 논증해야 한다. 그리고 세계에 대한 논증은 언제나 인류가 자신을 위해 선택하고 확립한 사상·신앙·가치관의 입장에서 이뤄진다. 기나긴 역사에서 인류는 어떤 사상·신앙·가치를 선택해 자신이 생활하는 이 세계에 대해 평가하고 인정하고 해석하며 논증하고 있는가? 이런 문제들을 거슬러 올라가며 돌이켜 생각해보는 것이 지리사상사의 연구다.

### 지리사상사를 공부하는 의미

지리사상사를 배우는 것은 지리학이라는 지식 영역을 이해하는 중요한 경로다. 지리학의 연구는 자료를 떠날 수 없고 이데올로기와 이론 체계는 더더욱 벗어날 수 없다. 지리의 자료는 창 넘어 대지 위에 있는 실제적인 것이지만 이데올로기와 이론 체계가 다르면 서술하는 지리 세계도 상당히 다를 것이다. 이 분야의 추천 입문서인 『지리학사상사』[3]의 저자는 미국 지리학자 프레스턴 제임스Preston E. James로 생전에 미국 시러큐스 대학에서 교편을 잡았다. 이 책의 영문 원제는 *All Possible Worlds*이고 *A History of Geographical Ideas*는 그 책의 부제임에 주의해야 한다. 리쉬단李旭旦 선생은 중국어로 번역할 때, 책의 주 표제를 사용하지 않고 간단명료한 의미의 부제를 사용했다. 그러나 나는 주 표제가 중요하다고 생각한다. 원제에서 '-s'를 붙여 복수인 'Worlds'를 써서 '세계들'로 표시했음에 주목하자. 우리는 창밖의 지리세계가 하나라는 것을 잘 알고 있다. 그런데 제임스는 왜 복수로 쓴 것일까? 그가 말하고 싶었던 것은, 인류의 의식, 즉 예로부터 지금에 이르는 각종 지리사상이 세계를 각기 다르게 묘사하고 해석함으로써 서술되는 세계의 모습도 또한 각기 달랐기 때문에 '세계들'이라 한 것이다. 이 '세계들'이 출현하게 된 토대는 지리사상의 다양함이다. 예로부터 역사는 산산조각이 난 거울과 같아서 수천수만 조각으로 깨진 거울의 조각마다 각자의 하늘을 비춘다고 했다. 지리사상은 본래 온전한 거울이 아니기에 비춰내는 세계도 줄곧 각양각색이다. 리쉬단 선생은 "All possible worlds"를 '다양한 세상'[4]이라고 했다.

지리사상사의 연구 목표는, 우리의 사고력을 사용하여 지리학이 각각의 이데올로기와 사상 유파의 조합으로 이루어졌음을 인식하는 데 있다. 지리학적 작업은 단순히 '탐험하고 고찰'한 뒤에 그 발견한 것들을 나열하는 데 그치는 것이 아니라 사상도 포함하고 있다. 지리학자는 수많은 지리 문제에 대해 자신의 선택·견해·주장을 제기한다. 최소한 우리는 그들이 각자의 역사 환경과 사상적 배경 하에 서로 다른 사회 목표를 위해 지식과 학문의 대하大河를 만들어냈다는 의식을 가져야 한다. 사실 지리학은 순수하게 객관적이기 어려우며, 더욱이 한 사람이나 한 유파의 것일 수 없다. 학문 유파를 식별하는 것은 기초적인 학문 능력이다. 어떤 사람의 연구를 읽는다는 것은 그의 주요한 관념이 어떤 것이고 어떤 이론적 입장을 취하고 있는지 등을 파악하는 것이다. 그런 사상적 배경을 관찰하는 능력이 생기면 학문적 깊이는 크게 증대될 것이다.

최근에 살펴본 『지리적 의미의 구성Earth Ways: framing geographical meanings』[5]이란 책 역시 지리사상서다. 제목이 지리세계의 다양한 의미를 강조하고 있는데 여기서 '의미'(혹은 개념)라는 단어 역시 복수를 사용하고 있다. 중국의 지리학사를 돌아보면 각기 다른 시기마다 다른 의미를 지닌 지리세계를 볼 수 있다. 주周 이전의 사람들이 이해하는 지리세계는 신神이 규정하고 주재하는 체계였다. 주대 이후로 넘어오자 중국은 인간 왕이 다스리는 '천하天下'의 체계가 되었고, 그 후 다시 왕권王權 혹은 황권皇權이 세계를 규정하고 주재하는 왕조체계가 나타났다. 근대과학이 일어난 뒤에야 중국의 지리학자들은 세계를 규정하고 주재함에 과학적 법칙을 강조하기 시작해서, 중국의 지리세계는 과학의 체계가 되었다. 이제 다시 지리학은 문화의 가치에 주의를 기울이고 있다. 이로써 지리세계의 의미는 역사인문학의 범주에 속하는 것이며, 각기 다른 의미체계 속에서 논증하는 지리학의 내용은 당연히 다르다는 사실을 알 수 있다.

유럽과 미국의 교육은 학문의 이념체계에 대한 인식을 매우 중시한다. 예를 들어 미국의 한 유명 대학원 지리학과는 박사과정에서 요구하는 필수과목이 두 과목뿐인데, '지리사상사'가 그 하나이고 두 번째는 '조사설계research design'다. 두 과목 모두 사상과 이론을 중시하는데, 이는 확실히 유용하고도 중요한 과목이다. 사상사는 그 학문이 어떤 것이며 당신이 무엇을 하고 있는지 진정으로 이해할 수 있도록 도와줄 뿐만 아니라 그 학문의 큰 흐름 속에서 자신이 서 있는 위치를 알게 해준다. 앞 사람들이 그 시대에 어떠한 연구를 했고 오늘날 우리가 하는 연구는 어떻게 현재의 형태로 변화되어왔는가? 이런 것들이 모두 학문에 대한 최소한의 인식이라 할 수 있다.

지리학의 성격을 인식하는 것은 사상적으로 접근해야 하기 때문에 미국 지리학자 하트손R. Hartshorne은 지리학 방법론을 설명한 『지리학의 본질The Nature of Geography』[6]을 쓸 때 사상부터 다뤄 당시 지리사상에 대해 자세히 평론했다. 이 책의 온전한 부제는 '역사 배경 속 당대 지리사상에 대한 비판적 검토A Critical Survey of Current Thought in the Light of the Past'인데 중문판 번역자는 부제를 줄여서 '당대當代의 지리사상 평설'이라 하여 '역사 배경 속의in the Light of the Past'라는 결정적 의미를 생략해버렸다. 학과 개념에 대한 인식을 순전한 논리로만 전개하고 그 영역의 역사 전개에 대해서는 무관심한 것에 하트손은 반대했다. 이 책은 이력이 재미있다. 원래 하트손은 단지 조금 긴 논문을 써서 『미국지리학회연보Annals of the Association of American Geographers』에 투고했었다. 편집진은 논문을 보고 약간의 의견을 제기하여 하트손에게 수정을 요청했는데 뜻밖에도 하트손은 보완이 지나쳐서 한 편의 논문을 600여 쪽이 되는 대작으로 고치고 말았다. 원고를 다시 『연보』에 보냈을 때 편집진은 단행본으로 출판할 수밖에 없었다. 이 책은 명저로 1950년대 이전의 지리사상에 대해 깊이 있게 서술하고 정리했다. 그 시대의 지리사상을 이해하고자 한다면 이 책은 필독서다. 지금도 유럽과 미국의 지리학 이론 수업에서는 교수나 학생 모두 그 책을 중시하고 있다.

역사 발전의 과정에서 사상 문제는 매우 중요하다. 특히 사회가 변동하는 시기에는 현실이 혼란하기 때문에 진취적인 사람들은 흔히 사상을 정리하는 것부터 시작하여 먼저 사상적인 복구나 질서를 회복한다. 사상, 특히 이상주의적 사상은 종종 현실사회의 방향을 이끈다. 어떤 시대의 지리사상은 이상주의적 속성을 지니기도 하는데 중국 고대 지리사상사 속의 '우공禹貢 시대'에 이런 특징이 있다. 「우공」이 제창하는 지리사상은 질서를 정비하고 미래를 이끄는 역할을 했다. 사상은 과거에 대해서는 검토하는 면이 있고, 미래에 대해서는 이끌어가는 또 다른 의의가 있다. 현실사회에서 질서가 결핍되었을 때는 우선 사상적인 면에서 질서의 개념을 세우는 것이 특히 중요하다. 중국 역사에서 지리적으로 새로운 수많은 중요한 사조는 모두 분열의 시대에 출현했는데, 이는 주목할 만한 일이다. 방금 언급한 '우공 시대(춘추전국)'가 바로 그런 시기다.

사상사를 연구하는 것은 여타의 역사 연구와 다른 점이 있다. 2000년 전의 물건 가운데 오늘날까지 보존되어 있는 것이 어떤 것인지 묻는다면, 우리는 청동기·옛 도자기·옛 화폐·옛 무덤·옛 성터 등이라고 말할 수 있다. 조건을 하나 더 달아서 2000년 전에 존재했던 물건 가운데 오늘날에도 아직 살아 있는 것은 무엇이냐고 한다면, 우리는 수천 년 묵은 오래된 나무라고 대답할 수 있다. 다시 제한을 둬서 사람이 가진 것 중에서 2000년 전에 존재했고 오늘날에도 아직 살아 있는 것이 무엇이냐고 한다면? 그럼 우리는 사상이라고 대답할 수밖에 없다. 2000년 전의 사상은 오늘날에도 아직 살아 있다. 우리 머리는 옛사람의 사상을 포함하고 있기 때문이다. 그래서 리아오李敖는 "나는 내가 아니라 귀신이고 조상"이라고 했다. 사상사가 연구하는 것이 역사적인 것이기는 하지만 오늘날에도 여전히 사람들의 머릿속에 남아 그들의 가슴속에서 뛰고 있다. '중국의 마음'은 바로 그렇게 오래된 마음이다. 이런 의미에서, 사상사를 연구하는 것은 현실적인 의의가 강하다. 영국 학자 콜링우드R. G. Collingwood에 따르면, "역사적 지식이란 정신이 과거에 했었으며 되풀이되는 일에 관한 지식이다. 과거의 영속성은 현재에도 활동하고 있다."[8]

## 지리지식 · 지리관념 · 지리학

지리학을 지식 학문으로 보면 지리지식·지리관념·지리이론의 세 층위로 볼 수 있다. 사실 모든 학문체계가 다 이 세 층위를 포함하고 있다. 첫째와 둘째의 층위, 즉 지식과 관념만 있다면 학문을 이룰 수 없다. 지리학을 학문으로 이야기하자면 이 세 가지는 필수적인데, 특히나 이론이 빠지면 학문이라고 부를 수 없다. 지리지식은 누구나 조금씩은 다 가지고 있다. 거리의 아저씨나 아주머니 그 누구라도 조금은 자연지리나 인문지리의 지식을 말할 수 있지만, 그렇다고 그들이 지리학을 안다고 할 수 있는가? 그럴 수 없는 차이가 '학'에 있다. 고대 중국에 관한 많은 책에서 지리지식에 대한 산발적인 기록을 볼 수 있다. 그러나 지리지식을 기록하고 있다고 해서 그 책들을 고대의 지리학 저서라고 할 수 있는가? 그럴 수는 없다. 양우양楊吾揚의 "지리지식은 인류의 생산·생활과 같은 시기에 만들어졌고 문자가 생긴 이후에 기록되었다. 기록이 지식을 한 걸음 더 발전시키기는 했지만 지리에 관한 모든 기록이 다 지리학은 아니다"[9]라는 말은 옳은 말이다.

지식을 '학'과 혼동하는 것은 일부 지리학사의 연구나 평론에 보이는 문제다. 고서古書 속에 보이는 약간의 지리지식을 가지고 이를 고대의 지리학으로 여기는 것은 과대평가다. 예를 들어, 우연히 물에 관한 특징으로 하천이나 하안河岸의 특징에 대해 읽었을 때 이들을 물에 관한 지식이라고 하는 것은 큰 문제가 없지만, 이를 '수문학水文學'(물의 성질·분포·지하수원 등을 다루는 학문―옮긴이)과 동등하게 볼 수는 없다. 학문체계와 산발적인 지식은 다른 것이다.

지리관념은 지리지식보다 한 단계 더 높다. 지리지식은 구체적인 것으로, 보통 어디에 무엇이 있는지에 관한 것이다(what and where). 이런 지리지식은 생존에 기본이 되는 것이며, 사람뿐만 아니라 동물에게도 있다. 그러나 동물에게 지리관념이 있다고는 할 수 없다. 관념은 개념이다. 산발적인 지식들은 분류와 속성으로 격상되는데, 이는 인간 사유의 특징이다. 예를 들어, 춥다·덥다·건조하다·습하다·비 온다·바람 분다 등은 누구나 다 아는 지식이다. 지리과학은 이런 현상들을 기온·습도·강수·풍력 등의 개념으로 급을 올리고, 분류의 속성을 가진 인식으로 만든다. 이런 개념적 인식의 기초 위에 다시 상호관계를 탐색해 이론이 나오는 것이다.

각종 개념 사이의 관계가 이론이다. 이론에 대한 학습은 사실 개념부터 시작한다. 먼저 일부 개념을 파악하고 그 개념들 사이의 관계에 대해 답한다. 예를 들어, 지리학은 먼저 '경관' '구역'의 지리학 개념을 이해해야 경관과 구역 사이의 관계에 대해 명확하게 말할 수 있다. 그 밖에도 거리·공간·장소place 등의 개념이 있는데 이런 개념들의 관계를 정리하고, 다시 인문적·자연적·경제적·정치적 등 각 방면의 영향을 더한다. 이렇게 많은 것을 더해 무엇을 만들 것인가? 잡화점처럼 벌여놓는 것이 끝이 아니다. 그들 사이의 보다 심층적이고 체계적인 관계를 찾아내고, 각종 개념 사이의 관계를 해석해낼 때 비로소 이론을 파악했다고 할 수 있다. 자신이 (예를 들어) 경제지리학 이론을 이해하는지 검증하고자 한다면, 우선 경제지리학의 관건이 되는 개념을 얼마나 파악하고 있는지, 이런 개념들 사이의 관계가 분명하게 정리되어 있는지 스스로에게 물어보라. 분명하게 정리되었다면 경제지리학 이론의 소양을 갖추었다고 할 수 있다.

　지리지식과 지리사상의 관계에서 사상은 당연히 일정한 지식의 기초 위에 세워진다. 지리지식의 폭이 다르면 형성되는 지리관념도 다르게 된다. 중국 고대의 '천하' '사해의 안四海之內' 등의 생각은 물론 강역이 상당한 규모에 이른 뒤에야 나타난 관념이다. 산맥·하천·들판 등 전체적인 자연지리의 지식이 없다면 '만리강산萬里江山'이라는 거시적인 개념으로 발전하지 못했을 것이다. 인문지리지식도 마찬가지다. 「우공」에서 구체적으로 설명하고 있는 각지의 공납과 세금에 대한 상황은 경제지리 지식이다. 뿐만 아니라 「우공」은 이를 개괄해, "500리로 전복을 삼았는데, 100리까지는 이삭과 줄기가 달린 곡물을 바치고, 200리까지는 이삭을 바치고, 300리까지는 곡물을 바치고, 400리까지는 현미를 바치고, 500리까지는 백미를 바친다"[10]라고 했다. 이는 관념의 형식적인 의미일 뿐, 현실적으로 어찌 이처럼 정연한 지리등급이 있겠는가. 「우공」에 현실적인 묘사도 있으나, 이것도 종종 관념으로 격상되었다. 이런 관념들은 중요한 가치의 경향을 반영하고 있는데, 그 영향은 깊고 커서 매우 중요하다. 「우공」에 관해서는 본문에서 상세히 서술할 것이다.

인류 행위의 공간적 확장과 막대한 사회발전의 변화는 지리지식을 확장시켰고 지리사상도 변화시켰다. 중국 역사에서 서주西周 시대가 그런 시기다. '천하를 다 얻다奄有天下'라는 서주 시대의 개념은 중국 동부 지역만을 차지했던 상商 왕조와 구별되는 중요한 변화이며, 이로써 '온 천하普天之下'라는 일련의 이해방식이 생겨났다. 그 뒤를 이어 '우적禹跡' '구주九州' '중국中國' 등과 같이 중요한 여러 지리개념이 출현했다. 즉 중국 고대의 기본적인 인문지리관념은 서주 시기에 출현했다고 할 수 있다. 우적·구주의 범위와 명산대천名山大川의 분포, 인문人文에서 화華와 이夷의 구별 등과 같은 중요한 지리지식은 주나라 사람들의 '천하관'에 중요한 기초가 된다. 이런 지리지식은 주대에 통합되고 조정되기 시작해 점차 성숙되고 체계적인 인식에까지 이르렀으며, 더 나아가 전체적인 세계관으로 격상되었다.

주대 이후, 중국은 역사적으로 거시적인 지리지식의 체계가 오랜 기간 안정적으로 변하지 않는 특징을 갖는다. 우적·구주의 범위, 명산대천의 분포 및 인문지리적으로는 화이華夷의 구별 등이 세트를 이루며 안정적인 세계 지식의 체계로 확정되었다. 나중에 일부 인문적 소요騷擾나 시야를 넓혀주는 상황들이 나타났지만 전통적인 지식의 체계는 동요된 적이 없었고, 충격을 줄 만큼 영향을 미치거나 지리관념의 판도를 변화시키지 못했다. 고대 중국에서도 많은 '지리상의 발견'이 있어 실용적 지리지식을 확장시키기도 했으나 관념적 변화의 단계까지 이르지는 못했다. 일찍이 장건張騫이 서역西域의 새로운 지리지식을 가져오기도 했으나, 서역의 지리지식이 중원 사람들의 지리사상 체계에 변화를 일으키지는 않았다. 한漢대의 서역은 여러 면에서 중원보다 더 낙후되었기 때문에 이런 상황은 도리어 중원 사람들에게 원래 있던 화이의 구별에 대한 인식을 강화시켰다. 인문지리의 지식에서 화이의 강약관계와 야만과 문명의 대조는 고대 중국의 '굳건한' 인문지리 지식이었다. 이런 대비는 19세기에 이르러서야 비로소 뒤집혔고, 이로 인해 원래 그들이 가지고 있던 지리관념의 체계도 허물어졌다. 19세기는 중국뿐만 아니라 전 세계의 지리관념이 격변하던 시기였다. "1859년 이후로 넘어오자 세계와 인류에 관한 세계적인 기록 자료는 수천 배로 늘어났다."[11] 인류는 세계와 지구, 자기 나라의 위치에 대해 모두 새로운 인식을 갖게 되었다.

우리가 강조하는 것은 지리사상의 주요 연구대상이 동서남북에 무엇이 있느냐가 아니라, 지리관념 및 그 관념들 사이의 관계라는 점이다. '사史'를 붙이게 되면 서로 다른 시대의 지리관념상 드러나 보이는 각양각색의 표현과 그들 사이에 어떤 차이가 있는지, 어떤 중요한 변화가 있었는지 등이 나타난다. 한 차례 변화가 있을 때마다 학문도 한 걸음 더 발전한다. 변화가 없으면 발전도 없다. 지리사상사를 연구하는 의도는 이런 발전을 검토해 그 전개를 이해하고, 그 이해의 기초 위에서 지리학이라는 학문을 아는 것이다.


## 지리사상의 특징

장타이옌章太炎은 인류의 사상은 유신惟神·유물惟物·유아惟我의 세 부류뿐[12]이라고 했다. 지리사상 역시 이 세 부류다. 고대에도 그랬고 오늘날도 마찬가지로 이 삼자 간의 차이를 볼 수 있다. 사람의 생각은 단순하지도 단일하지도 않다. 지리사상은 보통 이 삼자가 서로 뒤섞이고 경하고 논쟁을 벌이면서 발전해나간다. 오늘날 지리학자들의 주된 근거는 유물과 유아의 두 진영이다. 이 두 부류는 지리사상의 깊은 철학적 근원을 대표하고 있다. 지리사상의 총체와 철학은 인류 사상의 기본 속성과 연관되어 있다. 유물론은 그 근거가 사물의 물질적 속성에 있고, 유심론은 사람의 정신 활동의 특징에 근거한다. 그리고 이 둘의 특징이 모두 있어 명확히 구분하기가 쉽지 않은 사상도 있다. 현재 각종 사상에 보이는 '이즘ism'이나 '유파', 예를 들어 구조주의·존재론·기호학·해석학·인본주의 등은 모두 인간의 사유와 인식의 특징에 관심이 있으며, 각각 나름의 해석법과 가치를 지니고 있다. 우리는 지리학의 관념과 사유 및 상호 간 복잡한 관계에 주의를 기울여야 한다. 그것들은 가장 기초적인 기반이나 틀을 구성하고 있으며 우리의 사유는 그 기초 위에서 점차적으로 전개된다. 그 어떤 학문이나 사고도 그것을 벗어날 수 없다. 철학자가 하는 일이 무엇이냐고 묻는 학생이 종종 있다. 철학자들은 각종 사상이 어느 파에 속하는지, 어떤 점이 뛰어나고 어떤 점이 부족한지를 변별해 각 사상의 유파를 명확하게 분별해낸다. 우리에게 이런 능력이 있다면 자신이나 다른 학자들을 분별해 이론적 입장이 무엇이고, 장단점은 무엇이며, 어디서 쉽게 문제가 일어나는지 등을 알 수 있다. 이들은 모두 우리의 학술사상 및 연구와 긴밀히 연관되어 있다. 지리사상과 철학의 관계는 매우 밀접하다. 영국 지리학자 존스턴R. J. Johnston은 양자의 관계를 전문적으로 다룬 『철학과 인문지리학』[13]에서 현대지리학과 각종 철학 유파의 관계를 말하고 있다. 그 밖에 지난 세기말 인기 있는 사상가였던 미셸 푸코Michel Foucault는 지리 문제를 전문적으로 다루기도 했다.[14] 양우양은 "개개의 지리학자가 제아무리 철학을 싫어하고, 끊임없이 자신의 작업은 특정한 철학체계에 종속된 것이 아니라고 공언하든 간에, 그의 학문적 견해와 연구 방법은 여전히 특정한 세계관과 방법론의 틀을 벗어날 수 없다"고 했다.[15]

'존재'에 관해 철학도 해석을 하고 지리학도 해석을 한다. '관계'에 대해 철학도 검토하고 지리학도 검토한다. 다만 유파가 다르기 때문에 해석하는 방식이 다르다. 지리사상사에서 환경과 사물 사이의 관계는 신의 안배일 수도 있고 논리의 인과관계로 결정할 수도 있다. 즉 환경과 사물 사이의 모든 관계 속에는 '인因'과 '과果'가 모두 포함되어 있다고 보는데, 이 해석 방식은 현재 매우 유행하고 있다. 논리관계에서 이들은 또한 보다 정확한 수학적 관계가 있기도 해서, 어떤 유파의 사상가는 일체의 사물에 모두 수학적 관계가 있다고 생각한다. 지리학에서도 수치화의 열기가 일었던 적이 있었는데, 바로 계량지리학이다. 나중에 인본주의 사조가 일어나 사람의 정신세계의 불확정성을 강조하고 '고정불변'의 법칙으로 살아 있는 사람의 일을 해석하는 것에 반대했다.

역사적으로 사람들은 인과관계라고 말하기는 다소 어려운 유추 관계를 생각해본 적도 있다. 이런 사유방법을 영어로는 '코렐러티브 싱킹Correlative Thinking'이라 하고 '상관적相關的 사유'라고 번역한다. 이 어휘는 조금 생소하게 들리지만 중국의 전통 사유 중에 유추관계는 많다. 영국 학자 앵거스 그레이엄Angus Charles Graham은 상관적 사유는 인류 사유의 보편적인 형식으로 분석적 사유analytic thinking가 대신할 수 없는 역할을 하며, 중국의 음양이론은 상관적 사유 위에 세워진 '과학 이전 단계'의 사상이라고 했다. 비슷함과 구별됨의 체계에서 비슷한 것들을 유추할 수 있는데 이런 체계는 함축적이고 내밀하다.[16] 중국 고대의 음양설은 만물에 모두 음양의 속성이 있다고 한다. 마왕두이馬王堆에서 출토된 고문헌 『칭稱』 속에 나타난 음양의 목록을 보자.

하늘은 양이고 땅은 음이다. 봄은 양이고 가을은 음이다. 여름은 양이고 겨울은 음이다. 낮은 양이고 밤은 음이다. 큰 나라는 양이고 작은 나라는 음이다. 강성한 나라는 양이고 미약한 나라는 음이다. 일이 있는 것은 양이고 무사하면 음이다. 펼친 것은 양이고 굽힌 것은 음이다. 주군은 양이고 신하는 음이다. 위는 양이고 아래는 음이다. 남은 양이고 여는 음이다. 부모는 양이고 자식은 음이다. 형은 양이고 아우는 음이다. 연장자는 양이고 젊은이는 음이다. 귀한 이는 양이고 천한 이는 음이다. 뚫린 것은 양이고 막힌 것은 음이다. 아내를 얻고 자식을 낳는 것은 양이고 상을 당하는 것은 음이다. 남을 제압하는 것은 양이고 남에게 제압당하는 것은 음이다. 객은 양이고 주인은 음이다. 부리는 것은 양이고 부림을 당하는 것은 음이다. 말하는 것은 양이고 침묵하는 것은 음이다. 주는 것은 양이고 받는 것은 음이다.[17]

우리가 흔히 말하는 지리의 음양으로는, 산의 남쪽 언덕을 양, 북쪽 언덕을 음이라 하고, 강의 북안을 양, 남안을 음이라 한다. '음'과 '양'을 붙인 많은 지명은 모두 이와 관련이 있다. 여기에 논리 관계가 있을까? 전혀 없다고는 할 수 없으나 주된 것은 유추 관계다. 고대 사상에서 중요한 문헌인 『회남자淮南子』에는 상관적 사유에 관한 예들이 많다.

그러므로 머리가 둥근 것은 하늘을 닮은 것이요, 발이 네모난 것은 땅을 닮은 것이다. 하늘에는 사시四時 ·오행五行 ·구해九解 ·삼백육십육 날이 있고, 사람도 사지四肢·오장五臟·구규九竅·삼백육십육 마디가 있다. 하늘에는 바람, 비, 추위와 더위가 있고, 사람 또한 얻음과 줌과 기쁨과 노함이 있다. 그러므로 담膽은 구름이 되고, 폐는 기운이 되고, 간은 바람이 되고, 콩팥腎은 비가 되고, 지라脾는 우레가 되어 천지와 서로 어우러지되 심心이 주체가 된다. 이런 까닭에 귀와 눈은 일월日月이고, 혈기는 풍우風雨인 것이다.[18]

고대 중국인들은 상관적 사유로 세계에 관해 많은 해석을 했는데, '천인합일天人合一'과 '천인감응天人感應'의 내용이 이에 포함된다. 예를 들어, 한 재상이 자신의 직책을 맡아 잘하고 있는데 갑자기 드물게 보이는 천문 현상이 나타나면 이는 불길한 징조가 된다. 그러면 유추를 하고, 그 유추는 그가 재상의 인장을 내놓을 수밖에 없게 한다. 천문 현상과 재상 사이에 무슨 논리 관계가 있는가? 없다. 단지 유추 관계일 뿐이다. 오늘날에도 많은 사람이 유추적 사유방식의 습관을 보여준다. 유추적 사고법이나 논증법은 계발적啓發的이고 제시적提示的이나 증명력이 부족하다.

지리사상의 발전 과정에서 우리는 이런 상황을 자주 본다. 지리사상은 단순한 학술사상이 아니라, 이데올로기의 중요한 구성요소로 사회 발전의 진행에 강력하게 관여한다. 학자가 연구하는 문제와 현실사회는 직접적인 관계가 있다. 영어로는 이를 '렐러번스relevance'라 하는데 '관련성關聯性'이라 번역한다. 존스턴은 『인문지리학사전』에서 "1970년대 '관련성'은 하나의 구호로서 지리학자가 경제·환경·사회 등의 주요 문제의 분석·해결에 공헌한 정도를 재는 데 사용되었다"고 말한다.[19] 1970~1990년대 서양에서는 급진적인 지리학 사조가 나타나, 지리학자는 상아탑 안에 앉아 있을 것이 아니라 반드시 현실에 관심을 두어야 하며 현실과 관련을 맺어야 한다고 강조했다. 비교적 급진적인 젊은 대학 원생들은 모두 자신의 연구 주제가 현실과 관련성이 높음을 강조했다. "내 주제는 관련성이 있어"가 당시에는 굉장히 높은 가치 기준이었고 연구에 충분한 이유를 제공했다.

지리학의 발전은 분명 사회발전과 관련이 있다. 사회의 큰 발전이 있을 때마다 지리학에도 큰 변화가 생겼다. 때로는 사회의 발전에 지리사상이 한발 앞서서 준비해야 할 때도 있어서, 새로운 지리관념의 영향 아래 사회 변혁이 일어나기도 한다. 19세기 말 20세기 초, 중국에는 거대한 사상과 문화의 흔들림이 나타나 혁명 운동의 소용돌이까지 갔던 적이 있다. 이러한 변혁에 앞서 사상적 준비가 있었고 그 사상들은 누적되었다. 이런 사상적 준비는 지리학 관념의 변혁과 중국인이 세계지리를 이해하는 판도의 큰 변화를 포함하고 있다. 명明 말 이래로 수많은 서양의 지리 관련서가 계속해서 중국어로 번역되었고, 중국인의 외침이 담긴 글도 있다.[20] 그런 책과 글을 읽으면 새로운 지리사상이 어떻게 중국인의 마음을 뒤흔들었으며, 중국인들이 왜 더 이상 참지 못하고 분연히 혁명을 일으켰는지 알 수 있다. 이러한 것들이 모두 지리사상의 '관련성 relevance'이다. 저우전허周振鶴는 『중국 만청의 서양지리학晚淸西方地理學在中國』을 위해 쓴 서문의 제목을 '앞서가는 학문으로서의 지리학'이라 했는데, 지리사상의 영향을 지적한 것이다.

지리사상사에서 의의가 있는 인물은 사회운동가이자 정치가다. 그들은 단순한 지식인과는 달리 두 종류의 사상사적 인물이 된다. 정치적 인물은 사상의 창시자는 아닐지 모르지만 시행에 있어 결정적인 인물로서 사회적으로 막대한 영향을 미친다. 마오쩌둥의 '백지白紙'와 "사람은 반드시 자연을 이긴다"라는 사상은 한 시대의 지리사상을 통제했고, 경관건설景觀建設의 발전에 큰 영향을 끼쳤다.

　서로 다른 지리사상은 생활로부터 각기 다른 거리에 있다. 예를 들어 고대 추연鄒衍의 '대구주大九州'는 비교적 멀지만, 「우공」의 '구주'는 그다지 멀지 않다. 때로 사상가의 심오한 이론은 사회생활에서 굴절되어 간단한 신조와 이념이 되어버린다. 불교사상은 심오하지만 일반인은 단지 살생하지 말 것, 내세를 위해 수양할 것, 나무아미타불 정도만 기억하면 된다. 일반적으로 지리관념은 다른 사상관념보다 더 현실적이다. 중국 고대 지리사상 중 가장 심오한 것으로는 음양오행이론과 분야分野사상을 꼽을 수 있을 것이다.

　지리사상의 많은 관념은 사회에서 점차적으로 확산되며 형성된 것이므로 그 발명가를 확정짓기 어려우며, 그를 대표할 만한 개인적 논술이 없는 것도 있다. 『프랑스 지리사상사』를 쓴 앙드레 메이니에Andre-Meynier는 자료를 정리하는 과정에서, 사람들이 중요한 이론을 명망 있는 지리학자와 지리학 저작과 습관적으로 연결한다는 사실을 발견했다. "사실상 그런 이론들은 진작부터 존재"하고 있던 것이다. 우리는 명망이 있는 사람들을 주목해야겠지만 "그들의 위엄과 명망, 교학상장의 영향으로, 그들의 동료와 선배들에게도 커다란 공헌이 있음을 종종 잊곤 한다."[21] 사상사와 학술사의 차이가 여기에 있다. 학술사는 주로 학자의 성취를 따라가지만, 사상사는 광범위한 사회 사조에 더 관심을 두며 그 사조의 '발명가'는 신경 쓰지 않는다.

　고대 중국에서 큰 사회변화가 일어날 때는 늘 지리관념의 중대한 변화도 함께했다. 중국의 역사적·문명적 성취는 수많은 지리관념의 성취를 포함하고 있다. 예를 들어 중국·우적·구주·신주神州·오색토五色土·오악五嶽·천하·오복五服 등은 모두 중요한 지리관념이다. '화하'적 세계관은 이런 관념들로 구성되었다. 고서를 읽으면 이런 단어를 자주 만날 수 있는데, 현재 중국 고대지리학사에 대한 연구는 그것에 대한 깊이 있고 체계적인 서술이 이루어지지 않아 중요한 점들을 놓치고 있다.

예를 들어, '중국'이라는 단어는 고대 중국에서 핵심적인 지리관념이다. 화하 세계관이란 그 '중국'을 근간으로 구성된 것으로, 중국이 천하의 중심이며 세계는 이로부터 전개된다는 것을 강조하고 있다. 그 외에도, 대우大禹는 고대 중국의 전설적인 영웅으로 중국 지리와 특히 깊은 관계가 있다. 대우는 물을 다스려 문명의 땅을 열었다. 그곳은 모두 대우가 일을 했던 곳으로 그의 발자취가 남아 있기에 '우적'이라 부른다. "망망한 우의 발자취는芒芒禹跡 구주를 구획했네畫爲九州." 우의 발자취는 아홉 개의 구역으로 나뉘었고 각각의 구역은 주가 되어 구주가 생겨났다. 구주는 모두가 다 아는 단어로, 지금은 중국 전체를 나타낸다. 이처럼 일련의 지리관념이 이루어지는 과정은 문명 전개의 중요한 구성요소가 된다. 중화 문명은 광대한 지역의 문명이기 때문에 그 지역은 단순한 자연적 공간이 아니라 인문적 공간이 된다. 인문 공간은 인문의 구조와 속성을 지녀야 한다. 앞서 말한 개념은 모두 '중화의 인문'이라는 광대한 지역 구조의 핵심이 되는 관념이자, 중국 고대지리학의 심오한 내용들이다.

중국 고대지리학을 연구하는 학자들은 왜 이런 중요한 관념들을 빠뜨렸을까? 문제는 어떤 틀의 체계로 고대 지리지식과 지리관념을 선택하고 조직하느냐는 것이다. 고대 문헌은 각양각색의 지리지식과 지리관념을 담고 있는데, 이들은 부품이나 소재와 같아서 각기 다른 체계를 구성할 수 있다. 고대 중국인은 지리학에 관해 체계적인 인식틀이 있었고, 위에 열거한 관념들은 그 핵심 개념이다. 19세기 중후반부터 서양의 과학적 지리학이 사람들 뇌리의 지리적 사유를 점령하기 시작해 마침내 과학지리학만이 유일하게 허용된 지리학의 틀이 되어버렸다. 거의 모든 지리학적 관찰이 이 틀에서 출발한다. 이런 배경 아래 고대 지리학적 성취를 검토하면 자각을 하든 못하든 과학의 틀이 그 준거가 된다. 과학지리학의 틀에서는 객관적이고 법칙성 있는 문제가 핵심 내용이 된다. 우적·오복·화하 등의 관념은 주관적인 성격이 강하고 과학성이 부족하기 때문에 '진정한' 지리학으로 치부되지 않아 지리학사를 검토할 때 제쳐둔다.

현재 일부 지리학사의 연구는 산발적인 고대의 기록들을 수집하고 한데 모아 과학적인 기준에 따라 새롭게 종합하고 있다. 오늘날 과학의 틀로 고대의 지리지식을 새롭게 '규격화'하는 것이다. 의미가 없다고는 할 수 없으나, 그것이 고대에 존재했던 지리의 '학學'이라고 직접적으로 말할 수는 없다. 고대의 '학'이란 고대의 체계를 지칭하는 것이다. 체계를 이루지 못한 것을 '학'이라고 할 수 없다면 체계를 이루고 '학'을 이루는 표지는 무엇인가? 최소한 몇 가지 특징이 있어야만 한다. 첫째, 개념 군群과 이런 개념들의 관계에 대한 해석이 있어야 한다. 둘째, 가르치는 교수와 이를 배우고 연구하는 학생 사이에 학문적 승계가 있어야 한다. 셋째, 대표할 만한 문헌(전문적인 저서)이 있어야 한다. 현대 과학지리학 중 많은 방계 학문이 고대에서는 이러한 특징들을 갖추지 못했기에, 산발적이고 경험적인 지식들은 학문의 체계로 올라서지 못했다.

고대의 지리'학'을 살펴보려면 고대의 지리사상을 연구해야만 한다. 관념을 잡아야 체계를 잡을 수 있고, 고대지리학의 전체적인 틀을 발견할 수 있으며 복원까지도 가능하게 된다. 고대 중국에는 사회 발전에 근거해 치국평천하治國平天下를 종지로 발달한 인문지리학의 체계가 있다. 이는 왕조사의 노정에서 중요한 의의가 있으며 중국 고대지리학의 주류를 이뤘으므로 '왕조지리학王朝地理學'이라 이름한다. 왕조지리학의 전개에는 개념군이 있고, 세대를 이어 계승하는 학자가 있으며, 경전적인 문헌이 있다. 20세기 초에 이르러, 왕조가 해체되고 서양 현대과학의 지리학이 중국에 들어오면서 왕조지리학은 세상에서 자취를 감추고 역사의 뒤안길로 사라지게 되었다. 오늘날 역사를 거꾸로 돌려 고대지리학의 전개를 돌아보고자 하면, 중국·우적·구주·신주·오색토·오악·천하·오복 등의 개념을 먼저 되찾아야만 하고, 더 나아가 그 내재적인 상관성을 검토해야 한다. 이는 중국 고대지리학의 체계를 복원하기 위해 반드시 거쳐야 할 경로다.

　일반적으로 고대 지리사상은 보통 두 가지 노선으로 전개됐다. 하나는 사변적 추리이고, 하나는 경험적 관찰이다. 근대과학의 영향으로 대부분의 지리학사는 검토의 방식을 취해 고대사상의 의의를 생략하고 있다. '사상사'는 옛사람의 사상을 검토하는 것이므로 필연적으로 지금 보기에는 '부정확'한 지리관념들을 언급하게 된다. 예를 들어, 중국 고대의 '분야'설은 과학적 시각으로 보면 명백히 '부정확'한 세계관이다. 지리학사를 연구하는 책 대다수가 분야설을 가벼이 여기고 언급조차 하지 않는다. 그러나 지리사상사를 검토할 때에는 그 사상적 의의에 반드시 관심을 두고 주의를 기울여야 한다.

중국 고대 지리학사에 관한 저술 중에서 고대의 지리 학술(저술과 인물이 한데 얽힌 것)의 체계와 고대 지리학 전개의 역사적 순서를 볼 수 있다. 이런 지리학사 속에 지리사상이 없다고는 할 수 없다. 분명히 있다. 그러나 지리사상사의 범위가 그 체계보다 더 크기 때문에 간단히 그 체계 안으로 한정할 수 없다. '지리사상사'라 불리는 일부 연구는 그 체계를 크게 벗어나지 않는데, 다루는 '지리사상' 그 자체가 단지 근현대의 지리학에서 뽑아내어 고대의 것으로 되돌린 것이다. 이런 지리사상사 연구는 옛사람의 사상, 특히나 옛사람이 자각하고 운용한 그런 사상의 제 면모를 드러내 보여주지 못하기 때문에 결함이 있다.

역사 연구는 '거슬러 올라감'에 대한 인식이다. 사람들은 흔히 현재의 가치나 개념으로 옛사람을 그려내고, 더 나아가 현재 선택한 개념이 역사 시대에 미치는 영향력을 과장한다. 리링李零은 이런 방법을 "나이든 것으로부터 어린 것을 보는 것"이지 "어린 것으로부터 나이든 것을 보는 것"이 아니라고 비유했다. 이런 '거슬러 올라감'의 인식을 잘 터득하지 못하면 역사 인식에 편차가 생기게 된다. 예를 들어, 어떤 작가는 별생각 없이 『마르코 폴로 여행기』를 원元대 지리학사에 넣기도 하는데, 이는 오늘날의 인상에 따른 영향이다. 마르코 폴로가 중국에 온 적은 있으나, 그 당시 『마르코 폴로 여행기』의 영향은 유럽에 그쳤을 뿐 중국에는 미치지 못했으므로 중국 원대의 지리학 체계 속에 놓아서는 안 된다. 또한 서하객徐霞客에 대한 당시의 역사적 영향도 과장되어서는 안 된다. 1641년에 서하객의 사망으로 그의 생물학적 삶은 끝났으나 문화적 생명은 끝나지 않았다. 청대에 이르자 그의 『서하객유기徐霞客遊記』는 "여기에 담긴 일체가 지리학에 보탬이 되지 않음이 없다"[22]는 평가를 이뤘다.

현대에 이르자 서하객은 걸출한 지리학자로 우상화되어 어떤 작가는 그를 현대적 과학정신을 갖춘 인물로 높이 받들었다. 서하객의 문화적 생명은 후대에 부단히 증축增築된 것이다. 후대에 증가된 것과 그의 생물학적 삶의 시대를 단순하게 일치시킬 수 없음은 당연하다. 더 중요한 것은, 서하객이 검토해『서하객유기』를 저술할 당시 그의 머릿속에 생각했던 것은 오늘날 우리가『서하객유기』를 읽으며 머릿속에 생각하는 것과는 명백히 다르다는 것이다. 이는 사상사를 연구할 때 특히 주의가 필요한 부분이다.

서하객의 문제와 관련해, 현재 많은 지리학사 연구가 과학적 의의가 있는 고대 지리사상만 중시해서는 부족하다. 고대에는 종교적·문화적·정치적·과학적 각 사유가 혼재되어 있으며 각 사유는 모두 지리사상에 영향을 미치고 있다. 중국 역사에서 앞의 세 사유는 체계적이고 뚜렷하지만 과학적 사유는 일부 구체적인 실천에서만 존재할 뿐, 주류를 이루는 이데올로기로까지는 격상되지 못했다. 중국 고대 지리사상과 종교적 사유, 문화적 사유, 정치적 사유의 관계는 밀접하다. 유가儒家는 고대 중국에서 가장 세력이 크고 영향도 가장 큰 이데올로기 중의 하나다. 유가 사상의 특징은 사람과 사회에 관심을 기울일 뿐, 자연계의 문제는 별로 신경 쓰지 않는다. 유가 문헌 속에 자연현상을 언급한 구절들이 있기는 해도, 대개 사람의 일을 비유하는 데 쓰일 뿐이었다. 유가 사상가들은 종종 일상의 지식으로 이치를 설명한다. 때로는 실제적인 지리지식을 이야기하다가 말머리를 돌려 인문적인 이치로 옮겨간다.『맹자』「양혜왕梁惠王 상」에 보인다.

"왕께서는 벼의 싹을 아십니까? 7, 8월 사이에 가물면 싹이 말라버립니다. 그러다 하늘에 구름이 뭉게뭉게 일어나고 세차게 비가 내리면 싹은 우쩍 일어납니다. 그것이 이와 같다면 누가 그를 막을 수 있겠습니까? 지금 천하의 인군이 사람 죽이는 것을 즐기지 않는 자가 없습니다. 만약 사람 죽이는 것을 즐겨하지 않는 이가 있으면 천하의 백성이 모두 목을 빼고 바라볼 것입니다. 참으로 이와 같다면 백성이 돌아가는 것이 물이 아래로 내려가는 것과 같아서 그 세찬 기세를 누가 막을 수 있겠습니까?"[23]

이 이야기에서 맹자는 꽃이 아직 안 핀 곡식과 비라는 모든 사람이 다 알고 있는 지식에서 시작해 '백성을 기르는牧民' 도리로 귀결하고 있다. 이 이야기의 중점은 '백성을 기르는' 도리다.

## 질서관과 환경관

질서관과 환경관은 지리사상사가 관심을 기울이는 양대 문제다. 같은 사람이 아닌 저자가 각기 다른 나라(문화)의 지리사상을 검토할 때에는 각자 중점을 두는 바가 다를 수 있다. 미국 학자 클래런스 글래큰Clarence J. Glacken은 유럽의 지리사상을 연구하면서 사람과 환경의 관계에 치중했다. 그는 명저로 호평을 받은 『로도스 해안의 흔적Traces on the Rhodian Shore』에서 지리사상사가 관심을 기울이는 세 가지 문제를 제시했다.

1. 인류와 기타 생물에게 대지가 생존에 적합한 환경인 것은 분명하지만, 대지는 목적을 가지고 창조되었는가?

2. 대지의 기후, 산맥의 기복, 대륙의 구조 등이 개인의 품행과 사회 속성에
영향을 미치는가?

3. 유구한 대지의 역사에서 인류는 어떤 방식으로 대지의 원시 모습을 바꾸
었는가?

이 세 가지 문제는 모두 인간의 환경관을 핵심으로 해 제시되었음을 알 수 있다.[24]

오늘날 중국인이 중국 고대 지리사상을 연구하는 것은 글래큰이 중점을 두는 것과는 다르다. 자연관에도 관심을 두어야 하겠지만 그보다는 질서관에 더 치중해 중국 고대인의 지리 질서에 대한 이해에 더 많은 주의를 기울이고자 한다. 이는 중국 고대의 환경관이 중요치 않다는 것이 아니다. 고대 중국의 지리사상 중에서는 세계 질서의 문제가 더 뚜렷하고 복잡하며, 특히나 주류의 지리학 문헌에서 질서 문제가 가장 주요한 위치를 차지한다고 생각하기 때문이다. 그 외에도, 연구 상황을 놓고 자연관의 문제에서는 이미 많은 학자의 연구와 서술이 있었다. 특히 도가사상의 연구 중에는 자연관에 대해 언급한 저술이 많다. 질서관에 대해 서술하고 있는 저술은 오늘날 드물기 때문에 이 부분을 보충하고자 한다.

앞서 말한 대로 고대지리학은 두 가지 노선을 따라 전개됐다. 하나는 사변적 상상으로, 우주관과 세계관의 범위에 속하는 것이며 마땅히 그러해야 하는 세계를 서술하고 있다. 다른 하나는 현실세계에 대한 경험적 관찰과 묘사 및 종합이며, 실제적인 세계를 서술한다. 사변적 상상에서는 도가 영향이 더 크고, 현실세계에 대한 해석에서는 유가 영향이 더

크다. 대자연의 이해에서는 도가 영향이 더 크고 세계질서의 형성에서는 유가 영향이 더 크다.

고대 중국에서 유가는 천하의 질서를 중시했고, 도가는 자연의 조화를 중시해 양자가 중점을 두는 바가 다르다. 사회에 실천하는 데에서도 각자의 영향 범위가 다르므로 양자를 구분하지 않고 일괄해 논할 수는 없다. 유가를 들어 중국 전통을 이야기하다가, 도가를 들어 말하기도 하는 사람들을 자주 볼 수 있다. 그들 모두가 중국 전통이다. 어떤 영역에서 유가의 영향이 더 크고 어떤 영역에서 도가의 영향이 더 큰지 확실히 구분해야 한다. 인간과 자연(환경)의 조화로운 관계에 대해, 옛사람이 말은 그럴듯하게 하지만 실제로는 그다지 잘하지 못했다. 옛사람은 이 문제에 대해, 앉아서 논할 때는 보통 도가의 생각을 쓰지만, 실행에 옮길 때에는 유가의 실용적 주장을 쓴다. 유가는 자연에 대해 크게 개의치 않는다. 그들이 관심 있는 핵심적 문제는 인간과 사회의 이익인데, 이 이익을 가장 대표하는 것이 왕조 체제. 왕조 체제를 위한 물질적인 개발과 건설은 왕조의 번영과 웅장하고 화려함(예를 들면 도성의 건설)으로 표현되는데, 실용적이고 이성적인 정신을 부추겨 옛사람이 얼마나 많이 산림 벌목과 환경 파괴를 했는지 모른다.

고대 중국인들은 환경에 대해 책임감을 느끼지 않았다. 환경은 강력한 '자연'이므로 아무리 갖다 써도 다하거나 마르지 않을 것이라고 생각했다. "들불은 (들풀을) 다 태울 수 없으리라野火燒不盡, 봄바람이 불면 다시 돌아난다春風吹又生"라는 시구처럼 자연은 강력한 재생능력이 있어서 보호할 필요가 없었다. 『맹자』 「양혜왕 상」에서 말한 "시기를 맞추어 산림을 벌목한다"[25]는 것은 구체적 이익을 위한 부분적 고려일 따름이었다.

본질적으로 옛사람은 자연의 고갈과 훼손을 걱정하지 않았으며, '만일 하늘이 무너지면 어디로 피해야 좋을 것인가?' 하고 침식을 잊고 걱정했다는 '기우杞憂' 이야기처럼 우스운 일로 여겼다.

유가는 질서를 중시하며 그 세계관은 사람이 중심이 된다. 유가의 세계 질서도 사람을 중심으로 삼는데, 구체적으로 왕조가 그 중심이 된다. 중국 고대사 중, 주周에서 진·한에 이르는 시기는 문명의 기초와 기본 문화의 면모 및 정치적 특색을 세운 시대다. 중국 고대지리학의 주류가 되는 사상과 학문의 특성도 이 시대에 형성되었다. 당시 지리학의 전개는 그 위대한 시대의 한 구성요소로, 그 시대에 만들어지고 그 시대를 위해 공헌했다고도 할 수 있다. 유가 사상은 그 시대의 중요한 이데올로기이며, 유가의 세계관과 왕조관王朝觀 속에는 중요한 지리사상을 포함하고 있다.

"드넓은 하늘 아래 왕의 땅 아닌 곳이 없다普天之下 莫非王土"는 유가의 세계관을 명확하게 보여주는 구호로, 그 배후에는 엄격한 왕토王土 질서가 있다. 왕토 질서 세우기에는 일련의 행위 조치를 포함하고 있는데, 옛사람은 이를 "도성을 구획하고 경작지를 측량한다體國經野"고 말한다. 구주·중국·오복·오악 등, 중국인에게 낯익은 중요한 지리관념들은 유가가 해석하고 제창한 왕토 질서다. '예禮'는 유가가 제창한 사회의 인문 질서다. '예'는 공간 질서도 포함하는데, 이들 모두가 지리사상에 영향을 미쳤다. 중심과 등급에 대한 강조 같은 것이 그렇다. 상고上古의 복제服制에서부터 왕조 제국의 군현제에 이르기까지 모두가 공간 질서를 대단히 중시하며, 이 질서는 인간 세상의 권력과 왕조 체제를 핵심으로 한다.

유가의 세계관은 인간을 중심으로 하고 있는데, 환경관 역시 인간의 이익에 가장 큰 관심을 갖는다. 자연계를 상대로 유가가 두는 주요 관심사는 재난을 구제하고 인간을 이롭게 만드는 것이 핵심 주제다. 유가는 자연 자체의 문제에는 관심이 없다. 조지프 니덤Joseph Needham은 '해가 가깝다'는 것을 두고 논쟁을 벌이는 두 아이와 공자의 대화[26]를 예로 들어 유가가 자연현상에 소홀한 것을 설명했다.

유가와 달리 도가는 '자연' 자체의 문제에 관심이 있다. 도가는 인간의 입장을 강조하지 않기에 재해 문제에 주의를 기울이지 않는다. 재해란 인간의 입장에서 하는 말이기 때문이다. 도가는 자연 재해에도 관심이 없고, 공간과 시간의 구조에도 신경을 쓰지 않는다. 시간과 공간의 구조가 도가사상 속에 모두 녹아들었다고 해야 할지도 모르겠다. 시공時空의 구조가 없으면 시공의 질서도 없다. 도가의 자연계는 시공구조가 분명한 환경이 아니라 안팎이 따로 없이 혼연일체가 된 자연이다.

도가는 원시의 분화되지 않은 상태를 좋아한다. 거기에는 사회도 포함되어, 사회가 번잡하게 분화되는 것을 반대한다. 도가는 자연이 혼연일체임을 강조한다. 우주천지는 통일된 하나의 유기체로 영원히 존재하며 스스로 근본이 된다. 무심해 의식의 통제를 받지 않는다. 도는 항상 무심하며 만물은 다 스스로 그러하다. 우주 속에는 마음과 뜻을 가진 주재자가 존재하지 않는다. 자연은 생각하고 행해지는 것이 아니다. 조지프 니덤은 도가와 로마 제국 시대 그리스 철학자 갈레노스Galen의 사상을 비교하고, 도가사상에는 조물주가 없으며, 조물주가 더해지면 도가사상의 체계는 무너져버린다고 했다.

도가사상에도 질서가 있다면, 도가가 말하는 질서는 물질적인 형태도 없고 시간의 연속도 없으며 펼쳐지는 공간도 없는 '질서'다. 그것은 개념의 관계이고 철리哲理의 질서이지, 시공의 질서가 아니라서 관찰할 수 있는 성질의 것이 아니다. 이런 특징 때문에 도가는 지리학 범주를 벗어난다.

영어에 'nature' 'nurture'의 두 단어가 있는데, 기본적인 인성의 서술에서 이 두 단어는 양대 진영을 대표한다. 전자는 타고난 천성을 가리키고 후자는 교육된 교양을 가리킨다. 도가는 전자를 중시하고 유가는 후자를 중시한다. 교육된 교양이란 완전히 인문적인 것으로, 교화敎化를 거친 세계다. 「우공」에서 "위세와 교화가 천하에 전해진다"[27]는 말은 인문적인 공간 질서를 보여주고 있는데, 이 인문 질서가 고대 중국 인문지리학의 주요한 내용이다. 이 고대 인문 질서의 가장 대표적인 것이 광대한 지역 왕조를 형성하는 일이므로 나는 이를 '왕조지리王朝地理'라 부른다. 중국 고대지리학의 연구는 이런 체계에 대한 연구를 중시해야 한다. 중국 고대지리학과 지리사상 중 나머지 체계를 찾을 수도 있겠으나 그 어떤 체계도 '왕조지리학'만큼 성숙되고 완전하고 전면적으로 아우르지는 못하고 있다. 왕조지리학의 문제는 본문에서 장절을 나눠 깊게 다루도록 하겠다.

### 중국어판 참고도서 소개

허우런즈侯仁之가 엮은 『간추린 중국 고대 지리학사中國古代地理學簡史』[28]는 차오완루曹婉如와 쉬자오쿠이徐兆奎 등도 편찬에 참여했다. 이 책은 훌륭한 입문서로 중국 고대지리학 전개를 알 수 있는 기본 틀을 제시하고 있어 영향력이 크다. 나중에 나온 중국 지리학사의 일부 저작은 많든 적든 이 책의 관점을 답습하고 있다. 탄치샹譚其驤이 엮은 『중국 역대 지리학자 평전中國歷代地理學家評傳』[29]은 선진先秦 시대부터 근대에 이르는 지리학자나 지리학에 중요한 공헌을 한 학자(일부는 성명 미상)를 80명 가까이 소개하고 있다. 지리학자들의 삶과 저술에 각기 전문적인 평문을 달았으며 인물 중심의 훌륭한 중국 지리학사다. 이 두 책은 사상사라고 직접 말하지는 않았으나 상당히 사상사 성격을 띠고 있고, 그 밖에도 고대지리학의 중요한 예비적인 자료를 제공하고 있다. 지리사상사의 연구는 지리학 자체의 발전과 떼어낼 수 없다.

『중국 과학기술사中國科學技術史』[30]의 저자 조지프 니덤은 영국 학자로, 오랫동안 중국 고대의 과학기술 발전을 연구했다. 책의 제5권은 지학地學에 관한 것으로 지리학·제도학製圖學·지진학·광물학 등을 포함하고 있는데 중국 지리학사에 대해 자신의 견해를 제시하고 있다. 중국 학자와 외국 학자의 특징을 비교해보면, 똑같이 중국 고대지리학의 전개를 다루고 있지만 문제제기 방식과 문제에 답하는 방식에서 각기 중점을 두는 곳의 차이를 알 수 있다.

니덤의 책은 책 제목에도 주의를 기울여야 한다. 책의 영문 원제는 『중국의 과학과 문명Science and Civilization in China』으로 중국 본토의 번역판 제목에서는 '문명Civilization'이라는 단어가 생략되었다.[31] 니덤은 서문에서 말했다: "유럽은 16세기 이후에 현대과학이 탄생했다. 이런 과학은 근대 세계 질서를 형성하는 기본 요소 중 하나임이 이미 증명되었다. 중국 문명은 아시아적 생산양식에서 이와 비슷한 현대과학이 없었는데, 그 장애 요인은 무엇인가? 달리 말해서, 어떤 요인이 중국 고대사회에서는 그리스나 유럽의 중세사회보다 더 쉽게 응용할 수 있도록 만들었을까? 끝으로, 어째서 중국은 과학이론 면에서 비교적 낙후되었음에도 유기적 자연관을 낳을 수 있었을까? 이런 자연관이 각기 다른 학파 내에서 다른 형식으로 해석되었지만, 그 자연관과 현대과학은 기계적 유물론의 통제를 거친 3세기 뒤에 받아들이도록 강요받았던 자연관과 유사하다. 이런 문제들이 이 책이 서술하고 싶은 것의 일부분이다."[32] 니덤은 중국 고대 과학기술을 검토하면서 과학기술이 발전하는 문명의 배경에 많은 주의를 기울이고 있다. 즉 사상적 배경, 문화적 배경, 사회적 배경 등을 말하는 것이지, 단순히 과학기술만으로 과학기술을 말하지 않는다. 즉 어떻게 생각하는지를 말하지 않고 단순히 어떻게 하는지를 말하는 것만은 아니다. 이 책의 제2권은 과학사상의 발생과 발전에 관한 문제를 전문적으로 다루고 있어 참고 가치가 높다.

양우양은 1982년 베이징대 지리학과에 '지리사상사'라는 과목을 개설하고, 1988년에 『간추린 지리사상사地理學思想簡史』를 출판했다. 필자가 본 책 중 본격적으로 지리학의 '사상'을 다루며 중국과 서양을 다 망라해 중국 국내 학자가 출판한 첫 번째 책이다. 양우양이 책의 첫머리에 지리지식·지리기록·지리학 이 삼자를 구분한 인식은 중요하다. 이런 인식이 없으면 지리사상의 맥락을 잡을 수 없다. 이 책은 중국과 서양의 내용을 모두 넣었으나 편폭이 크지는 않으며, 비교적 간단하게 요점만을 담고 있다. 양우양은 계량이론을 중시해서 그 부분에 대해 비교적 많은 평문을 달고 있다. 양우양의 제자 자오룽趙榮은 스승의 학맥을 이어 지리사상사 연구를 중시하고, 1995년 『지리사상사강地理學思想史綱』[33]을 출판했다. 이 책은 양우양의 책에 비해 좀 더 상세해 참고하기에 적합하다.[34]

대비를 통해 더 명확하게 고대 중국 지리사상에 대한 인식을 얻기 위해서는 서양의 지리사상에 관한 책을 몇 권 읽는 것이 좋다. 이런 고려

아래 우선 클래런스 글래큰의 『로도스 해안의 흔적』[35]을 추천한다. 이 책은 상무인서관이 저작권계약을 맺었으니 곧 출판될 것이다. 치밀하고 깊이 있는 서양 지리사상사의 저술로 서양 학계에서 명망이 높아 세계적 명저라 불릴 만하다. 중국 고대 지리사상의 지식으로 먼저 소양을 기르고 이 책을 읽는다면, 둘을 대조해서 좋은 영감을 얻을 수 있을 것이다.

이미 출판되어 학습과 참고에 적합한 또 다른 서양의 저서는 앞서 언급했던 프레스턴 제임스의 『지리사상사地理學思想史』다. 이 책은 주로 서양쪽을 다루고 있는데 중국처럼 서양이 아닌 나라도 간단하게 몇 마디 언급하고 있다. 이 책은 현대 중국어로 된 책 중 서양의 지리학사를 다룬 가장 간단명료한 책으로 군더더기가 전혀 없다. 일부 지리의 명저를 포함해 외국의 이론서를 읽을 때, 간혹 겉은 번지르르하나 요점을 잡기 어려운 경우가 있다. 이 책은 그와 달리, 맥락이 분명하고 요점이 명확하다.

다음 세 권은 중국어 번역판이 나온 당대 지리사상의 명저다. 『지리학과 지리학자地理學與地理學家』,[36] 『철학과 인문지리학哲學與人文地理學』,[37] 『인문지리학사전人文地理學辭典』[38]이다. 모두 같은 사람이 편찬했는데, 저자는 로널드 존스턴Ronald J. Johnston이라는 영국 지리학자다. 이 책의 주요 대상은 영국과 미국의 대학에서 지리학을 공부하는 대학원생이다. 중국 학문만으로는 만족하지 못해서 서양 학문을 알고 싶고, 동서양 고금의 것을 대비해 관찰하고 싶다면 이 책들을 보면 된다.

여러 해 동안 로널드 존스턴은 당대 인문지리학의 전개를 총정리하는 일에 많은 노력을 기울였는데, '시대와 함께 전진'하는 마음으로 『지리학과 지리학자』를 편찬했다. 이 책은 당대 서양(주로 영국과 미국) 인문지리학의 전개를 바짝 뒤쫓으며 3, 4년마다 한 차례씩 수정해 새로운 전개를 보충해넣고 있다. 간혹 수정된 분량이 늘어나서 때로는 장절을 조정하기도 하고, 새롭게 한 장을 추가하기도 한다. 현재 중국어 번역본은 제4판(1991)이고, 1997년에 이 책의 제5판이 다시 나왔다. 이 책의 내용은 이론적 성격이 강하다. 그 원인은 책에서 평하고 서술하는 대상(근래 20~30년의 서양 지리학계) 자체에 사상이론의 열풍이 나타났기 때문이다. 학자들은 이 사상이론의 열풍 속에서 철학과 급진적 사조의 측면으로 많은 지리학의 기본 이론 문제를 반성하고 논쟁을 벌였는데, 지리사상사의 학습에 참고할 가치가 높다.

『철학과 인문지리학』의 중점은 인문지리학과 철학사상의 관계를 서술하는 데 있다. 철학에 조금이라도 흥미가 있는 학생이라면 서양 현대철학 영역의 활기찬 열기를 진작 발견했을 것이다. 포스트모더니즘 사조가 철학적 사고를 촉진했는데, 이는 학문에도, 사회 이데올로기에도 영향을 미쳤다. 수많은 서술이 모두 서양 전체의 인문사회과학 중에서 근본 문제와 관련이 있다. 서양의 학문을 이해할 때, 밑바닥까지 파고들고자 한다면 철학에서부터 시작해야 한다. 서양의 중대한 학문의 전개는 모두 강력한 철학적 서술을 배경으로 하고 있기 때문이다. 이 배경을 이해해야만 앞 무대의 내용과 본질이 무엇인지 명확해진다. 이 책은 서양 인문지리학에 파도가 일 때마다 그 배후에 있는 철학의 기초와 철학적 서술을 독자에게 소개한다. 책을 볼 때 힘들기는 해도, 이해하고 나면 소득이 크다.

끝으로 『인문지리학사전』은 참고도서이나, 강력한 서양학의 배경을 가지고 있다. 그중 '장소place'와 같은 일부 술어는 중국 학문 환경에서는 자주 사용되지 않는다. '장소'는 참으로 일반적인 단어라 날마다 쓰

이는 말이지만, 서양 인문지리학의 사상에서는 깊은 뜻이 있는 큰 개념
이다. 'place'라는 명사 뒤에 접미사 '-less'를 붙이면 부정의 뜻이 생
기고, 거기에 다시 접미사 '-ness'를 붙여 '장소 상실'이라는 뜻이 있
는 'placelessness'가 되면 속성 명사가 된다. '장소place'와 '장소 상실
placelessness'에 관한 서술로 두꺼운 책 한 권을 쓸 수도 있다.[39] 서양 인
문지리학의 사상과 개념의 특징을 보았으면, 다시 중국 인문지리학의 사
상과 개념의 특징을 돌아보자. 사상이 이렇게 한 차례 오가면 지리학의
사회문화 속성이 더욱 명료해져서, 인문지리 사상이 "천하가 한데 합쳐
지는四海會同" 것이 아님을 더욱 분명히 인식하게 된다.[40]

　당대 서양 지리사상의 의의를 보는 것은 서양 인문지리학의 내용을 이
해하는 것만이 아니다. 더 중요한 것은 궁극적으로 인류에 대한 지리학
의 의의를 분명하게 알 수 있도록 도와준다는 점인데, 이것이 지리사상
사를 연구하는 목적이기도 하다.

제1장

# 중국 고대 개벽신화

이 세계는 어디서 왔을까? 이는 대단한 질문이다. 옛사람의 대답(신앙)에 황당한 부분이 많을지라도, 이런 질문을 제기했다는 사실은 여전히 대단한 일이다. 이 문제는 줄곧 신화전설과 종교이론 및 철학적 세계관의 기본적인 내용이다.

『초사楚辭』「천문天問」은 천지개벽에 관해 일련의 문제를 묻고 있다. "아득한 옛날 만물의 시작은 그 누가 전했을까? 천지가 아직 형성되지 않았는데 어떻게 그것을 살필 수 있었을까"[1] "하늘 가장자리는 어디에 의지하고 어디에 붙어 있을까"[2] "하늘은 어디서 땅과 연결되었을까? 열두 시진時辰은 어떻게 나누었을까? 일월은 어디에 붙어 있고 뭇 별들은 어떻게 나열했을까?"[3]

인류가 환경을 관찰하기 시작했던 초기에는 무슨 대단한 질문을 했을 리 없다. 그들의 시야가 거시적으로 변하고, 자연 사물의 생성과 변화의 특성을 보편적으로 확인한 뒤에야 이처럼 기능적인 의미는 없고 사상적 가치만 있는 질문을 제기할 수 있다. 세상의 근원을 사고하는 것은 이데올로기 전개의 이정표로, 인류의 궁극적인 진리와 기본 가치의 추구를 반영하고 있다. 이런 추구는 문명의 전개를 추진하는 기본 동력 중 하나다. 다만 초기에는 옛사람의 호기심이 종종 신앙과 서로 뒤섞였다.

환경의 부분적 특징, 예를 들어 초목·산림·강·호수 같은 것은 인류의 물질생활에 직접적인 영향을 미치며, 사람들은 그곳에서 노동을 한다. 환경은 인류의 기본적인 인식 대상이며, 원시의 지리지식은 여기서부터 끊임없이 축적된다. 노동이 필요 없는 밤은 생각이 줄달음치는 시간이다. 기나긴 밤, 옛사람은 상상을 펼칠 시간이 충분했다.

밤이 낮으로 바뀌면 세상은 깜깜한 혼돈에서 빛나는 산천 대지로 변하는데, 이것이 세상의 탄생에 대한 옛사람의 상상을 일깨웠는지도 모른다. 『성경』「창세기」에서 창조주가 세상을 창조하기 전의 혼돈은 어둠이었다.

각종 천지창조의 전설은, 이 세상은 원래 없었는데 초월적 힘이 발휘되어 하나씩 만들어졌다는 옛사람의 중요한 견해를 먼저 표현하고 있다. 이런 인식은 필연적으로 옛사람이 그 초월적 힘을 숭배하도록 만든다. 중요한 것은, 보통 이런 초월적 힘은 특별한 속성이나, 못할 것이 없는 신력神力이나, 음양의 상호적인 힘 등이 있다. 이런 속성들은 이 세계에 특별한 의미를 부여하는데, 인류는 이 특별한 의미에서 출발해 자신과 이 환경 세계의 관계를 확정짓는다. 인간과 환경의 관계가 지리사상의 핵심적인 문제다.

## 중국 고대의 개벽신화

『성경』(구약)의 첫 권은 「창세기」로, 신이 6일 동안 인류를 위해 세상을 창조했다고 말해 그 미치는 영향이 컸다. 과거에는 고대 중국에 천지창조설(천지창조 신화)이 없다고 여기는 학자가 있었다.[4] 실제로 고대 중국에는 천지창조설이 하나만 있는 것이 아니었다. 단지 나중에 가장 유행했던 천지창조설의 특징이 여타 문명의 천지창조설(외재적 힘에 의한 창조)과 달랐을 따름이다. 고대 중국인들은 천지창조를 '개벽開闢'이라 불렀다. 세상은 원래 혼돈의 덩어리였는데 고대 중국인들은 이를 '혼돈混沌·渾沌'이라고 했다. 나중에 혼돈의 덩어리에서 질서 있는 세계가 열리자 비로소 하늘과 땅이 나뉘고, 강이 흐르고, 산맥이 종횡으로 들어서게 되었다. 혼돈에서 질서로 발전하고 변화하는 과정이 '천지창조'이니, 천지창조와 질서 생성은 같은 것이다. 사람들은 이를 첫 시작으로, 자연에서 인문에 이르기까지 세상의 만물을 순차적으로 인식해나갔다. "천지개벽을 보며 만물이 창조되고 변화하는 바를 알게 되었고, 음양이기陰陽二氣가 돌고 돌아 다시 시작함을 보고 인간사의 다스림을 탐구한다."[5]

옛사람이 말하는 '혼돈'과 '질서'의 본질은 사람들 머릿속 사유에 있다. 혼돈세계(세상이 어떠한지 알지 못하는 혼돈 사상)에서 질서를 정리해내는 것은 인간의 지리사상사 중에서 가장 먼저 해야 할 중요한 일이다. 세상 혼돈의 원인은 지식의 혼란함 때문인데, 지리지식의 분류와 분할로 세상에는 비로소 질서가 생긴다. 옛사람이 가진 지리지식 범위의 확대는 지리의 다양성을 관찰하고 정리하는 것이며, 세계의 대질서 의식이 생긴 근본 원인이다. 다만 옛사람은 주관적으로 질서의 탄생을 신비한 힘에 의한 창조로 돌렸다.

중국도 이른 시기에는 신과 영웅에 의한 천지창조설이 있었다. 다만 나중에 음양이론이 발달하자 음양설이 천지창조설의 주류를 이루었는데, 특히 철학적인 면에서 그랬다. 오래된 영웅의 천지창조설은 대부분 민간에서 유행하는 신화 줄거리가 되었다.

천지개벽 전설이 신화 중에서 가장 초기의 것이 아니라는 점에 대해서는 설명이 필요하다. 신화학자인 위안커袁珂는 "실은 일군의 동물과 식물의 이야기, 특히나 말하는 동물을 묘사한 이야기가 신화의 핵심"[6]이라고 지적하고 있다. 생물과 무생물 모두 말을 할 수 있는 영물靈物로 상상하는, 가장 초기의 신화 형태를 신화학자들은 '물활론物活論'이라 한다. 물활론은 물아物我가 같은 것을 말한다. 많은 신화집이 모두 개벽 신화를 가장 앞에 두고 있는데, 이는 편집자의 안배일 뿐이지 신화 탄생의 순서가 아니다. 원시 시대의 사람들은 환경 지식이 천지와 공간에 대한 사고로까지 확장되고 난 뒤에야 비로소 세상의 탄생 문제를 제기할 수 있었으며, 초월적인 힘이 창조한다는 이야기를 상상했다. 천지창조 신화가 만들어지기 전에도 환경에 대한 직관적인 인식이 존재했다. 그 안에도 지리사상은 있으나 소박한 사상으로, 천지의 근원까지 미치지는 않았지만 주위 산천의 구성이나 계절이 변화하는 까닭에 대한 추측 등을 어느 정도는 포함하고 있다.

천지창조설과 개벽신화는 천지의 대질서에 대한 해석 방식이다. 사람은 일단 자신이 생존하는 환경을 다소라도 인식하게 되면 질서감이 형성되기 시작한다. 이는 인간 사유의 특징이자 능력이다. 사람들은 환경이 좋다고 생각했다. 햇빛을 즐길 수 있고 숲에는 동물이 있고 호수에서는 고기를 잡을 수 있으며 높은 곳은 거주할 수 있으니 확실히 좋은 질서를 가졌다. 고대 서양(그리스신화와 기독교)의 지리사상은 이 질서를 신이나 창조주가 준 것이라 여겼다. 설계된 대지designed earth라고 하는데, 대지 전체를 신이나 창조주가 설계한 것이다. 신이 설계한 이 질서는 인간의 생존을 충족시키기 위함이라는 목적이 있다. 이 세상의 산과 강, 풀과 나무, 새와 짐승 등은 인간을 위해 준비된 것으로 인간의 먹을거리이거나, 인간을 단련시키기 위함이라는 것이 고대 서양의 관념이다. 중국은 어떠한가?

장광즈張光直는 진작부터 중국의 천지창조 신화 문제에 주의를 기울여 「중국 천지창조 신화의 분석과 고대사 연구中國創世神話之分析與古史研究」[7]를 썼고, 나중에는 『중국의 청동시대中國靑銅時代』[8]라는 책에서도 신화와 고대사 부분을 다루었다. 그는 우주와 자연현상에 관한 기원의 해석, 즉 천지창조 신화라 불리는 것이 동주東周 이전의 문헌에는 존재하지 않음을 지적했다. 이것이 은·상 시대나 서주 시대 사람들이 우주 생성의 유래에 대한 흥미가 없었다는 증거는 아니다. 이 부분의 자료가 보존되지 않았을 것이다. 동주의 문헌 속에 이런 관심이 광범위하게 나타나는 사실은 탐구해볼 만한 문제다.

장광즈는 동주에 출현한 천지창조 신화(또는 철학)를 '분리설'과 '변화발생설'로 나누었다. 분리설은 우주세계가 '하나'에서 세포분열과도 같이 하나씩 많아지고 커졌다고 한다. 노자의 "도道는 하나를 낳고, 하나는 둘을 낳고, 둘은 셋을 낳고, 셋은 만물을 낳는다"[9]는 것이 이런 유에 속한다. 장광즈는 이런 철학사상의 배후에는 신화의 도움이 있는 것으로 생각한다. 남쪽 바다의 임금인 숙儵과 북쪽 바다의 임금인 홀忽, 두 임금이 가운데의 땅 임금인 혼돈의 몸에 날마다 구멍 하나씩을 뚫어주었는데 7일이 되어 구멍이 하나도 없던 혼돈 임금이 구멍이 일곱 개 나자 죽고 말았다는 『장자』 「응제왕應帝王」의 우화같이 신화적 정보가 있다.

개벽 신화와 개벽 철학의 관계에서는 개벽 철학이 나중에 나왔을 것으로 생각된다. 개벽 철학은 개벽 신화가 변화된 것으로, 세상을 연 창시자가 더 추상적인 것(도道)으로 대체된 것이다.

장광즈가 제기한 변화발생설의 내용은 일부 자연현상이 신비한 고대 생물체 몸의 각 부분에서 분화되어 생겨났다는 것이다. 『산해경山海經』 「해외북경海外北經」에서 "종산鍾山의 신은 이름이 촉음燭陰인데 눈을 뜨면 낮이 되고, 눈을 감으면 밤이 된다. 숨을 강하게 내쉬면 겨울이 되고 가볍게 내쉬면 여름이 된다. 마시지도 먹지도 숨을 쉬지도 않는데, 그가 숨을 쉬면 바람이 된다. 몸길이는 천 리나 된다. 장딴지가 없는 사람들의 나라인 무계無腎의 동쪽에 있다. 생물체로 얼굴 생김새는 사람이고 몸은 뱀 모양을 하고 있으며 붉은색인데 종산 아래 기거한다"[10]고 한다.

천지창조 신화와 관련해 어느 정도 보충적인 의미가 있는 것으로 또 추원推原(사물의 근본을 탐구하는) 신화와 자연정복 신화[11]가 있는데, 그중에도 종종 부분적으로 의미가 있는 개벽의 옛날이야기가 있다. 공공共工이 불주산不周山을 들이받은 신화는 "하늘이 서북쪽으로 기울고 땅이 동남쪽을 채우지 못하는"[12] 원인을 풀이해주는 추원 신화라 할 수 있다. "우공이 산을 옮김愚公移山"과 "예가 아홉 개의 해를 활로 쏘고羿射九日" "곤과 곤의 아들인 우가 물을 다스리는 이야기鯀禹治水" 등은 모두 자연 정복 신화로 세상에 구체적인 어떤 질서가 생긴 원인들을 설명하고 있다.[13]

"예가 아홉 개의 해를 쏘고" "곤과 우가 물을 다스리는" 옛날이야기

속에는 재난을 구제한다는 의의도 포함되어 있다. 재난 구제의 전설은 인문적 성격의 문제로 유가에서는 이를 대단히 중시한다. 이 문제에 관해서는 뒤에 장절을 두어 다시 다루도록 한다.

## 반고盤古와 여와女媧

중국의 천지창조 신화 가운데 가장 유명한 것은 반고가 천지를 만들었다는 옛날이야기다. 이 고사는 『예문유취藝文類聚』 제1권에 중국 삼국 시대 사람 서정徐整의 『삼오력기三五歷紀』를 옮겨 적은 데서 처음 보인다.

"천지가 혼돈해 계란과 같았는데 반고는 그 속에서 태어났다. 1만8000년이 흐르자 하늘과 땅이 열려, 맑고 밝은 것은 하늘이 되고 어둡고 탁한 것은 땅이 되었다. 반고는 그 가운데 있었으며 하루에 아홉 번 변했는데 하늘보다 신통했으며 땅보다 성스러웠다(다른 번역 '하늘을 신통하게 했으며 땅을 성스럽게 했다'). 하늘은 하루에 한 길씩 높아지고, 땅은 하루에 한 길씩 두꺼워졌으며 반고는 하루에 한 길씩 자랐는데 이렇게 1만8000년이 되었다. 하늘은 더할 나위 없이 높아지고 땅은 더할 나위 없이 깊어졌으며 반고는 더할 나위 없이 크게 자랐다. 그런 이후에 삼황三皇이 나왔다."[14]

그다음에 또 『술이기述異記』[15]라는 책이 나왔는데 천지간에 중요한 것들은 모두 반고의 몸에서 변화된 것이라고 했다. 호흡은 비바람으로 변화되고, 음성은 천둥벼락으로 변하고, 두 눈은 해와 달로 변했으며, 머리와 사지는 오악으로 변하고, 피와 눈물은 강과 하천으로 변했으며, 모발은 초목으로 변했고……. 이를 보면 반고의 옛날이야기 속에는 '분리설'도 있고 '변화발생설'도 있다.

반고의 고사가 유명하기는 해도 역사 문헌에 출현한 것으로는 비교적 늦어서 고전은 아니다. 고전 사상이 가장 큰 성취를 이룬 때는 춘추전국 시대인데 이때 반고를 언급한 책은 없다. 청대 말의 샤쩡유夏曾佑는 『중국 고대사』에서, 반고의 고사는 고대 서남 소수민족의 전설이 나중에 중원 지대(중국 허난 성 일대 또는 황허 강의 하류를 가리킴―옮긴이)의 화하 문화로 유입된 것이라고 지적하고 있다.[16]

반고의 이야기가 중원 문화에 유입된 뒤, 역사를 쓰는 사람들은 그 이야기를 역사 서술의 첫머리로 삼았다. 『삼오력기』에서 반고가 있은 뒤에 "삼황이 나왔다"고 말한 것과 같다. 이는 반고의 이야기가 중원 지대에 전해진 지 이미 오래되었음을 설명하는 것이다. 어떤 이는 반고의 이야기가 한 무제가 서남의 이夷를 정벌한 시기에 중원 지대에 유입된 것으로 추정하는데, 『삼오력기』까지 300여 년이나 된다. 청대 학자 최술崔述(호 동벽東壁)은 역사서들이 반고를 역사의 기점으로 쓰고 삼황을 반고의 뒤에 둔 것에 불만을 느껴, 『고신록제요考信錄提要』 「상」에 "세상이 뒤로 갈수록 채택하는 것이 잡스럽다"고 개탄했다.

반고의 고사 외에 여와의 고사도 유명하다. 쉬쉬성徐旭生은 여와가 천지를 창조한 신은 아니지만 천지를 정리한 신이며,[17] 세상의 질서를 세우는 데 있어서 그 의의는 대단히 크다고 했다. '여와'라는 명칭이 출현한 시기는 반고보다 훨씬 빨라서 선진 시대의 『초사』 「천문」, 『산해경』 「대황서경」, 『예기』 「명당위明堂位」 등이 모두 여와를 언급하고 있다. 예를 들어 「대황서경」은 "신이 10명 있는데, 여와의 창자라 부른다. 여와의 창자가 변해 신이 되고 율광栗廣이라는 들에 산다"[18]라고 기록했다. 한대의 『회남자』「남명훈覽冥訓」은 여와의 사적에 대한 기록이 가장 상세하다.

옛날에 사극이 무너지고 구주가 갈라져 하늘은 땅을 다 덮지 못하고 땅은 만물을 두루 싣지 못했다. 불이 맹렬히 번져 꺼지지를 않고, 물이 넘쳐흘러 그치지를 않았으며 맹수들이 선량한 백성을 잡아먹고, 사나운 새들이 노약자를 잡아채갔다. 이에 여와는 오색의 돌을 불에 녹여 하늘을 보수하고, 큰 거북의 발을 잘라 사극을 세웠으며, 흑룡을 죽여서 기주冀州를 구하고 갈대를 태운 재를 쌓아서 홍수를 그치게 했다. 하늘이 보수되고, 사극이 세워지고, 홍수가 마르고 기주가 평안해졌으며, 사나운 짐승들이 죽자 선량한 백성이 살 수 있게 되었다. 여와는 네모난 대지에 등을 대고 둥근 하늘을 껴안았으며, 봄은 화창하고 여름은 덥게, 가을은 만물이 시들고 겨울은 쇠하게 했다. 마름돌을 베개로 베고 간이침상에 몸을 뉘여, 음양의 기가 막히어 침체되면 구멍을 뚫어 소통케 하고, 거스르는 기가 사물을 어그러뜨려 백성의 축재를 망치는 일이 있으면 이를 끊어서 그치게 한다.[19]

이 고사에서 '옛날'에는 원래 '사극四極'[20]·구주·천지 등이 있었다고 한다. 어떤 이유에서인지는 모르겠으나 모두 무너지고 갈라져서, 이 세상에는 큰불과 홍수가 일고 큰 혼란이 일어났다. 이에 여와가 나와 질서를 정돈하고 하늘을 보수하고(이 부분이 가장 유명하다), 사극을 바로 세웠으며 물과 땅을 평안하게 하고, 둥근 하늘과 네모난 땅 및 사계를 정해 세상에는 다시 질서가 잡혔다. 여와의 이야기는 제2의 창조설이다. '옛날'이 어떠했건 간에 인류가 실제적으로 생존하는 이 세상의 안정은 여와의 공로다.

『회남자』의 다른 편인 「정신훈精神訓」에는 천지를 열어놓은 신이 한 쌍 나온다. "옛날에 아직 천지가 있기 전에는 단지 무형의 (…) 두 신이 함께 태어났는데……."[21] 어떤 학자는 이 '두 신'이 복희와 여와라고 생각한다.[22] 천지가 있기 전에 먼저 함께 태어났는데, 그 둘도 '천지를 경영한' 공로가 있다. 이 신화의 판본에 따르면 여와도 가장 먼저 천지를 창조한 신이다. 복희와 여와를 살펴보면, 그 둘은 쌍으로 출현하는 경우가 많다. 고고학자가 허난 성 난양南陽의 한묘漢墓와 신장자치구 투루판吐魯番의 당묘唐墓에서 모두 사람의 머리에 뱀의 몸을 한 복희와 여와가 서로 휘감고 있는 모습을 그린 그림을 발견했다. 미국 학자 존 메이저John S. Major는, 복희가 땅을 대표하고 여와는 하늘을 대표하며, 이 둘이 서로 휘감아 얽혀 있는 것은 하늘과 땅이 통합을 대표하는 것이라고 생각한다.[23] 응소應劭의 『풍속통의風俗通義』(『풍속통風俗通』이라고도 한다—옮긴이)는 『춘추운두추春秋運斗樞』를 인용해 복희·여와·신농이 '삼황'이며 각각천·지·인을 대표한다고 했다.

신화의 전설에서 여와는 주목받는 천지창조의 여신인 듯하다. 그녀가 이뤄서 남긴 자취는 천지창조뿐만 아니라 재창조, 사람의 창조까지 이른다. "속설에는 천지가 열렸을 때는 아직 사람이 없었는데 여와가 황토를 빚어 사람을 만들었다고 한다."[24] 여와가 사람을 만든 신화는 루쉰에 의해 발표되어 루쉰의 작품을 읽어본 사람은 여와에 대한 인상이 특히 깊다.

천지를 창조하는 데 여신의 공이 왜 이렇게 클까? 또는 천지를 창조한 공로를 왜 여신에게 돌리는가? 위안커는, "반고는 남성 창조신인데, 중

국 고대 신화의 전개 상황으로 볼 때 가장 오래
된 창조신은 마땅히 여성이어야 한다. (…) 여와
를 가장 오래된 창조신으로 삼는 것은 모권제 씨
족사회의 신화 흔적을 아직 간직하고 있는 것이
다"라고 했다. 한 걸음 더 나아가 위안커는 반고
의 이야기가 더 오래된 여와 이야기에서 변화된
것인데, "나중에 여와를 반고로 바꾸어 말한 것
은 신화가 전해져 내려오면서 변한 결과"라고 추
측하고 있다.[25] 원래는 모권제였던 것이 부권제
에 자리를 양보하면서 여성 창조신이 남성 창조
신에게 양보한 것이다. 위안커의 해석은 여권에
서 남권으로 변하는 원시사회 이론에 기초한 견
해 중 하나다.

난양 한묘의 「복희여와도」

　어떤 이는 여와의 이야기 역시 중국 서남 지방의 고대 민족의 전설일
것이라고 한다. 청대 초의 육차운陸次雲은 『동계섬지峒谿纖志』에서 "먀오
족苗族 사람은 납제臘祭(옛날 동지 뒤의 셋째 술일戌日에 여러 신께 지내던 제사—
옮긴이)를 보초報草라고 한다. 제사에 무녀巫를 쓰는데 여와와 복희의 위
패를 세운다"[26]고 기록하고 있다.[27] 그 밖에 루이이푸芮逸夫의 먀오족 전
설 중 홍수·여와·복희에 관한 연구를 참고할 만하다.[28]

　위안커의 소개에 따르면, 오늘날에도 중국 서남 소수민족에는 다양한
천지창조 신화가 전해진다고 한다. 이족彝族·부랑족布朗族·푸미족普米族
은 천지가 한 신 또는 신성을 가진 영웅에 의해 창조되었다고 한다. 신
인神人이 다른 사람이나 동물의 몸을 가지고 세상을 창조했기 때문에 하

늘을 '거대한 발'로 버텨놓았다고 한다. 다이족傣族·투자족土家族·부이족布依族은 천지가 두 신에 의해 창조되었다고 한다. 다이족의 신화는 상당히 지리적인 맛이 있다. 옛날에 천지가 아직 만들어지지 않았을 때는 단지 물만 넘쳐났다. 두 신이 힘을 모아 하늘과 땅을 만들면서 7일 안에 완성하기로 약속했다. 7일 후 땅은 완성되었는데 하늘은 아직 끝나지 않았다. 땅이 하늘보다 더 컸기 때문에 하늘과 땅은 서로 맞지 않게 되었다. 두 신은 땅을 밀어 작게 만들어 하늘과 땅은 서로 맞게 되었다. 그러자 지면에는 주름이 잡혔고 그 주름이 산맥이다.[29]

오래된 전설은 유행하는 과정에서 쉽게 민간에 파고들어 민속행사를 만든다. 여와의 신화가 좋은 예다. 송대에 이르기까지 민간에서는 줄곧 정월 스무날을 '천천일天穿日'이라 불렀는데, 여와가 하늘을 보수한 것을 기념한다. 백성들은 집집마다 다빙大餠(밀가루 반죽을 둥글고 크게 만들어 구운 빵―옮긴이)을 구워 집의 대들보 위에 올려놓음으로, 하늘을 보수한 것을 표시했다.[30]


### 그 밖의 전설

가장 유명한 반고와 여와의 두 천지창조 영웅 외에도 역사 문헌 속에는 그 밖의 천지창조 인물의 그림자를 찾을 수 있다. 이는 개벽이 상고 이데올로기에서 유행했던 주제였음을 설명하는데, 특히 아득히 먼 시대의 위대한 영웅에 관한 일들이 그렇다. 『산해경』「대황남경」에 "희화는 제준의 아내로 열 개의 해를 낳았다"[31]고 한다. 『산해경』「해외북경」이 기록하고 있는 '촉음'(촉룡燭龍) 신은 생리 행위가 직접적으로 주야·사계

등 자연현상을 이끌어낸다. "종산의 신은 이름이 촉음인데 눈을 떠서 보면 낮이 되고 눈을 감으면 밤이 된다. 입김을 내뿜으면 겨울이 되고, 가볍게 숨을 내쉬면 여름이 된다. 마시지도 않고 먹지도 않고 숨도 안 쉬는데, 숨을 쉬면 바람이 되며, 몸의 길이가 천 리다."[32] 이는 옛사람이 자연현상이 일어나는 것을 탐색하려는 의식을 잘 보여주고 있다. 발생하는 원인은 모두 신이나 창조주 등 평범치 않은 힘과 관련이 있다. 천지를 창조할 수 있으려면 확실히 최고의 힘을 가져야 한다. 이를 뒤집어 말하면, 최고의 힘을 설명하거나 묘사하기 위해서는 천지창조의 공로를 주는 것보다 더 좋은 것이 없다.

『장자』「대종사大宗師」에, "도道란, (…) 그 스스로 근본이 되는 것으로 천지가 있기 전의 옛날부터 이미 존재하고 있었다. (…) 시위狶韋씨가 이를 얻어 천지를 거느렸다"[33]고 했다. 쉬쉬성은 위의 단락 가운데, '시위씨' 부분이 주목할 만하다고 지적한다. 그가 도를 얻고 도로, 천지를 '거느렸다挈'. '설挈' 자에 관해 『설문해자說文解字』는 '들다提'로 풀이하고 있다. 『회남자』에 "천지를 손에 잡는다"[34]라는 말이 있는데, 창조하고 정리한다는 의미로 보인다. 그렇다면 시위씨는 천지를 창조한 또 하나의 신이다. 시위씨에 관한 전설은 진작부터 있었다. 『장자』는 이 오래된 신을 도와 연결지어, 시위씨가 천지를 창조할 때 썼던 것은 바로 '도'라고 했다. 이는 천지창조의 이야기에 중요한 전환이다. 신의 힘을 도로 바꾼 것인데, 이 중요한 변화에 대해서는 뒤에 다시 서술키로 한다.

혼돈에서 개벽에 이르기까지 또 '구멍竅'이라는 글자에 주목해야 한다. 이 글자는 열어서 통하게 하고, 질서를 구분하는(보고, 듣고, 냄새 맡고, 맛을 느끼는 각 영역의 직무) 의미인 듯하다. 『장자』「응제왕」에 구멍을 뚫었기 때문에 '혼돈'이 죽었다는 이야기를 한다. 혼돈은 구멍을 냄으로 끝이 났다는 의미이고, 죽음은 곧 마침이다. 구멍을 뚫는다(오감의 일곱 구멍을 말한다)는 것은 열어서 통하게 하는 것이다. 『회남자』 「숙진훈」에 "뚫어서 천하를 다스린다"[35]고 했고, 「남명훈」에서는 "음양이 막히고 침체되어 통하지 않는 것을 뚫어 다스렸다"[36]고 했다. 이들 모두가 혼돈에서 질서로 변했다는 뜻이다.[37]

이상에서 소개한 중국 고대 개벽신화는 단지 멀리서 조망한 흐릿한 정경일 뿐, 고대의 수많은 생동적이고 기이한 개벽신화는 이미 역사 속에 묻혀버렸다. 남아 있는 개벽신화는 체계적이지 못해서 신화의 모습과 줄거리가 혼란스럽고 판본도 잡다한데, 아무도 이를 편집하고 정리해 일관성 있는 통합된 이야기로 만들지 않았다. 예를 들어, 반고와 여와는 어떤 관계인가? 복희와는 또 무슨 관계인가? 반고가 천지를 만들고 천지에 또 문제가 생겨서 여와가 보수를 한 것인가? 원래 있었던 사극의 천주天柱는 반고가 세운 것인가? 공공이 불주산을 들이받기 전에는 천지가 반듯했던 것인가? 이야기 속의 이런 허점들을 아무도 손질해 정리하지 않았다. 신화와 전설은 여전히 산만한 상태로 남아 있는데, 이는 나중에 사상 형성에 종사한 사람들이 더 이상 신화와 전설을 중시하지 않았음을 설명한다.[38] 개벽신화는 대부분 '이상한 기록異志'이나 '이상한 일의 서술述異'과 같은 부류의 문헌에 남아 있고, 주류 전통문화를 대표하는 정통의 경經이나 정사正史 속에는 많지 않다.

후한後漢의 왕충王充은 『논형』 「담천談天」에서, 여와가 하늘을 보수한 것에 관해 당시 사회의 각기 다른 사람들이 다른 태도를 취하는 것을 말했다.

유가의 책이 말하기를, 공공이 전욱과 천자가 되기 위한 싸움에서 이기지 못하자 노해 불주산을 들이받아서 하늘을 받치는 기둥이 부러지고 땅을 맨 끈이 끊어졌다. 여와가 오색의 돌을 녹여 하늘을 보수하고, 거대한 거북의 발을 잘라 사극을 세웠다. 하늘의 서북이 모자라 해와 달이 (그쪽으로) 자리를 옮겼고, 땅은 동남이 모자라 온갖 강물이 (그쪽으로) 흘러들게 되었다. 이는 오래된 기록으로 세간에서는 옳은 말이라고 한다. 학식 있는 사람들은 이상히 여기면서도 잘못됨이 없다 하고, 또는 잘못되었다고 여겨도 그것을 없애지 못하니, 이는 또한 어쩌면 실제로 그러한 것인지, 감히 그를 바로잡는 의론을 못한다.[39]

두 부류의 사람을 말하는 것에 주목하자. 한 부류는 '세간'의 사람인데 기층 민중을 가리킨다. 여와의 전설에 대한 그들의 태도는 '옳다'다. 다른 한 부류는 '학식 있는 사람'인데 '벼슬아치紳先生', 즉 상류사회의 문화인들이다. 여와 전설에 대한 그들의 태도는, 다소 회의적이나 분명하게 결정을 내리지 못하고 "감히 바로잡는 의론은 못 한다"고 한다. 왕충의 기술은 신화류의 이야기가 기층에서는 유행했으나 상류층에서는 정체된 상황을 반영하고 있다.

『논형』은 여와의 이야기를 하면서 공공을 함께 언급하고 있다. 서술의 순서는 공공이 먼저 불주산을 들이받고, 그 뒤에 여와가 하늘을 보수하면서 사극을 세운 것으로 보인다. 그러나 『열자』「탕문」에는, 여와가 먼저 하늘을 보수하고, 그 뒤에 공공이 나와 파괴하는 것으로 서술하고 있다.

그런즉 천지 역시 사물이며, 사물은 부족함이 있기 마련이다. 그러므로 옛날에 여와씨가 오색 돌을 녹여 그 모자람을 보수하고, 거대한 거북의 발을 잘라 사극을 세웠다. 그 후 공공씨가 전욱과 천자의 자리를 다투다 노해 불주산을 들이받아 하늘 기둥이 부러지고 땅을 맨 끈이 끊어졌다. 그런 까닭에 하늘이 서북쪽으로 기울어 일월성신이 몰리게 되었으며, 땅은 동남쪽을 채우지 못했기 때문에 온갖 강물과 빗물이 그쪽으로 흐르게 되었다.[40]

여와와 공공의 관계와 천지가 "무너지고 끊어진" 원인에서 두 문헌 기록이 통일되지 않음을 볼 수 있다. 『논형』에 따르면 "유가의 책이 말하는" 천지가 무너지고 끊어진 원인은 공공과 전욱이 천자의 자리를 다툴 때 생긴 것이다. 「탕문」은 '자연적인' 원인으로 "그런즉 천지 역시 사물이고, 사물에는 부족함이 있기 마련으로……" 여기고 있다. '부족함'은 천지의 원래 모습으로 여와가 보수한 것은 인위적이 아닌 자연적인 부족함이다.

재미있는 상황이 하나 더 있다. 전설 속의 여와는 원래 신묘하고 독특한 모습이다. 『산해경』 「대황서경」에 "여와의 창자가 변해 신이 되었다"고 한다. 곽박은 이에 대해, "여와는 고대의 신녀이며 임금帝이다. 사람의 얼굴에 뱀의 몸을 지녔으며 하루에 칠십 번 변했는데, 그 배가 변화되어 이 같은 신이 되었다"고 주를 달았다. 그 뒤로 누군가 고대 신을 성현, 심지어는 제왕의 모습으로 바꿔놓았다. 어떤 이는 복희·여와를 삼황三皇 중에서 둘로 나열하고 있다. 더욱이 연의 소설을 짓는 사람들은 여와를, "복희씨가 돌아가시자 군신들이 여와씨를 추대해 즉위했는데 호가 여황이며, 중황의 책에 도읍했다"[41]고 묘사하고 있다. 이는 후대에 점차 강력해진 왕조 문화의 영향을 받은 것으로 보인다. 왕조 사상의 문화에서 성현과 제왕보다 더 숭고한 것은 없다. 고대의 신인 여와나 후대의 사람인 공자도 결국에는 제왕의 모습으로 묘사되었다.(공자는 '소왕素王', 대성지성문선왕大成至聖文宣王이다.)

그 외, 후대의 고서에서 종종 반고와 여와의 이름을 언급하기는 하지만 단지 대략적인 상투어일 뿐, 별로 중시하지 않는다. 중국 고대 문명의 주류를 이루는 서술에서, 역사는 상고의 성현(신이 아니다)으로부터 시작된다. 오늘날 중국 전통문화를 읽고 느끼는 데 있어서 개벽신화의 영향은 그리 크지 않다. 최소한, 뒤를 잇는 중국 문명의 전개와 초기 개벽신화의 연관은 깊지 않아서, 『성경』「창세기」가 서양의 사상과 문화, 사람의 마음에 깊이 스며든 것 같지는 않다. 고대 서양에서는 땅의 역사와 신의 역사가 병행해 전개됐으나 중국에서 신의 역사는 끊어졌다.

## 개벽신화와 지리사상

개벽신화(우주세계의 생성에 대한 해석)를 검토함에 있어 지리사상사적 의미는 두 가지에 중점을 두어야 한다. 첫째는 환경 질서의 유래이고, 둘째는 환경 의의의 유래다. 여기서 환경 의의란, 흔히 말하는 사람과 땅의 관계로 사람과 환경의 관계를 결정하는 본질이라고 할 수 있다.

사람은 땅 위에서 상상을 한다. 땅 위에 있는 기존 모습은 모든 창조설과 천지창조 신화의 미리 설정된 표적이다. 창조 과정이 얼마나 특별하든 간에 모두 대지 환경의 현존하는 모습으로 귀결된다. 예를 들어, 중국은 "하늘이 서북쪽으로 기울어 일월과 뭇별이 그쪽으로 몰리고, 땅은 동남쪽이 채워지지 않은 까닭에 온갖 하천과 빗물이 그쪽으로 흘러

간다"는 것이다. 현실에 존재하는 환경의 모습이 고대인에게 경험과 지식을 제공하는데, 천지창조의 신화는 이런 경험과 지식에 대한 해석이라고 할 수 있다. 이것은 거시적 지리에 대한 인류 최초의 해석이다.

"해석에 대한 바람은 의구심이 있게 하는 어떤 경험에 대한 반응에서 유래한다."[42] 해석은 의구심을 이해할 수 있도록 변화시키는데, 이는 인식의 성과다. 예로부터 지금까지 지리에 대한 인식과 지리학의 발전은 일련의 해석 방식의 변환을 포함하고 있다. 보통 나중의 해석이 선진적이고 더 정확한 것으로 간주된다. 후대 사람들이 보기에 이른 시기의 해석은 낙후되고 잘못되었으며 심지어는 황당하기까지 하다. 공인되었던 모든 해석은 한때 인류의 지적 욕구를 만족시켰고, 인식의 큰 흐름 속에서 모두 긍정적 의의를 가졌었다. 그 어떤 해석의 세계도 어둡고 혼란스럽기만 한 것은 아니다.

지리 해석은 지리 현상에 대한 설명인데, 그 설명에는 질서에 관한 주제가 반드시 포함된다. '천지창조'의 해석에서 가장 거시적인 세계 질서는 한 걸음 더 나간 상상이 되었다. 질서에 대한 이 상상은 경험적 지식을 기초로 하지만, 경험의 질서를 뛰어넘어, 질서에 대한 이해가 한 단계 더 높아진다. 일월성신과 산맥과 하천의 운행과 분포(그 분포가 균형적이든 아니든)는 이 세계의 가장 기본적이고 항거할 수 없는 궁극의 질서(원시 우주관)이다. 사람의 힘은 마을과 참호를 세우게 했지만, 유추하는 사유는 옛사람에게 더욱 강력한 힘으로 세계 건설에 대해 추측하게 만들었다. 이런 과정에서 혼돈과 질서는 상대적인 개념이며, 질서는 결과다. 천지창조의 신화에서는 보통 그 결과가 쉽게 얻어지지 않는다. 질서는 힘들여 일하거나 싸움에서 승리한 결과다.

중앙아시아의 예를 하나 더 참고해본다. 『에누마 엘리시Enŭma Eliŝh』
는 바빌론의 신화를 기록하고 있는데, 태초에 신의 족속에는 두 파가 있
었다고 한다. 한 파는 뒤죽박죽한 무질서를 상징하는 '혼돈'으로 망망한
바다 속의 신괴神怪이고, 다른 한 파는 법칙을 상징하는 '질서'로서 망망
한 바다에서 분화되어 나온 천신이다. 천지창조의 과정은 혼돈과 질서의
전투 과정으로 해석되며, 마침내 질서가 혼돈에게 승리해 혼돈의 신괴들
의 시체로 만물과 인류를 창조했다.

천지창조 신화 속의 신은 인간의 상상력에 의한 창조물(상상하고 있는 인
간이 신의 창조물이긴 하지만)이다. 신은 세계 질서에 참여하는데, 이는 환경
에 대한 인간의 사상적 참여 형태다. 상상적인 신력이 더해짐으로, 환경
은 신령한 성격을 갖추게 되고, 마침내 최고 권위(즉 신력)의 증거가 된다.

천지창조 신화와 그 외 각종 천지창조설은 모두 최고 권위에 대한 형
상화다. 그것은 신일 수도, '도'이거나 '덕'이거나 자연법칙일 수도 있다.
그 어떤 권위를 확립하든 간에 모두 환경의 성질과 환경의 속성을 규정
하고, 더 나아가 인간과 환경의 관계에 대한 근본적인 성질을 결정한다.
천지창조 신화는 일종의 사상으로 인간과 환경의 관계 속에 신이라는
요소를 첨가했다. 신은 환경의 주재자이기에 인간과 환경의 관계는 인간
과 신의 관계로 전환되었고, 그 어떤 환경 문제도 반드시 신에게 기도하
는 방식을 통해서 해결한다.(최고의 권위가 도나 덕이라면 모든 환경 문제는 반
드시 도와 덕을 존중하는 방식을 통해서 해결한다.)

천지창조 신화 속 신의 의지는 환경에 대한 인류의 태도를 결정한다.
고대 그리스신화에 나오는 '약하고 짧은 다리'의 '지체부자유 신' 헤파이
스토스(『일리아드』에 보인다)는 풀무·화로·모루로 '땅과 하늘과 태양'이 있

으며, '큰 대양'에 둘러싸여 강물·들판·풀밭·도시·가축떼·포도밭·무도장, 모든 것이 갖춰진 세상을 표면에 새긴 방패를 만들었다. 이 헤파이스토스는 그야말로 '기술자'로서, 그가 '만든' 세상은 마치 인류가 사용토록 제공된 제품처럼 보인다.

『성경』「창세기」에도 의지와 목적을 가진 신이 날마다 하나씩 세계를 창조한다. 이는 '목적이 있는 창조purposeful creation'로, 그 결과 완전하게 '설계된 세계designed world'가 생긴다. 이 세계는 인간을 위해 봉사하고 쓰인다. 『성경』의 기록은 처음부터 인류가 지구의 모든 생물보다 더 고귀한 지위에 있음을 선포하고 있다. 이런 전통은 서양인들이 온갖 환경의 사물을 마음대로 침탈하는 이념을 고취했다.

> 창조주가 말했다: "우리 형상에 따라 우리 형식대로 사람을 만들고, 그들에게 바다 속의 물고기와 하늘의 새, 땅 위의 가축과 온 땅, 땅 위를 기는 모든 곤충을 관리하게 하자."

중국 고대 천지창조 신화 속의 신의 행동도 인류가 생존하는 세계를 창조한다. 그러나 신의 의지를 명확하게 설명하지 않으며, 사람도 신으로부터 그 어떤 의도도 받지 않는다. 중국 고대 사상사에서 천지창조 신화는 점차 희미해졌고 중화 문명의 '주축'을 이루는 시대에서 천지창조 신화는 기본적으로 버려지고, 세계의 기원에 대한 해석은 일부 다른 사상(주로 도가와 유가)로 대체되었는데, 이 사상들은 모두 신력을 말하지 않는다.

미국 지리학자 프레스턴 제임스는, "자연계에 대한 중국 철학자들의 태도는 기본적으로 그리스인과 같다. 중국인을 놓고, 개인과 자연은 나눌 수 없다. 즉 그들은 자연의 일부분이다. 법칙을 제정하는 신도 존재하지 않고, 인간이 이용할 수 있도록 미리 짜놓은 계획대로 우주를 창조하는 신도 존재하지 않는다"고 한다.[43] 프레스턴 제임스의 말은 절반만 맞다. 세계를 창조한 신이 없었던 것은 아니다. 다만 만들어낸 세계가 인류만을 위해 봉사하는 것이 아님은 확실하다.

제2장

# 세상을 구하는 영웅과
# 천지창조 사상

오늘날 볼 수 있는 이른 시기의 주요 문헌자료 중에서 상고 시대의 천재지변은 깊은 인상을 준다. 열 개의 태양이 이글거리거나 홍수가 하늘을 뒤덮거나 해서, 상고 시대는 마치 인류가 생존하기에 적합하지 않은 세계처럼 보인다. 그 시대의 환경은 더없이 열악했고 인류는 놀람과 두려움으로 어찌할 바를 몰랐다. 다행히 일군의 영웅(또는 성인)이 재해를 다스리고 세상을 태평하게 만들어, "만민이 모두 각기의 품성을 평안히 할 수 있었다."

진정한 역사는 상고 시대의 천재지변과 세상을 구하는 영웅의 전설 속 사건들로부터 시작되고 전개되며, 아울러 인류의 생존에 직접적인 근거가 되는 환경 또한 그런 사건들 중에서 점차로 생성되는 듯하다. 유가를 대표로 하는 많은 사상가의 역사관과 환경 세계관은 모두 이것을 '원점'과 '기점'으로 삼는데, 갈수록 발전하는 유가의 인문주의 사상에서 그 의의는 더욱 지속되고 발휘되었다.

## 상고 시대의 천재지변과 세상을 구하는 영웅

고대 중국에서 '천天'이 숭고한 신성이 있었으나, 사람들은 하늘에 대해 또 다른 생각이 있었다. 『여씨춘추』「유시람」은 『상잠商箴』을 인용해, "하늘이 재앙도 내리고 복도 내리지만 그와 더불어 사람이 불러오는 것도 있다"[1]고 했다. 하늘이나 자연계는 완벽하지 않다. 현실의 자연재해는 사람들의 경험적 지식 중에서 중요하고 피할 수 없는 것들이다. 재해는 현실적인 사회생활에서 파괴자 역할을 한다. 재해의 관념은 자연계에 대한 인류의 기본 사상 중에서 필연적인 한 부분을 차지한다.

천재天災에는 두 종류가 있다. 하나는 하늘의 원시상태가 완벽하지 않아서 일어나는 재해다. 이런 천재는 원시 질서의 결함으로 간주되며, 이 결함에 대해서는 신(또는 영웅)의 힘에 의한 구제와 보강이 필요하다. 『열자』「탕문」에 "그런즉 천지 또한 사물이다. 사물에는 부족함이 있으므로 예전에 여와씨가 오색의 돌을 녹여 그 이지러진 곳을 보수했다"[2]고 했다. 이런 원시의 천재는 영웅(신)의 두 번째 천지창조를 거친 뒤에 해결된다. 그러나 천재가 끊이지 않고 거듭 발생하는 사실은 또 다른 해석이 필요하다. 이는 인간 세상이 덕을 잃어 천재가 일어난다는 생각이다. 인간 세상의 악행과 덕을 잃는 일들이 끊이지 않으니 당연히 천재도 거듭해서 발생하는 것이다. 이것이 천재의 두 번째 원인이다. 이런 천재 관념의 배후에는 신앙이 있고, 눈앞에는 보다 더 현실적인 정치 영향이 있다. 이런 관념은 전한前漢 시기 동중서董仲舒 등에 의해 거리낌 없이 제창되었었다.

천재지변과 세상을 구하는 영웅의 전설은 이른 시기의 문헌에서 흔히 보인다. "하늘에서 붉은 비가 내리고 여름에 얼음이 얼고 땅이 갈라져 지하의 샘까지 이르고 청룡이 사당에서 나오고 해가 밤에 뜨고 낮에 해가 떠오르지 않았다."[3] 이는 모두 자연계를 믿지 않는 상상이다. 고대 중국인이 묘사하고 있는 여러 종류의 자연재해 중에서 물과 불, 즉 홍수와 가뭄은 기본적인 양대 재해를 대표한다.[4] 수재와 한재는 중국 자연환경 중 가장 흔히 보이는 재해로서 현실생활 속의 사람들에게는 하도 흔해서 새로울 것은 없지만 가슴 깊이 새겨지는 일들이다. 수재와 한재에 관한 기록은 갑골문에서부터 시작되어 후대의 문헌에서는 이루 헤아릴 수가 없다. 상고 시대의 신화는 이 두 종류의 재해에 관해 특별한 관심을 기울이고 있다. 후예后羿가 해를 쏜 것이나 대우가 물을 다스린 신화와 전설이 이런 재해(영웅이 세상을 구하는 것을 포함해)의 가장 유명한 대표작으로 많은 문헌 속에 보인다.

"예전에 열 개의 태양이 한꺼번에 나타나 만물을 비추었다"[5] "하늘에 요사함이 있어 열 개의 태양이 한꺼번에 나타났다"[6] "탕곡 위에 부상이 있는데 열 개의 태양이 목욕하는 곳이다."[7] 이들은 이른 시기의 문헌에 보이는 '열 개의 태양'에 관한 전설의 편린이다. 열 개의 태양이 나타나는 방법에는 두 종류가 있다. 하나는 "열 개의 태양이 돌아가며 나타나는 것"[8]으로 『초사』「초혼」에 보인다. 다른 하나는 "한꺼번에 나타나는 것并出"인데, 한꺼번에 나타나면 당연히 대재난이 되어 "불이 나서 꺼지지 않는다焦火不息." 『장자』「제물론」의 어조로 볼 때, "열 개의 태양이 한꺼번에 나타난 것"은 좋은 일이 아니다. 후대의 『회남자』에서는 '열 개의 태양'과 활을 잘 쏘는 후예의 전설이 결합해 태양을 쏴서 백성을 구하는 의의를 말하고 있다.

세상을 구하는 영웅과 천지창조 사상

요의 시대에 이르러 열 개의 태양이 한꺼번에 나타나 곡식을 태우고 초목이 말라죽어 백성들은 먹을 것이 없게 되었다. 알유·착치·구영·대풍·봉희·수사가 모두 백성에게 해를 입혔다. 요는 이에 예에게 명을 내려 착치를 주화의 들에서 주살했고, 구영을 흉수 가에서 죽였으며 대풍을 청구의 못에서 죽였다. 위로는 열 개의 태양을 쏴 없앴고, 아래로는 알유를 죽이고 수사를 동정에서 베었으며 봉희를 상림에서 사로잡으니 만백성이 모두 기뻐하며 요를 천자로 삼았다. 이에 천하의 넓이, 험난하고 평탄함, 원근 등에 비로소 이정里程이 보였다.[9]

『회남자』의 이 이야기 속에는 재해를 구제(기타 백성들의 폐해를 제거)하는 것과 "천하의 넓이, 험난하고 평탄함, 원근 등이 비로소 이정이 있게 되었다"는 지리 질서가 서로 연계되어 있어서, 재해를 구제하는 것과 대지 질서 형성의 관계를 알 수 있다.[10]

전설에 따르면, 비교적 이른 시기인 요의 시대에는 가뭄의 한재였다가 순의 시대에 이르면 홍수의 수재로 변한다. 수재가 나타난 원인에 대해 혹자는 공공의 폐해로 일어났다고 생각한다. 『회남자』「본경훈」에 나온다:

(앞에서 인용한 문장에 이어) 순의 시대에 공공이 물결을 뒤흔들어 홍수를 일으켜 공상으로 몰아가니 용문이 아직 열리지 않았고 여량도 열리지 않아 양쯔 강과 화이허淮河 강의 물이(이 홍수의 물과) 합쳐 흘러 사해가 물바다가 되었으므로 백성들은 모두 언덕으로 올라가 나무 위로 올라갔다. 순이 이에 우를 시켜 세 강과 오호를 소통시키고 이궐을 트고 찬허瀍河 강과 젠허澗河 강을 이끌어 도랑과 육지를 평평하게 통해서 동해로 흘러들게 하니 홍수가 빠져

구주가 마르고 만민이 모두 본성을 평안하게 가졌다. 이에 요와 순을 성인이라 일컬었다.[11]

이 이야기는 우의 "소통시키고·트고·이끌고·평평히 하고·통하게 하는" 등 일련의 조치를 통해 마침내 홍수가 잦아들었음을 말하고 있다. 홍수가 잦아들자 구주가 나타났는데 여기서 또 재해를 구제하는 것과 지리 질서 형성의 관계를 볼 수 있다.

『국어』「주어」에도 홍수는 공공의 폐해로 일어났다고 한다. 『맹자』「등문공 상」은 "홍수가 아무데나 흐르고 천하에 범람했다"[12]를 "천하가 아직 안정되지 않은天下未平" 원시 상태로 보았는데, 이는 원시 환경의 결함에 속한다. 원시 환경에 결함이 있다는 관념에 대해서는 또 『회남자』「남명훈」을 들 수 있다. "옛날에 사극이 무너지고 구주가 갈라져 하늘은 땅을 다 덮지 못하고 땅은 만물을 두루 싣지 못했다. 불이 맹렬히 번져 꺼지지 않고, 물이 넘쳐흘러 그치지 않았으며 흉맹한 짐승들이 선량한 백성들을 잡아먹고, 사나운 새들이 노약자를 잡아채갔다."[13] 이 전면적인 대재난의 출현이 인간 세상의 실덕으로 인한 것은 아니다. 이 전설이 반영하고 있는 것은 상고 시대 재해에 대한 사람들이 과장된 기억이거나 상고 시대 환경의 결함에 대한 추측일 것이다. 재해가 가득한 원시 상태로부터 조화로운 시대로 진입하려면 영웅과 성현의 위대한 공적이 있어야 한다. 이런 재해 신화에서 영웅과 성현의 역할은 분명하게 드러난다. 원시의 재난을 평정하고 원시의 결함을 보수하는 행위는 앞서 말했던 두 번째의 천지창조 행위[14]나 세상을 구하는 행위에 속한다.

재해 관념의 본질은 인문 관념으로, 사람을 중심으로 하는 세계관의 산물이다. 인간의 이익을 떠나서 재난을 말할 수 없다. 이런 중국 고대의 전설에서 세계 질서와 인류 생존의 대응 관계를 느낄 수 있다. 원래의 세계는 문제가 가득했다. 영웅과 성현 등의 인물이 출현해 그런 문제들을 해결했고, 천하에는 태평의 질서가 잡히고 사회는 안정되었으며, "만백성 모두가 그 본성을 평안히 해"[15] 안심하고 사람답게 살 수 있었다. 이렇게 보면 서양의 '설계된 대지designed earth'의 관념이 중국에도 조금은 있다. 인간은 세계를 이해함에 자신의 입장과 자기의 이익에서 출발하게 되는데, 이 점은 공통적일 수밖에 없다.

## 재이災異와 덕행

고대 사상 유파 중 유가는 인문에 치중하므로 재해를 중시하지만, 도가는 인문에 치중하지 않기 때문에, 그 정도가 유가에 크게 못 미친다. 이런 대비는 분명하다.

유가는 덕행을 주창하기 때문에 재해 문제 역시 최종적으로는 도덕과 연계된다. 재해를 구제하고 피하고 면하는 사상에서 가장 분명하게 드러나는 결정적 요소나 수단은 덕을 세우고 도를 행하는 것이다. 덕의 문제는 서주 시기에 제기되어 동주 시기에는 이미 사상계에 널리 퍼졌다. 『서경』「함유일덕」에 "길흉은 어김없이 사람에게 달렸고, 하늘이 재앙이나 복을 내리는 것은 덕에 달렸다."[16] 『춘추좌씨전』 희공 13년에 "천재지변이 유행해 나라마다 돌아가며 일어나니 재난을 구제하고 이웃을 구원하는 것이 도이다. 도를 행하면 복이 온다"[17]고 했다.

나중에는 여기서 한걸음 더 나아가, 덕을 잃었기 때문에 천재지변을 불러일으키기도 하고, 인재人災를 불러오기도 하는데 인재를 또 다른 재해로 보았다. 인재는 사회적인 재난이며, 재해의식이 한층 더 인문화된 것이다. 『회남자』「본경훈」에서 고대 성현이 세운 공로의 순서를 보면, 재해를 평정하는 성격이 고대의 천재지변을 평정하는 것에서 후대의 인간 세상의 포악함을 평정하는 것으로 변화되는 사실을 볼 수 있다. 결국 천재와 인재는 서로 연결되어 체계를 이룬 뒤, 후대의 참위讖緯·재이·천인감응의 주요한 내용이 되었다.

「본경훈」은 요가 예를 시켜 열 개의 태양을 쏘게 하고, 순이 우를 시켜 홍수를 평정한 이야기를 한 뒤, 이어서 탕과 무의 공로를 이야기하고 있다. 탕은 상의 탕왕이고, 무는 주의 무왕이다. 요와 순과는 달리 탕과 주 무왕이 구제한 것은 천재가 아니라 인재, 즉 사회적 재난이었다. 탕과 주 무왕은 각각 하의 걸과 상의 주紂가 연출한 포악함을 구제해 상 왕조와 주 왕조를 세웠다. "이것으로, 성현으로 이름이 난 이는 반드시 난세의 환난을 당한다" "세상에 재해가 없으면 비록 신이라도 그 덕을 펼 수 없으며, 상하가 화합해 화목하면 비록 현명하고 능한 사람이라도 그 공을 세울 수 없다"[18] "요는 수재를 겪었고 탕은 한발을 겪었으니 성인의 세상에 재해가 없을 수 없다."[19] 천재와 인재로 신의 은덕과 성현의 공로를 부각시키고 있는데, 그런 천재와 인재가 없다면 어떻게 되며 고대의 역사를 어떻게 말하겠는가?

성현과 영웅에 대조적인 '부정적 인물(악역)'이 늘 재해를 일으키는 사람이다. "염제가 화재를 일으켰으므로 황제가 그를 잡았고, 공공이 수해를 일으켰기 때문에 전욱이 그를 죽였다. 도로 가르치고 덕으로 이끌어도 듣지 않으면 그에게 위엄과 무력을 가한다. 위엄과 무력을 가해도 따르지 않으면 전쟁으로 이를 제압한다."[20]

　우선 천재는 사실이다. 인간에게 불리하고 인간이 두려워하는 환경 속에 존재하는 실재다. 환경에 대한 경험과 관찰에서 그 어떤 유파의 사상가도 천재의 존재와 그 천재가 인류의 생존에 해가 됨을 부정하지 않는다. 천재에 대한 해석과 의미의 표현에서는 각 유파의 사상가들이 다소 다르다. 도가는 자연을 중시하고 인사를 멀리하기에, 천재의 문제에서도 그다지 개의치 않는다. 그들의 단순한 자연세계에서 재해는 당연히 중요하지 않다. 사람이 없는데 재해에 대해 할 말이 있겠는가. 그러나 유가를 대표로 하는 기타 사상 유파는 많이 다르다. 인문사회를 보살피는 그들의 입장은 재해를 큰일로 여겼다.

　재해는 한대 유가의 개념 중에서 점차 확장되어 '재이'로 변하였다. 재이는 일부 유가가 비정상적인 자연현상을 이용해 만들어냈다. 천상이나 지상에 종종 나타나는 기이한 자연현상의 이상한 일이 나타나는 것은 개별적인 것 같지만 실은 그게 아니라 그들 배후에는 어떤 신비한 연관성이 있다고 그들은 주장한다. 기이한 일은 모두 어떤 징조이며, 그 징조는 인간 세상에 곧 재앙이 내릴 것임을 알린다고 한다. 『후한서』「오행지」는 장맛비·복요服妖·계화鷄禍·옥자괴屋自壞·낭식인狼食人·재화災火·초요草妖·우충얼羽蟲孽·양화羊禍·수변색水變色·동뢰冬雷·산명山鳴·지진·산붕山崩·지함地陷·대풍발수大風拔樹·일식·홍관일虹貫日[21] 등, '재이'를 대단히 많이 열거하고 있다. 예를 들어, 여포가 동탁을 살해하기[22]에 앞서 "장안 선평성 문 밖의 집이 이유 없이 저절로 무너지는"[23] 징조가 있었다.

　옛 문헌에는 원래 자연의 기이한 기록들이 있었다. 『시경』「소아」에

"온갖 하천이 끓어오르고 산봉우리가 다 무너졌다."[24] 『서경』「상서·고종융일」에 "꿩이 정鼎의 손잡이에 앉아 울었다越有雉雉."[25] 『춘추』에도 자연 재이의 기록이 많아서 일식이 36회, 지진이 5회, 산사태가 2회, 홍수가 9회, 대량의 진눈깨비가 3회, 대량의 우박이 3회, 해충의 피해가 14회, 기이한 사물 5회, 큰불이 10회 등이 있다. 이런 재이가 동중서와 『춘추공양전春秋公羊傳』에 이르자 모두 인간 세상 사회의 일과 연계된다. 동중서는 "하늘은 만물의 근원"[26]으로 모든 것을 드러내 보이고 결정한다고 했다. 『춘추』의 재해 기록은 원래 단순한 것이었는데 한대의 유학자들은 그것을 정치에 끌어들여 정치투쟁에 자주 사용했다. 재이와 참위의 전개는 이미 주제에서 많이 벗어났기 때문에 여기서 더 말하지 않겠다.

유가는 자연재해를 중시하며 크게 문제 삼는다. 유가의 환경 가치관과 재해 문제는 서로 밀접한 관계가 있다. 천재로 인해 사람들은 원시 환경에 결함이 있다는 생각을 하게 되었는데, 그런 생각은 천지창조자의 공을 크게 반감시킨다. 그와 비교하면, 재해에 대항해 세상을 구하는 영웅과 성현은 더욱 높고 직접적인 가치를 드러낸다.

유가와 그 밖의 많은 다른 사상가(도가는 제외)에게 있어서, 진정으로 인류에게 의의가 있는 천지창조는 구제와 발명이었다. '천지창조'는 인간이 살 수 없는 세상을 살 수 있는 환경으로 만들었고, '부족한' 자연은 성인의 힘을 통해 인류가 먹고 살며 이동할 수 있고 번식할 수 있는 세계가 되었다. 유가의 환경 가치관은 '사람이 살 수 있는 환경'이다. 이는 서양의 창조주가 '설계한 환경'관과 같은 부분도 있고 다른 부분도 있다. 같은 부분은 둘 다 사람을 위한 것이라는 점이고, 다른 부분은 중국의 사람이 살 수 있는 환경은 인간(성현의 지도 아래) 스스로가 만들었다는 점이다.

## 성인의 천지창조 사상

선진 시대에 도가를 제외한 여러 사상가는 모두 자연계에 그다지 관심이 있지 않았다. 공자·맹자·상앙·한비자·묵자 등은 모두 인문사회의 문제를 중시했다. 이 사상가들이 관심을 둔 것은 인문사회 건설로, 인문사회의 '천지창조'라고 할 수 있다. 여기서 성인이 '세상을 열었다'는 말은 자연세계의 창조가 아니라 인문세계를 창시해 사람이 살 수 있는 환경을 만들었다는 것이다. 이 문제에 관해서는 많은 사상의 유파 모두 비슷한 점이 있는데, 여기서는 유가를 대표로 해 이 문제를 서술하기로 한다.

선진 시대에 그 사회에 전해지는 귀신 이야기가 많았으리라는 것을 추측할 수 있다. 공자 등은 이런 것들을 의식적으로 회피하면서, 현실의 인문사회 문제만 집중적으로 서술했다. 이는 모두 주지하는 유가의 특징이다. '천지창조'의 문제를 검토할 때, 유가와 법가 등이 말하는 역사에는 우주세계의 천지창조에 관한 부분이 없이 요순부터 시작되고 있음을 주목해야 한다. 그리스문명과 대비해서, 소크라테스 이후로 넘어오면 우주 문제는 서양철학의 중요한 내용 중 하나가 되었다. 플라톤, 아리스토텔레스 등은 모두 이런 문제들에 많은 주의를 기울여 이미 지구설이 형성되었다. 중국 유가의 발전 여정에서 우주론은 서양의 발달 정도에 크게 못 미친다. 공자는 "천도에 대해 거의 말하지 않았다." 공자 학설의 주요 내용은 정치 도덕의 설교라서 자연의 초월적 사유면에서는 많은 공백이 존재한다.

유가의 주요한 논증 대상은 인문 세계의 성격과 질서다. 유가가 '천지'의 존재를 무시하는 것은 아니다. 원래의 천지가 있는 그대로는 인류 생활에 적합하지 않기 때문에, '성인'이 그 천지 중에서 인문세계를 정리하고 이끌어내는 것이다. 즉, "천지는 태어나게 하고, 성인은 성취하게 한다"[27]는 말이다. 『논어』 「태백」에서 공자는 "위대하도다, 요의 임금 되심이여! 높고 높음은 오직 하늘이 큰데, 오직 요만이 그를 본받으셨다"[28]고 했다. 하늘이 위대하기는 하지만 이 또한 성현이 이끌어야 했으니, 인문 질서의 형성은 성현에 의지해야 한다.

유가는 확실히 인도의 기초 위에서 '천인天人의 학문'을 말하고 있다. 『순자』 「왕제王制」에 "하늘과 땅은 생명의 시작이요, 예는 다스림의 시작이요, 군자는 예의의 시작이다"[29], 또 "하늘과 땅은 군자를 내고 군자는 하늘과 땅을 다스린다. 군자는 하늘과 땅이 하는 일에 참여하고 모든 사물을 총괄하는 자이고 백성의 부모다. 군자가 없으면 하늘과 땅을 다스리지 못하고 예의를 거느릴 수 없고, 위로는 군주나 스승이 없고 아래로는 아버지와 자식이 없게 되는데, 이것을 지극히 어지러운 것이라고 이른다. 군주와 신하, 아버지와 아들, 형과 아우, 남편과 아내는 시작하면 마치고 마치면 시작해 하늘과 땅과 함께 이치를 같이 하며 만세를 함께 해 오래하는 것인데, 이것을 큰 근본이라 이른다"[30]고 했다. 여기서는 천지의 이치가 군신·부자·형제·부부 사이의 예의가 만세토록 변치 않음을 증명하는 데 사용되었는데, 그 논증의 표적 역시 인문사회다. 예는 인문 질서의 핵심으로, 이 질서에는 인문 공간의 질서 즉 인문지리 질서를 포함하고 있다.

유가의 사상에서 인간과 직접적으로 관련된 이런 환경은 성인의 정리를 통해서 이루어진다. 『맹자』 「등문공 상」에 "요 임금의 시기에 천하가 아직 안정되지 못해 홍수가 마구 흘러 천하에 범람했다. 초목이 무성하게 자라고 금수가 번식했으며 오곡은 여물지 못하고 금수가 사람에게 덤벼들고 짐승 발굽과 새 발자국이 나라 안의 길과 뒤섞였다. 요가 오직 이를 걱정해 순을 천거해 다스림을 베풀었다. 순은 익益에게 불을 맡게 했는데 익이 산과 못에 무성히 자란 초목을 살라 태우니 금수들이 도망가 숨었다. 우는 수많은 강을 소통하고 제수濟水와 타허漯河 강의 물길을 잇고 루허汝河 강과 한수이漢水 강을 트고 화이허淮河 강과 쓰허泗河 강을 밀어내어 창장 강에 대었다. 그런 뒤에 나라 안이 먹고 살 수 있게 되었다"[31]고 했다. 여기서 묘사하고 있는 것은 천지의 천지창조가 아니라 "먹고 살 수 있게 된" 인문세계의 형성 과정이다.

인문세계의 천지창조는 재해를 구제하는 것에서 시작되는데, 재해의 구제는 환경에 대한 2차적 천지창조라고 할 수 있다. 인류 사회에는 이 2차적 천지창조가 더욱 직접적이고 현실적 의의가 있다. 유가는 고대 신의 천지창조 전설은 피하지만 세상을 구하는 영웅의 전설은 받아들이고 또 선양한다.

유가는 옛 성왕을 두드러지게 부각시킨다. 그 성왕들은 신이 아니기 때문에 천지를 창조하지는 못하지만 천지의 뜻과 '소통'할 수 있다. 유가는 천지의 유래에 대한 탐구는 하지 않으나(송·명 시대 '새로운 유가新儒家'의 경우는 따로 논의한다), 인문 세계의 유래 즉 역사는 중시한다. 인문 세계 역사의 기점은 성왕이 인문 사회를 연 위대한 업적으로부터 시작된다. 『주역』 「계사 하」가 서술하는 과정이 대표적이다.

옛날 복희씨가 왕이 되어 천하를 다스릴 때, 우러러 하늘의 상을 살피고, 아래로는 땅의 법을 살피고, 새와 짐승의 발자국과 땅의 마땅함을 살펴서 가까이는 몸에서 취하고, 멀리는 사물에서 취해 처음으로 팔괘를 만들었는데, 이로써 신명의 덕과 통하고 만물의 성정을 무리 지었다. 끈을 맺어 그물을 만들어 그것으로 사냥과 어획을 했다.[32]

복희씨가 죽자 신농씨가 일어났는데 나무를 베어 보습을 만들고 나무를 구부려 가래를 만들었다. 가래와 호미의 이로움으로 천하에 농사를 가르쳤다. 하루 종일 시장을 여니 천하의 백성들이 이르고, 천하의 상품이 모여들어 교역하고 물러나 각기 원하는 바를 얻었다.[33]

신농씨가 죽자 황제·요·순이 일어났는데 앞선 이들이 만든 변화를 알고, 백성들이 게으르지 않게 하며, 앞서 만든 것들을 신묘하게 개조해 백성들을 편리하게 했다.[34]

황제·요·순은 의복으로 세상을 다스렸다.[35]

나무를 파내서 배를 만들고, 나무를 깎아 노를 만들었다. 배와 노의 이로움으로 강을 건너 먼 곳까지 이를 수 있어 천하가 편리해졌다. 소와 말을 부려서 무거운 것을 끌고 먼 곳까지 갈 수 있음으로, 천하가 편리해졌다. 겹문을 설치하고 딱따기를 울림으로, 난폭한 외래자를 대비했다. 나무를 잘라 절구공이를 만들고 땅을 파서 절구를 만드니, 절구공이와 절구의 이로움으로 만민이 도움을 받았다. 굽은 나무에 줄을 매어 활을 만들고 나무를 깎아 화살을 만드니, 활과 화살로써 천하에 위엄을 떨쳤다.[36]

세상을 구하는 영웅과 천지창조 사상

상고 시대에는 동굴에 살며 들에서 지냈는데, 후세에 성인이 가옥을 지어 그를 대신했다. 들보를 위에 두고 아래에 처마를 늘여 비바람에 대비했다. 옛날에는 장사를 지낼 때 장작으로 시체를 두껍게 싸서 들에 장사를 지낼 뿐, 봉분도 없고 나무를 심지도 않았으며 복상 기간도 정해진 바가 없었다. 후세의 성인이 이를 관곽으로 바꾸었다. 옛날에는 노끈에 매듭을 지어 일을 기록해 처리했는데 후세의 성인이 이를 죽간 등에 새기는 것으로 바꾸어 백관이 그것으로 일을 처리하고 백성들은 그것으로 살펴 알 수 있었다.[37]

(이상의 인용문은 일부 생략된 부분이 있음.)

선진 시대의 문헌에서 성왕이 인문 세계를 열었다는 주장은 널리 유행했다. 유소씨有巢氏, 수인씨燧人氏, 복희伏羲(庖犧·包犧·宓羲·伏戲), 신농神農(염제炎帝), 황제黃帝, 전욱, 요, 순, 우 등과 같은 일련의 이름은 거의 모든 사람이 받아들이는 상고 역사다. 이들의 역사적 의의에 대한 논평은 다르겠지만 이 같은 대략적인 역사 과정을 부정할 사람은 없다. 한비자는 유가와 논쟁할 때, 먼저 비슷한 과정을 서술해 '성인이 만들었음'을 결정적인 것으로 여겼다.

상고 시대에 사람은 적고 짐승은 많아 사람이 짐승과 벌레, 뱀 등을 이기지 못했다. 그때 성인이 나와 나무를 얽어 새둥지 같은 집을 지어 여러 가지 위험을 피하게 하니, 백성들이 기뻐하며 천하를 다스리는 왕으로 삼고 유소씨라 불렀다. 백성들이 과실과 덩굴열매, 조개 등을 먹고 살았는데 날것이라 비리고 누린내의 악취가 나고 배와 위를 상하게 해서 병에 걸리는 백성이 많았다. 그때 성인이 나와 나무를 파고 비벼 불을 일으켜 비리고 누린 냄새를 없애니 백성들이 기뻐하며 천하를 다스리는 왕으로 삼고 수인씨라 불렀다. 중고 시대에 천하에 홍수가 나니 곤과 우가 하천을 뚫었다. 근고 시대에 하의 걸왕과 상의 주왕이 포악무도해 상의 탕왕과 주의 무왕이 그들을 정벌했다.[38]

전하는 말에 따르면 공자가 『서경』을 편집하면서 원고濊古 시기를 빼고 당唐과 우虞에서 끊었다고 한다. 이 일이 사실이든 아니든, 유가와 적잖은 기타 유파의 역사관은 확실히 성왕부터 시작한다. 세상을 연 사람에게 가장 큰 권위가 있는 것이다. 유가는 귀신을 믿지 않으며 천지의 시작도 말하지 않는다. 인간 세상의 시작을 중시하고 인문세계를 연 공로를 성현에게 돌렸다. 성현의 권위를 세우는 데 필요하기 때문이다. 상고 시기의 성왕을 세운 데 이어 근고 시기의 성왕을 세웠고, 그런 뒤에 현재의 '성왕의 도'를 세웠다.

성현의 '천지창조' 사상에는, 환경에 양면성이 있다는 관념이 담겨 있다. 하나는, 인간에게 이롭지 못한 좋지 않은 환경이 있다는 것이고, 다른 하나는 인간에게 이로운 좋은 환경도 있다는 것이다. 좋은 일은 쉽게 되지 않는다. 환경 중에서 좋은 것이나 좋은 상태는 성인의 업적으로 실현되며 성인의 덕성에 의해서 유지된다. 인간과 환경의 관계를 이해함에서, 좋은 환경은 하늘에서 그냥 떨어지는 것이 아니라 사람(성인)의 관여와 개입이 필요하다. 이런 관념을 지리학의 전개에서 보면 적극적인 사상의 기초를 구성한다. 오늘날 많은 이가 도가의 생태적인 시각을 크게 호평하고 있으나 도가의 공허한 말이 사회적 실천 속에 미친 영향은 그다지 크지 않다.

성인이 환경에 관여해 환경을 인간에게 적합하게 만든 전설 중 가장 유명하고 대표적인 것이 대우다. 대우가 홍수를 다스린 이야기는 모르는 중국인이 없다. 중국의 지리적 환경에서 홍수(지표수가 대량으로 존재하는 것)의 문제는 일찍부터 있었던 듯하다. 유가는 홍수와 대우의 이야기를 받아들여 경전으로 만들었다.

고대 환경의 이야기 속에는 환경 파괴자가 있는데 공공共工이다. 그는 불주산을 들이받고 또 '파도를 일으켜 홍수를 만든' 인간 거주환경의 적이자 문명의 적이기도 하다. 공공의 맞은편에 서있는 이가 대우다. 대우는 환경의 구원자이며 문명의 창시자이기도 하다. 『국어』「주어 하」에 태자 진晉이 한 말이 기록되어 있다.

영왕 22년, 구허谷河 강과 뤄허洛河 강이 범람해 왕궁을 덮치려 하자 왕이 그를 막고자 했다. 그러자 태자 진이 간해 말했다: "안됩니다. 제가 듣건대 옛날에 백성을 다스리는 군주는 산을 훼손하지 않고 늪을 메우지 않으며 강의 흐름을 막지 않고 못을 무너뜨리지 않는다고 했습니다. 산은 흙이 쌓여 이루어진 것이고, 늪은 생물이 귀의하는 곳이며, 강은 기가 움직이는 곳이요, 못은 물이 모이는 곳입니다. 천지가 만들어짐에 있어서 높은 곳에 쌓여서 산이 되고 사물은 낮은 곳으로 귀의했습니다. 하천과 계곡이 소통함으로, 기를 이끌고, 낮은 곳에 못과 늪을 이룸으로, 대지를 적시는 것입니다. 이런 까닭에 흙이 쌓여서 이루어진 산이 무너지지 않고 사물이 귀의할 수 있습니다. 기가 가라앉거나 적체되지 않으니 또한 물길이 잘 빠져 뚫리는 것입니다. 이로써 백성들이 살아서는 쓸 재물을 얻고, 죽어서는 묻힐 곳을 얻게 됩니다. 요절이나 미혹되거나 역병으로 죽거나 병에 걸릴 걱정이 없고, 기아와 추위, 물질의 결핍의 근심이 없게 되는 것입니다. 그러므로 상하가 단결해 예상치 못한 사고를 대비할 수 있었습니다. 옛날의 성왕이 이런 일에 신중했습니다. 예전에 공공이 이런 도리를 버리고 향락에 안주해 방탕하게 본성을 잃고서는, 온갖 하천을 막고 높은 산을 무너뜨려 낮은 못과 늪을 막으려 해 천하에 해가 되었습니다. 하늘이 보우하지 않고 백성들은 돕지 않으며 천재와 인재가 함께 일어나니 공공은 이로써 패망했습니다. 유우씨 때 유숭의 제후인 곤이 방종하게 황당한 생각으로 공공과 같은 잘못을 범했기에 요가 그를 우산에서 죽였습니다. 그의 아들 우는 이전의 방법이 잘못되었다고 생각해 물을 다스리는 제도를 고쳤습니다. 천지의 형상을 본받고, 온갖 사물의 성질을 비교하며 백성을 기준으로 삼아 천하 만물의 본성을 훼손치 않도록 했습니다. 이후 공공의 질손인 사악이 그를 도왔는데, 지형의 높고 낮음에 따라 물길을 소통하고 막힌 곳을 뚫었으며 물을 모아 만물을 풍성히 번식케 했습니다. 구주의 높은 산들을 보존하고 구주의 하천을 소통시켰으며 구주의 호수에 제방을 쌓고, 구주의 늪지에 생물이 무성하게 번식토록 하고, 구주의 들판의 흙을 평평히 골랐고, 구주의 백성을 위해 거주할 주택을 짓고, 천하가 다 통하도록 했습니다."[39]

이 글의 전반부는 상고 시기에 민중을 관리하는 사람이 자연환경을 파괴하지 않아 "산을 훼손하지 않고 늪을 메우지 않으며 강의 흐름을 막지 않고 못을 무너뜨리지 않으며" 천하가 태평하고 아무 일도 없었다고 한다. 나중에 공공이 "그 도리를 버리고" 하천들을 메워 막고, 높은 곳을 낮게 만들고, 낮은 곳을 높게 만들어 하늘의 뜻에도 맞지 않고 사람의 마음도 얻지 못했다. 재해와 변란이 함께 일어나며 홍수가 났다. 곤이 나서서 공공의 방법을 되풀이했는데 실패해서 요가 "우산에서 그를 죽였다." 마지막에 우가 등장해 자연의 법칙대로 하천과 호수의 물길을 이끌고 소통시켜 홍수를 다스림으로, 화하 백성들의 주거환경의 기틀을 다졌다.

우가 물을 다스린 업적은 그 의의가 명확하다. "아름답다, 우의 공적이여, 밝은 덕행이 얼마나 심원한가! 우가 아니었다면 우리는 물고기 되었으리라!"[40] 성인이 숭고한 정신으로 자연재해를 극복하고 인간을 수재와 한재로부터 구해서 문명사회를 엶으로써, 덕치를 실현한 것이다. 천도나 지도地道, 인도를 막론하고 모두 성인의 행위를 거치고 나서야 비로소 인간 세상 사회에 실현된다.

노자는 "지극한 선은 물과 같다"[41]고 생각했는데, 유가는 물을 그렇게 숭고하게 생각하지 않았다. "물은 큰 재해로 하늘은 종종 이를 운용한다."[42] 유가는 늘 물을 다스리기를 생각하는데, 물을 잘못 다스리면 재앙이 되고 잘 다스리면 덕이 된다. 서주 중후기의 청동기 선공수燹公盨의 명문銘文에 우의 물 다스리기와 '명덕明德'을 분명하게 연계시키고 있다. 유가는 물 다스리기 문제를 '백성'을 위하고, '천하'의 이익을 위한 것으로 공언하고 있다. 물은 해가 될 수도 있고 이익이 될 수도 있는데, 물 다스리기는 이롭게 만들려는 것이다. 여기서 자연을 제어해서 인간을 위해 도움이 되게 하려는 유가의 생각을 엿볼 수 있다. 이것이 유가의 현실주의적인 '경세치용經世致用'인데, 경세치용은 지리학의 발전을 이끄는 중요한 동력이다.

## 재해: 환경관의 영원한 주제

고대인의 자연환경 인식에서 자연은 조화로운 세계가 아니다. 자연재해의 존재는 환경이 가지는 고유한 특징이다. 자연재해와 사회이익은 서로 밀접하게 관련이 있기 때문에, 인문사회의 전개에 관심이 있는 사람은 누구나 자연재해를 중시하고, 걱정스러운 이 환경의 특징을 인정하지 않을 수 없다.

불리한 환경현상에 대해 상대 사람은 이를 상제上帝의 움직임으로 상상했다. 천명자陳夢家는 갑골문에 보이는 '상제'의 권한과 역할에 대해 16가지로 총괄했다.[43] 선과 악의 두 종류가 있는데, 그중 비를 내리게 함, 바람을 불게 함, 구름과 노을을 일게 함, 어려움을 내림, 재앙을 내림, 큰비를 내림, 작황, 흉년 등이 모두 재해와 관계가 있다.

자연재해의 문제에서 유가의 입장은 도가보다 훨씬 더 분명하다. 유가의 환경관은 인문과 관련된 이해 판단이 기본 노선이다. 『춘추』에 보이는 '서법'(역사 기록법—옮긴이)은 재해의 기록을 중시하는데, "첨삭에 재이 사실을 빼지 않는다"[44]고 했다. 예를 들어,

- 은공隱公 9년　3월 계유일 큰비가 내리고 천둥번개가 쳤다. 경진일 큰 눈이 내렸다.
- 환공桓公 원년　가을에 홍수가 났다.
- 환공 13년　여름에 홍수가 났다.
- 장공莊公 7년　여름 4월 신묘일 저녁에 항성恒星이 보이지 않았다. 밤중에 별이 비 오듯 떨어졌다. 가을에 홍수가 났다. 보리의 싹이 자라지

않았다.

- 장공 11년    가을에 송나라에 홍수가 났다.
- 장공 20년    여름에 제나라에 큰 재해가 있었다.
- 장공 25년    가을에 홍수가 나서, 북을 치며 희생으로 토지신과 성문의 문신에게 제사 드렸다.
- 희공僖公 2년   겨울 10월에 비가 오지 않았다.
- 희공 3년    봄 정월에 비가 오지 않았다. 여름 4월에 비가 오지 않았다. 서徐나라 사람이 서舒나라를 취했다. 6월에 비가 내렸다.(좌전: 3년 봄에 비가 내리지 않았다. 여름 6월에 비가 내렸다. 10월부터 5월까지 비가 내리지 않았다. 가뭄이라 하지 않은 것은 재해가 되지 않아서다.)
- 희공 10년   겨울에 큰 눈이 내렸다.
- 희공 29년   가을에 큰 우박이 내렸다.(좌전: 가을에 큰 우박이 내렸는데 재해가 되었다.)
- 희공 33년   12월에, (…) 서리가 내렸으나 풀이 죽지 않았다. 오얏(자두)과 매화가 열매를 맺었다.
- 문공文公 9년   9월 계유일에 지진이 있었다.
- 문공 10년   정월부터 비가 오지 않아서 가을 7월까지 계속되었다.
- 선공宣公 7년   가을에 공이 내萊나라 정벌에서 돌아왔다. 큰 가뭄이 들었다.

이상 열거한 것은 단지 은공에서 선공까지의 기간 있었던 주요한 재해의 기록이다. 선공 이후의 재해 기록도 여전히 많지만 더 옮기지 않겠다.

『이아爾雅』는 세상 온갖 사물의 개념을 해설한 책이다. 「석천釋天」편에 먼저 '상祥'의 상황을 풀이했다. "봄은 청양이고, 여름은 주명이고, 가을은 백장이고, 겨울은 현영이다. 사계절의 기가 조화로운 것을 옥촉이라 한다. 봄은 발생이고, 여름은 장영이고, 가을은 수성이고, 겨울은 안녕이다. 사시가 조화롭다는 것은 원활하고 고른 것인데 이를 경풍이라 부른다. 단비가 시기적절하게 내려 만물이 다 좋은 것, 이를 예천이라 부른다. 길한 것이다."[45] 주석에 "여기서 '태평한 때'라 풀이한 것은 사시의 기운이 화창해 길하고 상서로움에 이르게 되는 것이다"[46]라고 했다. 그 뒤를 이어 '재災'의 상황을 풀이했다. "곡식이 여물지 않는 것이 '기饑'이고, 채소가 자라 익지 않는 것이 '근饉'이며 과일이 익지 않는 것이 '황荒'이고, '기'가 거듭되는 것이 '존荐'이다. 재해다."[47] 주석에 "이는 흉년의 재해 명칭을 풀이한 것이다."[48] 여기서는 농작물이 '여물지 않은' 상황을 빌어 천재를 풀이함으로, 농업사회가 자연을 관찰하는 중요한 기점을 반영한다. 『이아』의 서술은 '재災'와 '상祥'이 '천天'('天'으로 대표되는 자연환경)의 속성임을 설명하고 있다.

『이아』는 비바람을 풀이할 때도 좋지 않은 상황을 나열하고 있다. "바람이 불어 흙이 쏟아지는 것이 '매霾'이고, 흐리고 바람이 부는 것이 '열曀'이다. 하늘의 기가 내려오는데 땅이 이를 받지 않는 것을 '몽雺'이라 하고, 땅의 기가 발산되는데 하늘이 이를 받지 않는 것을 '무霧'라 하는데, '무'는 '회晦'라고도 한다."[49] "갑자기 오는 비가 '동涷'이고, 보슬보슬 오는 비가 '맥목脉霂'이며, 오래도록 오는 비가 '음淫'이다. '음淫'은 '임霖'이라고도 한다."[50] 이런 비바람은 사람에게 불리한 현상이며 재앙을 일으킨다.

유지기劉知幾는 『춘추좌씨전』과 『국어』에 재해 상황에 대한 기록이 많음을 지적했다. "살펴보면, 「태사공서太史公書」(『사기』)에 있는 '춘추 시대' 이전부터 나라의 재해와 현철들이 천상에 근거해 자연재해와 기후의 변화를 예측했던 것들은 모두 『춘추좌씨전』과 『국어』에서 나왔다."[51] 『춘추좌씨전』과 『국어』의 자료는 대부분 사관의 손에서 나왔다. 사관의 직무 중 재해현상에 대한 기록은 중요한 일이었다. 진수陳壽의 『삼국지』「유후주전劉後主傳」에, "촉은 사관의 직책이 없는 까닭에 재해나 상서로움에 대한 기록이 없다"[52]고 해 사관과 재해기록의 관계를 말하고 있다.[53]

재해 현상에 대한 기록은 사상사 연구의 진정한 내용이 아니다. 보다 관심이 있는 것은 재해에 대한 옛사람의 해석이다. 경험적 지식이 사상사의 수준으로 오르기 위해서는 사상가들의 노력과 탐색이 필요하다. 현상 배후에 있는 원인why과 과정how을 해석하려면, 그 원인과 과정을 개념화하고 체계화해야 한다. 단순히 경험 활동의 선에 머물러 독립적으로 서술할 수 있는 관념의 체계까지 오르지 못하면 사상사 범위에 들지 못한다. 고대 중국인들은 재해가 나타나면 그를 다스리는 실천적 경험이 풍부하다. 그러나 재해 발생의 원인을 자연현상 자체에서 탐색하지 않고, 대부분 초자연적인 측면이나 인간사회에서 그 원인을 찾아, 자연재해가 나타나는 원인이 '신'이나 '덕'에 있는 것으로 여겼다.

재해를 피하거나 면하는 문제에서 고대 문헌에 있는 '신'과 '덕'에 대한 외침을 볼 수 있다. 『시경』「노송」에 "하늘이 보살피시어 아무런 재해도 없네"[54], 『서경』「함유일덕咸有一德」에 "길흉은 사람의 행위를 벗어나지 않으며, 하늘은 덕에 따라 재해나 상서로움을 내린다"[55]고 했다. 왕조의 말기가 되면 도덕이 완전히 무너지는데, 망국의 조짐에는 천재도 포함이 된다.

혼돈에서 질서로

- 하나라의 멸망: "하늘의 도는 선한 이에게 복을 주고 악한 이에게는 재앙을 내리나니, 하에게 재해를 내린 것은 그 죄를 밝힌 것이다."[56]
- 상나라의 멸망: "하늘이 혹독하게 재해를 내려 은나라를 황폐하게 했다."[57]
- 서주의 멸망: "나라는 반드시 산천에 의지해야 하는데, 산이 무너지고 강이 마른다면 이는 나라가 망할 징조다. (…) 이해에 (징허涇河 강·뤄허洛河 강·웨이허渭河 강의) 세 하천이 마르고 기산岐山이 무너졌다. 11년 유왕幽王이 살해되고, 주는 마침내 동쪽으로 천도했다."[58]

성인의 도덕은 고결해서 성인이 있으면 재해를 막을 수 있다. 『춘추좌씨전』 소공 4년에 "큰 우박이 내렸다"는 기록이 있다. 계무자가 신풍에게 "우박을 막을 수 있느냐"고 물었더니, "성인이 위에 있으면 우박이 내리지 않으며, 설령 우박이 내린다 해도 해가 되지 않는다"[59]고 대답했다. 성인은 참으로 쓸모가 많다.

『춘추』 장공 24년과 25년 노나라에 2년 연이어 홍수가 났다는 기록이 있다. 『춘추공양전』 주소에 장공 24년을 다음과 같이 해석하고 있다. "부인이 법도를 지키지 않고 두 시동생과 사통하니, 음기가 성하므로 내년에 또 홍수가 날 것이다."[60] 여자는 운수가 사납다.

재해가 일어나는 원인을 실덕으로 돌리는 것은 초자연적 의지의 존재를 믿는다는 말이다. 이런 초자연적 의지가 재해의 유무를 좌우하기 때문에 초자연적 의지를 감동시키거나 호감을 받아야만 재해를 면할 수 있다. 그래서 온힘을 다해 덕을 닦고 숭배하는 것이다. 오늘날 이 초자연적 의지가 집행하는 것이 실은 인간의 가치관임을 잘 안다.

객관적 자연의 원인에 대한 관심을 벗어나 초자연적 신비요소나 신비한 힘에 대한 지나친 추구는 재해에 대한 해석을 갈수록 신비하고 황당하게 만든다. 유지기는 이미 재해에 관한 해석이 지나친 것을 느끼고 『사통』「외편」 '한서 오행지 착오'에서 이런 상황을 다음과 같이 종합하고 있다. "재이를 터무니없이 해석하는 것에는 8종류가 있다. 첫째, 이전 시대를 논의할 때 연고 사실과 전혀 어긋나는 것이다. 둘째, 영향 관계가 확인되지 않는데도 견강부회하는 것이다. 셋째, 여러 단서를 부연하고 있지만 확실한 근거가 없는 것이다. 넷째, 훌륭한 정치를 경솔하게 요사한 재난에 갖다 붙이는 경우다. 다섯째, 단지 해석만 늘어놓고 상응하는 현상을 보여주지 못하는 것이다. 여섯째, 검토는 정확하지만 사리가 분명하지 않은 경우다. 일곱째, 흉조와 길조를 알 수 있는데도 입을 다물고 설명하지 않은 것이다. 여덟째, 경전을 따르지 않고 마음대로 자신의 의견을 내세우는 것이다."[61] 유지기가 비평한 것은 동중서가 만들어낸 풍조다.

일찍이 동중서는 한 무제에게 말했다: "신이 삼가 『춘추』를 살펴보자니 전대에 이미 행했던 일로, 하늘과 사람이 서로 작용하는 관계를 보면 심히 두려워할 만합니다. 국가가 장차 도를 잃는 나쁜 일이 있게 되면 하늘은 먼저 재해를 내려 질책하며 그를 일깨워 줍니다. 그럼에도 스스로 반성할 줄 모르면 다시 괴이한 일을 내려 경고함으로써 두렵게 합니다. 그래도 고칠 줄을 모르면 상하고 패망함에 이르는 것입니다."[62] 한 무제의 지지로 음양, 점의 응험應驗, 참위, 천인감응 등의 풍조가 크게 일어났다. 그에 대한 해석이 신비하고 황당하고 혼란함으로 인해 재해의 관념 속에 점차 '이異'와 '요妖'의 요소가 대량으로 혼합되면서 재해는 '재이'와 '요상妖

祥'으로 변했다. 이異와 요妖는 모두 '점의 응험'을 암시하는 것인데, 재해의 상황과 인간 세상의 온갖 일을 한데 엮어 서로 검증한다.

재해에 대한 원래 기록은 소박했는데 나중에 점의 응험한 내용들이 첨가되면서 그 성질이 변했다. 이런 영향 때문에 재해에 대한 기록은 보통 오행류에 속한다.

> 춘추 이후와 한대 이전의 일식·지진·운석·산사태·우박·우어雨魚(비에 물고기가 섞여 떨어지는 현상—옮긴이)·한발·홍수, 개와 돼지가 재앙이 되는 일, 복숭아꽃과 자두꽃이 때 아닌 겨울에 피는 현상 등의 일은 대부분 그 재해를 그대로 서술했을 뿐, 그것이 어떤 징조인지 말하지 않았다. 이에 노나라 역사『춘추』와『한서』「제기帝紀」면 되는 것이지, 어디 다시 이런 지志를 편찬할 필요가 있겠는가!63

유지기의 이 말은,『한서』「오행지」중에 춘추 및 한대 때의 재해 상황이 많은데 이는 본시 단순한 재해 상황에 대한 기록일 뿐, 영험함과는 상관없는 문제이니 오행류에 넣을 필요가 없다는 뜻이다. 장학성章學誠도 사지史志를 분류함에서 재해현상을 오행으로 병합하는 일반적인 방법을 언급한 바 있다.

> 별의 분야星野·강역·연혁·산천·물산은 모두 지리지 사항이고; 호구·부역·세금 징수·전매·양곡 수매는 모두 식화고 사항이며; 길흉의 징조, 노래, 변고와 재이, 홍수와 가뭄은 모두 오행지 사항이고; 조정에 나가 하례를 드리는 것, 제단과 사당, 제사 전례, 향음 주례는 모두 예의지 사항이다.64

오행설 중에 객관적 물질관계를 중시하는 긍정적인 요소가 다소 있기는 했으나, 참위와 응험과 결합된 뒤에는 신비와 황당한 쪽으로 흘러버렸다. 이제 역사 속의 재해 기록을 정리하면서, 고대 재해사상의 잔재인 그런 내용들을 가려내지 않을 수 없다.

재해는 반드시 극복해야 할 자연현상이다. 재해를 극복하기 위해 옛사람은 덕을 쌓는 노력 외에도 대규모의 제사와 액막이 행사를 했다. 자연재해의 극복은 인간의 기본적인 수요이자 숭고한 이상이기도 했기에, 재해를 구제할 때에는 일반 경험적인 방법에서부터 숭고한 의식까지 함께 사용되었다. 숭고한 의식이란 기도와 제사다. 일반적으로 제사와 군사적 행동은 군주의 양대 중요사이며, 제사에는 액막이 행사가 포함된다.

『춘추좌씨전』 소공 원년에 "산천의 신은 홍수와 한발, 역병 등의 재해를 맞게 되면 제사를 올려 재앙을 막고, 일월성신의 신은 눈과 서리, 비바람 등이 때에 맞지 않게 되면 제사를 올려 재앙을 막는다"[65]고 했다. 『주례』「소종백小宗伯」에 "천지의 큰 재해는 사직과 종묘에 제사를 지내는데 신위를 관장한다"[66]고 해서, 재해에 대한 대처가 이미 의식화儀式化, 제도화의 행위가 되었다.

오악五嶽에 봉선하는 것은 당대 최대의 제전이었는데, 사마천의 부친(사마담)으로 사관이었던 태사太史 담談은 와병으로 한 무제의 봉선의식에 참석하지 못해 통분한 마음을 품고 세상을 마쳤다. 산악에 제사를 드리는 것은 재해를 막는 의미를 포함하고 있다. 사마천은 봉선행사에 참석했는데, 『사기』「봉선서封禪書」에서 말했다: "천자가 이미 태산에 봉선(황제가 하늘과 땅에 지내는 제사)을 지내셨으니 비바람의 재해가 없을 것이다."[67]

고대 중국인들은 자연재해를 인식하고 해결함에, 많은 것을 생각하고 행동으로 옮기며 그들의 가능한 모든 힘을 다했다. 고대 중국의 환경관을 말할 때는 반드시 재해를 언급해야 한다. 재해 문제를 회피하면 완전한 환경 개념이 되지 않는다. 도가는 자연재해 문제를 중시하지 않았다. 그들에게 '천인합일'과 '자연을 본받음法自然' 등 감탄할 만한 사상이 얼마나 있든, 도가의 환경관은 완전하지 않으며 가장 번거로운 것을 피해갔다.

## "사물을 갖추어 사용하는備物致用" 환경관

재해 등 부정적 특징과 대비할 때, 환경 속의 자재는 중요한 실용적인 자원이며 발전을 위해 환경에서 취한다. 『목천자전』 제5권에, "우虞나라 사람에게 명해 숲을 베고 늪을 없애서 백성들이 자재로 쓰게 했다"[68]고 했다. 『사기』 「주본기」에는 "공류가 융과 적의 오랑캐 사이에 있었으나 후직의 업을 다시 닦아 농경에 힘쓰고 땅의 적절한 바에 따랐다. 치허漆河 강과 쥐허沮河 강으로부터 웨이허渭河 강을 건너 목재를 취했으니 길가는 사람은 노자가 있었고, 머물러 사는 사람은 모아둔 여축이 있었다. 백성들이 그의 은덕에 의지했다"[69]고 했다. 실용 정신을 가진 유가는 자연의 이용과 개발 및 천지간의 큰 이로움을 거부하지 않는다. 『맹자』 「양혜왕 상」에서 말했다: "농사의 시기를 어기지 않으면 곡식을 이루 다 먹을 수 없게 되고, 촘촘한 그물을 웅덩이와 못에 들이지 않으면 물고기와 자라를 이루 다 먹을 수 없게 되고, 도끼와 낫을 때에 맞춰 산림에 들이면 재목을 이루 다 쓸 수 없게 된다. 곡식과 물고기, 자라를 이루 다 먹을 수 없게 되고, 재목을 이루 다 쓸 수 없게 되면 이는 백성들이 산 사람을 봉양하고 죽은 이를 장사지내는 데에 유감이 없도록 하는 것이다."[70] 때로 유가는 사람들에게 적당히 해야 함을 일깨워주기도 하지만, 추구하는 최종 목적은 재물을 "이루 다 쓸 수 없게"함에 있다.

『주역』「계사 상」: 사물을 갖추어 사용하게 하고, 기물을 만드는 공을 세워 천하를 이롭게 한다.[71]

『한서』「화식전貨殖傳」: 이에 토지, 하천, 호수, 구릉, 넓은 옥답, 평원의 습지 등의 마땅함을 가려, 백성들에게 나무를 심고 가축을 기르도록 가르쳤다. 오곡과 육축 및 물고기, 자라, 건초, 목재, 기계 등의 물자를 생산하니, 이로써 산 사람을 봉양하고 죽은 이를 장사지내는 도구들이 모두 다 생산되었다. (…) 그런 뒤에 사·농·공·상의 백성이 자신들 터전의 마땅함에 따라 각각의 지혜와 힘대로 일찍 일어나고 늦게 잠자리에 들면서 자신들의 생업에 종사해 서로 자신들의 일한 성과를 교환하며 이익을 교환해 모두 풍족함을 얻는데, 정해진 때에 따라 하는 납부나 징발이 없고, 멀고 가까운 곳 모두 물자가 풍족하다. 그러므로 『주역』의 "군주는 재화로 천지의 마땅함을 보좌하고 그로써 백성을 다스린다"나 "사물을 갖추어 사용하게 하고, 기물을 만드는 공을 세워 천하를 이롭게 함은 성인보다 위대한 것이 없다"는 말은 이를 이름이다.[72]

환경을 개발하고 이용하는 사상 요소는 고대 중국에서 쉽게 볼 수 있다. 순자는 하늘과 인간에 대한 제자백가의 사상을 종합하고 '견見' '폐蔽'(우열을 종합한)를 헤아리고, '하늘의 직분'(하늘의 영원한 준칙)과 '인간의 다스림'(인간의 노력)을 결합해 "천명을 만들어 사용함"[73]의 가능성을 제시했다. 이는 적극적인 사상이다. 사맹학파思孟學派(자사와 맹자학파의 통청—옮긴이)의 사상 속에는 천지와 더불어 참여하는 사상이 있는데, 순자는 이를 명확하게 설명했다. "하늘은 계절이 있고, 땅은 인간에게 필요한 재물이 있고, 사람은 그 사람들을 다스리는 일이 있으니, 이것이 능히 참여한다는 말이다"[74]라고 했다.

"천명을 제어해 이용함"과 "하늘이 정한 바는 사람을 이기지만 사람이 정한 바 또한 하늘을 이길 수 있다"[75]를 확대 해석하면 자연의 주인과 지배자가 된다는 의미를 담고 있다. 유가의 상고 시대 영웅이 재해를 구제하는 것에는 자연을 개조한다는 의미가 있다. 단순한 자연은 영웅이 이를 보완하고 구제하지 않으면 재난을 면할 수 없다고 여기는 듯하다. 보완과 구제는 목적을 갖고서 관여하고 개입하는 것이다.

『장자』「재유」에 의미 있는 이야기가 있다. 황제黃帝가 광성자廣成子를 공동산空同山에서 만나 말했다: "당신이 지극한 도에 이르렀다고 들었기에 지극한 도의 정수를 감히 묻습니다. 저는 천지의 정수를 취해 오곡의 생산을 도움으로, 백성들을 먹여 살리고자 합니다. 저는 또 음양을 다스려 모든 생물을 생육케 하고자 합니다. 그러자면 어떻게 해야 되겠습니까?"[76] 황제는 천지의 정수를 제어해 오곡의 생장을 돕고, 음양을 운용해 모든 생명을 순탄하게 이끌고자 했다. 한마디로 인간을 위해 하늘을 움직이려는 것이다. 이는 장자가 반대하는 반자연적인 방법이다. "구름이 모이지 않고도 비가 오고, 풀과 나무가 단풍이 들지 않고도 낙엽이 지는"[77] 것은, "교활한 사람의 마음으로 경박한 것"[78]이다. '경박함'은 천박하고 식견이 낮다는 말이다. 광성자에게 반박 당하자, "황제는 물러나 천하를 버리고 자신의 집을 짓고는 흰 띠풀을 깔고 석 달 동안 한가히 지냈다."[79] 황제는 잠시 천하의 일을 상관하지 않았다.

그 밖에 운장雲將이라 하는 이는 "하늘의 기운이 조화를 이루지 못하고 땅의 기운은 뒤엉켜 있으며 여섯 가지 기후도 고르지 않고 사철도 절도에 맞지 않는다"고 여겨, "이제 저는 여섯 가지 기후의 정기를 화합해 여러 생물을 생육코자 합니다"[80]라고 했다. 운장은 현재의 천지의 기가 모두 문제가 있으므로(재해와 재이), "여섯 가지 기후의 정기를 화합해" 인간을 위해 일하도록 천명을 만들어서 그를 쓰고자 했다. 홍몽鴻蒙이라 불린 이가 대답했다. 당신이 "하늘의 법도를 어지럽히고 만물의 진심됨에 역행하면 하늘의 현묘한 조화가 이루어지지 않소. 짐승들은 무리로부터 흩어지고 새들은 모두 밤에 울게 될 것이오. 재난은 풀과 나무에 미치고 화는 벌레에까지 미칠 것이오. 아! 이는 사람들을 인위적으로 다스린 잘못인 것이오."[81] 홍몽의 생각대로라면 운장의 계획은 "하늘의 법도를 어지럽히고 만물의 진심됨을 역행하는" 반자연적인 것인데, 그렇게 하면 사람은 초목과 벌레에 이르기까지 화가 미치게 된다.

위의 이야기는 장자가 도가의 입장에서 말한 것으로 기타(유가를 포함해) 사상에 대한 비판이다. 도가가 비판하는 대상에서 천명을 만들어 인간 세상을 구제하는 유가 등의 사상의 존재가 부각된다. 유가의 "천지의 정수를 취해" 백성을 먹여 살리고 뭇 생물들을 생육하고자 함은 모두 성인의 품성에 속한다.

한마디로 고대 중국에서 물 다스리기는 환경을 개선하고 재해를 제거해서 이로움을 만드는 가장 중요한 부분이다. 많은 전설에서 물은 문명을 파괴하는 가장 광범위하고 빈번한 환경 요소다. 환경적 측면에서 천지의 명을 만드는 것은 주로 재해 문제를 해결코자 함이고, 그중 가장 중요한 것이 물 다스리기다. 중국 환경사 중 물 다스리기는 영원히 존재하는 역사의 거대한 그림자로 수천 년 동안 지리학의 전개를 뒤덮고 있다. 중국 옛사람은 물 다스리기에 관한 방대한 문헌을 누적해왔다.

물 다스리기는 이익과 관계있을 뿐만 아니라 질서와도 상관이 있다. 질서가 이익이자 덕이다. 겉으로 보면 유가는 이익을 말하지 않는다. 공자는 이익을 거의 말하지 않았으며, 맹자는 "하필 이利를 말하겠는가"[82]라고 했다. 국가적 층위에서, 유가의 이익·손해의 가치관은 상당히 명확하다. 수신과 제가 다음에 있는 것이 치국평천하다. 유가는 지리의 문제에서 이익도 이야기하고 덕도 말한다. 지리의 이익과 덕은 모두 질서에서 구현되므로, 대우는 물 다스리기를 통해 구주의 질서를 정했다.

유가가 말하는 '천인합일'이란 자연을 인문화하는 것이다. 인간이 근간이 되어 하늘과 합일하는 것인데, 필요한 경우에는 천지를 개조함으로, 사회가치로 천도를 해석할 수 있다. 도가는 이와 반대로 인간을 자연화한다. 도가는 인간의 욕망으로 자연을 지배하는 것에 반대한다. 그렇지 않으면 '재난'을 일으키게 되며, 심지어는 인문이 곧 재해라고 한다. 이런 측면에서, 도가는 지리를 분석하지 않음으로써 지리학에서 제자리걸음을 하고 있다.

대지 환경의 본질에 대한 인식은 대지 위에 있는 모든 현상을 해석하는 전반적인 기초가 된다. 천지창조 이론과 환경관은 대지 본질에 대한 설명이다. 유가의 '천지창조' 이론은 자연으로서의 대지의 본질을 회피하고 인문세계의 본질만을 강조했다. 이는 고대 중국에서 자연지리학이 충분히 발달하지 못한 중요한 원인이다. 자연 대지의 본질에 대한 인식은 서양의 현대 과학지리학이 세워진 기초다. 코페르니쿠스의 태양계에 대한 해석과 훔볼트의 지구 기후대에 대한 연구는 현대 자연지리학에서 각 분야의 요소 간 관계의 총체적 핵심을 확립했다. 중국의 현대 자연지리학이 창립될 때, 이용할 수 있는 전통적인 자원이 별로 없었기에 전반적으로 서양화가 될 수밖에 없었다.

제3장

# 우주관:
# 신화에서 철학까지

대략 서주 시기에 사상의 영역에 큰 변화가 나타났다. 그 변화는 "지상과 하늘이 통하는 것을 막는"[1] 역사적 전설로 대표된다. 지상과 하늘이 통하는 것을 막는 변혁이 발생함에 따라 사상 영역에서 각종 문제의 무게가 달라졌다. 하늘의 신과 지상의 인간을 두고 비중이 바뀌었는데, 인간 쪽 비중이 증가하는 추세를 보인다. 유가사상의 탄생과 발전은 이런 배경과 다소 관련이 있다. 유가의 발전에는 사회위기도 한몫했다.

인간사회를 중시하는 유가사상이 형성되는 시기에 다른 한 유파의 사상도 전개되고 있었다. 이 사상도 유가와 마찬가지로 귀신에 관심을 두지 않았으나, 인간사회 내부의 구체적 사실에도 그다지 관심이 없었다. 사회위기를 비판하기도 했으나 그 주장이 유가와는 달랐다. 그것은 도가사상이다. 도가는 신과 성현을 벗어나 세계를 해석했고, 철학적 의미가 있는 우주관의 전개를 촉진시켰다.

## 도가의 우주발생론

장타이옌은 상고 사상이 신학에서 벗어나는 문제를 이야기한 적이 있는데, 구체적으로 노자가 그런 변화를 만든 중요한 인물이라고 생각했다. 그는 "관중管仲은 음양이 뒤섞인 파라서 귀신 이야기가 많다. 노자가 나오자 상황이 크게 바뀌어 천지의 귀신과 응험함에 대한 말을 믿지 않게 되었다. 공자도 노자 학설의 영향을 받아서 귀신을 믿지 않았다."[2] 공자가 괴력난신을 말하지 않았다는 주장은 유명하다. 사마천도 같은 입장이었다. 그는 『사기』「대원열전」에서 "『우본기』『산해경』에 나오는 괴물을 감히 말하지 않는다"[3]고 했다. 현재 『우본기』의 내용은 일부만 전해지나 『산해경』의 기이한 내용은 다 알려져 있다. 사마천은 서역을 다루면서 이런 기괴한 사항을 인용하고 싶지 않았던 것이다. 중국의 고대 사상이 신화와 이별을 고한 것은 주대부터 시작되었다. 이 변화는 중국 고대 사상사에서 중대한 의의가 있다.

우주관에 대한 사상에도 그런 변화가 일어났다. 국내외 학자들은 일반적으로 주대에 중국의 우주관이 신화적 언어에서 철학적 언어로 변화되었다고 생각한다. 미국 학자 존 메이저John S. Major는, 지역 간의 문화가 융합됨에 따라 원래 각 지역 "문화의 주술사와 점쟁이卜者가 보유하고 있던 신화로 표현되는 세계관이 점차 일치되는 추세를 보였다. 이 새로운 우주관은 신흥 지식계층에 의해 새롭게 창조된 어휘와 철학적 술어를 통해 표현되었다"고 했다. 원래의 "종교는 보수 세력이 되었고, 신화는 이런 변혁에서 살아남아 때로는 수백 년 동안이나 전해지기도 한다. 한대 이후도 신화는 계속 종교 활동에 영향을 미쳤는데, 일부는 기록으로 남아 아직까지도 보존되어 있다. 우주관이 변하고 전개되는 무대는 이미 종교에서 철학으로 옮겨 갔다."[4] 한 걸음 더 나아가 존 메이저는, 신화에서 철학으로 전환된 뒤에 중국과 서양의 철학 전개가 서로 다른 길을 걷게 되었으며 과학에 대해서도 각기 다른 태도가 되었다고 생각한다. 중국이나 서양이나 시작할 때의 소재는 같았다.

중국 이른 시기早期의 많은 신화는 모두 역사 속에 파묻혔고 아주 일부만이 후대에 전해졌다. 유가의 '전통'은 신화를 중시하지 않는다. 관이 주도하는 정사正史와 정통 경전들도 신화와 전설을 거의 옮겨 싣지 않았다. 신화는 민간과 사학私學에만 남아 『산해경』 『초사』 『회남자』와 같은 책에서나 초기의 신화 내용을 간직하고 있다. 「우공」에서 물과 땅을 안정시킨 대우는 신이 아니므로 『수소자隨巢子』와 같은 묘사는 없다. 우禹는 "도산塗山씨를 아내로 얻었다. 홍수를 다스리고 헌원산轘轅山를 통하게 했는데 곰으로 변했다. 도산씨가 이를 보고 부끄러워하며 떠나서 숭고산嵩高山 아래에 이르자 돌이 되었다. 우가 '내 아이를 내놓으라'고 말하자 돌의 북쪽이 깨지며 계啟가 태어났다."[5]

신화를 벗어난 우주관은 천지창조 이론과 질서 이론을 포함하고 있다. 이 두 가지는 긴밀한 상관 관계가 있다. 모든 질서는 다 이에 대응하는 천지창조의 이야기가 있는데, 모든 천지창조 이야기는 질서의 권위와 합리성 및 영원성을 설명하기 위한 것이다.

철학적 언어로 우주세계의 생성을 설명하는 것으로는 도가가 가장 대표적이다. 아래는 우리에게 익숙한 세계의 생성에 관한 말들이다.

모든 것이 뒤섞여진 어떤 것이 있었는데, 하늘과 땅보다 먼저 나왔다. 그것은 고요하고 텅 비어 있는데 홀로 우뚝 서서 변함이 없으며 두루 펼쳐져 있으면서도 위험하지 않으니 천하의 어머니라 할 수 있다. 나는 그 이름을 알지 못하므로 '도'라는 글자로 표시했다.[6]

도는 하나—를 낳고 하나는 둘을 낳고 둘은 셋을 낳고 셋은 만물을 낳는다.[7] 도는 하나에서 시작하는데 하나만으로는 아무것도 발생시킬 수 없으므로 나뉘어져 음과 양이 되었고, 음과 양이 화합해 만물이 생겨났다. 그러므로 "하나는 둘을 낳고 둘은 셋을 낳고 셋은 만물을 낳는다"는 것이다.[8]

『장자』「외편 천지」는 더 상세하다. "태초에는 무無만이 있었다. 유有도 없었고 명칭도 없었다. 하나가 여기에서 생겨났는데 하나만 있고 형체는 아직 이루어지지 않았다. 사물이 하나로 말미암아 나왔는데 그 작용을 덕이라 한다. 아직 형체가 이루어지지 않았을 적에 하나로부터 나뉘는 것이 잠시도 끊임이 없었는데 이를 명命이라고 한다. 하나가 움직임으로, 사물을 생성시키며 사물이 생성되고 이理가 갖추어지니 그것을 형체라 한다. 형체는 정신을 보존하게 되며 제각기 원칙을 지니게 되는데 그것을 본성이라 한다."[9] 이 글은, 우주세계가 원래는 '무'였으며 이름도 형체도 없었다는 말이다. 만물은 도를 얻어서 나왔는데 이것이 덕이다. 무에서 유로, 형체가 아직 갖춰지지 않은 상태에서 음양으로 나누어지기까지, 이것이 명이다. 만물이 각기 자신의 '이치'를 갖추게 되는 것, 그것이 그들의 형체다. 또 각기 원칙을 갖게 되면 그들의 '본성'이 된다.

도가가 묘사하는 우주에서는 그 끝에 신령이나 성인이 없다. '자연적으로' 존재하는 '도'가 있을 뿐이다. 도는 "두루 펼쳐져 있으면서도 위험하지 않으며" 세상을 낳는다. 세상을 창조한 사람은 당연히 세계 질서의 주재자가 된다. 절대적 권위와 궁극의 힘을 가진 이를 세우는 것, 이것이 천지창조 이론의 목적이다. 각기 다른 천지창조 이론의 논쟁은 사실 궁극적 권위의 속성에 대한 논쟁이다. 기독교는 창조주가 엿새 동안 세계를 창조했다고 해 창조주를 세계의 주재자로 말하고 있다. 유물주의는 물질 운동으로 세계가 된다고 해 물질에게 '제1성性'의 지위를 부여한다. 중국의 천신 시대에서 천신은 주재자이며 틀림없는 창조자다. 유가는 자연의 천지창조를 말하지 않고 인문세계의 천지창조를 강조한다. 이는 영웅과 성현이 상고 시대의 재난을 평정한 결과이며 성현은 이로 인해 인문세계의 권위가 되었다. 도가에서는 신령, 성인들이 모두 도 밑에 눌려 있다. 우주세계 속의 "그 도는 저절로 그러한 것이지 성인이 통하게 한 것이 아니다"[10]라며 『열자』「탕문」에서 관련 내용을 서술하고 있다.

> 대우가 말했다: "상하와 사방 사이와 사해의 안에, 해와 달이 비치고 별들이 운행하며, 사계로써 때를 규율하고 태세(목성)로 간지를 통괄했다. 신령이 낳은 바 각 사물의 형상이 달라서 어떤 것은 요절하고 어떤 것은 장수하니 오직 성인만이 그 도를 통해 알 수 있다." 하혁夏革이 말했다: "그런데 신령에 의하지 않고 낳는 것과 음양에 의하지 않고 형성된 것, 해와 달에 의하지 않고 밝은 것, 살육에 의하지 않고 요절한 것, 봉양에 의하지 않고 수를 누리는 것, 오곡에 의하지 않고 먹을 수 있는 것, 거칠거나 고운 천에 의하지 않고 옷을 입는 것, 배와 수레에 의하지 않고 오갈 수 있는 것 등도 있다. 그 도리는 자연적인 것이니 성인이 통해 알 수 없는 것이다."[11]

대우는 유가의 입장에 서서 '성인'이 상하와 사방의 사이와 사해 안에 통해 알지 못하는 것이 없다고 여겼다. 하혁은, 수없이 많은 일이 신령이나 성인에 의하지 않으며 스스로 도를 가졌는데, 그 '자연'의 도는 성인도 반드시 다 아는 것은 아니라고 말한다.

도가사상에서 '하나'는 '도'의 다른 이름이다. 예를 들어 『노자』 제39장은 말했다: "옛날에 하나를 얻은 것들이 있었다. 하늘은 하나를 얻음으로 맑아졌고 땅은 하나를 얻어 평안해졌으며 신은 하나를 얻어 영험해졌고 골짜기는 하나를 얻어 가득 차게 되었으며 만물이 하나를 얻음으로 새로 있게 되었고 제후와 왕은 하나를 얻음으로 천하가 바르게 되었다."[12] '하나'는 하늘·땅·신·골짜기·만물·왕후王侯의 근본이자 '도'인 것이다. 그 밖에 『회남자』「원도훈原道訓」은 말하고 있다: "무형이라는 것은 하나를 이름이며 하나라는 것은 천하에 어깨를 나란히 할 자가 없는 것이다. 홀로 높이 솟아올라 당당하게 서 있으며 위로는 구천九天에 통하고 아래로는 구야九野에 이른다."[13] 여기서의 '하나'도 '도'다. "도란 하나가 일어나고 나서 만물이 나온 것이다."[14]

'도'로서의 '하나'는 '태일太一'이라고도 부른다. 구제강顧頡剛은 이를 생동감 있게 해석했다. "후대 사람들도 '하나'로 도의 이름 삼기를 좋아했지만 점차 이 '하나'가 너무 평범해 아스라한 '도'를 나타내기에 너무 부족하다고 느꼈다. 영광스러운 왕관을 머리에 씌워 붙인 이름이 '태일' 또는 '대일大一'이다.'[15]

음양가는 "도가 음양을 낳았다道生陰陽"를 "하나가 나뉘어 둘이 되었다一分爲二"에 비유하고 '태일'로 궁극적인 개념의 도를 표시해 음양의 최고 권위를 총괄했다. 『여씨춘추』「중하기仲夏紀」는 말한다: "태일은 양의兩儀를 낳고, 양의는 음양을 낳았다"[16], "만물이 생겨난 바는 태일에서 만들어지고, 음양에서 변화한 것이다."[17] 리링李零은 '태일'이 때로는 '대大'나 '태泰', 또는 '태太'라는 약칭으로 불렸음을 지적했다. 『노자』 제25장에 "모든 것이 뒤섞여진 어떤 것이 있으니, 하늘과 땅보다 더 먼저 나왔다. 그것은 고요하고 텅 비어 있는데 홀로 우뚝 서서 변함이 없으며 두루 펼쳐져 있으면서도 위험하지 않으니 천하의 어머니라 할 수 있다. 나는 그 이름을 알지 못하므로 '도'라는 글자로 표시하고 억지로 '대大'라고 이름지었다"[18]고 한다. 『여씨춘추』「중하기」에도 이와 유사한 말이 있다. "도란 지극히 정밀한 것으로서 형상 지을 수도 없고 이름을 지을 수도 없으니 억지로 여기에 이름을 붙여 '태일'이라고 부른다."[19] 이 둘을 대비시켜 보면 '대大'가 '태일'이다.[20]

신령에서 벗어난 도가의 천지창조사상은 점차 중국 왕조 시대 우주관의 주류를 점했고, 한 걸음 더 나아가 음양오행이론과 결합해 다시 다양한 세부 항목들을 더하게 되었다. 선진先秦 유가는 도가의 영향을 받아 어휘 중에 도가의 것이 있으나 인간 세상의 덕행을 더욱 강조한다. 덕이 인품을 나타내기는 하지만 유가는 그것을 천지에 '가득 찬' 초유기체super-organic로써 성현에 의해 실현되는 것으로 묘사하고 있다.

송대 이학理學은 도가의 천지창조 사상을 전면적으로 받아들였다. 펑유란馮友蘭은, 신유가에는 세 가지 사상적 연원이 있는데, 하나는 유가 자체적인 것이고, 두 번째는 선종이고, 세 번째는 도교라고 지적했다. "도교의 중요 요소로 음양가의 우주발생론이 있는데, 신유가의 우주발생론은 주로 이 사상적 회로와 연결되어 있다."[21] 혹은 이른 시기의 유가는 그 부분을 공백으로 남겨 두었는데 도가(도교)와 음양가의 사상으로 이를 보충해 넣었다고도 할 수 있다.

송대 초기의 신유가는 우주발생론에 흥미가 많았다. 주돈이周敦頤는
『주역』「계사 상」의 "『역』에는 태극이 있는데 이것이 양의를 낳는다"[22]는
기초 위에[23] 『태극도설』을 전개했다. 나중에 주희, 소옹邵雍, 장재張載 등
의 우주발생론이 새로 나오게 되었다. 다음은 『근사록』 중, 무극無極에서
부터 시작해 태극, 음양, 오행, 기氣, 일월, 사시, 천지, 귀신, 남녀, 만물이
변화 발생하는 순서 등 온갖 것을 모두 끌어 모아 두루 갖춘 문장이다.

염계(주돈이) 선생께서 말했다. "무극이면서 태극이다. 태극이 움직여서 양
이 나왔고, 그 움직임이 극에 달하면 고요함이 된다. 고요함에 이르러 음이
나왔고, 고요함이 극에 달하면 다시 움직이게 된다. 한 번 움직이고 한 번 고
요한 것이 서로 근원이 되어서, 음으로 나뉘고 양으로 나뉘어서 양의가 성립
한다. 양이 변하고 음이 합해서 수·화·목·금·토를 낳는다. 이 다섯 기운이
순차로 벌어져 사시의 운행이 이루어진다." 오행은 음양에 하나로 통합되
고, 음양은 태극에 하나로 통합된다. 태극은 원래가 무극인 것이다. 오행이
나오면, 제각기 성격을 다르게 한다. 무극이라는 진실한 것과 음양오행이라
는 순수한 것이 오묘하게 합해 엉기고 굳어진다. 건도乾道로써 남을 이루고,
곤도坤道로써는 여를 이룬다. 남녀의 두 기운이 서로 감응해서 만물을 발생
하게 한다. 이렇게 만물이 잇달아 나고 또 나서 변화가 끝이 없는 것이다. 오
직 인간만이 남녀 이기二氣의 빼어난 기운을 얻어, 마음의 작용이 가장 신령
스럽다. 인간은 형체가 이미 이루어지면 그 마음이 활동해 지혜가 열리는데,
오행의 성性은 외물에 자극받아 움직여서 선악의 구별이 생기고 온갖 일이
일어난다. 성인은 중정인의中正仁義에 따라 만사를 정하고, 마음의 고요함을
제일로 한다. 거기에 인극人極이 서게 된다. 그러므로 성인은 천지와 같은

덕을 지니며, 일월과 같은 밝음을 지니며, 사시와 같은 순서로 나아가고, 귀신과 같게 길흉을 나타내 보인다. 군자는 중정인의 도를 닦아서 길하게 되고, 소인은 중정 인의의 도를 거역해 흉하게 된다. 그러므로 말하기를, "하늘의 도를 세워서 이것을 음과 양이라 하고, 땅의 도를 세워서 이것을 유柔와 강剛이라 하고, 사람의 도를 세워서 이것을 인仁과 의義라는 것이다." 또 말하기를, "일의 처음을 찾아서 그 종말로 돌아오기 때문에 죽고 사는 이치를 안다. 아 크도다, 『역』이여, 그 이치가 훌륭하고 뛰어나도다"라고 했다.[24]

위의 서술 가운데, 만물을 낳고 또 낳아서 변화가 무궁하다는 말은 추상적인 철학적 질서를 포함한 것으로 우주·천지·사회·인생을 관통하고 있다. 이 질서가 '천리天理'다. 천리의 출현은 송대 신유가가 우주발생론의 본질에 관심을 두었다는 것이다. 그들은 궁극의 진리를 확립함으로, 세계의 본성을 설명했다. 큰 도리는 온갖 작은 도리를 모두 관리하며 마침내 "사람의 도를 세워 인과 의라 부르는 것"으로 귀결되고, 우주생성과 인의仁義가 연결되어 발생이론의 사회적 의미가 실현되었다.

도가의 우주생성론은 발전하고 전파되는 과정에서 음양·오행·기氣와 그 외에 천지의 내용들이 점차 섞여들어 마침내 완전하고 풍부한 우주세계를 구성하게 되었다. 더 나아가 음양오행은 우주세계에 근본이 되는 시공 질서를 제공했다. 이 우주세계관은 환경 공간을 해석하는 전반적 원칙의 기초를 닦았다. 음양오행사상은 도가 세계관에서 중요한 보완이라 할 수 있다. 온갖 사물로 혼잡한 세상이지만 오행이 지배하기에 서로 혼란스럽지 않다. 『사기』「역서」에 "황제黃帝가 별을 관찰해 역법을 제정하고 오행을 세우며 음양이 변화하는 이치를 밝히고 윤달을 두어 남는 시간을 바로잡았다. 이에 천지와 모든 귀신에게 제사지내고 각종 직책을 담당하는 관官을 설치해 이를 오관五官이라 했다. 각기 다스림에 따름이 있어 서로 혼란스럽지 않았다"[25]고 했다.

"하늘에는 육극六極과 오상五常이 있다."[26] 오행은 원래 시공 성질의 것이 아니었다. 나중에 시공의 위치를 부여 받아 목은 동쪽, 화는 남쪽, 금은 서쪽, 수는 북쪽, 토는 중앙이라는 다섯 방위 사상의 근거가 만들어졌다. 이 다섯 방위 사상은 대단히 중요한 전통적 방위관으로 세계 질서(시공 패턴을 포함한)와 같은 대원칙을 해석할 때나 실천 활동을 계획함에 미친 영향이 매우 크다. 전통적 지식 분류에서 이 같은 공간의 관념은 오행과 술수術數 등을 많이 포함하고 있기 때문에 정사는 대부분 이들을 『오행지』에 두고 있다.

영국 학자 앵거스 그레이엄Angus Charles Graham[27]은 중국 고대의 우주론 사상의 방대한 체계에 주의를 기울이고 말했다: "고대 그리스 철학에서는 초기에 시작된 우주론의 사유가 중국에서는 상고(선진) 시기 말엽에야 비로소 중국 사상의 주류가 되었다. 공자(기원전 551~479)로부터 한비자(기원전 233년 사망)에 이르는 어떤 철학자에 대해서도 우주론이라는 단어를 언급하지 않고 많은 시간을 들여 연구할 수 있다. 한 걸음 더 나아가 『여씨춘추』(기원전 240)와 『주역』의 「십익十翼」에 들어가면 방대한 체계의 길로 들어선 것을 발견하게 된다. 이 체계 속에서 사회와 우주는 조화를 병치하고 갈등을 분리하는 질서에 연관되어 있다. 이 질서는 음양과 상관적인 대립 요소로 구성되는 쌍의 사슬로 시작되어, 다시 오행과 상관된 사四와 오五(사계四季·사방四方·오색五色·오성五聲·오각五覺·오미五味……)로 나눌 수 있으며, 더 나아가서는 8괘(Trigrams)와 64효(Hexagrams)의 상관적인 순서대로 나눠진다."[28]

　　서양 학자는 고대 중국의 이런 특수한 우주관을 '상관적 우주관'이라 개괄한다.[29] 이 사상이 대단히 추상적이긴 하지만 상관적 사유의 특징은 경험적 지식에 대해 일정한 정도의 해석 능력을 갖추고 있다. 특히 유추해 추리하고 운용함에서는 거의 통하지 않음이 없으며, 심지어는 때로 만족스러운 정도까지 이른다. 이것이 원래는 추상적이고 사변적인 관념이었지만 민간에 널리 유행할 수 있었던 원인이다. "도라고 일컫게 되면 참된 도가 아니다" "하나는 둘을 낳고 둘은 셋을 낳는다"는 말을 일반 백성들은 아마 모를지도 모른다. 그러나 금목수화토와 남은 양이 되고 여는 음이 된다는 말은 아녀자들도 다 안다.

　　『회남자』에는 경험적 지리지식에 대해 음양오행이론을 이용해 해석한 범례가 보인다. 예를 들어 「지형훈」에서 '정토正土'(가운데)·'편토偏土'(동쪽)·'모토牝土'(남쪽)·'약토弱土'(서쪽)·'빈토牝土'(북쪽) 다섯 방위 땅의 인문적 특징을 이야기할 때, 정토는 노랑黃, 편토는 파랑靑, 모토는 빨강赤, 약토는 하양白, 빈토는 검정玄의 다섯 색을 각각 대응시켰다. 식물을 이야기할 때는 "목은 토를 이기고, 토는 수를 이기고, 수는 화를 이기고, 화는 금을 이기고, 금은 목을 이긴다. 그러므로 벼는 봄에 났다가 가을에 죽고, 콩은 여름에 났다가 겨울에 죽고, 보리는 가을에 났다가 여름에 죽고, 냉이는 겨울에 났다가 여름 중간에 죽는다"[30]고 했다.


### 도가 우주발생론의 의의

　　도가의 우주발생론은 독특해 외부의 힘을 설정하지 않고 '도' 스스로 천지를 창조하고 변화해서 생긴다. 이렇게 스스로 변화해 나오는 것은 신의 조작과 다르다. 인격화된 신을 상상해 세계를 창조하면 그 신은 여전히 '인간이 일하는' 방식의 한계에 머물게 된다. 인격화된 신은 결국 인간의 확대판으로 방법에서 인간과 차이가 없다. 창조주도 팔다리가 있고, 사람의 솜씨(손으로 밀거나 발을 구르거나 입으로 부는 등)로 일을 한다. '도'는 그렇지 않다. 도의 운행은 내재적이고 형체도 소리도 없으며 드넓다. 『열자』 「설부」에 이런 이야기가 있다.

> 송나라 사람들 중에 자신의 군주를 위해 옥으로 닥나무 잎을 깎아 3년 만에 완성한 사람이 있다. 칼끝으로 도려낸 잎과 줄기가 가늘고 뾰족하며 생생하고 윤기가 돌아 진짜 닥나무 잎 가운데 두면 구별을 할 수 없었다. 그 사람은 마침내 그 기교로 송나라에서 녹을 먹게 되었다. 열자가 그 이야기를 듣고 말했다: "천지간의 생물이 3년이 걸려서야 잎사귀 하나를 완성한다면 생물에 잎이 있는 것이 드물 것이다. 그런 까닭에 성인은 도에 따라 변하는 것을 믿고 재주와 기교를 믿지 않는다."[31]

옥으로 잎을 만든 그 사람은 '재주와 기교가 있는' 인재로, 마치 작은 신과 같다. 인격화된 위대한 신이라 해도 여전히 기교의 범위를 벗어날 수는 없다. 도가 세상을 이루어낼 때는 전면적이고 웅장하고 소리가 없으며 그 과정이 무형적이다. 도가의 사유는 완전히 다른 경지로 들어선, 참으로 대단한 것이다.

신과 인간의 범위를 벗어나 '도'의 개념을 제시한 것은 세상의 '자연' 상태를 강조한 것으로, 우주 형성의 원인과 과정을 해석함에서 신이 사라지고 인간 역시 자연의 일부분으로 변했다. 신을 부정해버린 것은 실로 대단히 큰 사상의 변혁이다. 하늘은 여전히 위에 있지만, 그 성격은 더 이상 신의 대표이거나 신의 장소가 아니라 자연적 존재일 따름이다. "하늘은 스스로 높아지고, 땅은 스스로 두터워졌으며, 해와 달은 스스로 밝았다."[32] "천지에는 원래 항상 그러함이 있고, 일월은 원래 밝으며, 별자리는 원래 배열된 순서가 있고, 짐승들은 원래 무리를 이루는 것이고, 나무들은 원래 곧게 서 있는 것이다."[33] 세상에 '항상 그러함이 있다有常'는 것은, 변하지 않으며 따라야 할 법칙이 있다는 뜻이다. 이 '법칙常'은 만물 중에 이미 두루 포함되어 있어서 팔과 다리를 지닌 신이 옆에서 지휘할 필요가 없다. 사물 자체의 이치를 강조하는 것으로, 이런 의미에서 도가에 보이는 유물사상의 요소는 주목할 만하다.

『장자』에 나오는 '혼돈'의 이야기를 이렇게 이해해볼 수도 있을 것이다.

> 『장자』「응제왕」: 남쪽 바다의 임금은 '숙'이고, 북쪽 바다의 임금은 '홀'이며, 가운데 땅을 다스리는 임금은 '혼돈'이다. 숙과 홀은 때로 혼돈의 땅에서 만났는데 혼돈은 그들을 잘 대했다. 숙과 홀은 혼돈의 덕에 보답하고자 의논해 말했다. 사람은 모두 일곱 구멍이 있어 그것으로 보고 듣고 먹고 숨 쉬는데 이분만 홀로 없으니 시험 삼아 뚫어주자. 하루에 하나씩 구멍을 뚫어 7일이 되자 혼돈은 죽고 말았다.[34]

일반적으로 이 이야기는 "잘 해주려다 오히려 좋지 않게 되었다"는 비유로, 번거롭고 가혹한 정치를 비평하는 말이다. '혼돈'은 원래 세상이 아직 열리지 않았다는 뜻으로, 여기서는 혼돈에서 세상이 열리는 방식의 문제도 포함하고 있다. 세상은 원래 스스로 열려야 마땅하다. 누군가(그것이 좋은 뜻을 가진 사람이라 하더라도) 곁에서 도우면, 정반대의 결과를 낳게 된다.[35]

도가는 세상의 탄생이 무형질에서 유형질로 떨어지는 것으로, 이것이 만물이 변화해 나오는 과정이라 여긴다. "하나란 형상이 처음으로 변하는 것이다. 맑고 가벼운 것은 위로 올라가 하늘이 되고, 탁하고 무거운 것은 아래로 내려가 땅이 되며, 조화로운 기운은 사람이 된다. 그러므로 천지는 정기를 머금어 만물이 변화해 생기게 된다."[36] "맑고 밝은 기는 희미하게 뻗쳐 하늘이 되고, 탁하고 걸쭉한 기는 응고되어 대지가 되었다. 맑은 기는 집합하기가 쉽고, 탁한 기는 응고되기가 어렵다. 그런 까닭에 하늘이 먼저 이루어지고 땅은 뒤에 정해졌다."[37]

유가와 달리 도가는 구체적으로 지리 문제를 말하지는 않지만, 도가의 세계관 속에는 천인일치의 사상이 포함되어 있다. 사람과 자연환경의 근본적인 관계에 대한 문제를 이해하는 데 영향을 미치는 지리사상적 의의가 있는 문제다.

### 도가 세계관의 지리학적 의의

#### 1. 세계 전체의 개념

도가는 도가 만물을 낳으므로 사람과 하늘의 근원이 같다는 우주발생론으로부터 사물과 내가 하나가 되는 전체의 관념을 확정했다. "천지 만물이 우리와 더불어 난 것으로 같은 종류다."[38] "천지와 내가 더불어 났고, 만물이 나와 하나가 되었다."[39] 장다이녠張岱年은 『중국철학대강中國

哲學大綱』에서, '천인합일'은 "하늘과 사람이 같은 종류天人相類"라는 것과 "하늘과 사람은 서로 통한다天人相通"는 이중적 의미가 있다고 했다. "하늘과 사람이 같은 종류"라는 것은 하늘과 사람이 본질과 도의 면에서 같다는 말이다. 하늘과 사람이 서로 통한다는 말은 하늘과 사람이 일체가 되는 것으로 하늘과 사람이 감응해 통할 수 있다는 것이다.[40]

이같이 우주를 가득 채운 메커니즘은 유기계有機界와 무기계無機界를 나누지 않고, 사회와 자연도 구분하지 않으며 도처에 '음양의 상생과 억제 작용'이 가득하다. 사람과 환경은 같은 법칙(도·음양·오행)의 지배를 받기에 사람과 환경은 서로 스며들어(삼투해) 감응하고 소통할 수 있는 것이다. 서양인들은 뉴턴이 천체의 운행을 계산할 수는 있으나 인간의 욕망은 계산해낼 수 없다고 한다. 그러나 중국의 천인감응 사상을 가진 사람들은, 하늘에 사계가 있듯이 사람에게는 사정四情이 있다고 한다. 『춘추번로春秋繁露』 제11권에 "사람을 만드는 것은 하늘이다" "인생에는 희로애락의 답이 있으니 춘하추동(원문은 '춘추동하' 순—옮긴이)과 같은 종류다"[41]라고 했다. 중국의 음양·오행·술수는 하늘을 관할하고 땅과 사람도 관할한다. 주의할 것은 여기에 나오는 '합일'이 유추적 사유로 형성되었고, '상象'과 '수數'라는 매개를 통해 연결했다는 것이다.

하늘과 사람의 일체감은 또한 '기화론氣化論'으로부터도 온다. 천구잉陳鼓應은 『장자』 「지북유知北游」의 사상에서 '기'는 도의 요소라고 지적했다. 「지북유」는 "천하가 통하는 것은 기일 따름이다"[42]라고 했다. '기'는 자연계의 기본물질로서 사람이 살고 죽는 것은 기가 모이거나 흩어지는 것이다. 이 '기'의 개념으로부터 "장자의 독특하고 중요한 인생관 또는 세계관이 만들어졌다" "동질의 개념으로 우주만물을 보면 가슴이 탁 트이고 사상이 풍부해져서 천지 만물이 하나로 보인다. 이런 관점에서 출발하면, 인간이 세상에 대해 무한성을 추구하는 것은 인생에 대한 무한성을 추구하는 것이기도 하다. 하늘과 사람의 관계가 장자의 눈에는 대립하는 것이 아니라, 하늘 속에 사람이 있고 사람 속에 하늘이 있다. 이것이 동류감同類感이고, 이로부터 '제물齊物'의 관점이 새로 생긴다."[43]

고대 중국의 일원 세계관을 논증함에, 당대 학자 중 팡둥메이方東美는 비교적 영향력이 큰 철학자 중 한 사람이다. 중국 고대 일원 철학을 논술하면서, 그는 중국의 일원 세계관이 천지의 아름다움과 만물의 이치를 얻었다고 찬양했으며, 인식 면에서는 부족虧, 손상損, 분열裂 등을 반대했다. 그는 중요한 영문 저서를 내고 서양에서 자주 학술 강연을 하면서 서양철학에서 유행하는 이원적 사유방식에 도전했다.[44]

### 2. 자연 속에 숨는 행위를 격려하다

인류와 자연(자연환경을 포함해)의 동질감은, 사람들이(각종 원인으로) 사회와 사람의 무리를 벗어나 산림의 자연으로 숨어들 때 생명의 의미를 잃지 않게 만든다. 이는 도가사상이 사람에게 주는 영향이다. '숨어든다遁入'는 말은 '회귀'로 이해할 수 있는데, 산림에서 유유자적하는 것은 속세의 구차함을 뒤집는 가치다. 자연과 생명은 근원상 일치하는 것으로 양자의 가치는 상통한다. 도가사상은 사람들이 자연환경을 향해 가슴을 활짝 열고 자연계에서 의연하게 인생의 가치나 더욱 더 높은 차원의 인생가치를 찾도록 이끈다.

사람은 '잊음忘'의 방식으로 자연에 들어가는데 사물과 나 모두를 잊음으로, 하나와 도에 융합된다. '잊음'이란 자아의 몸체를 잊는 느낌으로 적절히 융합되어 방대한 우주천지 사이로 떠올라 평정한 마음을 얻는 것이다. 인간 세상과 자연의 차이를 잊는다는 것은 주로 인간사의 번뇌를 잊는 것이다.

주의해야 할 것은 도가가 이끌어 자연으로 회귀하는 것은 산림에서 마음의 위안을 추구하는 것이지만 자연의 노래가 아닌 마음의 노래를 부른다는 사실이다. 자연으로 들어가는 것이 자연환경 속 사물 그 자체의 '형질' 속성을 탐구하려는 것이 아니다. 자연 사물에 대한 구체적인 인식을 촉진할 수 없는 까닭에 자연환경에 대한 지식을 축적할 수가 없다. 도가가 인류와 무관한 문제들을 일부 서술하기는 했으나 도가사상이 완전히 객관적 세계만을 지향하는 것은 아니다. 유가는 '덕을 이루는 학문'이고 도가는 '무위'와 '유유자적逍遙'을 말하는데 그들의 최종 목표는 자아의 경지를 높이는 것이다. 유가는 심성의 도덕을 높이고 도가는 형체의 세계를 초월한 크고 밝은 지혜를 높인다. 각종 상황에서 객관적 사물에 대해 그들이 하는 설명이란 주관으로 돌아가는 논증적 필요일 뿐이다.

도가의 자연이 사람들이 자연계의 사물을 구체적으로 인식하게 만드는 진정한 추진력이 되지는 않았으나 사람들이 자연경관의 아름다움을 감상하고 평가하는 면에서는 막대한 영향을 미쳤다. 자연경관의 아름다움을 노래한 운문과 산문의 모든 문장은 중국의 찬란한 문학 유산이자 시들지 않는 문학 전통이 되었다. 궈모뤄郭沫若는 "진·한秦漢 이래 중국 문학사의 거의 절반은 장자의 영향 아래서 발전했다"고 말했다.[45]

도가사상은 타고난 천성을 잘 보존하고 화禍를 피하는 것을 추구해 산림으로 숨어드는 배경 속에서 생겨났다. 자신의 도피를 미화해야 했기 때문에 자신이 도피한 장소를 미화해야 했다. 도가의 가장 큰 영향 중의 하나는 심미 가치를 사회에서 산림으로 옮겼다는 점이다. 『장자』는 미학에 관한 책이 아니다. '도'의 체험·경지와 예술적 심미의 체험·경지는 서로 통하는 바가 있어서, 후세 사람들은 그 사상을 미학 체험 속으로 쉽게 옮겨 심는다. 베네데토 크로체Benedetto Croce는 미학에 대해, "지식에는 직감적이 아니면 논리적인 것, 두 가지 형식이 있다. 즉 상상으로부터 온 것이 아니면 이성과 지혜로부터 온 것이고 개체에 관한 것이 아니면 보편에 관한 것이며 각종 개별 사물에 관한 것이 아니면 이들 사이의 관계에 관한 것이다. 요컨대, 지식이 만들어내는 것은 이미지가 아니면 개념이다"[46]라고 했다.[47] 미학의 관점으로 말하자면 장자는 직감의 경지를 제시했다.

『장자』의 '무공無功' '무명無名' "성인을 멸하고 지혜를 버린다絶聖棄智" "만물이 나와 더불어 같이 살고 나와 더불어 하나가 된다"[48]는 심미의 필요조건이다. 가슴 가득 명리와 계교計較를 지니고 어떻게 심미를 할 수 있겠는가. "마음으로 마주하고 눈으로 보지 않기"[49], 이것이 마음을 고요히 하고 도를 체득하는 심미 방법이다. 이로부터 순조롭게 후대의 시문과 회화로 인도되는데, 특히 자연 산수에 대한 심미다.

대다수의 평론가들은 위·진·남북조 시기가 진정한 산수 심미가 탄생한 시대이며 산수의 예술적 경지를 감상하는 조류도 그때에 출현했다고 생각한다. 그 이전의 『시경』 『초사』·한부漢賦와 같은 이른 시기 문학작품도 풍경을 묘사하기는 했으나, 단순히 풍경을 묘사하는 것이 아니라 풍경을 빌어 감정을 나타내는 것이었다. 주된 내용은 풍경을 가지고 정감을 부각시키는 것으로 경치와 자연물은 빌려온 대상에 불과하다. "머리를 들어 밝은 달을 보고擧頭望明月, 고개를 숙여 고향을 생각한다低頭思

故鄉"[50]는 시구와 같은 기법이다. 밝은 달을 보는 것이 먼저 나오지만 끝에는 역시 고향을 생각하는 것으로 맺는다. 밝은 달을 쳐다보는 것은 단지 감정을 이끌어내고 정경을 부각시킬 뿐이다. 진정한 산수 심미는 이 시를 이렇게 변화시킨다. "머리를 들어 밝은 달을 보고舉頭望明月, 더는 고향 생각 않는다不再思故鄉." 단순하게 달의 맑고 깨끗함만을 감상해야 비로소 진정한 심미다. 이 예는 이른 시기의 풍경을 빌어 감정을 나타내는 것과 후대의 산수 심미의 구별을 잘 설명하고 있다.

위·진 시기의 사람들은 '도'를 산수로 구체화시켰다. 도가사상은 위·진 시기의 사람들을 거쳐 발전하고 상세히 설명되면서 산수 심미로 전화되었다. 도·상象·산수 이 셋은 하나로 통하게 된다. 도가(특히 『장자』) 사상과 산수 심미는 잠재적으로 정리情理의 연계가 있다. 이런 연계는 위·진 시대에 이르러 실현되었는데, 정리의 논리가 촉진시킨 것이기도 하고 또한 역사가 촉진시킨 것이기도 하다. 씨앗이 있으면 흙도 필요한데, 위·진 시대는 사회라는 토양을 제공했다.

산수 심미는 분명히 문화지리학 범주에 속하는데, 송대에 이르자 이미 지리서에 흔히 보인다. 예를 들어 『방여승람方興勝覽』 『여지승람輿地勝覽』 속에는 '제영題詠'과 '시' 등의 항목을 두었다. 자연 경관의 심미 의식은 지방문화 지리의식의 형성과 문화 경관 개념의 구축 및 지방의 뛰어난 경관의 평점에 대해 모두 지대한 영향을 미쳤다. 사람들은 미학의 시각에서 구체적인 자연환경을 노래했다.

그러나 도가의 환경 실천적 영향은 제한적이라는 점을 잊지 말아야 한다. 사회 속의 실천 상황은 이렇다. 도가가 철학적으로 추상적인 자연의 영원성을 깊이 사색하고 미학적으로 구체적인 자연의 형태를 노래할 때,

**121**

유가 영향 아래 왕조의 실천은 실용의 시각에서 자연자원을 필사적으로 개발했다. 후세의 우리가 얻은 유산은 심오한 자연철학과 휘황한 산수의 예술 및 훼손된 자연환경이다.

### 3. "인간의 하늘을 열지 않다"(환경에 간섭하지 말라)

도가는 사물의 천성을 유지하며 함부로 간섭하지 말라고 주장한다. 『장자』「마제馬蹄」편에서 백락伯樂·도공陶工·목공木工은 모두 정면으로 비판을 받았다. 그들이 도를 지나쳐서 말과 흙과 나무의 천성을 변화시켰기 때문이다.(흙과 나무 자체가 어떻게 된 것인지, 즉 흙이 어떻게 열에 반응을 일으켰고 나무가 어떻게 둥글고 길게 되었는지, 도가는 결코 그 연유를 따지지 않는다.)

환경의 상황에서 「마제」편이 칭찬하는 '지극한 덕의 시대'는 이렇다. "그때는 산에 길이 없었고, 물에는 배와 다리가 없었다. 만물이 함께 어울려 살며 사는 곳이 서로 이어져 있었다. 짐승들은 무리를 이루어 살았고, 초목은 본성을 따라 자랐다. 이런 까닭에 짐승을 매어 돌아다닐 수 있었고, 새의 둥우리까지 기어올라 들여다 볼 수 있었다."[51] 이는 인문이 아직 열리지 않은 원시의 세상이다. 산에는 걸어 다녀서 생긴 길이 없고, 물에는 배와 다리가 없고, 짐승들은 무리를 이루어 살고, 초목은 웃자라고, 사람은 동물과 조화롭게 어울려 지낸다. 『장자』는 인문 세계의 개발과 개조를 찬성하지 않는다. 그는 "발자취가 제후의 국경까지 이어지고, 수레바퀴 자국이 천 리 밖까지 이어지는"[52] 행위는 '지극한 덕至德'과 '지극한 다스림至治'을 상실한 표지로 여겼다.

유가의 "천명을 제어해 이용하고"[53], "사람이 자연을 이긴다"[54]는 사상에는 자연의 주인이 되며 지배자라는 요소가 들어 있다. 유가가 말하는 천인합일이란 자연을 인간화하려는 것이다. 그와 반대로 도가는 인간을 자연화한다. 인간은 자연의 일부이기 때문에 자연을 지배할 수 없는데, 자연을 지배하고자 하면 곧 '재난'을 일으키게 된다. 상고 시대 영웅이 재난을 구제해 자연의 맛을 바꿨다며 유가는 인문의 발전을 격려하지만, 도가는 인문이 곧 재해라며 경고하고 있다. 도가는 오직 인위적인 재해만 있을 뿐 '천재天災'를 말하지 않는데, 이것이 자연재해의 문제에서 유가와 중요한 차이다. 『노자』 제16장에 "변치 않는 도리를 알지 못하고 망령되이 행하면 흉하게 된다"[55]고 했다. 자연 상태를 알지 못하고 함부로 행동하면 재난을 초래하게 되므로 "인간의 하늘을 열지 않고 자연의 하늘을 열어야"[56] 한다. '하늘(자연)'은 자연으로 남아야 하고 인간화되어서는 안 된다.

『장자』 「재유」 편은 말했다: "천하가 다스려지면서부터 구름이 모이지 않고도 비가 내리고 초목이 시들지 않고도 떨어지며 해와 달의 빛은 갈수록 흐려졌소. 당신같이 재주는 있고 속이 좁은 사람과 어찌 지극한 도를 말할 수 있으리오!"[57], "하늘의 법도를 어지럽히고 사물의 정情을 역행하면 현묘한 하늘의 도리가 이루어지지 않소. 짐승의 무리는 흩어지고 새들은 모두 밤에 울며 재난은 초목에까지 미치고 화가 벌레에까지 미치게 되오. 아, 이것이 인위적으로 다스린 과실이오!"[58] 도가 사상가들은 이처럼 과도한 '인위적 다스림'을 꾸짖는 말을 많이 하고 있다. 그 요지는 자연의 '변치 않는 도리經'를 어지럽히지 말고, 만물의 '정'을 거슬러서는 안 된다는 것이다. 지리 경관의 가치 평가 면에서, 도가는 자연경관의 보존을 찬성하며 높이 평가하고 인문 경관의 발전에 반대한다. "산에는 길이 없고, 물에는 배와 다리가 없는 것"이 "발자취가 제후의 국경

에까지 이어지고, 수레바퀴 자국이 천 리 밖까지 이어지는 것"보다 좋다
는 것이다.

'사람의 하늘을 여는' 것에 반대하는 이런 도가사상은 요즘 많이 추앙
받고 검증되면서, 사상적인 면에서 현재 세계의 환경 위기 문제를 해결
하는 데 도움을 주고자 한다. 서양 학자도 점차 자연 속의 인간의 지위
를 재확인할 것을 강조하고 있다. 예를 들어, 앨도 레오폴드Aldo Leop-
old(1887~1948)는 '대지의 윤리'라는 개념을 제시했다. 그는 "인간은 자
연계의 정복자나 통치자가 아니며 또 되어서도 안 된다. 자연계 속의 생
물은 인간의 노예가 아니다. 그들은 인간을 위해 태어나지 않았다. 인간
과 자연계의 사물은 평등해야만 한다"[59]고 했다. 서양인의 이런 사상은
명백히 『성경』 등의 구설舊說을 겨냥해서 한 말이다. 천구잉의 말을 빌
면, 자연을 거스르지 않고 그대로 두는 도가의 "주인이 되려 하지 않는"
정신은, 만물을 창조한 뒤 손에 넣을 수 있는 것으로 보고 있는 기독교
의 여호와 창조주 태도와 대극을 이루고 있다.[60]

앞서 말한 서양학자의 말이 여호와에 대한 것이라면, 사물과 내가 하
나됨을 강조했을 그 당시 도가는 누구를 겨냥해서 했을까? 이는 명백히
"수레바퀴 자국이 천 리 밖까지 이어지는" 제후들과 작위作爲를 크게 외
치던 유생들을 겨냥한 것이다.


### 4. 도가가 말하는 생태사상

도가사상 중 자연의 사물을 존중하는 부분은 줄곧 철학사 학자들의 칭
송을 받아왔다. 오늘날 환경 위기의 출현으로 생태학자들은 도가사상 중
의 자연관을 더욱 중시한다. 그들은 도가의 '사물과 내가 하나가 되는'

관념에서 사상요소를 흡수해 사람과 환경의 관계에서 바른 위치를 정할 수 있기를 바란다.[61] 사람과 자연의 관계에서 도가의 여러 의견은 확실히 오늘날 생태학자들의 견해에 부합된다. 도가는 "하늘과 동류가 되면與天爲徒" 진인眞人이고, "사람과 동류가 되면與人爲徒" 범인凡人이라고 한다. 『장자』「대종사」에 자공이 공자에게 '기인畸人'(특이한 사람)이란 어떤 사람인지를 묻는 말을 가탁한 대화가 있다.

> 자공이 말했다: "기인에 대해 감히 묻습니다." 공자가 말했다: "기인이란 인간과 다르고 하늘과 같은侔於天 사람이다. 그러므로 하늘의 소인은 인간의 군자이고, 하늘의 군자는 인간의 소인이다."[62]

'모侔'는 '같다'는 의미다. 사람이 "하늘과 같다"는 것은, 즉 사람이 하늘을 따라서 하늘과 하나가 된다는 것이다. 이런 사람은 사회의 습속을 따르지 않기에 세속의 소인이지만 자연의 군자가 된다. 반대로, 세속과 같은 무리가 되는 군자들은 자연을 위반하는 소인이 된다. 오늘날 '그린피스Greenpeace'와 '자연의 벗自然之友'(1994년 3월에 창립한 중국 민간 환경 단체—옮긴이) 등의 단체나 개인은, 인간이 환경 자원을 끝없이 소모하고 자연 생태를 멋대로 훼손하는 것에 반대하고 있다. 이런 사람들이 자연의 군자인데, 자연의 이익만 추구하는 사람의 눈으로는 이익과 발전을 모르는 특이한 사람인 것이다.

자연에 대한 도가의 기본적 태도를 거울로 삼아야 함에는 의심의 여지가 없다. 특히나 인위적 원인으로 환경 위기가 일어난 오늘날에는 말이다. 그러나 단순히 '환경 생태 사상을 가진' 것으로 도가를 좋다고 한다면 거기에는 또한 주의해야 할 점도 있다. 고금 사상과 문화의 변이를 고려한다면, 본래 도가의 사상과 오늘날의 환경 생태 사상은 다르다는 것을 쉽게 알 수 있다. 최소한 다음과 같은 차이를 알 수 있다.

(1) 도가는 환경과 사물 사이의 구체적인 관계를 중요시하지 않는다. 만물이 '스스로 서고自立' '스스로 밝은自明' 것을 강조하면서 그 사이의 관계를 소홀히 했다. 나무는 스스로 설 수 있고, 땅은 스스로 두터워질 수 있고, 물은 스스로 흐를 수 있으나, 도가는 그들 사이의 관계가 어떠한지는 고려하지 않았다. 이런 관계들을 오늘날에는 환경 시스템이라 하는데, 현대 환경생태학 이론에서 중요한 부분이다.

(2) 인간과 환경의 관계에서 도가가 말하는 '합일'의 실제 내용은 물질적이고 논리적이고 기능적인 관계가 아니라 추상적인 '도'다. 이 관계는 환경에 대한 인간의 의존을 강조하지 않는다. 인간과 자연환경이 함께 도에 의존함을 강조한다. 현대 생태이론은 자연에 대한 인류의 의존관계에 많은 관심이 있다.

(3) 춘추전국 시기에는 환경 위기가 없고 사회 위기만 있었으니 노장이 환경 위기의 문제를 서술했을 리 없다. 그들이 서술한 것은 실제로는 사회 위기다.

(4) 도가에서 비평하는 원시 환경의 상실은 환경의 파괴에 대한 것이 아니라 인간 욕망의 방종에 대한 우려다. '무위'는 인문에서 실현되고 '작위'는 사회를 어지럽히겠지만, 자연계는 "봄바람이 불면 다시 살아나서" 그 누구도 자연을 파괴할 수 없다. 자연이 파괴될까 걱정하는 것은 "만일 하늘이 무너지면 어디로 피해야 좋을 것인가?" 하고 침식을 잊고 걱정했다는 '기우'와 같다.

도가사상은 단지 철학일 뿐, 생태 이론과 같을 수 없다. 생태 이론은 철학이 아니라 구체적인 환경과학이다. 도가는 재해 의식도 환경 위기 의식도 없으므로 '이해利害'의 시각에서 자연환경을 서술했을 리도 없다. 오늘날 우리가 도가를 존중하는 데는 현재 인위적인 것이 지나치다는 암묵적인 시대적 전제가 있다. 사람의 힘이 지나치지 않았다면 우리는 도가에 의지하지 않았을 것이다. '아무것도 없던' 시대에서는 그런 일을 생각할 수도 없다. 도가의 경우는 영원성이 아니라 단지 역사성만 있다고 하겠다. 역사성만 있는 것을 무조건 과장할 수는 없다.

도가철학을 옛사람의 환경 행위와 연결 짓는 것은 억지스럽다. 옛사람이 도가철학의 주장 때문에 현실에서 벌목하고 산림개발하기를 중지했던 적은 없었다. 농업을 기초로 하는 왕조에서 토지 개발은 줄곧 장려되어 왔다. 수많은 사원 주위는 모두 하늘을 찌를 듯한 나무들이 있고, 적지 않은 원림園林 역시 '도가풍의 절경'과 '천인합일'의 경지를 보이지만 그들 모두 '환경'이 아니다. 환경이라는 개념 앞에 그들은 별것 아니다. 단지 철학과 미학의 분재 같은 산물이다. 혹시 오늘날 우리가 환경을 보호할 필요가 있다고 해도 도가 이론의 일깨움을 받지는 않는다. 현대 생태 과학의 이론을 활용해 환경 위기가 생긴 원인을 충분히 해석할 수 있고, 아울러 문제 해결의 방법도 얻을 수 있다. 오늘날 도가사상을 생태 문제로 끌어들인 것은 우리가 세우고자 하는 신념을 우리에게 익숙한 역사적 방법으로 증명하고 지지하고 강화하려는 것이다.[63]

## 5. 외재적 세계에 대해 외재적 논술만 하다

도가의 상상은 참 기묘하다. 세상이 만들어질 때 "맑고 가벼운 것은 위로 올라가 하늘이 되고, 탁하고 무거운 것은 아래로 가라앉아 땅이 되었다."[64] 땅은 유형有形의 세상이 되었다. 아쉽게도 도가는 천지의 생성을 말한 뒤, 탁하고 무거운 것이 땅이 된 이후의 상황에 대해서는 더 이상 관심을 두지 않았다. 이 탁하고 무거운 유형적 세상이야 말로 오늘날 '지리학'이라고 일컬어지는 지식분야가 관심을 두는 대상이다. 외재적인 유형의 세계의 문제에 대해 도가가 갖는 관심과 논증은 개략적이고 철저하지 못하며 왜곡되었다. 도가는 결코 지리학의 발전을 진정으로 이끌지 못했다.

"하늘은 스스로 높아지고 땅은 스스로 두터워지고 일월은 스스로 밝았다."[65] "천지에는 원래 항상 그러함이 있고 일월은 원래 밝으며 별자리는 원래 배열된 순서가 있고 짐승들은 원래 무리를 이루는 것이고 나무들은 원래 곧게 서 있는 것이다."[66] 유형적 세계의 문제를 다룰 때는 도가는 항상 '원래 그러하다'는 식의 어조로 각자 사물의 '자연' 상태를 강조하는 데 그친다. 사물 자체의 내적 관찰을 하지 않으며, '해와 달이 밝은 것'과 '나무들이 곧게 서 있는 것' 등의 관계에 마음을 쓸 필요는 더더욱 없다. 도가는 단지 만물 자체의 배후에 있는 '도'에 관심이 있을 뿐이며, 만물 근원의 일치성을 강조한다. 만물은 '도'에서 수직적으로 태어났고, 모두는 마치 '도'의 자손이며 계속해서 도의 노선을 따라 존재하고 발전하는 것처럼 보인다. 이런 '큰 이치大道理'에 대한 인식이 생기자 세상은 이미 분명해져서, 작은 이치는 필요 없게 되었다.

도가는 만물을 논증하면서 만물과 도의 관계에만 중점을 두고, 만물 간의 공생하고 의존하는 관계를 소홀히 했다. 이 점이 오늘날 '환경 생태' 사상과 부합하지 않는다. 나중의 음양오행설이 이 부족함을 보충했다. 사물 사이의 관계가 오행의 상생상극의 체제 속에 안배되어, 그 관계와 운행이 만물의 기본 특징이 된다. 아쉬운 점은, 오행설이 말하는 수많은 사물의 관계가 본질적으로 유추관계(여성과 수재水災의 관계[67] 같은 것이 단적인 예)이지 내재적 논리 관계가 아니기 때문에 사물의 물리적 특성을 밝힐 수 없다는 것이다. 그 외에도, 수많은 사물의 관계를 제시한 증거도 사물 자체를 설명하기 위한 것이 아니라 형이상학적인 추상적 이치를 논증하기 위한 것이다. 이런 점이 사물의 구체적 인식의 방향을 더욱 멀어지게 만들었다. 왕충은 『논형』 「자연」 편에서 말했다: "도가가 자연을 논하는 것은 사물을 인용해 자신의 언행을 증명하는 것을 알지 못하므로 그들의 자연에 관한 말은 믿음을 받지 못한다."[68] 서광계徐光啓는 도가사상을 이렇게 표현했다. "나는 듯 달리지 않고도 천 리까지 이르며, 배와 노를 쓰지 않고도 황허 강 강나루 맹진孟津을 건넌다."[69] 이는 도가가 문제를 논증함에서 과정은 말하지 않고, 단지 나무는 저절로 우뚝 서고 강을 건너는 사람도 저절로 건넌다고 하면 그만이라는 뜻이다.

『노자』 제76장에 나온다: "사람이 살아서는 부드럽고 유연하나 죽으면 뻣뻣하게 굳어진다. 온갖 초목이 살아서는 부드럽고 연하나 죽으면 바싹 마른다. 그러므로 뻣뻣하고 굳은 것은 죽은 것들이고, 부드럽고 유연한 것은 산 것들이다."[70] 이는 유추법analogy이다. 이런 표현에서 한편으로는 저자의 독특한 관찰력과 탁월하고 향상된 지혜를 감상할 수 있다. 다른 한편으로는 저자의 의도가 초목의 생사 변화를 연구하고 서술하려는 것이 아님도 명백히 알 수 있다. 그가 반드시 초목이 살아 있을 때에는 유연하고 죽었을 때에는 뻣뻣하고 단단해지는 원인을 연구하려는 것은 아니다. 그가 설명하고 싶은 것은 강함과 부드러움의 관계이다. 도가는 온힘을 다해 자연을 마주했으나 자연을 구체적으로 서술하지는 못하고 몇몇의 추상적인 큰 원칙을 밝히고 일부 경험했던 현상을 이용해 유추하고 드러내 보이는 단계에 머물렀다. 『장자』「천도」에 명백히 밝히고 있다. "천지의 운행이므로 성인이 이를 취해 본받는 것이다."[71]

어떤 학자는 면밀히 관찰해 도가사상 속에는 자연과 인간 세상의 각기 다른 원리가 있음을 발견했다. 천캉陳康은 "도가 물체의 범위에 있게 되면 보편적 구속력의 원리가 있지만, 세상사의 범위에 있게 되면 그 행해지거나 폐기되는 것이 인간의 향배에 의해 좌우된다. 도의 총체적 의미는 둘이다. 하나는 존재의 원리이고 하나는 규범의 원리이다. 규범의 원리는 따를 수도 있고 거스를 수도 있어서 인간 스스로의 선택으로 따르거나 등지게 된다. 사물은 그럴 수가 없기에 존재 원리의 제약을 받을 뿐이다. 이에 인간과 사물이 명확히 구별된다. 중국 철학에서 인간의 발견은 이로부터 시작된다."[72]

『장자』「천도」: "군주가 앞서고 신하가 좇으며, 아비가 앞서고 자식이 좇고, 형이 앞서고 동생은 좇으며, 연장자가 앞서고 젊은이는 좇고, 남자가 앞서고 여자가 좇으며, 남편이 앞서고 아내는 좇는다. 무릇 높고 낮음과 앞서고 뒤서는 것은 천지의 운행에 의한 것이다. 그러므로 성인이 이를 취해 본받는 것이다. 하늘이 높고 땅이 낮은 것은 신명神明의 위치다. 봄과 여름이 먼저이고 가을과 겨울이 나중인 것은 사계의 순서다. 만물이 변화해 생김에 움트기 시작한 뒤 구분되어 각종 형상이 되고, 흥성했다가 쇠퇴하는 것은 변화의 흐름이다. 대저 하늘과 땅은 지극히 신령한 것임에도 높고 낮음과 앞서고 뒤서는 순서가 있는데, 하물며 인간의 도에서는 어떠하겠는가! 종묘에서는 혈연의 친척이 받들어지고, 조정에서는 관직 높은 이가 받들어지고, 마을에서는 나이 많은 이가 받들어지고, 일을 행함에서는 현명한 이가 받들어지니, 이것이 대도의 순서다."[73]

위의 언급에서 질서의 문제를 제시한 것은 도가사상으로서는 드문 일로써 확실히 유가의 영향을 받은 것이다. "도를 이야기하면서 그 순서에 맞지 않는 것은 그 도가 아니다."[74] 도에도 질서가 있고 등급이 있었다. 위에서 서술한 바를 보면 확실히 인문사회의 것이 자연계의 것보다 훨씬 구체적이다. 인문사회에는 군신·부자·노소·남녀·부부가 있는데, 자연계는 막연하게 천지와 사계가 있을 뿐이다. 자연을 말한 것이 적기는 하지만 그 자연은 인문의 준칙이 된다.

'저절로 그러한 것自然而然' '천지의 운행天地之行'을 준칙으로 삼았기 때문에 묘사하는 외재적 자연계의 모든 것이 항상 인간에 대한 모범이 된다. 모범이 되기 때문에, 자연계는 실제로 그러한 세상일 뿐만 아니라 마땅히 그러해야 하는 세상의 성질도 가지고 있다. 기왕에 인간이 자연으로부터 계시와 가치를 깨달을 수 있다면, 천캉의 견해를 조금 수정해야 한다. 즉 도의 물체의 범위 내 구속 원리는 가치와 모범의 의미가 있으며 인간의 정확한 선택을 예시해주고 있다.

오행이론의 도입은 '저절로 그러한 것'을 '오행에 따라 그러한 것'으로 구체화시켰다. 외재적 만물에 대한 해석이 '원래가 그러한' 것에서 금·목·수·화·토의 '상생상극'으로 전개됐다. 이런 해석은 진보한 것 같지만 그 방향이 신비주의로 기울어 "편벽되고 어그러져 부류가 없고, 깊고 은

밀해 설명이 되지 않으며, 닫히고 맺혀져 있어 풀이할 수 없다."[75] 음양오행사상은 점차 만물을 해석하는 데 핵심적인 지위를 차지했다. 만물(지상의 일을 포함해서)은 모두 오행설의 자료가 되는데, 이 사상을 따르는 사람들이 멋대로 해석하고 또 각종의 것(별자리·간지·띠 등)을 혼합해 견강부회로 유추했다. 그 논술 과정에 지혜로운 바도 많았으나 결론은 종종 주관적이고 억지스러우며 심지어는 황당무계하기까지 하다. 이 일파는 사회에서 요망하고 바르지 못한 무리들이 자신의 목적을 달성하거나, 또는 다른 꿍꿍이를 가진 자들에게 쉽게 이용되어 '고대 미신의 총본산'이 되어버렸다.[76] 서양에서는 전통의 자연지리학이 현대과학의 요람인데, 중국의 전통적인 자연환경에 관한 '지리학'은 전혀 그런 지위를 누리지 못했다.

### 도가와 유가의 지리관 비교 몇 가지

도가의 우주생성론이 이끄는 세계관은 거시적이고 모호한 세계로 원리만을 중시하고 형체를 중시하지 않는다. 도가의 우주세계는 역사적으로 태어나고 성장한 것이 아니며 도가의 사상도 역사적인 서술이 아니다. 도가학설은 현실적 지리지식에 대응할 필요가 없다. 이에 비해 서양에서는 역사적 서술의 특징이 있는 『성경』이 현실적 지리지식과 지리적 방위에 대응하는데 대단히 사실적이고 구체적이다. 『성경』의 이야기에 따라 『성경지리학聖經地理』이 편찬되었는데, 중국에서는 『노자지리학老子地理』이나 『장자지리학莊子地理』을 펴내지 않는다. 도가는 자연의 계시이므로 자연 속 깊숙이 숨은 오묘한 이치가 필요한 것이지 역사 같은 사실적 이미지는 필요 없다. 고대 중국의 사상계에서 역사의 계시를 중시하는 것은 유가다. 역사의 계시를 중시하는 사람은 시공간적 서술을 한다. 유가는 대우가 물을 다스려 인문 세계를 연 「우공」을 서술해 중국 고대 지리 문헌의 최고 경전이 되었다.

우주관념의 질서, 예의 질서, 미학 질서, 기호 질서에서는 도가사상의 영향이 크지만 경험적 사회의 실천 질서에서는 그 영향이 작다. 유가는 질서의 안정성과 통제 가능성을 추구하고 논증한다. 도가는 이와 반대로 무명무형無名無形이 본질이며 유명유형有名有形보다 더 높은 단계다. 무명무형은 지리적 사유로 전환하기가 어렵다. 도가는 형체에 주의를 기울이지 않으며, 나눔을 말하지 않고 합만을 말한다. 세계를 말함에 있어서도 지역도 차이도 없는 균질generic의 세계를 말한다.

도가는 땅의 이로움을 중시하지 않으나 유가는 환경 속에 이용할 수 있는 부분에 관심이 있다. 『예기』「중용」에 '땅'의 '넓고 두터움'에 관한 말이 있다. "지금 땅이라는 것은 한 줌 흙이 많이 모인 것이니 그 넓고 두터움에 미쳐서는 화산華山을 싣고도 무겁다고 하지 않고 강과 바다가 진동해도 새지 않으며 만물이 실려 있다. 지금 산이라는 것은 주먹만 한 돌이 많이 모여서 된 것이니, 그 넓고 큼에 미쳐서는 초목이 자라나고, 금수가 살며, 매장된 보물이 나온다. 지금 물이라는 것은 한 국자의 물이 많이 모여 된 것이니, 그 헤아릴 수 없이 많음에 미쳐서는 거북·악어·교룡·용·물고기·자라 등이 살며, 재화가 번식한다."[77] 이 말은 유가의 자연지리관을 대표한다고 할 수 있는데, 그 지리관에는 "만물을 잘 키우고 사람에게 도움을 주는厚生載物" 본질을 표현하고 있다.

유가도 자연으로부터 도덕체험을 흡수한다. 공자는 물을 보면서 도덕도 보았다.

『순자』「유좌有坐」: 공자가 동쪽으로 흐르는 물을 보고 있는데 자공이 공자에게 물었다. "군자는 큰 강을 보면 반드시 바라본다고 하는데 무엇 때문입니까?" 공자가 말했다. "물은 크고 넓게 여러 생물에게 베풀어도 작위하지 않으니 덕과 같다. 낮은 곳으로 흐르며 이리저리 굽어도 반드시 그 도리를 따르니 의義와 같다. 세찬 기세로 끊임이 없는 것은 도와 같다. 만약 강을 터서 흘러가게 하면 그 빠른 흐름은 소리의 울림이 따르는 듯하고, 백 길의 골짜기로 흘러들어도 두려워하지 않으니 용감함勇과 같다. 우묵한 곳으로 흘러들어도 반드시 평평해지니 법과 같다. 가득 차게 되어도 그 위를 깎을 것이 없으니 올바름正과 같다. 유연하게 미세한 곳에도 스며드니 잘 살핌察과 같다. 들락날락하면 맑고 깨끗해지니 교화함善化과 같다. 수없이 꺾이며 흐르지만 결국은 반드시 동쪽으로 가니 굳은 의지志와 같다. 그러므로 군자는 큰 강을 보면 반드시 바라보는 것이다."[78]

고대 중국의 인간과 환경의 관계는, 철학과 문화적 측면에서는 합이 되고, 왕조 정치의 실천적 측면에서는 분分이 된다. 정권은 자연 자원을 무한정으로 사용했다. 치국평천하를 정치의 목표로 삼는 유가사상은 자연환경에서 취하는 것을 지지한다.

유가는 인간을 중심으로 하는 세계관인데, 자연관에서는 하늘을 따르는順天 — 이로움을 일으키고 폐해를 제거하는 — 것이 주제가 된다. 유가는 왕조 지리를 강조하는데, 왕조 지리의 본질은 인간과 인간의 관계다. 자연은 단지 배경일 뿐, 인간의 가치가 모든 것을 판단하는 지표가 된다. 도가는 그와 다르다. 『장자』「제물론」에서 말했다: "사람이 습한 곳에서 자면 허리에 병이 나고 반신불수가 되지만, 미꾸라지도 그러한가? 높은 나무에 올라가게 되면 벌벌 떨고 무서워하지만 원숭이도 그러한가? 이 셋 중에 누가 있을 곳을 바르게 아는 것인가?"[79] 도가는 인간의 입장을 잣대로 삼는 환경관을 부정한다. 도가가 논증하는 것은 무심한 자연이다. 오늘날 중국인은 유가와 비슷해서 자연 속에 인간의 마음을 더해 넣는다. 환경을 훼손하든 보호하든, 모든 것이 인간의 마음에서 나온다. 도가는 인간이 자연을 훼손할 수 있다고 믿지 않는다. 도가는 시선을 인간사회에서 옮겨 자연으로 들어가는데, 그러면 환경은 곧 사라져 버린다. 환경은 인간사회의 일부로 인간의 마음속에 있는 것이다.

역사에서 도가의 음양오행을 혼합한 세상의 기원 이론은 끊임없이 거듭되었는데, 그런 되풀이는 가면 갈수록 상투적이 되었고 현실생활에서 의미를 점점 잃어갔다. 그와는 반대로, 인문 세계에 대한 유가의 이론은 갈수록 현실적 의의를 갖게 되었다. 이 인문 세계의 중요성은 자연 세계보다 훨씬 높다. 인문 세계의 기원을 중시하는 것은 중국 문명의 특징으로, 사상에서 위치는 우주 기원의 내용을 뛰어넘어 그것을 가려버린다.

사회현실 속에서 마침내 유가와 도가가 서로 융합한 고대의 세계 질서 관념을 보게 된다. 자연 질서는 해·달·별·하늘·땅·산·강이 조합해 큰 틀을 이루는데, 이는 무대 뒤의 큰 배경이며 주로 도가가 말한다. 그런 뒤에 도시·마을·논밭·토지·교외·산림 등은 인간이 사는 환경 질서로, 무대 앞의 주체이며 주로 유가가 말한다. 이런 질서에 대해, 다시 음양오행설의 총체적인 순환·운행의 해석이 있다. 이것이 바로 고대 중국인이 생활한 세계다.

제4장

# 신석기시대
# 세계 질서 관념의 증거

'원시인'들의 시야가 단지 마을 부근이나 멀어봤자 부근의 산 정도일 것이라고 가정해서는 안 된다. 낮에 고개를 들어 푸른 하늘을 쳐다보며 태양의 궤적을 뒤쫓을 때나, 밤에 별이 총총한 하늘을 응시하며 북두칠성의 회전을 살필 때나, 그들의 흉금(마음속 깊이 품은 생각)은 100리나 천리에 그치지 않았다. 낮에는 바빠서 밤이 되어야 상상할 시간이 있었을지도 모른다. 낮에 얻은 모든 경험적 지식을 밤에는 종합하고 교류하며 해답을 얻으려 했다. 먹고 잠만 자는 게으름뱅이가 아니었다.

그들의 생활이 단지 밥 먹고 아이나 낳는 것은 아니었다. 그들은 이 땅 위에 갈수록 복잡해지는 사회생활을 조직하고, 질서를 세우기 위해 노력했다. 그 질서는 각종 갈등을 없애고 또 힘을 형성한다. 그들은 이런 힘을 빌려 인류와 집단 사이의 경쟁에서 우세를 차지하고 문명화를 이뤘다.

이른 시기의 세계질서에 대한 구상과 이해에 신령 체계(신령의 분포를 포함해서)를 형성하는 것은 사유의 한 노선이다. 또 다른 한 노선은, 역시 추상적 체계이긴 하지만 신령 체계에 비해 좀 더 실제적인, 보다 지리적 의미를 갖춘 세계 질서다. 이것이 방위 체계인 방위관이다.

## '중심' 관념의 초기형태

지리학은 사물을 관찰할 때 공간적 시각에 치중한다. 고고학자가 발견한 신석기시대의 취락유적을 관찰하면 공간 배치가 변하며 발전하는 것을 볼 수 있다. 이런 변화와 발전은 다른 여러 사회 발전의 성과와 같이 사실과 관념의 두 측면에서 구현된다. 구체적인 고고 유적에서 직접 보는 것은 거의 손으로 만질 수 있는 사실들이다. 그 사실(크고 작은 유적)의 관계 사이에는 사회 규칙과 이념이 존재했음을 추정할 수 있다. 그런 규칙과 이념에 대한 추정이 결핍된다면 그 유적들을 진정으로 알 방법이 없다.

중국 신석기시대의 고고 발굴의 성과는 풍부하다. 취락 고고학은 1980~1990년대 이후로 넘어오면 인식이 끊임없이 심화되어 사회 형태를 잘 반영하고 있는 이 문제에 대해 문자 기록의 역사가 없는 자신의 체계를 점차 형성했다.

쑤빙치蘇秉琦는 중국 신석기시대문화를 6개의 주요 분포지역으로 종합했다.

옌산燕山 남북 만리장성지대를 중심으로 하는 북방
산둥山東을 중심으로 하는 동방
관중關中 진난晉南 위시豫西를 중심으로 하는 중원中原

타이후太湖 호를 둘러싼 지역을 중심으로 하는 동남부

둥팅洞庭 호를 둘러싼 지역과 쓰촨四川 분지를 중심으로 하는 서남부

포양鄱陽 호에서 주장珠江 강 삼각주 일선을 중심축으로 하는 남방[1]

이것은 사실상 5000~6000년 전의 문화지리 분포도다. 중국 고대 역사지리의 변화와 발전을 연구한다면, 이 지도에서 시작해 각 시대 지리(또는 시대 지리의 단면)와 대조해 관찰할 수 있다.

이 6개의 신석기문화의 지역 중 최소한 5개의 지역(남방지역은 아직 명확하지 않다)은 이미 취락(취락군)을 중심으로 취락의 전개과정을 모두 마쳐서, 원시 인문지리의 성숙한 형태가 나타났다.

앞서 말한 관중, 진난, 위시의 중원지역은 흔히 말하는 황허 강 중류지역으로, 중국 고대 문명의 요람지로 여겨지는 곳이다. 일반적으로 황허 강이 중화 문명을 키웠다고 하는데, 요람지가 황허 강 본류의 양안은 아니다. 좀 더 구체적으로 이야기하자면 황허 강의 몇몇 중요한 지류가 고대 중원 문명을 키웠다고 해야 할 것이다. 뤄허洛河 강, 펀허汾河 강, 웨이허渭河 강이야 말로 큰 공을 세운 어머니이며 자매인 강으로 중원 지구의 고대 문화를 직접적으로 키워냈다. 쑤빙치가 말한 관중·진난·위시는 각각 웨이허 강·펀허 강·뤄허 강 유역이다.

다음은 중원 지구에서 발견한 몇몇 취락 유적에 대한 관찰로, 그 배치에서 당시 사람들이 가졌던 초기의 공간질서 관념을 볼 수 있다.

반포半坡 유적은 산시陝西 성 시안西安 바차오 구灞橋區 찬허滻河 강의 동안에 있는데, 면적은 약 5만 제곱미터다. 탄소-14 측정법에 따르면 그 연대는 기원전 4800~기원전 4300년이다. 반포 유형의 취락은 그다지

정확한 원형은 아니며 거주 구역이 둘로 나뉘는데, 각 거주 구역 안에 큰 집 하나와 그 주위를 둘러싼 작은 집들이 있다. 두 거주 구역 사이에는 깊이 1.5미터, 폭이 2미터인 도랑이 있어서 경계를 이루고 있다.[2] 반포 촌락 중간에 있는 도랑은 두 거주 구역이 느슨하거나 긴장하는 관계였음을 나타낸다. 한 취락 안에 공동으로 거주한다면 화목해야 하는 것이 마땅한데, 도랑은 갈등의 산물처럼 보이기도 한다. 그러나 그 시대의 갈등은 긍정적인 의미가 있다. 인문의 갈등은 문명으로 나가는 중요한 동력 가운데 하나다.

장자이姜寨 유적은 산시陝西 성 시안西安 린퉁구臨潼區 북쪽에 위치하고 있는데, 린허臨河 강 동안의 2급 대지臺地에 자리하고 있다. 유적 면적은 약 5만제곱미터로 양사오仰韶 문화 촌락의 유적이 하나 있는데, 전체적인 배치는 주거 구역, 제도製陶 구역, 고분 구역의 세 부분을 포함하고 있다. 촌락의 서남부는 린허 강으로 천연적인 장벽을 이루었고, 그 밖의 삼면은 인공적인 도랑이 둘러싸고 있어서 전체적인 윤곽은 대체적으로 타원형이며 면적은 1만8000여 제곱미터다. 거주구역 안에는 중심에 광장이 있고, 그 주위에 100여 채의 집이 분포하고 있는데, 5조로 나뉘고 각 조마다 다시 큰 집 한 채와 그 주위를 둘러싸는 10여 채나 20여 채의 작은 집들로 구성되어 있다. 각 조 집의 대문은 모두 중앙의 광장을 향하고 있다. 각 조의 집은 한 대가족이거나 하나의 씨족에 속했을 것이다.[3]

이 취락들은 발달된 원시 농업사회의 인문 취락형태를 대표한다. 인구가 조밀해지기 시작하고, 사회는 힘을 모아 강화되었으며 사람들 사이의 관계가 갈수록 복잡해졌다. 이런 기초 위에 사람들이 거주하고 활동하는

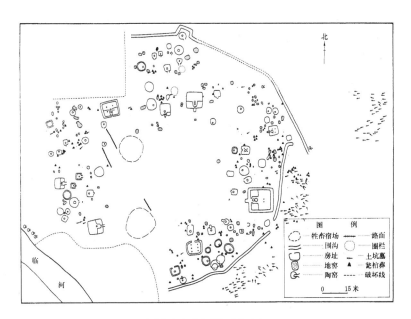

장자이 유적 반포 유형 취락 평면도

공간의 관계도 변화하고 발전한다. 이 단계까지 발전하면, 불평등한 관계를 포함한 공간질서가 잡히는 것을 볼 수 있다. 반포 유적의 커다란 집은 형체가 클 뿐만 아니라 그 위치도 작은 집들에 비해 확연하게 좋다. 중요한 것은 큰 집이 작은 집들 무리의 '중심'에 있다는 점이다. 장자이의 중앙에 있는 광장은 일반의 커다란 집보다 더 좋은 '중심'에 있다. 이곳은 집이 있는 것보다 없는 편이 더 좋다. 그곳이 전체 취락의 중심에 위치하는 데는 먹고 자는 일보다 훨씬 더 중요한 가치가 있다. 이곳은 제사를 지내는 장소로, 숭고한 신앙을 담아내는 곳이다. 인류학자 엘리아데M. Eliade는 고대 종교의식에서의 중심에 관한 저서가 많은데, 중심이 "가장 분명한 신성 지대이자 절대적인 존재물의 지대"라고 지적했다.[4]

산둥 지역의 원시문화는 상당히 발달해 중원 원시문화와 견줄 만하다. 산둥 지역과 중원지역의 문화교류는 고대 중화 문명의 전개를 돕는 동력 가운데 하나다. 산둥에서 발견한 신석기시대의 주요 문화는 초기 다원커우大汶口 문화와 그 뒤를 이은 산둥 룽산龍山 문화다. 타이안泰安 다원커우 유적은 그 시기 원시인이 활동하고 생활한 고급 중심 구역일 것이다. 대량의 고분을 통해 사회의 분화를 분명하게 볼 수 있는데, 이곳의 사회 구성 수준은 나머지 구역보다 더 높거나 복잡하다.

산둥 룽산 문화 시기에 이르면 땅을 다져 쌓은 성터가 집중적으로 나타난다는 고고 발견의 보고가 줄을 잇는다. 주목할 것은 타이이泰沂 산맥 북쪽의 청쯔야城子崖, 딩궁丁公, 톈왕田旺, 볜센왕邊線王 등 각지에서 성터가 발견된 것이다. 각 성터는 모두 같은 시기 유적의 집중분포 구역 내에 위치하고 있고, 주변에는 모두 룽산 문화 취락 유적이 대량으로 있어서 단원 구역單元區域을 형성하고 있다.[5] 그중 청쯔야 성터는 산둥 북부지역에서 면적이 가장 넓은 곳으로, 출토된 문물 역시 주변의 유적에서 나온 것보다 우수하다.

창장 강 중류는 량후兩湖 평원과 주변의 산지가 만나는 지대에 위치하고 있는데, 신석기시대의 유적이 대량으로 분포되어 있다. 후베이 성 톈먼天門 스자허石家河 유적은 면적이 거의 800만 제곱미터로, 현재까지 알려진 창장 강 중류지구의 신석기시대 유적 중 가장 크다. 유적의 중심부에 해자로 둘러싸인 거대한 취락이 있는데, 면적이 120여만 제곱미터에 달하고, 해자 안팎으로 거주구역과 묘지가 발견되었다. 해자 취락 주위에는 서북쪽 모서리를 제외한 나머지에 크고 작은 20여 개의 높고 평평한 대지가 있는데 각 대지는 다 취락지점이다. 스자허의 이 대형 중심

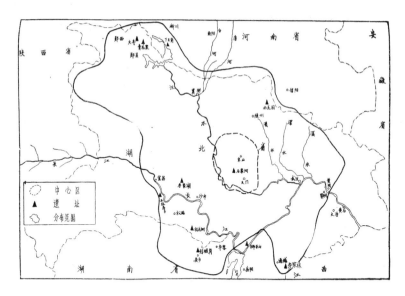

스자허石家河 성 유적과 스자허 문화 분포 표시도

취락은 규모나 내용면에서 모두 주변의 기타 취락보다 수준이 더 높아서 핵심적이고 지도적인 지위였음을 쉽게 알 수 있다. 고고학자들은 대형의 해자 취락 유적과 주변의 취락 유적을 묶어서 하나의 유적 체계로 봐야 한다고 판단하고 있다.[6]

고고학자들은 다원커우와 스자허의 문화에서 취락군이 나타나기 시작했다고 지적한다. 룽산 시대에 이르면 취락군의 존재는 상당히 보편화된다.[7] 금석병용 시대, 특히 후기인 룽산 시대에 이르면 취락군의 발전은 더욱 보편화된다. 이런 기초 위에 취락군 전체를 아우르는 사회조직이 형성된다. 이 대형 사회조직 속에 더욱 강력한 '중심'이 추대되는데, 고고학적으로 반영된 것이 스자허와 청쯔야 등과 같은 대형 중심취락 유적의 존재이다.

장쑤·저장 지역 신석기시대 후기 단계의 고고학적 문화는 량주良渚 문화 하나밖에 없다. 량주 문화 중에 량주 유적군의 규모가 가장 크다. 그곳에서는 우물터가 대량으로 발견되었는데, 이는 대형 거주 구역의 증거다. 유적 유물의 특징으로 볼 때, 당시 사회는 이미 분명한 분화가 나타났다. "취락군 모두 큰 묘가 발견되었고, 모든 큰 묘에서 일반적으로 권력을 표시하는 옥도끼玉鉞와 종교용 기물 등이 나왔다. 귀족묘라고 불리는 이 묘들은 각 취락의 상류층 지도자의 고분일 것이다."8 량주 유적에는 "취락군 안에 또 인공적으로 쌓아서 만든 면적이 아주 넓은 중심 거주 터가 있다. 그 터 위에는 여러 개를 연결해 하나가 된 대형 건축의 기초 터가 있는데, 어떤 학자는 그것을 '타이청臺城'이라 부른다."9 "타이청은 모자오 산莫角山 유적을 말하는데, 모자오 산 자체가 직사각형으로 흙을 쌓아 인공적으로 만든 단이다. 기본적으로 정방향으로 자리 잡고 있으며, 길이가 동서로 약 670m, 넓이는 남북으로 약 450m, 높이가 5~8m다. 네 변이 모두 가지런한데 서북쪽 모서리만 조금 튀어나왔다. (…) 모자오산 위에는 또 높은 흙 돈대墩臺가 3개 있어서, 대大모자오 산, 소小모자오 산, 우구이 산烏龜山이라고 부른다. 그중 대모자오 산의 서남쪽과 우구이 산 동쪽 1400제곱미터의 발굴 범위 안에서 땅을 다져서 만든 완전한 터를 발견했다. (…) 소모자오 산 남쪽에서 발굴한 100제곱미터 범위 안에서는 남북으로 세 줄에 동서 방향으로 늘어선 기둥구멍을 발견했다. (…) 예비적 연구를 통해, 이 다진 터는 총면적이 3만 제곱미터에 달하며 대형 건축군락의 기지임을 알게 되었다."10 이 중심 '타이청'의 설계는 3차원 공간적으로 기획되었는데, 한편으로는 방어의 역할을 하고, 다른 한편으로는 권위를 드러내 보인다.

상술한 각종 형태의 '중심'을 모두 모아 대조하면, 이론의 패턴에서 발전 경로를 개괄해 낼 수 있다. 원시 시대의 인문 중심은 단일 가옥군 내의 큰 집에서 몇 개의 가옥군 사이의 광장(대형 건축물일 수도 있음)으로 승격되고, 다시 취락군 내의 중앙 성읍으로 승격된다.

신석기시대의 고고 문화 중 많은 곳에서 제사 터가 발견된다. 예를 들면, 랴오닝 성 링위안凌源 뉴허량牛河梁 유적, 산시 성陝西省 시안西安 린퉁臨潼 구 장자이 유적, 허난 성 치杞 현 루타이강鹿臺崗 유적 등이다. 이 제사 터들에 주의를 기울일 필요가 있다. 당시 사람들이 이런 제사지祭祀地를 선택할 때에는 그냥 선택한 것이 아니다. 제사지는 하늘과 사람의 관계나, 사람과 사람의 관계에서 모두 특별한 의미가 있다. 뉴허량 등의 제사 터는 산꼭대기에 자리하고 있다. 옛사람은 하늘과 사람의 관계를 고려해서 높은 산이 하늘과 가깝다고 여겼다. 장자이 등의 제사지는 취락의 중심적 위치에 있는데, 이는 사람과 사람의 관계를 고려한 것이다. 사람과 사람의 관계에서 '중심' 위치를 확립하는 것은 더 깊은 뜻이 있다.

미국 역사지리학자 폴 휘틀리Paul Wheatley는 도시 기원을 검토하며 제사 중심의 집합 영향을 강조한 바 있다. 그는 세계에서 가장 먼저 나타난 도시는 보통 제사 중심에서부터 발전되어 이루어진 것이라고 생각한다. 이런 도시를 통해 원래는 평등하고 전원적이며 혈연적이었던 사회가 계급적이고 지연적인 사회로 변화되었다.[11]

어떤 학자는, "격렬한 생존경쟁에서 취락군의 영향은 갈수록 중요해지는데, 취락군 영향의 증대는 보통 각 취락의 독립성이 약화됨으로써, 이뤄진다"고 지적한다.[12] 취락군 영향의 증대는 중심 취락의 지위를 강화하고 높임으로써 실현된다는 한 가지 사실을 더할 수 있다. 중심 취락

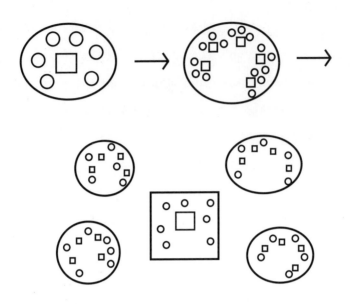

원시 취락의 체제에서 '중심'의 변화 발전 표시도

의 지위가 강화됨에 따라, 당연히 '중심'에 대한 여타 취락의 의존성도 그에 따라 커지고 취락군 전체의 긴밀성도 강화되는 것이다.

"취락군의 통일된 관리가 강화되는 과정에서 각 취락의 일부 구성원(귀족과 수공업자 모두)은, 자신이 원했든 강제적이든 자신이 소속되었던 씨족과 취락을 떠나 중심 취락으로 옮길 수밖에 없었을 것이다."[13] 다른 위치에 있는 취락군을 상대적으로 압도하는 '중심'의 불평등성은 가족이나 씨족 질서를 가장 먼저 깨트린 내부 역량이었을 것이다. 기술의 기능과 역할은 갈수록 중요한 사회적 속성이 되어, 그 수요와 중요한 정도가 점차 혈연적 속성을 뛰어넘게 되었다. 중심 취락(그 형태는 보통 중심 성읍) 주변의 수공업 작업장에는 각기 다른 씨족에서 선발되어 온 솜씨 좋은 장인匠人들이 모여 있다. 전문직 무인巫人과 무사武士가 한 가족에서 나오지는 않았을 것이다. 사람을 옮기는 특별한 방법을 통해 사회는 점차 재편성되고 격상되었다. 『여씨춘추』「귀인貴因」편에 "순舜은 한 번 옮겨 읍을 이루고, 두 번 옮겨 도성을 이루고, 세 번 옮겨 나라를 이루었다"[14]고 했는데, 이런 상황도 포함된 말일 것이다. 사회는 끊임없이 분화하면서 또 한편으로는 중심을 향해 취합되었다. 이런 분합分合의 기제는 혈연적 기제와 완전히 다르다. 소수의 중심에서만 취합이 나타났기 때문에 공간 구조에서 불균형성이 강화되었다. 이것이 도시 기원의 배경과 과정이다. 이른 시기 도시는 지역공간에서 사회를 조직하는 도구라고 한 폴휘틀리의 말은 지리학적 관점에서 본 것이다.[15]

중심취락(성읍)의 형성과 강화는 경험 측면적 사회 역사다. 함께 대응하며 성장하는 과정에서 새로운 관념이 나오고 발전한다. 신석기 고고 유적에서 발견된 정형화된 기호와 문양을 통해 정형화된 관념이 존재했음을 확인할 수 있다. 다윈커우 문화의 각기 다른 곳에서 수차례 발견된 '해·달·산'의 기호는 지리경관景觀에서 확장된 추상적 관념의 존재를 반영하고 있다. 안후이 성 한산含山 옥판玉版의 기하도형을 통해 그 시대의 '중심'은 이미 분명한 추상적 개념이었음을 추정할 수 있다. 취합은 중심의 속성이다. 한산의 옥판은 취합되는 선으로 중심을 표시했다.

한마디로 '중심'은 그 발전 단계의 사람들이 이미 특수한 위치 개념('지리개념'이라는 거창한 단어는 잠시 쓰지 않기로 한다)을 인식하고 받아들인 것으로, 인문 관계 및 인문 등급과 서로 대응된다. '중심' 개념의 형성은 유용하고 또 필요해서 그 발전 가능성이 무궁하다. 나중에 복잡한 공간구조로 파생되는 중요한 시작점이며, 심오한 의의가 있는 인문 지리관념은 이로부터 생겨났다.

'중심中' 현상은 자연 속에 존재하고 있다. 적어도 하늘의 뭇별은 북극성을 축으로 돈다. 그러나 '중심'의 개념은 인문 관계의 발전에서 보다 근원적이고 더 현실적인 의의가 있다. 고대인의 관념 중에서 인문 관계의 '중심'과 하늘의 '중심'은 서로 호응하며 하늘과 인간이 공유하는 특징이 된다. 천문 현상으로 증명되었기 때문에 인간 세상에서도 '중심'은 영원의 의미와 더없이 높은 지위가 있다. 사회 속에 나타난 '중심中'은 질서를 안정시키고 권위를 표현하는 데 유용하다.

하늘과 인간에게 그러함으로 땅도 예외가 아니다. 고대인의 사상이 발전하면서 대지 위의 각종 '중심'들이 하나씩 창조되며 공간 가치를 만들었고 지리사상 체계 속으로 합류되면서, '중심'과 '주변 사방四周'의 관계는 화하 내지는 '천하'를 해석하는 지리 질서가 되었다.

### 축선軸線과 대칭

고고학자들은 신석기시대 문화 가운데서 많은 제사 터를 발견했다. 그중 랴오닝 성 링위안 뉴허량 유적은 주목할 만하다.[16] 해당 유적은 산마루에 있는 제사 건축물 유적으로 고분과 건축물을 포함하고 있다. 발견된 건축군은 방이 여럿 있는 것과 하나만 있는 두 조의 건축으로 구성되어 있다. 방이 여럿인 것은 북쪽에 있으며 주된 건축물이고, 방이 하나인 것은 남쪽에 있으며 부속 건축물로, 2.05m 사이를 두고 대략 같은 중앙축선[17] 위에 있다.[18] 축선은 또 하나의 중요한 현상이다. 건축사 연구자라면 중앙축선 양식이 중국 고대 건축 배치의 두드러진 특징임을 다 알고 있다. 뉴허량의 예는

랴오닝 성 뉴허량 유적 사진

이런 관념과 방법이 신석기시대에 이미 싹트기 시작했음을 설명하고 있다.

뉴허량 유적에서 여자의 조각상이 발견되었으므로 고고학자들은 이곳이 '여신사당廟'일 것으로 추정하고 있다. 뉴허량 유적의 전체적인 특징은 다음과 같은 내용을 포함하고 있다. "선정된 부지를 보면 각 유적이 모두 산언덕의 가장 높은 곳에 위치하고 있다." 그 외에도 "특정한 배치를 하고 있어서 '여신 사당'은 중심의 가장 두드러지는 곳에 위치하며 멀리 '주산猪山'을 마주하고 있다. 적석총이 사방을 둘러싸고 있고, 사당과 적석총이 서로 연결되어 유기적인 통일체를 구성하고 있다. 특별한 구역을 만들어 신성한 색채를 더하고 있는데, 이는 사람들의 짙은 종교의식을 반영하고 있다."[19] 이곳은 생활 구역이 아니다. 이 건축과 고분들은 모두 제사 지내고 숭배되는 것들로, 축선과 중심 관계에 따라 배열되어 공간 질서를 만든다. 축선과 중심으로 구현된 공간 질서는 보다 더 인문적 의미에 근접한 것으로, 본질적으로는 대인 관계의 구현이다. 이 무덤의 주인이 '여신'과 같은 체계 안에 함께 기거한다는 것은 그들의 지위가 평범치 않음을 말해준다. 뉴허량 유적은 산마루의 꼭대기에 위치하고 있는데, 이런 선택은 하늘을 경외하는 숭고한 사상을 설명한다. 뉴허량의 제사 장소는 하늘과 인간의 관계와 인간과 인간의 관계를 모두 고려한 설계인 듯하다.

허난 성 푸양濮陽 시수이포西水坡의 양사오仰韶 문화 유적에서 죽은 이의 양 옆에 조개껍질로 용과 호랑이의 도안을 한 고분을 발견했다.[20] 이 고분이 놀라운 것은 사신四神의 짐승(청룡·백호·주작·현무) 숭배의 기원이 이토록 빠르다는 사실이다. 이와 동시에 좌우대칭의 배치 방식도 볼 수 있다. 죽은 이는 가운데 있고 용과 호랑이는 좌우에 대칭으로 있다. 이는 정신적인 신앙을 설명하는 도식으로, 고대 중국의 공간 배치 계획의 중요한 기법인데, 그 초기 형태를 양사오 문화 시대에서 볼 수 있다.

축선은 '중심'에 대칭성을 더한 변형이라 할 수 있다. 축선에서는 전후 좌우의 방위 처리를 쉽게 할 수 있어서 방위를 계획하기가 편하기 때문에 건축 계획에서 자주 사용한다. 중국의 축선은 주로 남북의 방향으로 표현된다.(미국 수도 워싱턴 핵심 구역의 중심선은 동서 방향이다.)

그 뒤의 역사를 봐도 중국인의 생활 속 중심선은 모두 그렇다. 얼리터우二里頭 문화의 궁전유적, 주원周原 이른 시기의 건축, 삼국 시대 위魏의 업성鄴城, 수·당의 장안성長安城, 원의 대도성大都城, 명·청의 베이징 성北京城 등 모두가 그 건축 계획에 축선의 존재를 볼 수 있다. 가옥·궁실·정

혼돈에서 질서로

원의 배치에서 도시 전체의 평면 배치까지 축선은 점차 발전되고 있다.

산시陝西의 고고학자가 전한 장안성의 중요한 몇몇 남북 방향 유적의 경도를 측량했다.

장안성長安城 안문安門: 108°52′46″E.

장릉長陵 중간점: 108°52′42″E(장릉은 고조高祖와 여후呂后의 능임).

칭허淸河 강의 물길이 꺾이는 곳: 108°52′43″E.

톈치天齊 유적 갱의 중심: 108°52′29″E(장안 북쪽 45km).

쯔우구子午谷 입구: 108°52′46″E.


고고학자들은 이 수치를 보고 남북으로 엄청나게 긴 건축 기준선의 존재를 상상하지 않을 수 없다. 동경 108°52′을 따르는 기준선은, 북으로는 싼위안三原 북쪽 고원 층의 '톈치사당' 유적에 이르고, 남으로는 친링秦嶺 산 산록의 쯔우구 입구에 이르는데, 중간에 안문安門으로부터 장안성을 관통해 총 길이가 74km에 달한다. "하늘·땅·산천·능묘·도성을 하나로 관통하는 조화로운 완전체가 된다."[21]

이 건축 기준선에 관해서는 더 많은 자료를 통한 확증이 필요하다. 계획에서 축선이 중요 건축물을 관통하는 것은 흔히 보이는 기법이다. 측량학사에서 전한 사람들이 74km에 달하는 거리를 측량할 능력이 있음을 확인할 수 있다면, 전한 장안성 일대의 남북 건축 기준선이 존재했을 가능성은 높다. 이 기준선은 축선과 유사하며 설계에 별다른 실용적 목적은 없다. 그 의도는 온전히 도성의 핵심을 강화하는 의미로, 계획 범위 내의 지리공간이 엄격한 질서를 갖게 한다.

신석기시대 세계 질서 관념의 증거

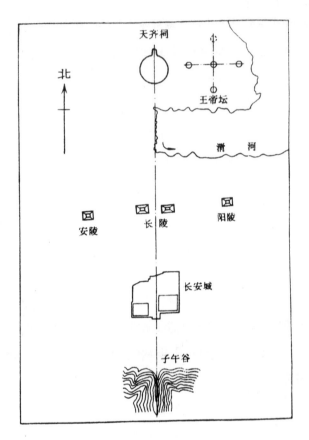

전한 장안성의 매우 긴 '건축 기준선' 가상도(천젠밍秦建明 등, 「산시 성에서 발견한 한대 장안성을 중심으로 하는 남북 방향으로 매우 긴 건축 기준선陝西發現以漢長安城爲中心的西漢南北向超長建築基線」에서 전재.)

  일반적으로 거시적 지리 시야에서 축선의 활용은 별로 없다. 축선은 가시성이 중요한 특징인데, 한계를 뛰어넘는 시야의 범위라는 상황 아래에서는 축선의 형식이 불필요하기 때문이다. 거시적 범위에서는 '중심'만 있으면 된다. 중심은 핵심 표지만 보이면 되고 그 나머지는 모두 '주변'이다. 주변은 무한이 멀리 나갈 수 있어서 마음대로 시야를 벗어난다.

고대 중국에서 축선은 건축의 계획에 주로 활용된다. 삼국 시대 위魏나라 업성의 단문端門에서 영양문永陽門에 이르는 선과 육조六朝 시대 건강성建康城의 어도御道, 수·당 시대 장안성의 주작대가朱雀大街, 송宋 개봉開封의 어가御街, 명·청 베이징 성의 종루鐘樓에서 영정문永定門에 이르는 선 등은 모두 대표적인 도시의 중앙축선이다.

명·청 시대 베이징 성의 평면 디자인은 축선을 해독하는 가장 좋은 예증이다. 베이징 성의 중앙축선은 남쪽의 영정문永定門에서 시작해 북쪽으로 쯔진청紫禁城(자금성) 중심의 주요 궁전(전삼전前三殿과 후삼전後三殿)과 징산景山 중봉中峯을 관통하고 끝으로 고루鼓樓와 종루鍾樓까지 이르러, 전체 길이가 거의 8킬로미터에 가깝다. 중앙축선을 중심으로 삼는 구조에서 중앙축선은 확실한 통제의 의미가 있다. 이 중앙축선에는 황제의 보좌만 자리해 말 그대로 "외딴집의 외로운 사람孤家寡人이 된다. 황제는 중앙축선에서 북쪽을 등지고 남쪽을 향해 반듯하게 앉는데, 베이징 성 전체와 온 천하(베이징 성 4면에 있는 천단天壇·지단地壇·일단日壇·월단月壇은 천하를 상징한다)에 이르기까지 그의 권위를 느끼지 않는 곳이 없다.

세계의 대도시 중 (일부가 아닌)도시 전체에 중앙축선이 있는 곳은 그리 많지 않다. 베이징 성은 도시 전체를 지나는 중앙축선이라는 두드러진 특징이 있기 때문에 국내외 건축가들의 찬사를 받고 있다.[22] 허우런즈는 중국 최초로 베이징 성 계획에서 중앙축선의 의미를 밝힌 역사지리학자다. 그는 고대 도시에 관한 일련의 연구를 하면서, 문화 관념의 가치에서 실용적 기능만이 아니라 도시지리를 연구하도록 이끌었다.[23]

중앙축선과 관련된 것으로 격자형 도시도 있는데 영어로는 '그리드grid'라고 한다. 세계적으로 이런 형태의 도시는 많다. 고대 그리스의 밀

신석기시대 세계 질서 관념의 증거

레투스Miletus는 페르시아전쟁 후 중건되었는데, 건축계획가 히포다모스 Hippodamos('도시계획의 아버지'라 일컬어진다)는 그리스 역사상 처음으로 격자형을 사용했다. 그는 균등 분할한 격자가 평등을 상징한다고 설명했다. 미국의 윌리엄 펜William Penn은 필라델피아에 격자형 거리를 계획했다. 그 후 필라델피아의 양식이 본보기가 되어 후기 미국 도시는 대부분 격자형을 채택했다. 고대 중국에서 수·당의 장안과 명·청의 북경 등도 모두 격자형이나, 서양 도시와는 큰 차이가 있다.

1. 중국의 도시들은 모두 중앙축선이 있다.
2. 이들 도시는 모두 사각형의 성벽으로 테두리가 있다. 이런 상황에서 중앙축선은 양 옆이 대칭되는 효과가 있으며, 또한 대칭은 역으로 중심선에 고귀한 지위를 더해준다. 이런 공간구조의 특징은 황권에 이용되고, 황권과 중앙축선의 결합은 최고 권력의 기하 공간 이미지를 만들어 이른바 '유아독존'이 된다. 고대 중국에 평등의 그리드grid구조는 존재하지 않는다.

중앙축선은 '중심'의 변형으로 선 형태의 중심이다. 축선은 원래 건축 측량의 산물이다. 직선을 측량하는 도구가 '먹줄準繩'이고, '먹줄에 맞는 中繩' 것은 올곧다는 뜻이다. 나중에 미시적인 척도에서 거시적인 척도로, 건축의 척도에서 천하의 척도로 발전해 '승繩'의 명칭과 의미는 보다 더 넓은 공간의 범위에 쓰이며 천문과 지리에서도 '승繩'을 쓰는 곳이 나타났다. 『회남자』「천문훈」에 "승繩은 중앙에 있다" "자子(북)와 오午(남)를 연결하고 묘卯(동)와 유酉(서)를 연결하는 선이 이승二繩이다"[24]라고 했다. 지리에 관한 것으로는 『목천자전穆天子傳』 제2권에, "신묘일에 천자께서 북으로 출병했다가 동으로 돌아와 흑수를 빙 돌았다. 계사일에 군옥群玉의 산에 이르렀는데, 이곳은 용성씨容成氏가 지키는 곳이다. 옥들이 밭과 산을 이루고, 언덕은 평평하고 험하지 않으며 사방이 통해 있고 곧바르다中繩".[25] '중승中繩'은 이 지역의 소박함을 형용한 것이다. 『진서晉書』 제55권 「반악전潘岳傳」에, "비옥한 들은 기름져 풍요롭고 살진 대지는 평탄하며, 맑은 뤄허洛河 강과 탁한 도랑의 물을 끌어서 흐르게 하니 물보라가 인다. 멀리 보이는 이랑은 먹줄繩같이 곧고, 가까운 이랑은 화살같이 바르다"[26]고 했는데, 여기서의 승繩은 밭이 잘 정비되어 있다는 말이다.

축선과 '먹줄에 맞도록' 하는 일은 바르고 곧음을 추구하는 것이므로 또한 도덕의 범위로 인신되었다. "성인은 오로지 인의仁義로 표준繩을 삼으니, 표준에 맞는 사람은 군자라 하고, 표준에 맞지 않는 사람은 소인이라 한다."[27] 여기서 말하는 승繩은 성인의 도덕이다.

고대 중국은 측량 활동에서 다섯 조목의 준칙을 이끌어 내어 유형이나 무형의 질서를 설명했다. 『한서』 「율력지律曆志 상」에 "저울추와 물체가 고르면 저울대가 평형의 상태가 되고, 저울대가 평형을 이루는 작용으로 원을 그리는 규規가 된다. 규로 원을 그려 직각을 그리는 구矩가 되고, 구의 방정함으로 곧은 줄을 그리는 승繩이 된다. 승의 곧음은 정확함을 나타내는 준準이 되는데, 준이 바르면 저울대가 평형을 이루고 저울추가 고르게 된다. 이것이 다섯 가지 준거다. (…) 준은 평형을 가려 바름을 취하는 것이고, 승은 상하가 바르고 곧은 것으로 경經과 위緯가 사방으로 통하게 한다"[28]고 했다. 『대대례기大戴禮記』 「사대四代」에 "규구規矩·준승準繩·균형鈞衡은 예전 선왕께서 천하를 다스리던 바인데, 작은 것에서 큰 것에 이르고 가까운 곳으로 먼 곳을 알 수 있다"[29]고 했다. 여기서 언급하고 있는 '규구·준승·균형'은 모두 화하 문명 세계의 중요한 원칙들로, 『사기』「하본기」에서 대우가 물을 다스리고 구주를 정해 천하의 질서를 확립할 때에도 "왼손에 준승을 들고, 오른손에 규구를 들고 사시를 측량하는 의기를 지니고서 구주를 열었는데, 아홉 개의 큰 강의 물길을 통하게 하고 아홉 개의 큰 못에 둑을 쌓았으며 아홉 개의 큰 산을 뚫어 통하게 했다"[30]고 했다. 앞으로 이런 질서 원칙과 관련된 것을 계속해서 다루게 될 것이다. 우주 속의 사물은 그것이 크든·작든·가깝든·멀든 모두 이런 질서 원칙에 부합되거나 준수하고 있다. 그중 '승繩'이 지금 다루고 있는 축선인데, 축선의 기능은 "상하를 바르고 곧게 해 경經과 위緯가 사방으로 통"[31]하도록 질서를 확립하는 것이다. 뉴허량 신석기 유적에서 그 초기 형태를 보았고, 명·청의 베이징 성에서는 성숙된 형태를 보았다.

### 추상적 공간의 방위관

지상의 질서에 대한 인간의 이해가 지리사상의 핵심 내용이자 지리학의 근본적인 문제다. 지상의 질서는 두 종류로 말할 수 있다. 하나는 눈으로 볼 수 있는 것으로, 산천의 배치나 하천이 어느 쪽으로 흐르며, 산맥은 어느 쪽으로 뻗어나가고, 태양은 구체적으로 어디에서 떠오르는지 등이다. 그런데 사람의 머리는 눈앞에 있는 산천의 형체는 잠시 덮어두고 추상적인 지리 구조를 머릿속으로 '관찰'하는 능력이 있다. 추상적 사유라는 중요한 두뇌의 능력이다. 추상적 사고를 할 때면 눈앞의 '이미지'를 빼내어 구체적인 것은 모두 숨고 '빈' 공간이 남는다. 이 '빈' (추상적)

공간이 방위 구조로 존재하게 된다.

원시 시대 사람들의 지리지식을
검토하면 추상적 방위 구조의 관념
을 발견하게 된다. 산천, 수풀, 기름
진 들판 등을 이미 신석기시대 사람
이 상당히 자세하게 인식했음은 의
심할 바가 없다. 고고 자료를 통해
볼 때, 추상적 방위 관념은 그때 이
미 출현했다.

량주의 옥종玉琮 사진

고고학자들은 저장 성 량주良渚 유적에서 많은 옥종玉琮을 발견했는
데 그 시대는 지금으로부터 5000여 년 전이다. 크기는 각기 다르나 모두
공통된 특징이 있다. 외부의 윤곽은 네모나고 표면에는 간혹 무늬가 있
으며, 안쪽에는 크고 둥근 구멍이 있고 상하가 뚫려 있다. 이같이 대량
으로 발견되고 형태도 정형화된 기물에는 당연히 정형화된 의미가 있을
것이다. 실제적인 (생활이나 생산) 기능이 없는 고정된 형태의 기물을 아
무 이유 없이 계속해서 만들 리 없다. 옥종의 고정 형태는 특정한 사상
이나 신앙적인 의미를 대표하고 있다.

광범위하게 옥종이 존재했다는 것은, 사람들이 이를 보편적으로 사용
했고 그 의미도 보편적으로 수용되었으며, 또 이런 보편성은 옥종이 '나
타내는' 것이 사소한 일이 아님도 설명한다. 고고학자들은 이 옥종이 상
징하는 의미를 풀고자 시도했다. 인류학·고고학 학자 장광즈는 옥종의
겉은 사각형이고 안은 원인 것이 당시 사람들의 천지관을 상징하는 것
으로 추측했다. 즉 하늘은 둥글고 땅은 네모나며 상하가 관통하는 것으

로, 천지에 제사 지낼 때 사용하는 예기禮器였을 것이다. 후대 역사 문헌 중에 "창벽蒼璧으로 하늘에 예를 올리고 황종黃琮으로 땅에 예를 올린다"[32]라는 말이 나온다. 장광즈의 추측이 맞다면, '하늘은 둥글고 땅은 네모나다天圓地方'는 관념은 신석기시대에 이미 출현했다.

여기서 주목할 것은, '땅이 네모나다地方'는 관념이 단순하지 않다는 점이다. 지평선에서 하늘과 땅이 서로 만나는데(이는 인간의 직관적 시야다), 왜 하늘은 둥글고 땅은 네모난 것인가? '땅이 네모나다'는 관념은 동서남북 네 방향의 관념과 서로 연결되고 나서야 생길 수 있다. 사각형은 육안으로 관찰한 결과가 아니라 사유를 통한 상상의 결과다. 자연계에서는 구체적으로 어떤 지형지물이 사각형이라고 말하기는 어렵다. 자연의 산맥과 하천은 사각형인 것이 하나도 없다. 대지는 어째서 사각형인가? 사각형의 대지는 오로지 사유를 통해 만들어진 추상적인 지리 공간의 형상이며, 그 형상 역시 질서다.

상고 시대의 혼돈에서 질서에 이르는 사유의 전개 과정에서 두 가지 노선을 볼 수 있다. 하나는 신의 힘을 빌려 형체 세계를 창조하고 질서를 만드는 것이고, 다른 하나는 신이 없을 뿐만 아니라 형체도 없는 추상적 사유다. 사람들은 한편으로는 신을 믿지만 다른 한편으로는 사물을 추상적으로 종합한다. 종합한 결과는 신과 결합하겠지만(신의 뜻으로 가탁), 그 종합하는 능력만큼은 오롯이 인간의 지혜다.

안후이 성安徽省 한산含山의 신석기시대 고분(지금으로부터 약 4500년)에서 옥 거북과 옥판(편片)을 발견했다. "옥 거북과 옥편은 모두 죽은 이의 가슴에 놓여 있었다. 출토 당시 옥 거북의 배(복갑腹甲)가 위쪽, 등(배갑背甲)이 아래쪽이었으며 옥편은 그 사이에 끼여 있었다."[33] 옥판은 직사각

안후이安徽 성 한산숨山에서 출토된 신석기시대 옥판玉版 사진

형으로 길이가 11센티미터, 넓이가 8.2센티미터, 두께가 0.2∼0.4센티
미터다. 옥 거북과 옥판의 위치가 무덤 내 수장품인 각종 옥기玉器의 중
심부에 놓인 점이 주목할 만하며, 옥기들은 묘 주인의 가슴에 놓여 있었
다. 옥판에는 가지런하고도 복잡한 도형이 새겨져 있는데, 중심에 작은
원이 하나 있고 그 안에 팔각형의 기호가 작은 원 안에 내접하고 있다.
작은 원 밖에는 큰 원이 씌워져 있고, 두 원 사이는 8개의 직선이 8등분
으로 간격을 나누고 있다. 매 간격마다 밖으로 뾰족한 형태의 화살 모양
이 방사선 형태로 배열되어 있다. 큰 원의 밖에는 옥판의 네 귀퉁이 쪽
을 향해 화살 모양이 각기 하나씩 있고, 옥판 네 모서리 쪽 가장자리를
돌아가며 4·5·9·5개의 작은 구멍이 각각 뚫려 있다. 이 옥판의 도형은

학자들의 지대한 관심을 불러일으켰다.

고고학자 위웨이차오兪偉超는 "사람들은 보통 대지를 동·서·남·북 사방으로 나눈다. 이 옥패의 도안을 8방의 나무 형태의 도안으로 만든 것은 아마 대지를 8방으로 나눈 관념과 관련이 있을 것이다. 『회남자』 「지형훈」에 '천지간에 구주와 팔극이 있다'[34]고 했는데, 이에 대해 고유高誘는 '팔극이란 팔방의 극이다'라고 주를 달았다. 이는 대지를 팔방으로 나눈 관념이다. 주목할 것은 『회남자』 속의 많은 내용이 종종 화이허 강 유역 일대의 풍토와 인정人情이라는 점이다. 한산含山 링자탄凌家灘이 바로 화이허 강 유역이다.'[35]

일부 학자들은 옥판에 있는 방사선 형태의 도형이 태양이 내뿜는 햇살 모양이라고 생각했으며, 도형의 분할에서 시간과 계절의 순서를 읽어 냈다.[36] 라오쭝이饒宗頤는 "나는 이 문양에서 원 안에 있는 8개로 나눈 화살촉은 팔방을 대표하고, 네 귀퉁이에 그린 4개의 화살촉은 사방을 표시하는 것으로, 공간 관념이 시간 관념보다 더 뚜렷한 것으로 생각한다."[37]고 했다. 심지어 라오饒는 옥판의 외형이 사각형이고 안쪽에 원이 그려진 것도 "하늘은 둥글고 땅은 나다"는 천원지방의 뜻으로 생각한다. 리쉐친李學勤도 옥판의 도안이 천원지방의 의미가 있을 것이라 생각했으며, 그 밖에 거북의 의미, 규구規矩와 팔극의 관계, 오목 팔각형 별 모양의 의미에 관한 문제들도 논의했다.[38]

고대 신앙 활동에서 거북은 중요한 위치에 있다. 『사기』 「귀책열전龜策列傳」에 "예로부터 영명한 왕이 나라를 세우는 천명을 받아 사업을 일으킬 때, 점을 쳐서 선한 일을 돕는 것을 귀히 여기지 않은 적이 없었다. 당우唐虞(요와 순의 시대를 함께 이르는 말—옮긴이) 이전은 기술할 수 없다.

삼대가 등장한 이래로는 각기 상서로운 조짐에 의거했다. 도산씨塗山氏의 징조를 따라 하나라의 계啟가 왕위를 세습했고, 날아온 제비의 징조를 따른 까닭에 은나라가 일어났으며, 백곡의 징조가 길한 까닭에 주나라가 왕 노릇을 할 수 있었다. 군왕이 의심스러운 여러 일을 결정할 때, 복서卜筮로 참고를 삼았는데 시초蓍草와 귀갑龜甲으로 판단했으니 이는 바꿀 수 없는 도리다."[39] 거북이 신령스럽다는 관념은 일찍부터 있었다. 링자탄 옥 거북의 발견은 '당우 이전'이라는 한 증거다.

옥판이 거북의 몸 안에 놓인 것은 신비하고 깊은 뜻이 있다. 그 도형은 우연히 만들어진 것이 아니다.

고대 중국에서 발달한 기하학은 사람들이 공간 질서 관념을 세우는 데 큰 영향을 미쳤다. 『주비산경周髀算經』「상권 1」에 말했다: "수數의 법은 둥글고 모난 것에서 나오는데, 둥근 것은 네모난 것에서 나오고, 네모난 것은 구矩에서 나온다. (…) 평구平矩는 먹줄繩에 맞게 하고, 언구偃矩는 높이를 관찰하게 하고, 복구覆矩는 깊이를 측정하게 하고, 와구臥矩는 먼 것을 알게 하고, 환구環矩는 원을 만들게 하고, 합구合矩는 사각형을 만들게 한다. 사각형은 땅에 속하고, 원은 하늘에 속하니 하늘은 둥글고 땅은 네모나다天圓地方."[40] 고문자의 형태로 보면 선인들이 사용하던 구矩는 '공工'(알파벳으로 치면 I빔―옮긴이)의 형상인데, 구의 용법을 달리해 높이와 깊이를 측정할 수도 있고 사각형과 원을 그릴 수도 있다. 측량술의 기본 개념이 광활한 공간 질서까지 이어져, 거대한 공간의 측량을 생각할 때도 옛사람은 이런 측량 개념들을 벗어날 수 없었다. 이런 개념들도 거대한 공간 구조의 질서를 이해하는 기초가 된다.

## 도형숫자

링자탄에서 출토된 옥판의 도형을 서술할 때, 학자들은 옥판 네 주변에 있는 작은 구멍의 숫자에 주목하고, 그 속에 수리적 의미가 있다고 생각했다. "옥판 네 주위에 있는 4·5·9·5의 숫자는 낙서洛書의 '태일太一이 팔괘의 궁에 가는데 네 번째에 이르면 중앙으로 돌아간다'는 것과 부합된다. 옛 전적에서 팔괘가 하도河圖와 낙서洛書에서 비롯됐다는 기록에 근거하면, 옥판의 도형이 표현하는 내용은 마땅히 원시의 팔괘일 것이다."⁴¹ 확실히 옥판의 도형에는 수數의 관계로 가득 차 있다. 『한서』「율력지律曆志 상」에 "수數란 일·십·백·천·만 등으로 사물을 계산하고 헤아리는 것이며 성명性命을 따르는 이치다"⁴²라 했다. 한산 옥판의 도형은 후세에 말하는 '도형숫자학'의 기원일 가능성이 있다. 이른 시기 문헌 중에 이미 규범적인 도식 같은 공간의 서술이 보이고 있다. 갑골문의 '사토四土', 『산경』의 '오산五山', 『관자』의 '유관도幼官圖' 및 그 밖의 서적에서 대지에 대해 5와 9로 묘사하는 수량의 개념 같은 것 등이다. 이 같은 공간에 대한 숫자 패턴은 역사적 발전을 따라 많은 것(태일太一·오행·사신四神·간지·구궁·12띠·28수 등)이 모이고 쌓였다. 그중 술수의 발명은 기본적인 세계 관념과 지리관념도 있으며 어떤 상황에서는 지리 공간을 묘사하는 틀이 되기도 한다. 그 밖에 의례적 행사, 건축 배치, 풍수 등에서도 '도형숫자'는 큰 영향을 미쳤다.

『사기』「율서律書」에 "형체가 있고 난 뒤에 수가 있다"⁴³고 했다. 형체에서 수에 이르는 것은 사상의 결과다. 수리 공간 개념의 출현은 고대의 '계량지리'와 같다. 목표에 있어 현대 계량지리와 어느 정도는 비슷하며,

혼돈에서 질서로

감춰진 질서를 탐구하고 서술한다. 숫자적 관계의 특징은 인간의 인식에 합리성·완벽성·편리성을 제공한다는 점이다.

묘사와 해석은 인간의 기본적인 인식 작업이다. 미 지리학자 프레스턴 제임스는, "묘사란 관찰되는 지면의 사물과 정황을 기호—문자기호, 제도 기호나 숫자기호—로 전환한다는 의미다."[44] 해석에 관해 로버트 브라운의 주장을 참고하면, 해석이란 이해의 장애를 제거하는 노력으로, "존재하고 있는 미혹·신비·장애를 제거하는"[45] 노력이다. 미국 지리학자·사회사상학자 데이비드 하비David Harvey는 "해석의 목적은 의외의 결과를 예상하고 있던 결과로 바꾸는 것이며, 이상하고 특별한 사건을 당연하거나 정상적인 것으로 바꾸는 것"이라고 했다.[46] 프레스턴 제임스는 해석을 보다 더 직설적으로 말했다. 간단명료하게 말하자면, 지리학적 해석이란 "지면에 있는 뒤죽박죽하고 어지러운 사물들에게 질서가 있게 하는 것"이라고 했다.[47] 질서가 곧 해석이다. 예나 지금이나 각종 지리학의 해석 속에는 각종 질서가 나타나는데, 숫자 질서는 세계에 대한 해석의 한 방법이자 수단이다.

프랑스 인류학자 뤼시앵 레비브륄Lucien Lévy-Bruhl(1857~1939)은 『원시 사유』에서 원시적 수의 관념을 다루고 있다. '서로 스며드는(상호 삼투하는) 사유'(상관적 사유)의 작용 아래, 원시인은 내재적 관계가 없고 본질적으로 전혀 다른 사물을 외형적인 형形과 수數로 연관하거나 심지어 동등화하기도 하는데, 이를 원시 사유의 큰 특징이라고 보았다. 원시인은 사용하는 숫자가 많지 않기 때문에 대략 열 손가락 수 범위를 넘어서지 않아 1에서 10까지 세는 10개 숫자가 가장 중요하고, 추상적인 신비의 뜻은 보통 그 10개 숫자 속에 포함되어 있다. 기본 10개 숫자는 참으로

길고 오랜 기간, 수의 참뜻과 신비한 힘을 간직할 수 있었다.[48]

지리 사상사의 시각으로 검토할 때, 원시사회 단계에 있던 사람들은 이미 방위 수 계산을 이용하는 습관이 있었다. 뤼시앵 레비브륄은 "대부분의 북미 원주민 인디언 마을에서 4와 그 배수는 신성한 의미를 지닌다. 4와 그 배수는 동서남북의 네 방향과 각 방향에서 불어오는 바람과 관련 있기 때문"[49]이라는 버클랜드A. W. Buckland의 연구를 인용해 밝혔다. 어떤 원시민족들은 사방 외에 '상'과 '하'를 더해 6이 되기도 하고, 거기에 다시 (수를 세는 사람이 서 있는) '여기'를 더해 7이 되기도 한다. 자바의 "토착민은 한 주일이 5일인데, 자바인들은 이 5일의 명칭과 색깔과 지평면의 구획 사이에 신비한 연계가 있다고 믿는다." 첫째 날의 명칭은 하양과 동쪽을, 둘째 날은 빨강과 남쪽을, 셋째 날은 노랑과 서쪽을, 넷째 날은 검정과 북쪽을, 다섯째 날은 잡색과 가운데를 표시한다.[50]

어떤 학자들은, 중국 역사에서 '1' '2' '3'이 갖는 철학적 의미가 원시시대에 이미 싹텄다고 추정한다. 전례 없이 사상이 활발했던 춘추전국시대에 이르자 노자는 그들을 이성적인 도의 사상으로 총괄해 우주관의 체계를 구성했다.[51] 고고학과 인류학에서 발견된 자료로 볼 때, 이런 추정의 근거는 사실에 기초한다.

『주역대전』「계사 상」에 "천일天一·지이地二, 천삼·지사, 천오·지육, 천칠·지팔, 천구·지십, 하늘의 수가 다섯이고, 땅의 수가 다섯이다. 각다섯의 숫자는 순서로 대비하면 1과 2, 3과 4와 같이 홀짝 다섯 조가 얻어지고, 또한 1과6, 2와 7과 같은 다섯 조의 홀짝 짝짓기도 할 수 있다. 하늘의 수는 25가 되고 땅의 수는 30이 되어, 무릇 하늘과 땅의 수는 55가 된다. 이 55의 수야 말로 천지의 온갖 변화를 이루고 귀신 음양의 작용을 수행한다"[52]고 했다. 이는 세계를 해석한 고대 술수 사상의 한 예다. 수의 관계가 마치 우주 세계를 운행하는 본질처럼 보인다.

『주역』「계사 상」에 "황허 강에서 그림이 나오고, 뤄허洛河 강에서 글이 나왔는데 성인이 이들을 본보기로 삼았다." 이른 시기의 하도와 낙서의 내용은 진작 실전되었고, 송대 주희의 「역도易圖」에 하도와 낙서가 보인다.[53] 도표는 바둑돌과 비슷해서, 흰 것은 하늘의 수(홀수)를, 검은 것은 땅의 수(짝수)를 각각 나타내고 연결선은 구성하는 수량을 표시한다. 하도와 낙서는 모두 공간 배치를 한 것이다. 낙서는 구궁의 특징이 있어 숫자의 마방진을 이룬다. 가로·세로·대각선의 각 숫자들의 합이 모두 15다.

하도는 사방과 중앙의 다섯 방위가 있다. 10조의 숫자가 다섯 방위에 따라 배열되어 있고, 각 방위마다 2조의 숫자가 있다. 먼저 1에서 5의 숫자를 한 번 배열하고, 그 뒤에 6에서 10의 숫자를 다시 한 번 배열하는데, 순서가 모두 북—남—동—서—중(도표 위가 남쪽—옮긴이)의 순이다. 정현은 『주역』「계사 상」에 주를 달면서 말했다: "천일天一은 북에서 수水를 낳고, 지이地二는 남에서 화火를 낳고, 천삼天三은 동에서 목木을 낳고, 지사地四는 서에서 금金을 낳고, 천오天五는 중앙에서 토土를 낳는다. 양과 음에 짝이 없으면 서로 대비해 짝을 이룰 수 없다. 지육地六은 북에서 수水를 이루어 천일天一과 결합하고, 천칠天七은 남에서 화火를 이루어 지이地二와 결합하고, 지팔地八은 동에서 목木을 이루어 천삼天三과 결합하고, 천구天九는 서에서 금金을 이루어 지사地四와 결합하고, 지십地十은 중앙에서 토土를 이루어 천오天五와 결합한다."[54] 정현의 서술에는 오행이 포함되어 있다. 방위를 수와 결합한 것은 간단해 보이지만

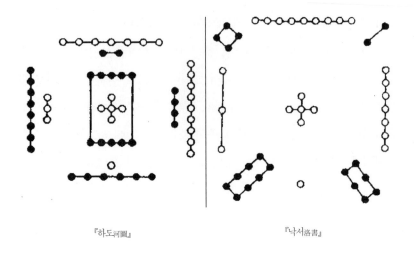

『하도河圖』　　　　　　　『낙서洛書』

실은 개방적인 체계를 세운 것으로, 숫자가 경직되지 않고 변화를 연산해내는 데 그 의의가 있다. 이런 고도의 형이상학적인 탐색 방향은 인류 사상의 발전사에서 필연적으로 나타나게 되는 현상이다.

오귀스트 콩트Auguste Comte는 『실증철학강의』에서 인류의 인식 세계를 세 단계로 나누었다. 제1단계는 신화와 신학의 단계로 더 발전하여 종교가 된다. 제2단계는 형이상학적 단계로 신학의 정신적 굴레에서 벗어나 인간 자신의 사상으로 발전한다. 제3단계는 실증주의단계다.[55] 그러나 뤼시앵 레비브륄이 지적한 바와 같이, 인류의 사유 중 철벽으로 격리된 다른 형식의 사유는 존재하지 않는다. 같은 사회 안에서는 종종 (아마 줄곧 그랬겠지만)같은 의식 속에 서로 다른 사유의 구조가 존재한다.[56] 예를 들어 실증방법이 이미 확립된 근대과학자들은 해석에서 여전히 유추법을 사용한다. 국가를 유기체에 비유하는 학자, 액체의 흐름으로 전자장電磁場을 논증하는 과학자, 뉴턴이 밝힌 만유인력의 법칙으로 두 도

시가 상호연계하는 양을 예측하는 연구자도 있다.[57]

기하학은 공간 형식(선·면·각)에 대한 수학적 관계의 지식으로, 지리학과 자연적인 연계가 있다. 이런 기초 위에 지리 공간에 대한 도형숫자의 해석이 나오는 것은 쉽게 이해할 수 있다. 초기의 기하 공간 개념이 우리가 말하는 도형숫자의 개념이며, 종종 원시 천문학의 영향을 받는다. 고대인에게 천문학 지식은 비교적 일반적인 지식이었다. 고염무는 삼대(하·상·주―옮긴이) 이전은 모든 사람이 천문을 알아서, 농부·부녀자·변경 수비 군졸·아동 등 모두가 상당한 천문지식을 가졌다고 했다.[58] 오늘날 우리 같은 현대 도시의 사람들은 상상할 수 없는 일이다. 이 문제에서만큼은 고대인을 가벼이 볼 수 없으며, 신석기시대의 유적과 유물들이 보여주는 사상·신앙·정보 등도 낮춰볼 수 없다. 천문학 지식이 비교적 일찍 성숙됐던 고대의 자연 지식은 인류의 총체적 자연 지식에 영향을 준 부문이기도 하다.

고대는 종종 천문 지식과 지리지식이 한데 어우러져 우주관을 구성하는데, 이를 천하관이라고도 한다. 숫자는 천하관을 서술할 때 흔히 사용되는 말 중의 하나다. 일반적으로 고대 지리학은 두 가지 노선이나, 두 영역 안에서 전개됐다. 하나는 천하관으로 철학과 대지 도형학이 포함되고, 다른 하나는 경험세계에 대한 관찰과 기록이다. 전자는 숫자를 떼어놓고 말할 수 없다. 일찍이 고대 그리스 시대에 우주관에서 파생된 지리지식이 찬란한 성취를 이룬 것을 우리는 알고 있다. 플라톤·아리스토텔레스·에라토스테네스·프톨레마이우스 등은 대지의 구형설球形說을 정확히 제시했다. 에라토스테네스와 프톨레마이우스 등은 또한 지구의 크기와 구형球形 지표면 위치의 수치(경도와 위도)를 수학적 방법으로 서술하고자 시도했다. 근대 과학에서 지리학이 형성될 때, 그들의 전통이 수리지리학으로 불린 것은 그들이 항상 계산을 했기 때문이다. 미국 지리학자 리처드 하트손Richard Hartshorne은 "수리지리학의 주요 부분은 지구를 천문학의 한 별星體로 연구하는 것'이라고 했다.[59] 18세기 후기 서양 대부분의 지리서는 지구가 구체球體라는 논술로 시작했으며, 19세기 초기에 이르러서야 천문학적 내용이 점차 지리학의 요강에서 삭제되었다.

고대 중국의 천문학도 복잡한 계산이 있으나, 천문학적 계산이 지리학의 지표표면에 대한 서술과 밀접하게 결합하지는 않는다. 고대 중국의 지도 제도학製圖學은 천문학 계산의 성과를 거의 받아들이지 않았다. 고대 중국의 지도는 수리 내용이 결여되어 있다. 비록 배수裴秀가 '축척·방위·곡직曲直' 등의 표준을 강조했으나, 고대의 지도 중에 제대로 지켜진 것은 얼마 없다. 고대 중국 지도에 대한 보편적인 불만은 "지도가 대부분 정확하게 그려지지 않았다"는 점이다.

그러나 천문 관찰이 중국인의 원시 지리적 사유에 일깨움을 준 사실은 부정할 수 없다. 그 영향은 주로 기본 공간 틀의 구조에 대한 도형 숫자 같은 이해 방식이다. 앞서 열거한 신석기시대 유물의 증거가 그런 이해 방식의 초기 형성을 검토한 상황이다. 여기서 논의하는 전반적인 주제는 사상 중 지리 질서의 형성이며, 천하관은 이런 질서의 주요한 틀이다. 그것은 『서유기』에 나오는 부처님의 손바닥과 같아서, 누구도 그 틀을 벗어날 수 없다. 링자탄의 작은 옥판은 당시 사람들의 엄숙하고 진지한 제작물로, 옛사람의 사상과 신앙을 그 안에 담고 있다. 당시에는 분명히 지극히 높고 심원한 물건이었을 것으로, '부처님 손바닥'의 축소판이다.

링자탄 옥판이 추상적 관념의 표현인데다가 신령한 거북의 힘을 빌리기도 했지만, 그 옥판의 근거가 현실적인 인문에 기초하고 있음을 도외시해서는 안 된다. 그 내용은 현실적 인문 상황의 일부분이다. 옌원밍嚴文明은 한 짧은 글에서, 링자탄 유적의 환경을 살펴볼 필요가 있다고 지적했다. "링자탄 옥기를 이해하려면 우선 그 옥기가 출토된 고분의 상황, 특히 옥기의 연대와 문화 성질을 이해해야 하며, 한 걸음 더 나아가 고분 주위의 환경도 살펴볼 필요가 있다. 그 옥기가 근거로 삼는 주거 유적의 상황을 살펴야 한다."[60] 옌원밍이 제기한 문제는 대단히 중요하다.

옥판이 출토된 고분은 북으로 타이후 산太湖山에 기대고, 남으로는 위시 강裕溪河을 마주하고 있다. 긴 언덕이 산기슭을 향해 있는데, 고분은 긴 언덕이 강을 향하는 쪽의 끝머리에 있어서 지세가 좋다. 고분으로부터 남쪽으로 지세가 점차 낮아져서 100~200m 되는 곳에 주거 유적이 분포하고 있다. 이 주거 유적의 면적은 70여만 제곱미터로, 일부에서는 지금도 불에 탄 붉은색 토양을 볼 수 있다. 어떤 곳은 불에 탄 흙이 두껍게 쌓여 있는데, 드러난 도기의 파편들로 보아, 중요한 건축물이었음에 틀림없다. 이로써 링자탄 고분은 고립된 것이 아니라 링자탄 전체 유적에 속한 중요 구성 요소임을 알 수 있다. 옥 거북과 옥판이 출토된 고분은 묘지 가운데서 가장 크다. 주목할 점은, 고분 중앙에 모래와 자갈로 대단히 견고한 기단을 쌓은 것인데, 아마도 제단의 유적인 것 같다. 우리는 이 같은 분포와 배치에서 '중심'의 존재를 희미하게나마 볼 수 있다.

중요한 건축물과 제단, 대형 고분 등은 링자탄 유적이 이 일대 원시사회에서 인문의 핵심이었음을 설명해준다. 이 핵심 지역에서 수준 높은 정신적 활동은 중요한 상징이다. 이 사회의 완전한 인문적 면모를 상상해 본다면, 이 인문적 '중심中'의 위치에서 엄숙하고 숭고한 천하 사상이 사면팔방의 개념을 포함한 채, 사람들의 존경과 경배를 받았음을 인정할 수밖에 없다. 제단과 지위가 상당히 높은 주인의 가슴에 놓인 거북, 옥판 등은 또한 인간이 인정한 가장 큰 성취는 물질적인 소유가 아니라 신앙이었음을 설명하기도 한다.

이상으로 질서관이라는 주제를 두고 서술했다. 질서 관념은 역사에서 점진적으로 만들어진 것이다. 기본적인 질서 관념은 두 가지로 나눌 수 있다. 하나는 우주에 관한 것으로 하늘·땅·해·달의 대질서이며 육안으로는 볼 수 없다. 이런 질서 관념은 대부분 유형화된 상상의 이해다. 남은 하나는 인간 세상 질서에 대한 구성인데, 이는 구체적이며 관찰할 수 있다. 질서를 추구하는 것, 대지 위의 질서를 추구하고 그런 질서를 서술하며 설명하는 것, 그것이 지리학이다. 양자를 비교해보면, 하늘·땅·해·달에 관한 대질서의 관념은 일찍 형성되었다. 그들은 과학 이전 시대 우주관의 기본 내용이다. "하늘은 둥글고 땅은 네모나다"는 천원지방과 사면팔방의 기본 틀은 이른 시기에 형성되었을 것이다.

상고 시대에서 우주 대질서에 관한 사상의 성립은 이른 시기 지리사상의 중요한 내용이다. 한편으로는 사상 자체의 정형화로, 또 다른 한편으로는 지상에 대한 지식과 사회 사물들이 갈수록 많고 복잡해짐에 따라서, 지리학은 그 발전 과정에서 대우주관적인 상상과 점차 멀어졌고, 지상의 문제에 대한 사고를 더욱 더 많이 전개해 나갔다.

혼돈에서 질서로

제5장

# 하늘은 둥글고 땅은 네모나다
## : 천하 질서의 큰 틀

　　하늘과 땅, 이는 천하의 가장 큰 두 부분이다. 그 둘의 가시성·풍부성·신비성은 사람들의 무한한 상상을 불러일으킨다. 효용가치에서, 기상과 지면의 환경은 인류가 자신의 생존 조건을 인식하는 직접적인 대상이다. 그 밖에 형체·색채·소리 및 그들의 존재적 관계-질서 등은 인류가 천하를 상상하고 인식하는 데 있어서 빼놓을 수 없는 기본 내용이다.

　　천지의 대질서(우리가 관심 있는 것은 공간 질서다)를 상상하고 세우려면, 우선 기본적이고 핵심적인 몇몇 기점과 좌표를 잡아야 한다. 기점과 좌표의 관계에 따라 나머지 사물이 모두 각자의 자리를 잡으면 체계가 만들어진다. 천지의 대질서에서 가장 초기의 기점은 해·달·별인데, 그들은 안정적으로 하늘을 순행하며 대지의 한계를 뛰어넘는다. 해·달·별을 바라보던 인류는 그 궤적을 따라 영원한 방위의 존재를 알게 되었다. 태양이 뜨고 지는 것으로 동서 두 방위를, 북극성으로 북쪽을 각각 확정했다. 이 방위의 틀은 천하의 기본 공간의 틀로, 모든 공간 신화·공간 상상·공간 이론은 이 틀에서 어긋날 수 없다.

인간은 땅을 딛고 서 있다. 그들은 자신의 위치에서 세상을 관찰하고, 자신의 마음으로 세상을 상상하며, 자신의 생사로 세상을 판단한다. 인간이 천하의 핵심이다. 그러나 천하의 인식 체계 안에서 인간은 자신을 미미한 존재로 상상했기에, 자신을 대체하는 이(신神)를 만들어서 자신이 상상한 결과를 신의 창조로 귀결시킨다.

## 천지의 축

천지가 하나인 천하관天下觀의 틀에서 해결해야 할 가장 거시적인 문제는 천지의 관계다. 하늘과 땅은 천하관의 기본적인 두 부분인데, 구별되기도 하고 연결되기도 한다. 구별이라면 하늘의 지위가 땅보다 더 높은 것이다. 이 '높다'는 것은 공간적으로 하늘이 위에 있고 땅이 밑에 있다는 그런 단순한 것이 아니라 속성을 말한다. 옛사람은 우주세계의 질서가 신의 힘으로 만들어졌다고 생각했다. 이렇게 존재하는 신의 힘은 보이지는 않으나 반드시 위치가 있어야 하므로, 신의 위치를 하늘에 두었다. 땅은 하늘과 대응되고 땅위의 사람은 하늘의 신과 서로 대응되어, 땅은 하늘에 복종하고 사람은 신에게 복종한다. '신문神文'(신묘막측한 문사文辭—옮긴이)이 유행하던 시대에 이는 대단히 보편적인 인식이었다.

중국 이른 시기早期의 우주관에서 하늘·신·땅·인간은 각기 자신의 위치가 있어서 대질서의 체계를 이룬다. 이 대질서는 '하늘과 인간 사이'라는 의미가 있으며, 일체의 사물이 모두 이 대질서 안에서 해석되고 이해된다. 비바람·산천·성읍과 같은 각 종류의 지리적 사물에 대해서도 옛사람

혼돈에서 질서로

은 대질서 안에서 그 인식을 전개해 나간다. 이런 사상이 지배하던 시대는 아주 길어서 수천 년 내지 만 년에 이르는데, 이는 지금의 과학 시대보다 훨씬 더 길다. 량주의 옥종玉琮, 링자탄의 거북과 옥판을 옛사람의 천지관 天地觀의 물증으로 삼는다면, 5000년 전에 이미 시작된 것이다.

여기서 '하늘과 인간 사이'를 강조하는 것은 뒤에 나올 '인간과 인간 사이'와 구별하기 위해서인데, 이는 질서의 본질에 대한 또 다른 설명이 다. 하늘과 인간의 사이에서는 땅과 인간의 종속적인 지위를 강조한다. 모든 중요한 지리 문제가 하늘과 인간 사이에서 제기되고 답이 주어진 다. 인간과 인간 사이는 시대의 변화를 말하는 것으로, 인간과 인간 사 이를 말하는 시대에서는 많은 중요한 지리 문제가 모두 인간과 인간 사 이의 관계에서 제기되고 답이 주어진다. 인간과 인간 사이에 관한 문제 는 뒤에 나오는 장절에서 논의하기로 한다.

하늘·신·땅·인간으로 일컬어지는 질서와 동서남북의 공간 질서는 다 르다. 전자의 본질적 핵심은 신의 지위이며, 이는 옛사람의 초월적인 상 상이고 신화이자 신앙으로 항구성이 없다. 동서남북은 객관 세계를 관찰 한 뒤 종합한 것으로, 항구성이 있으며 인류의 역사에 영원히 존재한다. 초월적인 상상과 객관적인 관찰은 지리사상의 두 유형이자 방향이다. 과 학 시대가 되자 초월적 상상은 철저하게 폐기되었다.

하늘·신·땅·인간의 넷은 둘로 나눌 수 있다. 하늘과 신이 한 그룹이 되고, 땅과 인간이 한 그룹이 된다. 하늘과 신은 위에 있고, 땅과 인간은 아래에 있다. 인간의 지위가 가장 낮아 제일 끝에 위치한다. 인간은 가 장 지위가 낮은 세계에서 생활한다. 많은 일이 모두 앞의 삼자에 의해 결정되어, 운명과 행복이 모두 그들에게 달렸다. 이것이 질서의 속성에 대한 인식으로, 인간은 가장 무력한 존재다.

그러나 인간의 지위가 가장 낮기는 해도 절대적으로 완전히 피동적인 것은 아니다. 인간은 하늘·신·땅과 교류할 수 있어서 하늘의 뜻을 살필 수도 있고, 하늘의 도를 행할 수도 있다. 인간은 낮은 위치를 기꺼이 받아들이지 않았다. 그들은 힘power, 특히 위쪽의 하늘·신과 소통하고자 했다. 그런 노력은 점차 중요한 문화와 신앙을 만들어냈고, 그 내용 안에는 수많은 지리사상이 포함되어 있다.

하늘과 신은 닿을 수 없이 높은 곳에 있는데 인간이 어떻게 신과 소통할 수 있었을까? 옛사람은 불을 피울 때 연기가 하늘로 곧게 올라가다 공중에서 흩어지는 것을 발견했다. 여기서 영감을 받아 불에 태우는 것이 하늘과 통하는 방법이 되었는데, 고대에는 이것을 '번시燔柴'라고 했다. 『이아爾雅』 「석천釋天」에 "하늘에 제 올리는 것을 '번시'라 한다"[1]고 했다. 때로는 줄여서 '시柴'라고도 하는데, "상제上帝에게 제를 올린다"[2]와 같은 것이다. 번시를 할 때는 단 위에 섶을 쌓고 옥玉과 희생犧牲을 섶 위에 올린 뒤, 그것을 태워 연기가 하늘에 닿게 한다. 연기가 위로 올라감으로써 하늘과 소통이 이루어지는 것인데, 이는 쉽고도 직관적인 방법이다.

그 밖에 상당히 직관적인 방법이 하나 더 있는데, 이 방법은 직접적으로 상고 지리관地理觀에 중요한 내용을 형성하게 했다. 옛사람은 높은 산을 보면 "하늘에 닿을 듯 높아", 하늘과 가깝다고 생각했다. 높은 산은 하늘·신과 통하는 장소로 여겨졌다. 상고 시대 사람들의 높은 산에 대한 인식은, 산의 암석 종류나 산을 덮고 있는 식물의 특징을 인식하는 데 급급하지 않았다. 그들에게 가장 중요한 인식은, 높은 산은 신과 통할 수 있다는 것이다. 옛사람은 자신의 시야에서 가장 두드러진 봉우리를 찾아서는 그것이 신과 통할 수 있는 최적의 장소라고 굳게 믿었다. 그 산은 다른 산들과 의미가 달랐다. 고대의 '악岳'은 하늘과 통하는 산이라는 높은 등급을 대표한다. 악岳 및 하늘과 통하는 나머지 명산의 분포는, "하늘과 통하는 지리通天地理"라고 할 수 있다.

"하늘 끝까지 높이 솟아 있는" 산은 하늘과 신에게 통하는 길로 상상되었는데, 이는 매우 보편적인 것이다. 그리스의 여러 신도 모두 올림푸스산에 머물고 있다. 선진 시대의 『산해경山海經』에는 신과 통하는 일부 산들의 명칭이 남아 있다. 곤륜산은 '황제黃帝가 하계에 둔 도읍지下都'이고, 청요산青要山은 '황제가 비밀리에 하계에 둔 도읍지密都'이며, 또 '제대帝臺의 바둑'[3](5방위의 제군帝이 바둑을 두는 산), '고종산鼓鍾山'('여러 신의 연회'가 있던 산), '제균산帝囷山' '의제산倚帝山' '제도산帝都山' 등이다.

고대 중국에서 하늘과 통하는 높은 산으로는 서방의 곤륜산을 첫째로 꼽는데, 선진 시대에 유명했다. 곤륜산은 신화와 전설이 많다. 『산해경』 「해내서경海內西經」에 "해내에 곤륜허崑崙虛가 서북에 있는데, 황제의 하계 도읍지다. 곤륜허는 둘레가 800리에 높이는 1만 인仞[4]이다. 꼭대기에 나무처럼 큰 벼木禾가 있는데 높이가 다섯 길尋[5]이고, 굵기는 다섯 아름圍이다. 앞에는 9개의 우물이 있는데 옥으로 난간을 둘렀고, 9개의 문이 있다. 대문은 개명수開明獸라는 신수神獸가 지키며 온갖 신이 있는 곳이다"[6]고 했다. 이 이야기는 곤륜산에 관한 가장 전형적인 서술이다. 곤륜산은 보통 산이 아니라 '황제가 하계에 둔 도읍지'이고 '온갖 신이 있는 곳'이다. 『산해경』 「시산경西山經」에는 "남쪽으로 곤륜산이 바라보이는데, 그 빛과 기운이 찬란하다"[7]고 했다. 전설 속의 곤륜산은 상고의 제왕과 종종 관련이 있기도 하다. 『목천자전穆天子傳』 제2권에 "천자가 곤륜산에 올라 황제黃帝의 궁을 구경했다"⁸고 했다. 곽박은 "황제黃帝가 사해를 돌아보다 곤륜산에 올라 그 위에 궁실을 세웠다"⁹고 주를 달았다. 『죽서기년竹書紀年』은 "목왕穆王 17년에 서정西征을 갔다가 곤륜산에 가서 서왕모西王母를 만났다"¹⁰고 한다.

『회남자』 「지형훈」은 『산해경』 「해내서경」 등의 전설에 기초해 곤륜산에 대해 크게 부풀렸다.

"우임금은 식토息土로 홍수를 메워 명산을 만들었고, 곤륜산을 파서 낮은 곳을 메웠다. 산에는 층층이 쌓인 성루가 구층이나 되었는데, 그 높이가 1만 1000리에 두께는 114보 2척 6촌이었다. 산 위에는 나무처럼 큰 벼禾가 있는데 길이가 5심尋이다. 목화 서쪽에는 주수珠樹, 옥수玉樹, 선수璇樹, 불사수不死樹가 있으며, 동쪽에는 사당沙棠, 낭간琅玕이 있고, 남쪽에는 강수絳樹가 있으며, 북쪽에는 벽수碧樹, 요수瑤樹가 있다. 산 옆에는 440개의 문이 있으며 문과 문 사이의 거리는 4리이고, 문의 넓이는 9순純인데, 1순은 1장 5척이다. 문가에는 9개의 우물이 있고, 옥으로 만든 난간이 산의 서북쪽 모퉁이를 감싸고 있다. 북쪽 문이 열려 있어 불주풍不周風을 받아들이고 있다. 경궁傾宮, 선실璇室, 현포縣圃, 양풍凉風, 번동樊桐 등이 곤륜산의 창합문閶闔門 안에 있는데, 이것이 곤륜산의 소포疏圃다. 소포의 못은 황천黃泉의 물이 스며든 것인데, 이 황수黃水는 세 바퀴를 돌고 다시 원래의 곳으로 돌아간다. 이를 단수丹水라고 하는데, 그 물을 마시면 죽지 않는다. 황허 강은 곤륜산의 동북 기슭에서 발원해 발해를 거쳐 우가 물길을 바로잡은 적석산積石山으로 든다. 적수赤水는 곤륜산의 동남 기슭에서 발원해 서남쪽으로 흐르다

남해 단택丹澤의 동쪽으로 흘러든다. 적수의 동쪽은 약수弱水로 궁석산窮石山에서 발원해 합려合黎에 이르면 지류가 유사流沙로 흘러드는데, 유사를 넘어 남으로 흘러 남해에 이른다. 양수洋水는 곤륜산의 서북 기슭에서 발원해 남해의 우민국羽民國의 남쪽으로 흘러든다. 이 네 하천은 황제黃帝의 신천神泉으로 이 물로 온갖 약을 조화시키면 만물을 윤택하게 할 수 있다. 곤륜산에서 갑절을 더 오르면 양풍산凉風山이라 하는 산이 있는데, 그곳에 오르면 죽지 않는다. 거기서 갑절 높이를 더 오르면 현포縣圃라는 곳이 있는데, 그곳에 오르면 신령함을 얻어 비바람을 부릴 수 있다. 거기서 갑절 높이를 더 오르면 상천上天이며, 그곳에 오르면 신이 되는데, 그곳이 태제太帝가 거처하는 곳이다."[11]

우선 이 곤륜산은 대단히 화려하고, 위로 올라갈수록 신기해서 갑절 높은 곳에 오르면 죽지 않게 되고, 다시 갑절 높이를 올라가면 "신령함을 얻게" 되며, 다시 갑절 높이를 오르면 "신이 되는"데, 그곳은 "태제가 거처하는 곳"으로 장엄한 천당이다.

구제강은 곤륜산의 위치를, "곤륜산은 맨 처음 지금의 산시陝西 동부 '곤이昆夷' 지역에 있었다. 그 밖에 치렌 산祁連山·아무니마찬 산阿木尼麻禪山·바옌카라 산巴顔喀拉山·강디쓰 산岡底斯山·위톈쿤룬于闐崑崙 산을 지칭한다는 말은 모두 나중에 끌어다 맞춘 것"이라고 추정했다.[12] 이것은 중토中土의 정치 강역疆域이 개척됨에 따라 곤륜산도 점차 서쪽으로 이동하는 전설의 변화가 반영되었을 것이다. 그 외에 역사 문헌의 기록에도 여러 개의 곤륜이 있다. 『산해경』 중 「해내서경」「서산경」「대황서경」, 세 편에서 서방의 곤륜을 말한 것 외에, 「해외남경」에 "곤륜산은 그

하늘은 둥글고 땅은 네모나다: 천하 질서의 큰 틀

동쪽에 있는데 산의 기저는 네모꼴이다"13, 「해외북경」에 "여러 황제衆帝를 위한 대臺를 만들었는데, 곤륜산의 북쪽, 유리柔利국의 동쪽에 있다"14고 한다. 필원畢沅은 "『이아』에서, 삼중의 산이 곤륜산이다. 곤륜은 높은 산이면 모두 그 이름을 쓸 수 있다"15고 주를 달았다. 옛사람은 삼중의 높은 산이면 모두 곤륜이라 칭했다. 상고 시대의 곤륜산 숭배는 나중에 오악의 숭배로 대체되었다. 고대의 곤륜산 위치를 정확하게 지적하기는 어려우나 그 성격은 분명하다. 하늘과 관계가 있는, 즉 천제와 소통하는 가장 신령스런 산이다.

하늘과 통하는 곤륜의 성격은 통천通天·통신通神의 의의가 있는 한대의 전례典禮에서 볼 수 있다. 『사기』「효무본기孝武本紀」에 "처음 천자께서 태산에서 봉선할 때, 태산 동북 기슭에 명당의 옛터가 있었는데 장소가 험하고 넓지 않았다. 천자께서 봉고현奉高縣 옆에 명당을 새로 지으려 하셨으나 그 제도를 알지 못했다. 제남濟南 사람인 공옥대公玉帶가 황제黃帝 시기의 명당도를 올렸다. 명당도 안에 전당이 한 채 있었는데, 사면에 벽이 없고 띠茅 풀로 지붕을 덮었으며 전당 사면에 물이 통했다. 궁의 담을 빙 돌아 육교가 있고, 전당 위에는 누각이 있다. 서남쪽에서 전당으로 들어가는데 그 길을 '곤륜'이라 이름 지었고, 천자가 그곳으로 들어가 상제에게 제사를 드렸다. 이에 천자는 공옥대가 올린 지도(명당도)와 같이 봉고현의 무덤에 명당을 짓도록 영을 내렸다."16 곤륜을 빌어 하늘과 통한다는 의미는, 명당 건축의 한 중요 부분을 '곤륜'이라고 하며17, 천자가 들어가 "상제에게 제사를 올리는 곳"에서 볼 수 있다. 한 무제는 이 양식에 맞춰 명당을 세웠다. 한 무제는 "귀신의 제사를 특별히 존중하는" 황제로, 명산에 제사 지내고 신과 통하는 일에 대단히 열중했다.

황제黃帝가 화산華山·수산首山·태실산太室山·태산泰山·동래산東萊山 등의 높은 산에서 자주 노닐었고, 또 형산荊山에서 하늘에 올랐다는 말을 듣고는 감격해 말했다. "아, 내가 실로 황제黃帝와 같을 수 있다면 아내와 자식을 떠나는 것을 신躧을 벗는 것과 같이 여기리라."[18] '사躧'는 신발鞋로, 그 의미는 황제黃帝처럼 하늘에 오를 수 있다면 어떤 대가를 치르더라도 상관하지 않겠다는 것이다.

조지 산타야나George Santayana와 헤르타 폰 데헨트Hertha von Dech-end는 비교신화학의 책에서 구조주의 방법으로 대다수 천지창조 신화의 요점이나 단계를 다섯 가지로 총괄했다.

1. 인간과 신이 교통하는 데 장애가 없다.
2. 높은 산이나 큰 나무와 같이 형식이 다른 천지의 축이 있다.
3. 하늘과 땅이 통해 연결되던 것이 단절된다.
4. 인간과 신이 동행하며 교통하던 것이 단절된다.
5. 홍수와 같은 큰 재난이 발생해 영웅이 물을 다스리고 사람들이 각기 살던 곳으로 돌아감으로써 인류의 신기원이 시작된다.[19]

이런 특징들은 중국 고대 사상 속에 모두 갖추어져 있다. 3과 4, 두 항목은 그 뒤의 역사적 발전이므로 제7장에서 소개하기로 한다. 여기서 주의할 것은 '천지의 축'이다.

'천지의 축'이란 천지가 서로 연결되는 축의 중심軸心으로, 하늘과 땅 사이를 관통하고 있다. 천지의 축 역할을 하는 것에 높은 산, 거대한 나무, 맷돌의 가운데 축(노르웨이 신화)이 있다. 천지의 축과 서로 짝이 되는

하늘은 둥글고 땅은 네모나다: 천하 질서의 큰 틀

것으로 큰 소용돌이가 있다. 마장馬絳은 곤륜산이 중국 고대 사상에서 천지의 축이라고 생각한다. 『회남자』 「지형훈」에서 곤륜산을 "상천上天이며 그곳에 오르면 신이 된다"[20]고 묘사한 것 외에, 또 큰 나무로는 "도광都廣에 건목建木이 있는데, 여러 천제가 오르내리는 곳"[21]이라는 묘사도 있다. 중국에서 천지의 축은 산도 있고 나무도 있는 듯하다.

'축軸'이 있다는 상상은 천지 구조의 일체성을 더욱 구체화한다. 고대 중국에서는 '축'이라는 말을 거의 쓰지 않고, '기둥柱'을 많이 써서 '하늘 기둥天柱'이라 하였다. 『신이경神異經』은 "곤륜산에 기둥이 있는데 그 높이가 하늘을 뚫고 들어가니, 이른바 하늘 기둥이다. 둘레가 삼천 리이고 옆면은 깎아지른 듯하다. 아래에 선인仙人이 9부府를 다스리며 천지와 함께 휴식한다"[22]고 했다. 『하도河圖』 「괄지 상括地上」에 "곤륜산은 하늘 기둥으로 기가 위로 하늘과 통한다. 곤륜은 땅의 중심이다. 땅 아래는 8개의 기둥이 있는데, 기둥의 너비는 십만 리다. 3,600개의 축이 있어서 서로를 견제한다. 명산과 대천은 구멍으로 서로 통한다"[23]고 했다. 기둥柱과 축은 비슷한 의미로 모두 하늘과 땅의 구조를 관통하는 물체인데, 하늘과 땅을 연결하는 근거이며 표지다. '하늘 기둥' 중 더 유명한 것은 '불주산不周山'의 이야기이다. 『열자』 「탕문」에, "그런즉 천지 역시 물건이다. 물건은 부족함이 있기 때문에, 옛날 여와女媧씨가 오색 돌을 녹여 하늘의 모자란 것을 메웠고, 큰 거북(또는 큰 자라)의 발을 잘라 네 극을 세웠다. 그 뒤에 공공씨가 전욱과 제위를 놓고 싸우다 노해 불주산을 받았는데, 하늘 기둥이 부러지고 땅을 매고 있던 줄이 끊어졌다. 하늘은 서북쪽으로 기울고 해·달·별들도 그쪽으로 지게 되었다. 땅의 동남쪽이 채워지지 않았기 때문에 온갖 하천의 물이 그쪽으로 흘러들어가게 되었다"[24]고 했다. 주목할 것은, 그것이 축이든 기둥이든 모두 유형有形의 연결이라는 점이다. 이런 상상은 비교적 원시적이다. 후대에 하늘과 땅 사이의 연결이라는 상상은 점차 음양·도·천지합덕天地合德 등과 같은 무형의 것이 강조되었는데, 이는 고차원적으로 진일보해 철리화된 이해다.

불주산이 받힌 것을 마장은, 천지와 인간과 신이 통하여 연결되었던 것이 단절되었다는, '땅과 하늘의 소통 단절絶地天通'로 생각한다. 이는 중국 고대 사상사에서 한 시대를 긋는 중대사로, 학자들 사이에 많은 논의가 있다. '땅과 하늘의 소통 단절'이 지리사상사에 미치는 영향은 큰데, 이 문제는 장章을 달리하여 논의하도록 한다.

고대인이 하늘, 신과 소통하는 것을 논의할 때, 그 사이의 역할을 맡은 사람인 무사巫師를 소홀히 해서는 안 된다. 곤륜산과 하늘 기둥 등은 단지 통로일 뿐, 그곳을 오르내릴 수 있는 주술사들이 있어야만 소통의 사명을 완수할 수 있다. 『산해경』은 이에 대해, '무巫(또는 인자仁者)'가 신령스런 산들을 오르내림으로, 신과 인간이 소통하도록 한다고 분명하게 설명하고 있다. "등보산登葆山에서 여러 무사巫師가 하늘을 오르내린다"[25], "해내의 곤륜산, (…) 황제黃帝의 하계 도읍지다. (…) 어진이仁나 활쏘기 영웅 예羿와 같이 재주가 있는 사람이 아니면 산의 바위에 오를 수 없다"[26], "화산華山과 청수青水의 동쪽에 산이 있는데 이름이 조산肇山이다. 그 산에 백자고柏子高(백고柏高)라고 불리는 선인仙人이 산다. 백고는 이곳에서 오르내리며 하늘에 이른다."[27] 등이 예다.

상고 시대 주술사의 지위는 아주 높았다. 천지의 지식을 파악한 사람으로, 그 직업도 천상天象과 지형地形하고 관련된 것이다. 신령세계의 질서에서 무巫는 특별한 사람이다. 인간과 신의 두 영역 사이를 오갈 수 있다. 무는 신령 시대에 필요한 사람이며 그 시대의 필연적인 산물이다. 그 당시 천지의 지식에서는 신령에 관한 내용이 압도적인 지위를 차지한다. 그 시대의 지리지식을 살피면서 신령에 관한 내용을 완전히 제거할 수는 없고, 단지 자연계의 실제적인 묘사를 남기는 수밖에 없다. 그렇게 하면 옛사람의 지식을 수정하게 되어서, 그들의 지리지식이 오늘날 숭상하는 객관성을 갖추도록 할 수는 있지만 상고 지리사상 전체의 진실성과는 멀어지게 된다.

중국의 고대 신선의 체계에는 신비한 곤륜산 외에도 크기의 등급의 차이를 분명하게 밝힐 수 있는 명산들이 많은데, 이들은 서로 다른 지역에 분포되어 각지 사람들의 숭배의 대상이 되었다. 장타이옌은 상고 시대에 '신이 지키는 나라神守之國'들이 있는데, 그들 중 많은 수가 명산에 인접해 세워졌다고 한다. 이런 '나라'들은 다른 나라의 경쟁에 개의치 않고 자신의 기반세력을 넓혀 나갔는데, 자신의 신령스런 산과 자신들이 숭배하는 신령을 경건하게 받들고 모시는 일에 전념했다. 그들의 마음속에서 눈앞의 그 신령스런 산은, 신령과 소통할 수 있는 보장 수단이자 신령의 상징이었고, 생활을 뒷받침해주는 존재였다. 이런 산들 중 가장 높은 등급이 '악岳'이다.

악岳은 명산 중의 명산으로, 그 지위는 오래전의 시대부터 이미 특별했다. 갑골문에 자가 있는데 대부분의 학자들이 '악岳'으로 풀이한다. 갑골 복사卜辭에 언급된 산은 많으나 '악岳'은 단 하나다. 이는 유일성과 그의 지위가 지극히 높음을 설명해 준다. 황제皇帝의 지위가 왜 높은 것일까? 유일하기 때문으로 과인寡人이라고 부른다. '악岳'은 산 중에서 '과인'이다. 갑골문의 '하河' 자가 가리키는 것도 유일한 것으로, 학자들은 황허 강이라고 한다. 상나라 사람들의 생활 영역에서 황허 강은 바로 앞(은허殷墟로부터 그리 멀지 않음)에 있는데, 황허 강도 유일하며 위대하다. '하河'를 알아보면 황허 강도 신성이 있다. 하河의 신성은 악岳의 신성과 짝을 이루는데, 대지 위의 중요한 신령이다. 공자는 "산천의 정령은 족히 천하를 총괄해 규제할 수 있다"[28]고 했다. 산천 정령의 신앙은 사회의 권위를 세우는 자원의 하나로서, "온갖 신의 주인이 될 수 있고, 덕이 산천의 정령山天之靈과 부합하는데, 주나라가 천명을 받은 까닭이 여기에서 비롯되었다."[29] 옛사람의 생각에 하늘의 주요 부분은 일월이고, 땅의 주요 부분은 하악河岳이었다.

악岳이 최고의 제사 대상 중 하나이었음은 갑골 복사에서 볼 수 있다. 악岳에 풍년을 기원했고, 비가 오기를 기원했다. 창조주, 조상과 동등한 제를 올리고 체례禘禮(종묘의 제사 이름—옮긴이)를 행했다. 조상의 지위가 높은 것은 중국의 특징이다. 하늘·천제·조상·하천·산악은 모두 1등급의 신령으로 세상을 다스리고 있다. 상대 사람들은 이 같은 신령의 체계 안에서 지리적 환경을 이해했다. 땅 위의 산천·식물·동물은 모두 이 체계 안에 있고, 모두 이 체계와 내재적 관계가 있다.

악岳은 곤륜산처럼 줄곧 신비의 색채를 지니지는 않았다. 후의 역사에서 악岳은 현실 정치와 갈수록 밀접한 관계를 맺는다.

서주와 동주의 두 왕조는 모든 "산천에서 100리의 땅에 비를 내려 적실 수 있는 존재에게는 천자가 품계에 따라 제사 지냈다."[30] 오악을 삼공으로 보고, 사독四瀆(중국의 4대 하천: 창장 강·황허 강·화이허淮河 강·제수濟水—옮긴이)은 제후로 보았는데, 전례典禮 의식은 여전히 고상했다. 주대에 나타난 '사악四岳'[31]은 전국 시기 이후에 음양오행설이 크게 성행하자,

하늘은 둥글고 땅은 네모나다: 천하 질서의 큰 틀

중악中岳을 더해 오악五岳이 되었다. 한나라 때 쓰인 『백호통의白虎通義』
는 방악方岳(方嶽)을 이렇게 풀이했다: "악은 상고한다는 뜻이다. 즉 공
덕을 점검한다는 말이다." "천자는 때를 맞춰 순행해 방악方岳에 이르는
데, 제후의 공덕을 비교하여 살피고 상과 벌을 행한다."³² 이같이 원래는
신령스런 산에 제사 올리던 제전이 현실적 정치행위로 변했다.

### 둥근 것은 위에, 네모난 것은 아래에

우주 천지의 질서에 대해 가장 거시적인 사상은 우주 구조(『진서晉書』
「천문지天文志」는 '천체天體' '천지의 체天地之體'라고 불렀음)에 대한 추측이다.
고대 중국에는 그들의 주된 내용으로 혼천渾天, 개천蓋天, 선야宣夜의 세
가지 설이 있다. 개천설蓋天說은 선진 시대에 이미 유행하고 있었는데,
하늘은 삿갓을 쓰고 있는 것 같고 땅은 바둑판을 엎어놓은 것 같다고 생
각했다. 『초사』 「천문天問」의 한 질문은 "반구형의 하늘 뚜껑이 9층九重
이라면 누가 그것을 측량했을까"³³다. 『여씨춘추』 「계동기季冬紀』에 "문신
후文信侯가 말했다. 일찍이 황제黃帝가 전욱을 가르친 것을 배운 적 있다.
'하늘大圜은 위에 있고 땅大矩은 아래에 있는데, 네가 그것을 본받으면
백성의 부모가 될 수 있다.' 듣자니 고대의 맑았던 시대에는 천지를 본
받았다고 한다."³⁴ '환圜' '대환大圜'은 하늘이고 '대구大矩'는 땅인데, '하
늘은 둥글고 땅은 네모나다天圓地方'는 의미다. 또한 『주비산경周髀算經』
과 『대대례기大戴禮記』같은 고서에도 천원지방의 견해가 보인다. 이런 견
해는 상당히 유행해서 중국 고대 문화의 한 특색이 되었다.

혼천설渾天說은 비교적 늦게 나타났는데, 양웅揚雄의 『법언法言』에서

'혼천'을 언급하고 있다. 혼천설은 "하늘은 계란 같고, 땅은 계란 속의 노른자 같으며 천체 안에 홀로 자리하고 있는데, 하늘은 크고 땅은 작다."[35]고 한다. 천지의 총체는 계란과 같아서, 하늘이 땅을 바깥에서 싸고 있는 것이 마치 계란껍질이 노른자를 싸고 있는 것처럼 그 형태가 동그란 모양의 덩어리다. 후한의 장형張衡은 혼천의渾天儀를 만들고 『혼천의주渾天儀注』를 지어 천문 계산 방법을 밝혔다. 그 후로 천문학에서는 여러 차례 그 설을 인용하고 발전시켰는데, 이로써 혼천설은 고대 중국에서 절대 다수의 천문학자들이 공인하고 받드는 우주 학설이 되었다.[36]

천문학에서는 혼천설의 영향이 컸으나 고대 지리 사상사에서의 영향은 개천설만 못하다. 혼천설은 하늘에 영향을 미치고, 개천설은 땅에 영향을 미쳤다. 사회적으로 대지를 새알 같다고 하는 사람은 소수이며 대부분의 사람들이 대지는 네모나고 평평하다고 한다. "하늘은 둥글고 땅은 네모나다"는 설은 대지에 발을 딛고 있는 사람들의 직관적인 느낌이었기에 그렇게 받아들이는 사람들이 많았다.

장광즈는 고대 중국의 철학은 삼대 이전부터 시작해서 전국 시기 및 그 이후에 이르기까지 여러 학파를 포함해 많은 변화를 겪었으나 중국 사상사를 연구하는 학자들은 모두 고대 중국의 우주관에는 몇몇 공통된 기본 관념이 있음을 인정한다고 했다. '천원지방'은 이런 공통적인 기본 관념의 중요한 구성 요소다. 갑골문의 천天자는 보통 사람의 머리 위에 원이나 둥근 점을 이고 있는데, 이는 상대에 이미 천원설天圓說이 있었다는 추정을 하게 한다. 땅이 사방이라는 것에 대해서는 복사의 '사토四土' '사풍四風' 등의 관념으로 보다 더 분명하게 표시하고 있다.[37] 장광즈는 이 같은 인식에 기초해 원이 사각형에 내접한 종琮의 겉은 사각형이고 안은 원인 것을 '천원지방'의 관념으로 해석했다.

개천설蓋天說의 기초에서 한 모형이 출현했다. 옛사람이 이를 '식式'이라 불렀고 오늘날의 학자들은 그 형상에 근거해 '식반式盤'이라 부른다. 식은 고대 술수가들이 날짜를 맞추는 도구다. 이 기물은 크지 않아서 사방이 한 자가 되지 않으나, 옛사람들 마음속의 우주 형식 내지 그들의 사유 방식과 행위 방식을 이해하는 귀중한 열쇠가 된다.[38] 사마정司馬貞은, '식式은 점치는 기구인 식栻이다. 선旋은 도는 것轉이다. 식栻의 형태는 위는 하늘을 닮아 원이고 아래는 땅을 본따 사각형이다."[39] 고대의 관찰자는 하늘을, 엎어놓은 밥그릇이나 유목민이 사용하는 이동 주거지인 파오처럼 생긴 것으로 보았고, 대지는 "동서·남북의 이승二繩과 동남·서남·서북·동북의 사유四維"를 따라 사면팔방으로 펼쳐진 평면으로 보았다. 이 둘은 두 도형의 그림자가 한 면에 투영된 관계에 따라 사각형과 원이 포개어 합쳐진 두 평면으로 귀속된다. 식(반盤)은 사각형과 원의 두 평면을 본떠서 만든 모형이다. 사각형의 지반地盤이 조금 크며, 그 위에 조금 작은 천반天盤을 받치고 있다. 천반은 돌릴 수 있다. 어떤 천반은 삿갓 모양을 하고 있어 하늘의 형상을 더욱 명백히 보여준다.

식栻은 천원지방 사상에서 파생되어 나온 시공 관념의 모형이다. 식반을 관찰하면 그 속에서 초기의 추상 지리 공간 관념의 많은 내용을 볼 수 있다. 식반의 내용을 문헌과 대응하면 옛사람의 추상 지리 공간 관념의 체계로 보다 깊이 들어갈 수 있다. 일찍이 리링은 고대의 식반을 세밀하게 연구하고 "식栻은 조그만 우주 모형으로, 공간·시간의 구조와 숫자·사물을 안배하는 원리가 곳곳에 모의적 특징을 지니고 있다"고 말했다.[40] 식반의 공간 구조는 분해를 통해 사방·오위·팔위·구궁·십이도

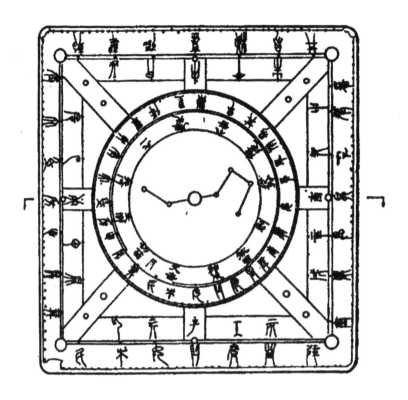

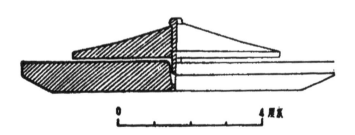

간쑤 성 우웨이武威 모쥐쯔磨咀子 M62 출토 칠기 목식木栻

(출처: 『우웨이 모쥐쯔 3기 한묘 발굴 보고武威磨咀子三座漢墓發掘簡報』 『문물文物』 제12호, 1972.)

하늘은 둥글고 땅은 네모나다: 천하 질서의 큰 틀

十二度 등 다른 형식을 포함하고 있다. 천반에는 이십팔수가 표시되어 있는데, 사궁으로 나뉘어 있으며 십이진十二辰(지지)과 서로 대응해 하늘과 땅이 상응함을 표시하고 있다. 지반에도 이십팔수를 표시하고 별자리의 범위를 표시했는데 십간十干(천간)과 서로 대응한다. 이십팔수는 천반에도 있고 지반에도 있다. 천반에서는 땅과 대응되고 지반에서는 하늘과 대응되는데, 이는 분야 사상이 반영된 것이다.

'이승二繩'과 '사유四維'의 명칭은 천원지방의 관념을 더욱 형상화했다. 『회남자』「천문훈天文訓」은 세로축 자오子午와 가로축 묘유卯酉를 '이승'이라고 했다. 「천문훈」은 4개의 '유維'도 언급했다. '이승'과 '사유'는 하늘(초대형 텐트)의 사방을 고정하는 줄로 상상되었다.[41] 「천문훈」의 원문은 다음과 같다. "자오·묘유가 이승이다. 축인·진사·미신·술해는 사구四鉤다. 동북은 보덕報德의 유이고, 서남은 배양背陽의 유이고, 동남은 상양常羊의 유이고, 서북은 제통蹏通의 유다."[42] "동짓날이면 해가 동남 유에서 나와 서남 유로 들어간다. 춘분과 추분에 이르면 해가 동방의 중에서 나와 서방의 중으로 들어간다. 하지에는 동북 유에서 나와 서북 유로 들어간다."[43] 식반의 모형에서 이승과 사유는 기본 방위의 구조이며 직선으로 표시된다.

옛사람은 천원지방으로 기본 틀을 삼고 그 가운데 많은 것을 끼워 넣었는데, 천지라는 기본적인 시간과 공간의 틀에 숫자와 사물을 배치했음을 식의 모형은 분명하게 밝히고 있다. "식을 사용하려면 천강天綱을 돌려 땅의 별자리를 맞춘다."[44] 천반이 주도하는 복잡한 동태적 관련 체계 속에는 두려움을 자아내는 오묘한 이치가 들어 있다. 사마담의 「논육가요지論六家要旨」는 말했다: "일찍이 음양술을 생각해보았는데, 징조를 중시大祥하고 꺼리고 피하는 것이 많아 사람들을 구속하고 두렵게 만드는 바가 많다."[45] '음양술'에는 식의 사용도 포함된다. 따르는 자는 흥하고 거스르는 자는 망한다고 하니, 식반의 사용을 두고 옛사람은 켕기는 마음이 없지 않았을 것이다.(요즘 사람도 켕기는 이가 있다.) 이 같은 천지의 체계는 세계를 총체적으로 통제하는 체제임에 분명하다. 서양의 창조주(또는 그리스의 현자) 손에 지구가 들려 있다면, 중국의 창조주(잠시 창조주라고 가정하자) 손에는 당연히 식반이 들려 있을 것이다. 식반이 중국인에게는 '지구의'다. 중국의 이 기기가 구체는 아니지만 모형의 의의는 같다. 식을 확대하면 화하인의 우주 세계가 드러난다.

"식은 조그만 우주 모형이지만 식의 공간 및 시간의 구조와 거기에 조합되는 숫자 및 사물의 원리는 곳곳에 모의적 특징을 지니고 있다. 여기서 말하고 싶은 것은 옛사람이 이 모형을 발명한 목적은 단순한 '모방'에 그치지 않고 식반의 힘을 빌려 각종 신비한 것들을 추정함으로써, 문제를 제기하고 답안을 찾아 하늘과 인간이 소통할 수 있게 하려는 것이었다."[46]

하늘과 인간의 소통을 좌우하는 것에는 시간(계절) 외에도 공간이 있다. 강조하고 싶은 것은, 숫자와 사물을 배치할 때 모두 각자의 방위적 특징이 있다는 점이다. 다른 방위에 놓이면 다른 의미와 가치를 갖게 된다. 따라서 식의 체계에서 숫자와 사물의 배치는 방위의 배분이다. 방위에 의미와 가치를 부여하는 것은 방위관 문화의 본질이며 중요한 지리 사상이다. 고대의 방위 가치관 중 일부 내용들은 경험에서 나왔다. 동방과 남방은 '생生'의 가치를 가지고 서방과 북방은 '스산하다'는 의미를 가지는 것 등이다. 그러나 일부 내용들은 음양이론에 따라 인위적으로 확대되었다.

천지의 시공의 틀과 음양오행의 변화가 서로 결합해 인간에게 어떤 일을 하게 만들거나 금지하거나 흉하다거나 해가 된다거나 길하다거나 적절하다는 등의 암시를 주는 체제가 만들어졌다. 이는 사람들에게 몹시 두렵고 신비한 힘을 느끼게 했는데, 이런 것들은 옛사람의 세계관과 환경관에서 중요한 위치를 차지한다. 고대에 자주 말하는 하늘과 인간의 관계는 모두 이런 것들이다. 그것과 관련된 세부 내용을 여기서 논의하지 않지만, "제자백가 학설에서 한 걸음 더 나가 분화되고 융합되는 과정을 거쳐 한대 이래 유가만을 숭상한 상류 문화가 형성된 후에도, 음양오행학설은 여전히 중국의 실용 문화(수술數術·방술方術·병학兵學·농학·공예학)와 민간사상(도교와 관련된 민간 종교)에서 막대한 세력을 유지하며 제자백가 학설과 오랜 기간에 걸쳐 쌍벽을 이뤘다"[47]는 사실을 알아야 한다.

『회남자』 중 「천문훈」 「지형훈」 「시칙훈時則訓」 등의 편에서 천지 방위 개념을 많이 말하고 있다. 「천문훈」에는 구야·이십팔수·오성五星·오관五官·팔풍·이승二繩이 있고, 「지형훈」에는 구주·팔풍·팔인八殥·팔굉八紘·팔극·해외 36국·오해五海가 있고, 「시칙훈」에는 오위가 있다. 이런 관념들은 각기 다른 발전의 역사가 있었으나 전한 초에 이르러 『회남자』에 모이게 된다. 지리사상의 발전을 놓고 말할 때, 방위관의 풍부함, 특히 인간의 가치와 연결된 방위관은 인문의 중요한 특징이 된다. 이런 방위는 자연 방위 그 자체보다 훨씬 더 풍부하다. 인류 사상의 전개는 단순히 객관세계를 하나씩 반영하는 것이 아니라, 갈수록 풍부한 해석 체계와 가치 체계를 세우고, 아울러 그 해석 체계와 가치 체계로 자신을 설득하고 자신을 높이는 데 사용한다는 중요한 측면이 있다.

각종 방위 개념이 생긴 뒤, 옛사람은 방위의 의의와 가치를 상세히 밝혔다. 여러 가지 의견 가운데 오행 방위의 의의를 많이 인용했다. 『한서』「오행지 상」에 "목은 동방이다. (…) 정벌에는 명분이 있어야 하고, 백성을 부림에는 시기를 맞춰야 한다"[48], "화는 남방이다. 광채를 드러내어 밝게 빛나는 것이다"[49], "토는 중앙이다. 만물을 키워내는 것이다"[50], "금은 서방이다. 만물이 이미 성숙되었으니 기운이 줄어들기 시작하는 것이다"[51], "수는 북방이다. 마침내 만물을 거두어들이는 것이다"[52]라고 했다.

그 외에 『주역』에서 말하는 방위의 의의도 상당한 영향력을 가졌다. 『주역』은 방위와 괘효卦爻를 연결했는데, 「설괘說卦」에 다음과 같이 말했다.

만물은 진震의 방위에서 나온다. 진은 동방이다. 만물의 성장은 손巽의 방위에서 고르게 되는데, 손은 동남방이다. 고르게 된다는 것은 만물이 가지런해진다는 말이다. 이離는 밝은 것이다. 만물이 모두 서로 드러나는 것인데 남방의 괘이다. 성인이 남쪽을 향해 앉아 천하를 들으며 밝음을 향해 다스림은 여기서 뜻을 취한 것이다. 곤坤은 땅으로 만물이 모두 여기서 양육되어진다. 그러므로 곤에게 일을 맡긴다는 것이다. 태兌는 바로 가을이니 만물이 모두 기뻐하는 바이다. 그러므로 태에 기뻐한다고 했다. 건乾에서 싸운다는 것은, 건이 서북의 괘이니 음양이 서로 부딪힘을 말한 것이다. 감坎은 물이니 바로 북방의 괘이며 수고로운 괘이다. 만물이 돌아가는 바이므로 감에서 수고롭다고 한다. 간艮은 동북의 괘이다. 만물이 마침과 시작을 이루므로 간에서 이룬다고 한다.[53]

이는 후천팔괘다. 동방은 해를 향해 있으므로 만물이 나오는 것이다. 남방은 햇빛이 밝게 빛나므로 만물이 서로 드러나는 것이다. 이런 관념은 자연 방향에 대한 경험적 지식에서 나왔다. 처음에 그들은 단지 생물에게만 직접적인 영향을 미쳤을 뿐이었는데 철학적인 의미로 전환되자 만물을 포괄하게 되었다. 『주역』은 전傳으로 풀이되는 고대의 경전으로 십삼경의 으뜸을 차지하며 그 형식을 만세에 전하고 있는데, 신비한 괘수卦數에 가탁하는 말로 사람을 구속하고 두려움을 느끼게 한다.

심지어 옛사람은 방위를 서술할 때, 괘의 위치로 동서남북을 대신하기도 한다. 『수경주』제14권「포구수鮑邱水」에 "대유하大楡河는 다시 동남으로 흘러 백양천白楊泉의 물로 흘러든다. 백양천의 물은 북쪽의 백양계白楊溪에서 발원해, 이离(남쪽) 방향으로 향해 흐르다가 오른쪽으로 대유하로 흘러든다. 대유하는 다시 동남쪽으로 흐르는데 여기에 용추계龍芻溪의 물이 감坎(북쪽)의 방향에서 흘러든다"[54]고 했다. 여기서 "감坎의 방향에서 흘러든다"[55]는 말은 북쪽에서 더해진다는 말이다. 양수경楊守敬의 비슷한 표현방법은 더 있다. 『수경주』제16권「곡수穀水」편에 "(북천수北天水) 물은 근원이 두 곳이다. 모두 북산에서 발원해 동남쪽으로 흐르다 하나로 합치는데, 건乾(서북)의 방향에서 손巽(동남)의 방향으로 흘러 곡수穀水로 흘러든다"[56], 『수경주』제21권「여수汝水」편에 "비碑문에 청피靑陂는 현의 곤坤(서남) 방향의 땅이다"[57], 『수경주』제26권「술수沭水」편에 "원공수袁公水는 동쪽의 청산靑山에서 발원해 곤(서남)의 방향으로 흘러 술수沭水로 흘러든다."[58]

길하고 순조롭기를 바라며 옛사람은 도시계획에 팔괘의 방위적 의미를 사용했다. 우민중于敏中 등이 편찬한 『일하 구문고日下舊聞考』제30권에 말하고 있다: "원은 건국하고 대원大元이라 했는데, '크도다大哉 건원乾元이여'[59]에서 뜻을 취했다. 건국하고 연호를 지원至元이라 했는데, '지

후천 팔괘 방위

극하도다至哉 곤원坤元이여'[60]에서 뜻을 취했다. 궁궐 전각을 대명大明, 함녕咸寧이라 했다. 문은 문명文明·건덕健德·운종雲從·순승順承·안정安貞·후재厚載라 했는데 모두 건·곤 두 괘의 풀이인 괘사에서 취했다."[61] 고증에 따르면 원의 수도인 대도大都 각 방위의 성문 이름은 확실히 『주역』의 후천 팔괘의 방위를 참조했다. 예를 들어, 건덕문健德門은 서북쪽에 자리하는데 건괘의 방위이며 "건이란 강건함이다. 굳센 양剛陽의 덕이며 길하다"[62]의 뜻을 취했다. 또 안정문은 북동쪽에 자리하는데 감坎과 간艮 사이에 위치하고 있으며, "안정安貞해 길하다"에서 뜻을 취했다[63]. 동쪽은 생生과 문文을 주관하기 때문에 명·청 시대 베이징성 안의 중요한 문화 기구는 모두 동성東城에 배치했다. 국자감國子監, 공묘孔廟, 황사성皇史宬(황실 문서 보관소—옮긴이), 공원貢院(회시를 치르는 시험장—옮긴이) 등과 같은 것들이며, 그 예에 따라 내성內城 남부의 동쪽 성문도 숭문문崇文門이라 한다. 시험에서 장원을 하면 장안 좌문(동문)으로 나가서 말을 타고 경축한다. 죄를 지으면 장안 우문(서문)으로 끌고 나가 형을 집행하는데 서쪽은 준엄함을 주관하기 때문이다.

음양오행, 주역 팔괘(송대의 역易·도형숫자학을 포함), 도교 등은 방위의 의의에 대해 다양한 많은 견해를 제공했다. 상象·수·도圖는 서로 호응해 천지의 큰 이치에서부터 마을의 길흉화복까지 각종의 공간 가치 관념을 포함하고 있다. 뛰어난 부분은 석학과 인재들이 닦는 수준 높고 깊은 한 학문으로 이어졌고, 저급한 것은 민간의 기층에 스며들어 풍수지리의 미신으로 전락했다. 수준 높은 현묘한 철학사상이든, 기층의 마구잡이식으로 떠벌리는 풍수지리의 잡술이든, 모두 다 하늘은 둥글고 땅은 네모나다는 천원지방 기본 틀을 신봉하고 있다. 방위 관념의 문제에서 저급한 부분은 논할 것이 못되지만 근본적인 성질에 대한 원칙은 중시되어야 한다. 중요한 지리 사상의 가치이기 때문이다.

다시 천원지방의 근본적인 문제로 돌아가 보자. 중국 옛사람의 천지에 대한 상상 중에는 기이한 비유들이 있다. 『회남자』「원도훈原道訓」에 "하늘을 덮개로 삼고 땅을 수레로 삼으며 사시로 말을 삼고 음양으로 통솔한다"[64], "그러므로 하늘로 덮개를 삼으면 덮지 못할 것이 없고, 땅으로 수레를 삼으면 싣지 못할 것이 없으며, 사시로 말을 삼으면 부리지 못할 것이 없고, 음양으로 통솔하면 대비하지 못할 것이 없다"[65]고 했다. 천지를 마차에 비유했는데, 하늘은 마차의 둥근 덮개이고, 땅은 네모난 마차의 몸체이며, 마차를 끄는 것은 사시이고, 마차를 모는 것은 음양이다.

어떤 것이라도 하늘에 덮이고, 어떤 것이라도 마차로 끈다는 상상은 낭만적이다. 연상과 비유는 옛사람이 세상을 인식하는 특유의 사유 방식이다. 비유는 실험이 필요 없고 실험을 할 수도 없다. 재상의 뱃속은 배도 띄울 수 있을 만큼 도량이 넓다는 비유는 실험할 필요가 없다. 단지 이해할 수 있으면 된다. 땅이 커다란 마차라는 말은 실험할 수 없지만 이해할 수 있다.

천지의 형상에 관해 옛사람은 다른 상상도 하여, 어떤 이는 천지가 모두 반원이라고 생각했다. 『진서晉書』 「천문지」에 내용이 조금 다른 『주비周髀』(『주비산경』) 판본 2종이 소개되었음을 지적한 학자가 있다.[66] 채옹蔡邕이 전한 『주비』에 관해서 이렇게 말했다: "채옹이 말하는 『주비』는 개천설이다. (…) 하늘은 삿갓을 쓴 것 같고 땅은 반槃을 엎어놓은 것 같은데, 천지는 각각 가운데가 높고 바깥쪽은 낮다. 북극의 아래가 천지의 가운데로 그 땅이 가장 높고 네 주위는 아래쪽으로 경사가 진다. 삼광이 숨었다 나타났다해 낮과 밤이 된다."[67] 반槃은 고대의 물을 담는 용기로, 원형이며 가운데가 오목하게 들어가 있다. 이를 엎어 놓으면 가운데는 높고 사방은 낮은 것이다. 『주비』가 '개천설'을 말하고는 있지만 땅도 둥글다. 하늘은 밀짚모자와 같고, 땅은 둥근 물그릇을 엎어 놓은 것 같으니 하늘과 땅이 같은 모양이다. 『진서』 「천문지」에서 달리 기록하고 있는 『주비』 판본은 "땅이 바둑판과 같이 네모나다"[68]고 해 땅이 네모난 것으로 변했다. 두 『주비』의 말이 서로 다르다.[69] 오늘날 천문학자들의 그림은, "하늘은 삿갓 같고 땅은 반槃을 엎어 놓은 것 같아서, 천지가 모두 가운데는 높고 주변이 낮은" 개념을 표현하고 있다.[70] 천지 모두 "가운데는 높고 주변이 낮은" 반원형의 관념이 '과학적 사실'에 더욱 가깝기는 하지만, 고대 사상과 문화 속의 "하늘은 둥글고 땅은 네모나다"는 천원지방만큼에는 그 영향이 크게 못 미친다.

## 땅의 도는 네모나다

천원지방설을 단순히 형상에 대한 것으로만 이해하면 처리하기 어려운 문제에 부딪치게 된다. 『대대례기大戴禮記』「증자 천원曾子天圓」의 기록에 따르면 증자는 진작에 이를 알아차렸다.

> 단거리單居離가 증자에게 물었다: "하늘은 둥글고 땅은 네모나다고 하는데 참으로 그러합니까?" 증자가 말했다: "이離야, 듣고서 말하는 것이냐!" 단거리가 '제가 살피지 못했으므로 이에 감히 여쭙는 것입니다'하고 말했다. 증자는 '하늘이 생긴 바는 위에서 시작했고, 땅이 생긴 바는 아래서 시작되었다. 위에서 시작된 것을 둥글다 하고, 아래서 시작된 것을 네모나다고 한다. 만약 참으로 하늘이 둥글고 땅이 네모나다면 네 귀퉁이가 덮이지 않을 것이다.'[71]

만약 "네 귀퉁이가 덮이지 않았다"면 누군가 그 귀퉁이에 섰을 때 그 사람의 머리 위에는 하늘이 없게 될 것인데, 이는 불가능한 일이다. 네 귀퉁이가 덮이지 않는다는 것은 명백히 원이 작고 사각형이 커서 하늘이 작고 땅이 크다는 것이다. 옛사람이 왜 둥근 하늘을 네모난 땅 안에 축소시켜 집어넣었는지는 잘 모르겠다. 혹시 식반 모형의 영향은 아닐까? 만약 둥근 하늘을 네모난 땅보다 더 크게 생각해서 땅을 하늘 안에 끼워 넣었다면, 아마 엽전과 같이 네모난 구멍이 둥근 원 안에 들어가,

네 귀퉁이가 덮이지 않는 문제는 없었을 것이다. 이치대로라면 하늘은 존귀하고 땅은 비천해 하늘을 땅보다 더 작게 상상해서는 안 된다. 특히 해변에서 하늘의 멀고 아득함은 대지를 뛰어넘는데, 어째서 하늘이 땅보다 더 작다는 상상을 하게 되었을까?

식은 반드시 천반을 지반보다 더 작게 만든다. 천반을 돌릴 수 있어야 하기 때문으로, 천반 위에 새긴 기호가 지반에 새긴 기호와 복잡하게 대응하고 있다. 천반이 지반보다 더 크게 되면, 지반이 완전히 가려져 지반에 새긴 기호는 전혀 보이지 않게 되니 어찌 대응을 하겠는가? 식의 하늘과 땅 모형의 반盤은 단지 하늘과 땅 눈금의 대응만을 보여줄 뿐이지 하늘과 땅 크기의 대비를 나타내는 것은 아니다. 어쩌면 식의 모형이 옛사람에게 준 인상이 매우 깊어서, 이를 진짜 하늘과 땅의 모형으로 여기고 하늘을 땅 안으로 축소시켜 넣었는지도 모른다. 이는 식반이 만들어낸 착각이다.

일부 옛사람이 '천원지방'설의 허점을 알아차리기는 했으나, 오랫동안 전해 내려온 견해를 대면하자, 몇몇 변통의 해석만을 생각할 뿐이었다.[72] 증자의 "네 귀퉁이가 덮이지 않는' 것에 대한 변통적인 해석은 "하늘의 도는 원이고, 땅의 도는 네모남"이라는 것인데, '형체'를 추상적인 '도'로 전환시켰다. 한대 조상趙爽이 『주비산경』에 주석했을 때도 이렇게 말했다. "사물에는 둥근 것과 네모난 것이 있고, 수에는 홀수와 짝수가 있다. 하늘은 움직이며 둥글고, 그 수는 홀수다. 땅은 고요하며 네모나고, 그 수는 짝수가 된다. 이는 음양이 서로 짝이 된다는 뜻이지 실제적인 천지의 형태는 아니다. 하늘은 끝이 없어 다 보이지 않고, 땅도 다함이 없어 다 볼 수 없는데 어찌 그 둥글고 네모남을 정할 수 있겠는가?"[73]

현대 학자들의 다른 변통적인 해석도 있다. 정원광鄭文光은 『중국 천문학 원류中國天文學源流』에서, "'네모나다'는 것은 결코 정사각형이나 직사각형을 말하는 것이 아니라 반듯함을 말한 것이다."[74] 진쭈명金祖孟은 '지방地方'이 문자적으로는 '대지는 사각형'이라는 의미지만 사실은 '대지가 평면'임을 말하는 것이라고 생각한다. 대지에 대한 사람들의 직감적인 인상은 평평함일 뿐 '네모나다'는 것이 아닌데, 이는 사람들의 머릿속에 사각형의 인상을 심어줄 수 있는 아무런 관개 수로도 대지 위에 없기 때문이다.[75] 현대 학자들의 비평은 대부분 지식의 객관적인 정확성에 착안하고 있다. 이는 과학사를 살필 때에는 의심할 바 없이 그 의의가 있지만, 고대 관념의 주관적 가치 즉 사상사를 살필 때에는 다른 잣대가 필요하다. 지식(특히 고대 지식)의 객관적 정확성은 부족하지만, 그의 문화 가치에는 영향을 미치지 않기 때문이다. 그런 예는 많다. 예를 들어, 중국의 주변에 '사해四海'가 있는가? 태산이 비바람을 일으킬 수 있는가? 그 관련 지식의 정확성은 모두 문제가 있지만, 사해나 태산이 중국 고대 문명 속의 문화지리적 의의가 있다는 것에는 전혀 영향을 미치지 않는다.

땅이 사각형이라는 것에 직감적인 근거가 전혀 없는 것은 아니다. 네 방향의 감각은 최소한 '사각형'에 대한 인상을 만들었다. 예수셴葉舒憲도 신화사상을 연구하면서 '땅이 사각형'이라는 문제와 마주쳤다. 그는 객관성의 시각에서 '땅이 사각형'이라는 관념은 신화적 사유의 유추적 추론의 결과라고 추측했다. "원시인은 태양의 운행에 근거해서 사방의 방위 관념을 얻었고 유한한 대지의 네 방향 모두 끝이 있을 것이라 여겼으므로 대지는 네 변을 가진 실체라는 상상을 하게 되었다. 대지가 유한한 것은 대지의 사면이 큰물로 둘러싸여 있다는 신화의 관념과 관련이 있다. 여기서 다시 중국 상고의 '사해'설이 파생되어 대지 각 변의 밖에는 바다가 있다고 생각하게 되었고, 그런 까닭에 사해는 동해·남해·서해·북해로 지정되었다."[76] 이는 사각형의 대지 관념이 생긴 것을 사실적 인식에서 추정한 것이다. 해가 뜨고 지는 것에서 동쪽과 서쪽의 두 방향이 나타나고, 그런 뒤에 짝을 맞추는 사유에 따라 한 걸음 더 나아가 남쪽과 북쪽의 두 방향이 형성되었다. 논리에서 이런 인식의 발전은 기본적으로 문제가 없다. 그러나 계속해서 물어 나간다면, 네 방향이 어떻게 네 개의 직선 변으로 바뀌었는가, 설사 네 직선 변이 생기더라도 왜 땅에만 있고 하늘은 여전히 둥근 것인가? 해답은 여전히 완전하지 못하다. 이 문제에 관해서 그처럼 끝까지 캐물을 수는 없다. 그 의의는 역시 사상 가치의 영역으로 끌어올려 다루어야 할 것이다.[77]

이 문제에서 우리가 주의해야 할 것은, 설사 그것이 "네 귀퉁이가 가려지지 않음"에 대한 변통적인 해석이라 하더라도 옛사람이 말한 "땅의 도는 네모나다"는 의의이다. 땅이 네모나다는 형태적 인식이 있든 없든, "땅의 도"라는 측면에서의 해석은 깊은 지리사상적 의의가 있다. 땅이 네모나다는 관점의 핵심은 속성에 있다. 여기에서 파생된 지리(특히 인문지리) 질서관에서 이해해야 한다.

『여씨춘추』「계춘기 환도季春紀圜道」에 말했다:

하늘의 도는 둥글고 땅의 도는 네모나다. 성스런 군왕聖王께서 이를 본떠 위아래를 세우셨다. 어째서 하늘은 둥글다고 하는가? 정기精氣가 하나는 위로 올라가고 하나는 아래로 내려가 둥글게 에워싸다 다시 순환하며 머무름이 없으므로 하늘의 도는 둥글다고 한다. 어째서 땅의 도는 네모나다고 하는 가? 만물은 무리가 다르고 형체가 달라서 모두 각자의 직분이 있으며 이를 서로 대신해 할 수 없으므로 땅의 도를 네모나다고 한다. 군주는 둥근 하늘의 도를 지키고, 신하는 네모난 땅의 도에 머물러 하늘과 땅의 도가 바뀌지 않으면 그 나라는 창성할 것이다. (…) 옛날의 왕들은 높은 관리를 세울 때 반드시 그것이 땅의 도에 맞게 했으니 땅의 도에 맞게 되면 직분이 정해지고 직분이 정해지면 신하들이 서로 숨기는 짓을 하지 않는다.[78]

둥근 도 즉 하늘의 도는 두루 움직여 순환하는 것이고 네모난 도는 땅의 도이며 질서를 안정시키는 것이라고 이 글은 강조하고 있다. 지상의 사물은 다양하고 복잡해서 각자 자신의 위치를 지키며 서로 거스르지 말아야 한다. '사각형'은 안정감이 있으며 안정되어야 질서가 이뤄진다. 사상적으로, 무형에서 사각형에 이르는 것은 혼란에서 질서에 이르는 것이며 '원'을 '사각형'과 대응시켜 움직임에서 멈춤에 이르는 것이다. 지상에 질서를 세우는 것은 "땅의 도에 맞게 직분이 정해지는 것"이다. 사각형의 질서는 막대한 인문적 가치가 있다. 그래서 "이것으로 나라를 다스리면 나라에 이롭지 않음이 없게 된다."[79]

'사각형'의 본질은 인문이지 자연이 아니다. 땅의 도가 '네모나다'는 것은 인문지리이지 자연지리가 아니다. 땅이 네모난 것은 인문의 창조이자 사상의 성과이고 문화의 성과다. 중국인은 인문 질서를 탐색함에서 사각형 구조를 선택했다.

사람들의 실천 경험에서 토지는 흔히 사각형으로 처리되었다. 농토는 대부분이 사각형이다. 고문자 속의 '전田'은 다양한 개수의 사각형 밭떼

기로, 갑골문甲骨文은 ⊞로 쓴다.[80] '경계疆'의 원래 의미는 농지의 경계이며, 동사로 쓰일 때는 농지의 경계를 정리해 농토를 네모반듯하게 하는 것을 가리킨다. 사각형의 농토는 '경계를 바르게' 하는 데 편하고, 사각형의 성城과 해자垓字는 궁실을 바르게 하는 데 편하다. 사각형은 알기에 편하고 설명하기에도 편하며 계산하기에도 편하다. 다음은 옛사람이 사각형을 좋게 말한 몇몇 예다.

- 『맹자』「등문공 상」: 지금 등縢나라는 긴 곳을 끊어 짧은 곳을 보충하면 대략 오십 리가 될 것이다.[81]
- 『한비자』「초견진初見秦」: 지금 진秦나라 땅은 긴 곳을 잘라 짧은 곳을 보충하면 사방 수천 리가 될 것이다.[82]
- 『사기』「초세가楚世家」: 서주의 땅은 긴 곳을 끊어 짧은 곳을 보충하면 100리를 넘지 않는다.[83]

"긴 곳을 끊어 짧은 곳을 보충함"과 "긴 곳을 잘라 짧은 곳을 보충함"은 들쭉날쭉한 토지를 사각형으로 만들어 설명하기 편하게 한 것이다. 이 설명은 깊은 의미를 담고 있다. 중국 옛사람은 습관적으로 "긴 곳을 끊어 짧은 곳을 보충" 하는 방법으로 대지를 '천하'에 이르는 사각형 질서로 종합시켰다.

'사각형'을 추구하는 것은 대지를 인식하는 방법이자 질서를 세우는 방법이기도 했다. 사각형을 추구하는 과정에서 '사각형'은 형태에서 속성으로 승격되어 중국 고대 지리 인식의 틀을 만들었다. 지리 인식에 대한 종합이든 아니면 능동적으로 무대에 나선 인문 공간의 사물에 대한 규칙이든 모두 사각형을 추종했다. 옛사람은 먼저 사람의 법으로 땅을 정돈하고, 그런 다음 되돌아와 땅을 정돈한 법(땅의 도)으로 다시 사람을 정돈했는데, 이를 "사람이 땅을 본받다"[84]라고 한다.

땅의 도는 네모반듯함方인데 또 하나 주의해야 할 특징으로 '정正'이 있다. 중국인의 '네모반듯함方' 개념 속에는 '정正'의 의미가 포함되어 있다. 동·서·남·북의 네 방향을 '사정四正'이라 한다. 동북·동남·서남·서북의 네 방향을 '사유四維'·'사우四隅'라고 한다. 바람은 이 여덟 방향에서 불어오는데 이를 각각 '사정의 바람四正之風'과 '사유의 바람四維之風'이라고 한다.[85] 옛사람의 대지에 대한 인식은 끊임없는 '정正'의 과정이라고도 말할 수 있다. 정正은 단지 방향만 바르게 하는 것이 아니다. 대지 자체도 바르게 해야 하는데 땅의 도가 네모반듯함方이라는 의의가 여기에 있다. '방정方正'이 인문적인 것임은 의심의 여지가 없다. 자연의 사물 중에 둥근 것은 흔히 보이지만 네모난 것(소금 같은 결정체만 생각날 뿐)은 드물다. 중국인의 사상에서 정正은 고결한 가치를 가지고 있다. 정正은 지각에서 개념으로 승격되었고, 개념에서 가치가 파생되어 나중에는 도덕적 근거로 응축되었다. 정正은 땅의 덕이자, 인간의 덕이기도 하다.

- 『주례』「지관 사도地官司徒」: "왕이 나라를 세워 동서남북의 방위를 분별하고 도시를 정비하고 읍이나 마을을 구획하며 관직을 설치하고 관직에 맞는 직분을 나누어 모든 백성이 지켜야 할 근본을 만들었다."[86]
- 『사서장구집주四書章句集註』「대학장구大學章句」: "상하 사방이 균등하게 고르고 방정하게 되며 천하가 태평해진다."[87]
- 『관자』「명법해明法解」: 밝은 군주는 법도의 통제력을 가지고 있으므로 여

러 신하가 모두 반듯하고 바른 다스림을 펴며 감히 간악한 짓을 하지 못한
다.[88]

· 『사기』 「굴원·가생열전屈原賈生列傳」: 삿되고 부당한 것이 올바른 도리를
해치고, 옳고 바른 것이 받아들여지지 않는다.[89]

· 『논어』 「향당鄕黨」: 자른 것이 바르지 않으면 먹지 않으셨다.[90]

· 주희, 『논어집주』: 고기를 자른 것이 반듯하고 바르지 않은 것은 먹지 않으
시며, 한 순간도 바름을 벗어나지 않으셨다.[91]

한대에는 도덕이 고결한 사람을 "바르고方正 어질다賢良"고 했다.


　사각형은 지문地文·인문人文이며 원은 천문天文이다. 이것이 고대 중
국인이 가진 세계관의 특징과 요점이다. 예를 들어 성城·해자·궁전·도
로·사당·묘지(무덤 지역)·예의禮儀·구주·오복·구궁 등의 지리관념들이
다. 고대 그리스인의 세계관에서는 오직 원을 중시하고 사각형은 중시하
지 않았다. 그들은 원이야 말로 완전한 것이며 대지도 공같이 둥근 형태
이어야 마땅하다고 생각했다. 대도시는 방정方正을 추구하지 않았다. 건
축계획 중에 사각형方이 있더라도 바름正은 없었다. 아테네·로마의 신
전·궁전·광장 자체는 사각형이나 직사각형을 취했지만 방위상 정방향
을 추구하지는 않았고, 각각의 궁전 사이에서도 정대응을 시키지 않았
다. 그들 도시의 '어수선함'을 보면, 위대한 도시의 배치 양식이 없다고
여겨져 이해하기 어렵다. 그들에게는 다른 질서 원칙이 있다. 로마 궁전
문의 방향은 로마 황제의 생일날 태양이 막 떠오르는 곳이라고 한다. 그
들이 사용하는 방사선 형태의 거리는 궁전이나 기념물을 도드라지게 하
는데, 이런 것들이 다 거리 구역의 방위가 바르지 않게 만드는 원인이

**207**

다. 중국의 정正은 보다 더 큰 공간을 느끼는 것에서 비롯한다. 보다 더 광활한 공간 질서를 따르는 것에서 연유하는데 보다 더 광활한 공간 질서란 "하늘은 둥글고 땅은 네모반듯하다天圓地方"는 관념이다.

땅의 반듯함은 시야 선상의 공간 질서와 공간 배치를 뛰어넘는 강력한 관념적 속성을 지닌다. 그것은 '천하'라고 하는 전경全景의 큰 틀이며 경험 세계의 질서에 대해 근본적인 통제 기능이 있다. 이 같은 배경 통제 기능을 영어로는 '백업back-up'이라 하고, 중국 속어로는 '자오저罩着'라고 하는데 중국인은 층층이 사각형 구조로 규범(뒷받침)된 세계에서 살고 있다. 방정方正은 가장 균형 잡힌 공간 패턴으로, 땅의 도는 네모반듯한 것이며 후덕해 그 위에 만물을 싣는다.

천지에 대해 구체적인 인식과 "하늘은 둥글고 땅은 네모반듯하다"는 두 개념은 다른 것으로 고서에서도 그 차이를 읽을 수 있다. 경험의 범위 안에서 천지의 형상은 대응되는 것이 마땅하다. "하늘은 둥글고 땅은 네모반듯함"의 본질은 신앙이다. 객관적 세계를 묘사함에서는 억지스럽지만 인간 행위의 지침으로서는 또 다른 실제적인 의의가 있다. 인간의 지리 행위(인문지리)는 '네모반듯함'의 원칙에 따라 현실적인 성과를 많이 만들어냈다. 도시계획, 토지계획과 관리, 주거 배치 등과 같은 것들인데 모두가 사각형이며 건축의 기준척基準尺도 사각형을 기본 단위로 계산한다.[92]

"하늘은 둥글고 땅은 네모반듯하다"는 것은, 두 개의 형상이 아니라 두 종류의 질서다. 한 질서는 둥글고 운행하고 순환하며, 다른 한 질서는 네모반듯하고 고요하며 고정되고 두터우며 안정적이다. 운행하는 것과 고요히 정지해 있는 것의 패턴 사이에는 복잡한 관계가 형성되어 있다. 인간의 삶은 고요하게 정지해 있는 땅의 질서 속에 존재하지만 하늘의 명天命을 따라야 한다. 이런 의미에서 하늘은 역사이고 땅은 사회다.

요컨대, '땅은 네모반듯하다'는 것은 사상 영역의 세계지리적 기본 특징이며 사회 이데올로기로서 점차 중국 고대인들이 따르는 문화·가치·도덕의 각 특질로 녹아들었다.

## 바다를 바라보며 탄식하다

"하늘은 둥글고 땅은 네모반듯하다"는 관념 가운데는 해양을 빠뜨린 듯하다. 해양은 중국 세계의 가장자리에 위치해 있는데 해양의 관념 역시 중국 고대 지리 문화의 가장자리에 처해 있는 듯하다.

중국 고대에는 신화 체계가 둘 있는데 하나는 서쪽의 곤륜 체계이고, 다른 하나는 동쪽의 봉래蓬萊 체계라고 구제강은 말했다.[93] 봉래도 신화 속의 산이기는 하지만 고대의 다른 문화 전통 즉 해양 문화에 속한다. 해양에 관해 중국 옛사람은 실용성 있는 해석이 별로 없다. 해양에 관한 중국인의 초기 인식은, 하백河伯이 어떻게 바다를 바라보며 그토록 탄식했느냐는 것이 대부분이다. 『장자』「추수秋水」에 말했다:

가을이면 계절에 맞춰 물이 불어나 온 시내가 황허 강으로 흘러든다. 그 흐르는 물줄기의 방대함은 강 양안과 강 가운데 모래섬 사이의 소와 말도 분별하지 못할 정도다. 이에 황허 강의 신은 기뻐하며 천하의 아름다움이 다 자신에게 있다고 여겼다. 흐름을 따라 동쪽으로 가서 북해에 이르렀는데, 동쪽을 바라보니 물의 끝이 보이지 않았다. 이에 황허 강의 신은 비로소 그 얼굴을 돌려 바다를 바라보며 북해의 신에게 탄식하며 말했다: "속담에 '백 가지도를 알고는 자신만한 사람이 없다'고 여겼다는데 저를 두고 하는 말이었습니다."[94]

해안에서 생활하는 사람들에게 있어서 바다는 현실적인 생활의 의미가 있다. 그들은 연해에서 하는 모든 바다 활동(고기잡이·항해·소금 만들기·밀물 썰물) 등에 대해 충분한 경험적 지식을 가지고 있다. 그러나 내륙에 사는 고대인들은 바다에 대한 구체적 지식이 별로 없었다. 최소한 그들 주류 지식인들에게 관심을 끄는 실용적인 해양 지식은 별로 없어서 주요 문헌자료 중 기록되거나 탐구된 바가 없다. '형이상形而上'을 즐겨 말하던 고대 사상가들은 대부분 바다에 대해 바다에는 신령스런 섬이 있으며 신선과 불사의 약이 있다는 정도의 간단하고 신기한 상상들을 했다. 그러나 다른 한편으로 일반의 보통 섬에는 낙후된 '섬 오랑캐島夷'가 있다고 생각했다.

세계 질서의 자리를 정함에 있어 바다라고 하는 세계는 대단히 특수하고 광활한 부분이었는데, 바라보며 탄식하는 것 외에 옛사람은 당연히 바다에도 자리를 만들어줬다. 바다와 육지는 확연히 다르다. 바다는 대륙의 가장자리에 위치하며 그것이 가장 직관적인 인상이다. 바다의 이런 특징은 바다를 세상의 어떤 질서의 시작과 끝이 되게 했다. 추연鄒衍은 동쪽의 실제적인 바다에서 대륙의 주변을 둘러싸고 있는 '비해裨海'(작은 바다)'와 '대영해大瀛海'(큰 바다)를 상상해 추정해냈다. 『사기』「맹자·순경열전孟子荀卿列傳」에 말했다:

유가가 말하는 중국이란 천하에서 81분의 1일 뿐이다. 중국은 적현赤縣 신주神州라 부른다. 적현 신주 안에는 다시 구주가 있는데, 우가 순서 지은 구주가 그것이나 주의 수를 다 말한 것은 아니다. 중국 밖에는 적현 신주와 같은 것이 아홉 개 있어서 이에 그를 구주라 한다. 여기에 '비해'(작은 바다)'가 그를 둘러싸고 있어서 사람과 짐승이 다른 주와 서로 통할 수 없는데 이렇게 간격을 두어 독립된 곳이 하나의 주다. 이와 같은 것이 아홉 개인데, '대영해'(큰 바다)가 그 밖을 둘러싸고 있으며 천지의 가장자리다.[95]

육지는 바다로 둘러싸여 있어서 해안은 육지의 끝이지만, 바다와 육지는 모두 '땅'의 범위에 속한다. 대영해는 아득한 곳에서 하늘과 서로 맞닿아 '천지의 가장자리'가 된다.

『열자』「탕문湯問」에 원양의 개념에 관한 언급이 있는데 하혁夏革이 탕의 물음에 대답해 한 말이다.

발해의 동쪽으로 몇 억만 리인지 모르는 곳에 큰 계곡大壑이 있는데 실로 밑이 없는 골짜기로써 아래에 바닥이 없으며 귀허歸墟라고 부른다. 지상 팔방의 극지와 팔방 하늘과 중앙의 물 및 은하수의 흐름이 이곳으로 흘러들지 않는 것이 없으나 그 물이 더하거나 줄지 않는다. 그중 다섯 개의 산이 있는데 첫째가 대여岱與이고 둘째가 원교員嶠이고 셋째가 방호方壺이며 넷째가 영주瀛洲이고 다섯째가 봉래蓬萊다. 그 산들의 높이와 둘레는 3만 리이며, 그 봉우리의 평평한 곳은 9000리다. 산과 산 사이가 7만 리나 떨어진 거리로 서로 이웃하고 있다. 산 위의 누대와 관각은 모두 금과 옥으로 되어 있고 그 산에 있는 동물들은 모두가 순백색이다. 진주와 옥으로 된 나무들이 빽빽하게 자라고 꽃과 열매들은 모두 맛이 뛰어난데 그 열매를 먹으면 불로장생한다. 그곳에 사는 사람은 모두 신선이나 성인의 부류인데 하룻밤 하룻낮 만에 날아서 왕래하는 사람들이 셀 수도 없다. 이 다섯 산은 산 밑이 아무데도 붙어 있지 않아서 항상 물결을 따라 위아래로 왔다 갔다 하며 잠시도 머물러 있지 않는다.[96]

이 이야기는 앞뒤로 두 가지 의미를 담고 있다. 앞부분에서는 근해 밖의 난바다 깊은 곳이 '귀허'이며, '바닥이 없는 골짜기'가 있다고 한다. 뒷부분에서는 대양은 "사는 사람 모두가 신선이나 성인의 부류"인 신선 세계라고 한다.

바다 깊은 곳을 '귀허'라는 것은 『회남자』「천문훈天文訓」의 대해도 돌아가는 곳이 있다는 의미이다. 『회남자』「천문훈」은 공공이 불주산을 들이받아 "하늘 기둥이 부러지고 땅을 맨 줄이 끊어지는"[97] 일이 생겨 땅이 동남쪽을 채우지 못하게 된 뒤, "그 때문에 물줄기와 먼지들이 그곳으로 돌아갔다"[98]는 말을 하고 있다. 보아하니 대해로 돌아가는 것은 물줄기뿐 아니라 '먼지'도 있는데, 그 의미는 비교적 광범위하다. 『열자』「탕문」 편의 이야기 속에는 우공愚公이 옮긴 산의 흙도 '발해의 끝자락'[99]으로 보낸 것을 볼 수 있다. 바다는 방대한 수용성을 지녔다.

바다를 신선의 세계로 상상하는 이런 신선 사상은 발해를 둘러싼 지역에 가장 많다. 고대에는 바다에 관해 말한 방사方士가 '연燕과 제齊'에 많았다고 한다. 연과 제는 춘추전국 시기의 연나라와 제나라로 두 나라의 영역이 발해를 둘러싸고 있다. 그곳에서는 바다의 신기한 사람 이야기를 흔히 하지만, 중원 내륙의 사람들은 아마 하백과 마찬가지로 거의 대해를 본 적이 없을 것이다.[100] 발해를 둘러싼 지역에서 생긴 독특한 세계

인식은 나중에 내지內地 사람들의 사상 관념이나 풍속 습관 속으로 점차 스며들었다.[101]

중국 고대 해양신화 중 봉래산은 가장 대표적인 것이다. 『산해경』 「해내북경」에 "봉래산은 바다에 있다"[102]고 한다. 『사기』 「진시황본기」에 "제나라 사람 서불 등이 글을 올려 바다에 신묘한 산이 셋 있는데 이름이 봉래, 방장, 영주이며 신선이 산다고 했다."[103]

바다의 신선세계와 하늘의 신선 세계는 모두 사람을 유혹한다. 한 번도 대해를 본 적이 없는 관중關中(지금의 산시陝西)에서 생활하는 사람들을 상상해 본다면 아득한 동쪽 해안으로부터 홀연히 전해오는 여러 신기한 이야기가 확실히 신기했을 것이다. 그런 신기한 것들에 마음이 끌린 사람들 중에는 심지어 관중의 주인으로 으뜸가는 인물—진시황·한 무제—도 있다. 그들은 모두 동쪽 해변의 그런 이야기에 마음이 끌려 바다의 신선 세계가 어떠한지 무척 가보고 싶어 했다.

바다에 대한 중국 옛사람의 신기한 이해와 지중해 세계 사람들의 실용적인 이해는 선명한 대조를 이룬다. 기원전 약 2000년 시기에 미케네 항해자들은 이미 지중해를 항해했다. 지중해는 인류의 식민지와 상업 활동적인 의미가 두드러진다. "바다는 인류 진보의 요람"이라는 말은 상업 및 협력과 우호적 발전을 촉진한다.[104] 고대 그리스에도 바다에 관한 신화는 있지만 바다와 인류의 현실적 이익에 밀접하게 연관된 그들의 사상이 고대 중국에는 없다. 버트런드 러셀의 『서양 철학사』에 해양이 그리스문명에 대해 갖는 실제적 의미를 논평한 것이 있다. "상업적 발전이 처음에는 거의 모두 바다에서 이루어졌는데, 상업이 발전함에 따라 새로운 요소가 나타났다. 기원전 천 년경 무기들은 여전히 청동으로 만들어

「봉래산도蓬萊山圖」

(출처: 왕치王圻·왕쓰이王思義 엮음, 『삼재도회三才圖會』, 上海古籍出版社, 1985)

혼돈에서 질서로

졌지만 일부 국가들은 필요한 금속이 자신의 본토에는 없었으므로 무역에 종사하거나 해적질로 약탈해 얻을 수밖에 없었다. 해적질을 통한 약탈은 단지 일시적인 임시방편이라서 사회와 정치적 조건이 상당히 안정적인 지역들은 상업이 훨씬 이익을 얻을 수 있는 것으로 인식했다. 상업적인 면에서 크레타 섬은 선구자였던 듯하다. 약 11세기 동안, 즉 기원전 2500년에서 기원전 1400년에 이르는 동안 크레타에는 예술적인 면에서 극히 선진적인 문화가 존재해서 미노아 문명이라 일컬어졌다."[105]

고대 중국에서는 섬 문화가 육지 문화를 앞서는 일이 불가능했다. 바다는 결코 진보의 요람이 아니라 세계의 가장자리였다. 때로 이 세계는 육지만을 가리기도 하고, 때로는 단지 화하 중국華夏中國만을 가리키기도 한다. 『산해경』「해외남경」에 "땅이 싣고 있는 것은 상하 사방과 사해의 안으로 해와 달이 비추고 별이 운행하며 사계절로 기록하고 목성으로 이를 교정한다"[106]고 했다. 여기서의 '사해 안'은 "땅이 싣고 있는 것", 즉 모든 육지를 가리킨다. 『열자』「주목왕 제삼周穆王第三」에 "사해가 똑같은 곳을 중앙국이라 하는데 황허 강이 남북에 걸쳐 흐르고 태산이 동쪽과 서쪽을 넘어가니 만여 리나 된다"[107]고 했다. 여기서의 "사해가 똑같은 곳(안)"이 말하는 것은 '중앙국'이다. 역사 문헌에 사해의 안을 '중국' '화하' '구주'라고 하는 곳이 많다. 이런 상황에서 『이아』「석지釋地」는 "구이九夷·팔적八狄·칠융七戎·육만六蠻을 사해라 한다"[108]고 했다. '사해'가 꼭 바닷물을 지칭하는 것은 아니다. 『석명釋名』은 "바다는 어두움이다"[109]라고 했는데 내륙 사람들은 바다 개념을 변형시켜 사용한 듯하다.

『맹자』「진심 상盡心上」에, "바다를 본 사람에게는 물이 되기 어렵고,

성인의 문하에서 노닐었던 사람에게는 말이 되기 어렵다"[110]고 했다. 나중에 또 "망망한 바다滄海를 보고 나니 다른 물이 눈에 들지 않고 무산巫山의 구름이 아니면 다른 구름은 구름이 아니더라'[111]는 논조의 유행을 낳았다. 이러쿵저러쿵해도 바다란 단지 물의 양이 방대한 것뿐이다.

요즘 역사에 '바다의 비단길'을 말하는데 확실히 해안선을 따라 고대의 침몰된 배가 많이 발견된다. 이로써 바다(연해沿海)가 중국 역사에 실제로 공헌했다는 점에는 아무 문제가 없다. 그러나 사상사적인 측면에서 볼 때 바다의 적극적인 의의는 유행하는 사상 관념으로는 응집되지 않았고 중원 땅을 근거로 하는 고대 문명 이데올로기 속으로 녹아들지 못했다.

地　　　　　理　　　　　學

제6장

# 분야이론
# : 천명의 구역화

思　　　　　想　　　　　史

칸트는 말했다: "자주 계속해서 숙고하면 할수록 점점 더 큰 경탄과 외경으로 마음을 채우는 두 가지가 있다. 그것은 내 머리 위의 별이 빛나는 하늘과 내 마음속의 도덕법칙이다."[1]

'분야'란 옛사람의 생각 속에 세워진 일종의 천지 관계인데, 이 관계 속에서 하늘도 땅도 연구할 수 있다. 천문사天文史 학자들은 이미 분야 문제에 관해 많은 연구를 이뤘고, 분야의 천문학적 의의도 분명하게 논술되었다. 그러나 분야의 지리학적 의의에 관해서는 지금까지 논의된 것이 아직 부족하다. 왜 수많은 고대 지리지地理志가 항상 분야부터 말을 시작하는가? 청대 학자 고조우顧祖禹는 지리 명저인 『독사방여기요讀史方輿紀要』 중에 '분야' 한 권을 포함하고 있다. 그는 "방여는 군읍郡邑·하거河渠·식화食貨(고대에 국가의 재정과 경제를 일컫는 말—옮긴이)·둔전屯田·마정馬政(관용으로 쓰는 말의 사육·훈련·구매 등을 관리하는 제도—옮긴이)·염철鹽鐵·직공職貢(고대 속국이나 속지 또는 외국 등이 때에 맞춰 하는 공납—옮긴이)·

분야 등의 무리를 포함"한다고 분명하게 말하고 있다. '방여가 포함'하는 것이 '지리학이 포괄하는 내용'이라는 뜻인데, 그중에 '분야'가 있다.

이제 분야를 믿는 사람은 없다. 그러나 청대에 이르기까지 분야설은 사람들의 생각을 사로잡고 있었으며 지리 문헌에 널리 자리하고 있었다.

## 점성과 분야

『주역』「계사 상」에 "하늘에서는 상象이 이뤄지고 땅에서는 형形이 이뤄지니 변화가 나타난다"[2]고 했고 또 "고개를 들어 천문을 보고, 몸을 숙여 지리를 살핀다"고 했다. 옛사람이 이런 말을 할 때는 천문과 지리가 관련 있다는 의미로, 천문을 보는 것과 지리를 살피는 것은 연결된 하나의 작업이지 확연하게 나눠진 두 일이 아니다. 『사기史記』「천관서天官書」 정의正義는 장형張衡의 말을 인용해 말했다: "뭇별이 펼쳐져 분포되고 있는데 땅에서는 형체를 만들고 하늘에서는 정기를 이룬다. 서로 뒤섞여 펼쳐져 있는데 각기 소속된 바가 있어서 들에서는 사물의 형상이 되고 조정에서는 관직의 형상이 되며 사람에게 있어서는 일의 형상이 된다."[3] 하늘과 땅은 정精과 체體의 관계다. 하늘은 정화精華의 기이며 지상의 인간 세상과 대응하는 상象이다. 따라서 천문을 이야기하려면 지리를 언급하지 않을 수 없다. 천상天上의 것은 '상象'이고 지상의 것은 '형形'이므로, 『위서魏書』에는 「천상지天象志」와 「지형지地形志」가 있다.

천문(또는 천상)과 지리(또는 지형)를 연결시키는 가장 실제적이고 구체적인 작업이 분야 체계의 구성이다. 분야란 하늘에 있는 별의 구역과 땅의 지역을 대응시킨 것을 말하는데, 심지어 그 내용을 지도에 표시하기

혼돈에서 질서로

도 한다. 예를 들어, 송대에 편찬한 『역대지리지장도歷代地理指掌圖』에는 분야 지도가 한 폭 들어 있다.[4] 고대 문헌에서 분야는 흔히 천문지에 속하지만 대지 질서의 설명 방법, 해석 방식과 관련이 있기 때문에 지리학 범주에 넣기도 한다.

하늘의 별 구역을 땅의 지역과 대응시키는 생각은 "하늘에서는 상象을 이루고, 땅에서는 형形을 이룬다"[5]는 인식에서 비롯된 것 외에 이런 관계를 인문 가치 측면으로 끌어들여 "하늘이 상象을 드리워 길흉을 나타낸다"[6]고 하는 점성학도 있다. 옛사람의 마음속에 있는 '하늘天'은 단지 상象을 드리우기만 하는 것이 아니라 인간 세상 운명의 길흉을 분명하게 명시하며, 하늘과 사람은 서로 감응하고자 한다. 그렇다면 천인감응을 어떻게 구체적으로 검증할 수 있느냐는 문제와 먼저 마주치게 된다. 천하는 방대해 동서남북으로 군국郡國, 주현州縣이 대단히 많고 각지의 상황도 크게 다르다. 천상天象은 위에 있는데 땅의 어느 곳이 길하고 어느 곳이 흉한지 일률적으로 말할 수는 없으므로, 지역 위치를 대응시키는 법칙을 확립해야만 한다. 이렇게 하늘의 별과 땅의 구역을 대응시키는 법칙이 분야 이론이다.

분야 이론은 옛사람의 천명관에 구체적인 지리 분구地理分區의 대응체계를 제공했음을 알 수 있다. 분야는 천명을 구역화했다. 천명의 영향은 때로 땅 위 전체의 인간 세상에 대응되는 것이 아니라 어느 한 구역만 대응되기도 한다. 이에 지상의 정치 지리와 사회 지리의 불균형성(권력을 얻음과 잃음, 승리와 패배, 길함과 흉함)을 해석하기 위해 '천명'의 배경과 근거를 제공한다. 이 일은 옛사람의 마음에 충분한 현실적인 의미가 있다. 옛사람이 분야에 관심 있는 것은, 천명이 드러내 보이는 길흉의 운세를

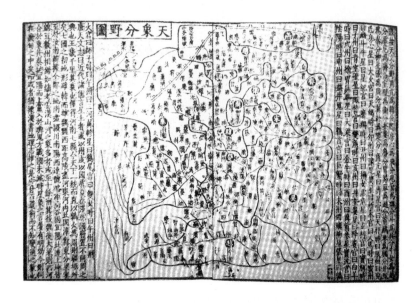

「천상분야도天象分野圖」(「송본 역대 지리지장도宋本 歷代地理指掌圖」에서 발췌)

통해 모든 인간 세상 구역의 망을 보는 것이다.

분야는 점성학이 지리에서 표현된 것이다. 점성학은 원래 고대에서 말하는 '천문'학의 핵심 내용이며, 고대의 천문학자는 실은 모두 점성학자다. "점성학자와 천문학자는 줄곧 같은 사람으로 구별할 방법이 없다."[7] 당唐 대의 일행一行 선사는 고대의 뛰어난 천문학자로 『대연력大衍曆』을 편찬했다. 새로운 중국의 20세기에 들어선 50년대(1950년대)에 고대 과학자들을 기념하는 우표 세트를 발행한 적이 있는데 그 네 사람 중에 일행 선사가 있었으니 과학사에서 그의 높은 위치를 충분히 알 수 있다. 일행 선사도 분야 이론의 전문가였다. 그의 "천하의 산하는 둘로 경계지다"[8]라는 말은 분야 이론의 중요한 논점으로 역사적으로 유명하다. "둘로 경계지다"⁹는 내용이 『신당서』 「천문지」에 기록되어 있지만 사람들의 지리 사상에도 많은 영향을 미쳤다.

분야 이론의 연원은 아주 오래되었다. 『주례』 「춘관春官」에 '보장씨保章氏'가 있는데 그의 직무는 "하늘에 있는 별의 상象을 관측해 일월성신의 변화를 기록하고 이를 근거로 천하의 변화를 관측해 그 길흉을 변별하는 일을 한다. 별의 분야로 구주의 지역을 변별하는데 분봉한 국가나 분봉한 지역에는 모두 자신에게 해당하는 별이 있어서 그로써 요사함과 상서로움을 살핀다."¹⁰ 여기서 말하는 "별의 분야로 구주 지역을 변별하는데, 분봉한 국가나 분봉한 지역에는 모두 자신에게 해당하는 별分星이 있다"는 것이 분야다. 이른 시기 옛사람의 구역관념은 주로 '주州'였다. 따라서 '해당하는 별'로 "구주의 지역을 변별"했다. 나중에 사회가 발전함에 따라 봉국과 군현이 뒤이어 출현했고, 그에 따라 해당하는 별로 봉국과 군현을 변별했다. 한마디로 분야란, 하늘에 있는 서로 다른 별자리와 땅에 있는 주, 국, 군현 등 각 종류의 구역을 하나하나 대응시켜 각지역의 '길흉'과 '요망하거나 상서로운 것'을 분별하는 것이다.

선진 시대의 문헌 가운데는 하늘의 별과 행정구역을 대응시키고, 그것이 길흉에 영향을 미치는 것에 관한 '기록'이 많다. 몇 가지 예를 들어본다.

『춘추좌씨전』 소공昭公 32년: "월나라가 세성歲星을 얻었는데 오나라가 월을 치니 반드시 흉함을 받을 것이다."¹¹

이 말은 세성(목성)의 위치가 월나라에 대응할 때 오나라가 월나라를 치니 오나라는 반드시 실패할 것이라는 뜻이다. 고대에 세성은 상서로운 별이었다. 그 별이 하늘의 어느 위치에 머무는지에 따라 그 위치에 대응되는 지상의 지역에서는 전쟁에 이길 수 없다. 월나라에 대응될 때 군이 오나라가 공격한다면 당연히 "반드시 흉함을 받게 된다."

『국어』「진어 사晉語四」: "동인董因이 황허 강에서 공을 맞이하자 공이 물었다. '내가 건널 수 있겠는가?' 그가 대답했다. '세성이 대량大梁에 있으니 장차 하늘의 도를 이룰 것입니다. 즉위 원년에 처음으로 받게 될 터인데 실침實沈의 별입니다. 실침의 자리는 진晉나라 사람이 거처하는 곳이니 그렇기에 흥하게 되는 것입니다. 이제 주군께서 실침에 해당되셨으니 못 건널 것이 없습니다.'"[12]

이는 여러 해 동안 국외로 방축되었던 중이重耳(진 문공晉文公)의 귀국에 관한 이야기다. 진나라의 사관史官 동인이 황허 강 기슭에서 중이를 맞이하는데 중이가 물었다. "내가 강을 건널 수 있겠는가?" 이 말은 분명 황허 강을 건너는 구체적인 일을 물은 것이 아니라 귀국해 대사를 도모하는 것을 가리킨 것이다. 동인은 성상星象으로 증거를 삼아 중이에게 틀림없이 대업을 이룰 수 있다고 말했다. 그 성상은 이렇다. 현재 세성이 대량에 있는데 중이가 즉위하는 원년에는 세성이 장차 실침으로 옮겨 갈 것이다. 실침은 진晉의 분야이니 진나라는 틀림없이 강성해질 것이다. "주군께서 지금 강을 건너 나라로 들어가시면 성공하지 못할 일이 없습니다."

하늘의 별자리가 어떻게 지상의 구역과 하나씩 대응관계를 맺는 것인지는 아직 그 근원을 확실히 알 수 없다. 그러나 주周와 순화鶉火의 관계는 얼마간 그 단서를 찾을 수 있는 듯 보인다. 『국어』「주어 하周語下」에 "옛날 무왕이 은나라를 정벌할 때 세성이 순화에 있었다. (…) 세성이 있는 곳이 주나라의 분야다."[13] 또 『한서』「오행지 하」에 순화에 대해 "주周의 분야다"[14]라고 했다. 순화는 주조朱鳥 별자리의 중심에 위치하는데 전설에는 주나라가 흥성할 때 길조를 띤 난鸞새와 봉鳳새가 나타났었다고 한다. "주나라가 흥성함에 악작鸑鷟(봉황의 다른 이름—옮긴이)이 치산岐山 산에서 울었다"[15]는 것인데, 그런 까닭에 하늘의 주조朱鳥 별자리를 찾아 주周와 대응을 시켰는지 모른다.[16]

역사 문헌 기록 중 별자리와 지상의 분구를 서로 대응시키는 방법에는 여러 가지가 있다. 십이차(고대에 해·달·별의 운행과 계절의 변화 등을 관측하기 위해 하늘을 12등분 한 것—옮긴이)에 따라 나눈 것이 있는데, "반고班固는 삼통력三統曆을 취해 십이차를 십이야에 배분했다."[17] 이십팔수에 따라 안배한 것으로는 『사기』「천관서」가 있다. 아홉 개로 나눈 법도 있는데, 『여씨춘추』「유시람」은 "하늘에는 아홉 개의 별자리九野가 있고, 땅에는 구주가 있다"[18]고 했다. 점성의 분야이론에서는 하늘의 별을 주로 '이십팔수'와 '십이차'의 두 체제로 구역 짓는다. 이십팔수는 황도—적도대에 분포한 성군星群으로 균형적이지 않음—를 따라 동·서·남·북의 네 조로 나뉘어져 있으며, 각 조를 상징하는 신비한 동물이 있다.

동방(창룡蒼龍): 각角·항亢·저氐·방房·심心·미尾·기箕.

남방(주작朱雀): 정井·귀鬼·유柳·성星·장張·익翼·진軫.

서방(백호白虎): 규奎·누婁·위胃·묘昴·필畢·자觜·삼參.

북방(현무玄武): 두斗·우牛·여女·허虛·위危·실室·벽壁.

십이차는 전체 하늘을 균등하게 나눈 구역인데, 보통 지지地支로 표시한다.

수성壽星(진辰)

대화大火(묘卯)

석목析木(인寅)

성기星紀(축丑)

현효玄枵(자子)

추자諏訾(해亥)

강루降婁(술戌)

대량大梁(유酉)

실침實沈(신申)

순수鶉首(미未)

순화鶉火(오午)

순미鶉尾(사巳)

하늘의 이십팔수와 십이차는 안정되어 변하지 않지만, 지상의 구역 유형은 상대적으로 다양하고 바뀌어서 안정적이지 않다. 이른바 "하늘에 있는 해·달·별의 위치를 표시하는 도수를 살펴, 땅에 있는 각지의 분야를 안배한다."[19]는 것이다. 땅의 복잡함은 분야 이론에 적잖은 번거로움을 가져온다. 역대로 분야 체계는 끊임없이 수정되었는데, 그 주된 원인이 여기에 있다.

당대 점성학자 이순풍李淳風은 말했다: "하늘에는 이십팔수가 십이차로 나뉘어 있다. 땅에는 십이진十二辰이 열두 나라에 배속된다. 구주의 분야에 이르러서는 각기 연결되는 바가 있어 상하가 서로 대응되니 '점을 쳐서 알 수 있다'[20] 많은 주군州郡과 나라와 도읍의 호칭이 다『한서』「지리지」에 보이는데, 그 강역이 뒤얽혀 지세가 넓기도 하고 좁기도 해 같지 않은 곳들이 있다. 대부분이 춘추 이후 전국 시대에 의거한 까닭이다. 분야를 할 때, '그 지명과 국호를 취해서 분배'[21] 했다."[22]

분야에 대한 견해는 이른 시기 문헌인 『주례』 속에 이미 나타나고 있으나, 분야의 구체적인 내용, 즉 하늘의 별과 지상의 구역의 구체적인 대응 방안이 가장 먼저 보이는 곳은 『사기』「천관서」다. 「천관서」의 방안은 이렇다.[23]

연주兗州: 각角·항亢·저氐

예주豫州: 방房·심心

유주幽州: 미尾·기箕

강江·호湖: 두斗

양주揚州: 견우牽牛·무녀婺女

청주青州: 허虛·위危

병주幷州: 영실營室·동벽東壁

서주徐州: 규奎·누婁·위胃

기주冀州: 묘昴·필畢

익주益州: 자귁觜觿·삼參

옹주雍州: 동정東井·여귀輿鬼

삼하三河: 유柳·칠성七星·장張

형주荊州: 익翼·진軫

위의 방안에는 11개의 주州가 있는데, 거기에 '강·호'와 '삼하'를 더해 땅은 13개의 구로 나뉜다. 눈여겨볼 것은, 11개 주의 명칭이 한 무제의 13개 자사부刺史部 중에 주의 명칭과 대체로 같다는 것이다(한 무제 13개 자사부 중 2개는 주라 부르지 않는다). 그 밖에 '삼하'란 하남河南·하내河內·하동河東 이 세 군의 총칭으로 근기近畿 지역에 속하는데, 이 역시 전한의 논법이다. 전한 사람들은 생각했다: "옛날 당나라 사람들은 하동에 도읍했고, 은나라 사람들은 하내에 도읍했고, 주나라 사람들은 하남에 도읍했다. 대저 삼하는 천하의 중심에 있으며 솥의 세 발과 같아서 왕이 바뀌 기거하던 곳이다."[24] 삼하는 주州가 아니지만 이름난 문명의 핵심 지역(지금의 진난晉南·위베이豫北·위시豫西 지역)[25]이므로 분야의 지위를 부여했다. 이들이 모두 「천관서」가 분야 체계의 한대 배경을 설명하는 것들이다.

분야의 방안은 변동이 잦다. 당대에 이르자, 유명한 점성학자 이순풍의 정리를 거쳐 비교적 세밀한 규범의 방안 체계를 형성했다. 이 규칙 체계는 『진서』「천문지 상」에 보인다.[26]

수성壽星, 진辰, 정鄭, 연주兗州: 진軫·각角·항亢·저氐
대화大火, 묘卯, 송宋, 예주豫州: 저氐·방房·심心·미尾
석목析木, 인寅, 연燕, 유주幽州: 미尾·기箕·두斗
성기星紀, 축丑, 오월吳越, 양주揚州: 두斗·견우牽牛·수녀須女
현효玄枵, 자子, 제齊, 청주靑州: 수녀須女·허虛·위危

추자諏訾, 해亥, 위衛, 병주幷州: 위危·실室·벽壁·규奎

강루降婁, 술戌, 노魯, 서주徐州: 규奎·누婁·위胃

대량大梁, 유酉, 조趙, 기주冀州: 위胃·묘昴·필畢

실침實沈, 신申, 위魏, 익주益州: 필畢·자訾·삼參·동정東井

순수鶉首, 미未, 진秦, 옹주雍州: 동정東井·여귀輿鬼·유柳

순화鶉火, 오午, 주周, 삼하三河: 유柳·칠성七星·장張

순미鶉尾, 사巳, 초楚, 형주荊州: 장張·익翼·진軫

이 체계 안에 십이차와 열국列國, 주州, 이십팔수를 모두 대응시켰다. 이십팔수를 조로 나누어 배열한 것에서는 앞뒤로 맞물린 관계도 볼 수 있다. 예를 들어, 저氐는 연주(정나라)와 예주(송나라)를 연결하고, 또 미尾는 예주(송나라)와 유주(연나라)를 연결하는 것 등이다. 지리적으로 보면, 이렇게 맞물리는 관계 중 유주(연)와 양주(오월)의 연결이 조금 이상한 것 외에, 그 밖의 연결은 대체적으로 다 실제적인 지리적 관계와 부합된다. 『진서』「천문지 상」에는 한걸음 더 나아가 "주·군의 별들이 운행하는 궤도의 순서"[27]까지 이야기하고 있다. 앞서 열거한 십이차에 대응하는 전통적인 열국과 주의 기초 위에 다시 대응되는 지역 내의 주요 행정주·군을 나열했고, 심지어는 각 주·군에 대응되는 별자리의 도수度數도 세밀하게 나타내었다. 이렇게 해서 현실감이 더욱 강해졌다. 수성壽星의 예를 보자. 앞에서는 수성과 대응하는 정나라, 연주兗州를 말했고, 대응하는 별자리는 진軫·각角·항亢·저氐이며, 그런 뒤에 말했다.

동군은 별자리 각에 1도 대응한다.[28]

동평·임성·산양은 별자리 각에 6도 대응한다.[29]

태산은 별자리 각에 12도 대응한다.[30]

제복·진류는 별자리 항에 5도 대응한다.[31]

제음은 별자리 저에 2도 대응한다.[32]

동평은 별자리 저에 7도 대응한다.[33]


『진서』「천문지 상」의 소개에 따르면 이 "주·군의 별들이 운행하는 궤도의 순서"의 배경이 상당한 듯하다. 당대 이전의 많은 유명인이 모두 유사한 견해를 피력한 적이 있기 때문인데, 이른바 "진탁·범려·귀곡 선생·장량·제갈량·초주·경방·장형 등이 모두 말했다"[34]고 한다.

이 정도면 하늘과 땅의 대응 이론이 극치에 달했다고 할 만하다. 지상에 있는 각 종류의 구역에는 모두 하늘의 '인연'이 있는데, 이 하늘의 인연은 나중에 지상의 구역을 묘사하는 데 있어서 빼놓을 수 없는 내용이 된다. 그러므로 고조우顧祖禹는 "대지方輿에 있어야 할 것'을 말할 때 분야도 포함시켰다.

분야 이론이 전개되면서 갈수록 많은 지상의 사물이 분야 체계 안에 포함되었다. 이순풍의 『을사점乙巳占』은 「낙서洛書」를 예로 들어 증명하고, 또 이십팔수와 「우공」의 산천을 서로 짝을 지었는데, 그 규칙은 아래와 같다.


· 동방 7수: 각角(견산岍山)·항亢(기산岐山)·저氐(형산荊山)·방房(호구산壺口山)·심心(뇌수산雷首山)·미尾(태악太岳)·기箕(지주砥柱).

· 북방 7수: 두斗(석성산析成山)·우牛(왕옥산王屋山)·여女(타이항 산太行山)·허虛

(항산恒山)·위危(갈석산碣石山)·실室(서경산西傾山)·벽壁(주어朱圉).

· 서방 7수: 규奎(조서산鳥鼠山)·누婁(태화산太華山)·위胃(웅이산熊耳山)·묘昴(외방산外方山)·필畢(동백산桐柏山)·자觜(부미산部尾山)·삼參(파총산嶓冢山).

· 남방 7수: 정井(형산荊山)·귀鬼(내방산內方山)·유柳(대별산大別山)·성星(민산岷山)·장張(형산衡山)·익翼(구강九江)·진軫(부천원敷淺原).[35]

그중에 '구강九江'을 제외한 나머지는 모두 천하에 명산이다.[36] 산은 열국·주·군과 비교하면 다소 다른 점이 있다. 열국·주·군은 모두 지상에 있는 명확한 구역이지만, 산맥은 위치적인 의미 외에 방향과 경계선의 의미도 있다. 산의 이런 특징은 분야 이론의 내용을 구역의 대응에서 방향과 경계선의 대응으로 확장시켰다.

이순풍은 "성관星官에는 『이십팔수 산경二十八宿山經』이 있으며, 그 산은 각각 십이차에 나뉘어져 있다. 분야에 화禍가 있으면 별과 산도 서로 감응해 괴이한 현상이 나타난다"[37]고 했다. 그러나 점성을 실제 사용함에 별과 산이 "서로 감응해 괴이한 현상을 나타내는" 예는 결코 많지 않다.[38] 그렇기는 해도, 산맥의 분야이론은 지리관념 상 적잖은 영향을 미쳤다. 이 문제는 우리의 주제에 보다 더 가까운 것이니, "천하의 산하는 둘로 경계지다'는 일행 선사의 말을 자세하게 살펴보자.

## 일행 선사의 천하의 산하는 둘로 경계진다는 설

당대의 승려 일행 선사(본명 장수張遂)는 천하의 산하가 둘로 경계진다는 관념을 제시했다. 이 관념은 분야 사상에서 온 것이나 그와 연관된 대지의 산맥 체계가 그 뒤 지리적 관념으로 여겨졌기 때문에, 어떤 이는 그 지리적 관념에 따라 지도를 제작했다. 차오완루曹婉如 등이 제작한 『중국 고대지도집: 전국 시대-원中國古代地圖集: 戰國–元』에 송대 사람이 제작한 일행 선사의 산하도를 두 폭 수록했다.[39] 첫 번째는 『역대 지리 지장도歷代地理指掌圖』(작자는 세안례稅安禮로 북송 때 초각初刻됨) 중의 한 폭으로 「당 일행 산하양계도唐一行山河兩戒圖」라 불린다. 이 지도는 지금까지 알려진 가장 빠른 일행 선사의 산하도다. 다른 한 폭은 남송의 당중우唐仲友가 편찬한 『제왕 경세도보帝王經世圖譜』 6권의 하나인데, 「당 일행 산하분야도唐一行山河分野圖」라 한다. 두 지도의 화법은 조금 다르나 표현하고 있는 내용은 같다. '양계兩戒'는 일행 선사가 사용한 원래의 용어이며, '분야'는 일행의 사상 방법을 가리킨다.

『역대 지리 지장도』와 『제왕 경세도보』가 선택한 지도는 모두 상고에서 송대에 이르는 각 시기의 가장 기본적이고도 중요한 지리 특징이나 지리관념을 표현하고 있다. 일행 선사의 산하도가 그중 있다는 것은 작자가 그 지도를 중시했음을 말해준다. 당대 이전에는 큰 산맥의 구성 관념에 관한 것으로 『산경』의 "사구四區·오장五藏'과 정현의 '사열四列', 마융馬融의 '삼조三條' 등이 나타났다.[40] 저우전허周振鶴는, 당대부터 시작해 명대의 왕사성王士性이 다시 '삼룡三龍'설을 다시 추천하기 전까지 천하의 큰 산맥의 구성 사상은 일행의 '양계설兩戒說'이 유행했었다고 지적했다.[41] 『역대 지리 지장도』와 『제왕 경세도보』의 편집은 그런 상황을 반영하고 있다.

일행 선사의 천하 산하는 둘로 경계가 나뉜다는 내용에 관해 후대 사람들은 거의 모두 『신당서』 「천문지」에 있는 설명을 인용한다.

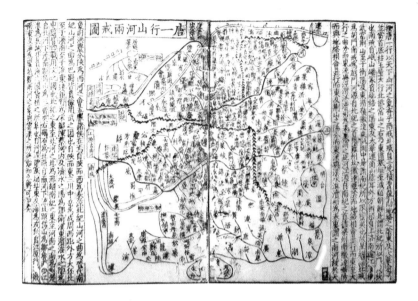

「당 일행 산하양계도唐一行山河兩戒圖」

일행은 천하 산하의 분야에는 두 경계兩戒가 있다고 생각했다. 북계北戒는 삼
위三危·적석積石에서 시작해 종남산의 북쪽 자락을 등지고 동으로 태화太華
에 이른다. 황허 강을 건너 뇌수雷首·저주底柱·왕옥王屋·타이항太行을 아우
르며 북으로 상산常山의 오른쪽에 다다른다. 이에 동으로 장성長城을 따라가
면 예맥濊貊·조선朝鮮에 이르는데 이를 북기北紀라 하며 융적戎狄과 경계를
이룬다. 남계南戒는 민산岷山·파총嶓冢에서 시작해 그 남쪽 자락을 등지고
동으로 태화에 이른다. 상산商山·웅이雄耳·외방外方·동백桐柏을 이어 상락
上洛에서 남으로 창장 강·한수이漢水 강을 건너고 무당武當·형산荊山을 이어
형양衡陽에 이르며 이에 동으로 남령의 가장자리를 따라가면 동구東甌·민중
閩中에 이르는데 이를 남기南紀라 하며 만이蠻夷와 경계를 이룬다. 그러므로

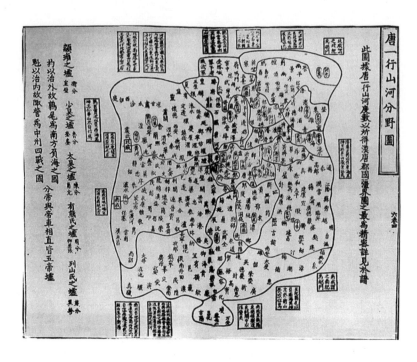

「당 일행 산하분야도唐―行山河分野圖」

『성전星傳』은 북계北戒를 '호문胡門'이라 하고 남계南戒를 '월문越門'이라 한다. 황허 강은 북기北紀의 머리에서 발원하는데 옹주雍州의 북쪽 가장자리를 따라 화음華陰에 이른 뒤 산자락과 만나 함께 동쪽으로 향해 가다 타이항 산의 굽은 곳에 이르러 동으로 흐른다. 경涇·위渭·제독濟瀆과 서로 안팎을 이루는데 이를 '북하北河'라고 한다. 창장 강은 남기南紀의 머리에서 발원하는데 양주梁州의 남쪽 가장자리를 따라 화양華陽에 이른 뒤 산자락과 만나 함께 동쪽으로 향해 가다 형산荊山의 남쪽에 이르러 동으로 흐른다. 한수이漢水 강·회독淮瀆과 서로 안팎을 이루는데 이를 '남하南河'라고 한다.[42]

이 이야기 다음에는 또 두 경계兩戒를 중심으로 십이차 분야의 구체적인 내용을 기술하고 있다. 일행 선사의 산하양계설 내용은 원래『구당서』「천문지」에 없었는데,『신당서』「천문지」를 재차 편찬하면서 수록한 것이다. 청대 학자 왕모王謨의『한·당 지리서초漢唐地理書鈔』는『신당서』「천문지」중의 산하양계설은 일행 선사가 편찬한『대연력大衍曆』의 견해라고 생각했다.[43]「당 일행 산하양계도」의 지도 양 옆에도 이런 말이 기록되어 글로 설명을 하고 있다.

당대 이후 오랜 시기 동안 일행 선사의 천하산하양계설은 훌륭한 분야 체계로 인식되어 "천상天象을 가장 바르게 나타낸 것"[44]으로 일컬어졌다. 원·명 두 왕조 때부터 "간혹 엉성하고 잘못된 점을 비평"[45]하는 사람이 있었으나, 서양 과학이 중국에 전래되기 전까지 일행 선사의 이 분야 체계는 줄곧 중시되었다.

일행 선사의 천하산하양계설은 그 내용이 많은데 다음은 '양계'와 관련된 지리관념과 '양계'를 근거로 제작한 지도를 주로 다루고자 한다.

일행 선사의 용어에서 '양계兩戒'는 중심개념이다. '계戒'라는 것에 대해 청대의 서문정徐文靖은 말했다: "가만히 생각해보면, 계戒란 경계를 말한다."[46] 가능한 말이다. 청나라 오임신吳任臣의『자휘보字彙補』「과부戈部」에 "계戒는 계界와 같은 뜻"[47]이라고 했기 때문이다. 나중에 나온『명사明史』「천문지」는 일행 선사의 관념을 언급하면서 "일행은 천하 산하의 분야에는 남북의 두 경계가 있다고 생각했다"[48]고 해 아예 '계界'로 바꿔 썼다. 천문을 서술하는 데 '계戒'를 쓰는 경우가 많다. 앞서 인용한『성전星傳』은 "달이 남으로 남쪽 경계南戒인 견우에 들다"[49], 당나라 장수 절張守節의『사기』「천관서」정의正義에 "남하南河가 삼성三星이고 북하北

河가 삼성이다. 동정東井의 남북 사이에 흩어져 끼어 있으며 경계를 이룬다."⁵⁰ 등이다.

'경계境界'의 의미 외에 경계警戒, 경비警備 등의 의미도 있는 듯하다. 고서에 때로는 남계南戒·북계北戒라고 하고 때로는 남수南戍·북수北戍라고도 한다. 예를 들어 『한서』「천문지」에, "남수는 월문越門이고, 북수는 호문胡門"⁵¹이라 했고 장수절의 『사기』「천관서天官書」 정의正義는 말했다: "남하는 남계인데 양문陽門 또는 월문이라고도 한다. 북하는 북계인데 음문陰門 또는 호문이라고도 한다. 이 두 계 사이가 해·달·별三光이 늘 다니는 길이다."⁵² 『수서隋書』「천문지」에는 "남하는 남수라고 하는데 남궁南宮·양문·월문이라고도 한다. (⋯) 북하는 북수·북궁北宮·음문·호문이라고도 한다. (⋯) 양하兩河 양 수戍 사이가 일월과 오성五星이 늘 다니는 길이다"⁵³라고 했다. 비슷한 말들이 나머지 책에서 다른 글자로 쓰이고 같은 책의 다른 판본도 쓴 글자가 다르다. 중화서국의 표점본(금릉서국본金陵書局本) 『사기』「천관서」는 "조선이 침공 당할 때 혜성이 하河와 수戍에 나타났다"⁵⁴고 했으나 상무인서관의 백납본(송대 경원慶元 연간 황선부黃善夫 간본) 『사기』「천관서」는 "조선이 침공 당할 때 혜성이 하河와 계戒에 나타났다"⁵⁵고 했다. 이런 상황은 수戍와 계戒의 의미가 가까워 옛사람이 각기 취해서 사용한 것이니 단순한 오자로 처리할 수 없다.

『신당서』「천문지」에 의거하면 일행 선사의 산하양계 관념의 핵심 내용은 다음과 같다. 천하의 산하는 크게 두 체계로 나뉘고, 이 두 산하의 체계는 다시 화하와 융적, 화하와 남이라는 두 항목의 지리경계선으로 나뉜다. 물론 이 두 산 체계는 일행의 주관적인 구성이다. 북쪽의 것은 대략 적석산積石山에서 시작해 동으로 종남산의 북측에 이른다. 그런 뒤

혼돈에서 질서로

다시 황허 강을 건너고 지주산砥柱山을 따라 타이항 산太行山에 이르렀다가 다시 타이항 산을 따라 북상해 상산常山(고대의 북악인 항산恒山으로 지금의 허베이 성 취양曲陽)의 서측을 건너고, 마지막으로 만리장성과 연결되어서는 장성을 따라 줄곧 동으로 향해 랴오둥遼東에 이른다. 이 산의 체계를 '북계'라고 하며, "융적과 경계를 짓는" 역할을 해 '호문'이 된다. 남쪽의 것은 대략 민산岷山에서 시작해 동으로 종남산 남측에 이르렀다가 화산華山을 지난 뒤, 동남 방향으로 꺾어져 동백산桐柏山을 지나고 창장 강과 한수이 강을 건너 형산衡山의 남쪽에 이르렀다가 다시 동으로 향해 푸젠福建의 중부에 이른다. 이 산의 체계를 '남계'라고 하며 "만이蠻夷와 경계를 짓는" 역할을 해 '월문'이 된다. 북하(황허 강)와 남하(창장長江 강)가 흐르는 방향은 확정적이라, 일행 선사는 흐름의 방향을 별도로 창조할 필요도 또 창조할 수도 없었다. 다만 그 자연적인 흐름의 방향에 약간의 의견을 더해, 북하와 남하가 각기 옹주雍州와 양주梁州의 경계선을 지난다고 함으로, 화하(구주)의 경계를 짓는 의미를 갖게 되었다.

일행 선사의 생각대로라면 종남산 일대는 '지맥地脈'으로, 북계와 남계, 북하와 남하가 모두 이곳에서 만난다. "남북의 산맥이 모두 태화에서 만난다."[56] 이는 관중 지역이 천하의 중심임을 확연히 들어내고 있다. 그 밖에, 북쪽의 산하는 '북기北紀'에 연결되어 있고, 남쪽의 산하는 '남기南紀'에 연결되어 있다. 북기와 남기는 서로 대응되는 지역이다. "북기의 산하가 굽이진 곳이 진晉나라와 대代나라이고, 남기 산하의 굽이진 곳이 파巴나라와 촉나라다. 그들은 모두 험한 지형을 등지고 무력을 행한 나라다"[57], "북기의 동쪽에서 북하의 북쪽에 이르는 곳이 형邢나라과 조趙나라다. 남기의 동쪽에서 남하의 남쪽에 이르는 곳이 형荊나라과 초

楚나라다"[58] 같은 것들이다. 여기서 포함하고 있는 구역관념은 모두 고대 기본적인 정치와 인문의 구역관념들이다.

일행 선사는 걸출한 천문학자이지 원래 지리학자는 아니다. 그가 실제로 양계도를 그렸는지는 확인되지 않으나 그의 관념은 후대의 지리사상에 영향을 미쳤다. 예를 들어, 명대의 인문지리학자 중에 뛰어난 인물인 왕사성王士性은 대표작 『광지역廣志繹』의 첫머리에 천하 강역의 형세를 말했다: "승려 일행은 '천하 산하의 분야는 두 개의 경계에 있다'고 했다."[59] 따라서 우리는 그 관념을 중국 고대 지리사상사 안에 포함하는 것을 고려하지 않을 수 없다. 총체적으로 말하면 일행 선사의 산하양계의 지리관념은 두 개의 근원을 가지고 있다. 하나는 별의 위치로 지상의 구역을 구별하는 점성학의 전통이고, 다른 하나는 화이를 구분해 경계를 나누는 사회사상의 전통이다.

『구당서』 「천문지 하」에 초당初唐 시기 학자가 분야에 관한 일을 연구한 것을 기술한 것이 있다. "하늘에 걸린 별자리는 하늘이 다하도록 변하지 않으나 군국郡國의 연혁은 그 명칭이 수차례 바뀌어 후학들이 배우는 데 있어 근거삼고 기준으로 하기 어려웠다. 당나라 정관貞觀 연간에 이순풍이 『법상지法象志』를 편찬해 처음으로 당의 주현과 짝을 지었다. 개원開元 연간 초기에 이르자 승려 일행이 다시 그 책을 증감해 더욱 상세하고 세밀하게 되었다."[60] 일행 선사가 분야를 "상세하고 세밀하게詳密" 연구한 것은 대략 『신당서』 『구당서』의 각 「천문지」에 보인다.[61]

일행 선사의 분야 사상 가운데는 하늘의 별을 주군州郡과 짝지은 것뿐만 아니라 산천과 짝지은 것도 있다. 『신당서』 「천문지」는 일행 선사의 산하 양계 사상을 이렇게 서술하고 있다.

가까운 시대의 여러 유학자는 분야星土를 주나 나라로 말하는데 우虞·하夏·진秦·한漢 등의 나라들이 군국을 폐지하거나 설치한 것이 각기 다르다. 주나라가 흥성했을 때에는 왕도 부근의 땅인 왕기王畿가 천 리였다. 주나라가 쇠약함에 이르러서는 겨우 하남河南의 일곱 현을 가졌을 뿐이다. 이제 천하가 다시 통일이 되었는데 순화鶉火로 하는 주나라의 분야를 계속 한다면 강역이 어긋나게 된다. (…) 비록 그 주와 현의 예속된 바가 바뀌어 서로 다르기는 하나, 산하에 근거해 분야를 나눌 수 있다.[62]

군국과 주현의 폐지나 설치가 달라서 생긴 혼란을 극복하기 위해, 일행 선사는 "산하에 근거해 나누는" 방법을 첨가하는 것에 찬성했다. 산하에 따라 별에 대응시키는 견해는 아주 오래전부터 이미 존재했다. 『사기』「천관서」는 말했다: "북두자루杓(북두칠성의 자루 부분—옮긴이)는 화산華山 서남 부분이다. (…) 옥형玉衡(북두칠성의 다섯 번째 별—옮긴이)은 은殷 중주中州, 황허 강과 제수濟水 사이의 구역에 해당한다."[63] 당대 초기에 이르면, 이순풍도 「우공」의 산천으로 이십팔수에 짝을 맞추는 내용의 체계를 갖추었음은 이미 앞서 말했다. 그가 산에 대해 만든 방위 분역分域은 상당히 명확하다. 일행 선사의 사상이 이순풍의 영향을 받지 않을 수 없다. 일행 선사가 양계설에서 열거한 산하의 대부분이 「우공」의 산천이다. 일행 선사는 다만 천하의 산하를 더욱 개괄적이고 주관적으로 정리하고 좀 더 체계적으로 만들었고, 아울러 보다 규제성을 갖춘 '두 경계兩界'를 만들었을 뿐이다.

옛사람은 산맥이 끊임없이 이어지는 특징과 경계를 나누는 역할을 쉽게 인지했다. 대지 질서에서 정치적인 구역 외에, 산맥은 주향走向·경계

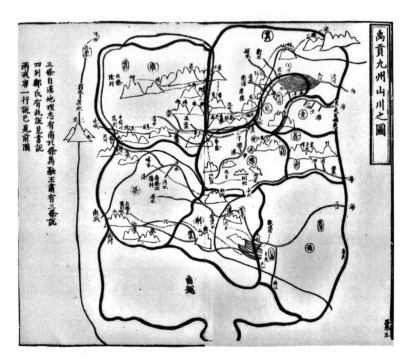

우공의 「구주산천도九州山川之圖」(이 지도는 남송의 『제왕경세도보帝王經世圖譜』에서 인용하였는데, 지도 속에 고대 주요
산 체계의 관념인 '삼조三條'와 '사열四列'과 '양계兩戒'가 모두 표현되어 있다. 삼조, 사열은 「우공」에 뿌리를 두고 있으며,
양계의 첨가는 그 설의 영향이 크다는 것을 설명한다.)

선·구역·체계과 관련된 가장 중요하고 가장 쉽게 식별되는 지리현상이
다. 일행 선사의 양계설이 유행한 까닭은 참신한 산맥 체계의 이론이 들어
있었기 때문일 것이다. 1920년대 웡원하오翁文灝가 쓴 글이 현대지질학
과 지리학 이론으로 전통적인 산맥의 개념을 바로잡기 전까지[64], 일행 선
사의 산맥 분포 체계는 여전히 가장 영향력 있는 견해 중 하나였다. 산맥
체계를 결정하는 것은 하늘의 별이 아니라 당연히 지하의 지질 구조다.

문화지리적으로 산맥의 차단 효과는 하천보다 훨씬 더 크다.[65] 하천 양

안의 땅은 평평해 양안의 사람들은 날마다 서로 바라보기 때문에 전혀 신비하지도 않고 강을 건너는 것도 어려운 일이 아니다. 산맥은 이와 달라서 보기에는 가깝지만 실제로 가자면 한없이 멀다. 산 너머나 깊은 산 속은 모두 사람들로서는 들여다 볼 수 없는 신비한 곳이다. "애초의 백성들이, 자신들의 시선이 닿지 않는 산맥의 저 너머는 어떤 모습일까 하고 탐문하면서 제기했던 문제가 역대로 지리학의 연구를 이끌어냈다."[66]

일행 선사는 양계兩戒와 양하兩河로 천하 산천의 맥락을 동서로 연잇는 법과 또한 하늘에 있는 은하 즉 운한雲漢의 형상을 일깨워 주었다. 『신당서』「천문지」에 "(땅의) 양하兩河의 상과 (하늘의) 은하의 시말을 보면 분야를 알 수 있다"[67]고 했는데, 이는 마땅히 일행 선사의 관점일 것이다. 이는 일행 선사의 사상에 은하가 끼친 영향을 보여주고 있는데, 청나라 제소남齊召南은 한 걸음 더 나아가 일행 선사의 양계 사상의 연원이 『사기』「천관서」에 있다고 생각했다.

신臣 소남이 살펴보건대 일행의 산하양계설은 아래로는 산천의 맥락을 명백히 하고, 위로는 은하의 시작과 끝에 대응했습니다. 예로부터 분야를 말하는 사람이 모두 그에 미치지 못했습니다. 그러나 그 뜻의 원 뿌리는 실제로 사관인 사마천의 「천관서」에 있습니다. 「천관서」에 말하길, 중국의 산천은 동북쪽으로 흐름을 타는데 그 머리는 농롱隴과 촉蜀에 있고 꼬리는 발해와 갈석碣石에서 마친다고 했습니다. 이것이 양계설이 비롯된 바입니다. 은하는 동정東井(정井 별자리—옮긴이)에서 시작해 미수尾宿와 기수箕宿에까지 이르기 때문에 미수가 은하의 말류를 얻었다는 것입니다.[68]

전통적인 성야星野 관념은 천문학자 일행 선사에게 지리 패턴을 연출하도록 만들었다. 일행 선사가 "하늘이 상을 드리우고天垂象, 땅은 형태를 이룬다地成形"[69]는 믿음을 단단히 움켜쥐고 있어서 짙은 인문 풍조를 피하기 어려웠는데 이는 여전한 전통이다. 이순풍은 『을사점』 제3권에서 말했다: "화하를 안다는 것은 도덕, 예악, 충성과 신의의 기품이 있다는 것이다. 그런 까닭에 성인께서 그곳에 계시고, 군자가 태어나는 것이다. 저 사이四夷는 (…) 어찌 중하中夏와 같은 해를 함께한다고 말하겠는가."[70] 이순풍의 화華와 이夷를 경계 짓는 이런 사상이 일행 선사에게도 있었을 것이다.

"분야가 구주로 짝을 지으나 바다로 둘러싸인 사이四夷까지 다 함께하는 것은 아니다."[71] 성야星野 학설 가운데, 춘추전국 시기에 형성된 사회 인문지리 패턴은 하늘의 별과 대응하는 것이 그 기초다. 따라서 열국의 이름은 거의가 영원한 성야의 언어가 된다. 아울러 춘추전국 시기에 성행한 '화이의 경계華夷之限' 관념 역시 성야 사상 속에 녹아들었다. "묘수昴宿와 필수畢宿 사이는 (해·달·별이 다니는) 하늘의 길天街이다. 그 북쪽은 음국陰國이고 남쪽은 양국陽國이다"[72], "필수와 묘수 사이는 하늘의 길이다. 길의 북쪽은 호胡의 땅이고, 길의 남쪽은 중국이라고 점괘가 말했다"[73], "남하는 월越의 문이고, 북하는 호胡의 문이다."[74] 이처럼 점성에 쓰이는 천궁天宮의 구역은 도처에 보인다. 일행 선사는 산하양계의 패턴 속에 마찬가지로 화이의 경계에 대한 해석을 첨가했다. 두 산맥의 체계가 흐르는 방향을 확립한 것은 확실히 양주兩周(서주와 동주—옮긴이) 시기에 틀을 잡은 화하지역의 윤곽을 따라 그려진 것이다. 경전과도 같은 이 경계가 참신한 형식(양계·양하)으로 새롭게 강조되긴 했으나 일행 선

혼돈에서 질서로

사가 경계 그 자체를 창조한 것은 아니며, 왕옥王屋·타이항太行·상산常山 75·새원塞垣·옹주擁州·양주梁州·(남南)령嶺 등과 같이 일행 선사가 선택한 경계 표지도 모두 새로운 것이 아니다.

『송사』「예문지藝文志」에 승려 일행의『지리경地理經』12권 또는 15권이라는 기록이 보이나 산일되었다. 아마도 그 속에는 비교적 체계가 있는 지리에 관한 기술이 있었을 것이며, 그 내용은 분야의 좌표 같은 것들로 추측된다. 만약 그렇다면 서양 프톨레마이오스의『지리학』과 같을 것이다.『지리학』은 모두 8권으로 제6권에 쓴 것은 모두 대지의 많은 지점의 위치에 대한 경도와 위도다. 프톨레마이오스도 뛰어난 천문학자인데, 천문학자들이 지리에 대해 관심 있는 것은 대부분 지상 방위의 경도와 위도 문제다.

송대에 나온 일행 선사의 산하도 두 폭을 살펴보자. 세안례稅安禮의 것은 순수한 지도로 천문에 관한 내용이 없다. 일행 선사의 산하양계설은 '천상天象'과 '지형地形'의 두 부분을 포함하고 있으나 세안례의 '당唐 일행 산하양계도'는 '지형'만을 나타내고 있다. 당중우唐仲友의 지도는 산하의 형상을 그리지 않고 남북 두 '계戒'의 선만을 그렸으나 성수星宿의 명칭은 표시했다. 왕융王庸은『중국지리학사中國地理學史』[76]에서 수·당 이래로 일부 역법가曆法家와 관련된 지도가 나타났음을 지적하고 있다. 당나라 초기의 태사太史 이순풍 같은사람으로, 그는 별의 운행과 역법에 정통해 수나라의「방지도方志圖」를 개정한 적이 있는데, 그 내용이 매우 상세하다. 이런 지도는 지방 관료나 강역을 관장하는 관리의 일반 지지地志 지도와는 달리 성상星象의 배경이 있어서 '십이'와 '이십팔' 등과 같은 틀을 가지고 있다. 일행 선사의 산하도가 그 예로 산하도의 틀은 '양계兩戒'와 '양기兩紀'다.

이 두 산하도는 일행 선사가 제작한 것이 아니라 송대 사람들이 일행 선사의 양계설을 그려낸 것이다. 둘을 비교하면 세안례의 것이 당중우 것만큼 엄밀하지 못하다. 세안례의 '당 일행 산하양계도'의 일부 지방은 상대적인 방위가 일행 선사의 사상 원칙과 부합하지 않는다. 예를 들어, 앞서 인용한 『신당서』「천문지」는 남계南戒가 "형의 양衡陽(형산의 남쪽)에 이른다"[77]고 분명하게 말했는데 이는 즉 남악인 형산衡山이 권역에 든다는 말이다. 그러나 지도 속의 남악은 남계 산 체계의 밖으로 표시되어 있다. 이는 '월문越門'을 넘어선 것인데, 악岳은 마땅히 화하의 범위 내에 있어야만 전통적인 '천하'의 체제에 부합한다. 마땅히 '남기南紀의 동쪽'이어야 할 '형초荊楚'의 표시법에도 문제가 있다. 그 밖에, 북방의 연운 십육주燕雲十六州가 송나라 때에는 거란이 차지하고 있었지만 관념상으로는 여전히 화하의 범위이므로 북계의 산 체계 밖으로 그려서는 안 된다. 그렇지 않으면 '호문胡門'을 넘게 된다. 북계의 산 체계는 장성長城을 바짝 붙어서 가야 하는데, 둘 사이에 연운십육주가 끼어 있는 것도 일행 선사의 원칙과 부합하지 않는다. 당중우의 '당 일행 산하분야도'는 위에서 말한 문제들이 없다.

옛사람의 천상天象 사상을 검토하면서 그들이 별 하늘을 서술할 때 지상의 많은 것이 하늘로 올라간 현상을 볼 수 있다. 하늘의 형상이 아래로 드리워지기만 하는 것은 아닌 듯 보인다. 하늘에는 하늘의 강天河(천한天漢)이 있고, 하늘 거리天街, 하늘 문天門, 하늘 시장天市, 하늘 관문天關이 있고, 천진天津이라고 부르는 나루터가 있으며 천전天田이라고 부르는 밭이 있다. 하늘에는 또한 상제의 옥좌帝座가 있고, 다섯 제후와 상서尙書, 삼공三公의 자리가 있는데, 이런 배치는 지상의 인문지리 세계와 같다. 하늘과 땅 사이의 지식적인 교환은, 네 안에 내가 있고 내 안에 네가 있는, 고대 중국이 천문과 지리를 하나로 통하게 연결시킨 또 하나의 표현이다.

천지가 대응하는 사상에서 옛사람은 각양각색의 의견들을 만들어 냈는데, 점성학은 그중 비교적 큰 체계를 가지고 있다. 옛사람이 하늘 현상의 변화와 인간 세상의 길흉화복을 서로 연관시킨 것은 우주의 신비성을 숭배하기 때문에 생긴 환상이다. 다만 주의할 것은 점성 활동의 많은 내용이 모두 천문관측과 계산에 기초한다는 점이다. 그런 작업 가운데는 과학에 가까운 것들이 있기 때문에 많은 점성학자가 실은 천문학자이기도 하다. 일행 선사가 그런 사람으로, 점성학자이자 천문학자다. 일행 선사가 행한 고대의 과학적 의의가 있는 작업 가운데는 순수한 천문역법『대연력大衍曆』을 편찬한 것 외에, 성상星象을 이용해 대지를 측량한 작업도 있는데 이 작업에 중요한 지리학적 의의가 있다.

역법을 편찬하는 데 제공된 자료를 위해 당 개원開元 12년(724)부터 시작해 일행 선사가 주관하고 남궁열南宮說 등이 참여해 남북을 포함한 각지 10여 곳을 기점으로 하는 대지측량 작업을 실시했다. 선진 시대에는 "낮에는 정오의 해 그림자를 참고하고 밤에는 북극성을 살피는"[78] 측량 방법이 있었다. 아울러 "남북의 거리가 천 리이면 (규의) 그림자의 길이는 한 치의 차이가 난다"[79]는 생각도 유행했다. 일행이 찾아낸 것은 각기 다른 지점에서 북극 고도의 차이와 해당 지점 사이의 거리적 관계다. 그들은 지금의 허난 성 내의 4지점의 측량을 가장 대표적인 것으로 삼았다. 이 네 곳의 측량 지점은 활주滑州의 백마白馬(지금의 화 현滑縣), 변주

汴州 준의浚儀의 태악대太岳臺(지금의 카이펑開封 서북), 허주許州의 부구扶溝
(지금의 푸거우扶溝), 예주豫州 상채上蔡의 무진관武津館(지금의 상차이上蔡)이
다. 그들은 먼저 각 지점의 동지·하지·춘분·추분의 같은 시각의 해 그
림자의 길이를 측정하고, 또 각 지점에서 보이는 북극성의 고도를 측정
했다. 그런 뒤에 이 네 지점 사이의 거리를 측정하고 이를 환산해, 최종
적으로 "약 351리 80보이면 북극성이 1도 차이가 난다"[80]는 결론을 얻
었다. 일행 선사가 측량한 결과가 실제 상황과 오차는 있었지만, 이는
세계에서 자오선의 길이를 실측한 가장 이른 것으로 알려져 있으며 이
후의 천문적 대지 측량의 기초를 다졌다.

　여기서 지적해야 할 것은 이런 천문 대지 측량의 주요 목적은 역법을 편
찬하기 위한 것으로, 진정한 지도 제작에까지는 확산되지 못했다는 점이
다. 이런 측량 기술은 여전히 고대 천문학 범주에 속했다. 중국의 옛사람
은 왜 고대 그리스인처럼 천문적 대지 측량과 지도학을 결합시키지 못했
을까? 이는 재미있는 문제로 고대 중국의 지리학과 지도학의 근본적인
특징이다. 간단히 말하자면 지리학과 지도학이 지나치게 인문화되었다.

　천문 대지 측량은 실용적인 면을 갖추고 있어서 해 그림자, 별이 운행
하는 도수, 거리, 방위의 확정 등이 포함된다. 방위는 의례儀禮 활동의 방
향에 영향을 미치는 '국가 대사'로 대단히 중요하다. 실용적인 의의가 있
는 그런 내용들과 분야 신앙의 내용이 결합해 '성상지리학星象 地理學' 또
는 '천명 지리학天命地理學'(필자의 가칭)을 구성한다. '성상 지리학'은 전
체적인 고대 지리 체계를 서술함에서 빠뜨릴 수 없는 내용이다. 각 왕조
의 『일통지一統志』[81]에서부터 기층 주현의 지방지方志에 이르기까지 분야
의 내용은 그림자가 형체를 따르듯 지리 문헌에 널리 실려 있다.

분야 개념의 커다란 사상적 배경은 하늘의 영원함과 권위에 대한 인정이며 하늘의 권위는 지상의 인간 세상 질서를 세우는 배경이 된다. "천체 운동을 이해하는 능력은 천체의 각종 운동과 인간 활동이 서로 일치하도록 유지하는 능력이다. 다시 말해서, 자신이 하늘을 따를 수 있도록 만드는('하늘을 본뜨는')데 필요한 영리함이 고대 중국 군왕 통치의 기본 조건이다."[82]

분야 이론이 비록 강한 정통 왕조 의식을 배경으로 하고 있으나 천지가 대응한다는 특이한 특징 때문에 독립 의식을 가진 문인을 만나자 자연히 이성적인 질의를 낳게 된다. 아래와 같은 예가 그렇다.

> 분야로 구주를 짝짓는 것이 바다 안의 사이四夷까지 함께 하는 것은 아니라는 것에 많은 선인이 의문을 가졌다. (…) 12차 중 성기星紀는 북쪽이나 오·월吳越은 남쪽이고 28수 중 정井과 귀鬼는 남쪽이나 진秦나라는 서쪽에 있다. 28수 중 허虛와 위危는 북쪽이나 제나라는 동해에 면해 있다. 12차 중 강루降婁는 서쪽에 속하는데 노魯나라는 취푸曲阜에 자리하고 있다. 어떤 이는 처음 분봉을 받을 때 세성이 있던 곳으로 말하는 것이라고도 한다. 그러나 망했다 다시 이어지게 된 나라도 있어서 봉해진 날이 이미 다른데 이전의 별을 어찌 다시 근거로 삼을 수 있겠는가? 춘추전국 시대는 지역이 변하거나 옮기기도 했고 삼진三晉이 아직 나뉘지 않았으니 진晉나라는 어느 곳에 해당하는가? 진秦나라가 서하西河를 쳐서 빼앗았으니 위魏나라는 어디에 속해야 하는가? 주나라가 말기에 동으로 천도했는데 어째서 줄곧 12차 중 순화鶉火인가? 진陳나라가 초나라에게 멸망 당했는데 어째서 한韓나라의 분야로 들어갔는가? 또한 언제 중국의 만이융적蠻夷戎狄에게 해와 별이 비치지 않

앗겠는가? 천도가 서북에 있어 진晉나라에 해롭지 않다고 했고 월나라가 세성을 얻었으므로 오나라가 흥함을 받았다고 했는데 이는 모두 세성이 있는 곳으로 말한 것이다. 그러나 시위豕韋는 사실 위衛나라인데 어째서 진晉나라가 길할 것인가? 오·월은 같은 분야인데 왜 오가 흥함을 받는 것인가? 위衛나라는 기왕에 수水에 속했는데 무슨 까닭에 송宋나라·진陳나라·정鄭나라와 같이 화火가 되며, 비조神竈는 이를 먼저 알았다는 것인가? 또 전욱지허顓頊之虛 즉12차 중 현효玄枵는 강姜씨·임任씨가 사직을 지키고 있으며, 또 제齊·설薛의 분야다. 이들 모두 알 수 없는 것들인데 전대前代의 현자들이 모두 이들에 관해 자신들의 견해가 있다. 일찍이 육자정陸子靜(자정子靜은 육상산陸象山의 자字)은 분야설이 통하지 않는다고 말했다. 천문가의 말에 따르면 하늘의 1도는 땅의 2900여 리에 해당한다고 한다. 하늘은 크고 땅은 작은데, 어찌 동남의 한 구석으로 이에 대응되겠는가. 진晉나라 사람은 1도가 1406리에 해당한다 하고 당나라 사람은 1도가 400여 리에 해당한다고 하는데 어느 것을 따라야 하겠는가?[63]

이것은 청대 완규생阮葵生의 『차여객화茶餘客話』에서 따온 말이다. 완규생은 청대 건륭乾隆 연간에 형부刑部의 관리를 지냈다. 그는 고서를 읽으면서 옛사람이 한 말의 진위를 조사해 증명하기를 즐겼는데 옛사람이 한 말이 서로 대립되는 것을 발견하면 곧 그에 관해 질의를 했다. 위의 내용은 분야에 관한 질문이다. 이 외에 '천지의 리里 수'에 관한 질의도 했는데 옛사람의 말이 각기 달라서 서로간의 숫자가 맞지 않는다고 했다. 『광아廣雅』가 말하는 숫자가 있고, 『한서』「천문지」가 말하는 숫자나 일행 선사가 말한 숫자, 『혼천의부渾天儀賦』『원명포元命苞』『원신계援神

契』도 각각 숫자를 말하고 있다. 그는 뒤이어 농담의 어조로 말했다. "어찌하면 옛사람을 한 자리에 모아 서로 추측하게 할 수 있겠는가. 그 모여 다투는 것을 보면 내 술 맛을 돋우리라!"

고염무도 분야설을 반신반의했는데 '세성'을 이렇게 말했다: "오나라가 월나라를 치는데 세성이 월나라에 있으므로 마침내 그 흉함을 받았다. 부진符秦(16국 시기의 전진前秦─옮긴이)이 연燕을 멸하는데 세성이 연에 있으므로 연이 다시 서는 데 12년을 넘지 않았다. 이 둘은 믿을 만하다."[84] 이것은 그가 믿을 만한 것으로 생각한 부분이다. "모용초慕容超가 패망함에 세성이 제나라에 있었다. 유유劉裕에게 격파되어 마침내 나라가 망하게 되었다. 이 어찌 천도가 영험하지 못한 때도 있음이 아니겠는가?"[85] 이것은 맞지 않은 부분을 발견한 것이다. 마침내 그는 이런 결론을 얻었다: "하늘이 내려준 유리한 시기天時도 땅의 이로움地利만 못하다."[86] 다시 말해서 하늘이 기회를 주었어도("세성이 제나라에 있다'), 지상의 형세가 더 실제적인 것이다. 제나라 땅에 있는 모용초에게 하늘의 상서로운 세성이 도움을 주었지만, 그래도 나라는 망하고 말았다.

분야 이론의 기초는 지리가 아니라 천문이다. 따라서 어떤 이는 "하늘에 가려서 땅을 모른다"[87]는 비판도 한다. 송대의 홍매洪邁가 한 말이다.

12나라 분야는 하늘의 이십팔수에 속해 있는데, 그 뜻이 맞지 않는 것이 많아서 선인들이 실로 그것을 논한 바가 있다. 『진서晉書』「천문지」만큼 알 수 없는 것도 없는데, 책에서 말하길 28수 중 위危에서 실室·벽壁·규奎까지가 12차의 추자娵訾인데 12지로는 해亥이며 위衛나라의 분야로써 병주幷州에 속한다고 했다. 위나라는 원래 상商나라의 옛터에 분봉 받았다가 나중에 초구楚丘로 옮겼다. 하내河內는 기주冀州가 통솔하는 곳으로 한나라에서는 사례司隸에 속하고 기타 읍은 모두 동군東郡에 있으며 연주兗州에 속해서 병주井州와는 상관이 없다. 병주 밑에 안딩安定·톈수이天水·룽시隴西·주취안酒泉·장예張掖 등 여러 군郡 이름을 나열했는데 실은 양주涼州에 묶었어야 했다. 또한 28수 중 필畢에서 자觜·삼參·동정東井까지가 12차의 실침實沈으로 12지支로는 신申이며 위魏나라의 분야로 익주益州에 속한다고 했다. 위魏나라는 진晉나라의 땅을 나눈 곳으로 하내河內·하동河東의 수십 개 현을 얻었기에 역시 익주와는 상관이 없다. 옹주雍州는 진秦나라로 그 밑에 운중雲中·딩샹定襄·안문雁門·다이代·타이위안太原·상당上黨 등 여러 군을 나열했는데 실은 병주井州 및 유주幽州에 속했어야 한다. 잘못되고 어지럽기가 이와 같다. 이순풍의 손에서 나온 것이니 어찌 하늘에 가려져 땅을 모르는 것이 아니겠는가![88]

분야사상은 확실히 상고 시대에 "하늘이 현상을 드리워 길흉화복을 나타낸다"[89]는 사유의 배경 하에서 만들어진 관념이다. 엄격히 말해 땅 자체의 이치가 아니라 천지의 이치로 우주관 범위에 속한다. "하늘은 신성한 질서가 가장 분명하게 드러난다. 이 신성한 질서는 같은 근본 형식으로 하늘에서 지상까지 영원불변의 등급을 추구한다. 특히나 인간 각 종류(정치적과 사회적)의 실재적인 질서에서 그러하다. 가장 다양한 존재 영역 속에 앞서 말한 같은 근본 형식이 모두 구현된다."[90] 분야 사상은 대지 질서의 구조와 지역의 흥망(지역 운명의 길흉과 화복)을 해석하고자 시도했던 옛사람의 노력이다. 비록 그 내용이 믿을 만한 것은 못되지만, 노력 그 자체는 엄숙함이 있다. 천명관의 지역화는 천명 사상이 지상의 지역 정치의 운명이 균형적이지 못하다는 것에 대한 이론적 적응인데, 이는 곧 대 지역 문명의 특징이다.

점의 영험은 황당한 것이다. 이른 시기 분야 이론 중 점의 영험함에 대한 '기록'은 견강부회한 것도 있고 우연의 일치도 있어서 후대 사람들은 그런 것에 대해 점차 흥미를 잃었다.[91] 비록 후대의 책들 중 분야에 대한 서술이 여전히 수그러들지 않았으나, 비교해보면, 후대의 분야 서술은 대부분 지역 성야星野의 연혁 변화를 분별해 바로잡거나 분야의 순서를 조정해서 시대의 지리 특징에 적응하게 하는 것들이다. 지역 성야의 연혁 변화를 분별해 바로잡는다는 것은, 즉 변화된 지상의 지역을 이른 시기 경전 분야 체계의 별 구역으로 환원한다는 말이다. 이 안에 포함된 많은 고금 지리 지역의 대응 관계는 그 본질상 연혁지리학이 된다. 분야의 순서를 조정해 시대 지리의 특징에 적응하는 것으로는 명나라의 예를 들 수 있다. 명대 초년(홍무洪武 17년, 1384)에 편찬된『대명청류 천문분야서大明淸類天文分野書』는 의도적으로 진晉·당唐과 달리 명나라의 도성(지금의 난징南京)[92]이 있는 지역을 분야 서술의 첫머리에 두었다. "이제 (28수 중) 두斗와 우牛를 시작으로 (12차) 성기星紀의 머리를 삼는다."[93]고 했다. 경전 분야 이론에 따르면 28수 중 두斗·우牛·여女는 양주揚州·오월吳越 지역에 대응되어 명나라의 도성이 있는 지역이다. 명대 사람들은 원래 뒤쪽에 있는 두斗·우牛·여女를 맨 앞에 두고 서술했는데 그 정치적 의도가 명확하다.

제7장

하늘과 땅의 통함을 끊다
: 지리사상 흐름의 독립

"하늘과 땅의 통합을 끊는 것絶地天通"은 중국 상고 사상에 획기적인
의미가 있는 대단한 일이다. 이 일은 비록 전설의 형태로 반영되었으나
사실적 역사 배경을 갖추고 있을 것이다. 이 문제에 대해 사상사·천문
사·신화사를 연구하는 학자들이 상세히 서술한 바 있다.[1] 이는 지리사상
사에서도 중요한 의미가 있다.

　"하늘과 땅의 통합을 끊는 것"은 하늘과 땅을 두 개의 범주로 본다는
것이다. 그 둘이 여전히 연결되어 있기는 하지만 반드시 '분리'가 이루어
져야 한다. 분리는 각기 다르게 대우하는 것이다. 하늘의 일을 전문적으
로 관리하는 사람이 있고, 땅의 일을 따로 말한다. 인간의 실제적인 활
동에서 지상의 일은 갈수록 많아지고 복잡해졌다. 공자와 같은 사고의
방향을 따른다면 이렇게 말할 수 있다: "지상의 일을 제대로 못한다면
어떻게 하늘을 공경할 수 있겠는가?"(공자는 "사람을 섬기지 못한다면 어찌
귀신을 섬길 수 있겠는가?"라 했다.[2]) 이런 생각은 사람들에게 잠시 하늘은 잊

고 땅의 일을 잘 생각하고 처리해야겠다는 충분한 이유를 제공한다. 이에 지리 활동·지리 문제·지리사상 등은 독립 발전의 길을 걷게 되었다. 고개 숙여 땅을 조사하는 동안, 인류는 천문을 올려볼 필요가 없었다.

## 전욱顓頊의 종교개혁

"하늘과 땅의 통함을 끊기" 논법과 내용은 『산해경』 「대황서경」, 『서경』 「주서周書·여형呂刑」, 『국어』 「초어楚語 하」 등에 보인다. 그중 「여형」은 이렇게 말했다: "이에 중重과 여黎에게 명을 내려 하늘과 땅의 통함을 끊어 강림함이 없게 했다."[3] 「여형」은 하늘과 땅을 분리하는 것을 비교적 간단하게 말했으나 「초어 하」에는 하늘과 땅의 분리에 관해 비교적 상세하게 설명하는 관사보觀射父의 말이 나온다. 먼저 초나라 소왕昭王이 대부 관사보에게 물었다. "「주서」에 중重과 여黎에게 하늘과 땅이 통하지 못하도록 했다고 하는데 무슨 말인가? 만약 그러지 않았다면 사람이 하늘에 오를 수 있단 말인가?"[4] 관사보의 긴 대답 중 관건이 되는 몇 마디를 보자.

소호少暤씨가 쇠약해짐에 이르자 구려九黎가 덕을 어지럽히고 사람과 신이 뒤섞이며 판별할 수 없게 되었습니다. 사람마다 제사를 드리고 집집마다 자신을 무사巫史(고대에 제사 등을 담당하던 사람—옮긴이)로 여기는 등, 갖춰야 할 본질을 잃었습니다. 사람들은 제사로 궁핍해졌으나 복을 받지 못했고 제사를 올림에 법도가 없으며 사람과 신의 지위가 같았습니다. 맹서를 더럽혀 위엄을 잃었습니다. 신도 사람이 하는 일들을 그러려니 여겨 그들의 행위를 그대로 두었습니다. 풍성한 곡물을 내리지 않으니 제사드릴 것이 없었고, 재해가 거듭해서 내려 사람들이 생기를 다할 수 없었습니다. 전욱은 이런 상황을 맞자 남정南正인 중重에게 하늘을 주관해 신들을 모으도록 명했고 화정火正인 여黎에게 땅을 주관해 사람들을 모으도록 명했습니다. 예전의 질서를 회복해 서로 침범하거나 업신여기는 일이 없게 되었는데 이것이 하늘과 땅이 통하는 것을 끊는다는 것입니다.[5]

여기서 주의를 기울일 것은 "사람과 신이 뒤섞이는 것" "집집마다 자신을 무사巫史로 여기는 것" "사람과 신의 지위가 같은 것"이 하늘과 땅이 통하는 것을 끊기 이전의 모습이다. 이런 상황에서 신을 숭배하고 신(특히 천신)과 통하는 것은 집집마다 모두 할 수 있는 일이었다. 사람마다 모두 신과 통하는 것에 빠져서 신의 뜻을 알 수 있었다. 사람 사이에 "도대체 누가 누구를 두려워하는지" 구분할 수 없는 지경이 되었으며, 그 결과로 사회는 권위와 질서를 세울 수 없게 되었다. 사람마다 모두 천신과 교류할 수 있었으므로 천신의 신비하고 특별한 의미도 사라졌다. 관사보는 이런 혼란한 상황이 "소호씨가 쇠약해지자 구려가 덕을 어지럽힌" 때문이며, 원래는 "각기 그 질서를 관장해 서로 혼란하지 않았다"고 생각했다. 관사보가 높이 평가한 "서로 혼란하지 않은" 원래의 질서가 있었는지 여부를 막론하고, 현재의 이런 혼란스런 상태는 사회의 권위를 세우는 데 방해가 된다. 전욱 제帝는 남정인 중에게는 하늘을, 화정인 여에게는 땅을 관리해 하늘의 일과 땅의 일이 나뉘어 "서로 침범하거나 업신여김이 없도록" 명을 내렸다. 이에 천신을 경배하는 일은 전문적인 권한이 되었다. 이것이 바로 하늘과 땅이 통하는 것을 끊은 것이다.

어떤 역사학자는 "하늘과 땅의 통함을 끊은" 것은 전욱이 행한 종교개혁이라고 생각한다. 그는 전욱이 황제黃帝 이후 가장 중요한 "황제黃帝의 공적을 뒤잇고 보수한 옛 황제皇帝"이며 "주요한 업적은 종교개혁을 행한 것"이고 "오제五帝 시대의 위와 아래를 연결하는 대표적 중요 인물"이라 했다.[6] "전욱은 무력을 사용한 혁혁한 업적은 없으나 명성이 자자했다."[7] 『산해경』의 이야기 가운데는 전욱을 언급한 횟수가 많다.

하늘과 땅이 통함을 끊은 것의 의의에 대해 많은 학자의 서술이 있었다. 양샹쿠이楊向奎는, 중重과 여黎가 "하늘과 땅이 통함을 끊은 것"은 무巫를 직업화하고 전문화한 것으로 보았다. 그 후로 일반 사람들은 더 이상 상제上帝와 직접 교통할 수 없었다. 왕이라 하더라도 신의 직무를 겸할 수 없었으므로 중과 여는 사실상 무巫의 시조가 된다. 사史는 다시 무巫로부터 변화되었다. 그래서 태사공의 자서自序는 위로 중·여까지 거슬러 올라간다.[8] 쉬쉬성도 "종교적인 일을 소수 사람에게 제한되는 일로 변화시킨 것 역시 진보적인 현상"이라고 했다.[9] 거자오광葛兆光은 하늘과 땅의 통함을 끊은 것이 웅장한 예식의 발전을 촉진했다고 지적한다. "하늘과 땅의 통함을 끊은" 뒤, 무巫·축祝·사史 등 왕실 내의 일부 소수 사람이 하늘과 통하는 행위를 독점했는데, 이런 행위는 주로 각종 제사 의식이었다. 이와 관련된 것으로 천신의 뜻과 상징 의미에 대한 해석도 독점했는데 이런 사상들이 독점되자 의식도 웅장하게 바뀌었다.[10] 이른 시기의 제사의식은 조촐했다. 『예기』「예운禮運」은 말했다: "예는 처음에 음식에서 시작되었다. 기장과 자른 고기를 돌 위에서 굽고 땅을 파서 물이 고이면 손으로 움켜 마시며 흙을 이겨 만든 북채(괴부蕢桴)로 흙으로 만든 북(토고土鼓)를 쳐도 귀신에게 그 공경함을 표할 수 있었다." 상고 시대의 예는 간단해서 기장과 고기를 달군 돌 위에 놓아 익히고 땅을 파서 술 단지를 만들어 손으로 움켜 떠서 마시고 흙으로 북을 만들었지만 여전히 귀신을 공경했다는 말이다. 정현은 해석했다: "그 물품은 비록 질박하고 간략해도 엄숙하고 공경하는 마음이 있으면 귀신에게 음식을 바칠 수 있다. 귀신은 덕을 흠향하는 것이지 맛을 흠향하지 않는다."[11]

장광즈는 중국 역사상 이른 시기의 신화신앙을 연구하면서 사람과 신의 교류에 변화가 있음을 발견했다. 역사 문헌의 기록을 보면 상나라와 주나라 모두 신선 세계와 관련된 신화들이 있고 또 이들 신화와 함께 산 사람 또는 조상이 그 세계를 방문한 것에 대한 신앙도 있음을 그는 지적했다. 이른 시기에 있던 이런 방문은 사람과 신의 교류라고도 하는데 손쉬운 일이었다. 그러나 시대가 내려올수록 신선세계는 가기 어려워지고 심지어 아주 불가능한 일이 되어버렸다. 갑골 복사에 반영된 상대 사람들의 신앙에서 조상은 상제上帝의 손님이 될 수 있다. "태갑이 상제의 손님이 되었다"[12], "하을이 상제의 손님이 되었다"[13] 등과 같은 것이다. 조상이나 인간의 왕이 상제와 신선이 있는 곳으로 가는 일은 동주의 문헌에 이르기까지 줄곧 그 흔적을 찾아 볼 수 있다. 『맹자』「만장 하」는 말한다: "순이 위로 올라 요제堯帝를 뵈니 (…) 손님과 주인을 번갈아 했다."[14] 『목천자전』 제3권에는 "천자께서 서왕모의 손님이 되셨다"[15]고 한다. 그러나 나중에는 인간 세상과 천신의 교류가 어렵게 되고 조건이 생겼다.

상대의 사람과 신이 교류하는 신앙은 의식의 단계로 볼 때, 천신·조상先祖·무격巫覡·생인生人(살아 있는 사람)의 네 종류로 구분할 수 있다. 상대 사람들의 관념을 설명하자면 돌아가신 조상은 직접 천신에게 통할 수 있다. 그렇다면 산 사람이 돌아가신 조상을 제사지내는 것도 신과 통할 수 있게 된다. 이런 단계에서 신과 조상은 한 편이 되고 산 사람이 다른 한 편이 되는데 이 양자 간의 연결과 소통은 무격에 달려 있다. 나중에는 이런 상황에 변화가 생겨 천신의 세계는 갈수록 멀어졌고 조상에게도 힘이 닿지 않게 되었다. 그래서 조상을 살아 있는 사람과 한 편으로 묶었고 천신을 다른 한 편으로 독립시켰다. 천신 쪽은 갈수록 숭고하게 변해 갈수록 사람들이 바라기 어렵게 되었다. 이런 변화도 당연히 "하늘과 땅이 통함을 끊는" 범주에 속하는 것으로, 천신 세계와 인간 세상 세계는 점차 분리되었다.[16]

"하늘과 땅의 통합을 끊는" 일이 전욱의 명령 한마디로 완성될 수는 없다. 그것은 아주 큰 사상 범주로 역사 속에서 배양되고 발전하며 완성되는 장기적이고 반복적인 과정이라 복잡하게 나타난다. 『국어』「초어하」에 보이는 관사보의 말을 살펴보면 전욱이 하늘과 땅이 통하는 것을 끊은 뒤로 "삼묘三苗가 구려九黎의 좋지 않은 덕을 다시 이어서"[17], "요가 중重·여黎의 후손들을 다시 배양하여 조상들의 직무를 잊지 않은 사람들에게 그 직무를 다시하게 했습니다."[18] 하·상 시기에 이르기까지 줄곧 "중重과 여黎씨가 대대로 하늘과 땅을 관리해 신과 인간의 나뉨과 존비를 분별했습니다"[19]고 했다. 그 외에도 사상사의 이 거대한 변화를 전설 속 전욱 시대에 두는 것이 꼭 타당한 것은 아니다.[20] 실제적인 역사의 변화는 상·주 시기에 점차적으로 일어났을 것이다. 서주 시대는 이미 변화 과정의 뒷부분이 나타나고 있다. 그러나 하늘과 땅의 통합이 끊어지는 변화가 일어난 뒤라도 천신 사상이 없어졌다고 생각해서는 안 된다. 이런 사상은 여전히 존재한다. 다만 그 발전은 이미 인문사상의 발전 속도를 따르지 못하게 되었다.

1970년대 이래로 산시陝西 성 치산岐山 등지(옛 주원周原)에서 제사에 사용된 문자가 있는 갑골이 많이 발견되었다. 어떤 학자는 이 갑골들이 상나라 사람들이 사용했던 것인데 나중에 주원으로 가져온 것으로 생각한다. 그러나 어떤 학자는 이 갑골들이 주 사람들 자신이 사용한 것으로 생각한다. 후자의 의견이 맞다면, 주나라 사람들이 비록 상왕商王에게 복종은 했지만 자신들도 제사를 지내 신과 통하는 권력을 가졌던 것이다.[21] 그 밖에 산둥 성 지난濟南의 다신좡大辛莊에서 상대 은허 이외의 비왕복사非王卜辭(왕이 치지 않은 점의 내용을 기록한 갑골문—옮긴이)가 발견된 적이 있다.[22] 이는 상 왕조 핵심구역의 사람이 아니더라도 제사를 지내고 신과 통할 수 있음을 설명한다. 그들 모두 상제에게 직접 지시를 받을 수 있으며 심지어 편들어 주기를 기대하기도 했다. 정치적으로 볼 때, 이런 상황에서는 천명이 경질될 수 있다는 씨앗을 품고 있다.[23] 서주와 동주 시기의 사람들은 이 점을 알아차렸는지 모른다. 그래서 '혁명'이 성공한 뒤, 곧 제사의 통일화와 계급화를 추진하고자 했다.

어떤 학자는 하늘과 땅이 통합을 끊는 일이 일으킨 사회 상층 권력구조의 변화가 사관史官의 기원을 포함한다고 강조한다. 마침내 사관이 무격巫覡을 누르고 우위를 차지했다.[24] 이는 의심할 바 없이 매우 중요한 역사적 전환이다. 신령에게 제사 드리는 일을 관官이 지배하면서 사실상 사회 현실의 권위가 집중되었는데, 이는 대형 사회 조직으로 발전하는데 필수적인 것이다. 그러나 종교활동은 민간에서도 쇠퇴하지 않았다. 사회 하층의 백성들은 결코 제사 활동에서 멀어지려 하지 않았다. 나중에 점차 발전하기 시작한 도교는 상고 봉건사회에서 백성들이 산천과 사직 등에 제사 지내는 집체 종교활동을 반대한 결과일 것이라는 의견을 앙리 마스페로Henri Maspero가 제시한 바 있다. 제후국의 규모가 커갈수록 백성들이 전체적으로 제사에 참가하기가 어려웠다. 개인적으로 관의 산천과 사직을 숭배하는 외에 스스로 해탈을 구하는 방법과 경로가 여전히 필요했다. 그래서 관이 주도하지 않는 도교가 시대의 요구에 맞춰 일어나게 되었다. 물론 이는 나중에 가서야 점차 일어난 일이다.[25]

## 천지 대질서의 분열

지리사상사의 시각에서 관찰할 때 우리가 더욱 주의를 기울여야 할 문제는 "하늘과 땅의 통합이 끊어진" 뒤에 초래된 원래의 우주 대질서 전체의 관념이 분열된 점이다. 상대적으로 독립된 사유영역, 즉 천상의 신天神 부분과 지상의 인간 부분의 둘로 분열되었다. 둘 다 인식의 기초, 즉 기본적인 우주관에서는 여전히 통일적이라 완전히 분리되는 것은 불가능하고 사회적인 대형 의식儀式 속에 천신은 줄곧 존재해 왔으며 또한 여전히 장엄하지만, 사람들의 일상과 현실적 행동의 사고에서 천신의 문제와 지상 인간의 문제는 일부 상황 아래에서는 나뉘어 다뤄진다. 이 시기에 나타난 천지는 '가르고 나눔'이라 해야 옳겠는데, 하늘과 땅의 일을 각각 처리한다는 것으로 인류 사회의 전향적 발전이다. 사회의 내용과 관계가 날로 복잡해지고 사람들의 일도 나날이 긴박해지는 것이 갈수록 인간의 지위를 높이는 결과를 낳았다.

하늘과 땅이 통합을 끊는 것은 인간의 독립을 촉진했고, 상대적으로 천신의 지위는 낮아졌다.

인간 세상의 지위가 상승하는 것은 신화에서 신의 성질 및 인간과 신의 관계가 바뀌는 것으로 반영되었다고 장광즈는 지적하고 있다. 동주 문헌에 기록된 신화에는 이미 천신에 대한 불신임뿐만 아니라 도전까지 표현하고 있다. 천신이 인간 세상에 재앙을 내릴 수 있지만 인간도 천신과 맞서 싸울 수 있었다.(인간이 대부분 지기는 했지만.) 신과 겨루는 예로 『산해경』의 과보夸父와 형천刑天(또는 形天), 『회남자』의 공공 등이 있다. 천신에게 도전한 이 신화들이 반영하고 있는 사상적 입장은 분명 인간과 땅의 편이다. 이는 인간 세상의 사회가 갈수록 주목받고 있음을 반영하고 있다.

『산해경』「대황서경」에도 하늘과 땅이 통함을 끊는 일에 관한 이야기가 있는데, 단어 사용상 하늘과 땅을 서로 반대편으로 당겨 멀리 떨어지도록 한다는 뜻으로 표현하고 있다. 그 문장은 이렇다. "전욱제가 중重에게 명해 하늘을 위로 들어 올리게獻 하고 여黎에게 명해 땅을 아래로 눌러邛 내리게 했다."[26] 곽박은 『산해경』에 주를 달면서 '헌獻'과 '공邛' 두 글자는 "뜻이 불분명하다"고 했다. 그러나 위소韋昭가 주를 한 『국어』「초어」를 참고하면 "중重은 하늘을 들어舉 올릴 수 있고 여黎는 땅을 눌러抑 내릴 수 있어서 서로 멀어지게 했으므로 다시는 통하지 않게 되었음을 말한 것이다"[27]라고 해 '헌獻'과 '공邛'이 혹시 '거舉'와 '억抑'이지 않을까 추측할 수 있다. 중重은 하늘을 위로 들어올리고 여黎는 땅을 아래로 내리눌렀는데, 하나는 들어올리고 하나는 내리누르니 하늘과 땅 사이의 거리가 더욱 멀어져 서로 통하기 어렵게 되었다는 뜻이다.

쉬쉬성은 『춘추좌씨전』 소공昭公 17년 담자郯子의 말에 주의했다. 전욱 이전에는 유명한 씨족들을 "구름으로 기록"하거나 "불로 기록"하거나 "물로 기록"하거나 "용으로 기록"하거나 "새로 기록"했다.[28] "전욱 이래로는 먼 것을 들어 기록하지 못하고 가까운 것으로 기록했는데"[29], 이는 "백성을 거느리는 존재가 되어 백성의 일로 이름을 삼게 되었다"[30]고 담 자가 말했다. 원래는 자연 토템이던 것이 나중에는 사도司徒(토지土), 사 마司馬, 사공司空(건설工) 등 백성의 일로 삼은 이름들이 출현하기 시작했 다. 이것 역시 인간 세상의 지위가 향상된 증거다.[31]

쉬쉬성은 전욱이 무력으로 이룬 공이 별로 없음에도 명망이 높아『산 해경』에 출현한 횟수가 황제黃帝보다 더 많았던 점에도 주의했다.『대 대례기』「오제덕五帝德」에서 서술한 것을 근거로 비교해 전욱이 종교와 특별한 관계가 있다고 생각했다. "「오제덕」을 보면, (전욱) 뒤로 찬양한 요·순·우를 찬양한 말은 이미 완전히 인간의 일에 속할 뿐만 아니라, 귀 신과는 거의 아무 관계가 없다. 앞에서 찬양한 황제黃帝나 뒤의 제곡帝嚳 에 대한 찬양의 말에는 귀신에 관한 말이 한 두 마디 있다 해도, 결코 중 요한 부분이 아니다. 이와 비교하면, 종교적 관계에 대한 전욱의 특별한 성질을 알아내기란 어렵지 않다."[32]

전욱의 대표적인 공적 가운데 하나는 하늘과 땅을 나누어 통치하는 법 을 열어, 관념상으로 하늘과 땅의 거리를 벌려놓은 것이다. 이는 사실상 하늘에 대한 간여는 줄어들고, 땅에 대한 독립성은 강화한 것으로, 이제 지상의 일들은 하늘과 상관없게 되었다. 이런 단서를 따라 발전해, 지리 사상의 발전은 날로 세속화되고 사회화되어, "하늘과 사람의 사이"에서 사람과 사람의 사이 및 사람과 땅의 사이로 바뀌는 기회를 얻게 되었다. 지리학의 입장에서, 이는 대단히 중요한 변화로, 진정한 지리학은 이 방 향을 따라 발전하였다고 말할 수 있다. 하늘을 말하는 이들은 계속해서 하늘과 사람의 사이를 말하고 있지만 (그들 입장에서는 사람을 빼면 의미가 없다), 땅을 말하는 이들은 그다지 하늘을 말하지 않게 되었다. 전국 시대에 이르자 순자는 분명하게 말했다. "하늘과 사람의 구별을 명확하게 알아야 성인이라 할 수 있다."[33] 순자는 전국 시대 후기의 사람이다. 맹자의 성선설을 반대하고 성악설을 주장했는데, 수많은 나쁜 일은 사람이 저지른 것이라 생각했다. 그도 같은 하늘을 이야기한다. "우 임금은 잘 다스렸으나 걸왕은 어지러웠으니, 다스림과 어지러움은 하늘에 의한 것이 아니다." 인간 세상의 일은 마땅히 인간 세상으로 논해야 한다.

인간 세상의 일을 인간 세상으로 논하듯, 지상의 일은 지상으론 논한다. 이는 상고 시대 사상의 대변혁이었다. 물론 이런 변화가 사상계의 고립적인 발전은 아니며 보다 광범위한 사회 현실의 변화임에 주의해야 한다. 이 변화는 신이 지키는 나라에서 사직이 지키는 나라로의 변환을 설명해준다.

## 신이 지키는 나라와 사직이 지키는 나라

이는 양샹쿠이楊向奎가 가장 중시하는 문제로 종종 모두의 주의를 환기시킨다.[34] 그는 『양샹쿠이 학술楊向奎學述』에서, 중국의 상고 시대에 신이 지키는 나라와 사직이 지키는 나라 두 종류의 국가 권력 형식을 말했다. 양샹쿠이의 이 견해는 에게서 일깨움을 받았는데 그는 이 문제 있어서 장타이옌의 "식견이 대단히 높고 뛰어나다"고 칭송했다. 이 문제는 고대의 천하관, 인문지리 사상의 변천과 많은 관련이 있으므로 주목할 만하다.

신이 지키는 나라와 사직이 지키는 나라를 논의하면서 장타이옌이 주된 근거로 삼은 것은 『국어』 「노어魯語 하」의 다음과 같은 기록이다.

> 오나라가 월나라를 치고 회계會稽를 무너뜨리다가 뼈를 얻었는데 뼈마디가
> 수레를 채웠다. 오나라의 군주가 사신을 보내 와 우호의 빙문을 하고 (…) 객
> 이 뼈를 집고 물었다. "감히 여쭙건대 뼈는 어느 것이 큽니까?" 하니, 중니가
> 말하기를 "내가 들으니, 옛날 우 임금이 군신(제후)들을 회계산에서 모을 적
> 에 방풍防風씨가 뒤에 도착해, 우 임금이 그를 죽여서 시체를 펼쳐 놓았는데
> 그 뼈마디가 수레를 채웠다고 합니다. 이것이 큰 것입니다"라고 했다. 객이
> 묻기를 "감히 여쭙건대 무엇을 지키는 것이 신이 됩니까?"라고 하니, 중니
> 가 말하길 "산천의 영은 천하의 기강을 잡을 수 있으니 그 지키는 것이 신이
> 되고, 사직을 지키는 것은 공후가 되니 모두 왕에게 속하는 것입니다"라고
> 했다."[35]

『사기』 「공자세가」에도 비슷한 이야기가 있다. 중니가 "산천의 신은
천하의 기강을 잡을 수 있으니 그 지키는 것이 신이 되고 사직은 공후가
되는데 모두 왕에게 속한다"[36]고 했다. 장타이옌의 견해는 "……방풍은
왕망 씨의 군주로 봉산封山과 우산嵎山을 지키는 사람이었는데 주대에
는 임任·숙宿·수구須句·전유顓臾라 했으며, 실로 제수 강에 대한 제사를
맡고 있다. 제후와 교류가 없는 이 부류의 나라들은 사직을 지키지 않고
군사를 두어 방어하지도 않는다. (…) 그러므로 신의 나라는 군사가 없
고 울타리도 잘 갖추지 않았음을 알 수 있다. 봉산과 우산은 작은 산으
로 우의 시대에는 지키는 이가 아직 있었다. 이름난 하천이 300개로 제
후들의 제사를 받기에 합당하니 주대에도 지키는 이가 많았다.『춘추』에

는 겨우 140여 나라 밖에 보이지 않는데 유왕幽王과 평왕平王 이전에 종실이 멸망해 땅에서 내쫓긴 이가 간혹 있으나 이를 헤아려 보면 열 중에서 두엇에 해당하는 것이지 열셋에서 열둘이 망한 것이 아니다. 신이 지키는 나라는 기복祈福으로 나라를 다스리며 농업과 전쟁에는 힘쓰지 않았고 또한 제후들과의 교류도 거의 없었으므로 전적典籍에 제대로 기록되지 않았는데 합병 당함에 이르는 것 역시 파죽지세였으리라"[37] 장타이옌의 의미는 이렇다: 상고 시대에는 '나라國' 집단이 두 종류 있는데, 하나는 산천의 신에게 제사 지내는 것을 주요 직책으로 하는 '신이 지키는 나라'이고 다른 하나는 백성과 토지를 지키는 것을 주요 직책으로 하는 '사직이 지키는 나라'다. 전자는 '신'의 성격이 비교적 강하다. 세속적인 병사로 호위하지 않기 때문에 실제 세력이 약하고 제후들과 우호적 방문의 교류도 하지 않으므로 사서에 기록이 거의 없다. 후자는 흔히 말하는 제후국인데 "모두 왕에게 속한 것"으로 군대도 있고 외교도 하며 사서에 기록이 다채롭다.

양샹쿠이는 장타이옌의 신과 사직이 지키는 두 종류의 나라를 더 명확하게 밝혔는데 그의 견해는 각기 다른 글에 흩어져 보인다. 우루이吳銳가 정리해 한 편의 논문으로 모으고[38] 신申과 여呂 두 나라의 성격 및 '사로史老' 문제에 관한 것 등을 증보해 그 내용이 갈수록 풍부해지고 참고하기 편하게 되었으니, 여기서 더 말하지 않겠다. 장타이옌의 발견을 명확하게 밝히는 과정에서 보이는, 신이 지키는 나라의 성격 및 '신'이라는 직책의 성격에 관한 양샹쿠이의 견해는 주목할 만하다. 양샹쿠이는 궈모뤄郭沫若가 초년에 했던 '신申(神)' 자의 고석에 찬성했다. 궈모뤄는 '신申' 자가 "하나의 선이 두 사물을 연결하는 것을 형상화한 것이며 옛날에는 겹친다는 의미가 있다"고 생각했다.[39] 두 사물을 연결한다는 것은 곧 하늘과 인간을 가리키는 말인데 즉 '신申(神)'은 하늘과 인간 사이의 매개체다. 그 당시의 '신神'은 창조주上帝가 아니라 직책일 따름이었다고 양상쿠이는 분명하게 지적하고 있다.[40] 또한 "우리가 관찰한 바에 따르면 고대에서 계급사회의 초기에는 통치자가 산에 기거하면서 하늘과 인간 사이의 매개가 되는, 전부 '신'의 나라였다. 그런데 국왕들이 하늘과 인간이 통하는 것을 끊어 상제上帝와 통하는 권한을 독점하자 그가 곧 신이 되어, 신이 아닌 국왕이 없었다."[41] 이렇게 보면 상고 시기에 가장 이른 '나라'(일반적으로 규모가 크지 않다)는 반드시 하늘을 경외하고 산천에 제사 지내는 일을 행해야 했다. '국왕'은 그 우두머리로 하늘과 통하는 일을 독점하며 신이라 일컬었다. 신이란 본래 지상에서 하늘과 통하는 일을 주관하는 사람(국왕·제후·군주)을 가리키는 것이었다.

『사기史記』「공자세가」집해集解는 왕숙王肅의 말을 인용해 말했다: "산천의 제사를 지키는 사람이 신이며 제후라고 부른다."[42] 양상쿠이는 고대 문헌 가운데 국왕과 제후를 '군신群神'이라 일컬은 다른 증거를 들었는데, 『국어』「노어 하」의 "옛날에 우 임금이 군신을 회계산에 모았는데"[43]에서 위소韋昭는 '군신'에 대해 "군신이란 주요 산천의 군주를 말하는 것으로 군신의 주인이므로 그를 신이라 한다"[44]고 했다. 『한비자』「식사飾邪」는 이 일을 기록하면서 '군신'을 직접 '제후의 군'[45]이라고 써서 의미를 더욱 분명히 했다. 우루이는 '신'이 지상의 인물이라는 견해가 장타이옌의 스승인 유월俞樾(1821~1907)의 글에서 이미 나타났다고 지적한다.[46] 유월은 『군경평의群經平議』에서 『예기』「월령」이 "그 신 구망句芒"[47]이라는 말을 이렇게 살폈다. "정현 주에 군君은 제帝로 해석하고 신臣은 신神으로 해석했는데 옛 의미를 바르게 살렸다. 『시경』「대아·황의」모전毛傳 주에 '그 사직의 군신群神을 불렀다'[48]고 했는데 『석문釋文』에 '또는 군신君臣이라고도 한다'고 했으니 신神은 신臣과 같다.'[49] '천제天帝'에 대해 상대적으로 말하면 하늘을 공경하는 지상의 제후들은 '군신群神'이자 '군신君臣'이다.

「노어」는 공자의 말을 인용해 "산천의 영은 천하의 기강을 잡을 수 있으니 그 지키는 것이 신이 된다"고 했다. 『후한서』「장형열전張衡列傳」이현李賢 주는 공자의 말을 인용하면서 "산천을 지킴"이라고 해서 전체 문장을 "산천을 지킴은 천하의 기강을 잡을 수 있어서 그 지키는 것이 신이 된다"[50]라고 했다. 이현의 인용문이 의미를 잘못 취한 것이 아니라면 공자의 의미는 더욱 분명해진다. 그 밖에, '영靈'과 '수守'가 서로 통하는 관계인 것도 주목할 만하다. 『설문說文』에 "영무靈巫다. 옥玉으로 신을 섬기는 것이다. 옥을 따르고 영성靈聲이다"[51]라고 했다. 일반적으로 영靈을 무巫라 하는 것은 초나라의 견해라고 생각한다. 왕궈웨이王國維는 『송·원 희곡고宋·元戲曲考』의 「상고에서 오대五代에 이르기까지의 희극」이라는 글에서 "옛날에 무巫를, 초나라 사람은 영靈이라고 한다. (…) 무를 영이라고 하고 신도 역시 영이라고 한다. 여러 무 중 반드시 신의 의복과 형상과 동작을 하는 사람이 있는데 이를 신이 가탁하는 것으로 보는 까닭에 영이라 하며 또는 영보靈保라고도 한다"[52]고 했다. 왕궈웨이의 뜻을 알아보면 제사를 지낼 때 '신'과 '영'의 모양으로 꾸민 제사자祭祀者가 있어서 그 사람을 '영'이나 '신'으로 부른다는 것이다. 왕궈웨이가 말한 것은 초나라의 일이지만 노나라도 비슷한 연관성을 가진 용어가 생겼을지 모른다. 「노어」에서 말하는 지키는 사람守(제사를 행하는 사람)·신·영 등도 아마 서로 통했을 것이다.

천하의 기강을 잡는다는 것의 실제적 근거는 구체적인 산천의 지킴(제사 활동)이지, 볼 수도 만질 수도 없는 '영'이 아니다. '지킴'은 구체적인 사회행동이고, '영'은 신앙이다. 물론 신앙에 따라 실제적인 사회행동이 생긴다. 이는 세트로 이루어지며 분할할 수 없다. 이른 시기의 산천 신앙과 산천 지킴은 온 세상에 두루 보편적인데 아주 이른 시기의 사회단체 형태라 할 수 있다.[53] 이 형태의 핵심에는 '하늘'과 '인간'의 긴밀한 관계가 포함되어 있다. 이런 상황에서, 지표면의 인문 형태에 대한 사람들의 이해에는 신의 성격이 충만하다.

장타이옌은 「신권 시대의 천자는 산에 기거했다는 설神權時代天子居山說」이라는 다른 글에서 말했다: "옛날의 왕은 신의 도道로 교화를 베풀었다. 무지몽매했던 시대에는 신과 인간의 구별이 없어서 천자가 하늘의 관리天官를 대신했다. 언덕 같은 높은 곳으로 올라갔는데 이는 하늘과 가깝기 때문이었다. 타이산과 양보산梁父山에서 봉선封禪해 후대에 헛된 의식이 되게 했다. 상고 시대에는 지극히 영원할 것으로 여겼다."[54] 오악에 봉선하는 일이 후대 왕조의 역사에서는 헛된 빈 의식이었지만 상고 시대에는 산천에 제사 지내는 행사가 도처에서 행해졌고 제사를 받는 산천도 전국에 널리 분포해 있었다. 이로써 우리는 당시 대지 위에 신령의 존재가 얼마나 보편적이었는지 그 분위기를 상상해 볼 수 있다. 그 시대 상황은 『산해경』『목천자전』 등에서와 같이 단편적인 기록만 남아 있을 뿐으로 수량이 적지만, 남아 있는 기록이 적다고 해서 당시의 상황을 과소평가해서는 안 된다.

장타이옌은 『산해경』에 나오는 여러 제帝의 대臺를 예를 든 것 외에,

제帝의 도읍을 '경京'이라 하고 거주하는 곳을 '금중禁中'이라고 하며 벽옹辟雍(고대의 학궁學宮─옮긴이)과 삼령三靈(영대靈臺·영유靈囿·영소靈沼를 가리킴─옮긴이)이 모두 도성 밖에 있는 것, 산림을 지키는 관리를 형록衡鹿(또는 衡麓)이라는 것 등, 이 모두가 옛 천자가 산언덕에 거주했음을 나타낸다고 생각했다. "그런즉 천자는 산에 기거했는데 그 뜻은 존엄하고 신비함에 있다. 험한 곳에 세워 견고함을 지키려는 뜻이었는데 특히나 나중에 일어선 이들이 그렇다."[55] 천자라는 군주가 처음에 "산에 기거한" 것은 존엄과 신비를 위함으로 하늘을 공경하는 것에서 시작했다. 그 권위의 주요 근거는 이데올로기다. 그 당시 각 군주의 정치적 권위에 영향을 주는 주된 요인은 세속적인 힘의 크기가 아니었기 때문에 산의 험준함에 의지한다는 의미는 크지 않다.

"천자는 하늘을 대신하는 관리"라 함은 신이 지키는 나라의 상황으로, 하늘과 인간의 긴밀한 관계를 드러내고 있다. 나중에 하늘과 사람의 관계가 느슨해지자 이런 표현은 신이 지키는 것에서 사직이 지키는 것으로 변화한다. 사직이 지키는 권력의 내용은 세속의 토지와 백성을 통제하고 지키는 것이 핵심이며, 하늘을 공경하는 것은 배경이 된다. 그 밖의 '나라'와 경쟁하는 것도 주요 임무로 격상되었기 때문에 군사적 방어와 외교가 필요하게 되었다. 신이 지키는 것에서 사직이 지키는 것으로의 변화는 전욱이 중重과 여黎에게 명해 "하늘과 땅이 통합을 끊는" 일과 서로 잘 맞아 떨어진다.[56] 신이 지키는 것과 사직이 지키는 것의 변화와 "하늘과 땅이 통합을 끊는" 변화 모두 '하늘과 사람 사이'에서 '사람과 사람 사이'로의 전환을 설명한다.

비교신화학을 연구했던 서양 학자들은 이렇게 지적한다. 이른 시기의 신화는 우주관을 만드는 자료이며 서로 다른 고대 문명에 각기 다른 내용이 있으나 다음의 일부 기본적인 점은 공통적이다.

1. 천지가 열리기 전, 사람과 신이 교통하는 데 장애가 없었다.
2. 산봉우리, 큰 나무 등과 같이 여러 형식을 띤 하늘과 땅의 축이 있었다.
3. 하늘과 땅의 통함이 끊어졌다.
4. 사람과 신의 교통이 단절되는 신화를 말했다.[57]

폴 라파르그Paul Lafargue는 말했다: "신화는 사기꾼의 거짓말이나 의미 없는 상상의 산물이 아니다. 신화는 인류 사상의 소박하고 자발적인 형식의 하나라고 할 수 있다. 그런 신화가 가진 원시인과 그들이 수 세기 동안 잃어버린 의미에 대해 알아차릴 때 우리는 비로소 인류의 유년을 이해할 수 있을 것이다."[58] 위에 말한 상고 사유의 발전과 변화의 과정은 고대 문헌 속에 신화와 전설의 형식으로 기록되어 있다. 그 신화와 전설이 근거로 삼는 기초는 실제적인 사상의 역정이다.

'신이 지키고' '산천이 지키는' 나라의 확인은, 옛사람이 가장 먼저 세운 '나라'가 하늘을 공경하는 권력에 의지했고 또 하늘을 공경하는 형식에서는 종종 산천에 의지했음을 설명한다. 나중에 나타난 하늘과 땅의 통함을 끊음, 즉 사직이 지키는 나라의 발전은 '하늘과 사람의 사이'에서 '사람과 사람의 사이'로 주제가 변화된 것이다. 이런 일들은 역사 지리의 시각과 지리사상사의 시각, 모두에서 관심을 갖고 발굴할 가치가 있다. '하늘과 사람의 사이'라는 것은 한 시대의 관념을 개괄하는 특징이다. 그 당시 세상에 대한 인류의 이해는 하늘天·신神(제帝)·땅地·사람人의 넷이 뒤섞여 만들어진 대질서를 포함하고 있다. 즉 하늘과 땅이 하나가 되고 사람과 신이 뒤섞여 있다. 그 시대에는 독립적인 '자연지리'와 독립적인 '인문지리' 관념을 말할 수가 없었다. 사람과 신의 관계가 사람들의 머리를 가득 채우고 있었고, 사회 속의 모든 일은 이런 관계에 따라야 했다. 그러나 나중에는 사람과 사람 사이를 중시하는 일이 점차 부상되어 갈수록 인류 사회 자신의 각종 관계 문제에 치중해 이쪽 땅의 사람과 저쪽 땅의 사람의 관계 문제에 치중했다. 진정한 인문지리는 이런 관계에서 발전하였다고 할 수 있다.

하늘과 땅의 통합이 끊어지고 민간의 신이 나누어 다스리게 되었으며 '인간인 왕'이 강대해지는 등, 사직을 지키는 일의 비중이 갈수록 커졌는데, 이것이 역사의 대세다. 물론 제천祭天과 산천을 지키는 형식을 버리지 않고 병행해 실시했음도 봐야 한다. 사직이 지키는 성격이 충분한 나라라 해도 산천의 제사 전통은 여전히 남겨두었다. 국가의 중대사는 제사와 전쟁이었는데 그 제사는 산천의 제사를 포함한다. 『예기』「왕제」에 "제후는 자신의 땅에 있는 명산대천에 제사 지낸다"[59]고 했다. 제후국에는 자신들의 '망멸(산천에 지내는 제사─옮긴이)'이 있다. 큰 나라들에게 있어서 사직을 지키는 것은 당연히 중요한 일이지만 산천 신의 지킴도 버리지 않았다. 사직을 경영하는 면에서는 실질적인 세력을 얻었고 산천에 제사를 지내는 면으로는 신비한 존엄을 얻었다.

산천에 제사 지내는 것은 여러 나라가 반드시 이행해야 하는 책임이다. 제사 지내는 일을 소홀히 하면 다른 나라가 토벌하러 오는 구실이 된다. 『서경』「윤정胤征」과 『맹자』「등문공 하」에 따르면 당초 탕왕이 갈백葛伯을 정벌할 때 갈백이 제사를 드리지 않는다는 이유를 들었다. 다른 한편으로, 강대국이 약소국을 멸하고 나면 멸망한 나라를 대신해서 제사를 드려야 한다. 『춘추좌씨전』 희공 5년에 따르면 진晉나라가 우虞나라를 멸한 뒤 "우나라의 제사를 드렸다"[60]. 우나라의 제사虞祀란 천자가 우나라에게 자신의 경내에 있는 산천의 신에게 제사를 드리도록 명한 것이다.

『사기』「초세가楚世家」에 초나라 공왕共王이 '군신'에게 제사를 드리는 방법으로 새 왕을 선택해 '사직을 주관'하게 한 일을 기록하고 있다. 공왕에게는 아끼는 아들이 다섯 있었는데 누구를 세우는 것이 적합할지 알 수 없었다. 그래서 "군신에게 제사를 드리고 신이 결정하기를 청해서 그가 사직을 주관하도록"[61] 했다. 공왕은 먼저 "파희巴姬와 은밀히 벽璧(고대 제사에 사용하는 둥글고 편편하며 가운데 구멍이 있는 옥—옮긴이)을 묘실 안에 묻었다."[62] 그런 뒤에 다섯 공자公子를 불러들였다. 한 공자는 파묻은 벽옥을 넘어갔는데, 후에 강왕康王이 되었다. 다른 한 공자는 팔꿈치로 파묻은 벽옥을 눌렀는데, 후에 영왕靈王이 되었다. 공자 둘은 벽옥을 파묻은 곳에서 비교적 멀었고 결과도 별 것 없었다. 가장 작은 공자는 나이가 어려서 다른 사람에게 안겨서 파묻은 벽옥 위에 서게 되었는데 벽옥의 유紐(끈)를 눌러 평왕平王이 되었고 또 후사도 얻어 대를 이을 수 있었는데, "마침내 초나라의 제사를 이었으니 그 신령스런 조짐과 같았다."[63] 나중의 역사적 전개와 이른 시기의 제사 점祀占의 행위를 서로 연계시킨 '기록'이 고서에는 적지 않다. 전후의 사건 그 자체는 당연히 아무 관계가 없었으나, 옛사람의 관념에서는 양자를 인과로 보았다. 이런 기록들은 역사적 진실성은 없으나 사상적인 진실성이 있으며 그 의의는 여전하다.

서주 시대는 일부 작은 나라들이 아직 남아 있었으나 '사직이 지키는 나라'의 면에서는 그 어떤 발전의 기회도 없었다. 국토나 백성이 별로 강성하지 못했고 군사적인 힘도 미약해 전쟁은 말할 것도 없었으며 제사만 겨우 받들고 있을 뿐이었다. 이것이 장타이옌이 말한 주대에 아직 남아 있던 임任·숙宿·수구須句·전유顓臾 등, 신이 지키는 나라다. 임·숙·수구·전유 등 나라의 일은 『춘추좌씨전』 희공 21년에 보인다. "임·숙·수구·전유는 모두 성姓이 풍風이다. 태호太皞씨와 제수濟水의 신의 제사를 맡고 있으며 중원 지역의 나라들을 따르며 모시고 있다."[64] 이같이 작은 나라는 '국토가 작고 백성이 적은 나라'로서 태호 씨와 제수의 신에게 제사 드리는 것이 주요 책무이며 중원에 있는 대국의 부용국附庸國일 따름이다. 이런 부류의 작은 나라들은 펀허汾河 강 근처의 심沈·사姒·욕蓐·황黃의 나라도 찾아 볼 수 있다. 『춘추좌씨전』 소공 원년에 "예전에 금천金天씨의 후예로 매眛라고 하는 이가 있었는데 물을 주관하는 관리이며 윤격允格과 태태台駘를 낳았다. 태태가 그 관직을 이었는데 펀허 강과 타오허洮河 강의 물길을 트고 큰 못大澤에 둑을 만들어서 넓은 평원大原에서 살게 했다. 전욱제가 이를 가상히 여겨 분수 강에 봉하니 심·사·욕·황의 나라가 그 제사를 지켰다"[65]고 했다. 태태는 펀허 강의 신이고, 심沈·사姒·욕蓐·황黃은 '태태의 후예'[66]다. "그 제사를 지켰다"는 것은 펀허 강의 제사를 지켰다는 말이다. 그 뒤에 진晉나라가 펀허 강의 제사를 주관하고자 해서 그 네 나라를 멸망시켰다. 펀허 강과 타오허 강의 물길을 트고 큰 못에 둑을 만들어 넓은 평원에 살게 한 공로로 볼 때, 강에 제사를 지내는 것과 산에 제사를 드리는 것의 차이는 전자가 재난을 없애는 것을 강조한 것이라면 후자는 하늘과 통하는 것을 강조한 것이다.

지리사상사적 측면에서 볼 때, 하늘과 땅의 통합을 끊어서 하늘과 땅을 각기 다스리거나 또는 신과 인간을 각기 다스리게 된 것은, 인간이 '땅'과 '사람'이라는 거시적인 문제를 독립적으로 사고하고 인식하기 시작하게 만들었다. 이는 '지리'가 '천문'에서 벗어나는 중요한 첫 번째 전환점이 된다. 이전의 '하늘'은 모든 대계보大系譜, 즉 대질서의 핵심이다. 사람의 족보는 종종 천제天帝, 즉 천보天譜와 대응코자 한다.[67] 지보地譜도 독립적인 존재가 아니다. 지상에서 하늘과 통하는 곳(산악)이 가장 중요해서 지보地譜의 핵심이 된다. 이른바 '신이 지키는 나라'의 형성은 그 위치를 확립함에 있어서 모두 하늘을 공경하는 것과 서로 관련이 있다. 만약 신이 지키는 나라의 분포 지도를 복원할 수 있다면 그것이 곧 상고 시대의 '하늘과 통하는 지도'다. 실제 내용은 지도이지만 관념상으로는 반드시 하늘과 통해야 한다. 하늘과 땅이 통하는 것을 끊은 뒤, 땅과 사람 문제는 특별히 관심을 받게 되었고 독립된 지보도 만들어졌다. 『구구九丘』라는 책의 내용은 알 수 없고, 현재 가장 빠른 것으로 알려진 독립적이고 거시적인 지보地譜는 「우공」의 '구주'이나 이것은 하늘과 땅의 통합이 끊어진 뒤 한참 뒤의 일이다. 산하山河는 천연적이며 쉽게 식별할 수 있는 땅의 구성이다. 그래서 「우공」의 구주는 강과 하천에서 시작해 만들어진 땅의 체제다. 보다 순수한 인문의 지보地譜는 사회가 진보하고 정치가 발달한 뒤의 산물이다. 상대의 '복服' 제도에서 동주東周 이후 군현제의 발전이 이런 순수한 인문 지보에 해당된다.

하늘과 땅의 통합이 끊어진 뒤, 땅에 있는 사람들의 사물이 점차 무대의 주요 사항이 되었다. 그러나 '하늘'이 사라진 것은 결코 아니고 여전히 배경으로 남았는데, 그 중요도는 그 뒤로 시기에 따라 달라졌다. 땅

위 사람들의 사물은 누구도 피할 수 없는 것이기에 무대의 주요 사항이
될 수밖에 없다. 이런 시대를 맞아 사직이 지키는 나라는 갈수록 많아졌
고 인문지리가 크게 발전하는 국면이 나타났다. 하늘과 통하고 신과 통
하는 나라가 도처에 깔린 상태에서 모든 나라가 사람의 일이 중요한 나
라로 전환되기까지 지상의 인간 세상 세계에 대한 사람들의 관념도 틀
림없이 큰 변화가 있었을 것이다.

"하늘의 험함은 오를 수 없고 땅의 험함은 산천과 구릉이다. 왕공王公
이 험한 것(성책城柵 ─옮긴이)을 설치해 그 나라를 지키니 험한 것의 때와
쓰임이 크도다."[68] 사직이 지키는 나라는 토지와 백성의 다스림을 중시
한다. 경계를 짓고 성책을 쌓고 성을 공격하고 토지를 침략하는 등, 제
후들은 그 분주함을 즐겼다. 인문지리지식과 인문지리의 관념, 인문지리
의 행위도 그에 따라 발달하게 되었다. 바로 여기에 '하늘과 사람의 사
이'에서 '사람과 사람의 사이'로 변환된 지리의 의의가 있다.

## 험한 것의 때와 쓰임이 크다

『회남자』「본경훈本經訓」에 사회 변화의 단계를 묘사한 부분이 있다.
이런 변화는 두 단계로 나눌 수 있는데 하나는 '태청의 세상太淸之始'이
고 다른 하나는 '쇠미한 세상逮至衰世'이다. '태청의 세상'은 아득한 옛날
의 가장 아름답던 시기다.

> 사람들의 성품이 온화하고 고요하며 질박하고 소박했으며 여유가 있고 조
> 용해 서두르지 않았고 순리에 따라 움직일 뿐 의도적인 것이 없었다. (…) 말

은 간략히 하고 이치를 따랐으며 행동은 분명하면서도 실정에 맞았고 마음은 온화해 속임이 없었고 일은 소박해 꾸밈이 없었다. 길일을 선택하거나 주역 점과 거북점에 의지하지 않았으며 일의 시작을 미리 도모하지 않았고 결과를 따지지 않았다. 편안하면 머물고 마음이 내키면 움직였다. 몸은 천지와 통했고 정신은 음양과 하나가 되며 내면의 조화는 사계절과 하나가 되었고 지혜는 일월과 같이 빛나서 조물주와 서로 짝을 이루었다.[69]

중요한 몇 가지 묘사에 주목하면, "질박하고 소박하다" "일의 시작을 도모하지 않고 결과를 따지지 않다" "몸이 천지와 통하다" 등이 있다. 이는 분명히 도가의 입장에서 하는 말이다. 질박하고 작위적이지 않은 시대를 찬양하는, 즉 "작은 나라에 백성 수가 적고 늙어 죽을 때까지 서로 왕래가 없는"[70] 시대다. 이것은 도가적 이상 세계이나 아주 먼 옛날 시대 역사의 그림자가 드리워져 있다. 단지 도가는 신을 공경하는 것을 말살해버렸다는 차이가 있을 뿐이다. 이른 시기의 사회조직 규모는 크지 않았고 일상 사무도 비교적 간단했다. 인간관계의 왕래도 복잡하지 않아서 "일의 시작을 도모하지 않고 결과를 따지지 않는" 등, 그렇게 신경 쓸 일이 아니었다. 사람은 "천지와 통했으며" 천지간에는 신령(도가는 신령을 없애고 '자연自然'이라 했다)이 있고 사람은 당연히 신령에게 의지한다는 것이 당시 사람들의 관념이었다. 이것이 '신이 지키는 나라' 시대의 모습이다.

『회남자』「본경훈」에서 묘사하고 있는 두 번째 단계는 '쇠미한 세상'으로 상황이 나쁘게 변했다. 사람들은 더 이상 '고요함'에서 편안하지 못했다.

산의 돌을 깎아내고 금과 옥에 세공을 하며 조개를 억지로 벌리고 동과 철을 녹였다. 그러자 만물이 온전히 번식하지 못했다. 또 임신한 동물의 배를 가르고 어린 새끼를 죽이자 기린이 나타나지 않았고 새집을 뒤집고 알을 깨뜨리자 봉황이 날지 않았다. 사람들은 부싯돌을 문질러 불을 얻고 나무를 얽어 누대를 만들었으며 산림을 불태워 밭을 만들고 연못을 말려 물고기를 잡았으며 사람들의 일상용품은 모자랐지만 창고의 재물은 넘쳐났다. 그 결과로 만물이 제대로 번성하지 못했으니 초목의 싹이나 새의 알 또는 태 속의 생명이 온전하게 자라나지 못하는 것들이 절반이나 되었다. 흙을 쌓아 높은 곳에 거처를 정하고 밭에 거름을 주어 곡식을 길렀으며 땅을 파 우물을 만들어 물을 마시고 개울을 뚫어 인간에게 이롭게 만들었으며 성을 쌓아 방어를 견고하게 하고 들짐승을 포획해 길들였다. (…) 또한 거대한 집과 궁궐에 방과 문이 끝없이 이어지고 서까래와 처마의 서까래의 끝부분에, 높다란 가지와 마름과 연꽃 등이 아로새겨져 화려하게 채색되어 그 색깔들이 서로 어울려 아름답게 아롱졌다. 이런 모습이 길게 펼쳐지기도 하고 구불구불 휘어져 있기도 하며 높이 솟구치기도 하고 층층이 굽어져 있기도 하며 어지러이 뒤얽혀 서로 교차하고 있었으니 공수公輸나 왕이王爾도 칼이나 끌을 댈 여지가 없을 징도다. 그러나 이런 것들로도 여전히 군주의 욕망을 채울 수 없었다.[71]

이 부분은 사람들이 자연자원을 이용하고 각종 생산 활동을 전개하고, 성읍을 건설하며 궁실을 화려하게 장식하는 등의 일을 장황하게 말하고 있다. 일반적인 사관史觀으로 보면 이는 인류의 발전으로 자연자원을 이용하고 생산능력이 진화하는 것이다. 그러나 도가는 이를 '자연'상태를 위반하는 것이며 인류가 부패하고 탐욕스럽게 변해가는 모습으로 여겼기에 비판의 어감을 가지고 있다. 도가의 시각으로 인문사회의 번영을 비판할 수 없음은 당연하다. 우리가 주목해야 할 것은 이런 말들에서 드러나는 역사적 발전 단계 속의 진실성과 합리성이다. 도가는 '인위'를 반대하고 '자연'을 주장하는데 이것은 이상일 뿐, 역사적 현실은 반드시 '인위'적으로 번영하고 발전한다. "질박하며 소박하고" "일의 시작을 도모하지 않고, 결과를 따지지 않고" "몸이 천지와 통하는 것"에서 "산림을 불태워 밭을 만들고" "들짐승을 잡아서 길들이고" "개울을 뚫어 인간에게 이롭게 만들었으며, 성을 쌓아 방어를 견고하게 하고" "화려하게 조각하고 아로새기고" "길게 펼쳐지는 것"으로 변했다. 여기서 보이는 것은 "사직이 지키는" 나라가 크게 발전한 모습이다.

이 시기의 사회에서 사람들은 더 이상 천신에 대한 추상적인 제사로 만족하지 않았다. 인간세계의 크고 작은 왕들은 갈수록 자원과 영토, 재물과 같은 실재적인 사물에 대한 경쟁에 관심을 가졌다. 이런 경쟁은 사회정치와 경제의 통제력을 증강시켰고 나라와 나라 사이의 관계를 더욱 복잡하게 만들었다. 자원의 점령, 정치통제, 경제관리, 국가 간의 왕래 등의 발전은 모두 만물을 담고 있는 이 대지 위에서 진행되고 전개되었기에, 필연적으로 인문지리 사상과 행위의 발전을 촉진시켰다. 뒤 이어 『회남자』「본경훈」은 정연하게 인문지리를 다루고 있다.

산천이나 계곡으로 땅의 경계를 삼고 사람의 많고 적음을 헤아려 인구수를 나누며 성을 쌓고 해자池를 파고 험준한 곳에 각종 장치를 설치해 적을 방비한다.[72]

이 부분은 당시 인문지리학의 기본적 범주에 관해 상당히 정연하게 개괄하고 있다. 산천, 땅의 경계, 사람의 무리, 성과 해자, 험준한 곳 등, 이처럼 중요한 지리 문제가 모두 주목 받아 빠진 것이 거의 없다. 이런 지리 문제의 해결은 국가 사직의 안정 및 발전과 관련된 중요한 일이다. 여기서 새로운 지리학 발전의 방향을 볼 수 있다. 이 방향에서 지리학은 점차 충실한 인간 세상의 학문이 되어 현실사회와 밀접한 관계를 이루었으며 이 무렵의 천신天神은 흔히 잊혀 진다.

종교, 신앙, 사상과 국가의 정치행위가 결합하면서 정치적 동기는 종교와 신앙의 원시적 모습을 크게 바꿔 놓았다. 이는 버트런드 러셀의 『서양철학사』에서 말했던 견해다. 중국 역사에서 이 시기는 점차 강력해진 인간 세상의 정치가 사상 발전에서도 마찬가지로 주요한 추진력이 되었다. 이 힘은 또한 지리사상의 흐름도 좌우하고 있다.

"왕들이 험한 것(성책城柵―옮긴이)을 설치해 자신의 나라를 지키니 험한 것의 때와 쓰임이 크다."[73] 과거에는 자원의 가치가 전혀 없었던 산어귀나 나루터가 이제는 갑자기 대단한 지리적 가치가 있게 되고 "자신의 나라를 지키는" 전략적 요충지가 되었다. 정치와 군사적 성공은 천신(인간은 최고 신앙과 전례의식에 여전히 천신이 필요했음)의 지지를 얻어야 할 뿐만 아니라, 보다 더 현실적인 지리적 합리성이라는 지지도 얻어야 했다. "험한 것의 때와 쓰임"이란 이런 지리적 합리성 중 하나다. 지리적 합리성이란 곧 '땅의 이로움地利'이다. 나중에 『관자』「지도地圖」편은 '군의 장수'가 어떻게 '땅의 이로움'에 주의해야 하는지를 말하고 있는데, '험한 것의 때와 쓰임'의 대표적인 것이다.

군의 장수兵主는 먼저 반드시 지도를 잘 살펴 알아야 한다. 형세가 험한 길과 수레를 뒤엎는 큰 물, 명산, 큰 계곡, 큰 하천, 고원, 구릉이 있는 곳, 마른 풀, 숲, 부들과 갈대가 무성한 곳, 길 여정의 멀고 가까움, 성곽의 크고 작음, 유명한 성읍, 폐허된 성읍, 빈곤하고 척박한 땅과 농사를 지을 수 있는 땅 등, 반드시 모든 것을 알아야 한다. 지형이 들쭉날쭉하고 서로 교차된 곳도 모두 마음에 담아 두어야 한다. 그런 뒤에야 행군해 성읍을 기습할 수 있다. 조치를 취함에 앞뒤를 알고 땅의 이로움을 잃지 않아야 한다. 이것이 지도地圖의 도리다.[74]

한때 지리사상은 질서에 대한 서술을 핵심 사항으로 삼았으나 정쟁으로 인해 '땅의 이로움' 즉 지리의 합리성이 새로운 지리학의 가치 항목이 되었다. 지리 합리성에 대한 인식·판단·이용 등은 지리학에서 서술하고 다루는 새로운 내용이 되었다. 이들은 인간 왕이 보편적으로 추구하는 것들로 사회와 정치 및 생활에서 모두 높은 지위를 갖는다. 인문지리와 부국강병은 손잡고 함께 발전하였는데 정치가 더욱 성숙한 단계(중국 역사에서는 늦어도 상·주商周 시기)에 이르자 수도를 건설하고 논밭을 구획하는 체계화된 실제적인 조처들이 나타났다. 이는 진정한 인문 공간의 형성이자 진정한 인문 시대의 탄생이라 할 수 있다.

세계관의 측면에서 말할 때 사직이 지키는 나라의 대폭적인 증가는 땅 위의 인문 세계에 대한 사람들의 이해를 변화시켰다. 하늘과 통하는 시대에 신이 지키는 나라들이 무성했던 상황과는 분명히 다르다. 하늘과 통하는 시대의 주된 세계는 상상의 세계이며 신들이 옆에 있었다. 그러나 인문 시대의 세계는 현실의 세계이며 신들은 높고 먼 것으로 변했다. 상대적으로 말한다면 환경 속에서 신에 관한 지식의 발전 속도는 느려졌으나 현실 지리지식의 발견과 누적은 확장과 심화가 가속화되었다. 많은 중요한 지리관념이 또한 이 과정에서 연이어 형성되었다. 이런 관념들은 신과의 관계를 벗고 땅위의 사람과 사람의 관계, 즉 사람과 사람 사이의 지리내용만을 서술했다. '천하구새天下九塞(옛 중원지역 9개의 요새—옮긴이)' '태항팔형太行八陘(고대에 진晉·기冀·예豫를 가로지르는 타이항 산을 왕래하던 요충도로—옮긴이)' 등과 같은 것들이 모두 '땅의 이로움'에 대한 인식의 누적과 거시적으로 개괄한 것이다.

천신 시대에서 인문 시대로의 전환은 그와 상응해 지리사상 체계의 큰 변화를 일으켰다. 지식의 내용이나 관념의 체계, 가치의 추세를 불문하고 모두 변했다. 현재까지 남아 있는 고대 지리를 서술한 문헌에서 그런 변화 전후의 각 모습을 대략 찾아 볼 수 있다.『산경山經』과「우공」의 차이를 살펴본다.


## 『산경山經』과「우공」


『산경』과「우공」은 공식적으로 인정된 가장 이른 지리 문헌이다.『산경』이『산해경』의 앞부분이기는 하지만, 원래는 독립된 책이었고 시대적으로도 앞선다.「우공」은『서경』중 한 편인데 일반적으로『산경』보다 더 나중의 것으로 여겨진다. 구제강顧頡剛은 "옛사람의 저술은 보통 일정한 시기에 한 사람의 손으로 이루어지는 것이 아니다.『산경』의 모습이 완성된 시기가「우공」보다 훨씬 더 이르다고는 단정할 수 없다. 그 책이 잉태된 시기만도 단연코 수백 년을 넘어설 것이다"[75]고 했다. 두 책을 보면

『산경』과「우공」은 각기 다른 이데올로기의 체계를 가졌기에 그려낸 '세계' 또한 완전히 다르다는 것을 쉽게 알 수 있다. 『산경』에 황당한 내용이 많다고 해서 질책만 할 것이 아니라 그것이 존재하는 역사의 합리성을 사상사적 시각으로 해석해야 한다. "하늘과 땅이 통함을 끊는" 변혁이라는 주제의 틀에서 볼 때, 『산경』은 천신天神이 있던 시대의 이데올로기의 잔재를 포함하고 있다. 그러나「우공」은 인문 시대가 세계를 서술한 새로운 판본이다.

『산경』은 남·서·북·동·중 다섯 방위의 산을 서술하고 있기 때문에 『오장산경五藏山經』이라고도 불린다. 각 방위의 산은 다시「남산경南山經」「남차2경南次二經」「남차3경南次三經」처럼 남3·서4·북3·동4·중12로 나뉜다. 『산경』의 서술 순서는 먼저 각 산의 상황을 설명한다. 예를 보자.

> 다시 동쪽으로 370리에는 유양杻陽이라는 산이 있다. 그 산의 남쪽 언덕에는 구리赤金가 많이 나고 북쪽 언덕에는 은白金이 많이 난다. 또 짐승이 있어서 그 형상은 말과 같은데 머리가 흰색이고 몸에는 호랑이 같은 무늬가 있으며 꼬리는 붉은색이고 울음소리가 노래하는 것과 같다. 그 짐승의 이름은 녹촉鹿蜀이라 하며 그 가죽을 차고 있으면 자손이 번성한다. 괴수怪水가 이곳에서 발원하는데 동쪽으로 흘러서 헌익수憲翼水에 흘러든다. 그 강에는 검은 거북玄龜이 많은데 그 모습이 거북 같으나 새의 머리에 독사의 꼬리를 하고 있다. 이름을 선귀旋龜라고 하며 울음소리가 나무를 쪼개는 소리 같다. 그것을 차고 있으면 귀가 어두워지지 않으며 굳은살을 치료할 수 있다.[76]

이상에서 말한 내용은 방위·이수里數·산물産物을 포함하고 있는데 이들은 모두 과거 많은 지리학사 연구에서 관심을 가졌던 항목들이다. 그 것들은 경험적이고 실용적인 지리지식을 구체적으로 나타낸 것으로 옛 사람은 그런 것들을 행하고 이름 짓고 기록했다. 비교를 하자면 『산경』의 내용에는 괴이한 사물이 많아서 과학사의 시각에서 지리학사에 접근할 때에는 종종 그들을 논의하지 않는다. 그러나 『산경』 지리지식의 특징(이는 사상사에서 주목하는 문제다)을 전면적으로 검토한다면 그런 내용들을 홀시할 수 없으며 심지어 그런 내용들에 더 많은 주의를 기울여야 한다. 산속의 괴이한 사물은 옛사람의 상상적 '지식'이었으며 '입에서 입으로 전해지는' 동안 모호한 지식에 창작이 더해진 것들이다.

『산경』 각 '차次'의 몇몇 산줄기를 다 이야기한 뒤에는 그 '차次'에 대해 최종 결론을 내렸는데, 이는 서술했던 주된 요지를 종합해 격상시킨 부분으로 주목할 필요가 있다. 「중산경中山經」의 예다.

> 수양산首陽山의 첫머리 수산首山에서 병산丙山까지는 모두 9산으로 그 거리는 267리다. 이곳의 신들의 형상은 모두 용의 몸에 사람의 얼굴을 하고 있다. 그 제사는 털빛 고운 희생물로 한 마리 수탉을 땅에 묻으며 젯메쌀로는 다섯 가지 곡물을 쓴다. 도산은 뭇 산의 근본으로 그 제사에는 돼지와 양의 제물을 갖추고 술을 올려 제사 드리는데 벽옥을 하나 바쳤다가 땅에 묻는다. 귀산은 천제의 신령이 깃들인 곳으로 그 제사에는 술을 올려 강신하고 소·양·돼지의 제물을 갖춘 다음 무당과 박수 두 사람이 함께 춤을 추며 벽옥을 하나 바친다.[77]

전체적으로 볼 때, 특히 핵심적인 세계관으로 관찰하면 『산경』이 서술하고 있는 여러 산은 괴이한 사물들이 가득하며 끝에는 신의 모습과 제사법으로 종합되는데, 보편적으로 존재하는 신-인간의 관계를 드러내고 있다. 이것이 『산경』의 주제이며 여기에 그 지리사상의 의의가 있다. 세계의 속성과 지리사상의 내용은 일치한다. '제帝'의 존재는 산속 괴물의 존재와 마찬가지로, 『산경』 세계 속성의 중요한 특징이다. 「서산경」에서 '천제산天帝山' '제帝의 박수搏獸산' '제의 평포平圃' '제의 지상 도읍下都' '제의 동산圃' '제의 온갖 의복을 관장하다' '서왕모西王母가 사는 곳' '백제白帝 소호少昊가 사는 곳' '황제黃帝' '제강帝江' 등을 볼 수 있다. 「중산경」에는 '제의 숨겨진 도읍帝之密都' '제대帝臺의 바둑돌棋' '제대帝臺의 돌石' '제휴帝休' '제옥帝屋' '제균산帝囷山' '제균수帝囷水' '제대帝臺가 마시던 물漿' '제원수帝苑水' '의제산倚帝山' '제녀의 뽕나무帝女之桑' '제의 두 딸이 사는 곳' '양제산陽帝山' 등이 있다. 이런 '제'는 기본적으로 상제上帝인 천신天神으로 지상 세계와 통해 오고 간다. 『산경』의 전문全文을 보면 산에 대한 제사가 보편적이다. 이런 것들이 '하늘과 땅이 통함을 끊기' 전의 특징이다.

『산경』은 인간 세상의 생활을 말하지 않고 도처에 신선과 요괴의 기운이 충만하기는 하지만, 『산경』의 마지막 결말은 결국 지리와 '국가의 자원'이라는 주제에 머물렀다.

천하는 동서가 2만8000리이고 남북이 2만6000리다. 물이 나오는 산이 8000리이고, 물을 받아들이는 곳이 8000리이며, 구리가 나는 산이 467곳이고, 철이 나는 산이 3,690곳이다. 이는 천하의 땅을 나누어 곡식을 심을 수 있는 곳과 창 등 무기의 원료가 되는 광물이 나는 곳, 재물의 바탕이 되는 보물이 나는 곳들을 기록한 것이다. 잘 이용하는 이는 여유가 있을 것이고 서툰 이는 부족할 것이다. 타이산太山과 양보梁父에 봉선한 군주가 72명인데 흥하고 망한 이치가 모두 이 책 안에 있다. 이 책은 국가의 자원을 말한 것이다.[78]

이 부분의 요지는 확실히 『산경』의 전체적인 사고의 맥락과 부합하지 않는다. 일찍이 청대 학자 필원畢沅과 학의행郝懿行 등은 이 부분이 "주·진周秦 시기 사람들이 풀이한 말로 봄이 마땅하다"[79]고 했는데, 즉 후세 사람이 더한 것이라는 이야기다. 후세 사람이 자신이 가졌던 땅의 이로움과 '국가 자원'의 마음으로 '구리가 나고' '철이 나고' '땅을 나누어 곡식을 심고' '창 등 무기의 재료가 되는 광물이 나는' 곳 등을 강조함으로써, 『산경』의 신문神文 가치를 인문 가치로 돌려놓았다. 이런 상황이 나타난 것은 시대가 변하면서 생긴 영향의 결과다. 후세 사람이 이른 시기의 고서에 대해 그 성질을 변화시켜 후세 사람의 세상에 맞는 관념과 도리에 맞도록 만든 것인데 역사 속에 이런 일은 흔히 보인다. 『주역』도 그런 운명을 겪었다. "사람들의 『주역』 이용은 이미 춘추 시대에 점을 치는 활동의 범위를 점차 벗어나 『주역』의 괘사와 효사는 점을 쳐서 길흉을 묻는 것과 분리되었다. 괘사와 효사의 체계를 독립된 문헌체계로 만들고 인증을 곁들임으로써, 철리나 법칙을 설명하고 증명했다."[80]

후에 『산경山經』은 "해외海外" 등의 경經과 합쳐 한 권이 되었으므로 『산해경山海經』이라 부른다. 오늘날 볼 수 있는 고대 문헌 중 『산해경』의 이름이 보이는 가장 이른 것은 『사기』 「대원열전大宛列傳」에 나타난 것이다. 혹자는 「대원열전」 중의 『산해경』이 실은 『산경』이었다고 생각한다. 사마천은 『산해경』이 '괴이한 사물'에 대한 말이 많아서 인용할 수 없다고 생각했다.

『산해경』에는 확실히 현실주의적인 지리지식이 있다. 그러나 그 주제가 산의 신성神性 및 신성의 옆에 따라붙은 괴물에 대한 것임을 쉽게 알 수 있다. 『산해경』의 지리지식은 각기 천신 신앙에서 온 것과 현실경험에서 온 두 종류라 할 수 있다. 그러나 경험적인 지리지식에 대한 기록 그 자체가 직접적으로 학문적 의미나 사상적 의미를 만들지는 않는다는 것을 지적할 필요가 있다. 경험적 성질의 지리지식은 거의 모든 세계·지역·지방의 책에서 찾을 수 있다. 경험적 성질의 지리지식을 단지 기록하기만 할 뿐, 그 틀을 서술하지 않고 더욱이 그에 대한 해석까지로 격상시키지 못한다면 그것은 일상의 지식에 속하는 것이지 학문적 의미가 없다.[81]

『산해경』 중에 경험적 성질의 지리지식이 포함되어 있기 때문인지 옛 사람은 그 책을 지리류의 서적으로 귀속시켰다. 『한서』 「예문지」에는 지리류를 두지 않았기에 『산해경』을 형법가류形法家類에 두었다. 『수서隋書』 「경적지經籍志」부터 『산해경』을 지리류에 두기 시작했다.[82] 『후한서』 「순리열전循吏列傳」에 기록된 왕경王景의 사건을 통해 『산해경』에 대한 당시 사람들의 생각을 알 수 있다. 왕경은 후한 초기의 물 다스리기治水 전문가다. 황허 강의 수재水災에서 물을 다스리는 문제를 놓고 "왕경이 물 다스리기의 이로움과 폐해를 진술함에 그 응대가 영민하고 신속해 황제가 그를 좋게 여겼다. 또한 일찍이 준의浚儀(지금의 허난 성 카이펑 일대―옮긴이) 고을을 다스린 적이 있는데 공을 이루었으므로 『산해경』 『하거서河渠書』 『우공도禹貢圖』·돈·비단·의복을 하사했다. 여름이 되자 마침내 수십만의 병졸을 징발하고 왕경王景과 왕오王吳를 파견해 수로를

정비하고 제방을 쌓았는데, 허난 성 싱양榮陽 동쪽에서부터 천승해구千乘
海口(지금의 산둥 성 리진利津 황허 강 어귀—옮긴이)까지 천여 리나 되었다."⁸³
왕경이 하천을 다스린 일은 역사적으로 유명하다. 한漢 명제明帝는 그가
마음에 들어 지리 도서를 세 부 하사해 격려했다. 『산해경』『하거서』『우
공도』는 당시 가장 대표적인 지리 문헌이었을 텐데, 황제가 이를 왕경에
게 하사한 뜻은 실용을 위한 것이 아니라 상징적이었을 것이다. 어쨌든
간에 『산해경』이 후한 시기에 지리서로 간주되었음에는 문제가 없다.⁸⁴

청대에 이르자 엄격한 학자들은 지식의 실증성과 논리성을 추구했다.
그들이 보기에 『산해경』은 실제적인 세계의 지리 저작이라 할 수 없었
다. 그래서 『사고전서四庫全書』의 분류에서는 『산해경』을 소설류에 두었
다. 『사고제요四庫提要』는 이렇게 설명하고 있다: "〔『산해경』 중의〕 거리와
산천은 고증하기 어렵다. 살펴보면 이목이 미치는 곳의 백에 하나도 참
됨이 없다. 여러 사람이 모두 이 책을 지리서地理書 중에 으뜸으로 여기
나 이 또한 타당하지 않다. 사실을 가려 명분을 정하니 실로 소설小說의
가장 오래된 것일 따름이다."⁸⁵

전하는 말에는 『산해경』의 저자가 백익伯益이라고 한다. 『오월춘추吳越
春秋』는 말했다: "〔우禹는〕 익益 및 기夔와 함께 상의해 명산과 큰 호수大澤
에 이를 때마다 그 신神들을 불러 산천의 맥리脈理와 금·옥의 소재, 새·
짐승·곤충의 종류, 팔방의 민속, 각기 다른 나라와 지역 및 토지와 거리
등을 물어 익에게 이를 나누어 기록하게 했다. 그런 까닭에 이를 『산해
경』이라 이름했다."⁸⁶ 여기서 '익'은 백익이다. 『사고전서』는 『열자』에서
말하는 "대우가 가서 보고 백익이 알아서 이름을 짓고 이견夷堅이 들어
서 기록하다"⁸⁷는 『산해경』이 만들어진 것을 가리키는 듯하다. 이런 전

설 속의 인물은 고증할 수 없을 뿐만 아니라 믿을 수도 없지만 서술하고 있는 배경은 참고할 만한 가치가 있다. 『오월춘추』가 말한 우가 "명산과 큰 호수에 이르러 그 신을 불러 물은 것"은 "신이 지키는 나라"(천신天神) 시대의 모습과 닮았다.

『산경』은 산맥의 공간적 분포와 순서에 대한 서술이 명확해 그 서술한 내용을 통해 각 산맥의 상대적 위치(거리를 나타내는 숫자가 정확하지는 않음)를 분명하게 알 수 있다. 이런 예비적이고 경험적인 지리지식은 그 책을 이른 시기의 천신 시대에 두는 것에 지장을 주지 않는다. 천신 시대라 하더라도 제사 지내는 신령스런 산의 위치를 파악하는 것은 필수적이며 또한 어려운 일도 아니기 때문이다. 지상에 있는 산천의 존재·분포·방향은 직접적인 경험적 지식이지만 그들 자체만으로는 사상사적 의의를 만들지 못한다. 사상적 의미의 관건은 산천의 구성에 따라 붙는 해석 성질의 내용이다. 즉 안에 담고 있는(또는 발견한) 것이 무엇인가다. 『산경』이 담거나 발견한 것은 괴이한 사물, 제帝의 도읍, 제의 대臺, 여러 산의 세계로 이루어진 괴이한 사물과 제帝의 존재 장소 및 인류가 제사를 지내는 곳이다. 『산경』과 대조되는 후세의 왕조 지리 시대는 만 리 강산이 모두 황제의 '천하'로 묘사되고, 다시 그 뒤의 과학 지리 시대가 되자 산천은 자연법칙의 예증이 되었다. 이런 여러 산과 큰 하천들은 서로 다른 지리사상의 해석에서 각기 다른 가치와 의의를 드러내고 있다.

『산경』이 서술하고 있는 방향과 거리는 현실적인 지리지식이다. 이만한 지식의 수준이면 틀림없이 여러 산(신령스런 산)의 분포지도를 쉽게 그려낼 수 있을 것이다. 『시경』「주송·반」에 "높은 산과 회오리봉과 큰 산악에 오르시고 진실로 흡하翕河를 따라서"[88]라는 구절이 있다. 한漢과 당

혼돈에서 질서로

唐 시기에 주소를 지은 학자들은 '유猶'(흡하를 따라서猶翕河)를 '도圖'의 의미로 생각했다. "유猶는 그리는 것圖이다"[89]는 『석언釋言』의 말이다. 정현은 "주나라의 군주로서 순수巡守하는데 그곳에 이르면 높은 산에 올라 제사를 지내고 산천의 품계에 맞춰 망제望祭를 올린다. 작은 산과 높은 봉우리 모두 산천의 지도에 따라 순서에 맞춰 제사를 지낸다."[90] 정현의 풀이가 맞을 것이다. 현실적인 가능성에서 산천에 제사를 지낼 때에는 "산천의 지도에 따라 순서대로 제사를 지낼 것"이다. 『산경』과 같은 시대에는 당연히 '신령스런 산神山'의 분포도와 같은 것이 있었으리라 추정할 수 있다. 그 지도를 보면서 사람들은 틀림없이 '신과 사람 사이' 또는 '하늘과 사람 사이'에 관한 내용을 생각했을 것이다.

『산경』의 신과 사람 사이와 대조적으로 『서경』「우공」은 전부가 사람과 사람 사이에 대한 내용이다. 청대 학자 호위胡渭는 『우공추지禹貢錐指』에서 「우공」의 12요지를 총괄했다: "지역의 구분, 풍토의 등급, 경계의 구획, 세금 거두기의 법, 구주의 공물, 사해의 공물, 황허 강에 이르는 길, 산천의 다스림, 육부(금·목·수·화·토·곡물 등 여섯 가지 재화를 보관하는 창고)의 형성, 땅과 성을 하사함(분봉해 땅과 성씨를 하사함), 무위의 떨침, 명성과 교화의 미침."[91] 이는 실로 국가사회의 형성을 포함한 정치와 교화, 군사, 재정 등의 일로써 「우공」의 내용은 사회 속의 사람과 사람 사이 관계의 성숙된 형태를 반영하고 있다.

「우공」의 '지역 구분'은 '구주'로 유명한데, 각 주(구역)에 대한 기본적인 서술 내용은 다음과 같다.

형산荊山과 황허 강에 예주豫州가 있다. 이허伊河 강과 뤄허洛河 강, 찬허瀍河

하늘과 땅의 통합을 끊다: 지리사상 흐름의 독립

강, 젠허澗河 강이 이미 황허 강으로 들어가며, 형수榮水와 파수波水가 이미 못이 되었다. 허쩌河澤를 이끌어 맹저孟豬에 이르게 했다. 그 흙은 덩이가 없이 곱고 낮은 지역의 땅은 부풀어 일어나고 성기다. 그 밭은 중에 상上이고, 그 세금은 등급이 섞여 있으나 상에 중이다. 그 공물은 칠과 삼베와 칡베와 모시이고 그 광주리에 담아 바치는 특산물은 가는 솜이니 경쇠를 가는 숫돌은 명이 내려오면 바친다. 뤄허 강에서 배를 띄워 황허 강에 이른다.[92]

여기에 기록된 것은 모두 '사람의 말'로서 '귀신의 말'이나 '천신'의 그림자는 없다. 「우공」은 독립적이고 완전한 인문 세계를 묘사하고 있는 까닭으로 첫 번째 인문지리 문헌이 되었다. 당대의 『원화 군현지元和郡縣志』의 저자 가탐賈耽은 "중국은 우공을 시작으로 하고 외이外夷는 반고와 사마천에서 발원한다"[93]고 했다. 그 말은 '중국'을 말하는 지리는 「우공」으로부터 시작되었고, '외이'를 말하는 지리는 『사기』와 『한서』에서 시작되었다는 뜻이다.[94] 「우공」의 이런 위치는 줄곧 왕조 시대의 학자들에게 추앙받으면서 왕조지리학에서 경전적인 지위를 가지게 되었다.

「우공」도 여러 산을 서술함에서 '산에 길 내기導山'로 산맥의 실제적인 방향을 서술하고 있다. 산과 산을 비교해보면, 「우공」과 『산경』의 차이를 쉽게 알 수 있다. 「우공」의 '산에 길 내기'는 '삼조三條'나 '사열四列'로 나뉜다.

4열:

제1열: 견산岍山에서부터 길을 내기 시작하여 치산岐山 산에 미쳐 형산荊山에 이르렀으며 황허 강을 넘었다. 호구산壺口山, 뇌수산雷首山을 지나 태악太

岳에 이르렀고 저주산底柱山과 석성산析城山을 거쳐 왕옥산王屋山에 이르렀다. 타이항 산太行山, 항산恒山을 거쳐 갈석碣石에 이르러 바다로 들어갔다.[95] 음렬陰列.

제2열: 서경산西傾山·주어산朱圉山·조서산鳥鼠山에서부터 시작하여 태화산太華山에 이르렀으며 웅이산熊耳山·외방산外方山·동백산桐柏山을 거쳐 배미산陪尾山에 이르렀다.[96] 차음렬次陰列.

제3열: 파총산嶓冢에서부터 다스리기 시작하여 형산荊山에 이르렀으며 내방산内方山으로부터 대별산大別山에 이르렀다.[97] 차양렬次陽列.

제4열: 민산岷山의 남쪽으로부터 형산衡山에 이르렀으며 주장九江을 지나 부천원산敷淺原山에 이르렀다.[98] 양렬陽列.


3조[99]:

'견산岍山'에서부터 북조北條다.

'서경산西傾山'에서부터 중조中條다.

'파총산嶓冢山'에서부터 남조南條다.


'3조'는 마융馬融·왕숙王肅의 견해이고 '4열'은 정현의 견해인데 그들 모두 '조'와 '열'이 천하 산맥의 주요한 연속 체계라고 생각한다. 옛사람의 표면적인 관찰의 종합은 합리적인 면에서 과학 시대의 산의 형체의 지질적인 구성으로 관찰하는 방법과 당연히 비교가 되지 않는다. 그러나 「우공」의 괴이하고 과장된 것을 뺀다면 뭇 산들은 뭇 산 그대로, 인문 세계 속에 길게 누워서 거시적인 좌표가 되고 구역을 나누게 되니, 이른바 "산세가 이어져서 주州의 경계가 되어 가로막는다"는 것이다. 이는 『산

**293**

경』과 비교할 때 큰 진전이다.

『산경』은 열列마다 산맥을 다 적고 나서 늘 주된 요지를 개괄했다. 「우공」은 산맥을 단독으로 개괄하지는 않았는데 '구주'라는 드넓은 범위에 대해서는 총체적인 요지를 개괄했다.

구주가 함께 하니 사방의 오지까지도 사람이 살 수 있게 되었다. 구주의 산에 나무를 자르고 여旅 제사를 지내며 구주 하천의 근원을 깊이 파내며 구주의 못 제방을 이미 만들었으니 사해의 물이 만나서 함께 흐른다. 육부가 잘 닦여져서 여러 땅이 서로 바르게 되자 재정과 세금을 신중히 했는데 땅을 모두 세 가지 등급으로 해 중국에 세금제도를 만들었다. 땅과 성을 내렸다. 나의 덕을 공경해 먼저 하니 내가 행하는 것을 어기지 않았다.[100]

여기서의 '구주'는 신령의 지위를 강조하지 않는 순수한 인문의 세계다. 이 인문 세계를 주도하는 사람은 고상한 덕을 갖춘 성현 우禹이고, 우의 다스림과 안배 아래 조화롭고 함께하는 세상을 이루었다.

같은 우이나 신괴神怪에 덧붙여졌던 적이 있었다. 사마천이 인용하기를 꺼렸던 「우본기禹本紀」는 지금은 그 전모를 알 수 없지만 틀림없이 괴이한 이야기가 가득했을 것이다. 그러나 「우공」 속의 우는 고된 인간 세상의 일꾼이다. 이 같은 우의 행위의 핵심은 현실주의적인 지리지식을 쌓아 올린 것이다. 우에 관한 이야기가 이데올로기를 넘어 날로 사회의 광범위한 숭앙을 받은 것은 주목할 만한 일이다. 『산해경』 가운데 우를 언급한 곳이 몇 곳 있으나 신기한 내용은 없다. 우는 이미 현실 세계에서 활동하는 영웅이었다. 『맹자』 「등문공 상」에 "우禹가 구하九河의 강을 소통하고 제수濟水와 타허漯河 강을 터서 바다로 흘러들게 하며, 루허汝河 강과 한수이漢水 강을 트고 화이허 강과 쓰허泗河 강을 배수해 창장 강으로 흐르게 했으니, 그런 뒤에야 중국이 곡식을 먹을 수 있었다. 이 때를 당해 우는 8년이나 밖에 있으면서 세 번이나 집 문 앞을 지났으나 들어가지 않았다"[101]고 했다. 우의 행적은 위대한 것이지 신기한 것이 아니다.

사마천은 말했다: "구주와 산천을 말한 것이 『상서』가 가깝다."[102] 그 말은 『상서』「우공」에서 말한 구주의 지리가 사실에 가깝다는 뜻이다. 사마천은 『하본기夏本紀』 중에 「우공」의 전문을 채록해 하대의 형세를 설명했다. 「우공」에서 산길을 내든 물길을 열든, 이들 모두가 인문의 숨결을 담고 있다. 구주는 철저한 인문의 공간이며 정치 권력과 도덕 가치를 핵심으로 강화되고 있는 질서를 대표한다. 「우공」이 묘사하고 있는 것은 인간 세상의 세계의 일체성이며 통일된 질서를 품고 있다. 「우공」에는 나누어 다스리는 정치의 언급이 없다. 분봉의 의미조차 미미한데 이는 놀라운 일이다.

'중국'의 지리에 대한 서술은 「우공」에서 시작되는데 이는 체계화된 인문 세계관의 형성을 나타낸다. 이 인문 세계관은 점차 중국인 주요 이데올로기의 중요한 구성요소가 되어 심원한 영향을 미치게 되었다.

쉬쉬성은 중국 고대 신화와 전설을 살피면서 "고대 그리스인은 환상력이 특별히 발달했으므로 그들의 전설 속에는 시의詩意가 풍부하게 남아 있고, 희한하고 기괴해 인간의 일상적인 것과는 먼 이야기들이 많다. 중국인의 조상들은 평범한 이야기를 비교적 좋아해서 실제적인 것에 흥미가 많으며 환상력이 별로 발달하지 않았다. 전해지는 고대의 이야기들을 그리스와 비교해보면 신기한 면만 놓고 보더라도 차이가 많이 난다"고 생각했다.[103] 쉬쉬성의 생각은 중국 고대 역사 문화의 연속과 존재의 상태에 기초해 한 말일 것인데 이는 "하늘과 땅이 통함을 끊는" 변화의 영향을 가장 크게 받은 영역이다. 중국 고대 지리학의 주류 부분은 역사학과 관계가 밀접한 까닭에 마찬가지로 신기한 면을 비교적 철저하게 벗어버렸다. 그리고 중국 고대 지리학은 왕조 역사와 단단히 결합해 발전하였으므로 '왕조지리학'이라 부른다.

제8장

# 갑골문에 보이는 국가 정치적
# 공간 질서의 예비적 형성

상제上帝 앞에서 황공해하기는 했지만 점占을 통한 물음은 끊이지 않았다. 상 왕조의 임금과 신하들은 마침내 작지 않은 인간 세상의 기본 토대를 열었고 놀랄 만한 영토의 국가를 소유했다.[1] 상나라의 국가 정치는 공간적으로 확장되고 넓어지면서 점차 국가지역의 정치 체제를 창설했다. 이 공간 정치의 체제가 상 왕조의 정치 지리이며 현재까지 알려진 중국 역사에서 확실히 증명할 수 있는 첫 번째 인간 세상 대질서다.

상나라 사람은 온 세계에 대한 경외의 마음을 계승했지만 현실 세계 속의 다른 나라 앞에서는 전횡의 기세가 가득했다. 경제와 군사와 같은 구체적인 수단을 통해 한 걸음씩 확장 목표를 완성해 나갔는데, 그런 확장 목표를 현실화하는 일련의 과정 중에는 정치와 관념에 중요한 창의적인 것들이 포함되어 있다.

국가의 형성과 발전은 경제와 정치의 발전으로부터 추진력을 받아 부단히 강화되는 국가 형태를 사회 총체적으로 표현해낸다. 국가 사상과 국가 관념의 강화 또한 국가 발전의 과정에서 빼놓을 수 없는 중요한 부분이다. 흔히 국가는 혈연이 아닌 지연에 따라 조직된 사회조직이라고 하는데, 그렇다면 지연 사상은 필연적으로 국가의 성숙에 따라 풍부해질 것이다. 지연 사상이 바로 지리 사상이다.

상나라 사람은 거북 껍질甲과 짐승 뼈骨라는 재료를 통해 상제와 대화했다. 갑골에 있는 문자가 신(상제)과의 대화이기는 하지만 그 신은 상나라 사람 자신이 세운 대상이고 대화 내용 역시 자신들이 확정한 주제다. 그들은 상제에게 거짓말을 할 수 없었기에 갑골문으로 내용들을 기록했으며 이는 확실한 역사다. 신을 향한 그들의 간절한 바람을 통해 상나라 사람들의 현실 세계를 볼 수 있고 그들의 내면 세계도 읽을 수 있다. 상나라 사람은 온몸으로 정치 강역을 개발했을 뿐만 아니라 영혼으로 현실 세계의 질서와 가치를 세웠다.

### '사방위' 질서의 보편성(명확한 5방위의 관념)

상나라 사람은 북위 34~40도 사이의 평원 세계에서 주로 활동했는데 지속적으로 규모가 커지면서 마침내 근거지가 광활한 지역으로 확대되었다. 전통적인 '온 세계天下' 안에 상나라 사람은 현실적이고 질서정연한 인간 세상의 세계를 형성했다. 『사기』「손자·오기열전孫子·吳起列傳」에 보인다: "은殷·주紂의 도읍은 왼쪽에는 맹문孟門산이 있고 오른쪽에는 타이항太行산이 있으며 상산常山이 그 북쪽에 있고 황허 강이 그 남쪽으로 흐른다."[2] 이는 상 왕조가 험준함에 의지해 지키는 나라의 범위를 말한 것이다. 오늘날 고고학자들이 발견한 상商 문화의 분포 범위는 더 넓다.

상나라의 핵심 구역은 대평원의 환경으로 이런 환경은 대지의 균형 의식을 증대한다. 균형 의식에서는 대칭과 정제整齊의 관념이 쉽게 출현한다. 동·남·서·북의 사방위 관념은 아주 오래전에 나왔을 것이다. 상나라 사람은 이 '사방위'의 틀을 움켜잡고 그 안에 정치나 경제의 사물들을 하나씩 채워 넣었다. 인간 세상의 세계가 마치 이 '사방위'의 구조 중에서 존재하는 듯하다. 혹은 그 속에서 안배되고 조직되었다고 하겠다.

복사卜辭에는 네 '방위'가 명확하다.

남방.
서방.
북방.
동방.
상商. (『툰난屯南』³ 1126.)

이 견갑골에 새긴 글은 해마다 지내는 세제歲祭의 일부분이다.
갑골문에는 동·남·서·북의 사방위의 땅四土도 있다.

"□신 일에 점을 치셨다. …… 사방위의 땅 …… 종묘"⁴
(『합집合集』 33272.)
"임신일에 점을 치셨다. '□에 사방위의 땅을 기원할까요?'"⁵
(『합집』 21091.)
"기사일에 왕께서 점을 치셨다: '올해 상나라가 곡물 수확이 풍성할까요?'
왕께서 점괘를 보고 말씀하셨다: '길하다.'

'동방 땅에 곡물 수확이 풍성할까요?' ('길하다.')

'남방 땅에 곡물 수확이 풍성할까요?' '길하다.'

'서방 땅에 곡물 수확이 풍성할까요?' '길하다.'

'북방 땅에 곡물 수확이 풍성할까요?' '길하다.'"[6]

（『합집』36975.）


'수년受年'이라는 단어로 보아 상나라 왕이 관심 있는 것은 그 해 사방 위의 '땅'에서 나는 농작물 수확이며 '사토四土'는 농업에 중요한 의의가 있다. 동토·서토·남토·북토 명칭의 성질에 주의하자. 이들은 모두 구체적인 땅의 구역을 실제로 지칭하는 것이 아니다. 구체적인 지역은 당연히 '당토唐土' '박토亳土'와 같이 고유 명칭이 있다. 사토는 일반적으로 불리는 명칭으로 전국적으로 제사를 지내고 점을 칠 때 모든 '땅'을 개괄하는 단지 추상적 관념 성질의 명칭이다. 이런 관념적인 명칭은 4개 방위로 배분되었고 4개 방위를 하나로 합쳐서 전체를 대표한다. 혹은 전체가 4개 방위로 조합되었다고 말할 수도 있다. 넷으로 나누는 것이 기본 구조이자 기본 질서다.

복사에는 또 사목四牧도 있다. '남목' '북목'『갑골문 합집』28351, '좌목' '우목'『갑골문 합집』28769. 목牧은 목장이다. 목장도 경제적 의의가 있는 땅이고 역시 사방위로 나누어 일반 명칭으로 부른다. 목장의 장소가 조금 멀기 때문인지 후세의 『주례』「재사載師」에는 "목장은 먼 교외의 땅에서 경영한다"[7]고 했다. 『이아爾雅』「석지釋地」는 "교외郊外를 목牧이라 한다"[8]고 했다. 후대에 '목'은 점차 직책이나 사람들의 조직 명칭으로 변했다. 허베이 성 펑닝豐寧에서 만상晩商 시기의 '아목亞牧' 정鼎이 출토된 적이 있고 산시陝西 성 룽隴 현에서는 '목정牧正' 상존商尊(상나라 시기 청동기의 일종─옮긴이)이 출토되었으며 쓰촨 성 펑저우彭州에서는 상대의 '목정牧正' 치觶(술잔의 일종─옮긴이)가 출토되었다. 각지의 이 목관牧官들이 모두 상 왕조의 본족本族은 아니었을 텐데, 이는 목관 신분의 특징과 그들이 상 왕조와 긴밀한 관계였음을 함께 설명하고 있다. 『일주서逸周書』 「도읍해都邑解」에 "왕께서 은나라를 멸하고 제후의 주군이 되자 은의 헌민獻民(은나라 멸망 후 주나라를 따르는 은나라의 신하─옮긴이)과 구주제후九牧의 속관들을 불러 은나라의 교외에서 왕을 뵙게 했다."⁹ 여기서 '구목九牧'은 사람들의 조직으로 원래는 상나라의 동맹이었다가 상나라가 망한 뒤에 주나라에 투항한 사람들이다.

상나라 사람은 '대對'의 개념도 있었는데, 역시 4개였을 것이다. 갑골문에 '동대東對' 『합집』 36419, '서대西對' 『합집』 30600, '북대北對' 『둔난』 4529 등이 보인다. '대對'자의 원래 자형은 𣪘으로 사람의 손이 나무를 흙에 심는 모습이며 땅에 표시하는 것이다. '동대東對'는 동쪽 경계의 표지다.¹⁰ '대對'와 동·서·남·북 사방위의 결합은 상대적 방위를 표시하는 특별한 방위적 의미가 있다. 누구와 상대가 되는 것일까? 동이 서의 상대이고 남이 북의 상대가 된다는 것인가, 동서남북이 함께 중앙의 '대읍大邑 상商'(왕의 도읍지)에 상대라는 것인가? '대對'의 개념은 방위적 연관성의 존재를 반영하고 있다. 오늘날 이 개념은 이미 사라지고 없다.

갑골문에는 '사과四戈'('사토四土' 주위 변방의 땅─옮긴이)에 대한 언급도 있다.

갑자일에 점을 쳤다. 왕께서 동과 변방 땅으로 𢧜후를 무찔렀다.

을축일에 점을 쳤다. 왕께서 남과 변방 땅으로 ㅆㄷ후를 무찔렀다.

병인일에 점을 쳤다. 왕께서 서과 변방 땅으로 ㅆㄷ후를 무찔렀다.

정묘일에 점을 쳤다. 왕께서 북과 변방 땅으로 ㅆㄷ후를 무찔렀다.[11]

(『합집』 33208.)

상나라 사람의 '사방위'의 틀에서 주목할 것은 그들이 4개 '방위'와 4방향의 '바람'에 각각 고유한 이름을 붙였다는 점이다.

동쪽은 석析이라 하고 바람은 협劦이라 한다.

남쪽은 인凩이라 하고 바람은 미微라 한다.

서쪽은 이夷라 하고 바람은 이彝라고 한다.

〔북쪽은〕복伏이라 하고 바람은 역役이라 한다.[12]

(『합집』 14294.)

신해일에 내內가 점을 치고 물었다: "복伏이라는 북방신과 역役이라는 북풍신에게 풍년을 기원하는 체제禘祭를 지낼까요?"

신해일에 내內가 점을 치고 물었다: "미微라고 하는 남방신과 인凩이라는 남풍신에게 풍년을 기원하는 체제禘祭를 지낼까요?"

점을 치고 물었다: "석析이라는 동방신과 협劦이라는 동풍신에게 풍년을 기원하는 체제禘祭를 지낼까요?"

점을 치고 물었다: "이彝라는 서방신과 봉丰이라는 서풍신에게 풍년을 기원하는 체제禘祭를 지낼까요?"[13]

(『합집』 14295.)

'정貞'이 없는 앞 조組의 것은 기사 각사記事刻辭(일반적인 일을 기록한 말
—옮긴이)이고 뒷 조의 것은 점복 각사占卜刻辭(점을 친 내용을 기록한 말—
옮긴이)다. 위의 두 복사에서 동방·북방의 방위 명칭과 바람의 명칭은 같
다. 그런데 서방·남방에서 방위 명칭은 바람 명칭으로, 바람 명칭은 방
위 명칭으로 서로 뒤바뀌었다. 후허우쉬안胡厚宣 등의 학자는 『산해경』
등 문헌들과 연결해 이런 명칭 문제들을 연구한 적이 있는데, 기사 각사
에 보이는 남방의 "바람을 미微라고 한다"는 것이 옳다고 했다.[14] 주목할
것은 상나라 사람들이 왜 4개 '방위'와 4개 방위의 '바람'을 구분해서 이
름 지었느냐는 것이다. 문명이 발달한 오늘날에도 사방위의 바람에 대해
동풍·남풍·서풍·북풍이라 할 뿐, 고유한 이름을 붙이지 않는다. 바람의
이름에 관해서는 도리어 현대가 단순하다. 상나라 사람들이 '단순하지
않은' 원인은 어디에 있는가?

　상나라 사람들의 '사방위'와 '사방위 바람' 이름에는 신령적인 의미가
들어 있다는 점에 관련 연구 학자들이 거의 모두가 일치하는 견해를 보
이고 있다. 후허우쉬안은 "은나라 사람들이 사방위와 사방위 바람을 신
령으로 삼은 것은 분명하다. 농작물의 수확과 비를 기원하는 것은 생산
과 관계되는 중요한 일인데 이들 모두 사방위와 사방위 바람에 풍년을
기원해야 한다. 은나라 사람은 천신인 상제와 일월성신 외에 사방위와
사방위 바람신에 대해서도 대단한 숭배를 보였다"고 했다.[15] 사방위 신
과 사방위 바람신의 관계에 대해 천명자는 "사방위 신이 바람과 일월을
주로 관장하며 사방위 바람신은 사방위 신의 사자使者로 이해함이 마땅
하다. 복사에 사방위 신에게 제사를 올리면서 사방위 바람신에게까지 미
치고 있기 때문이다. 복사의 바람은 제帝의 사관史官인데 이것과 서로 들

어맞는다."[16]

갑골문 사방위 바람 탁본『합집』14294

사방위 신과 사방위 바람신은 모두 방위 신이다. 방위의 신령화는 '유신唯神 시대'의 상나라 사람들의 방위 관념이 향상된 필연적 결과다. 상나라 사람들의 사상은 중대하고 중요한 모든 일이 다 신령의 특징을 갖기에 방위도 신령화되었다.

바람이 사방위로 나뉘는 인식에서 한 걸음 더 나아가 사방위 바람이 각기 다른 의미가 있음을 추정해 볼 수 있다. 사방위 바람이 일기 변화에 각기 다른 영향을 미치는 것을 사람들은 현실의 경험을 통해 알아차렸다. 동남풍은 온난하고 습기가 있으며 서북풍은 차갑고 건조한데 이는 화베이華北 지방 사람들의 기본적인 생활 경험이다. 이 기본적 경험의 기초 위에 소박한 방위적 가치관이 들어 있다. 상나라 사람들도 그런 차이를 인식하고 있었으며 자신들 환경의 방위적 가치관을 통해 각기 다른 방위는 각기 다른 가치가 있다는 가치 판단을 발전시켰다.

갑골문과 상대 연구의 미 역사학자 데이비드 케이틀리David N. Keight-ley는 방위 신 문제에 대해 분명한 설명을 하고 있다: "방위와 날씨 변화의 정보를 함께 포함하고 있는 복사에서 상나라 사람들은 날씨 변화 그 자체(보통 '제 帝'가 요구해야만 언급함)가 아닌 날씨 변화가 일어난 어떤 방

위에 대해 더 많은 관심이 있는 것을 보았다. 이는 공간 방위와 바람·
비·구름·천둥과 번개 등의 자연현상이 어떤 내재적인 연관이 있기 때문
일 것이다. 상나라 사람이 각각의 방위에 신력을 부여했다는 전제 아래
어떤 방위에 출현하는 자연 현상은 신력이 영향을 미치는 표현으로 간
주된다. 이렇게 해서 방위 신(또는 사방위 신)은 상나라 사람의 공경의 대
상이 되었다."[17]

신령 신앙과 가치의 차이가 상나라 사람들에게 각각의 방위에 대해 다
른 서술을 하게 했을 것인데, 이에 따라 사방위와 사방위 바람에 대해
각기 다른 이름을 붙였다.

비와 바람은 다르다. 비는 원인이 아니라 결과인 듯하다. 사방위에 내
리는 비는 모두 같아서 단독으로 이름을 붙일 필요가 없다.

> 서쪽으로부터 비가 올까요?
> 동쪽으로부터 비가 올까요?
> 북쪽으로부터 비가 올까요?
> 남쪽으로부터 비가 올까요?[18]
>
> (『합집』 12870 갑甲.)

방위적 가치의 판단은 계절에 따라 변하는 날씨가 방위로 표현되는 것
에서 기원하는데, 후대 각종 방위적 가치관의 기초가 되었다. 가치의 표
현은 간단하고 분명하다. 문제는 가치가 만들어진 원인에 대한 해석이
다. 상나라 사람이 볼 때, 방위의 길흉은 당연히 '자연'적 원인이 아니
다. "제帝가 비를 내리다"[19](『합집』 14142), "제帝가 비를 내리지 않는다"[20]

(『합집』14135 정正)와 같이 신력이 조종한 결과다. 추위는 언제나 북쪽과 서쪽에서 오고 따뜻함은 늘 동쪽과 남쪽에서 온다. 신의 행위 또한 방위의 차이가 있어서 어떤 방위는 언제나 특정한 신의 작용이 일어나는 것이다. 상나라 사람의 의식 속에서 방위·가치·신은 환경 질서 안에서 합일되었으며 사방위의 공간 구조를 갖게 되었다.

방위에 가치의 차이가 존재한다면 상나라 사람이 기술하는 동·서·남·북의 4개 방위에는 특정한 순서가 존재하는 것은 아닐까?

복사에서 기술하는 동·서·남·북, 4개 방향의 순서가 다 같지는 않다. 때로는 동·남·서·북(『합집』36975)인데, 후허우쉬안은 이것이 해가 각 방위에 도달하는 순서에 따라 배열한 것이라고 생각했다.[21] 때로는 동·북·서(『합집』33244)이고 축軸이 향하는 대응 관계의 방향을 따라 동·서와 남·북도 있다. 데이비드 케이틀리는 "동·서·남·북, 4개 방향 중 두 개나 두 개 이상이 언급될 때면 반드시 동쪽이 먼저 오는 것은 분명하다"[22]고 했다. 자연의 방위적 가치에서 태양이 처음 뜨는 곳은 전 인류 모두에게 가장 중요한 방향이다. 문명의 초기일수록 사람들은 동쪽을 중시해 동·서 축선의 가치를 중시한다.

데이비드 케이틀리는 흥미있는 추측을 했다: "상대 후기 상나라 사람의 지리 공간 관념에서 동서 축의 방향은 대단히 중요하다. 동쪽은 특히 중요한 방위로 상나라 사람은 동향東向을 한다. 이에 근거하면 추위와 죽음을 대표하는 북쪽은 그들의 왼손 방향에 있으며 흉하고 나쁜 것이 나오는 곳이다. 따뜻함과 생기를 대표하는 남쪽은 그들의 오른손 방향에 있으며 상서로움의 화신이다. 상나라 사람의 마음에 이런 공간 방위 개념이 있다면 이런 상상을 해 볼 수 있다. 샤오툰에서 생활하는 점복자

占卜者가 노천에서 점을 칠 때, 화베이華北 평원에서 유일하게 볼 수 있는 타이항 산太行山을 등지고 왼손 방향의 환허洹水 강으로 북쪽의 불길한 신물神物의 침입과 환허洹水 강 북쪽의 서북 언덕에 위치한 망령이 출몰하는 대표 지역인 왕릉구역을 상나라 사람의 생활 구역과 차단해 죽음으로부터 멀리 떨어짐을 나타낸다. 그들의 얼굴은 태양이 뜨는 동쪽을 향한다. (…) 상나라 사람의 눈에 태양은 천간天干(십간十干)의 문자로 이름 짓는 조상신을 대표하므로 조상에게 제사 지내는 종묘 역시 천간의 문자로 이름 한다."[23]

태양으로 인해 동서 축의 방향은 좀 더 중요해진다. 동서의 축선軸線을 중시하는 것은 자연적 방위를 중시한다는 뜻이다. 케이틀리는 "몇몇 작은 갑골문 조각으로 상나라 사람이 이미 동쪽을 향하는 것을 지나 남쪽을 향하는 것으로 변했음"을 발견했다.[24] 동쪽을 향하는 것은 태양이 처음 뜨는 곳에 대한 숭배의 영향인데, 갑골문에 '출일出日'과 '입일入日'에 제사 드린다는 말이 있다. 남쪽을 향하는 것은 주거하는 것에 대한 느낌이며 생활에서 받는 느낌은 계절풍의 방향과 햇빛을 중시한다. 나중에는 주거의 느낌이 더 중요해졌기 때문에 남북의 축선이 인간 주거 세계(자연의 세계가 아님)의 핵심적 방위의 축선이 되었을 것이다. 이것이 나중에 인문적인 계획 건설에서 제도의 원칙이 되는 경우는 아주 많다.

케이틀리의 추정이 맞다면 상나라 사람의 왼쪽과 오른쪽은 후대와 다르다. 상나라 사람은 서쪽을 등지고 동쪽을 향했는데 나중에는 북쪽을 등지고 남쪽을 향하는 것으로 바뀌었다. 이런 변화는 인문적 발전의 결과일 것이다. 그런 의미에서 남·북은 인문적이고, 동·서는 자연적이라고 할 수 있다.

4개 방향의 관념으로 땅 위의 사물을 묘사하는 것은 무슨 심오한 생각이 아니다. 인간의 사유에서 사방위의 관념은 '자연'스럽게 형성되었다. 사방위의 대칭성·균형성·명확성은 통제와 사용이 쉬웠는데, 이들은 단지 인류 초기 문화의 성과다. 사방위의 관념은 이처럼 기본적이기 때문에 사람들 마음에 자연의 신성한 느낌을 만들어냈다. "대부분의 북미 원주민 인디언 부락에서 4와 4의 배수는 신성한 의미를 가지고 있는데 그 숫자가 동서남북의 사방위과 사방위에서 불어오는 바람과 연관되기 때문이다."[25]

중국에서는 '4'와 '사각형'이 서로 대응된다. 4개 방향의 관념은 점차 땅이 '네모반듯하다'는 관념과 서로 결합해 "하늘은 둥글고 땅은 네모반듯하다天圓地方"는 설의 주요 근거가 되었다. 자연계에 원형은 많이 있지만 자연적인 사각형은 적다. 사각형의 인식은 보통 인문적 발전의 결과다. 고대 그리스의 사상가는 원형적 존재를 중시했으며 아울러 원을 완전한 형태로 여겼다. 그런 사고의 맥락에서 땅은 둥근 구형球型이라고 추정했다. 중국인의 사유는 사방위의 노선을 따랐으며 이 사각형의 대지는 인문적 세계에서 끊임없이 증명되었다. 사각과 반듯함은 거의 모든 지상의 인문 질서의 모습이었으며, 중국인은 비뚤어지거나 비스듬한 것을 참을 수 없었다.

'사토四土' '사방' '사과四戈'로 서술되는 지역은 균형적이고 추상적인 인문지리적 공간이다. '대읍 상大邑商'의 네 주변 영토의 확장이 실제적으로 균형적이지는 않았다. 자연지리적 환경이나 인문지리적 환경을 막론하고 은·상의 영토가 균형적으로 확장할 수 있는 조건을 제공하는 것은 불가능하다. '사토' '사방' '사과' 등 균형 관념의 출현은 상나라 사람이 영토를 확장하는 보편성과 이데올로기 속에 대읍 상이 가운데 위치한다는 이상적인 지리관을 반영하는 것이다. 동·서·남·북·중의 이상적인 지리적 공간 구조는 후세에 계승되고 발휘되었다.

## '중심'의 유일성(및 5방위 강역 구조)

상나라 사람의 시야는 광활했지만, 아무리 광활해도 그 출발점은 늘 왕공대신의 '대읍상', 즉 상 왕조의 도읍을 담고 있다. 왕도는 인문지리적 세계의 중심이며 사람들이 세계를 보고 느끼는 출발점이자 중요한 인문지리적 요소다. 사방위가 왕도와 대응되기 때문에 갑골 각사刻辭에서는 "남방. 서방. 북방. 동방. 상商."(『샤오툰 남지 갑골』 1126)이라고 한다.

주대에 전해진 『시경』 「상송·은무」가 말하는 "상읍商邑은 정연하기도 하지. 사방의 표준이라네"[26]의 상읍이 상대에 존재했다. 현실에서도 존재했고 의식에서도 존재했다.

'중中'을 갑골문에서는 '𠁁'으로 쓰는데 땅에 꽂아 놓은 장대에 장식술이 매여 있는 모습이다. 이 '중中'의 개념은 햇빛을 측정하는 일에서 기원한 듯하다.[27] 『시경』 「용풍·정지방중」에 "해 그림자로 헤아려 초구에 궁실을 짓는다"[28]고 했는데 주희는 "여덟 자가 되는 해시계 말뚝을 세워 해가 뜰 때의 그림자를 헤아림으로, 동서를 정하고 또 해가 중천에 올 때의 그림자를 살핌으로, 남북을 바르게 한다"[29]고 주를 달았다. 햇빛이 지표면을 비추면 땅에 물체의 그림자가 생긴다. 옛사람은 해그림자의 변화 각도를 관측해 정확한 시간을 확정했을 뿐만 아니라 방위도 변별했다. 아침에 태양이 처음 떠오를 때는 땅 위 그림자가 서쪽을 향한다.

태양이 가장 높이 솟은 정오에는 땅 위의 그림자가 가장 짧다. 동서·남북·정오 모두를 상세히 관찰할 수 있다.

『주례』「대사도大司徒」에 "토규土圭(토지를 측량하는 기구—옮긴이)의 법으로 땅의 깊이를 측량하고 해의 그림자를 바르게 해 땅의 중앙을 구한다"[30]고 했다. 갑골문에 $\ell$日과 $\ell$中이 있는데 이것이 해그림자를 측량해 땅의 중앙을 구하는 것인지도 모른다.[31] '땅의 깊이'는 사방의 깊이와 거리를 가리킨다. 정현은 "땅의 깊이를 측량한다는 것은 남북과 동서의 깊이를 말함이다"라고 주를 달았다. 깊이와 거리가 서로 같은 곳이 중앙이다.

옛사람은 땅이 사각형으로 네 면에는 그 끝이 있다고 생각했다. 해그림자를 측량하는 방법을 통해 땅의 중심, 즉 '땅의 중앙地中'을 찾고자 했다. 정현의 견해에 따르면 '땅의 중앙'은 영촨潁川의 양성陽城(현재는 허난 성 덩펑登封)이다. 그곳에 "토규의 길이는 한 자尺 다섯 치寸이며 하짓날에 여덟 자의 표表(해의 그림자를 측량하는 기둥—옮긴이)를 세운다. 그 그림자가 토규와 똑같으면 이를 땅의 중앙이라 한다"[32]고 했기 때문이다. 이 방법으로 얻은 것은 사실 남북 방향의 중앙일 따름이다.[33]

옛사람에게 '땅의 중앙'은 이처럼 중요했다. 그곳은 "하늘과 땅이 합하는 곳이고 사시가 교차하는 곳이며 비와 바람이 만나고 음양이 화합하는 곳이다."[34] 온갖 '소식'이 이곳에 다 모이니 당연히 가장 좋은 위치가 되며 이곳에 살면 모든 곳을 통제할 수 있다.

오늘날 지구천문지식을 통해 옛사람이 말하는 '땅의 중앙'이 사실은 상대적인 것임을 안다. 그것은 어느 (경도 상) 지역의 시간을 기준으로 삼는다. 땅 중앙의 문제를 탐구할 때 옛사람은 먼저 대지의 범위에 대한 지각적인 인식이 있어야 한다. 이런 지각적 인식의 일부는 경험적 지리지식에 기초하고 일부는 상상에 기초한다. 이 지각적 인식에서 그들은 대개 자신이 대지의 핵심 부위에 거한다고 생각한다(즉 자신이 있는 지역의 경도를 중심으로 삼는다). 땅의 중앙을 측량한다는 것은 이 핵심 부위에서 한 걸음 더 나가 보다 더 정확한 '가운데'를 확정하는 것이다.

'해 그림자'로 땅의 방위를 확정할 때는 태양의 운행이 핵심적인 단서가 된다. "해는 동쪽에서 나왔다

허난 성 덩펑登封(한나라 때의 양성陽城) 주공의 그림자 측량대. 주공이 여기서 땅의 중앙을 측량했다고 전해진다.

가 서쪽의 끝으로 들어가는데 만물이 이 방향을 따르지 않음이 없다."[35] 동쪽은 가장 먼저 생긴 방향 축선이다. 태양은 동서의 지평선 상에 위치하며 방위의 좌표가 되는데 그에 따라 만들어진 천지의 방위 체계는 정확하고 규칙적이다. '2지至 2분分'(하지·동지·춘분·추분)은 태양이 동서의 지평선에 머무는 각각의 세 위치다. 태양이 가장 북쪽에 다가서는 것이 하지점이고 가장 남쪽에 다가서는 것이 동지점이며 중간이 '2분'점(춘분점·추분점—옮긴이)이다. 이런 것들도 대지를 인식하는 좌표가 되었다.[36]

고대 '땅 중앙'의 개념은 천하 대지의 중심을 가리키는데 천연적이며 유일한 것이기도 하다. 이 천연적이며 유일한 '땅 중앙'의 본질을 찾는 것은 곧 자신이 '천하'에 하나 뿐인 우월한 지위에 있다는 것을 확립하고 증명하는 것이며 그럼으로, 그 인간 세상 사회에 하나 뿐인 우월한 지위의 합리성을 강화하는 것이다. "오직 천명을 받은 왕만이 땅 가운데 도

성을 세울 수 있다."[37] 인간인 왕의 이상은 '땅 중앙'에 도읍을 세우는 것이다. 일단 땅 중앙에 도성을 세우면 "천하에 왕의 땅 아닌 곳이 없는" 당연한 의거가 있게 되어 천하에 호령할 수 있으며, "국토를 따르는 물가 안에 왕의 신하 아님이 없게" 되는 것이다.

'땅의 중앙'이 원래는 단지 천문을 관찰하고 지리를 살피는 자연관의 범위였을 것이다. 인문사회가 발전하고 정치적으로 왕권의 지역이 확장됨에 따라 인문적인 '땅의 중앙'이라는 관념이 생겨났다. 원래 자연으로서의 '땅의 중앙'이었으나 인문화되는 것이 피할 수 없는 추세라고도 할 수 있다. 이런 발전 추세에서 천연의 '땅의 중앙'과 사회적인 '땅의 중앙'이 점차 하나가 되어 절대적인 '땅의 중앙'이 되었다. 공간적 질서의 시각에서 보면 '땅의 중앙' 사상은 마침내 지고한 가치관과 사상적 권위 power가 되어 인문 사회에서 '땅의 중앙'을 차지한 사람에게 천연적으로 갖춰진 최고 권력의 합리성을 부여했고 동시에 주변 지역의 사람이 최고 권력을 가질 수 있는 그 어떤 기회도 모두 박탈해버렸다. 이는 사회 정치 질서의 안정을 위해 공간적인 근거를 제공하는 것이고 중심이 여럿인 사회 정치의 판을 부정해 여러 국가가 공존하는 국면을 허락하지 않았다.

'땅의 중앙'은 기타 자연지리 서술 형식의 도움도 받았다. 정현은 서주가 낙읍洛邑을 건설한 원인을 해석할 때 "기岐와 호鎬 지역은 오악五岳의 밖에 위치해 그 다스림이 고르지 못했기에 주공이 동쪽의 낙읍洛邑으로 가서 제후들과 만나 천자가 거할 곳을 짓는 일을 도모했다"[38]고 했다. 주나라 사람 원래의 치산岐山과 풍호豐鎬, 모두 주나라 사람 이른 시기의 도읍 소재지는 오악의 밖에 위치해서 땅의 중앙이 아니었으므로 천하의 중앙인 낙읍으로 가서 달리 천자의 거주지를 모색했다는 뜻이다. 여기서 정현이 언급한 땅 중앙의 표준은 오악으로 오악의 범위를 벗어나는 곳은 땅의 중앙이 될 수 없다. 도성은 오악의 안에 있어야 하며 또한 천자는 땅의 중앙에 기거해야 한다는 표준이 만들어졌다. 이 표준은 왕조 역사에 줄곧 유행했고 청대에 이르러서는 "명산의 방위岳鎭가 마땅히 황도皇都의 준거가 되어야 한다"[39]고 일컬어졌다.

상나라 사람이 '땅의 중앙地中'이라는 어휘를 사용했다는 증거를 갑골문에서는 아직 찾지 못했다.[40] 앞서 인용한 『합집』 36975와 『툰·남』 1126의 각사刻辭 중 '사토' '사방'과 상의 도읍을 공동으로 배열한 것과 대응하는 관계는 상나라 사람에게 '중심'의 관념이 이미 존재하고 있음을 보여준다. 최소한 '대읍 상'은 상나라 사람의 인문 세계에서 '땅의 중앙'이라고 할 수 있다.[41]

인문 세계의 '중심'(더 이상 천지의 축, 하늘과 통하는 높은 산 등이 아님)이 최종적으로 형성된 것은 이른 시기에 있었던 '인간의 발견'이라 할 수 있다. 마침내 '인간'이 세계의 중심에 서게 된 것이다. 이 '인간'에게는 대표가 필요했는데 그가 상나라 왕이었다.

대읍 상이라는 이 '중심'에는 신의 자리가 없다. 그곳에 있는 것은 '인간'이고 '나我'이고 상나라의 왕이고 왕권이었다. 고대 그리스 도시의 중심은 위성衛城이고 신전이고 신이다. 중국 도시의 중심은 조묘祖廟와 사직과 궁전으로 완전히 인문의 것이다. 상대의 대읍 상에는 이미 이런 중국적 특색이 나타나 있다. 중국에서는 일월·산천·풍우 등 여러 신이 먼 곳이나 하늘에 있다. 그들에게 제사를 드리는 곳은 외곽지역이며 그 제사를 '교사郊祀'라고 하는데 『한서』에 「교사지郊祀志」가 있다. '대읍 상'이라는 이 중심에는 뤼시앵 레비브륄Lucien Lévy-Bruhl의 『원시 사유』에서 소개한 일곱 번째 자리, 즉 '이곳'이 있다.[42]

입체적인 육합六合(동서남북과 하늘과 땅—옮긴이)에서의 '이곳'은 일곱 번째이지만 평면적인 사방위에서의 '이곳'은 다섯 번째다. 지리사상이 관심 있는 것은 2차원의 평면이다. 2차원의 평면은 사방위의 틀에서 중심은 갈수록 강화되고 부각되어 4방위가 5개 방위로 변한다. "상음은 정연하기도 하지. 사방의 표준이라네"[43]가 이 다섯 번째 방위의 효용이다.

도식으로 다섯 방위와 대지의 사각형은 전혀 모순되지 않고 완벽하게 들어맞는다. 다섯 방위의 도형은 아亞자 형이 아니라 오색토(고대 다섯 방위를 상징하던 다섯 가지 색깔의 흙—옮긴이)의 형태다. 그 둘의 형태를 비교하면 이렇다.

아亞자 형태는 단지 다섯 방위만을 강조할 뿐, 땅의 네모 형태가 완정하지 않다. 네모난 땅의 완전한 형태를 표시하려면 네 귀퉁이를 더해야 하는데, 구궁식九宮式(중궁中宮과 건乾·감坎·간艮·진震·손巽·이離·곤坤·태兌의 8괘를 배합해 9방위의 자리를 이르는 말—옮긴이)이 된다. 구궁식과 다섯 방위는 내재적인 연계가 있다. 나중의 '구주' 개념과 다섯 방위 개념도 모순되지 않는다.

다섯 번째 방위가 한층 더 인문화됨에 따라 '나我(왕·군주)'는 중심의 가운데가 되었다. 방위상으로 '나'로부터 세상을 바라보는 어휘가 나중에 나타났는데 '전후좌우'의 운용이다. 인간인 왕—특수한 '나'—의 주체적 방위(북쪽을 등지고 남쪽을 향함)의 최종적인 확정은 '나'에서 출발한 방향의 서술이기 때문에 대지의 남북과 동서는 사람의 전후와 좌우를 말한다. 좌는 동이고 우는 서이며 앞은 남, 뒤는 북이다. 『주례』「고공기

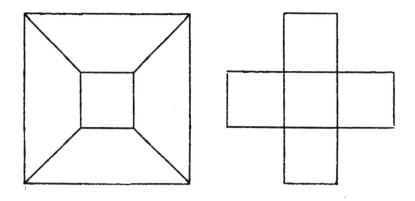

오색토 형태와 아亞자 형태.

『考工記』에 도시구획에 관한 유명한 말이 있다. "장인匠人은 도성을 계획하는 데 사방 9리에 각 측면에 문을 세 개 둔다. 도성 안에는 아홉 개의 세로 길九經과 아홉 개의 가로 길九緯이 있으며 길의 너비는 수레 폭의 9배다. (궁실의) 왼쪽에는 종묘가 있고 오른쪽에는 사직이 있으며 앞에는 조정이 있고 뒤에는 시장이 있는데 시장과 조정은 사방으로 100보步다."[44] 표면상으로는 네 방위의 건축을 말하고 있는 듯하지만 실은 중앙에 자리하고 있는 '궁宮'을 암묵적으로 인정하고 있다. 이 '궁'이야 말로 가장 중요한 부분이다.[45]

여기에는 왕이 서는 방식에서 도성이 서는 방식에 이르기까지 통일되고 중요한 방위 관념이 들어 있다. 도성 규정의 본질은 왕의 위치와 방향을 구획하는 것이다. 이 위치가 확정되면 새롭게 세계를 관찰하는 시작점이 된다. 중국의 도성에는 언제나 명확한 방위 문제가 있다. 그 밖에 왕권이 하늘에서 주어지면 천지의 방향은 다시 왕과 왕도王都의 방향

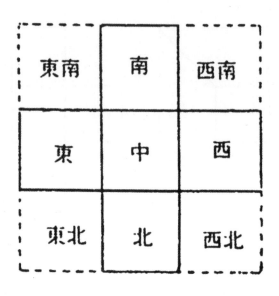

5방위와 9방위도

과 통일되며 그들은 모두 우주 원칙의 산물로 이해된다. 천지는 반듯해야 하고 왕권도 반듯해야 하며 왕도王都 역시 반듯해야 한다. 영토의 구조조차 도성 규정의 연장으로 보아 또한 반듯해야 한다.

'중앙中'이 인문화됨에 따라 그와 대응되는 '사방'도 당연히 인문화되었다. '상商'이 거느리는 '사방'의 범위 안에 왕권이 통치하는 정치구조가 나타났다. 이 '사방'과 '천지사방' 속 순수한 자연의 '사방'은 다소 다르다. 상商의 사방은 천하의 상상적 공간 속의 자연 위치가 아닌, 정치적 시야에서 통괄되는 네 경계다. 쑹전하오宋鎭豪가 말하는 범칭泛稱의 전방위적 정치적 영토 국토로서 아래 문헌 속의 '사방'과 같은 의미일 것이다.

『상서』「다사多士」: "성탕成湯이 하나라를 개혁하고 뛰어난 이가 사방을 다 스리게 했다."[46]

『상서』「입정立政」: "상商의 도읍에서는 그 읍에 화합했고 사방에서는 크게 본받아 덕을 나타내었다."[47]

『시경』「상송商頌·현조玄鳥」: "옛날 상제上帝께서 무덕武德 있는 탕에게 명해 저 사방의 국경을 바로잡게 했다."[48]

## 광활하고 복잡한 정치적 공간

상나라 사람은 지금의 기冀·예豫·노魯 사이에 상 왕조를 세웠는데 17대에 31명의 왕이 있었다. 정치적 발전이 이미 상당한 수준에 이르러 관원의 설치와 경영의 확충, 지역에 대한 통제 등에 모두 나름의 방책이 있었다. 갑골문에 지역 경영에 관한 다음과 같은 명칭들이 보인다: 토土·방方·후侯·전奠·목牧·과戈·비鄙·기羈 등. 이 고유한 명칭들은 특정한 일련의 사무를 가리킨다. 이들은 상 왕조의 국토 건설과 지역 개척의 계획·과정·구조·관념들을 나타내고 있다. 한 왕조의 정치적 공간이 형성되기 시작한 것이다.

천멍자에서 쑹전하오에 이르는 갑골문 상대사商代史 학자들은 갑골문 자료에 근거해 상 왕조의 정치적 지역 구조를 체계적으로 복원하여 상 왕조 정치적 지리의 기본 특징에 대한 대체적인 윤곽을 그려냈다. 상나라의 강역구조에 관해서 다음과 같이 개괄할 수 있다. "상 왕조의 왕기 구역王畿區域은 왕읍이 중심이 된다. 왕읍 바깥의 근교는 동·서·남·북의 네 비鄙로 불리고 그 바깥층의 구역은 동·서·남·북의 네 전奠이라 불린다. 전전甸은 나중에 '전복甸服'이라 불리는 '전甸'이다. 원래는 왕전구역王田區域으로부터 이름 지어졌는데 같은 종실의 촌락과 농경지 구역까지 합쳐서 '왕기 구역'을 구성한다. '전甸'에서 더 먼 곳을 '사토'와 '사방'으로 칭하는데 왕조가 거시적으로 경영하고 통제하는 전국 행정구역이다. 또 '사토' 주위 변방의 땅을 '사과'라 한다. 이렇게 상대의 정치적 지리 틀과 상 왕조 국가의 정치적 강역이 형성된다."[49]

위에서 말한 상 왕조에 소속된 각종 지역을 가리키는 명칭 중 전田·전甸·전甸과 후侯·목牧 같은 많은 것이 원래는 관직의 명칭이었다. 이런 관직들은 그 명칭이 보여주는 바와 같이 개간·살피기侯望·방목 등의 일을 각각 담당했는데 이런 일들은 흔히 구역과 서로 대응되기 때문에 그런 관직 명칭에 또한 기능구역 명칭의 의미를 포함하게 되었다. 사람의 신분상 특징이 땅의 목표에 반영되고 있음을 알 수 있다. 상商 왕이 지역적 성질을 띤 직무를 분배하면 관원은 특정지역의 특정직책과 기능을 이행해야 한다. 추시구이裘錫圭의 연구에 따르면[50] 복사에는 '전田'으로 불리는 사람이 많은데 왕기 밖의 모 지역으로 파견되어 농사와 개간에 종사하며 상왕에게 곡물을 제공하는 관직이다. 복사는 상왕이 모 지역에 관리를 파견하는 것을 기록할 때 "재재방전才在龐田"(『툰·남』 2409), "재재의전才在義田"(『툰·남』 2179)과 같이 보통 관직명 앞에 '어디(지명)에 있는'이라는 관형어를 덧붙인다. '재모전在某田'은 모 지역에서 농사와 개간을 감독하는 것이고, '재모견在某犬'은 모 지역에서 수렵에 종사한다는 것이다.

상 왕조의 경작지는 내복과 외복 지역에 분포되어 있으므로 농사에 관한 일을 관리 감독하는 관리 또한 당연히 내복과 외복의 두 곳에서 일한다.[51] 「대우정大盂鼎」의 명문과 『상서』 「주고酒誥」는 모두 '전田'을 외복에

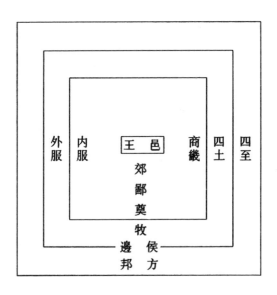

상 왕조 국가 강역疆域 도식(쑹전하오, 2001, 27쪽에서 전재)

두어 전관田官의 외복 성격을 강조하면서 외복의 개발이 보다 더 중요함을 설명하고 있다. 그 외에 외복에 있는 각 종류의 관직과 제후 중에 '전田'의 역할 역시 두드러진다. 후대에 주나라 사람은 '후전侯田'(전甸)으로 상나라의 외복을 종합했는데『상서』「군석君奭」과「대우정大盂鼎」명문 등에 보인다.

상 왕조가 이미 분명한 국토경영 의식이 있었음을 수많은 갑골 각사刻辭가 보여준다. 이런 의식 속에는 강역의 확장, 농업과 목축의 개발, 자연 자원의 점유, 성읍의 분포, 관직의 설치, 변경 수비, 도로 관리 등이 포함되어 있다. 그중 강역의 확장은 일련의 국토 경영 조치의 중요한 목표다.

갑골문 자료를 통해 농토가 상나라 지역에 두루 분포해 그 범위가 대단히 넓었음을 알 수 있다. '정홰수년貞澅受年'(『을편乙編』 1966)에서 후허우쉬안의 고증에 따르면 홰澅 지역은 산둥 성 쯔보淄博(린쯔臨淄 구) 서북쪽이다.[52] '정견수년貞犬受年'(『합집』 9794)에서 장빙취안張秉權의 고증에 따르면 견犬 지역은 산시陝西 성 싱핑興平 동쪽이다.[53] 이런 기록들은 상왕이 관심을 두었던 농경지가 이미 산시에서 산둥에 이르는 이같이 넓은 범위였음을 보여준다.[54] 이 같은 범위는 상 왕조의 강역 확장 역량을 잘 반영하고 있다.

영토는 국가적 형태의 중요한 특징으로 이른 시기 국가인 상 왕조의 발전은 필연적으로 영토 확장으로 표현된다. 정치적으로 상왕은 주변 지역에 대한 통제와 통치를 요구했는데 이런 요구는 수동적인 방비에서 온 것으로 먼 곳의 적을 최대한으로 방비하고자 함이다.("적이 내게서 백 걸음을 떨어져 있더라도, 한 걸음도 더는 못 나오게 하겠다"는 속담과 같다.) 다른 한 편은 주동적인 발전과 확장에서 온 것으로 상나라는 여타 부족의 경쟁과 대항의 관계에서 그 부족들을 굴복시키는 정치적 동기를 낳았다. 경제적으로는 보다 좋은 토지자원을 보다 많이 얻는 것인데 이는 부족의 번식과 발전의 기본적인 수요다. 이런 발전적 수요는 쉽게 이해할 수 있다.

상나라 사람의 영토 확장은 전해지는 문헌에 충분히 반영되어 있다. 상나라는 하나라를 멸망시키기 전에 이미 황허 강과 제수濟水 사이의 강력한 정치집단이었다. 상나라 시조 설契의 손자인 상토相土는 무력으로 영토를 확장한 중요한 지도자다. 「상송·장발長發」에 "상토가 굳세시어 해외가 정연해졌다"[55]고 했다. 해외는 먼 곳을 가리킨다. '절截'은 정연하다는 뜻이다. 『춘추좌씨전』 정공 4년에 '상토의 동도東都'라는 말이 있는

혼돈에서 질서로

데 정현의 전鄭箋은 '동도'를 태산 아래라고 생각했다. 이를 따르면 상나라 사람의 세력범위는 이미 산둥까지 이르렀다.

상이 하를 멸망시킨 뒤, 최소한 세 차례 영토 확장의 물결이 있었다.

1. 하의 구세력 및 기타 주변국 부락에 대한 출정으로 "모두 27차례의 출정으로 제후에게 덕을 베풀었다"[56]고 했는데 상의 핵심적인 기본 강역의 기초를 다졌다. 「상송·현조玄鳥」에 "옛날 상제께서 무덕 있는 탕에게 명해 저 사방의 국경을 바로잡게 했다. 사방으로 제후들에게 명해 곧 구유九有를 소유하셨다"[57]고 했는데 탕이 큰 세력범위를 가졌음을 말한다. 「상송·은무殷武」에는 "옛날 성탕이 계실 적에 저 저강氐羌으로부터 감히 와서 물건을 바치지 않는 이가 없었으며 와서 뵙지 않는 이가 없었다"[58]고 해 모두가 상商을 상국上國으로 받들었다. 『여씨춘추』「이용異用」에 따르면 "……한수이 강 남쪽의 나라들이 듣고는 말했다. 탕의 덕이 금수에까지 미치는구나. 이로 인해 40개 나라가 귀의했다"[59]고 했다. '한남漢南'은 당연히 한수이 강의 남쪽을 가리키는 것으로 상의 세력 영향이 이미 강한江漢 평원(창장 강과 한수이 강의 충적으로 이뤄진 평원으로 창장 강 중류에 위치함―옮긴이)까지 이르렀음을 알 수 있다. 현재 후베이 성 우한武漢 판룽盤龍에서 발견된 이른 시기 상나라 유적은 상나라 사람의 세력이 이미 창장 강 이남까지 이르렀다는 확실한 증거다. 그밖에 『후한서』의 「서강전西羌傳」과 「동이열전東夷列傳」이 전하는 말에 따르면 탕이 서쪽으로 웨이허渭河 강까지 정벌했고 동으로는 동이를 평정해 지금의 산둥 성 중서부까지 이르렀다고 한다.

2. 무정武丁 시기에 상은 주변의 나라와 부락을 대거 정벌했다. 정벌 당한 나라들은 공방工方·토방土方·강방羌方·형초荊楚 등으로, 그 방향은

주로 북·서·서남쪽이다.

3. 제신帝辛 시기에는 동이와 빈번하게 전쟁을 치러 동쪽으로의 확장에 힘을 기울였다. 고고학적 자료에 근거할 때 상술한 상 왕조 세력(또는 강역)의 확장에 관한 설은 대체로 믿을 만하다.

상 왕조의 지역 확장이 영토 구조에 일련의 변화를 가져왔음은 의심할 여지가 없다. 그중 가장 중요한 변화는 내복과 외복의 형성이다.

『상서』「주고酒誥」에 "성탕에서 제을帝乙에 이르기까지 모두 (…) 외복에 있는 후侯·전甸·남男·위衛의 제후와 방백 및 내복에 있는 백료百僚와 서윤庶尹과 아亞와 복服과 종공宗工과 백성과 마을에 거주하는 자에 이르기까지 감히 술에 빠진 이가 없었다"[60]고 했다. 여기를 보면 상에는 '내복'과 '외복'이라 일컫는 관직들이 있다. '복服' 자가 갑골문에는 보이지 않는데(아직 확인되지 않은 것인지도 모른다),[61] 후대 사람만 사용한 것인지는 분명하지 않다. 그 국가 사회의 관리 체제에 두 부분이 존재했음에는 틀림이 없다. 상에서 멀지 않은 서주 이른 시기의 청동기인 『대우정大盂鼎』 명문에 '은변殷邊'과 '은정殷正'의 명칭이 있다. "은나라는 멀리 있는 제후에서부터 가까이는 조정의 대소 관원이 술에 빠져 군대를 상실했다."[62] '은변'은 은나라의 변방을 가리킨다. '은정'은 은 왕조의 측근 신하인 정正이다. 이 두 관원은 '외복' '내복'과 잘 들어맞는다. 이로써 상나라 사람 스스로 내복, 외복이라고 불렀든 아니든 은·상은 관리 체제에서 내외의 두 부분으로 나누었음은 분명하다. 학계에서는 「주고酒誥」에서 사용하는 어휘를 따라 '내복'과 '외복'으로 부른다. 직접적인 의미로 말하자면 내복과 외복은 두 부류의 관직이다. 이 두 부류의 관직 구분이 일반적으로 직무(군사, 민사, 점과 천문 관련 등)에 따른 분류 방식과 달리 내복과 외복의 구분은 강한 지역적 대응성이 있다. 따라서 내복과 외복의 명칭을 빌어 상 왕조 정치적 지역의 두 부분을 지칭하는데도 무리가 없다.

학계는 내복과 외복의 구별에 대해 별다른 이의가 없다. 내복은 상나라 왕기王畿 내의 관직으로 지리적으로는 당연히 왕기 지역을 가리킨다. 외복은 왕기 밖의 넓은 범위를 가리키며 또 다른 관직과 제후가 분포하고 있다. 성격상으로 내복은 상나라 사람의 오랜 근거지로 도성이 있는 상족商族의 전통적인 핵심 구역이다. 외복은 대부분 영토 확장으로 얻은 새로운 땅인데 상족은 아니지만 상왕에게 복종하는 사람들이 거주할 것이다. 상 왕조의 국가영토 형태를 관찰해보면 외복의 발전이 가장 의미가 있다. 외복은 국가의 지연적 발전의 대표가 되며 그곳에서 점차 새로운 국가 영토 제도가 탄생했다.

『여씨춘추』「이속람離俗覽」에 "탕왕과 무왕은 자신의 백성만 쓰지 않고 자신의 백성이 아닌 사람도 썼다. 자신의 백성이 아닌 사람을 썼기에 나라가 작고 병사가 적었어도 공명을 세울 수 있었다"[63]고 했다. "자신의 백성이 아니다"라는 말은 다른 부족의 사람이라는 말이다. '쓴다'는 말은 비교적 순화된 말로 강압적으로 부리는 상황이 결코 없지 않았다. '쓰임'을 받는 것은 즉 통치를 받는 것이다. 이는 상 왕조의 정치 세력이 다른 부족들을 침입했다는 표현이다. '자신의 사람이 아닌 사람'을 통제하려면 반드시 자신의 것이 아닌 땅을 통제해야 가능하다. 이런 통제 관계가 지속되어야만 상나라의 발전이 진행되는 과정에서 원래는 자신의 사람이 아니었고 자신의 것이 아니었던 땅이 마침내 상 왕조 국가조직의 일부분이 될 수 있다. 오늘날 고고학자들이 창장 강 유역에서 발견한 후베이 성 우한武漢 판룽盤龍 유적과 장시 성 장수樟樹 우청吳城 유적 같은 상商대 유적은 그 내용면으로 당연히 상 왕조의 정치범위에 속한다. 그들의 거리가 상 왕조의 핵심구역에서 그렇게 멀다는 것은 그런 곳들이 원래 상 왕조의 '자신의 것이 아닌 땅'이었음에 의심의 여지가 없다.[64] 모종의 정치 목표나 경제 목표를 위해 상 왕조는 거대한 지리적 공간을 뛰어넘어 그곳에 대한 점령과 통치를 완성하고 자신의 것이 아닌 이 땅들을 자신의 관리와 통제 아래로 포함시켰다. 여기서 상 왕조가 먼 곳을 효과적으로 통제하는 사회적 수요와 정치적 능력을 볼 수 있는데 이런 능력은 국가 정치적 지리의 계획과 책략이라 하겠다.

왕조의 영토, 특히 새로 얻은 영토(외복)를 상 왕조는 관리하고자 했다. 그래서 영토 관할을 담당하는 관원이 설립되고 파견되었다. 갑골문에 보인다:

[신]미일에 점을 치고 왕이 자윤子尹을 帛지방에 파견했다.

〔辛〕未卜 王令 口以子尹立帛.

임신일에 점을 치고 왕이 𧽐에게 영을 내려 자윤子尹을 帛지방에 파견했다.

壬申卜 王令𧽐以子尹立于帛.

임신일에 점을 치고 왕이 𡶇에게 영을 내려 疫을 𡧑지방에 파견했다.

壬申卜 王令𡶇以疫立于𡧑.

임신일에 점을 치고 왕이 주에게 영을 내려 자윤束尹을 돈敦 지역에 파견했다.

壬申卜 王令壴以束尹立于敦.

갑술일에 점을 치고 종묘에서 제사를 드리다.

甲戌卜 于宗飱.

궁정에서 잔치를 벌이다.[65]

于庭飱.

(『툰·남』341)

여기의 '立'은 '位'의 의미로 관직을 설치한다는 뜻이다.[66] 복사는 상왕이 어떤 사람(자윤子尹)을 어떤 곳(백용百用)의 관원으로 선택하고 임명하는 일을 기록하고 있다. 상왕은 관원을 선택하고 또 연회를 베풀어 한 차례 접대를 하는데, 그 직무가 상당히 중요해 보인다.[67]

영토의 범위가 확대되었기 때문에 일을 처리하는 여정도 멀어졌다. 상왕조는 관원의 안전과 편리한 왕래를 보장할 교통시설의 설치가 필요했다. 그들은 교통의 간선도로에 상설적인 관용官用 여관을 설립했고 갑골문에서는 이를 '기羈'라고 한다.[68] 이는 후대의 역참과 비슷하다. 체제를 갖춘 기羈는 지역 공간 조직에 속한 조치이고 효과적으로 국토를 통제하고 관리하는 데 필수적이다.

상대의 역사 단계에서 외복의 범위 내에 설치한 사람-땅 단원(즉 인구 단원과 토지 단원의 결합방식)은 여전히 족지族地(일성一姓 일족一族의 땅—옮긴이) 체제다. 상왕이 각지에 관직을 설립했으나 외견상 이 관직들은 여전히 족군族群의 수장이며, 그 직에 나가는 것은 전 부족이 나가는 것이기도 하다. 그 밖에, 이런 관직들은 한 곳에 오래 머물게 되자 해당 지역의 제후로 바뀌어 견고한 족지적 관계를 형성했다. 이런 변화는 상의 도읍에서 비교적 먼 곳에서 특히 자주 보인다. 추시구이는 이 문제에 대해 말했다: "관직이 발전함에 따라 제후가 되는 가능성은 지리적 조건의 제한을 받는다는 사실을 짚고 넘어가야 한다. 척후斥候와 방위 및 전田·목牧 등의 일을 담당하는 관직에서 대체로 상의 도읍에서 비교적 먼 곳에 주둔하는 그런 사람들만이 제후가 될 수 있다. 상의 도읍 범위 내에 있거나 비교적 가까운 곳에서 그런 일을 담당하는 관직은 거의 주대에서 말하는 후인候人·전인甸人·목인牧人 등의 관직에 해당되며 보통은 제후가 될 가능성이 없다."[69]

"상의 도읍에서 비교적 먼 곳에 주둔하는 사람들"은 범위 상으로 외복에 해당하는 사람들이다. 외복인이 관직에서 제후로 변하는 것은 겉으로 보이는 형식에서는 족지의 재분배다. 그러나 실제로는 국가 영토 확장의 안정을 위한 조치로 구체적인 영토 단위에 족지의 형태를 계속해서 보유하는 것에 불과하다. 은·상 외복 관직의 제후화는 해당 지역에 왕권을 안정시키는 이른 시기의 형식이다. 은·상 외복 지역의 정치조직은 주로 족族 조직의 기초 위에 형성된 제후 체제다. 이른 시기의 중국 역사에서 제후는 변방 지역에서 왕권을 대표하는 유일하고 안정적인 형식이다. 이런 대표 형식은 후대 역사와 비교하면 전혀 안정적이지 못하지만 상나라 사람들이 처한 시대에서는 별다른 선택이 없었다.

외복의 정치 지리적 본질 중 하나는 상의 왕권이 부족 지역 경계를 뛰어넘는 것인데 상나라 핵심 부족의 문화 지역을 넘어 광활한 주변 지대에 점차 새로운 국가 지역의 형성을 추진했다. 이는 상족 지역이 아닌 곳에 대한 침입이고 억누름이다. 외복의 이런 의미를 소홀히 하면 은상의 지연적 국가 속성을 놓치게 된다.

가족 부족 형태와 국가 형태가 공존하는 시기에는 문제를 이 두 단계의 층위에서 함께 생각해야 한다. 단순한 부족 문화는 국가 형태 단계의 문제를 직접 반영할 수 없다. 국가 형태에 대한 검토는 부족의 경계를 넘어서는 사회의 진전 과정에 주의해야 하는데 이는 단순한 인류학이 아닌 역사학의 연구다.

은상의 '외복'은 곧 영토상으로 부족의 경계를 넘어서는 정치 행위이며 국가 영토 확장에서 중요한 의미를 갖는다. 사실상 외복이란 상나라가 자신의 권위를 점차 강화하여, 해당 지역의 족군들이 점차 상 왕조가 통치하는 새로운 형태(전에 있었던 부족의 세력범위와 구별되는)의 국가 지역에 익숙해지는 것이다. 각 부류의 제후 분포 범위는 상의 보호 범위로, 혈연이 아니라 지연에 의한 공동 이익권역이다. 이런 형태는 국가 영토 발전의 변화에 반드시 거쳐야 할 과정이다.

상 왕조의 발전 과정에서 우리는 처음으로 원시의 기본적 생존 단원—씨족부락 체제—을 뛰어넘는 비교적 성숙된 정치 지역 구조의 형성을 보았다. 질서는 구별에서부터 시작된다. 상 왕조 지역 안에서 나타난 복잡하고 서로 구별되는 요소인 중심·단계·거리·방위·기능 등은 왕권정치의 연계성이 그들을 재통합한다. 왕권 사상의 근거는 상제上帝지만 집행자는 상商 왕이며 상 왕의 목표는 인문의 것이다. 상왕은 범신汎神의 세계 속에 새로운 정치 질서를 갖춘 인간 세상의 왕국을 열었다.

상 왕조의 정치 지역 구조가 다양하고 느슨하고 균형이 맞지는 않았으나 관념상으로는 현실에 비해 더욱 정제된 국가 영토 의식이 이미 이루어졌다. 복사에 보이는 '사토' '사전四奠' '사과'와 같이 통치지역을 서술한 개념들은 상나라 사람이 도성(대읍 상商)을 중심으로 삼아 사방의 천하를 소유하는 독존 의식을 반영하고 있다. 중심과 네 방위의 결합은 상왕이 통제하는 세계의 균형성과 완전성을 실현했는데, 이는 이상적 관념이다. 이상은 현실이 아니지만 가치관을 나타낸다. 이런 영토가치관이 뒤이은 국가의 일체화를 향한 발전을 촉진시켰다. 중심과 사방이 조합된 관념 형태는 응집력과 통합력을 가졌으며, 관념과 정치·군사·경제가 함께 역사를 만들었다.

## 외복 지역 점령의 합리성

상 왕조는 영토를 확장하는 과정에서 군사적 행동 외에 장기적인 전략의 전개상 관념적인 면에서는 영토확장에 대한 합리적인 해석과 선전을 추진했다. 상제上帝(점복占卜)의 지지가 단순한 한두 마디 말일 수는 없다. 상商왕은 자신의 핵심지역이 천하의 '중심'(사방의 극)지위가 되는 것을 규정하고 강조했고 주변지역에 대한 통제의 의미를 포함하고 있다. '대읍 상'은 현실사회에서 물질적 활동physical activity의 핵심일 뿐만 아니라 정신적 활동mental activity의 중심이기도 했다.

왕기 안의 내복은 옛 씨족의 사상 자원을 그대로 사용했다. 새로이 얻은 외복은 나머지 부족 무리에 대해 새로운 '논조'를 취했다. 상제에 대한 신앙은 상왕이 기댈 수 있는 사상자원이다. 이 중요한 의식의 영역에서 상 왕은 상제의 대화권(점쳐서 묻는 점복)을 자주 사용해야 했다. 점복 활동 외에도 상왕은 천하의 부족 무리에게 상제가 자신을 선택하고 지지하는 것을 설명하고 드러내 보일 구체적인 해석과 의식이 필요했다.

케이틀리David N. Keightley는 이런 견해를 밝혔다: "상문화 핵심구역의 밖을 둘러싸고 있는 땅에 대해 상나라 사람은 정치와 종교의 이중적 의미를 담은 개념으로 서술하고 있다."[70] 이런 개념들은 '토지 자체' '토지에서 나는 생산물' '그것에 대한 보호권'이라는 몇 단계의 내용을 포함하고 있다. 케이틀리는 복사에 보이는 '토土'에 사신社神(토지신—옮긴이)

의 의미가 있다고 생각한다. 사신과 위에서 말한 세 단계의 의미를 겸하고 있는데, 그중 보호권은 일종의 통치 관념이다.

주나라가 상나라를 멸한 뒤의 해석에서 역으로 상 왕조 원래 사상의 기초를 볼 수 있다. 주나라는 자신이 상을 멸망시킨 대업을 '혁명'이라 했다. 『주역』 「하경下經」에 "탕왕과 무왕께서 혁명을 하시니 하늘을 따르고 민심에 응하심이다"[71]라고 했으니 원래의 옛 천명을 새로운 천명으로 대신한 것이다. 상을 멸한 뒤 주나라는 자신의 군사적 승리를 부각하지 않고 자신이 '덕' 면에서 뛰어났음을 특별히 강조했다. 상나라가 '민심을 잃은' 원인도 덕을 잃었기 때문이었다. 『상서』 「태서泰誓」에 상왕이 "위로는 하늘을 공경하지 않고 아래로는 백성들에 재앙을 내리는"[72] 죄상을 무더기로 나열하며 "상의 죄악이 가득차서 천명이 이를 멸했다"[73]고 했다. 탕왕이 원래 천명을 받았었음을 주나라 사람도 인정했다. 주紂왕에 이르러서는 하나라의 걸桀왕이 그랬던 것처럼 천명을 잃었다. 이때 주나라는 "백성도 있고 천명도 있어서"[74] 하늘이 주나라에게 명해 "하늘의 위엄을 받들게"[75] 했다. 주나라는 삼대(하·상·주를 가리킴─옮긴이)의 역사적 전환을 되돌아보고 풀이하면서 새로 만든 이론을 완전하게 다 사용할 수는 없었다. 상대의 일부 관념들은 그대로 이어서 썼는데 그중에는 예전에 상나라가 천하의 대권을 장악하기 위해 자신을 변호했던 '논조'가 포함되어 있다. 상제의 뜻(이런 뜻은 상나라의 선전이 극치를 이뤘을 테지만)을 수정하기 위해 주나라는 상제의 옆에 '덕'을 하나 덧붙였다. 상제는 덕에 따라 일을 처리하므로 덕을 잃은 사람은 상제에게 버림받는다. 주나라가 무너뜨린 것은 주紂왕 개인만이 아니라 상나라 전체이며 상나라 사상의 기초가 되는 '명命'이다.

상 왕이든 주 왕이든 '상제'와 '하늘天'은 그들이 기대고 있는 뒷받침이다. 왕권은 하늘과 연결되어야만 절대성과 무한성을 갖출 수 있기 때문이다. 이 무한성과 절대성이 있으면, 그들은 단지 어떤 부족의 적장자일 뿐만이 아니라 '하늘의 아들天子'이 된다. 광활한 이민족의 지역을 포함한 천하 각처의 땅을 통치할 수 있는 것이다.

## 제8장에서 인용한 갑골문자 수록 서명書名 대조표

『을乙』: 둥쭤빈董作賓, 『은허문자 을편殷墟文字乙編』상·중, 商務印書館. 상, 1948. 중, 1949. 하, 臺灣中硏院史語所, 1953. 科學出版社, 1956.

『영장英藏』: 리쉐친李學勤 외, 『영국 소장 갑골집英國所藏甲骨集』, 中華書局, 1986.

『합집合集』: 궈모뤄郭沫若 엮음, 『갑골문 합집甲骨文合集』, 中華書局, 1978-1982.

『툰·남小屯南』: 중국사회과학원中國社會科學院 고고연구소考古硏究所, 『샤오툰 남지 갑골小屯南地甲骨』상책 1·2, 中華書局, 1980. 하책 1·2·3, 中華書局, 1983.

제9장

# 망망한 우禹의 발자취,
# 구주를 구획하다
# : 경전經典적 향토의식의 탄생

기원전 약 1046년[1]에 무왕이 주紂를 쳐서 상을 멸망시키고 서주 왕조를 세웠다. 서주 왕조가 세워짐에 따라 중국 역사에 점차 새로운 천하 관념과 새로운 인문 세계의 체제가 나타났다. 이 관념 체계의 핵심내용은 화華와 이夷라는 두 세계의 구분과 화하 세계의 형성이다. 화하 세계에 대한 지리관념의 이중 구조를 따라 문화 중국이 형성되었다.

'하늘天'이 숭고하기는 하지만 사회 전개 속의 화하 인문 세계는 새로운 지리사상의 전개가 주된 내용이다. 우주 천지의 큰 틀은 이미 확정되어 더 이상의 탐색이 필요 없었다. 인간 세상의 변화는 재미있고 다양했으며 중요한 일이었다. 끊임없이 인간 세상의 질서를 완전하게 만드는 것이 새로운 역사 과제가 되었다.

서주 시대에 형성된 인문지리관념 중 '중국' '우적' '구주' '구복' '사독' 등 고차원적인 핵심 지리개념은 지역·경관·기호 등 다양한 단계의 지리적 의미를 포함하고 있다. 이런 지리개념들은 전략에서 이념으로 격상되었고 한 걸음 더 나아가 정치적 교화의 속성까지 얻게 되었다. 즉 도덕적·정치적 의미까지 갖추게 되었다. 이런 개념의 기초 위에 지리적인 '화하 천하'와 '문화 중국'이 수립되었다. 그 개념들이 중국인의 세계관과 국가관에 미친 영향은 깊고 지속적이며 전통 왕조 이데올로기의 중요한 구성요소이다.

### 화華와 이夷 지역의 구분

주 왕조 형성 후의 천하형세는 상 왕조의 상황과 크게 달랐다. 이것이 "화와 이의 구별"[2]이라는 관념이 주대에 형성된 역사 지리의 배경이다. 상대에 이미 '사방'과 '사토'라는 전체적 성격의 거시적 천하 패턴이 나타나기는 했다. 그러나 황허 강과 화이허 강 유역의 농경 지역인 화하에 대한 상 왕조의 통제는 완전하지 못했다. 최소한 서부 지역은 여전히 비교적 발달한 주의 소유였다. 상과 주의 관계는 일부 화하인과 또 다른 화하인의 대치 상태로서 이것이 당시의 가장 주된 인문지리적 관계였다. 서부에서 일어나 주는 상을 멸한 뒤, 무왕·성왕成王·강왕康王의 3대에 걸쳐 지속적으로 동쪽의 화하 농경지역에 광범위한 분봉을 실시했다. 북으로는 연燕과 지薊가 있고 동으로는 제齊와 노魯까지 이르렀으며 남으로는 창장 강과 화이허 강까지 도달해서 "우리가 하를 갖게 했다"(우리 주가 왕이 되어 화하를 갖도록 했다).[3] 기본적으로 당시 농경 지역(화하)의 토지 전체를 차지했다.[4] 주 왕조가 분봉한 범위의 네 주변에는 이른바 '이적夷狄'들이 전면적으로 바짝 붙어 있었다. 중국 역사상 처음으로 화하 세계가 하나가 되어(왕궈웨이는 이를 '도덕적 집단'이라 불렀음) 이적 세계와 직접적으로 마주하는 상황이 벌어졌다. 중앙에 거주하는 화하와 주변에 거주하는 이적의 관계는 '천하'를 양분하는 기본적인 인문지리의 구도가 되었다. 전국 시기의 『맹자』 「등문공 하」는 전前 시대에 직면했던 몇몇 도전 주제를 개괄했다: "옛날 우 임금이 홍수를 막고 천하를 평안케 했고 주공은 이적을 아우르고 맹수를 내몰아 백성을 편안케 했으며 공자가 『춘추』를 지으니 난신적자가 두려워했다." 그중 "주공이 이적을 아우르다"는 말은 이적을 포용했다는 뜻으로 주왕실이 직면했던 이적의 문제가 당시의 중대사였음을 강조한 것이다

주대의 화하사회와 이적사회는 분명한 차이가 있었다. 화하사회는 천여 년에 걸친 전통의 농업경제를 가지고 있었으나 이적사회는 주로 반농반목의 경제였다(여기서는 북방을 대표로 삼았음). 화하 사회는 이미 발달된 국가조직과 문자·예술이 있어서 "시서詩書·예악·관직冠帶" 등의 문명을 가졌으나 이적사회는 수많은 집단은 있으되 서로 소속된 바도 문자도 없고 사회도 낙후되었다. 하화와 이적을 비교하면 경제·사회·문화 등 제 방면에서 분명한 대비가 된다. 이런 사실의 기초 위에서 더 높은 단계의 이데올로기인 화이의 구별이라는 관념이 만들어졌다.

"모든 사람은 몹시 방대해서 인지(감지)하기 어려운 중요한 환경들에 대해 개념을 만든다."[5] 주는 보다 더 깊숙한 이적 세계를 인지하지 못했고(인지하려고도 않았음), 단지 개념적으로만 감지했다. 이적사회에 대한 주의 인식은 간단하고 개념의 형식이며 정체되어 있었다. 모든 것을 대비를 통해서만 이해했는데 이런 대비를 통해, 세상의 모든 중대사를 다 꿰어맞출 수 있을 듯한 원칙을 하나 만들었다. 산천의 형세에서 "천지가 험준함을 세워 화華와 이夷의 경계를 두었다."[6] 천하의 판도에서는 "안

은 제하諸夏이고 밖은 이적이다"[7], 또는 "안은 관복을 입은 화하이고 밖은 이적이다"[8], "구이九夷·팔적八狄·칠융七戎·육만六蠻을 사해라고 한다"[9](여기서의 사해는 황량하고 먼 곳이라는 뜻)고 했다. 사회를 다스릴 때 주의해야 할 것은 "이夷와 하夏의 사이를 크게 방비하는 것"[10]인데 그 방법은 "덕으로 중국을 따르게 하고 형벌로 사이四夷에게 위엄을 보이는"[11] 것이다. 세월이 오래 지나 가족들이 흩어지고 변해도 "자손들이 중원에 살기도 하고 이적 지역에 살기도"[12] 하는 정도다. 화華와 이夷의 대비는 인문세계를 서술하는 기본 틀이다. 세상이 마치 이 둘로만 나뉘는 것 같다.

화와 이의 구별은 사회적·문화적인 차이였으나 점차 고질적인 이데올로기로 변해서 가치와 도덕의 차이로 격상되었고 애증의 기준이 되어 사회에 미치는 영향력이 더욱 커졌다. 양자의 이 같은 대비는 주周로 하여금 자랑스럽게 자신의 세계를 바라보고 이적의 세계를 절대적으로 폄하하도록 만들었다. 고대 문인의 과장으로 인해 융적戎狄에 대한 묘사는 갈수록 나빠졌다. 한대의 한 '현량賢良(고대 인재를 선발하는 방법 중 하나로 군국에서 인재를 추천함—옮긴이)'은 북쪽의 유목민족을 이렇게 형용했다: "불모의 땅에서 사는데 하늘이 그들을 천하게 여겨버렸기 때문이다. 그들은 기단을 쌓고 집을 지어 살지도 않고 남녀의 구별도 없다. 광활한 들판을 마을로 삼고 간단한 천막을 집으로 삼아 살며 가죽옷을 입고 털모자를 쓰며 짐승의 고기를 먹고 그 피를 마신다. 관시關市에 모여 교역하고 방목을 할 때는 어지러이 거주하니 마치 중원의 사슴과 같을 따름이다."[13] 후한의 대학자 정현은 더더욱 이적이 새와 짐승의 말을 안다고까지 생각했다.[14] 그들의 눈에 북방의 유목민족은 사람보다 새와 짐승鳥獸에 더 가까웠다.

이적에 대해서는 절대적으로 무시했으나 반대로 화하 중국을 절대적으로 숭상했다. 화하는 중심에 살며 그 땅이 풍요롭고 이적은 변방에 살며 그 지역이 황폐하다. 이런 지역과 문화의 관계는 온 천하에까지 확대되어 오직 중국만이 성왕의 세계이고 나머지는 황이荒夷나 도이島夷인데 지역이 멀수록 논할 필요가 없다. 이처럼 세상을 둘로 나누어 화하만이 존귀하다는 지리관념은 뒤이은 천 년의 세월 속에서 줄곧 중국인의 머리를 지배해서 청대의 서계여徐繼畬 때에 이르러서야 달라졌다.[15]

예전에 중국인들도 '대진국大秦國(로마제국)'의 번영에 대한 소문을 들은 적이 있었다. 『후한서』「서역전」에 기록이 보인다: "대진국은 (…) 영토가 수천 리이며 400여 도시가 있다. 복속시켜 부리는 작은 나라가 수십 국이다. 돌로 성곽을 쌓았다. (…) 그들이 사는 성읍은 주변을 빙 둘러 백여 리나 된다. 성 안에는 궁궐이 다섯 있는데 각 궁궐은 서로 10리씩 떨어져 있다. 궁궐은 모두 수정水精(수정水晶)으로 기둥을 했고 밥그릇도 그렇다. 대진국의 왕은 하루에 한 궁씩 머무르고 5일간 정사를 살피고 나면 궁을 전부 한 번 돌게 된다. (…) 그곳 사람들은 모두 체격이 장대하고 용모가 단정해 중국과 유사하다. 그러므로 대진국이라 부른다."[16] 그러나 아주 멀리 떨어져 있었기에 신기한 전설과 같아서 실제적인 의미는 없었다. 중국인은 염두에 두거나 진지하게 대하지 않았고 세계의 판도를 다시 생각하는 일은 더욱 없었다.

주목할 것은 화이의 구분이 정치적 경계가 아니라는 점이다. 국경은 더욱 아니고 종족의 경계도 아니다. 단지 문화적 경계일 뿐이다. 이 개념 속에는 두 가지 중요한 점이 있다. 첫째는 화이의 구분을 말하면서 대립이나 단절, 서로 포기하기 등을 주장하지 않았다. 반대로 "사해가

망망한 우禹의 발자취, 구주를 구획하다

송대의 『화이도華夷圖』

한데 어우러지고""이적이 먼 곳에서 복종해 오고 명성과 교화는 더 확대"[17]되기를 바랐다. 즉 이적과 천하를 공유하고자 했는데 이는 "이적이 각기 특산품으로 공물을 바치러 오는"[18] 것을 전제로 한다.

둘째는 문화의 변화를 인정하는 것인데, 특히 이적이 화하에 있는 명성과 교화의 문명을 받아들이는 것을 격려했다. 주周 자신도 융적戎狄의 풍속을 버리고 중원 문화를 향해 다가서면서 발전했다.『사기』「주본기周本紀」에 "고공단보古公亶父는 오랑캐 융적의 습속을 버리고 성곽과 가옥을 지었다"[19]고 했다. 중국 역사에서 소수민족이 중원 문화를 받아들여 화하에 귀순하고 완전히 한화되는 것을 주류사회 인사들은 줄곧 좋게 여겼다. 이적이 인의仁義를 행하면 중국이 되고 반대로 중국이 예의를 버리면 이적이 된다. 화華와 이夷를 구별하는 사상은 점차 도덕과 문화를 중시하는 방향으로 발전했는데 이후 다민족이 화하 중국에 융화되는 문을 열었다.

화華와 이夷의 경계를 나누는 사상은 일종의 문화적 스트레스가 되기도 했다. 예악 문명을 위배하는 사람은 모두 '이적'이라는 명칭으로 질책받거나 비유되었다. 선진 시기의 진秦·초楚·오吳·월越 등도 원래는 화하와 같은 부류의 제후국이었다. 화하의 가장자리에 위치한 까닭에 융적과 서로 섞여 그 문화가 순정純正하지 못했기 때문에 이적과 같은 부류로 취급되었다. "진秦·초楚·오吳·월越은 이적이다."[20] 문화가 서로 대치하고 있는 상황에서 때로는 의도적으로 상대방을 가지고 자신을 일컫기도 했는데 전통에 도전하며 오만한 뜻이 담겨 있었다. 초나라가 주 왕실에 도전하고자 했을 때 스스로를 이적이라 일컬었는데 "초楚의 성왕成王이 처음으로 형만荊蠻의 땅을 거두어 자신의 것으로 하고 이적으로, 자립했다."[21] 초나라 군주 웅거熊渠는 말했다: "나는 만이蠻夷이니 중국의 시호를 쓰지 않겠다."[22] 진秦·초楚·오吳·월越 등의 나라는 화하의 가장자리에 위치하고 있어 사실은 화하 세계의 2군이다. 정치조직은 대체로 화하의 여러 나라와 같은데 지리적 위치가 편벽되고 멀어서 만이蠻夷의 일이 많다. 때로는 중국과 회맹하지 않기에 이적이라 폄하되어 불렸다.

### 망망한 우의 발자취

하·상·주는 국성國姓이 달랐지만 문화의 전승은 비슷했다. 하와 상 시대에는 이 유사한 문화의 커다란 집단에 대한 통칭이 없었으며(최소한 아직은 증거가 없음), 그들이 차지한 지역의 통칭은 더더욱 없었다. 상 왕조는 이 문화지역을 완전히 통제할 정도로 발전하지는 못했다. 주가 상을 멸하고 대대적인 분봉을 한 뒤에야 이 문화지역 전체를 통제할 수 있었다. 이런 배경 아래 이 문화 집단 전체(이 문화 집단이 거주하는 지역 전체)를 지칭하는 명칭이 나타나기 시작했는데 이 명칭이 '화하'다.

상대에서 하의 지위는 분명하지 않으나 주대에서는 하의 지위가 상승되어 정치와 문화적 정통에 대한 원시적인 전범이 되었다. 주는 자신이 하의 공적을 계승한 것으로 여겨 자신을 종종 하夏라고 불렀다. 『상서』「주서·강고康誥」에 "비로소 우리 구역 하夏를 만들었는데 우리 한두 나라一二邦를 넘어 우리의 서쪽 땅西土이 다스려졌다", 「주서·군석君奭」에 "문왕이 우리 하를 다스리고 화합하게 하셨다"고 했다. 주가 하의 기치를 든 데는 정치적인 의도가 있다. 지리적으로 주는 하와 가깝고 상과는 멀어 하의 법통을 이을 수 있는 조건이었다. 상이 적국이니 자연히 하의 법통을 이을 수밖에 없다. 하의 법통이 곧 정통이다.

하에 관한 찬양 중에 우가 부각된다. 우는 하 법통의 총대표로 하의 법통을 계승하는 것은 "우의 업적을 잇는" 것이다. 『시경』「노송·비궁」에 "후직을 낳으시니 온갖 복을 내리시네. (…) 하늘 아래 모든 땅에 우 임금의 업적을 이으시네"[23]라고 했다. 주가 서술한 역사관에서 성현 우가 그토록 중요한 것은 화하라는 이 위대한 문명지역을 우가 독자적으로 열었기 때문이다. 『시경』에서 땅에 대한 우의 공적을 누차 볼 수 있다. "길게 뻗은 저 남산은 우임금이 다스리던 곳"[24], "우뚝 솟은 저 양산梁山은 우 임금이 다스리던 곳"[25], "풍수豐水가 동쪽으로 흐르는 것은 우 임금의 공적이네."[26]

언제부터 시작되었는지 알 수 없으나 '우의 발자취'는 화하 지역을 표현하는 명칭이 되었다. 이는 우리가 알고 있는 화하 지역을 총체적으로 표현한 첫 번째 호칭일 뿐만 아니라 땅에 대한 전문적인 호칭이기도 하다.

- 『상서』「주서·입정」: 당신의 군사와 병기를 다스려 우의 발자취에까지 오르게 하십시오. 사방으로 천하에 행해 바다 밖에 이르기까지 복종하지 않음이 없게 하십시오.[27]
- 『일주서』「상서해」: 예전에 후직은 상제上帝의 말에 따라 온갖 곡식을 심어 우의 발자취까지 올랐다.[28]

우의 발자취란 대우가 평안하게 다스려놓은 곳이다. 대우가 다스린 곳은 문명의 지역으로 만이의 땅과는 구별이 된다. 대우의 이름으로 자신의 지역을 설명할 때는 이미 화華와 이夷를 양분하는 의미가 포함되어 있다. 이적은 모두 우의 발자취 밖에 있다. '우적' 안에 거주한다고 표명하는 것은 화하인의 지리적 식별identification의 중요한 방식이다.

동주 청동기 명문에는 명확하고 성숙된 우의 발자취 개념이 이미 보인다. 이는 이 개념의 출현이 최소한 서주 시기임을 설명한다. 1919년 간쑤 성 톈수이天水에서 출토된 「진공궤秦公簋」는 춘추 이른 시기 진秦나라의 동기銅器인데 그 명문은 이렇다: "진공秦公이 이렇게 말했다. 위대하고 공이 혁혁한 나의 조상은 천명을 받으사 평안하게 우의 땅에 봉해지셨다."[29](『집성集成』4315.1) 그 외에 송대에 산둥 성 쯔보(린쯔 구)의 제나라 옛 성 안에서 출토된 제후종齊侯鍾(숙시종叔尸鍾)은 춘추 시대 중후기의 것으로 명문은 이렇다. "공적이 혁혁한 성탕成唐(湯)께서 위엄 있게 제帝

의 처소에 계시다. 천명을 받으시어 하를 정벌해 하의 군대를 물리치셨다. 소신少(小)臣인 이伊의 보좌로 구주를 다 가지시고 우의 도읍에 계셨다."³⁰(『집성』275.2·276.1) 일찍이 왕궈웨이는 이런 명문들에 근거해 춘추 시기의 진秦과 제齊라는 동서의 두 대국은 모두 우를 믿지 않는 사람이 없었으니 대우의 전설이 얼마나 광범위하게 유행했는지 알 수 있다고 지적했다. 춘추 시기의 진과 제의 명문 모두 조상을 거슬러 올라갈 때 우의 발자취(도읍)를 언급해 그 개념의 요원함과 신성을 나타내고 있다.

1978년 산시 성陝西省 바오지寶鷄의 태공묘太公廟에서 출토된 진공秦公 종鍾·진공秦公박鎛(종과 비슷하게 생긴 악기—옮긴이)은 그 연대가 대략 진 秦 무공武公 시기(기원전 679~678)인데 거기도 비슷한 명문의 격식이 있다. 진공秦公궤簋(음식을 담는 용기—옮긴이) 명문의 "평안히 우의 땅에 봉해졌다"³¹를 종과 박에는 "도읍을 정하고 제후에 봉해졌다"³²고 했다. 이를 합해서 보면 "평안히 우의 땅에 봉해졌다"³³는 것은 진秦이 주로부터 땅을 받아 '우적' 안에 거주하게 된 일을 가리키는 것이다. 이 예는 우의 발자취가 더 큰 범위의 개념으로서 봉국은 우적 중에서 부분적인 지역임³⁴을 밝히고 있다. 땅을 하사한 것과 우적과의 관계로 '우적'은 이미 나중에 있을 지역 '통일' 개념의 초기 형태를 깔아둔 것이다. 송대에 이르러 통일된 왕조를 표시한 지도를 여전히 '우적도'라고 부르는 것은 그 개념의 영향이 얼마나 깊은지 설명해준다.

'우적' 개념의 출현은 주의 세계관이 전개했음을 보여준다. 세계는 이중으로 되어 있다. 하나는 천지의 세상으로 이는 자연적으로 만들어졌고 다른 하나는 인간 세상 세계로 성인이 열었다. 성현의 의의가 보다 더 직접적이고 현실적이다. '우적'의 개념 역시 화이로 나누어진 세계를 보다 더 강조해 화하 세계를 더욱 구체적으로 만들었다. 이에 성인이 인간 세계를 열었고, 그로 인해 그 의의는 고상한 가치를 지니게 된다. 우적은 또한 문명세계 개척이 완성된 시간, 즉 대우시대를 나타내기도 한다.

지리사상의 배양이라는 측면에서 화하 문화가 드리워진 지역의 크기는 이미 과거 그 어떤 부족집단의 전통적인 범위도 모두 뛰어넘어 원래 있던 각 지역의 설명으로는 이 새롭게 형성되고 인식되는 광대한 지역을 포괄할 수 없게 되었다. 인문지역의 광대함 그 자체가 이미 신성함을 갖추고 있기에 위대하지 못한 성현은 그 짝이 될 수 없다. 시간적 진보를 촉진시키는 것과 마찬가지로 공간적 진보를 촉진시키는 업적 또한 성인이 짊어져야 한다. 영웅과 성현은 역사를 창조한 것과 같이 지역도 창조해냈다. 대규모 문화지역에 대한 사실을 체험하는 것은 어렵지 않지만 그것을 서술하기는 쉽지 않다. 우禹의 명의를 빌어 '우의 발자취'라고 표현한 것은 지역에 대해 새롭게 그 성격을 규정한 것이다. 우는 틀림없이 대부분의 족군族群(소수민족을 비롯한 여러 민족)에게 존경받는 성현으로 족군을 뛰어넘어 통합하게 만드는 힘을 가졌을 것이다. 성현은 상제가 아니라 새로운 형태의 인문사회의 권위다. 그 권위는 사상·도덕·정치가 하나가 되었고 이는 중화 문명의 중요한 특색이다. 중화의 대지는 이 고상한 권위의 배경 아래 통합되기 시작했고 통합되기 시작한 지역들도 사상·도덕·정치가 하나가 되었다. 중화의 대지에 있는 이런 속성이 수없이 많은 재난을 겪으면서도 분할되지 않았던 근본적인 원인이다.

## 구주의 구획

『춘추좌씨전』 양공 4년에 「우인지잠虞人之箴」 중 한 구절을 인용한 것이 있다. "망망한 우의 발자취禹迹를 구주로 구획했다."[35] 이는 인문지리의 진전을 충분히 표현한 말이다. 상고 문헌에서 드물게 보이는 말로 그 표현 속에는 깊은 뜻이 들어 있다. 그 속에는 화하 공간 세계의 한 걸음 더 나아간 흐름, '우적'과 '구주'가 서로 연계되어 있음, 광활한 우적 범위를 9개의 지역으로 구획했음 등을 말하고 있다. 말로는 9개의 지역으로 '나눴다'고 하지만 '통합'의 본질을 잃지 않았다. '우적'이 그들 공동의 기초이기 때문에 '구주'는 뒷날 화하 전체 지역의 대명사가 되고 '우적'보다 더 유명해졌다.

'구주'는 우적 개념이 나오기 이전 서로 사이를 두고 떨어진 부족지역 같은 것이 아니다. 부족을 뛰어넘고 나라와 같은 정도의 구획관념이다. 영원히 모호한 인식상태로 남아 있을 수 없는 세상에 대해 '망망한' 지역을 세분화하는 것은 보다 더 진전된 인식·서술·행위가 필요하다. 전체적으로 진행된 구획은 지리적 사유의 핵심 중 하나이자, 지리학이 질서의 시각으로 세계를 보는 방식이다. 지역차이는 사회의 동력이다. 원래의 부족지역은 자연적으로 형성되었지만 구주는 어떤 상위 전체의식의 배경 아래에서 구획되어진 것이다. 구주는 우적의 차상위 지역단위인 셈이다. 구주는 정치적인 구획이 아니다. 자연과 사회를 종합한 성격의 구분으로 자연차이와 사회차이를 동시에 고려한 사상의 표현이다. 이처럼 자연과 인문을 동시에 고려한 것이 지리사상 중 가장 큰 특색이며 가장 가치 있는 사유 방식이기도 하다. 그 사상은 당시 중화 문명이 도달했던

송대 「육경비六經碑」 우공 구주 강역경계도

지리적 사유의 높이를 반영하고 있다.

우적과 구주의 연계에 관해 제후종齊侯鍾(숙시종叔尸鍾)의 명문이 있다. "구주를 다 가지고 우禹의 도읍에 살았다."[36] 궈모뤄는 제후종의 주인이 숙이叔夷라고 고증했다[37]. 그는 원래 송나라의 공족公族으로 상 왕실의 후예다. 명문에 상의 왕 성탕成湯의 공적을 기록한 부분이 있다. 주목할 것은 상나라 후예의 서술에서 우가 숭앙을 받았으며 상의 탕도 "우의 도읍에 거주했다"고 한 것은 우적의 범위 안에 기거했다는 것이다. 상나라 후예들 머릿속의 우와 우적의 개념이 주나라의 선전을 받아들인 것인지, 상나라에 대대로 전해져 온 것인지 판단할 수 없다. 최소한, 춘추 시대에 드러난 사상 융합의 결과 우의 가치가 진작부터 상·주, 두 부족을 통

망망한 우禹의 발자취, 구주를 구획하다

솔했음을 알 수 있다.

구주가 우적과 관계가 있는 까닭은 구주를 구획한 것이 대우가 물과 땅을 평정한 뒤에 했기 때문으로 전통적 견해다. 대우의 물 다스리기에 대해 지금까지도 여전히 그것을 전설이나 기껏해야 약간의 역사 배경을 근거로 한 전설로 생각한다. '주州'를 물과 연관 지은 것은 훌륭하다. 『설문』에 "물 가운데에 거주할 수 있는 곳을 주州라고 한다"[38]고 했다. 『이아』「석수釋水」는 "물 가운데에 거주할 수 있는 곳을 주洲라고 한다"[39]고 했다. 이런 의견들은 이미 고문자학의 증명을 받았다. 전국 시대 쓰인 문자에 주州의 자형은 엄연히 물 가운데에 있는 사주沙洲의 그림이다. 이런 시각에서 주州라는 명칭의 기원을 추측한다면 마땅히 동부의 하천망이 밀집되어 있고 물의 흐름이 완만한 지역일 것이다. 「우공」의 구주가 분포한 것을 보면 서쪽의 양梁·옹雍은 면적이 넓어서 대략적으로 구분하고 동쪽의 연兗·청靑·서徐·예豫는 좁고 밀집되어 있어서 자세하게 구분했다. 주州의 성장은 동쪽이 서쪽보다 더 우세하다.

주州로 지명을 삼은 것은 고대 문헌 속에 많이 보인다. 『일주서逸周書』에만도 도주屠州·백주白州·구주仇州·평주平州·유주愉州 씨氏 등이 있다. '우적' 안에 내재된 질서를 종합하면 단지 아홉 개 주州만 가릴 수 있다. 옛사람의 관념 속에 아홉九이라는 숫자는 기본적인 방위 계수이며 다섯 방위의 관념과 내재적인 연관이 있다. 평면에서의 다섯 방위를 동·서·남·북·중앙, 다섯 개의 사각형의 병합으로 보면 '亞'의 형태를 띤다. 대지는 완전한 사각형이라 亞의 네 귀퉁이를 비워둘 수 없다. 네 귀퉁이에 각각 사각형 조각을 보충해 9개의 완전한 사각형 대지가 '갖추어졌다'. 이런 까닭에 9와 5는 같은 성질로서 질서에 잘 맞는다. 여기서도 여전히

'중앙'의 핵심적인 위치가 두드러진다. 『설원說苑』에 "팔황八荒 안에 사해가 있고 사해 안에 구주가 있는데 천자는 중주中州에 있으면서 팔방을 거느린다"[40]고 했다.

『상서』「요전堯典」에 12주州의 견해도 있으나 구제강 등 근대 학자들은 12주의 관념이 대부분 후세에 견강부회한 것이라고 지적했으므로「요전」의 그 부분은 믿을 수 없다. 「우공」, 『주례』「직방職方」, 『여씨춘추』「유시람有始覽」과 같은 선진 문헌 및 근년에 발견된 초나라 죽간「용성씨容成氏」에서 볼 수 있는 것은 모두 9개 주의 패턴이다. 9는 당시 유행하던 숫자였을 것이다.

위 문헌들이 모두 9개의 주를 말하고는 있지만 구체적인 주의 명칭이다 같지는 않아 대비한다.

「우공」: 기冀·연兖·청靑·서徐·양揚·형荊·예豫·양梁·옹雍
「유시람」: 기冀·연兖·청靑·서徐·양揚·형荊·예豫·옹雍·유幽
「직방」: 기冀·연兖·청靑·양揚·형荊·예豫·옹雍·유幽·병幷
「용성씨」: 연兖·청靑·서徐·형荊·예거豫莒·나蓏·양陽·차且[41]

위 구주 명칭 조합의 차이는 다른 시대를 반영하거나 각기 다른 저자
가 각기 다른 방위 지역을 강조한 것인지도 모른다. 시대가 조금 늦은
『주례』「직방」, 『여씨춘추』「유시람」은 북쪽을 강조하기 때문에 '유주幽
州'를 더했다.

구주의 선택과 조합은 현실적인 경험적 지식의 누적에 따른 것이다.
이런 관념이 생겨난 뒤 그 사상적 의의는 현실적 의의를 뛰어넘어 이데
올로기에서 독립적인 개념이 되고 사상사에서 거듭해 가공된 까닭에 각
기 다른 사상유파의 서술에서 구주의 개념은 그 사상적 의의가 다소 다
르다. 「우공」, 『여씨춘추』「유시람」두 문헌을 대조한다.

「우공」은 구주를 서술한 역사 문헌 중 시기가 가장 이르다. 「우공」은
약 서주 시기에 쓰였다.[42] 후대에 수정보완되기는 했으나 주된 내용에서
원본의 종지宗旨는 간직하고 있다. 물과 땅을 평안히 하고 구주를 분별
한 것이 「우공」의 주된 내용이니 이를 후세에 보충할 수는 없으며 열거
한 구주의 명단도 비교적 이른 시기의 관념을 대표하고 있다.

『여씨춘추』「유시람」은 전국 시대 후기의 작품이며 열거한 구주의 명
단이 「우공」과 조금 다르다. 양자의 구주 리스트 비교는 앞서 보았다. 양

자의 차이는 「우공」은 서남에 양주梁州가 있으나 「유시람」은 양주를 없애고 북방에 유주를 더한 것이다. 실은 북방의 주州로 서남을 대신한 것인데 「유시람」만 그런 게 아니라 『주례』「직방」, 『이아』「석지釋地」, 『설원說苑』「변물辨物」 등 「우공」보다 후대의 문헌은 모두 그렇게 조정했다. 그중 뒤의 두 주명은 다음과 같다.

「석지」: 기冀·연兗·서徐·양揚·형荊·예豫·옹雍·유幽·영營

「변물」: 기冀·연兗·청靑·서徐·양揚·형荊·예豫·옹雍·유幽

이 몇 개의 안 중 공통으로 들어가는 주는 기冀·연兗·양揚·형荊·예豫·옹雍이다. 화베이華北와 창장 강 중하류의 형세에 대해서는 저자들의 이견이 없어 보인다. 「우공」과 대비하면 모두 서남을 없애고 북방을 더했으며 동쪽을 조정해 구주의 범위를 북쪽으로 확장하고 서남쪽은 축소시켰다. '우연성'을 배제한다면 구주의 조합에 대해 이렇게 수정을 한 것은 화하 정치형세의 변화를 반영한 것이다. 동주 시기에 이르자 연燕나라가 "동호東胡를 습격해서 격파해 몰아내니 동호가 천여 리를 퇴각했다."[43] 특히 조趙나라 무령왕武靈王이 음산陰山 이남 지역을 점령한 것은 화하의 북방 강역을 대폭으로 확장시켰다. 이것이 『주례』「직방」, 『여씨춘추』「유시람」 등 후대 문헌에서 계속 북방을 강조한 배경이다.

「우공」에 나오는 구주의 의의를 설명하기 위해 구주에 관한 「용성씨」의 기록을 본다.

슬수瀷水가 출렁이며 흘러넘쳤다. 우가 친히 삼태기耒와 보습耜을 잡고 명도

明都 못澤에 둑을 쌓고 구하의 강의 막힌 곳을 트니 이에 협주夾州와 도주徐州가 비로소 살 수 있게 되었다. 우가 화이허 강과 이허沂河 강을 통하게 해서 동으로 바다에 흘러들게 하니 이에 경주竟州와 거주莒州가 비로소 살 수 있게 되었다. 우가 누수婁水와 이수이易水 강을 통하게 해서 동으로 바다에 흘러들게 하니 이에 나주枺州가 비로소 살 수 있게 되었다. 우가 세 강三江과 다섯 호수五湖를 통하게 해 동으로 바다에 흘러들게 하니 이에 형주荊州와 양주陽州가 비로소 살 수 있게 되었다. 우가 이허沂河 강과 뤄허洛河 강을 통하게 하고 찬허瀍河 강과 젠허澗河 강을 합류시켜서 동으로 바다에 흘러들게 하니 이에 서주敍州가 비로소 살 수 있게 되었다. 우가 징허涇河 강과 웨이허渭河 강을 통하게 해 북으로 황허 강에 흘러들게 하니 이에 차주且州가 비로소 살 수 있게 되었다.[44]

「용성씨」의 9개 주가 지칭하는 것과 「우공」 등의 구주와 관계에 관해서는 학자들 사이에 여전히 논쟁이 진행되고 있다.[45] 그중 도주徐州(서주徐州)·경주竟州(청주靑州)·형주荊州·서주敍州(예주豫州)·차주且州(옹주雍州)의 다섯 주는 「우공」과 같다는 점에 다들 이의가 없다. 협주夾州·거주莒州·나주枺州·양주陽州의 네 주에 대해서는 다른 견해들이 있다. 구주의 기원에 대한 해석을 「용성씨」와 「우공」, 모두 대우의 물 다스리기에서 시작하는 점은 똑같다. "우가 친히 삼태기와 보습을 잡고" "아홉 하천의 막힌 곳을 터서" 구주가 사람이 살 수 있게 되었다. 이 예를 통해 「용성씨容成氏」(상하이上海박물관 소장 초나라 죽간─옮긴이)와 「우공」의 생각이 같은 계통임을 알 수 있다.

『주례』「직방」, 『여씨춘추』「유시람」, 『이아』「석지」는 구주를 말하면서 모두 대우의 물 다스리기를 언급하지 않은 것이 우연히 빠뜨린 것은 아닐 것이다. 그 문헌들의 특징과 서술한 글의 문맥context으로는 그 저자들이 구주의 생성과 존재를 더 이상 대우의 물 다스리기가 아닌(또는 대우의 물 다스리기에만 국한된 것은 아닌) 다른 문제들과 연계하려는 듯 보인다. 이처럼 대우의 물 다스리기에서 벗어나 구주를 해석하려는 경향은 지리사상사의 중요한 변화다. 이 문제에 가장 대표적인 성격이 있는 것이 「유시람」이다. 구주에 관한 「유시람」의 서술을 본다.

> 하늘에는 구야九野가 있고 지상에는 구주가 있으며 땅에는 구산九山이 있다. 산에는 구새九塞가 있고 못澤에는 구수九藪가 있으며 바람에는 팔등八等이 있고 물에는 육천六川이 있다. (…) 구주란 무엇인가? 황허 강과 한수이 강 사이가 예주豫州인데 주나라 땅이다. 칭수이 강淸河과 시허西河 강 사이가 기주冀州인데 진晉나라 땅이다. 황허 강과 제수濟水 사이가 연주兗州인데 위衛나라 땅이다. 동쪽이 청주靑州인데 제나라 땅이다. 쓰허泗河 강 위쪽이 서주徐州인데 노魯나라 땅이다. 동남쪽이 양주揚州인데 월越나라 땅이다. 남쪽이 형주荊州인데 초나라 땅이다. 서쪽이 옹주雍州인데 진秦나라 땅이다. 북쪽이 유주幽州인데 연燕나라 땅이다.[46]

구주의 내용을 서술함에서 「유시람」은 「우공」과 다르다. 뒤이어 '구산九山' '구수九藪' '육천六川' 등이 따라 나오기 때문이다. 「유시람」은 각 주 안의 자연지리의 특징을 더 이상 묘사하지 않고 각 주와 대응하는 여러 나라를 강조하고 있다. 이미 「우공」보다 더 직접적인 정치적 연관성을 가지고 있다. 여기서 다루고자 하는 것은 지리사상사에서 또 다른 큰 의

의가 있는 구별에 대해서다.

「유시람」의 첫머리에서 큰 도리大經가 눈길을 끈다.

천지에는 그 형성의 시초가 있었으니 하늘은 경미한 사물이 떠올라 이루어졌고 땅은 (무겁고 탁한 것이) 한데 엉겨서 형체를 이루었다. 그러므로 천지의 기운이 화합하는 것은 만물을 살게 하는 큰 도리大經다. 한서寒暑와 일월과 주야晝夜의 운행으로, 천지는 화합해 만물을 살게 하는 도리임을 알 수 있고 만물이 각기 다른 형태와 능력에 따라서 각각 그 쓰임이 다르다는 사실로써 이를 설명할 수 있다. 무릇 물질은 서로 합하면 이루어지고 분리되면 (다른 물질을) 생성시킨다. 합해지는 것과 이루어지는 것, 분리되는 것과 생성시키는 것을 알면 천지가 질서 있게 된다. 질서 있게 된다는 것은 마땅히 천지가 이루어진 원리와 물질이 없어지지 않는 이치를 알아보고 들·내·산 등 자연의 형태를 모두 깊이 살피는 것을 뜻한다.[47]

'천지의 시초', 즉 세상생성의 본질을 말하고 있다. 관건이 되는 곳은 "천지의 기운이 화합하는 것은 만물을 살게 하는 큰 도리"다. 『장자』「달생達生」에 "천지는 만물의 부모다. 합하면 형체를 이루고 흩어지면 (다른 물체의) 처음을 이룬다"[48]고 했다. 천지가 화합했기 때문에 "하늘에는 구야가 있고 지상에는 구주가 있다."[49] 「유시람」의 구주는 천지의 '큰 도리大經'라는 설명의 배경 아래 등장했다. 구주는 땅의 원래 '모습'으로 하늘에 있는 '구야'의 뒤를 따르고 있다. 구주 대 구야는 '천지 화합'의 자연 질서를 표현하고 있다.

춘추 시대 이래로 '천도' 관념은 두 갈래의 사상 맥락을 따라 흘러갔다. 하나는 인문주의이고 하나는 자연주의다.[50] 인문주의의 흐름은 하늘에 대한 도덕질서의 의의를 중시하는, 천지인이 도덕으로 하나가 되는 것으로 구현되었다. 자연주의는 자연법칙의 의의를 연장하는, 천지인이 자연으로 하나가 되는 쪽으로 흘렀다.

「유시람」의 이론적 입장은 도가의 자연주의와 음양설의 내용을 함께 가지고 있다. 『여씨춘추』의 사상내용이 잡다해도 도가를 종지로 삼아 "천지를 본받음法天地"을 주장하며 객관에 순응하고 있다. 「유시람」의 구주에 대한 의의는 이런 측면에서 이해해야 할 것이고 구주는 본질적으로 "자연적으로 형성된" 것이다.

구주에 대한 서술의 마지막에 말했다: "하늘이 만물을 내리고 성인은 이를 훑어봄으로, 그 유별을 알아낸다. 이는 천지가 형성된 까닭, 천둥과 번개가 생겨난 까닭, 물질 속에 있는 음과 양의 정기, 백성과 금수들이 안락하고 화평한 바에 대한 깨달음으로 나타난다." 글 속에 '하늘'과 성인의 관계를 강조하고 있다: "하늘이 만물을 내리고 성인은 이를 훑어본다." 이는 『주역』 「계사 상」에 "이런 까닭에 하늘이 신비한 물건을 낳으면 성인은 이것을 본뜨고 천지가 변화하면 성인은 이것을 본받고 하늘이 상象을 드리워 길흉을 나타내면 성인은 이것을 본받고 황허黃河 강에서 그림이 나오고 뤄허洛河 강에서 글이 나오면 성인은 이것을 본뜬다"[51]와 같은 말이다. "천지가 화합"하는 것은 대해 성인은 간여할 수 없으며 따라야만 하는 일이다. 이런 일은 '자연'에 속하기 때문이다. 성인이 위대하기는 해도 '천지'와 '자연'이 성인 위에 있다. 우주세계의 주재자는 자연 그 자신인 것이다. 사람은 땅을 본받고 땅은 하늘을 본받고 하늘은 도를 본받으며 도는 자연을 본받는다. "이 때문에 성인은 무위無爲로 일을 처리하고 말없는 가르침을 행한다."[52]

구주는 '천지가 화합'한 큰 틀 속에 존재하므로 천지의 법이 궁극적인 원인이 된다. 대우가 구주를 정했다고 해도 그것 역시 천지의 '큰 도리'를 따라 한 것으로 우는 2인자에 머물 뿐이다. 이것이 천도관 아래에서 성인의 위치다.

도가는 자연과 천지를 서술하면서 '구주'의 존재를 인정해 이 개념의 사회 속 확고한 위치를 설명했다. 모든 사상 유파와 마찬가지로 도가도 이미 사회에 확고하게 자리 잡은 개념을 쉽게 받아들이거나 부정하지는 않고 새로운 해석을 하고자 한다. '구주'의 개념도 그렇다. 「유시람」에서 지상의 구주는 천지가 화합한 예증으로 해석되어 하늘의 구야와 공생하고 공존한다. 구주의 존재는 '자연'의 징표다. 이런 사유의 틀은 확실히 대우가 구주를 구별한 이야기가 부각될 필요가 있다.

인문 세상의 성격과 질서는 유가가 관심을 기울이는 주요 대상이다. 자연으로서의 '천지'의 존재와 그 중요성을 유가는 부인하지 않는다. 자연의 천지는 인류생활에 적합한 환경을 직접 제공하지 않는다. '성인'이 하늘과 땅 사이에서 사람이 살 수 있는 세계를 서술하고 정리하고 이끌어내는 것이다. "천지는 낳아주고 성인이 길러주었다"[53]는 것이다. 백성이 모색했다면 세상은 여전히 모호하고 분명치 않았을 것이다.

「우공」과 「유시람」을 대조해보면 구주의 존재 배경을 강조하는 바가 달라서 선진 시기의 각기 다른 세계관을 볼 수 있다. 아울러 '구주'는 각 가家를 뛰어넘어 사회에서 보편적으로 받아들여진 개념임도 알 수 있다. 이런 보편성 때문에 고대의 구주는 대단히 강력한 현실성이 있게 되었고 그 어떤 저자라도 이 사상적 '현실'을 마주해야만 했다. '주州'라는 글자가 만들어질 때부터 '구주' 개념이 성립되기까지 긴 기간의 역사적 전개를 통해 사회에서 '구주'는 점차 확고하게 뿌리를 내리고 '바꿀 수 없는' 질서가 되었다. 구주는 자연과 인문의 이중적 의의를 가짐으로, 제왕의 영토가 견고함을 상징하기도 하고 하늘의 별자리인 구야와 서로 어울려 천지의 '큰 도리'가 되기도 한다.

구주의 기초, 특히 「우공」 구주의 기초는 현실적인 산천 판도다. 구주의 지역구획은 사실이면서 조작할 수 있는 면을 가지고 있다. 그것은 안정적인 지역 서술의 술어인데 봉국의 명칭으로 지역을 서술하는 방법은 이에 비할 것이 못된다. 봉국은 변할 수 있으나 산천은 변하지 않고 산천이 변하지 않으면 주州의 구역도 변하지 않는다.

일찍이 공자는 주周의 문왕과 무왕이 "천하를 셋으로 나누어 그 둘을 가졌으나 은을 섬겼다. 주의 덕은 지극한 덕이라고 하겠다."[54] 정현은 「우공」의 구주 구획의 개념을 이용해 구체적으로 옹주雍州·양주梁州·형주荊州·예주豫州·서주徐州·양주揚州가 문왕에 속하고 나머지 기주冀州·청주靑州·연주兗州가 주紂에게 속한다고 해석했다. 구주에서 여섯을 가졌으니 셋씩 나눈 것의 둘을 가진 것이다.[55] 정현의 예는 구주개념의 출현으로 사람들이 분명하고 간편한 지역묘사에 대한 표현을 얻게 되었음을 설명한다.

진·한 이후로 넘어와 통일 왕조가 성숙되고 안정을 얻게 되자 군현 제도가 사람들 마음에 깊이 자리 잡았다. 사람들은 지역을 서술함에서 군현의 명칭을 많이 사용했다. 구주의 개념은 점차 실질적인 기능을 잃었으나 상징적인 의미는 결코 약화되지 않았다. 지역을 기록한 각종의 지지地誌는 여전히 책의 시작에 주州의 구역에 대한 기원을 밝히고 있다. 송대 육유陸游의 "구주가 하나 됨을 보지 못함이 슬플 뿐"[56]이라는 시구가 있는데 천여 년 동안 중국인의 마음속에 단단히 자리 잡고 있다. 오늘에 이르기까지도 구주는 남녀노소 누구나 다 알고 있는 '중국'의 대명사다.

## 문화 중국의 형성

'중국'은 범위가 점차 확대된 지리관념이다. 처음에는 하나의 도시에서 한 지역으로 확대되었고 한 지역에서 화하 전체로 확대되었다가 통일 왕조 및 다민족국가에 이르렀다. 그 의의가 얼마나 깊은지는 되풀이할 필요가 없다.

'중국'은 천하 인문지리의 중심에 대한 첫 번째 명칭이다. 중심·중앙의 관념은 진작부터 사람들 마음속에 있었으나 그것을 표현하는 고정된 술어는 없었다. '중국'이라는 단어가 출현하자 표현의 편리 때문에 보편적으로 사용되었고 중심도시라는 의미를 곧 뛰어넘었다.

'중국'이라는 이름이 처음 나타났을 때는 두 글자의 뜻과 같이 '중中'은 천하의 가운데를, '국國'은 도성을 가리켰다.('국國'의 이른 시기의 뜻은 도시이며 특히 도성을 가리킨다. 한나라 유방劉邦에 이르러 '방邦'자를 피휘하느라 쓸 수 없게 되자 '국國' 자가 널리 쓰였다.) 이 도시는 낙읍洛邑으로 오늘날 뤄양洛陽의 전신前身이다. 당시 사람들은 낙읍을 '천하의 중심'으로 생각했다. 낙읍의 창건은 서주 초기 정치지리의 중대사로 문헌에 명확한 기록이 있다. "성왕成王이 풍豐에 머물며 소공召公에게 다시 낙읍을 지어 무왕의 뜻과 같게 하도록 했다. 주공은 다시 점을 치고 시찰을 마친 뒤 마침내 건설하고 구정九鼎을 그곳에 두었다. 주공이 말했다: '이곳은 천하의 중

하존何尊과 명문銘文

심으로 사방에서 공물을 바치러 오는 거리가 모두 같다.'"[57]

1960년대 산시陝西 성 바오지寶鷄에서 하존何尊이라 불리는 서주 이른 시기의 청동기 한 점이 발견되었다. 그 명문[58]에 주의 성왕이 무왕의 뜻에 따라 '중국'을 창건한 일이 언급되어 있다.

하존의 명문은 『상서』 『일주서』 등 문헌기록의 신빙성을 증명하고 현재까지 알려진 '중국'이라는 이름을 언급한 가장 이른 기록이 되었다.[59] 뤄양성洛陽城의 구획과정은 『서경』 「주서·소고召誥」에 기록이 있다. '복택卜宅'(집 자리를 점치는 것), '경영經營'(건물 세울 준비를 하는 것), '공위攻位'(궁묘의 자리를 정하는 것), '용생用牲'(희생을 써서 제사 지내는 것), '사우신읍祉于新邑'(새 도읍의 토지신에게 제사 지내는 것), '비작조作'(대규모의 건설) 등의 단계다. 「주서·소고」에 기록된 낙읍의 구획과 건설 과정은 복잡하지 않지만 중국의 첫 번째 고대 도시계획의 기록이다. 도시계획은 요즘의 표현이고 당시에는 "주공과 소공이 낙읍을 점치다周召卜洛"라고 했다. '복卜'은 당시 큰일을 할 때의 필요한 형식이었으므로 이름 앞에 붙였다. '복' 뒤로 실제적으로 해야 할 일들이 많다. 주공과 소공은 서주 초기에 지위가 가장 높은 대신이었다. 그들이 직접 낙읍의 구획을 담당했다는 것은 그 일의 중요성을 보여주는 것이다.

낙읍(중국)의 창건은 "무왕의 뜻과 같게' 한다는 말대로 주 무왕의 생각이었다. 주周의 고향은 산시陝西 성의 주원周原, 지금의 치산岐山과 푸펑扶風 일대다. 나중에 동쪽으로 확장과 원정을 통해 마침내 상을 이겼다. 상 왕조는 원래 천하제일의 대국이고 주는 서쪽에 있는 복국服國(왕기王畿를 중심으로 일정한 거리를 두고 정한 방국方國 제도. 오복, 칠복, 구복 등―옮긴이)으로 일반적으로 사람들 마음속의 주周는 "손바닥만한 나라"에 불과했다. 주가 상을 멸하기 직전에는 천하를 셋으로 나눈 가운데 둘을 가졌다고 했지만 여기서의 둘이란 동맹국을 포함한 것으로 주나라가 자주적인 땅은 그렇게 크지 않았다. 주가 상을 멸하자 광활한 '동토東土'가 갑자기 늘어났다. 풍豐·호鎬 두 도읍의 거리가 동토로부터 무척 멀다는 생각이 들어 새로운 강역의 형세에 적응할 새로운 도읍이 필요했다. 주 무왕은 천하 원정을 하면서 지리형세를 세밀히 관찰했을 것이다. '태실太室'이 천하의 중심으로 전략적으로 중요한 위치임을 의식해 일부러 이곳에 새로운 '國'(성城)을 건설하고자 했고 여기에서 "백성을 다스렸다乂民"(주 왕조의 수많은 후속의 일이 확실히 낙읍에서 지휘되었다). 무왕이 일찍 세상을 떠나 미처 실시하지 못했다. 무왕의 이런 생각은 성왕成王이 즉위한 뒤에 '천하의 중심'에 낙읍을 건립하는 것으로 실현되었다.

낙읍의 건설은 인문지리의 판도에서 화하 문명의 지리적 축의 중심이라는 지위를 강화했다. 이 축의 중심선은 서쪽의 관중關中 지역에서 시작해 종주宗周인 풍豐과 호鎬를 상징으로 삼고 동으로 예로豫魯 평원 일대까지 이르러 은허殷墟와 취푸曲阜를 표지로 삼았다. 이 축의 중심선상에 나열해 배치된 중국에서 가장 오래된 이 도성들이 하·상·주 삼대의 핵심 지역이다. 화악華岳·숭악嵩岳·대악岱岳 등 정치와 교화로 이름난 세 산도 이 축의 중심선을 따라 나열되어 있다. 하·상·주로부터 한과 당에 이르는 약 3000년의 사회문화 역사에서 이곳은 줄곧 사회 공간의 주축 지대로서 왕조 각지의 전개를 이끌어 선도했다. 낙읍은 이 축의 중심선에서 가운데 부분의 핵심에 자리하고 있다.

'중국'이 처음에는 낙읍을 가리키는 명칭이었으나 나중에는 광범위하게 쓰이면서 가리키는 범위가 점차 확장되었다. 중앙의 성城이 중앙의 나라國로 확장되었고 다시 중앙의 여러 나라諸國로 확장되었다가 또다시 화하의 여러 나라로 확장되었다. 이렇게 다층적으로 확장되어 나감으로 인해 '중국'이라는 말은 다중적인 의미로 변했다. 각기 다른 대상과 대응하게 되면 그 안에 담겨진 뜻도 달라지는, 상대적인 성질을 지닌 특수한 지리개념이다. 『모시정의毛詩正義』에 "중국이라는 어휘는 사방과 상대적인 것이다. 따라서 중국이 수도를 말한다면 사방은 제하諸夏가 됨을 알 수 있다. 만약 중국을 사이四夷와 대응하면 제하 역시 중국이다. 각각 대응하는 것에 따라 달리 말하는 것이다"[60]라고 했다. '중국'이라는 어휘의 이런 상대적인 특징은 분명하다. 요즘 학자들도 이 점을 수차례 지적했다.[61]

'중국'이라는 의미의 이런 변화는 지리적 평면으로 다층적 원형 범위의 변화일 뿐, 핵심은 영원히 변하지 않는다. 이런 다층적 원형의 상대

망망한 우禹의 발자취, 구주를 구획하다

성은 '오복'과 '구복' 관념의 그림자를 반영한다.

'오복'은 주로 「우공」에서 언급했다.[62]

[도성에서 바깥쪽으로]

"500리는 전복甸服이다: 100리는 부세賦稅로 수확한 곡물의 이삭에 벼줄기까지 달린 것을 함께 납부하는 것納總이고 200리는 질銍(짧은 낫)으로 곡물을 베어 곡물의 이삭만 납부하는 것納銍이고 300리는 곡물의 알갱이를 납부하는 것納秸服이고 400리는 속粟(현미)을 바치고 500리는 미米(백미)를 바친다.[63]

500리는 후복侯服이다: 100리는 경대부의 식읍采이고 200리는 남작의 나라男邦이고 300리는 제후諸侯다.[64]

500리는 수복綏服이다: 300리는 문교文敎로 헤아리고 200리는 무위武衛를 떨친다.[65]

500리는 요복要服이다: 300리는 이夷가 살고 200리는 죄인을 귀양 보내는 곳蔡이다.[66]

500리는 황복荒服이다: 300리는 만蠻이 살고 200리는 죄인을 귀양 보내는 곳流이다.[67]

오복에 관해 구제강은 해설했다: "왕의 도읍지 사면의 각 500리(사방으로 500리)를 '전복'이라 한다. 그곳의 백성이 농산물을 왕도로 보낼 때 먼 곳은 운송이 어렵기 때문에 가까운 곳이 많이 보낸다. 곡식뿐만 아니라 짚까지 보내 마소의 사료로 쓴다. 먼 곳은 적게 보내서 도정한 알곡만 보내면 된다. 전복 밖의 사방 각 500리를 '후복'이라 한다. 이곳은 제왕이 제후에게 분봉한 영토로 가까운 곳은 작은 나라이고 먼 곳은 큰 나라다. 후복 밖의 사방 각 500리를 '수복'이라 한다. 이곳은 중원과 외족 사이의 지역으로 다독임과 회유가 필요했기에 한편으로는 중원의 문화를 보급하고 한편으로는 무력을 정비해 전복과 후복의 안전을 보호했다. 수복 밖의 사방 각 500리를 '요복'이라 하고 요복 밖의 사방 각 500리를 '황복'이라 한다. 이곳들은 모두 외족이 거주하는 곳이며 또한 중국에서 쫓겨난 죄인들이 사는 곳이다."[68]

'구복'은 『주례』 「직방」에 보인다.

사방 천 리를 왕기王畿라 하고
그 밖의 사방 500리를 후복侯服이라 하고
다시 그 밖의 사방 500리를 전복甸服이라 하고
다시 그 밖의 사방 500리를 남복男服이라 하고
다시 그 밖의 사방 500리를 채복采服이라 하고
다시 그 밖의 사방 500리를 위복衛服이라 하고
다시 그 밖의 사방 500리를 만복蠻服이라 하고
다시 그 밖의 사방 500리를 이복夷服이라 하고
다시 그 밖의 사방 500리를 진복鎭服이라 하고
다시 그 밖의 사방 500리를 번복藩服이라 한다.

'오복'과 '구복'은 사각형의 등급별 공간구조로서 거시적 인문지리의 패턴이다. 이 패턴은 어느 정도 사실에 기초하고 있다. 먼 곳일수록 문화사회의 전개수준이 낮다. 이는 옛사람이 본 대체적인 상황으로 화하인

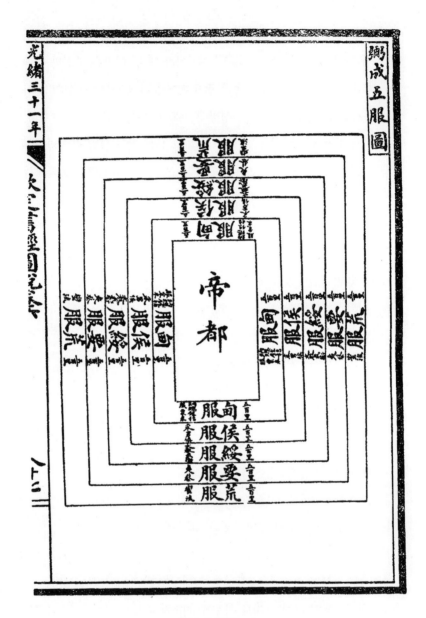

「우공」의 오복도五服圖

의 기본적인 시각은 옳다. 다른 거리에 있는 지대에 각기 다른 지역관리 방식이 있다는 것은 사실에도 부합된다. 선인들이 이를 질서정연한 구조로 종합해 반드시 500리마다 사방이 반듯하게 변해 나가도록 전환한 것은 관념을 손질한 것이며 이는 사상의 독립성을 나타낸다. 사상의 영역은 가치와 의의를 중시하므로 패턴을 만들 때 가치가 사실을 바꾸는 것도 개의치 않는다.

원래 '복服'은 직무의 의미다. 『상서』 「다사多士」에 "직무服를 맡기어 여러 관직百僚에 있게 하다"[69], 『상서』 「다방多方」에 "그대들의 일을 하기 바라오. 직무服를 맡아 높은 관직大僚에서 일하게 될 것이오"[70]라고 했다. 금문金文(청동기에 있는 명문─옮긴이)에도 '복服'에 관한 자료가 있다. 「반궤班簋」 명문에 "모백毛伯에게 괵성공虢城公의 직무服를 계승하라"[71]고 했는데 괵성공의 직무를 교체하겠다는 뜻이다. 「이치異觶」에 "이異에게 책령冊令(책명冊命)을 내려 조부祖考의 직무服를 계승토록 했다"[72]는 이異가 조부의 직무를 계승하도록 책명을 내린다는 말이다. 차오푸린晁福林은 제후의 방국方國에 관한 일도 '복服'이라 한다고 지적했다. 「사산반士山盤」에 "중후中侯의 나라에 가서 약都, 형刑(荆), 방국을 다스리는 임무服를 수행하라"[73]고 해 약都과 형刑(荆), 방국의 '복服'을 말하고 있다.[74]

'복服'이 직무라면 임명과 규범의 의미가 있다. '복服'의 개념체계에서 지역관리 체제의 맹아를 어렴풋이 볼 수 있다. 상대의 내복과 외복은 직무이자 관리다. 뒤에 나온 '오복'은 거기에 지리구역적인 의미를 더해 지역의 대응적 성격을 명확하게 하고 지방 통제의 의미를 더욱 명백히 했다.

'구주'와 '오복'의 개념이 함께 「우공」 속에 서술되어 모두 경전 지리에 속하는데, 이 둘의 관계를 어떻게 처리할 것인지가 문제다.

구주는 현실적인 지리판도에서 9개의 자연적인 구분을 선택한 것이므로 각 지역 자체에 이념적 요소와 계층의 의미는 그리 많지 않다. 구주의 관념은 그 전체적인 범위의 성격인 '우적', 즉 화하라는 점에 보다 더 큰 의의가 있다. 오복제는 공간등급제의 관념을 표현한 것으로 각 지역마다 특정하고 각기 다른 인문적 의미가 있는 것은 자연에 따른 구분이 아니라 인문 등급의 관념적 구분이다. 자연적인 구분이 500리마다 질서 정연하게 구분될 리가 없다. 구제강은 "구주설은 군주집권제 아래서 만들어졌고 오복설은 최고의 영주와 크고 작은 봉건영주가 점유한 토지제도 아래에서 만들어졌다. 오복설의 시대가 구주설보다 더 빠르다는 것을 알 수 있다."[75] 구주가 나뉨을 말하고 있으나 표방하는 가치관은 전체성이다. 오복제는 이상적인 커다란 사각형을 그려냈으나 가장 강조하는 가치관은 등급의 분할이다. 구주는 집권제도 아래에서 만들어진 관념이라는 구제강의 말은 기본적으로 옳다. 주대가 정치적인 집권은 이루지 못했으나 사상과 관념상으로는 이미 천하통일을 완성했다. 구주의 관념은 천자의 "드넓은 하늘 아래 왕의 땅 아닌 곳이 없다"[76]는 사상의 범위에 든다. 복服 지역의 등급은 제후를 봉하던 시대에 생긴 것이며 오복은 봉국 영토 단위의 구조가 확대된 것으로 이해할 수 있다.

구주와 오복은 각기 다른 두 시각에서 만들어진 개념이다. 구제강은 "두 견해가 맞물리도록 지도에 그려 넣을 수 없다"고 하고 『서집전書集傳』의 저자인 송나라 채침蔡沈의 말을 인용해 말했다: "요堯는 기주冀州에 도읍을 했다. 기주의 북쪽 경계에 운중雲中, 탁涿, 역易을 더해도 아마 2500리는 되지 않을 것이다. 설사 된다고 해도 모두 사막과 불모의 땅이다. 동남쪽은 재물이 풍부하게 나오는 곳인데 도리어 요복이나 황복처럼 버렸으니 그 지세를 살펴볼 때 참 이해할 수 없다.”[77] 오복은 관념적인 패턴으로 의의와 가치를 중시한다. 실제의 땅에다 실증적으로 검증하려 한다면 실현시킬 수 없다. 구주와 '맞물리게' 하는 것은 더 말할 것도 없다. 일반적인 생각대로 내삼복內三服(전甸·후侯·수綏)이 화하 구주의 범위라고 해도 이 삼복으로 구주를 맞물릴 수가 없다. 구주 안에 어디가 전복이고 어디가 후복이며 수복인지 명백히 밝힐 수 없다.

과거에 어떤 학자는 주나라의 오복이 구주 안으로 축소되었을 뿐만 아니라 "오복의 땅이 구주를 다 채우지 못하는" 것으로 여기기도 해서 더욱 혼란스러웠다. 청대 학자 호위胡渭는 말했다: "예전에 구주 안의 땅에 오복을 만들었다. 전복·후복·수복은 사방 3000리로 중국이고 요복·황복은 사방 2000리로 사이四夷다. 오복 밖에 있는 나머지의 땅 또한 구주에 속한다."[78] "사해의 안이 바로 구주이고 구주의 안에 오복이 있는데 오복의 땅은 구주를 다 채우지 못한다."[79] 호위는 실제의 땅에서 주대의 오복을 찾으려 했다. 하의 옛 지역夏墟(진晉이 처음으로 봉해진 곳으로 지금의 산시山西)이 "융戎의 법도로 경계를 정했다"고 한 것은 그곳이 요복과 황복에 속하는 것이라고 생각했다. 이 같은 검토는 오복을 매우 작게 본 것으로 고대 주류의 견해와는 어긋난다. 오복은 단지 사상관념의 패턴으로 머릿속의 생각은 몰라도 반드시 실제의 땅에 현실화되지는 않는다.

구제강은 오복이 "사실에서 가상으로 변한 것"이며 구주는 "가상이 사실로 변한 것"이라고 생각한 것[80]은 맞다. 구주는 이상에서 나와 사실을 설명하는 것으로 변했다. 후세의 지리지는 언제나 「우공」의 구주를 행정구역 연혁의 기점으로 삼는다. 오복은 한 장의 도표로 남겨 관념을 나타낼 따름이다. 이 패턴은 사실을 설명할 수 없기 때문에 오늘날 고대 역사 지리를 연구하는 사람들이 별로 주의를 기울이지 않는다. 외국 학자가 쓴 중국 고대 문화의 책에는 자주 나타난다. 외국인은 이 도표가 중국 고대의 가장 전형적인 지리관이며 중국 고대 천하관을 나타내는 기호라고 생각하기 때문이다. 미 역사지리학자 마이니그D. W. Meinig 시러큐스Syracuse대 교수는 중국을 말할 때 먼저 오복도를 그리는 것으로 시작한다.[81]

오복의 구조에 중심이 있고 네모 형태가 있는 것은 확실히 화하 중국의 전형적인 특징이다. 오복이 봉국 시대의 관념에서 전개한 것이기는 하지만 중심을 핵심으로 하는 구조는 '중국'의 관념과 일치해서 중국 관념의 또 다른 표현이기도 하다. 오복의 네 번째 단계부터 바깥에서 안쪽을 향해보면 각기 다른 단계의 '중국'이 보인다. 중국을 향하는 것은 핵심으로의 응집력을 드러낼 뿐만 아니라 행위에서도 중심을 향하는 동태적 추세다. 문화 중국의 관념은 정태적이 아니라 동태적이며 "먼 곳의 나라가 보러 오게"[82] 만드는 것이다. 정치·문화·도덕, 더더욱 경제에서까지 최고의 가치를 추구할 때 중국인은 종종 중앙(수도)을 향해 나가는 공간행위 양식으로 표현한다.

이와 반대로 '중심'에서 '사방'으로 향하는 것은 문명의 정도가 점차 낮아지기 때문에 사방의 이적과는 왕도를 논할 수 없어서 "성인의 강토疆土를 다스리는 제도가 황복의 먼 곳까지 미치지 않는다."[83] 실제의 역사 경험에서 중국과 미국 두 나라의 역사 지리 과정을 대조해 본다. 중국은 중심에서 주변으로 확장(연합)해 나갔고 미국은 동부에서 서부로 나아갔다. 미국인에게 있어서 '변방'은 기회와 전개를 의미한다. 중국인에게 있어서 '변방'은 침체와 끝남을 의미한다. 중국인에게 변방 밖으로

혼돈에서 질서로

의 전개는 더더욱 추진력이 없다. '중심을 향하는 것'은 화하 문명의 문화공간구조이며 중국인 행위의 추세다. 가장 좋은 것(사람과 상품)은 모두 중심을 향해 흘러들고 중심에서 전개한다.

'중국'과 '오복'은 사실과 관념의 두 측면을 모두 포함하는데 오복은 현실적인 경험이 변형된 후의 관념이다. 오복에 관해 일부 학자들은 사실의 정확성을 많이 강조하다보니 종종 관념 측면의 의의를 경시하고 '사실이 아닌 것' '모두 꾸며낸 것'이라며 없애려고 한다. 궈모뤄는 오복을 두고 "말할 필요도 없는 유가의 가탁"으로 '허구'라고 했다.[84] 사상사의 시각에서 말한다면 수많은 '허구'의 개념과 '사실이 아닌' 관념 모두가 중요한 사상적 의의를 지니고 있고 사상사 속의 '사실'이다.

문화 중국은 현실세계이자 관념의 세계이기도 하다. 고대 중국의 많은 관념과 마찬가지로 문화 중국도 도덕의 높이까지 올라갔는데 이 도덕의 높이는 '중심'의 속성에서 나왔다. 이른 시기 상나라 도읍의 '사방의 표준'[85]은 이미 이런 전통을 열었고 현실사회 질서의 필요에 의한 것이다. 『전국책』「조책趙策 조趙 2」에서 공자公子 성成은 말했다: "신臣은 이런 말을 들었습니다: 중국은 총명과 예지의 사람이 사는 곳, 유용한 물자가 집합하는 곳, 성현의 가르침이 있는 곳, 인의가 시행되고 있는 곳, 시·서·예·악이 행해지고 있는 곳, 남다른 재주나 기예 있는 사람이 쓰이는 곳, 먼 곳에 있는 여러 나라에서 찾아와 보고 모범을 삼는 곳, 만이蠻夷의 백성도 모범으로 행하는 곳이다."[86] 양웅揚雄의 『법언法言』「문도問道」는 "어떤 이가 물었다. 누가 중국입니까? 오상五常의 정치가 베풀어지고 일곱 가지 부세賦稅가 시행되며 천지의 가운데에 해당하는 곳이 중국이다"[87]고 했다.

도성은 '중심中'이라는 정치지리의 대표가 되는 곳으로 강력한 정교 관념적 의의가 있다. 더더욱 그 정교 관념적 의의는 자연지리 위치의 사실을 뒤덮기까지 한다. 고대 지리문헌에서 도성에 대한 묘사는 '북극성을 에워싸는' 지위를 드러내는 것이다. 명·청 시대의 베이징처럼 자연적인 지리위치로는 명백히 도성이 한쪽으로 치우쳐 있으나 인문적으로는 이렇게 썼다. "그 신령한 언덕은 지세가 뛰어나고 풍요롭고 비옥하다. 네 변경四塞을 통제하며 가운데 있어 먼 곳까지 다스린다. 찬란한 왕기王氣가 모이니 그 상서로움은 용이 서리고 봉이 춤추는 듯하다. 제후의 봉국을 굽어보니 바둑판처럼 빽빽하고 하늘의 뭇 별처럼 총총하다."[88] 참으로 "천백의 나라가 천자를 알현하는 성대함"[89]이 느껴진다. 도성의 형태 구조에서도 황제가 가운데 있는 독존의 위치가 두드러진다. 예법의 계층 사회에서 도성이 고귀함과 유일함을 드러내는 것은 광활한 지역과 수많은 인구 속에서 권위와 숭고함을 더하는 강력한 조치이다. 이런 조치는 명과 청 베이징 성의 평면 설계에서 거의 극치에 달했다. 베이징 성의 문화 경관은 권력 경관을 떠받치고 있다. 또는 문화 경관이 황제의 권위를 가시화해주고 있다고 말할 수 있다.

서주 초에 나타난 '중국'은 상과 주가 대치하는 국면을 뛰어넘어 하의 지리적 위치와 부합한다. 화하의 정통성과 '중국'의 지위는 서로를 검증하며 지탱해주고 있다. 이에 어느 정도는 사실인 기초 위에서 영원한 관념적 의미의 공간질서체계가 형성되면서 사실을 가치와 준칙으로 전환해 격을 높였다. 이런 관념은 서주가 '천하'임을 논증하는 근거가 되었고 그 관념들은 새로운 세계를 뒷받침했다. 일단 가치와 준칙이 되고 나면 사실은 더욱 확고하게 되어 바뀌지 않는다. 주나라의 관념적 문화 중국

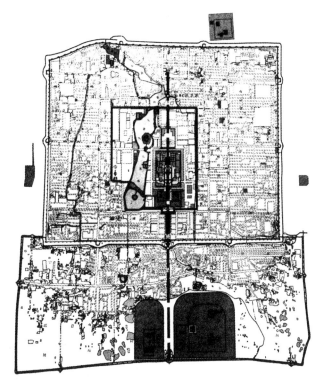

명·청 시기 베이징 성의 축 중심선

의 뛰어남과 문명 창건의 위대한 공적이 여기에 있다.

## 중국을 엮는 오악五岳

오악은 동악 타이산泰山·남악 형산衡山·서악 화산華山·북악 형산恒山·중악 쑹산嵩山으로 중국의 범위를 표시하는 또 하나의 기호이자 좌표다. 오악은 화하의 정통 지역 범위를 표시하는 우적·구주 등의 개념과 같은 의미를 담고 있다.

중국에서 큰 강만큼이나 높은 산이 많은 것은 가장 쉽게 눈에 보이는 자연 지리 경관이다. 위치가 중요하고 형상이 뛰어나며 높은 일부 산들은 중국의 고대 문명이 형성되고 전개되는 과정에서 가장 먼저 인문적 의의를 부여 받았는데, 이들이 고대의 '명산'이다. 옛사람은 '명산'을 각기 다른 지리적 기준에 근거해 분류하고 조합한 뒤 명산들의 조를 만들어 순서를 정하고 상징적인 의미를 만들었는데, 오악이 그중 하나다. 선진에서 진·한에 이르는 시대에는 오악 외에도 각기 다른 서열방법에 따른 '명산'들이 있었다. 『주례』「직방」에 보이는 9대 '산진山鎭'(어떤 지역에서 가장 유명한 산—옮긴이) 같은 것들이다. 오악의 지위가 가장 높고 연원도 가장 길어 지금에 이르기까지 여전히 그 명성을 유지하고 있다.

오악은 선진 시대에 점차 형성되어 화하 지역 구조의 다섯 방위를 나타내는 또 하나의 상징이 되었다. 「우공」은 "주를 나눌 때는 반드시 산천으로 경계를 정한다"[90]고 했으며 구주의 산맥을 나열하면서 타이산·화산·헝산·헝산의 네 산을 언급함으로, 이미 경계를 표시하는 의미를 갖추고 있다. 「우공」에 쑹산이 없는 이유는 쑹산이 가운데 있어서 경계 표시의 의미가 없기 때문일 것이다.

후대에 오악 중 남악과 북악은 각기 변화가 일어났는데 그 설도 여러 가지다. 동악·서악·중악은 타이산·화산·쑹산으로 비교적 중요하며 그 위치도 기본적으로 이설이 없다. 이 세 큰 산은 공교롭게도 고대 중국 문명의 축 중심선 위에 있다. 산의 형체가 두드러지고 경관이 웅장하여 "명산에서 제후의 공을 하늘에 고하고"[91], "산악이 하늘과 짝을 이룬다."[92] 옛사람의 지리적 시야로 하늘과 통하는 성지로 여기게 되었다. 남악과 북악은 가리키는 곳이 분명하지 않은 원인 중 하나는 하 왕조의 남북 강토의 개척 범위가 분명하지 않기 때문이다. 개척 범위가 확장되면 산악의 위치도 조정되어야 한다. 남악을 예로 들면 『태평어람』은 서영기徐靈期의 『남악기南嶽記』를 인용해 말했다: "형산이 원래 남악이며 헌원軒轅씨가 휘산霍山으로 보좌하게 했다. 나중에 한 무제가 형산이 너무 먼 것을 싫어해서 휘산(천주산天柱山)으로 바꾸어 제사를 지냈다." 같은 내용이 『이아』 곽박의 주와 간보干寶의 『수신기搜神記』에도 보인다. 한 무제가 형산이 먼 것을 싫어했다는 말은 사실상 강남지역이 아직 발달하지 않아 가고 싶어 하지 않았다는 것이다. 남조南朝를 거쳐 수대에 이르자 강남의 상황은 달라졌다. 수문제 개황開皇 9년(589)에 남형산南衡山을 다시 남악으로 하고 곽산이 명산이었던 것을 폐지했다.[93] 북악 형산의 명칭은 전한 시기에 붙여졌다고 하고 한 문제文帝 유항劉恒을 피휘해야 했기 때문에 형산恒山은 상당한 기간 상산常山이라고 불렸다.[94] 북악의 원래 위치는 허베이 성 취양曲陽이었는데 명·청 시기에 산시山西 성의 훈위안渾源으로 바뀌었다.[95] 전체 강토에 대해 남악과 북악이 표시하는 경계의 의의는 『예기』 「왕제」에 북에서부터 남으로 가장 명확하게 말하고 있다. "형산으로부터 남하南河 강에 이르기까지는 천 리에 가깝고 남하 강으로부터 창장 강에 이르기까지는 또 천 리에 가깝고 창장 강으로부터 형산衡山에 이르기까지는 다시 천 리를 좀 넘는다."[96] 강토가 이르는 네 곳은 "서쪽으로는 유사流沙[97]까지 다 개척하지 않았으며 남쪽으로는 형산까지 다 개척하지 않았으며 동쪽으로는 동해東海까지 다 개척하지 않았으며 북쪽으로는 항산까지 다 개척하지 않았다"[98]고 했다. 이로써 남악과 북악이 전체 강토의 남과 북의 각 한계임을 알 수 있다. 그 밖에 『사기』

「양효왕세가梁孝王世家」를 보면 대왕代王 유의劉義(대왕代王의 이름—옮긴이) 19년, 즉 한 무제 원정元鼎 연간에 한나라가 북쪽으로 "요충지를 확장하며 상산常山 즉 북악을 한계로 삼았다"[99]고 했는데 같은 말이다.

오악은 서로 호응하며 다섯 방위와 어울려 일련의 체계를 이루는데 자연적인 속성을 뛰어넘어 종교와 예법의 지리 좌표를 형성했다. 오악은 중국을 서로 이어주고 화하의 숭고함을 나타내며 안정적인 면에서 왕조가 만든 그 어떤 나머지 방위 개념들을 모두 뛰어넘는다. 악岳은 명산 중의 명산이다. 『주례』는 명산 중의 명산을 '산진山鎭'과 같이 '진鎭'이라고 쓰기도 했다. 때로는 '사진오악四鎭五岳'[100]과 같이 악과 진을 같이 언급하기도 한다. 정현 주에 "진鎭은 명산이다. 땅의 덕을 평안하게 하는 것이다"[101]라고 했다. '진鎭'은 악岳처럼 그렇게 유행하지는 않았다. 『한서』「지리지」는 『주례』「직방職方」을 그대로 옮겨 적으면서 원래 각 주마다 있던 '기산진其山鎭'을 '기산其山'으로 생략했다. 악의 명칭이 비교적 유행했지만 악의 성격이 진鎭과 같았으므로 당연히 악의 신분 역시 "땅의 덕을 평안하게 하는 것"이다.[102] '땅의 덕'이란 정치의 '드넓은 하늘 아래普天之下'와 화하 통일을 벗어날 수 없다.

『설문해자說文解字』에 "동은 다이산岱山, 남은 훠산霍山, 서는 화산, 북은 형산, 가운데는 타이스 산泰室山인데 왕이 순수巡狩할 때 이르는 곳이다"[103]라고 한 것은 오악이 동·서·남·북·중에 있으면서 방위의 완전성을 갖추었기 때문이다. 오악은 '드넓은 하늘 아래'를 상징하고 또한 '땅의 덕을 평안하게 하는' 예법의 의미도 있다. "악은 제후를 모이게 한다."[104] 제후들은 "반드시 그 지역의 가까운 악을 선택해서 왕을 배알해야 한다."[105] 악에 도착하며 순수 행사는 최고조에 이른다. 오악은 왕조의 지역정치에서 예법의 형식과 신성한 모습으로 나타난 5대 핵심이며 천자의 순수 제도가 그들을 연합해 하나로 총괄했다.

위에서 말한 바를 종합해 볼 때, 오악의 개념이 형성된 것은 중국 고대 지리사상사의 중대한 일이며 오악 자체가 고대 문화지리와 정치지리의 주요 내용이다. 예의제도와 도덕규범을 운용하는 것은 정치에 유용한 보조이자 보충 수단이며 중국 고대 문명의 큰 특징이다. 서주와 동주에서 진·한에 이르는 시대는 중국 고대 정치문화의 형성기였다. 정치지리 면으로는 충분한 봉건제도의 실천과 봉건제에서 군현제로 향하는 전환이 완성됨으로, 광활한 국토에 대해 통일된 정치를 건설하는 막중한 역사적 과제를 해결했다. 오악이 개념에서 사실로 확립된 것은 문화지리 과정의 중요한 측면으로서의 정치다. 이는 한편으로 예의 도덕의 형식으로 광활한 국토의 통일된 건설을 지지했고 다른 한편으로는 중국 문화가 어떻게 자연경관에다 짙은 예법정치의 의미를 주입해 독특한 화하 문명의 지리언어를 묘사해냈는지를 보여주고 있다. 산악은 자연적인 영구함으로 문화와 정치의 영원함을 상징한다. "나라는 망했으나 산하는 그대로이네國破山河在"는 중국 정신의 영속과 부흥의 희망을 표현하고 있다.

중화 문명은 대지역 문명이다. 이는 커다란 범위의 전체의식이 필요하고 지리관념으로는 설명과 확인이 필요하며 영구적인 상징이 필요하다. 중화 문명에 관한 지리적 특징의 설명, 즉 본질이 빠져 있다. '중화 문명'이라고 할 때, 세 글자를 더해 '중화 대지역 문명'이라는 것이 훨씬 바람직하다. 이렇게 지리 형용사를 더해야 중국 문명의 특징을 나타낼 수 있다.

우적·구주·오악 등 개념의 형성으로 화하 세상이 세워졌다. 이는 정치의 구축과 서로 연관되어 있지만 또한 정치의 관념성 구축을 뛰어넘어 성인의 명의名義·거대한 기호(즉 산천)·큰 폭의 범위를 포함한다. 이는 중국 역사상 가장 큰 시야와 가장 높은 문명의 가치, 가장 영향이 깊은 지리관념의 구축이었다. 문명은 명확한 공간적 속성과 독특한 공간가치를 구비하고 있다. 이런 관념들은 각 구성원의 자각적이고 성숙되고 일반적인 공간의식을 만든다(선진의 제자백가 중 아무도 이런 관념을 부인하지 않는다). 이것은 문명이 안정되었다는 표지다. 이런 관념 의식은 또 사회 전체의 정치·군사·경제를 위한 방책으로 전환되어 뒤이어 나올 대지역 권력집중 제국의 시작을 열었다.

문화지역 형성을 인정하는 의식은 "그 문화의 특징이 지역 내의 사람들 생각이나 행위 속에 존재하고 어떤 집단이나 지역을 유지하는 에너지가 되는 것"이다.[106] 우적·구주·오악 등 고단계의 거시적 개념이 만들어낸 화하 지역을 인정하고 유지하는 힘은 강력한 것이어서 제왕과 재상에서 일반인과 지사志士에 이르기까지 그 힘을 받지 않는 이가 없다. 이는 세계사에서 다시는 없을 것이다. 이런 관념들은 왕조의 정통성과 국가의 완전성을 평가하는 사상적 자원이 되었으며 대지역 왕조를 형성함에서 막강한 추진력을 발휘했다.

이런 총체적 판도가 안정된 뒤 화하 사회질서는 한 걸음 더 나아가 내부의 세세한 운영과 관리로 접어들었다. 구주·중국·오복 등 큰 틀의 핵심적 위치에서 보이는 것은 신이 아니라 제왕이라는 것이 이 틀의 정치적 본질이다. 이런 까닭에 고대 중국지리의 진일보한 전개는 주로 왕(황제)의 권력 범위의 그늘 아래서 진행되며 자연적인 '강산'을 압도할 만큼 그 영향이 크다.

제10장

# 국가 경영
# : 정치 영토 의식(질서)의 성숙

주대 사회로 들어서자 인간 세상의 권력은 갈수록 강력해지며 형태가 변하기 시작했다. 천자와 제후는 강력한 추진력이 되어 자신들이 이끄는 궤도를 따라 사회를 나날이 전개했다. 인간 세상 권력의 핵심으로서의 사회언어체계(관념·가치·체제)가 강력해지기 시작했다.

관념과 이익의 상호작용으로 사회는 '천하'의 질서에서 '왕조'의 질서로 넘어갔다. 구주·오복 등 천하 관념의 큰 틀 아래서 현실사회의 이익은 왕권이 관심을 기울이는 주요 대상이 되었다. 이에 일련의 사회 조작 계층이 끊임없이 나타났는데 왕권의 공간적 밀도가 높아지자 질서도 더욱 세밀해졌다.

서주의 전면적인 분봉은 원래 천하에 이리저리 흩어져 있던 부족지역에 대해 전면적인 개편을 불러왔다. 새로운 토지행정이 시행되자 구획된 인간거주 단위가 출현해 족군族群(소수민족을 포함한 여러 민족—옮긴이)이 자연스레 성장하던 역사는 끝을 맺었다. 주동적으로 조작하려는 성질은

**379**

주대 정치지리의 중요한 특징이며 새로운 질서는 왕권의 운용으로 생긴 결과다.

　제후들은 한때 천하질서의 집행자였으나 후대에는 천하질서의 파괴자가 되었다. 천하질서가 파괴(예악이 붕괴)되었을 때, 그들은 권력의 주된 형식이 되었다. 제후 간의 경쟁은 "늙어 죽을 때까지 서로 왕래하지 않는"1 전원 시대를 마감하고 '땅의 이로움地利'을 전면적으로 개척해 경제·정치·군사·교통에서 지리의 가치를 전면적으로 드러냈다. 열국의 패권다툼으로 지역 간 갈등이 심화되고 심화된 지역 간의 갈등은 다시 보다 강력한 통합 체제를 불러온 것이 권력집중 통일 왕조다. 사회는 천하질서에서 왕조 질서로 전환되었다.

## 왕토 개념

"드넓은 하늘 아래 왕의 땅 아닌 곳이 없다普天之下莫非王土"는 말은 서주의 구호이고 천하 모든 부족 지역은 모두 주왕이 관할한다고 선언한 것이다. 주왕에게 이런 최고의 관할권이 있게 되는 까닭은 "왕토는 하늘이 내리는 것王土天授"이기 때문이다.

　주왕의 토지는 "상을 멸하고克商" "흐르는 피에 병기가 떠다니는" 대가를 치르고 빼앗은 것이다. 사상적으로는 '덕'을 닦아 '천명'을 얻은 것이라 홍보하고 있다. 주왕의 땅은 '하늘이 내린' 것이니 온 세상이 모두 복종해야 한다.

　주나라의 영토 관념은 상나라에 비해 많이 발전했다. 상나라는 주족周族의 자주적인 지위를 허용해 자신의 자녀를 주의 땅에 분봉하시 않았으나 주왕은 거의 모든 문명화된 땅을 분봉한 까닭에 "왕의 땅 아닌 곳이 없다"는 관념이 나오고 화華와 이夷가 대치하는 상황이 형성되었다.

현실적으로 전부를 왕의 땅으로 하는 일은 불가능했지만 주나라는 여전히 사상의 영역에서 그런 관념을 구축했고 왕권을 새롭게 규정하는 것으로 천하를 왕권으로 덮어씌운 것이 주나라의 정치적 목표였다.

서주의 「우정盂鼎」 명문에 "하늘의 대명을 받아" "사방을 돌본다"[2](『집성』2837)고 했다. 「사극치師克緖」에 "위대하고 고귀하신 문왕과 무왕께서 대명을 받으사 사방을 돌보시다"[3](『집성』4467)라고 했다. 이런 명문들은 영토 점유의 합법성에 대해 주나라의 해석을 반영하고 있고 '대명'은 천명이다. 주왕의 권력은 천명으로부터 나오고 제후의 권력은 주왕의 지분으로부터 나온다. "제후가 천자에게는 어느 땅을 지키는 신하 아무개라고 말한다."[4] 대대로 내려오는 제후가 분봉 받은 토지는 주왕이 나누어 하사한 것인데 위로 거슬러 올라가면 조상으로부터 계승한 것이고 다시 더 거슬러 올라가면 천명으로부터 받은 것이다.[5]

천하 왕토의 관념에 각 부족 전용지역이 있는 전통을 무너뜨린 것은 토지 관념의 중대한 변혁이었다. 서주의 사회 조직이 여전히 부족의 형식을 보존하고 있으나 부족과 토지의 관계에서는 왕권의 간섭을 받는다. 전통적인 고대 세계에서는 크고 작은 부족이 장기간 각자의 토지를 차지하는데 '천부天賦'의 권력과 같다. 부족 전용지의 안정성은 부족과 지역의 이름이 같은 상황을 통해 알 수 있다.[6] 부족의 땅을 근거로 하는 전통적 정치집단은 자신의 토지권을 쉽게 포기하지 않았고 또 토지신에 대한 제사활동도 버팀목이 되었다. 주나라의 "드넓은 하늘 아래 왕의 땅 아닌 곳이 없다"는 구호는 모든 부족 지역을 향한 도전으로 천하 토지에 대해 새로운 권위가 나타났음을 선언했다.

왕토는 '천명'을 받았다는 것 외에 제후들의 세상에서 '우적'의 관념도 부족의 땅을 뛰어넘은 온 세상의 의미가 있었다. '우적'은 토지 통일 개념의 예비적 형태로 문명의 땅은 우의 은혜로부터 왔다는 신성한 법통 같은 것이다. '우적'은 전국 토지의 문화적 귀결점을 강조하며 오랑캐 세상과 구별하는 데 쓰인다. '중국'의 통치자는 당연히 '우적'의 주재자다. 주나라의 천자와 대우는 모순되지 않는다.

주대 분봉은 원래 있었던 부족 지역에 대한 전면적인 정비이자 통제였다. 위험한 곳일수록 가야만 하고 지방 세력이 드셀수록 분봉을 해야 했다. 숙우叔虞(진晉나라에 처음으로 봉해진 군주)가 분봉 받은 당唐 지역은 한때 상 왕조 세력의 중요한 근거지였다. 상왕은 한때 당 지역에 '대읍'을 건설했는데 복사에 그 기록이 보인다.[7] 복사에서 '대읍'이라 부른 것은 '대읍 상'(도성 은殷) 외에는 당읍唐邑뿐인데 이것으로 당 지역이 상 왕조에서 중요한 위치였음을 잘 알 수 있다. 당 지역은 지금의 산시山西 서남부로 하 왕조의 영지였다. 고고학으로는 얼리터우二里頭 문화 유물이 풍부하다. 주대 초의 당 지역은 상나라 세력은 이미 쇠망했으나 하족 유민이 여전히 남아 있었고 그밖에 융족도 이 일대에서 세력을 키웠다. 숙우는 이곳에 와서 그들과 마주하자 책략적으로 "하나라의 정치방식으로 백성을 이끌고 토지의 경계를 정함에는 오랑캐가 쓰는 법도를 썼다"[8]고 했다. 현지의 전통방식으로 그곳 백성들을 관리한 것이다. 강력한 주 왕조 왕권의 지지 아래 원래는 남의 것이었던 토지를 숙우는 성공적으로 차지했다.

쉬줘윈許倬雲은 서주가 봉한 나라의 백성 성분이 대부분 "세 부리의 민중'이라고 했는데, 주나라 사람, 상나라 유민, 현지의 부족이다.[9] 주나라 사람은 새로운 주인이며 통치자이고 상나라 유민은 그곳으로 이주되어 통제를 받는 대상이며 현지의 부족은 그 땅의 원 주인이었으나 권력을 빼앗겼다. 「의후측궤宜侯矢簋」의 명문에 "왕이 명해" 의후宜侯 측矢(側 이체자—옮긴이)을 분봉하는 일을 말하고 있다.[10] 의宜는 봉해진 땅이고 "하사한 백성賜民"은 '재의왕인在宜王人', 즉 주나라 사람, 노盧(로虜)는 즉 데리고 온 항복한 포로(은나라의 옛 부족), '의서인宜庶人'은 토착 거주민이다.[11] 일부 봉국은 인구 구성에서 상층은 주족이고 하층은 현지의 옛 부족이라는 특징을 오랜 기간 유지하기도 했다. 서주의 봉국은 성씨가 혼합된 특징을 확연하게 보여주는데 지역을 유대로 하는 상황이 이미 확정적이다.

제후들은 주왕으로부터 토지를 받는다. 처음으로 봉해지기도 하고 봉지를 옮기기도 하는데, 모두 책명이 있어야 한다. 분봉을 받은 이의 후손은 새로운 왕이 즉위한 뒤 종종 '신명申命'(재차 받는 책명)을 받기도 한다. 이와 관련한 역사 문헌이 있다.

노공魯公에게 천자가 타는 대로大路와 용을 그려 넣은 깃발(대기大旂), 하후夏后씨가 가졌던 황옥璜, 제후였던 봉보封父가 가졌던 번약繁弱이라는 활, 은 왕조의 여섯 씨족인 조條씨·서徐씨·소蕭씨·색索씨·장작長勺씨·미작尾勺씨를 나누어 주면서 이들로 하여금 그 종씨를 거느리고 갈려나간 친족들을 모아 다스리며 따르고 있는 무리들을 이끌어 주공의 법을 따르게 했다. 이에 모두 주나라의 명을 따르게 되었다. 이는 노공으로 하여금 노나라에서 직무를 충실히 해 주공의 밝은 덕을 밝히게 한 것이다. 땅과 부용국, 태축太祝·

종인宗人·태복太卜·태사太史의 관원과 여러 가지 기물, 서책, 조정과 사당에 필요한 기물 등을 나누어 주었으며 상엄商奄의 백성들을 이어받아 다스리게 하고 백금伯禽에게 그들을 훈계하게 한 뒤 소호의 도읍 터에 봉했다.[12]

당숙에게는 대로, 밀수의 북, 궐공의 갑옷, 고선의 종, 회성의 아홉 씨족, 오정五正의 관직을 나누어 주었다. 「당고」의 글로 훈계해 하나라의 옛터에 봉하니 당숙은 하나라의 정치방식으로 백성들을 이끌었고 토지의 경계를 정함에는 융 오랑캐가 쓰는 자를 이용했다.[13]

앞의 문장은 노나라가 처음 봉해질 때 명을 받는 모습이고 뒤의 문장은 당후唐侯(후에 진晉으로 이름을 바꿈)가 처음으로 봉해질 때 명을 받는 모습이다. 이 두 이야기는 모두 인용하거나 당시 명 받았던 글을 옮겨 적은 것이다. 주왕이 내린 물건은 예기·백성·관원·생활물품·전적을 포함하고 있는데 모두 군주를 봉할 때 반드시 써야 할 기물과 사람들이다. 장소도 명확해 하나는 소호少皞의 옛터이고 하나는 하나라의 옛터인데 모두 문명화된 '옛 지역'으로 다른 부족의 오래된 근거지다. 그중 예기(대로·북·대기大旂 등)는 지위의 상징물이므로 제일 앞에 두었다.

제후들의 중요한 직무 중 하나는 주 천자를 위해 '땅을 지키는 것守土'인데 일정한 곳의 땅을 지키는 것을 "모처의 땅을 지키는 신하 아무개라고 말한다."[14] 제후가 분봉을 받은 곳은 일반적으로 전략적 요충지인데 그 주변에는 아직은 직접 봉할 수 없는 지대가 반드시 있기 마련이다. 제후 특히 지위가 비교적 높은 제후는 그 일대의 우두머리가 되어 '10국 제후를 거느리는 직무'를 담당하는데, 이렇게 중요한 제후를 '방백方伯' 또는 '방악'이라 한다. 『시경』「모구」 서序에 "위衛나라는 방백이 10국

제후를 거느리는 직무를 닦지 않는다"[15]고 했는데 위나라가 주위의 작은 나라를 통솔해 주 왕실을 받드는 일을 하지 않는다는 말이다. 『예기』 「왕제」에 "천 리 밖에는 방백을 둔다. 5국을 합쳐 속屬을 만드는데 속은 장長을 두어 통솔한다. 10국을 합쳐 연連을 만드는데 연에는 수帥가 있다. 30국으로 졸卒을 만드는데 졸에는 정正이 있다. 210국으로 주州를 만드는데 주에는 백伯이 있다"[16]고 한다. 방백의 속屬 통제 아래 일련의 부용국들이 더 있어서 방백을 따라 주 왕실을 받든다. 『여씨춘추』「관세 觀世」 편에 "주나라가 봉한 나라가 400여 개이고 부용국은 800여 개다"[17]라는 설이 있다. 이런 작은 '부용국'으로 말하자면 제후 방백은 주 천자를 대표하는 것이므로 반드시 복종해야 한다. 제후 방백으로 말하자면 이런 작은 나라들은 자신의 세력으로 병합할 수 있기에 그들에 대한 간섭은 갈수록 심해졌다.

일부 오래된 부족들은 옛 제왕의 후손이라고 전해진다(일부는 사실이고 이루는 허구임). 황제黃帝의 후손이니 순의 후손이니 하는 것들인데 처음에 주나라는 그들에 대해 비교적 예를 갖췄다. 그들의 조상을 기려 봉함으로, 명의상 일정한 지역의 권익을 부여하고 그곳에는 더 이상 봉군 封君을 두지 않았다. 『사기』「주본기周本紀」에 "무왕께서 옛 성왕들을 추모하시어 신농의 후손은 초焦에, 황제의 후손은 축祝에, 요 임금의 후손은 지薊에, 순 임금의 후손은 진陳에, 우 임금의 후손은 기杞에 기려 봉하셨다"[18]고 한다. 『춘추공양전』 은공 원년의 하휴何休 주에는 "땅이 있으면서 기리는 것을 포襃라 하고 땅이 없으면서 나라를 세우는 것을 봉封이라 한다"[19]고 했다. 옛 성왕의 후손은 각 지역의 옛 부족들로 원래부터 백성과 토지가 있기 때문에 명의상으로만 '기려서' 해당지역에서의 권력을 인정만 해주면 된다. 이렇게 기려서 봉하는 나라의 실력은 일반적으로 강하지 않아서 주나라 적통의 봉국에게 병합되었는데 국蓟國이 그런 예이다. 연燕나라와 지蓟나라 두 나라는 "연산燕山과 지추蓟丘로 인해 이름 붙였는데 자립해 나라를 세울 만큼 땅이 충분했다. 지나라가 쇠미해지고 연나라가 번성하자 지나라를 병합해 차지하니 마침내 지나라의 이름이 없어졌다."[20]

수많은 약소 부용국이나 옛 제왕 '출신'의 기림을 받아 봉해진 나라나 할 것 없이 주대의 정치체제 안에서 모두 위태위태한 상황이었다. 주나라의 적통이 이미 천하를 지배하고 '중심의 나라中國'에서 서쪽으로 확장되어 나가는 중이었다. 중요한 지리적 위치는 모두 주 왕조의 방백과 제후들이 차지해 지키고 있었다. 주나라 무왕이 '중심의 나라 낙읍中國洛邑'의 부서를 세운 것으로 주나라 사람들은 천하에 대한 거시적 지리형세를 이미 확실하게 인식하고 있었다. 주 왕조의 분봉은 성공적인 정치지리적 배치였다. "왕의 땅 아닌 곳이 없다莫非王土"는 말은 공허한 이상과 구호가 아니었다.


### 토지행정과 지역 단원

"왕의 땅 아닌 곳이 없다"는 빈 말이 아니라 토지행정과 지역 단원의 실질적인 구획을 표현한 것이다. 주대는 구획과 질서의 창조를 중시하던 시대였다.

분봉으로 나라를 세운 것 자체가 구획인데 옛사람은 이를 '제봉提封'이라 했다. 「의후측궤」의 명문에는 봉국 내의 산·하천·택읍宅邑·도로·백성 등에 관한 수량 규정이 있다.

왕께서 우후虞(虎)侯 측矢에게 명령했다. 아, 너를 의宜 지역의 제후로 봉하고 너에게 창주鬯酒 한 병과 상나라의 찬瓚 하나, 또한 붉은색의 활 하나, 붉은색의 화살 백 개, 검은색 활 열 개와 검은색 화살 천 개를 하사한다. 땅은 농지 삼백 □를, □은 백이십을, 거주지는 삼십오를, □은 백사십을 하사한다. 의 지역에 있는 일곱 성씨의 왕실 관리, 전사甸師 일곱 관원, 전사의 하속 관리 □하고도 오십 명과, 의宜 지방에 사는 농업에 종사하는 서인庶人 육백 □ 여섯 명을 하사한다. ⋯⋯.[21]

연구자들은 주대 제봉의 원칙은 토지의 총량과 토지 구성에 근거해 농지를 받는 가구 수와 납세의 다과가 확정된다고 지적하고 있다. 토지총량은 보통 정井·통通·성成·종終·동同 등의 단위로 표시한다. 토지 구성은 산림·하천·택읍·도로·농지가 차지하는 비율이다. 고서에서는 보통 사방 100리(1동同)로 토지의 구성을 계량한다. 『예기』「왕제」와 『한서』「식화지食貨志」는 이회李悝의 『치지력지교致地力之敎』를 인용했는데, 그중 산림·하천·택읍·도로가 1/3을 점하고 농지가 2/3를 점한다.[22]

분봉은 각종 지리요소에 대한 배치로서 인문 지역 단원에 대한 인식을 구현했다. 이런 지역 단원은 성읍城邑을 핵심으로 하고 주위에 토지·취락·도로·산림·연못 등을 배치하는데, 인문 요소가 주체가 되고 자연 요소는 인류 생활의 자원이다. 『예기』「왕제」에 "사공司空이 자를 잡고 땅을 측량해 백성을 거주케 함에 산과 내와 저습지와 소택 지대의 지세를 보고 사시의 기후변화를 살피며 땅의 멀고 가까운 것을 참작했다. 그런 다음에야 토목의 일에 부역을 맡겼다."[23] "무릇 백성을 거주하도록 하는데 있어서는 땅의 크고 작음을 측량해 성읍을 정하고 땅의 크고 작음을 가늠해 백성을 살게 했다. 땅과 읍과 백성의 거주, 반드시 이 세 가지를 함께 참작해 서로 마땅하도록 했다. 그러면 노는 땅이 없고 떠도는 백성이 없으며 때에 맞추어 먹고 때에 맞추어 일하니 백성들은 각자 자신이 사는 곳을 편안히 여기고 일하는 것을 즐거워하고 공을 세우는 데 힘쓰며 군주를 존경하고 관리와 가까이 지낼 수 있게 된다. 이러한 연후에야 학교를 세울 수 있다."[24] 인문지리 단원의 배치 방법은 생활과 관리의 실제적인 필요에서 나온다. 예서에 기록되면 도덕적 의미와 목표가 부가된다. 인문적 관리에는 도덕 논리의 내용이 있기 마련이다. 주나라는 도덕 유지에 힘을 쏟으며 도덕과 정치를 합일했을 정도다.

지역 단원 내의 각종 사무의 관리는 세밀하다. 그 관리의 세밀함이 모두 생활과 생산 활동의 필요에 따른 것은 아니다. 그보다는 정치질서를 확립하기 위한 필요가 더 요구되었다. 농지는 농업의 근본으로 가장 중요한 자원이었기에 주나라는 농지 분배에 진지했다.

산시陝西 성 치산岐山 둥자 춘董家村에서 출토된 서주 공왕恭王 시기 「오사위정五祀衛鼎」(『집성』2832)의 명문에 "구위裘衛가 여厲라고 하는 한 군주로부터 토지의 네 경계를 걸음으로 측량해 받는데 집도 포함된다"[25]는 내용의 기록이 있다. 그중 '사우舍宇'는 살 집을 준다는 뜻이다. 명문에는 '역강逆疆(북강北疆)' '동강東疆' '남강南疆' '서강西疆'이 '이르는逮'하는 위치가 분명하게 기록되어 있다.[26]

산시陝西 성 시안西安(창안長安 구) 선뎬申店(촌)에서 1992년에 출토된 서주 후기 「오호정吳虎鼎」 명문에는 여왕厲王이 오호吳虎에게 내렸던 토지가 이르는逮 범위를 주 선왕宣王이 다시 하는 기록이 있는데 명문 안에 '북강'·'동강' '남강' '서강'의 위치를 확실하게 말했으며 또한 네 경계가 각기 다른 사람의 거주지와 맞물려 있음을 설명하고 있다.[27]

주나라의 토지제도 중에는 그 세밀함의 정도가 다소 '지나친'(지금 사람의 눈으로 봐) 부분도 있다. 『시경』 「소아·신남산」에 "밭두둑이 가지런하네"[28]라고 했는데 토지의 정연함을 풍경으로 묘사했다. '익익翼翼'은 공손한 모습인데 여기서는 토지의 주변 경계가 가지런함을 표현했다. 이는 사회가 추구하는 가치로써 제도의 근엄함과 국가 경영의 목표를 표현하고 있다. '강疆'은 '강畕'과 '강疅'으로 쓸 수도 있는데 모두 가지런한 농지의 모습이고 옆에 붙은 '弓'은 땅을 측량하는 도구이다. 강疆은 밭의 경계를 가리킨다. 『맹자』에 "경계를 바르게 하다"[29]는 구호는 그런 가치의 목표를 대표하는 것이다. 주 왕조의 사회에는 엄격하고 반듯한 토지제도가 있고 이는 백성을 관리하는 제도와 상응한다. 이 두 제도를 한데 더한 것이 나라를 경영하는 주요 내용이다.

주나라 농지의 경계에는 흙으로 된 두둑이 있는데 '날埒'이라고도 하며[30] 밭의 구석에는 나무를 심었다. 높은 흙더미를 봉封이라 하고 '봉건'은 밭의 경계를 쌓아 만드는 것이다. 지위가 높은 사람은 밭이 큰데 경계를 분할하고 밭의 경계를 세운 뒤 밭모서리에 대를 쌓고 나무를 심는다. 봉건을 '봉수封樹'라고도 한다.[31] 이는 번거로운 일이었지만 당시의 사람들은 귀찮아하지 않고 성실하게 만들었다. 관념이 그랬었고 예제禮制와 왕권에 필요했고 엄격했던 인간 세상 질서의 필요에 의한 것이었다. 경계가 반듯할수록 질서정연했으며, 주인과 제도의 위엄을 잘 구현할 수 있었다. "땅은 정치의 근본이다. 그러므로 땅은 정치를 바르게 할 수 있다. 땅이 고르지 않거나 조화롭지 못하면 정치가 바를 수 없고 정치가 바르지 않으면 생업을 다스릴 수 없다."[32]

한자의 '도圖'는 원래 땅의 형상으로 땅의 지도다. 주 여왕厲王 시기의 「산씨반散氏盤」에 "그 지도를 측왕에게 준다. 두荳 땅 신궁新宮의 동정東廷에 있다."[33](『집성』10176)고 했다. 궈모뤄는 "경계가 이미 정해졌고 맹세도 이미 했으므로 그 경계의 지도를 측왕에게 준다. 그 받은 농지는 '두荳 땅 신궁의 동정'에 있다'고 해석했다"[34]

주대에 발전한 기본적인 인문지리 단원은 도읍을 핵심으로 한다. 이 체제 안에는 교郊·야野·비鄙 등의 하급 지역개념이 출현하는데, 이 구역들은 모두 핵심인 도읍을 둘러싸고 분포하면서 기층의 인문지리 단원을 이루게 된다. 지역 단원 안의 인구와 토지의 조합에서 전차까지도 비율이 있다. 『관자』「승마乘馬」에 "사방으로 6리里는 1승乘의 병거가 나오는 땅이다"[35]라고 한다.

중요한 지역 단원은 인구가 복잡했는데 분봉의 초기에는 정치적인 목적이 있어서 일부러 그렇게 했다. 국가의 전체적인 범위에서 핵심구역일수록 인구가 복잡하고 멀리 떨어진 곳은 보다 더 단순하다. 왕기는 주왕의 근거지로 가장 핵심적인 지역 단원이며 인구도 가장 복잡하다. 진秦의 조상인 비자非子는 원래 서견구西犬丘에 거주하던 대락大駱의 서자였다. 비자는 주 왕실을 섬기어 "토지를 나눠 받고 부용"이 되었다. 주왕이 진秦(주나라 조상의 땅인 '기하岐下'[36]에서 멀지 않음)에다 읍을 하사해 왕기에 들어오게 되었다. 각 제후국은 주왕을 조현朝見(신하가 조정에 나아가 임금을 뵘─옮긴이)하러 올 때 머무는 '조숙읍朝宿邑'을 왕기 안에 두었다. 주왕조는 또한 정복한 나라의 귀족들을 왕기로 옮겼는데 후대의 '사호강徙

豪强'과 유사한 것으로 관리와 통제의 편리를 위해서다. 사농공상의 각 거주 지역까지 더했으니 리링은 왕기를 '대잡원大雜院'(여러 가구가 모여 사는 뜰—옮긴이)이라고 표현했다.[37]

혈연과 지연을 무너뜨린 것은 정치적인 필요에 따른 것으로 적측 부족을 와해시키기 위함이었는데 그 일체성을 파괴하는 것은 유력한 방법 중 하나다. 『상군서商君書』「내민來民」에 "이제 개간하지 않은 땅에 한韓·위魏·조趙 삼진三晉의 백성들을 오게 해서 그들에게 생업에 종사하도록 한다면 이는 적에게 손실을 입히는 것이니 전쟁에서 승리하는 것과 실질이 같다"[38]고 했다. 씨족이 미약하고 혈연 조직이 느슨해진 시대에는 인구가 쉽게 흩어진다. 제후가 다른 나라의 인구를 불러 오는 것은 어려운 일이 아니다.

정치가 나아갈수록 족지族地(한 성姓이 한 부족인 땅—옮긴이)적 관계는 혼란해진다. 유지기劉知幾는 이른 시기의 문헌에서는 씨족만 말할 뿐 그들이 주거지는 언급하지 않지만 『사기』와 같은 후대의 문헌에서는 종종 주거지를 상세하게 서술하고 있는 변화를 발견했다. 그는 『사통史通』「읍리邑里」에서 "예전 『오경』과 제자서諸子書는 널리 인물을 기록하는데 있어 씨족은 검증할 수 있으나 읍리는 알기 어려웠다. 태사공에 이르러서야 이런 형식이 바뀌어 모든 열전에는 먼저 본관을 적었다. 나라의 영토에 축소나 확장이 있거나 향리의 성읍에 가감이 있을 경우 그때마다 기재해 사실을 살펴 명확하게 했다"[39]고 했다. 뤼쓰몐呂思勉의 평가는 이렇다. 고대의 씨氏는 봉지封地를 따랐다. "그러므로 씨족을 검증할 수 있으면 읍리는 자세하게 할 필요가 없었다. 후세에 이런 예가 점차 깨져서 씨족만 가지고는 거주하는 곳을 알 수 없게 되었으므로 읍리를 상세하게 구비해야만 했다. 이것이 『사기』의 글이 오경과 제자서와 사례가 다른 까닭이다."[40] 씨족과 거주지의 관계가 긴밀했다가 느슨하게 변하는 것은 역사적 전개의 추세다. 제자諸子의 시대에는 씨족 전통지역이 아직 남아 있었기에 씨족을 말하면 대부분은 그 지역을 알았으므로 생략하고 말하지 않았다. 『사기』의 시대에 이르러서는 이미 씨족과 거주지의 필연적인 연계가 없어졌기 때문에 사마천은 어떤 씨족과 그의 읍리를 말하지 않을 수 없다. 그렇지 않으면 그가 어디 사는지 아무도 모르게 된다. 『사기』가 서술한 이런 특징은 제자 시대와 시대가 다르기 때문이다.

지방의 씨족체제가 약할 때에는 지방정치의 관리管理로 뒷받침돼야 한다. 지방 정치의 전개와 씨족의 약함은 서로 인과 관계에 있다고 할 수도 있다. 정치가 강할수록 씨족은 약해지고 씨족이 약할수록 사회는 정치적 관리가 필요해진다. '지역'을 단원으로 해 조직된 사회는 관리하고 처리해야 할 사항이 많다. 『주례』를 통해 알 수 있듯이 '지역'을 관리하는 일은, 사람에 대한 관리, 땅에 대한 관리, 자원에 대한 관리, 지도에 관한 관리 등 크고 작은 관원을 세밀하고도 많이 두어야 한다. 대사도大司徒, 소사도小司徒·주장州長·봉인封人·재사載師·현사縣師·유인遺人·수인遂人·사험司險·직방職方·토균土均·초인草人·도인稻人·토훈土訓·산우山虞·임형林衡·천형川衡·택우澤虞 등이다.

주대 지역 관리의 총칙은 "도성을 구획하고 전답을 측량"[41]하는 것이다. 『주례』의 논법은 "왕께서 나라를 세우실 때 방위를 분별해 위치를 바로잡으시고 도성을 구획하고 전야田野를 측량하셨으며 관직을 두어 직무를 나누심으로, 백성들의 근본이 되게 하셨다."[42] 『주례』 육관六官 중 천·지·춘·하·추 오관의 첫머리가 모두 이렇게 말한다.[43] 이 말은 '왕'

에서 시작해서 '백성'으로 끝나는데 정치질서의 온전한 틀을 보여주며 공간적 특징이 선명하다. '나라를 세우는 것建國'은 도성을 건설하는 것이다. '방위를 분별해 위치를 바로잡는 것辨方正位'은 사방을 변별해 궁실을 치우치지 않게 한다는 것이다. "도성을 구획하고 전야를 측량"한다는 것은 도성의 구조를 확정하고 교郊와 야野의 읍리邑里를 안배하는 것이다. '근본極'은 중심이라는 뜻이다. 관원으로 백성의 중심이 되게 한다는 것은 곧 관직을 두어 백성을 다스린다는 것으로, 관원을 핵심으로 하는 사회 질서가 형성된다.

『주례』와 『예기』 등은 이런 사회 질서의 많은 규정을 질서정연하게 말하고 있다.

> "5가家를 비比로 해 서로 보호하게 했고 5비를 여閭로 해 서로 도와주게 했으며 4여閭를 족族으로 해 서로 도와 장사를 치르게 했고 5족族을 당黨으로 해 서로 도와 구제하게 했으며 5당을 주州로 해 서로 구휼하게 했고 5주를 향鄕으로 해 서로 손님賓으로 예우하게 했다."[44] (기본적으로 5진법의 주민 조직이다.)

> "농전農田은 백 묘를 단위로 정하고 있다. 백 묘를 나눔에 상등의 농전을 경작하는 농부는 한 농전으로 9인을 먹일 수 있고 그 다음의 농전은 8인을 먹일 수 있으며 그 다음의 농전은 7인을 먹일 수 있고 그 다음의 농전은 6인을 먹일 수 있다. 가장 하등의 농전을 경작하는 농부는 한 농전으로 5인을 먹일 수 있다."[45] (토지 등급과 농가 인구의 관계다.)

"땅이 사방 100리인 나라는 산과 언덕이 10분의 1을 차지하고 늪과 못이 10분의 1을 차지하며 계곡의 흘러가는 물이 10분의 1을 차지하며 도읍과 도로가 10분의 1을 차지하고 나쁜 전답이 10분의 2를 차지하고 좋은 전답이 10분의 4를 차지한다. 이러한 땅으로 일하는 사람 5만을 먹인다. 그러면 산과 언덕, 늪과 못, 계곡의 흘러가는 물이 필요한 재료를 공급할 수 있으며 각 고을의 도로가 백성을 수용할 수 있으니 이것이 선왕先王들이 토지를 정비하고 백성을 나누어 배치했던 규율이다."[46](토지·산림·취락·인구의 배치다.)

위 내용은 지나치게 규칙적이어서 다 사실이라고는 믿기 어렵다. 사실이 아니라 해도 옛사람 본연의 원래 생각으로서 문헌적인 구성이지만 사상적 의미를 담고 있다. 규칙적인 계층과 질서는 사회적인 이상과 가치의 구현이다. 예제는 질서만을 담는 것이 아니라 가치관도 담고 있다. 뒤섞여 어지러운 사물을 엄격한 예제로(최소한 문헌으로는 그렇다) 정리하는 것이 주나라 사람들의 목표였다. 주왕과 대신 및 일부 사상가들의 머릿속에는 이와 유사한 각종의 정치적 청사진이 들어 있었을 것이라고 추측할 만한 이유가 있다. 『주례』는 그중 남겨진 한 부분일 뿐이다. 크게는 성읍의 취락에서 작게는 음식의 도구에 이르기까지 주대는 모든 것에 다 예제가 있다. 이는 모두가 다 알고 있는 주대의 특징이다. 계층의 예제가 충만한 사회 분위기에서 지역 단원의 편제·관리·확충 등은 계층의 예제가 충만해질 수밖에 없다. 제도는 엄격해야만 가치가 있음을 우리는 문헌을 통해 느낄 수 있다.

분봉해 나라를 세우고 도읍을 구획하며 전야를 측량하는 것은 주대 왕권 운용의 방식이다. 대규모 지역의 왕조 입장에서 이런 운용은 지극히 중요하다. 주 천자와 주공 등의 정치가는 대규모 지역 왕조의 예비적인

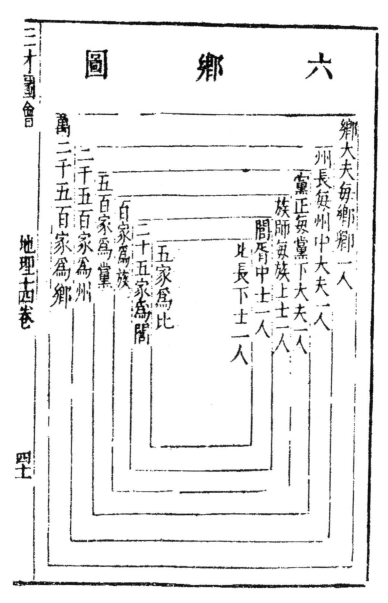

「육향도六鄕圖」(『삼재도회三才圖會』「지리」)

사각형으로 둘러싸인 패턴을 이용해 계층을 포함하는 관계를 설명하고 있음에 주목할 것.

국가 경영: 정치 영토 의식(질서)의 성숙

형성을 성공적으로 완성했는데 이 과정에서 만들어진 관념 역시 사람들 마음속에 깊이 각인되었다. 조상이 분봉을 받은 것은 가족들 "대대손손 길이 보존해야 할"[47] 영광이었음을 수많은 금문金文 내용이 설명하고 있다. 자손들이 청동기를 주조해 명문을 새기는 것은 가족의 영광을 지키는 것이자 그 영광을 이뤄낸 제도를 지키는 것이기도 하다. 여기에서 제도는 적극적이며 사회의 형성을 촉진시킨다.

사회를 한 걸음 더 나아가게 한 제도는 속박으로 변한다. 토지는 예제에 따른 부분이지만 제후들의 정치 투쟁이 날이 갈수록 심해지는 시대에서는 이를 유지할 수가 없다. 『춘추좌씨전』 은공 6년에 "왕실이 이미 쇠약해지니 주의 자손들은 날로 그 질서를 잃어갔다"[48]고 했다. 『후한서』 「마융전馬融傳」에는 "진秦은 효공孝公 이래로 상군商君의 법을 썼는데 그 정치가 가혹해 『주관周官』(『주례』의 별칭—옮긴이)과 상반되었다"[49]고 했다. 진秦나라는 앞장서서 주 왕조의 예제에 반기를 들고 법과 술術에 의거한 실력으로 천하를 바라보고 있었다. 『한서』 「예문지」에 "'예경禮經이 삼백이요 의례는 삼천이라' 했다. 주 왕실이 쇠락함에 이르자 제후들은 법도를 어기고서 그 해가 자신에 미칠까 꺼려해 예법의 전적을 모두 소멸했다"[50]고 했다. 역사적 전개는 예제를 정치 투쟁으로 변화시켜서 사실적인 면에서 문헌적인 면에 이르기까지 주의 제도를 전부 버렸다. "왕도의 자취가 사라지고 『시』가 망했고 『시』가 망한 뒤에 『춘추』가 지어졌다."[51]

### 지리 의식地利意識의 급속한 전개

'예악의 붕괴'와 제후의 패권 다툼은 동주 역사의 주제가 되었다. 패권 다툼은 이익의 다툼이다. "왕은 '무엇으로 내 나라를 이롭게 할 것인가' 하고 대부는 '무엇으로 내 집을 이롭게 할 것인가' 하고 사士와 서인庶人은 '무엇으로 내 몸을 이롭게 할 것인가' 했다."[52] 이것이 당시의 분위기이었는데 이런 시대의 지리학은 제후의 이익 쟁취를 돕기 위한 전략·책략·모략·수단이 되었다. 하늘이 내린 기회는 땅의 이로움만 못하다는 지리 의식地利意識이 급속하게 진전하면서 지리지식은 실천과 응용의 방향으로 빠른 속도로 누적되어 갔다.

제후의 욕구가 커지자 먼저 토지를 개간하고 백성을 늘렸다. 이런 상황은 예제에 의한 분봉 시대와는 크게 달랐다. 『맹자』「공손추 상」에 "힘으로 인仁을 가장하는 것이 패자霸者인데 패자가 되려면 반드시 큰 나라가 있어야 한다. 덕으로 인을 행하는 것이 왕자王者인데 왕자가 되는 데는 큰 나라가 필요하지 않다. 탕왕은 70리, 문왕은 100리였다"[53]고 했다. 예제 시대는 계층과 지위를 중시하고 신분을 중시해 강한 군사력이나 국토가 넓을 필요가 없었다. 패권을 다투는 시대에 중요한 것은 힘이기 때문에 넓은 땅과 많은 백성이 필요하다. 땅이 넓으면 자원이 풍부하고 백성이 많으면 군사를 충분히 공급할 수 있다. 영토 면적과 힘은 직접적으로 연계되어 있다. 예제의 속박이 무너지자 토지에 대한 '강한 욕구'가 끝없이 펼쳐졌다. 『맹자』「양혜왕 상」에 "그러면 왕께서 크게 바라시는 바를 알 것 같습니다. 영토를 개척해 진秦나라와 초나라의 조회를 받고 중국에 군림해 사방의 이민족을 다스리기를 바라십니다"[54]고 했다. 패권을 다투는 것의 궁극적인 목표는 온 '천하'를 다스리는 것, 즉 '왕의 땅 아님이 없음'을 실현하는 것이다.

실제적인 이익의 부추김으로 유용한 지리자원은 중시되었다. 제나라

환공桓公이 물었다:

"지수地數(자연 지리조건에 근거한 이재의 방법—옮긴이)를 알 수 있겠습니까?"[55] 관자가 대답했다:

"땅은 동서로 2만8000리이고 남북으로 2만6000리인데 그중 물길의 발원지가 8000리이고 물길이 모여드는 곳이 8000리이며 구리가 나는 산이 467곳이고 철이 나는 산이 3609곳입니다. 이들은 땅을 나누고 곡식을 심는 근거가 되는 바요 무기를 생산하고 화폐가 있게 되는 바입니다. 이에 능력이 있는 사람은 남음이 있고 무능한 사람은 부족함이 있습니다."[56]

태사공이 말하길, (…) 제 환공은 관중管仲의 계책을 써서 물가를 균형 있게 안정시키고 산천과 바다의 사업으로부터 재화를 취했으니 이로써 제후들의 알현을 받고 일개 작은 제나라로 패자의 이름을 떨쳤다. 위魏나라는 이극李克을 임용해 땅의 힘을 충분히 이용해 강대한 나라가 되었다. 그 후로 천하의 각국이 서로 쟁탈했으니 술수와 무력을 귀하게 여기고 인의를 경시했으며 부를 쌓는 것을 우선으로 하고 겸양의 예를 뒤로 했다. 백성들 가운데 부를 쌓은 이는 그 재산이 수만금이었으나 가난한 이는 술지게미도 배불리 먹지 못했다. 제후국 가운데 강대한 나라는 약소국들을 병합해 그들로 하여금 신하가 되도록 했으니 약소한 나라는 어떤 경우는 제사가 끊어지고 망하기에 이르렀다.[57]

지리地利 자원의 관리는 엄격했다. 『관자』「지수」에서 제 환공이 관자에게 물었다: "천연의 자원이 나오는 바와 지하자원이 있는 곳을 묻고자 합니

다."[58] 관자가 대답했다:

산 표면에 붉은 흙이 있으면 그 아래에는 철이 있고 표면에 납이 있으면 그 아래에는 은이 있습니다. 일설에는 "표면에 납이 있으면 그 아래 은광석이 있고 표면에 주사朱砂가 있으면 그 아래 금광석이 있으며 표면에 자석이 있으면 그 아래 구리가 있다"고 합니다. 이것은 산이 묻혀 있는 자원을 드러내 보이는 것입니다. 만약 산이 자원을 드러내 보이면 엄격히 산을 봉하고 접근하지 못하게 하십시오. 봉한 산을 어지럽히는 사람이 있으면 사형에 처하고 용서치 마십시오. 명령을 어기는 사람이 있으면 왼발을 들였으면 왼발을 자르고 오른발을 들였으면 오른발을 자르십시오. 그러면 범하는 일이 없을 것입니다. 이것이 천연자원과 지하자원이 있는 곳입니다.[59]

철광이 있는 산은 모두 봉해 출입이 금지되었으며 금령을 위반하는 사람은 다리가 잘리거나 왼발이 먼저 들어갔으면 왼발을 잘리고 오른발이 먼저 들어갔으면 오른발을 잘린다. 사형에 처해졌으니 형법이 대단히 무서웠다.

자원을 지키고자 하면 당연히 영지를 지켜야 한다. 그 핵심은 토지의 점유이므로 영토가 넓은 나라가 목표가 되었다. 토지를 어떻게 지킬 것인가? 당시 사람들은 이미 체계적인 경험이 있었다. "영토의 보존은 성곽에 달려 있고 성곽의 보존은 병사에 달려 있고 병사의 보존은 사람에 달려 있고 사람의 보존은 곡식에 달려 있다."[60] 여기서의 성곽은 군사적인 의미가 분명하게 드러난다. 이런 성곽은 필요한 곳이면 어디나 쌓았는데 규모는 크지 않았지만 수적으로 많아지기 시작했다.『전국책』에 악의樂毅가 연나라 소왕昭王을 위해 다섯 나라의 병사를 모아 제나라를 공격한 기록이 있다. "칠십여 성을 모두 군현으로 삼아 연나라에 복속시켰다."[61] 여기의 '성'은 대부분이 군사적 성격의 성으로 그들이 밀집 분포되어 있는 것은 '땅을 지키는' 필요에 의해서다. 이러한 군사적 성읍은 계층 질서를 구현한 제후의 '나라'와는 질적으로 다르다.

자원 외에 중시되는 또 다른 땅의 이로움은 요로와 교량 나루터 등이 있는데 그들은 교통적인 가치뿐만 아니라 군사적인 가치도 지녔다. 제후들의 패권 다툼이 격화됨에 따라 변경의 관문과 요새 및 험준한 지역은 쟁탈의 목표가 되었다.

"험준한 지역은 산천 구릉이다. 왕공들은 험준하도록 설치함으로, 그 나라를 지킨다. 험준함의 필요에 따른 적절한 쓰임은 크구나."[62] 상대적으로 안정되고 왕래에 질서가 있던 예제 시대에는 험준한 지역이 그다지 중요하지 않았다. 공격과 수비가 빈번한 패권 다툼의 시대에서 산천, 구릉의 변경 관문과 요새 및 나루터 등은 모두 전략적 요지로 승격되었고 전쟁이라는 배경 아래 그들의 쓰임새는 "매우 컸다."[63]

형세가 험한 길과 수레를 뒤엎는 큰 물, 명산, 큰 계곡, 큰 하천, 고원, 구릉이 있는 곳, 풀밭萑葦[64], 숲, 부들과 갈대가 무성한 곳, 길 여정의 멀고 가까움, 성곽의 크고 작음, 유명한 성읍, 폐허된 성읍, 빈곤하고 척박한 땅과 농사를 지을 수 있는 땅 등, 반드시 모든 것을 알아야 한다. 지형이 들쭉날쭉하고 서로 교차된 곳도 모두 마음에 담아 두어야 한다. 그런 뒤에야 행군해 성읍을 기습할 수 있다. 조치를 취함에 앞뒤를 알고 땅의 이로움地利을 잃지 않아야 한다. 이것이 지도地圖의 도리다.[65]

'천하구새天下九塞' '태항팔형太行八陘' 등은 모두 유명한 '험준한 지역'
이다. 화하의 땅은 이런 관문과 요새의 확립으로 또 다른 구조를 나타내
게 되었는데 이런 구조는 정치가와 군사 전략가들이 반드시 알아야 할
사항이었다. "지형이 들쭉날쭉 서로 맞물리는 것을 모두 마음에 새긴
다." 지리 형세에 대한 지식이 끊임없이 누적되었고 이에 대한 깊은 이
해는 군사적으로 특별한 시각에서 화하 세계에 대한 인식을 촉진시켰다.

고금에 지형의 험준함을 말하는 이는 진秦나라 한구 관函穀關과 황허 강의
지형으로 우수함이 있고 제나라는 바다와 태산에 힘입었고 조趙나라와 위魏
나라는 황허 강에 의지했고 진晉나라는 밖으로는 강과 안으로는 산이 있고
촉나라는 젠먼 관劍門關과 취탕샤瞿塘峽의 험준함이 있고 초나라는 팡청方城
산을 성곽으로 하고 한수이漢水 강을 성곽을 보호하는 못으로 삼았으며 오
나라는 만 리의 창장 강과 타이후太湖 호의 굳건함을 가져서 모두 나라를 세
우기에 충분하다고 했다.[66]

성고成皐는 농업에는 쓸모가 없으나 전략적 요충지라서 가치가 높아졌
다. 『전국책』 「한책韓策 한韓 1」에 한나라가 이곳 지리의 좋은 점을 얻은
기록이 있다.

삼진三晉(조趙·위魏·한韓 — 옮긴이)이 지씨智氏를 격파하고 그 영지를 배분하
려 할 때 단규段規가 한왕韓王에게 말했다: "지씨의 땅을 분할할 때 반드시
성고成皐를 취하십시오."
한왕이 말했다: "성고는 돌투성이 땅이라 과인에게는 쓸모가 없소."

단규가 말했다: "그렇지 않습니다. 신臣은 1리 땅의 우세함으로 천 리까지 권위를 휘두를 수 있는 것은 땅의 유리함 덕분이며 1만의 무리로 삼군三軍(1군軍은 약 1만2500명—옮긴이)을 격파할 수 있는 것은 적의 허를 찌르기 때문이라고 들었습니다. 왕께서 신의 말을 따르신다면 한韓나라는 반드시 정鄭나라를 얻을 수 있을 것입니다."

왕이 "옳소" 하고 참으로 성고를 배분 받았다. 한나라가 정나라를 취함에 과연 성고로부터 시작했다.[67]

1리의 땅으로 "천 리에 권위를 휘두를 수 있는" 땅은 무상의 가치를 지니므로 한韓나라가 정鄭나라에게 승리를 거둔 것은 땅의 유리함에서 시작되었다.

군사적 활동이 빈번한 시대에서는 사물의 군사적 잠재력이 드러나면서 관심을 끄는 속성이 된다. 장타이옌은 이런 시대의 분위기를 느꼈기 때문인지 봉선封禪도 험준함을 세워 방어하는 의미로 생각해 "봉선은 무武의 행위이지 문文의 일이 아니다"[68]라고 했다. 군사적인 일은 '목숨을 거는' 일이기에 그 실용적 가치는 모든 것에 앞선다. 지리는 책략가가 자신의 능력을 보여주는 부분이 된다.

급박한 실제적 수요 앞에서 추상적 신앙(구주·오복 등)은 배경으로 밀려나고 무대 전면은 성을 공격하고 영토를 침략하거나 지형의 유리한 형세를 보강하고 개조하는 것으로 나타났다. 장성을 쌓고 운하를 건설한 의의가 그것이다. 춘추 시기는 군사지리의 책략에 "밭두둑을 동서로 하라"[69]는 세부 항목까지 나왔다. 서쪽의 진晉나라가 여러 나라를 이끌고 동쪽의 제나라를 정벌하자 제나라는 "맹약을 원했는데"(강화를 요청했는데) 진나라의 조건 중 하나가 "제나라 영내의 모든 밭두둑을 동서 방향으로 하라"[70]는 것이었다. 즉 제나라 경작지의 밭고랑을 모두 동서의 방향으로 바꿔서 "전차가 다니기에 유리하도록"[71] 한다는 것이다. "전차(융거戎車)가 다니기에 유리하다"는 말은 진나라의 전차가 동서 방향의 밭고랑을 따라 쉽게 쳐들어 올 수 있다는 것인데 논과 밭 사이가 "종횡으로 서로 엇갈려 있지 않고 모두 동쪽으로 곧게 뻗어 있으면 전차와 말이 거침없이 내달려 올 수 있다."[72] 전쟁이 많은 시대에는 인재人災가 천재天災보다 더 커서 지역적인 저항이 강화된다. 제후들은 반드시 지역의 형세를 운용하는 법을 배워서 자신을 공고히 하고 적에게 타격을 주어야 한다. 이런 측면에서 지리에서의 추상적 신앙은 무력할 뿐이다.

분봉체제 아래서 영토가 크다는 것은 좋을 것이 없다. 각급의 봉군封君이 자립하고 수많은 영토 단원이 나뉘어 내란이 잠재되어 있다. 영토 대국의 전개는 분봉제에 대한 도전으로 이는 예제에 대한 멸시일 뿐만 아니라 정치적인 통치 책략의 새로운 필요를 표현한 것이기도 하다. 공간 정치 체제가 변해야만 갈수록 커지는 지역을 효과적으로 통제하고 관리해 영토 대국의 정치적 안정을 실현할 수 있다. 이것이 권력 집중 제도의 흐름이다. 분봉 체제는 영토 대국을 허용하지 않는다. 영토 대국을 안정시키려면 군현을 실시해야 한다.[73]

춘추전국 시대는 예악이 붕괴되었지만 감춤이 없는 솔직한 시대였다. 현실주의가 사회의식 속으로 빠르게 전파되어 화하 전통 속에 실용적인 면의 기초를 다졌다. 이런 조류 속에서 각종 정치·군사·경제의 실제적인 이익에 대한 필요로 지리사상은 풍부한 전개를 이뤘다. 영토 대국의 건설과 전개를 핵심으로 하는 경험적 지리지식이 갈수록 중시되었고, 일부 중요한 인식과 조치는 나중에 있을 중앙집권 제국의 형성을 위한 경험이 되었다. 그중 가장 중요한 것이 군현제의 탄생이다.

### 『춘추』 '땅을 중시하다'

제후들의 끝없는 영토 확장은 사상계를 뒤흔들었다. 영토 문제에 어떻게 대응할 것인가를 두고 각기 다른 유파의 사상가들 사이에 논쟁이 일었다.

법가를 대표로 하는 실용주의자들은 영토 강국의 형성을 목표로 삼아 '패왕의 기량' '강국의 기술' 등을 운용해 수단과 방법을 가리지 않고 다른 나라를 정복했다. 『춘추좌씨전』 양공 30년에 기록이 보인다.

> 자피子皮가 말했다: "「중훼지지仲虺之志」에 이르길 '난이 일어난 자는 이를 쳐서 빼앗고 멸망하려는 자는 업신여긴다'고 했소. 망할 자를 넘어뜨리고 존재를 공고히 하는 것이 국가의 이익이오.'[74]

중훼는 상나라 탕왕의 좌상으로 유명하며 『서경』 「상서商書·중훼지고」가 있다. 「중훼지고」는 "약한 것은 취하고 혼란한 것은 공격하며 어지러운 것을 취하고 망하려는 것은 업신여긴다. 망할 자를 무너뜨리고 존재를 공고히 하면 이에 나라는 창성하게 된다"[75]고 했다. 연약하고 혼란스럽고 쇠망한 나라는 공격해 취해도 된다는 뜻이다. 이 말에는 남의 위급한 상황을 틈타 해를 가하려는 분위기가 담겨 있다. 이런 주장은 탕왕이 하나라의 걸桀을 멸망시킨 것을 두고 한 말이다. 고대의 경전을 해석하는 학자들은 "중훼가 이 일을 말한 것은 걸이 혼란해 쇠망했으니 그를 취하는 것이 부끄러울 것 없다는 뜻이다"[76]라고 생각했다. 중훼는 걸 桀의 하나라는 이미 어지러워 쇠망의 기운이 나타났으니 그 나라를 멸하는 것이 어질지 못한 행위가 아니며 부끄러울 것이 없다고 천하 사람들에게 말하는 것이다. 이는 다른 나라를 멸하는 것에 대한 설명이다. 춘추 시대가 되자 위급한 상황을 틈타 다른 나라를 취한다는 중훼의 주장은 패권을 다투며 남의 나라를 멸하는 행위의 근거로 자주 인용되고 『춘추좌씨전』에는 세 차례나 언급되었다.[77]

'진秦의 부강'을 도왔던 상앙商鞅 즉 위앙衛鞅은 "어지러운 나라는 취하고 멸망하려는 나라는 업신여겨서" 수단과 방법을 가리지 않고 공격하며 침략하는 고수였고 진秦의 효공孝公을 도와 위魏나라의 땅을 취한 예를 본다.

위앙이 효공에게 말했다: "진秦나라가 위魏나라와 같이 있는 것은 뱃속에 병이 있는 것과 같습니다. 위나라가 진나라를 병합하든지 진나라가 위나라를 병합해야 합니다. 왜 그럴까요? 위나라는 산의 험준한 요지에 위치해서 안읍安邑에 도읍을 두고 있습니다. 진나라와는 황허 강을 경계로 해 효산崤山 동쪽의 이로움을 독차지하고 있습니다. 상황이 유리하면 서쪽으로 진나라를 침략할 수 있고 상황이 불리하면 동쪽으로 영토를 넓힐 수 있습니다. 이제 주군의 어짊과 영명함으로 진나라는 강성해졌습니다. 위나라는 작년에 제나라에게 패했고 제후들은 배반하고 있으니 이때를 이용해 위나라를 치십시오. 위나라가 진나라에게 버티지 못하면 반드시 동쪽으로 도읍을 옮길 것입니다. 위나라가 동천하면 진나라는 황허 강과 효산의 험준함에 따른 견고한 곳을 차지해 동으로 제후들을 통제할 수 있는데 이는 제왕의 대업입니다."

효공이 옳다고 여겨 위앙에게 군사를 이끌고 위나라를 치게 했다. 위나라는 공자 앙卬에게 군사를 이끌고 맞아 싸우게 했다. 양군이 거리를 두고 서로 마주하자 위앙은 위나라 장수인 공자 앙에게 편지를 써서 말했다. "내가 처음에 공자와 사이가 좋았는데 이제 모두 양국의 장수가 되었으니 차마 서로 싸우기 싫소. 공자와 서로 만나 맹약을 맺고 즐겁게 술을 마신 뒤 군사를 물려서 진나라과 위나라가 평안토록 합시다." 위나라 공자 앙은 옳다고 생각했다. 회맹이 끝나고 술을 마시는데 위앙이 병사를 매복해 위나라 공자 앙을 습격해 포로로 잡고는 그 군대를 공격해 대승을 거두고 진나라로 돌아갔다. 위나라의 혜왕은 제나라와 진나라에 수차례 패해 나라가 텅 비고 날로 쇠락해 두려워졌다. 이에 하서河西의 땅을 잘라 사신을 보내 진나라에게 바치고 강화를 청했다. 위나라는 안읍을 버리고 대량大梁으로 도읍을 옮겼다.[78]

상앙의 주장이 그 시대 중국의 역사에서 얼마나 중요했는지 모른다. "위앙이 효공에게 법을 고치고 형벌을 손질할 것[79]을 말했다. 안으로는 경작에 힘쓰고 밖으로는 전쟁에 나가 죽는 것에 대한 상벌을 권장하고 격려하도록 했는데 효공이 이를 좋게 생각했다."[80] 역사의 그 비약은 상앙 법가의 주장을 따라 이뤄지게 되었다.

춘추의 시기에 주군을 시해한 것이 36회이고 망한 나라가 52국으로 제후가 달아나 그 사직을 지키지 못한 것은 그 수를 셀 수도 없다.[81]

법가의 정치적 성공은 도덕의 상실을 대가로 치렀다. 가혹한 형벌과 어질지 못함은 그들이 역사에 남긴 부정적 영향이다. 유가는 이런 배경에서 도덕의 상실을 가슴 아파하며 '어진 정치仁政'를 부르짖었다. 유가는 주례 질서를 수호한다는 이상과 잔혹함에 대한 항의와 겸병兼倂의 정치에 대한 반대로부터 출발해 "제사를 존숭하고 약소국을 보호한다"[82]는 주장을 하며 "멸망한 나라를 일으켜주고 끊어진 대를 이어주고 은둔해 있는 어진 사람逸民을 등용"[83]하고자 했다. 이런 주장 속에는 전통적인 영토 질서에 대한 수호가 담겨져 있다.

옛날에 천자가 제후를 위해 봉지封地를 주는 것을 채지采地라고 하는데 100리의 제후는 30리, 70리의 제후는 20리, 50리의 제후는 15리로 했다. 그 후 자손이 죄를 지어 폐출되어도 자손 가운데 어진 이가 그 땅을 지키며 처음 봉해진 주군의 제사를 대대로 지내도록 했으니 이를 멸망한 나라를 일으키고 끊어진 세족을 잇는다고 한 것이다.[84]

다른 나라를 멸망시키고 그를 겸병해 영토 대국을 세우는 것은 '주례' 질서를 파괴하는 것이며 이는 유가가 가장 반대하는 일이다. 맹자는 성을 공격하고 토지를 침략하는 행위를 몹시 반대해 비난했다:

땅을 다투어 전쟁을 일으키면 죽은 사람이 들에 가득하게 되고 성을 다투어 전쟁을 일으키면 죽은 사람이 성에 가득하게 됩니다. 이는 땅을 앞세워 인육을 먹는 것이라 할 수 있으니 그 죄악은 사형에 처한다 해도 용납되지 않는 것입니다. 그러므로 전쟁을 잘하는 사람은 가장 중한 형벌을 받아야 하고 제후들을 연합해 전쟁을 부추기는 자는 그 다음의 형벌을 받아야 하며 황무지를 개간해 백성에게 생산을 맡겨 그것으로 전쟁의 자본을 대는 자는 그 다음의 형벌을 받아야 합니다.[85]

맹자는 그 어떤 형태의 영토 확장도 반대했으며 "황무지를 개간해 백성에게 생산을 맡기는" 평화적인 발전도 허용하지 않았다. 주희의 『맹자집주』는 "벽辟은 개간하는 것이다. 임토지任土地는 토지를 백성에게 나눠주어 경작의 책무를 맡기는 것을 말하는데 이회李悝('이괴'로 읽기도 함—옮긴이)가 땅을 충분히 이용해 생산에 힘쓰고 상앙이 농지를 개척한 것과 같은 것들이다."[86] 제후들이 제멋대로 토지를 개척하고 땅을 이용해서 사사로이 이익을 확대하는 것이 맹자가 보기에는 예제를 위반하는 것이다. 맹자에게 이익은 아무것도 아니다. 사마천은 맹자를 이렇게 평했다:

"말이 멀리 겉돌아 실제 상황과 차이가 있다. 그 당시 진秦나라는 상군商君을 기용해 부국강병을 이루고 초나라와 위魏나라는 오기吳起를 기용해 약소한 적국에게 전승을 거두고 제나라의 위왕威王·선왕宣王은 손빈孫臏과 전기田忌의 무리를 기용해 제후들이 동쪽으로 와 제나라를 조현朝見했다. 천하가 바야흐로 합종과 연횡에 힘써서 공격과 정벌을 능력이라 여기고 있다. 맹가孟軻(맹자)는 당·우·삼대唐虞三代(요순 시대와 하·은·주 시대를 아울러 이르는 말—옮긴이)의 덕을 이야기하니 그가 찾아가는 곳과 맞지 않았다."[87]

사상가의 고상한 주장과 정치가의 실제적인 목표가 '부합'하지 않는 것은 시대적 특징이다. 춘추 이래로 사상가들이 어떻게 외치던 간에 정치가·군사가는 강렬한 야망에 따라 자신의 사업을 전개시켰다. 전국 시기에 이르자 정치가들의 사업은 이미 그 기세를 막을 수 없게 되어 춘추 이래 예의와 신의를 제창하던 사상의 주장과는 확연히 달랐다. 고염무는 이런 사실을 확실하게 알고 있었다.

> 춘추 시기에는 예를 존숭하고 신信을 중시했으나 전국 시기의 일곱 나라는 예와 신을 전혀 말하지 않는다. 춘추는 주왕을 존숭했으나 일곱 나라는 왕을 전혀 말하지 않는다. 춘추 시기에는 제사가 엄격했고 빙문聘問과 헌납을 중시했으나 일곱 나라는 그런 일을 하지 않았다. 춘추 시기에는 종宗·성姓·씨氏·족族을 논했으나 일곱 나라는 한마디도 하지 않는다. 춘추 시기에는 연회에서 시를 읊었으나 일곱 나라에서는 들어보지 못했다. 춘추 시기에는 부고赴告('부고訃告'와 같은 말—옮긴이)와 책서策書가 있었으나 일곱 나라는 없다. 나라는 일정한 외교가 없고 선비들은 일정한 군주가 없으니 이 모든 것이 133년 사이에 변한 것들이다. 역사에 기록이 빠져 있으나 후대 사람들이 미루어 그 뜻을 알 수 있다. 진시황이 천하를 통일하기 전부터 문왕과 무왕의 도는 다 사라졌다.[88]

정치가와 지식인의 중요한 차이는 다른 가치관이다. 지식인은 지나치게 단순하고 이상만을 생각하고 교과서적이다. 부국강병과 정권을 다지는 일을 마다할 정치가는 없다. 태평성대로 정치가 안정되어 적수가 없고 위기도 없을 때가 되어야 정치가들은 비로소 의식 속의 평화적 주장을 이용해 사회를 안정시키고자 한다. 이런 상황은 한대에 이르러서야 겨우 나타난다. 현실 사회의 잔혹한 방법과 행위는 사상이 그 반대 방향으로 전개되게 만들었다. 제후들이 잔혹해질수록 사상가들은 인仁과 덕을 주장했다.

유가는 사람들에게 덕을 권하고 인의로 군주와 처세의 덕을 삼아 오만해지지 않도록 했다. 다른 한편으로 다른 나라를 멸하는 것에 대해 유가는 절대 반대의 입장을 취하지는 않았다. 유가가 찬양하는 상의 탕왕과 주의 문왕, 무왕이 모두 다른 나라를 멸한 일이 있기 때문이다. 그밖에 동주의 사회현실과 마주한 유가는 어떤 겸병도 저지할 수 없었다. 일부 유가는 '백성을 늘리고' '땅을 얻는' 것을 힘으로 하지 말고 인과 덕으로 하자는 주장을 내놓기도 했다.

백성을 늘리는 것에는 세 가지 방법이 있다. 덕으로 백성을 늘리는 법, 힘으로 백성을 늘리는 법, 부유함으로 백성을 늘리는 법이다. 그 나라의 백성이 내 명성을 귀히 여기고 나의 덕행을 아름답게 여기며 나의 백성이 되고 싶어서 성문을 열고 길을 청소하면서 나를 맞아들인다. 그 백성들이 살던 곳에 그대로 살며 백성들 모두가 다 평안하고 내가 제정한 법과 시행하는 명령에 순종하지 않음이 없다. 이런 까닭에 토지를 얻고 권세가 더욱 커지며 백성들이 늘어나고 병력은 갈수록 강해지는데 이것이 덕으로 백성을 늘리는 것이다. 내 명성을 귀히 여기지 않고 나의 덕행을 아름답게 여기지 않으나 나의 위엄을 두려워하고 나의 세력에 겁먹어 백성들이 떠날 마음은 있으나 감히 배반할 생각은 없다면 병력이 많을수록 군사를 먹이는데 반드시 비용이 많이 든다. 이런 까닭에 토지를 얻는데 권세는 더욱 가벼워지고 백성이 늘어나는데 병력은 더욱 약해진다. 이것은 힘으로 백성을 늘리는 것이다. 나의 명성을 귀하게 여기지도 않고 나의 덕행을 아름답게 여기지도 않지만 가난해

부를 구하고 굶주려서 배부른 것을 구해 허기진 배로 입을 벌리고 내가 가지고 있는 것을 먹으러 귀의해 오면, 반드시 창고의 곡식을 내어서 먹이고 재물을 맡겨 부자되게 하고 어진 관리를 세워 받아들여 만 3년을 보낸 뒤에야 백성들이 믿게 된다. 이런 까닭에 토지를 얻으면 권세는 더욱 가벼워지고 백성을 늘리면 나라는 더욱 가난해지는데, 이것이 부로 백성을 늘리는 것이다. 그러므로 덕으로 백성을 늘리는 이는 왕자王者가 되고 힘으로 백성을 늘리는 이는 약하게 되고 부로 백성을 늘리는 이는 가난하게 된다고 했는데 이것은 예나 지금이나 다 같다.[89]

순자는 '백성을 늘리고' '땅을 얻는' 목표에 반대하지 않고 목표에 도달하는 과정과 수단에 대해 변론을 했다. 덕으로 '백성을 늘리는' 사람이 진정한 왕자이며 강자다. 겸병한 영토가 안정되어야 '땅을 얻었지만 권세는 더욱 약해지는' 일이 벌어지지 않는다. 유가가 이상적으로 '백성을 늘리는' 경지는 『맹자』 「양혜왕 하」가 말하는 것이다.

『서書』(『서경』─옮긴이)에서 말하기를 "탕왕의 첫 정벌은 갈葛국에서 시작했다"고 했다. 천하의 백성들이 모두 그를 믿어 그가 동으로 정벌을 가면 서쪽의 오랑캐가 원망을 하고 남으로 정벌을 가면 북쪽의 오랑캐가 원망을 해 "왜 우리에게는 나중에 오는 것인가" 했다. 백성들이 그를 바라는 것이 가뭄에 비오기 전의 구름과 무지개를 바라는 것과 같았다. 그의 군대가 이르면 장사하는 이도 중도에 그만두지 않았고 밭을 가는 이도 하던 일을 바꾸지 않았다. 포악한 군주를 죽이고 백성을 위로하는 것이 마치 때에 맞는 비가 내리듯 했기에 백성들은 크게 기뻐했다."[90]

상나라 탕왕은 큰 덕을 지닌 사람이라 "탕의 덕은 짐승에게까지 미쳤다."[91] 천하의 백성들 모두가 상나라 탕왕이 거느리는 군대가 빨리 오기를 간절히 바랐다.

유가는 덕으로 백성을 늘리고 무도한 나라를 멸한다는 주장을 내놓았다. 이런 견해는 지나치게 다른 나라를 멸하는 것을 막는 것같이 보이지만 실은 다른 나라를 멸하는 구실을 제공했다. 세력이 강한 큰 나라가 어느 작은 나라를 멸하고 싶으면 그 나라의 잘못을 찾아 병력을 동원했는데 이런 정벌은 명분이 그럴 듯했다.

춘추 시기에는 또 정치의 강약을 살펴서 자신의 영토를 가지고 강력한 제후에게 가서 의탁하는 그런 사람도 있었다. 『춘추』도 이런 문제를 중시했다. 『춘추경』(노나라 역사서, 공자가 썼기에 '경經'이 붙었다─옮긴이) 양공 21년에 "주邾나라의 대부 서기庶其는 칠漆과 여구閭丘의 땅을 가지고 망명했다"[92]고 하고 『춘추좌씨전』(『춘추경』에 대한 좌구명左丘明의 해설서.『좌전』은 약칭이다─옮긴이)은 "서기는 경卿의 지위가 아니었으나 땅을 가지고 망명했기에 그 직위가 낮았다 해도 반드시 기록해야 하는 것은 땅이 중요하기 때문이다"[93]고 했다. 『춘추경』 소공 5년에 "여름에 거莒나라의 대부 모이牟夷는 모루牟婁 및 방防·자兹의 땅을 가지고 망명했다"[94]고 하고 『좌전』은 "여름에 거莒나라의 모이가 모루 및 방·자의 땅을 가지고 망명했다. 모이는 경이 아니었으나 기록하는 것은 땅을 중하게 여겼기 때문이다"[95]라고 했다. 『춘추경』 소공 31년에 "겨울에 흑굉黑肱은 남濫의 땅을 가지고 망명했다"[96]고 하고 『좌전』은 "직위가 낮으나 그 이름을 기록한 것은 땅을 중하게 여겼기 때문이다"[97]라고 했다. 『좌전』은 『춘추』의 글에 대해 계속해서 "땅을 귀히 여기다重地也" "땅을 중히 여기다尊地也"

라고 풀이했다.

『춘추』가 중시하는 '땅'은 영지의 정치제도를 가리킨다. 서기庶其·모의牟夷·흑굉黑肱 세 사람은 주邾나라와 거莒나라의 대부로 지위가 높지 않아 원래는 기록될 자격이 없다. 그들이 땅을 가지고 노나라에 망명한 일은 예제를 위반한 불의에 해당하므로 "땅을 가지고 배반하면 직위가 낮을지라도 반드시 지명을 적어서 그 사람의 이름을 기록한다."[98] "그 사람의 이름을 기록한다"는 것은 그들의 더러운 이름을 기록하는 것이다. '군자'의 생각대로라면 "이름이 나타나 있으나 그만두는 것만 못하다"[99]는 것이다. 양보쥔楊伯峻은 그 말을 풀이했다: "때로는 유명한 것이 오히려 이름 없는 것만 못하다는 말이다."[100] 더러운 이름은 이름이 나지 않는 것만 못하다는 말이다.

『춘추』가 땅을 중시하는 문제에 대해『춘추좌씨전』『춘추곡량전穀梁傳』『춘추공양전公羊傳』의 세 전傳은 모두 분명하게 지적하고 있다. 후대에『춘추』를 연구하는 학자들도 이에 관한 서술이 많았는데 어떤 학자는 땅을 가지고 배반한 세 '도적'을 비난했을 뿐만 아니라 노나라(이때는 계손씨가 정권을 잡고 있었음)가 "배반한 죄인을 받아들인 것"과 "도망자들이 모여드는 곳, 포도연수逋逃淵藪"라는 불명예스런 역할을 질책했다.[101]

『춘추』가 땅을 중시하는 것은 땅의 이로움地利을 중시하는 것이 아니라 땅의 의로움地義을 중시하는 것으로, "시비나 선악의 경계經界"에 대한 예를 중시하는 것이다. 과거의 경학자들은 "『춘추』가 땅을 중시해서 쓴 것이 아니다"라고 생각했다. "토지를 중시해서『춘추』에 기록하는 것은 천하를 교화하는 이로움 때문이다."[102] 이는 '땅의 이로움'을 중시하는 것으로 한 말이다.『춘추』가 땅의 이로움을 중시했을 리가 없다.『춘추』'필법'이란 "불의를 징계하고 무례함을 질책하는 것"[103]이다.

'땅'에 관한 『춘추』필법에 또 양공 원년의 한 기록을 들 수 있다. 『춘추』經經에 "중손멸仲孫蔑이 진晉나라의 난염欒屬, 송나라의 화원華元, 위衞나라의 영식寧殖, 조曹나라 사람, 거莒나라 사람, 주邾나라 사람, 등滕나라 사람, 설薛나라 사람과 함께 송나라의 팽성彭城을 포위했다"[104]고 했다. 주목할 것은 팽성이 원래는 송나라에 속한 것이었으나 이때의 팽성은 이미 초나라가 점령했다는 점이다. 경문에는 여전히 송宋을 붙여 '송나라의 팽성'이라고 했다. 『춘추』가 이렇게 쓴 것은 초나라가 팽성을 '불의'로 차지했기에 인정하지 않는다는 자신의 입장을 표명한 것이다. 『좌전』의 논평은 이렇다. "반역자로 여기지 않는다." '반역자'는 어석魚石을 가리킨다. 어석은 원래 송나라 사람이었는데 성공成公 15년에 "송나라의 어석이 초나라로 망명"해 초나라를 위해 팽성을 지키고 있었다. 『춘추』의 세 『전傳』(『전』은 『經經』에 대한 해설서—옮긴이)이 모두 경문經文의 '송宋'자가 『춘추』經經의 뜻을 드러낸 것이라고 여겼다.[105]

이 같은 『춘추』필법은 후세에 많이 모방되어 지도를 편찬하는 데에도 반영되었다. '땅을 잃은' 중원의 나라들은 흔히 '만이蠻夷'가 '중국' 강토를 일시적으로 차지한 실제적 사실을 인정하지 않아서 모르는 척하고 지도에 표현하지 않는다. 남송의 「여지도輿地圖」와 「동진단지리도東震但地理圖」는 여진女眞의 '도적 지역'의 편제를 그리지 않았다. 금金이 차지하고 남경南京[106]으로 이름까지 바꾼 카이펑開封도 여전히 '동경 개봉부東京開封府'로 표시했는데 같은 지도의 남쪽에는 또 '린안臨安'(항저우杭州)을 표시했다. 린안은 남송이 설치한 것이니 북송이 설치한 것과 공존할 수 없는 것이다.

사회가 평형을 잃을 때 가장 먼저 불러일으키는 것이 사상적 충동이다. 서주 예제의 전복, 제후들의 끝없는 패권 다툼, 사회 심층의 격변 등은 급속한 사상적 번창을 불러일으켜 '백가쟁명'의 국면이 나타나게 되었다. 사상가들은 사회가 필요로 하는 것을 부르짖었다. 사상은 사회의 평형을 촉진시키고 깨우치고 장식하는 도구다. 신구 정치의 교체는 토지의 정치 소유권에 혼란을 가져왔다. 땅은 나라의 근본이다. 영토 점유의 합리성과 법적 정통성을 둘러싸고 사상가들은 각기 다른 입장에서 변론을 벌였다.

넓은 지역과 넓은 영토의 정치적 통합과 조정은 막을 수 없는 역사의 추세였다. 새로운 영토질서는 춘추전국의 역사적 전개의 주요 노선 가운데 하나였는데 지리적인 면으로는 가장 중요한 노선이다. 겸병을 반대하는 것은 갈수록 불가능해졌다. 문제는 영토를 통합하고 조정하는 근거가 패권인지 도덕인지로 수렴되었다. 정치적으로 성공하고 사상적으로 번창함에 따라 정치 이성과 사회 윤리는 사회의식의 가장 높은 단계로 올라갔다. 이 양자가 한데 수렴되었는데 사상은 정치적인 지지가 필요하고 정치는 사상적인 장식이 필요해서 양자가 공통으로 대지역 왕조의 안정된 기초를 구성했다.

중대한 사상의 변동은 경험적인 지리지식에 대해 새로운 성격 규정을 일으킨다. 이런 시대에서는 많은 경험적 지리지식이 정치와 윤리의 도움을 받아 정치적인 속성을 띠며 윤리의 소재로 변한다. 그렇게 사회정치체제와 윤리체제로 들어와서는 성숙한 왕조정치 지리학과 사회윤리 지리학(문화지리학)의 한 구성 요소가 된다.

제11장

# 「우공」의 경전화

　서주에서 춘추전국에 이르는 기간, 사회의 격변과 왕권의 전개는 천하의 땅이 정치적으로 통합되고 조정되도록 만들었다. 문명 핵심 구역이 더욱 두드러지고 각지의 구역이 서로 부딪히며 화하의 세계는 갈수록 일체가 되어 갔다. 지역의 공동감과 문화의 공동감이 함께 나아가면서 대지역 문화공동체를 형성했다.

　역사의 과정과 사상의 과정은 함께 간다. 춘추전국은 또한 경전 문헌이 원시적인 누적에서 경전으로 전환하는 시대이기도 하다. 그런 전적典籍들은 역사적 과정을 기록했을 뿐만 아니라 걸출한 인물이 이룬 사색의 성과도 기록했다. 지혜가 정련되어 만들어진 원칙은 위대한 정신적 성취로서 찬란한 문명의 빛을 발하기 시작했다.

　사회와 인간은 각기 다른 척도로 사색된다. 대지의 공간 질서―가장 큰 인문 척도의 원칙이 하나하나 세워지기 시작했다. 이런 원칙들은 산하와 대지에 대한 사람들의 종합 양식을 형상화시켰다. 세계에 대한 인식의 시작은 편협한 경험이 아니라 원칙에서 출발한다. 화하세계가 화하세계로 되는 까닭은 이런 원칙들이 출현했기 때문이다.

모든 원칙의 생성은 또 정신적 품격이 고상한 성인의 명분을 근거로 해 도덕 정신의 권위가 담긴 사회 가치와 사회 기능을 나타낸다. 정신적 사상원칙의 권위는 그런 정신 사상을 표현하는 문헌의 권위를 만드는데, 그렇게 경전 문헌이 탄생되었다.

「우공」은 주대 전체의 지리사상적 이성의 총화이자 중요한 지리 원칙을 모두 모은 경전문헌이다. 「우공」은 대우를 빌어 특정한 일련의 원칙이 있는 시각에서부터 구체적인 화하의 산하와 대지를 '서술'하고 있다. 「우공」의 서술 체계는 숭고하고 또 진실되며 구체적이기 때문에 강한 생명력이 있다.

「우공」은 옛사람에게 지리학의 비조鼻祖로 존숭 받고 있는데 후대 지리문헌에서 반복적으로 인용되는 경전이다.


## 대우의 물 다스리기에 대한 고전 전설

역사적 전개의 대표자는 성현이며 지리 전개의 대표자 역시 성현이다. 이것이 주대 사상의 모습이다. 지리세계가 미개함에서 인문으로 변화된 것은 성현이 노력한 결과인데 그중 대우의 공적이 가장 탁월하다. 대우가 물과 땅을 평정하고 주州를 나누어 구분한 공로는 모르는 사람이 없다.

우는 물과 땅을 평정해 명산대천의 제주가 되었다.[1]
천지가 홍수로 망망할 때 대우께서 천하를 다스리시고[2]

우는 구하의 강을 뚫었는데 제수와 타허 강을 깊이 파서 물길이 바다로 흘러들게 했고 루허 강과 한수이 강의 바닥을 파내고 화이허 강과 쓰허 강을 준설해 물길이 창장 강으로 흘러들게 했습니다. 그런 다음에야 사람들은 중원의 땅에서 농사지어 먹을 수 있었습니다.[3]

옛날 우는 홍수를 막고 창장 강과 황허 강을 터서 사방 이적의 땅과 구주의 땅에 교통하는 길을 내었다. 그가 공사한 것은 이름 있는 산이 삼백이요 갈려진 개천이 삼천이며 기타 작은 것은 무수히 많다.[4]

수많은 성현과 마찬가지로 대우는 각 유파 사상가들에게 널리 숭상과 존경을 받았다. 그의 사적은 사람들 마음속에 깊이 새겨져 수많은 이른 시기의 문헌이 모두 찬양하는 어조로 대우의 사적을 언급하고 있다. 리링은 선진 문헌의 우에 관한 기록을 전면적으로 검토했다.『시경』『서경』『일주서逸周書』『춘추좌씨전』『국어』에서부터 "『예기』『논어』『맹자』 및 기타 선진 제자백가(『노자』는 제외)에 이르기까지 우의 공적에 대해 (특히 『묵자』는) 많은 말을 담고 있다. 이 문헌들이 가장 즐겨 말하는 우의 전설은 모두 물과 땅을 다스리고 구주를 구획한 일을 둘러싼, 「우공」에서 말하는 이야기다."[5]

상대 갑골문에는 우의 그림자도 없는데 갑자기 주대의 문헌에는 우의 이름 천지다. 『시』『서』(『시경』『서경』—옮긴이)는 가장 이른 것으로 알려진 문헌인데 "『서경』의 「우서虞書·요전堯典」, 「우서·고요모皋陶謨」, 「하서·우공」에서부터 우의 일을 기록하고 있으며 아래로는 「주서周書·여형呂刑」에 이르기까지 우를 삼후三后(백이伯夷·우·후직后稷을 이름—옮긴이)의 하나로 여기고 있다. 『시』에서 우를 말한 것은 셀 수도 없을 만큼 많다."[6]

고대 문헌에서 우에 대한 묘사 가운데 어떤 것은 신적인 것에 가깝고, 어떤 것은 인간적인 것에 가깝다. 구제강은 『우공 주석禹貢註釋』에서 이렇게 말했다. "우의 물 다스리기는 원래 고대에 널리 퍼졌던 전설이다. 전설은 신화의 요소가 강하다. 예를 들면 상제가 어떻게 화를 내고 홍수를 내렸으며 우는 천지를 채운 홍수에서 어떻게

후한 무량사武梁祠의 하우夏禹 상

땅을 펼쳤고 어떻게 동물로 변해 물을 다스렸고 곳곳에 사는 물의 신과 어떻게 싸워서 이겼는지 등이다. 이런 전설들은 『시경』 『산해경』 『초사』 『회남자』 등에 섞여 있다."7 사마천이 정리한 『사기』 「하본기夏本紀」의 우는 아버지·아내·아들이 있는 정상적인 사람이다. 정상인이기는 하나 평범한 사람이 아닌 성현이었다. 성현을 세우는 것은 인문의 모범을 세우는 것이므로 신성은 필요치 않다. 신성이 없는 성현은 '인간'에게 더욱 가깝고 현실적인 영향력이 더 많이 있다.

상고의 성현을 세우는 것은 사관에서 큰 의의가 있는데 선왕을 본받는다는 것이다. 사상적인 측면에서 보면 성현 본인을 찬양하는 것이 아니라(허구의 인물이 아니라 해도) 성현에 대한 관념을 잔뜩 만든다. 모든 성현은 다 도덕관념의 후광을 온몸에 둘렀다. 성현에게 엎드려 절하는 것은 사실상 그 관념들에게 하는 것이다.

고대 중국의 환경 발전에서 재해를 평정하는 것은 극히 중요한 임무다. 이것은 또한 근본적인 난제로서 성인이 아니면 그 일을 맡을 수도 없다. 재해를 평정한 공로는 그 누구도 부정할 수 없는 것이기에 대우는 모든 사상 유파를 압도하고 윗자리를 차지할 수 있었다.

대우가 물을 다스린 전설은 대우·홍수·물 다스리기 후 나타난 태평한 세상으로 이어지며 완전한 이야기가 된다. 태평한 세상은 물 다스리기의 결과이고 대우는 물 다스리기를 성공시키는 데 주도적 인물이다. 이같이 광범위하고 사람들 마음속 깊이 박힌 인식은 옛사람의 굳건한 역사관과 환경관에 반영되어 있다. 이는 거대한 역사의 변화인데 거대한 역사의 변화는 거대한 환경의 변화를 전제로 한다. 열악한 환경에서 살아갈 수 있는 환경으로 변화되면서 인간 세상 문명은 발전된 대지의 기초를 얻게 되었다. 이 거대한 변화가 화하 세계에 미친 근본적인 의의를 믿지 않거나 인정하지 않는 사람은 하나도 없다. 신앙 출현에 대한 중국 옛사람의 이런 고집은 사상사의 중대한 문제다. 그 배경에 실제로 '역사의 그림자'가 있을 수도 있고 여러 전설을 모아 짜깁기한 것일 수도 있다. 신앙 자체의 존재 및 그 존재의 보편성은 부정할 수 없는 사실이다.

오늘날 일부 역사학자와 고고학자들은 이처럼 광범위하게 전해지는 물 다스리기의 전설이 아무 근본 없이 날조된 것이라고 믿으려 하지 않는다. 그들은 대우가 물을 다스린 전설의 역사 배경을 찾으려 시도해 각종 가설을 내놓기도 했다. 두 종류의 예를 들어 본다. 하나는 중국 지형적 특징에 근거해 만들어진 단순한 추측으로 홍수가 주로 동부의 평원 지역에 일어났으며 물을 다스리는 활동 역시 동부 평원 지역에서 있었을 것으로 생각한다. 4000년 전 평원 지역은 홍수가 범람해서 대규모로 물을 다스리는 활동이 있었다. 이런 추측은 직접 눈으로 보는 자연지리의 형세를 근거로 삼기에 비교적 쉽다. 너무 대략적이고 역사적 깊이가 없다. 그 외에도 뒤이어 탄생하는 하 왕조가 대평원 지역으로 깊이 들어가지 않았다는 상황과 서로 관련지을 수도 없다. 뤼쓰몐은 이 점을 고려했던 것 같다. 그는 『선진사先秦史』에서 말했다: "요 임금이 홍수를 당해 우에게 물을 다스리게 했다. 힘써 부지런히 했으나 심한 재해를 안정시킬 수 없었다. 우 이후로 넘어오면 중국 민족은 이제 점차 서쪽으로 옮겨갔다. 이허伊河 강과 뤄허洛河 강에서 황허 강을 건넜는데 즉 펀허 강과 화이허澮河 강의 지역이다."[8] 뤼쓰몐은 대우가 물을 다스린 업적에 대해 다소 의견이 달라서 평원의 홍수를 다스리기도 하고 한편으로는 피하기도 한다. 홍수 문제를 완전하게 해결할 수 없자 정치의 중심을 비교적 지세가 높은 서쪽의 펀허 강과 화이허 강 지역으로 옮긴 것이다. 이 견해는 물 다스리기가 사회 전개에 큰 영향을 미쳤다는 점을 부정하는 것이므로 여전히 사람들을 만족시키지 못했다.

요 몇 해 사이에 환경고고학적 연구가 장족의 발전을 이뤘다. 일부 환경고고학자들은 5000년 전의 기후변화가 빚은, 북방 전체의 기후가 건조해지고 소택이 사라지고 농지가 확대되도록 한 변화를 대우가 물을 다스린 전설의 배경으로 삼았다. 그들은 시간의 범위를 확대해 '홍수'의 다스림을 융통성 있게 지표수(하천·호수·운하·해양 등 지표에 있는 모든 물—옮긴이)의 변화로 이해했다. 이는 생각해볼 만한 관점이다. "중국 문명은 마지막 빙하기 후의 고온 시기에 형성되었는데 고온 시기 가운데 환경이 돌변한 사건은 문화 도약의 보다 더 큰 추진력이 되었다."[9] 지금으로부터 5000년 전후에 해수면이 낮아지고 기후는 온화하고 건조하게 변해 기후대가 남쪽으로 이동했다. 북방 지역의 호수와 습지가 축소되고 '물이 지상으로 흐르는' 상황이 줄어 사람들이 이용할 수 있는 지표 면적이 확대되었다. 고고학적인 증거에 따르면 허난 성 안양安陽 부근의 환수이洹水 강 유역에서 룽산龍山 시대의 취락이 전에 없이 번창했고 상류에는 서쪽으로 많이 이동한 정착지가 양사오 문화의 공백 지역까지 분포되어 있으며 하류의 남부에는 유적의 수가 양사오 문화의 6곳에서 22곳까지 증가했고 대형 취락이 출현했다.[10] 허난 성 후이셴輝縣 및 그 부근 지역에서는 "북방의 힘이 비교적 큰 폭으로 남하하고" "웨이허衛河 강 이북에서 타이항 산太行山 앞까지 이르는 지대에 대해 전에 없던 개간과 이용이 이뤄졌다."[11] 톈진天津 지역 즉 대우의 물 다스리기에서 하류에 해당하는 바다로 들어가는 지역은, 지금으로부터 6000년 된 문화 유적인데, 지薊 현 범람 충적평원에만 분포한다. 지금으로부터 4000~5000년 전에 문화 유적이 톈진 북부 하천유역의 충적평원까지 확장되었는데 이는 해퇴海退(지질 시대에, 지반의 융기나 해수면의 하강으로 육지가 넓어지는 일—옮긴이)의 영향도 있었고 "물이 지하로 흐르는" 물이 안정적으로 하상河床에서 흐르는 것도 조건이 갖춰져야 했다.[12] "많은 새로운 지역, 특히 원래는 강과 호수와 늪 등 저지대였던 곳이 환경이 변하면서 개발되고 이용되어 양사오 시기의 각 문화 지역 사이에 존재했던 공백과 완충 지역이 빠른 속도로 줄어들었다." 룽산 시기는 각 지역 "상호 간의 문화 특질이 더욱 비슷해지는" 국면을 만들었다.[13]

북방지역에서 지표수가 감소한 구역의 범위는 꽤 컸을 것이며 그 과정도 상당히 오랜 기간 지속되었을 것이다. 상대적으로 어떤 일부 지역(예를 들어 지형이 과도기 지대)은 그 변화가 비교적 뚜렷해 사람들은 이들을 보다 생생하게 체험하고 기억했을 것이다. 환경의 변화와 물이 빠지고 땅이 넓어져 사람이 나아가게 되었다는 시각에서 대우가 물을 다스린 전설의 배경을 해석하면 보다 설득력이 있어 보인다. 하 왕조에서 상 왕조에 이르는 역사적 전개 중에 물이 빠지고 땅이 넓어져 사람이 나아가는 추세를 볼 수 있다. 하 왕조는 중국 대지형大地形의 2급 지형 단계의 완충 지대에서 탄생했지만[14] 상 왕조는 대평원 지역을 기반으로 성립하였다. 상 왕조가 평원 지역에서 크게 발전할 수 있었던 배경은 평원지대의 물이 빠져서 건조한 대지가 존재한 점을 전제로 한다.

자연의 변화가 만들어 내고 중원 지역에 인간이 생존할 수 있는 환경으로의 개선이 점차 영웅과 성현의 공로로 묘사되었다. 물과 대치하는 역사적 완결과 유명 영웅의 탄생은 동시에 이루어졌다. 홍수는 돌발적인 재난이 아니라 역사 시기의 환경적 특징이었을 것이다. 환경이 건조화되어가는 자연변화로 중원 사람들은 더 많은 땅을 얻을 수 있었고 이는 사회 규모를 더욱 크고 문명의 정도도 높아지게 만들었다.

이런 환경의 변화가 보다 북쪽에 있는 지역에는 부정적인 영향을 가져왔다. 나중에 장성長城 지역이라 불리는 곳 및 그 이북 지역은 상고 시대에 이미 원시농업이 발달한 지역이었다. 먀오디거우廟底溝 문화(발달한 원시농업 문화)는 계속해서 다칭 산大靑山 아래까지 확장되었다. 환경이 변화함에 따라 북방의 기후는 날이 갈수록 건조하고 차가워져서 작물 심기에 좋은 조건을 점차 잃게 되었다. 농업은 퇴보하고 목축업이 탄생해 경제유형이 중원과 나뉘어진 것이 융적戎狄 사회 형성의 역사 지리적 원인이다.[15]

이 중요한 역사적 환경의 변화는 중국 역사에 큰 영향을 미쳤다. 사상사에까지 반영되어 물 다스리기의 전설과 화이의 세계를 양분했다. 대우는 형상화된 인물인지도 모르겠지만 물이 물러난 것과 이로 인한 사회의 거대한 변화는 실제적인 역사일 것이다. 이런 역사에 대한 사람들의 기억은 강렬하고 보편적이며 오래도록 유지된다. 영웅과 성현이 역사의 창조자로 여겨질 때 이런 역사는 영웅의 이름을 덮어쓰게 된다.

대우가 물을 다스린 전설 배경과 환경의 변화를 결합해 위와 같은 추정을 해봤다. 관심이 있는 문제는 대우 전설의 진실성이 아니라 그 일의 사상사적 의의라는 점이다. 그 주제로 다시 돌아가 본다.

전설에서 대우의 물 다스리기 성공은 실패의 경험으로부터 역으로 찾아진 것이다. 앞서 물 다스리기에 실패했던 이는 뜻밖에도 우의 아버지 곤鯀이다. 곤은 막고 메우는 방법으로 물을 다스렸으나 성공하지 못해 우산羽山에서 죽임을 당했다. 우가 뒤를 이어 물을 다스렸는데 막힌 것을 뚫어 여는 방법으로 성공을 거뒀다. "곤이 귀양 가 죽고 우가 뒤를 이어 일어났다."[16] 왜 부자를 서로 대립시켰을까? 당나라 공영달은 소疏에서 말했다: "아버지가 이루지 못한 것을 아들이 이루었다. 우의 성스러움이 하늘의 뜻에 합당함을 드러낸 것이므로 곤을 들어 우를 드러냈다."[17] 부자라는 혈육의 관계를 대비함으로, 대우의 보기 드문 성인으로서의 품격을 더욱 부각시키면서 동시에 물 다스리기 사명의 준엄함을 드러내었다.

막음과 소통은 물을 다루는 각기 다른 방법이며 원칙으로 곤과 우의 차이는 또한 이 두 원칙의 대립으로 표현된다. 이것이 곤과 우가 물을 다스린 이야기 중 가장 사상적 의미가 있는 부분이다. 「홍범洪範」은 말한다: 이에 기자箕子가 말했다. "내가 들으니, 옛날 곤이 홍수를 막아 오행을 헷갈리게 펼쳤다. 상제가 진노해……."[18] 「홍범」은 홍수에 대처하는 방법을 오행설로 풀이했다. 물은 오행 가운데 하나로 아래로 흐르는 성질을 지녔는데 곤이 그를 막자 물의 본성을 잃게 되었고 오행이 모두 틀어지게 되었으므로 홍수를 막는 곤의 방법이 어지럽게 된 것이다. 우의 성공은 소통의 방법에 있었다. 소통은 단지 물 다스리기의 방법과 원칙만이 아니라 일반적 사상 가치이며 책략 가치다. 사물이 흐르는 추세에 따라 유리한 방향으로 이끄는 것은 중국 옛사람이 숭상했던 문제 해결 방법인데 곤과 우의 이야기는 이런 관점에 대한 좋은 예증이다.

『궈뎬 초묘 죽간郭店楚墓竹簡』「존덕의尊德義」에 "성인이 백성을 다스리는 것은 백성의 도를 따라 행하는 것이고 우가 물을 흐르게 하는 것은 물의 도를 따라 하는 것이다. 조보造父가 말을 부리는 것은 말의 도를 따라 하는 것이고 후직后稷이 땅에 작물을 심는 것은 땅의 도를 따라서 하는 것이다. 이렇게 도는 없는 것이 없다. 사람의 도는 사람과 밀접하기 때문에 군자는 사람의 도를 먼저 이용해야 한다."[19] 모든 일을 처리함에서 사물 자신의 '도'와 '성性'에 순응해야지 도를 거슬러서 시행하면 안 된다는 것이다. "백성은 잘 이끌어야지 억지로 해서는 안 된다"[20]고 했는데 그 정치적인 의의는 더욱 중요하다.

곤과 우가 물을 다스린 방법의 대립은 사물이 흐르는 추세에 따라 유리한 방향으로 이끄는 원칙을 추앙한 것으로 사상사 전개의 결과다. 비교적 이른 전설에서는 사실상 우의 물 다스리기도 막고 메우는 방법을 썼었다.

· 『산해경』「해내경」: 홍수가 져 물이 하늘까지 넘쳤다. 곤이 천제의 식양息

壤(저절로 불어나는 흙—옮긴이)을 훔쳐 홍수를 막았는데 천제의 명령을 기
다리지 않았다. 천제가 축융에게 영을 내려 우산의 들에서 곤을 죽이게 했
다. 곤의 배에서 우가 태어났다. 천제가 이에 우에게 명해 땅을 구획해 구
주를 정하는 일을 마치게 했다.[21]

· 『회남자』 「지형훈」: 우가 이에 식토息土(저절로 불어나는 흙—옮긴이)로 홍수
를 메웠는데 이로써 큰 산이 만들어졌다.[22]

· 『회남자』 「시칙훈」: 룽먼龍門, 황허 강, 제수濟水가 서로 관통하는데 식양
으로 홍수가 난 주州를 메운 곳으로 동으로 갈석산까지 이른다.[23]

이 기록들에서 우와 곤은 모두 '식양息壤'을 써서 메웠다.

구제강과 퉁수예童書業가 1930년대에 쓴 『곤과 우의 전설鯀禹的傳說』[24]
은 곤이 막고 메우는 방법으로 물을 다스렸다가 실패하고 우가 터서 소
통하는 방법으로 물을 다스려서 성공한 것은 곤과 우가 물을 다스린 전
설이 시대를 따라 변한 결과라고 지적했다. 비교적 이른 시기의 전설에
서는 곤과 우 모두가 식양으로 홍수를 처리해 메우는 방법을 썼다. 장린
창江林昌은 한걸음 더 나가 구제강과 퉁수예가 말한 '비교적 이른 시기의
전설'이 서주 시기의 중원 문헌과 서주 이후는 창장 강 유역의 초나라
를 중심으로 하는 지역의 문헌 속에 실제로 보존되어 있다고 지적했다.[25]
『산해경』 「해내경」과 같은 이른 시기 문헌은 "우가 마침내 땅을 구획하
다禹卒布土"라고 했는데 우가 마침내 땅을 구획해내었으며 이를 위해 흙
을 쌓는 방법을 썼다는 뜻이다. 『회남자』와 같은 창장 강 유역 후기의 문
헌은 전한 시기에 회남왕淮南王 유안劉安 및 그의 문객에 의해 만들어진
책이다. 회남국은 지금의 안후이 성 벙부蚌埠와 서우 현壽縣 일대에 위치

**429**

해 초나라 문화 범위에 속했으므로 이른 시기의 많은 전설을 보유하고 있다.『국어』『예기』『맹자』『한비자』와 같은 서주 이후의 중원 문헌에서는 그 말이 달라졌다. 곤과 우가 물을 다스린 방법에서 드러난 대립적인 두 측면에서 우는 칭송되었으나 곤은 부정적인 역할이 되어 죽어 마땅한 것으로 변했다. 일부 문헌에서는 곤을 '네 명의 죄인四罪' '네 명의 악인四凶'에 넣기도 했다. 예를 들어『맹자』「만장 상」은 "곤을 우산에서 죽이니 이들 네 사람의 죄를 처벌하는 것에 천하가 모두 따랐습니다. 이는 불인한 자들을 처벌한 것이기 때문입니다"[26]라고 했다. 또『사기』「하본기夏本紀」는 "순이 등용되어 천자의 정령政令을 대신하고 순수를 나갔다. 순수를 나선 길에 곤의 물 다스리기가 성과가 없는 것을 보고 이에 곤을 우산에 방축했다가 죽였다. 천하의 모든 사람이 순이 그를 죽인 것을 옳다고 했다"[27]라고 했다. 곤은 운이 나빠서 고생을 하고도 결과가 좋지 않았다. 곤의 운이 좋지 않았던 이유는 우를 치켜세운 결과다. 물 다스리기 사업이 원래는 "곤과 우의 공功"[28]으로 두 사람 모두 공로가 있었다. 우를 성인으로 만드는 생각이 고조되자 곤은 부정적으로 부각되어 이미지가 갈수록 나빠지고 '네 명의 죄인' 가운데 하나가 되고 말았다.

추시구이裵錫圭의 연구에 따르면 「선공수豩公盨」 명문에서도 우가 매우는 방법으로 물을 다스렸다는 말이 보인다. 선공수의 시대는 서주 중기에서 뒤쪽으로 속하며 그 내용은 이른 시기 전설의 특징을 반영하고 있다.[29] 이는 청동기의 명문이기 때문에 증거력이 더욱 강하다.

뤼쓰몐은 실천적인 전개의 시각에서 막고 매우는 것과 열어서 소통시키는 것의 전후 관계를 알아 본 적이 있다. 그는 "물 다스리기에서 매우고 막는 것을 나쁘게 여기고 열어서 방출하는 것을 좋게 여기는데 이는 후세의 일이다. 옛날에는 메워서 막는 것이 원래 가장 알기 쉬운 방법이었다. 또 강역이 협소해 물의 원류를 알지도 못하는데 어찌 '구하九河의 강을 소통하고 제수와 타허 강을 터서 바다에 흘러들게 하며 루허 강과 한수이 강의 바닥을 파고 화이허 강과 쓰허 강을 준설해 물이 창장 강으로 흘러들게 하는' 등의 생각들을 하겠는가. 배워서 아는 사람이 소통해 관개 수로를 다스리는 방법일 뿐이다"[30]라고 했다.

곤과 우가 물을 다스린 방법을 대비시킨 평가의 변화는 대우의 물 다스리기를(그와 더불어 종국에는 「우공」을) 경전화經典化 쪽으로 가게 한 측면이 있다. 우는 유일하고 신성하고 결점이 없어야만 했다. 최종의 문헌인 「우공」에는 이미 곤이 더 이상 필요치 않았다. 화하 세계 속에는 우의 정신이 우뚝 세워지고 도처에서 우의 공적이 찬양되었으며 우는 화하 지리세계의 기틀을 세운 이가 되었다.

대우가 물을 다스린 이야기는 사회 속에 널리 퍼지게 되어 사건과 인물과 문헌을 경전이 되도록 부추겼다. 이 경전화의 과정이 권위 관념과 가치 기준이 성립되는 과정이다. 문헌 「우공」이 성숙해지자 화하 세계의 최고 인문지리 개념도 확립되었다. '우적'은 화하 세계의 대명사가 되었다.


**누적되어 만들어진 문헌**

「우공」은 길이 세상에 전해지는 문헌으로 대우의 물 다스리기에 관한 가장 대표적인 기록이다. 「우공」이 서술하는 내용이 물 다스리기의 범위를 크게 벗어나고 있지만 그 나머지 내용이 믿어지는 근거는 모두 물 다스리기를 전제로 한다.

「우공」은 『서경』의 「하서」 속에 편입되었다. 왕조 시대의 학자들은 대우가 물을 다스린 뒤에 구주를 구획하고 공부貢賦를 지정했으며 사관이 이 일을 기록해 경전이 만들어졌다고 생각한다. 송대 학자는 처음과 끝의 몇 구절만 사관이 쓴 것이고 중간의 내용은 모두 대우 스스로 써서 순에게 올린 상주문이라고 생각한다.[31] 「우공」이 원래 사관의 손에서 나온 것인지의 여부에 관해서는 판단하기 어려우나 송대 학자의 견해는 명백히 잘못되었다. 「우공」의 중간 부분은 비교적 시대가 늦어 대우의 작품일 수 없다. 근년에 발견된 「선공수」의 명문을 참고할 때 처음과 끝의 몇 구절은 이른 시기의 문구인 듯하다.

구제강은 『시경』 「상송商頌·장발長發」이 우를 가장 먼저 언급한 문헌이라고 생각했다. 왕궈웨이의 연구에 따르면 「장발」은 서주 중기 송나라 사람의 작품이며 그 후 우와 관련된 모든 것이 다 『시경』에서 추론되고 변화되어 나온 것이다.[32] 그 밖에 류치위劉起釪의 통계에 따르면, 「우공」은 선진 시대 문헌에서 7번 인용되었는데 『국어』 「주어周語 하」, 『묵자』 「겸애兼愛 중」, 『맹자』 「등문공 상」, 『순자』 「성상成相」, 『주례』 「직방職方」, 『주례』 「고공기考工記」 등이다.[33]

「우공」이 편篇을 이룬 연대에 관해서는 근대 이래로 많은 학자가 탐색해 아래와 같은 몇 가지 다른 견해를 내놓았다.[34]

1. 서주 시기에 만들어졌다: 왕궈웨이王國維, 『고대사 새로운 증거古史新證』; 신수즈辛樹幟, 『우공 신해禹貢新解』; 쉬쉬성徐旭生, 『중국 고대사의 전설 시대中國古史的傳說時代』 부록 「산해경 찰기 읽기讀山海經札記」; 류치위劉起釪, 『우공이 씌여진 연대와 구주 기원의 제 문제 탐색과 연구禹貢寫成年代

與九州來源諸問題探硏』(류치위는 처음에는 「우공」이 춘추 시기에서 쓰여지기 시작

해 전국 시기에 완성된 것으로 여겼으나 나중에 서주 시기로 수정했다.)

2. 춘추 시기에 만들어졌다: 캉유웨이康有爲, 『공자개제고孔子改制考』; 왕청

쭈王成祖, 『비교연구를 통해 다시 평가하는 「우공」의 형성 시대從比較硏究

重新估定禹貢形成時代』

3. 전국 시기에 만들어졌다: 구제강, 『금문 서경의 제작 시대를 논한 글論今文

尙書制作時代書』; 스녠하이史念海, 『「우공」의 저작 연대를 논함論禹貢著作時

代』; 나이토 고지로內藤虎次郎, 『우공 제작 시대고禹貢制作時代考』; 장산궈

蔣善國, 『상서 총론尙書綜述』


## 선공수燹公盨

책이 만들어진 시대에 대한 이상의 서술은 「우공」의 주요 내용을 두

고 말한 것이다. 구체적인 문장에 얽매여 말한다면 다른 연대를 배제하

고 어느 연대라고 확정하기 어렵다. 「우공」 속의 일부 어휘는 서주 시기

에 이미 나타난 것이지만 다른 일부 어휘들은 전국 시기에 추가된 것이

기 때문이다.

근년에 선공수의 발견으로 대우가 물을 다스린 전설 및 「우공」 내용이

나타난 시기에 관해 또 한 차례 토론이 일어났다. 이 청동기는 2002년

봄, 바오리 예술박물관의 전문가가 홍콩 골동품시장에서 우연히 발견했

다. 수盨의 뚜껑은 이미 없어지고 몸체만 남았다. 안쪽 바닥에 98자(일설

에는 99자)의 긴 명문이 있다. 선공燹公은 서주 중기 선燹지역의 봉군封君

이다. 명문은 먼저 하늘이 대우에게 물을 다스리도록 하고 그런 뒤에 하

선공수 명문 탁본

늘이 백성을 위해 법과 왕을 세워서 백성을 덕으로 이끌도록 명한 것을
서술하고 있다. 명문의 내용이 중요해서 『상서』 한 편과 맞먹을 만하다.

　명문 앞부분의 대우에 관한 말 가운데 몇 구절은 다음과 같다.

　　하늘이 우에게 땅을 구획하도록 명하니 산을 따르고 내를 쳐서 구분했고 토

　　지에 따라 공부貢賦를 설정했다. 백성을 내리고 덕을 살피어 <u>스스로</u> 하늘과

　　짝을 이루었다.[35]

　　(고석考釋한 문장은 리쉐친李學勤을 따랐다.)


「우공」의 내용과 비교하면 이 몇 구절은 『서書』(『서경』) 「서序」 및 「우

공」의 머리말과 유사하다. 「우공」의 시작은 "우가 토지를 구획함에 산을 따라 나무를 제거하고 높은 산과 큰 내를 경계를 정했다[36]"이고 『서』「서」는 "우가 구주를 구분함에 산을 따르고 내를 쳤으며 토지에 맞게 공부貢賦를 정했다"[37]이다.

주펑한朱鳳瀚은 '부敷'를 마융馬融을 따라 '나누다'의 뜻으로 해석했다. '부토敷土'는 '땅을 나누다分土' '구를 구분하다別九州'의 뜻이 있다. '차지설정差地設征'에 관해서는, 리쉐친과 리링 모두 토지에 근거해 차별적으로 공부를 거두는 것이라 생각했다.[38] 명문 중에 6곳이나 '덕德'을 언급하고 있는 것은 「우공」의 "삼가 나의 덕으로 솔선하니"[39]의 뜻과 가깝다. 물을 다스리고 주를 나누고 공부를 정하고 덕을 밝히는, 중요한 이 몇몇의 면에서 명문은 모두 「우공」과 호응하고 있다.[40]

명문에는 「우공」과 다른 곳도 있다. 앞서 언급한 바대로, 「선공수」 명문에서 우는 여전히 메우고 막는 방법으로 물을 다스린다. 「우공」의 우는 이미 터서 소통하는 방법으로 바꿨다. 그 밖에 명문 중의 "하늘이 우에게 명해"는 이른 시기의 표현 방식으로 우가 하늘의 명을 받았다고 해 신성을 띠고 있다. 「하서·우공」의 어조는 「우서虞書·요전堯典」과 비슷하다. 요·순이 우에게 명함으로, 우의 신성이 퇴색된 것은 후기의 특징이다.[41]

구제강은 「우공」 문헌을 전면적으로 연구했다. 「우공」 내용 중에 '내방內方'과 '외방外方'이 있는데, 이는 지금의 허난 성 예葉 현인 초나라 산위에 방성方城을 쌓아 북쪽의 장벽을 만든 뒤에 생긴 지명일 것이므로 이 글은 춘추 시기보다 더 앞설 리가 없다고 지적했다. 그 밖에 「우공」에 양주梁州의 공물로 철鐵과 누鏤(강鋼)가 있는데, 이 두 가지도 춘추 시기

보다 더 앞설 리가 없다.[42]

서주 중후기의 선공수 명문의 어휘와 같은 것도 있고, 전국 시대의 지명과 물건의 명칭도 있으니 「우공」 문헌의 시간 간격을 알 수 있다. 「우공」은 이처럼 긴 시간 속에서 점차적으로 이루어졌다. 그 기간 내용 및 어휘의 수정과 증감을 거치면서 「우공」이라는 문헌은 층층이 누적되어 만들어진 것이다.

전통적인 견해에 따르면 『상서』는 공자의 정리를 거쳤다.[43] 「우공」이 공자의 손을 거쳤는지 여부를 떠나서 공자는 우의 사적을 알았을 것이다. 『논어』 「태백泰伯」 편에 "공자께서 말씀하셨다. 우뚝하도다! 순 임금과 우 임금은 천하를 가지시고도 관여치 않으셨네"[44] "궁실은 낮게 하시고 봇도랑 파는 일에는 힘을 다하셨다. 우 임금은 흠잡을 데가 없다"[45]고 했다. 공자가 「우공」의 문헌에 대해 한 일이 무엇이었는지에 대해서는 증거가 없다. 「우공」과 공자가 관계가 있다는 견해는 영향력을 미쳐서 「우공」의 경전적인 지위를 강화시켰다.

이른 시기의 문헌 자료에는 우에 관한 이야기가 상당히 많다. 오늘날에도 볼 수 있는 많은 문헌 자료 중에 남겨진 단편과 금문金文 속에도 몇몇의 예가 있다. 그 밖에 『사기』 『수경주』에서 「우본기禹本紀」를 언급한 것과 같이 단독의 편명도 있다. 잠정적인 집계 속에 비교적 많은 서부 지역에 관한 내용은 신화적 요소가 충만하다. 사마천은 『사기』 「대원열전」을 편찬할 때 이 책을 인용하지 못하고 말했다: "「우본기」와 『산해경』에 나오는 어떤 괴물도 내가 감히 말하지 않았다."[46] 『수경주』 「하수河水」는 곤륜산에 대해 경문經文은 말한다: "숭고嵩高산에서 5만 리 떨어져 있으며 땅의 중심이다."[47] 이에 대해 주에 "「우본기」도 이와 같다"고 한

것을 보면 역도원酈道元의 시대에도 이 책을 볼 수 있었던 듯하다.[48]

또 『상서』에 수록되지 않은 「하서」 이야기가 있다. 『사기』 「하거서河渠書」에 "「하서」에 이르길 '우가 홍수를 다스리는 13년 동안, 집 앞을 지나갔으나 안으로 들어가지 않았다'[49]"는 구절이 있다. 류치위는 이 「하서」 이야기가 「우서虞書·고요모皋陶謨」 「하서·우공」과는 문장이 다른 별개의 「하서」일 것이라고 생각한다.[50]

우에 관해 춘추전국 시대에 전해진 이야기는 정치·사상·도덕 등 그 관련 내용이 많다. 「우공」의 편집에서는 물 다스리기, 지리와 무관한 내용은 다 버리고 오로지 지리만을 서술해 그 지식의 목표가 명확하다. 지리지식의 분류에 대한 명확성은 전문적인 이 지식영역을 편자가 이미 의식하고 있음을 설명한다. 「우공」은 현실적인 시선으로 지리를 서술한 중국 역사상 우리가 볼 수 있는 가장 이른 문헌이다. 『산경』도 지리를 전문적으로 서술하기는 했으나 지나치게 많은 신화가 뒤섞여 그 의의가 「우공」만 못하다. 후대 사람들은 특히 「우공」을 중시해 지리를 논하는 것에 "중국을 말한 것은 「우공」이 처음이고 외이外夷를 말한 것은 반고와 사마천에서 기원한다"[51]라고 했다.[52] 이 말은, 중국지리를 기록한 것은 「우공」에서 시작되었고 '외이'의 지리를 말한 것은 『사기』와 『한서』에서 기원한다는 말이다.

「우공」을 보면 화하 세계의 거의 모든 곳에 우의 발자취가 닿고 있는데 이토록 넓은 「우공」의 서술 범위는 '우적'의 개념과 서로 호응한다. '우적'의 개념은 춘추 청동기 명문에 명확한 증거가 있으며 진秦나라와 제나라라는 동서의 양 대국으로부터 나온 것이기에 이 개념을 받아들인 사회의 범위가 얼마나 넓은지 알 만하다. 『장자』 「천하」는 묵자가 도를

**437**

말하는데 "옛날 우 임금이 홍수를 막음에 창장 강과 황허 강을 다스려 사이四夷와 구주를 통하게 했다. 이름난 큰 산이 삼백이요 지천支川이 삼천이며 작은 것은 수도 없었다. 우 임금이 손수 자루와 보습을 들고 천하의 하천을 뚫어 모이게 했으며 (…) 만국을 안정시켰다. 우는 위대한 성인이신데도 천하를 위해 몸이 수고로우심이 이와 같았다"[53]고 했다. 『열자』「탕문」에는 "우 임금이 물과 땅을 다스리다 길을 잃고 엉뚱한 나라로 들어갔다. 북해의 북쪽 바닷가를 따라 갔는데 중원으로부터 몇 천 리나 떨어져 있는지 알 수 없었다. 그 나라는 종북終北이라 불렀다"[54]고 했다. 이를 보면 사람들은 일반적으로 우의 활동범위가 넓었음을 믿었던 것 같다. 우가 천하를 두루 다녔다는 이야기가 더 먼저 있어서「우공」의 지리 묘사에 안내 역할을 했을 것이다.

대우가 지나갔던 지리를 묘사한 글이「우공」만 있는 것은 아니다.

『묵자』「겸애兼愛」: "옛날 우 임금이 천하를 다스릴 때 서쪽으로는 시허西河 강과 어독魚竇 물길을 다스려 거손황渠孫皇의 물을 빠지게 했다. 북으로는 원수原水와 고수孤水를 둑으로 막아 후지저后之邸로 흘러들게 했고 호지嘑池 에 도랑을 파서 저주산底柱山을 둘러싸고 갈라져서 흐르게 하고 룽먼산龍門 山에 이르기까지 강물을 파서 이끌었다. 그리해 연나라·대代나라와 호胡, 맥 貉과 서하 지방의 백성들에게 이익을 주었다. 동으로는 대륙의 물을 빼고 맹저孟豬의 못물을 둑을 쌓아 막고 구회九澮의 물을 갈라지게 해 동쪽 땅의 물을 제한시켜 말렸다. 그럼으로, 기주冀州의 백성들을 이롭게 해주었다. 남으로는 창장 강·한수이 강·화이허 강·루허汝河 강을 다스려 동쪽으로 흘러 오호五湖 지방으로 흘러들게 했다. 그럼으로, 형荊·초楚·간干·월越 지방과 남이南夷의 백성들을 이롭게 해주었다."[55]

이 밖에 상하이박물관이 소장하고 있는 초나라 죽간 「용성씨容成氏」도 있는데 내용은 9장에 보인다.

비교해보면 「우공」이 서술하고 있는 지리가 가장 상세하고 확실하다.

우는 물을 다스리기 위해 산과 강을 찾아다니면서 대지를 관찰하고 살펴야 한 것이 우가 지리적인 인물이 된 까닭이다. 「우공」은 대우의 물 다스리기를 단서로 보다 더 큰 범위의 지리지식을 체계적으로 편성했다. 고대의 천문지식은 전문적인 관찰과 기록이 필요하지만, 지리지식은 흔히 어떤 이야기를 서술하면서 '곁들여'지게 된다. 고대 지리지식의 문헌의 출현은 보통 이와 같다.

「우공」 내용의 기원을 보면 하나는 사상적 자원의 집합으로 기본적인 세계관, 산악에 대한 숭배, 천하의 중심이라는 관념 등을 포함하고 있다. 다른 하나는 풍부한 경험적 지리지식의 분류로 산·강·호수의 위치와 상호 연계 같은 것 등이다. 『춘추좌씨전』 소공 12년에 『구구九丘』라는 고서를 언급했는데 『상서』 「서序」에 공자가 "「직방職方」을 지으며 『구구』를 제외했다"는 것을 보면 『구구』의 내용이 「직방」과 비슷한 듯하다. 『구구』에도 지역의 지리지식이 많이 들어 있었을 텐데 이러한 지역 지리지식들이 「우공」에 앞서 누적되었다.

대우가 물을 다스린 전설과 「하서·우공」이라는 책이 만들어진 것은 서로 관련이 있으면서도 구별이 필요한 두 사안이다. 「우공」이 만들어진 것은 물을 다스린 전설보다 한참 뒤의 일이다. 「우공」은 유일하게 물을 다스린 내용만을 기록한 것이 아니다. 물 다스리기 자체도 요·순 시

**439**

대의 일로 마땅히 『상서』의 「우서虞書」에 속해야 한다. 「우공」을 「하서」의 첫머리에 둔 것은 대우가 왕이 되기 위한 정치적 업적을 강조하기 위함이다. 후세의 어떤 이가 「우공」을 '하천을 다스리는 책治河之書'이라 한 것은 대우의 정치적 업적을 홀시한 것이다. 「우공」 속의 수많은 지리 원칙은 성질상 정치적 업적에 속한다. 「우공」에 "땅에 따라 공부貢賦를 정한다任土作貢"고 했는데 공안국孔安國의 『위고문 상서전僞古文尚書傳』에 "이는 요 임금 때의 일이다. 이를 「하서」의 첫머리에 둔 것은 우가 왕이 된 것이 이 공功이기 때문이다"[56]라고 했다. 공영달의 소疏는 "또한 본 편을 여기에 둔 뜻을 풀이한 것이다. 이 물 다스리기의 일은 요 임금 말 때의 일이다. 우가 천하에 왕이 된 것이 이 물 다스리기의 공이기 때문에 「하서」의 첫머리에 둔 것이다. 본 편은 사관이 당시의 일을 기술한 것이지 말로 응대한 것이 아니다. 물과 땅이 다스려지고 나서 사관이 이를 기록했을 테니 처음에는 「우서」 중에 있었을 것이다. 하나라의 사관이 「하서」로 뽑아냈는지 아니면 공자가 처음으로 그 순서를 뒤로 물렸는지는 알 수 없다"고 했다. 주석가들 모두 대우의 물 다스리기와 '천하의 왕이 된 것'이 관련 있다고 지적했다. 「우공」은 천하의 왕이 되는 뜻을 담고 있다.

"하·상·주 3대의 선함은 천세에 걸쳐 명예를 쌓는다."[57] 우의 성스러운 발자취에 관한 전설은 점차 풍부해졌다. 대우 전설의 전개는 「우공」의 내용이 갖춰지고 쌓여가는 과정으로 구주를 구분하고 공부를 정하고 도로를 열고 오복을 제정하기까지 화하라는 큰 판의 질서를 확정함으로, 최종적인 성취를 이루었다. 이러한 성취는 역사적 전개의 결과로 한 개인의 공로는 아니다. 당시의 사상적 학설은 이 과정 전부를 대우가 물을 다스린 영향으로 돌렸다. 이는 경전화經典化의 특징으로 경전은 성인이 필요하다. 위대한 모든 성과가 다 성인이 이룬 공로의 연장이며 그의 성스러운 발자취다.

구제강은 말한다: "전국 시기에서 진·한에 이르는 400여 년 동안 계급 타파, 종족의 혼합, 지역의 확장, 대 통일제도의 계획, 음양오행원리의 신앙 및 이런 대시대의 혼란에 대한 염증 등으로 인해 시대에 맞춘 수많은 학설이 일어났고 이런 학설을 증명하기 위해 수많은 역사적 사실이 조작되었다."[58] 춘추전국 시기는 영향이 큰 역사 이론이 형성된 시기로서, 사상의 필요에 의해 역사가 창조되었다. 아무 근거도 없이 역사가 존재할 수는 없다. 지리를 창조해야 했고 성인을 창조해 공간적 범위와 공간질서를 안배토록 했다. 구제강은 당시『고사변古史辨』을 저작하면서『고지변古地辨』도 같이 저작했다.[59] 상고사와 상고지리를 함께 밝힐 생각이었다.

리링의 견해는 이렇다: "「우공」이 언제 이뤄졌던 간에 그 책이 반영하는 것은 하·상·주 3대가 차례로 이어가며 '천하'의 개념을 썼다는 점이다. 지연으로 혈연의 부족함을 채운 것인데 직공職貢과 조복朝服을 빌어 간접적으로 지배한, '먼 곳은 회유하고 가까운 곳은 화목하게 지내는' 드넓은 지리의 시야다."[60] 「우공」의 내용은 주대까지 이르는 시기의 인문지리 전개의 총결산이며 역사적 전개의 결과다.

## 기본적 지리 원칙의 확립

「우공」이 물 다스리기를 단서로 지리를 서술하기는 했지만 내용의 많은 부분은 물을 다스리는 정신을 담은 것이 아니라 천하 통일의 의지를 표현하고 있다. 지리적 사실은 「우공」이 조직의 편성 아래에서 권위적인 힘이나 지도적 힘으로 천하의 사물을 결집하는 구조를 드러내 보인다.

『상서』 중 「우서·요전堯典」 「우서·고요모皐陶謨」 「하서·우공」 세 편의 편성은 유가가 상고 역사의 개요를 서술하는 데 쓰였다. 유가는 「요전」으로 고대사의 제왕 체계와 고대 제도를 형성했고 「고요모」로 그들의 정치도덕과 이상을 묘사했으며 「우공」으로 통일된 지리와 공부 등을 종합했다고 구제강은 생각한다. 사학史學의 시각에서 평가하자면 이 세 편의 문헌이 서술하고 있는 것과 역사 사실은 받아들일 수 없다. 사상 문헌의 시각에서 보면 중대한 현실적 의미가 있다. 상고 쪽으로 보게 되면 이 문헌들이 역사를 조작했지만 미래 쪽으로 보게 되면 후세에 귀감이 되는 원칙들을 제시한 것이므로 이는 역사적 발전의 의의에 긍정적이다.

「우공」이 제시하는 것은 천하 질서의 본보기이자 대통합된 왕권 지리의 밑그림이며 후세에 지리를 서술하는 시발점으로 그 안에 중요한 지리 원칙들을 포함하고 있다.

「우공」의 주요 내용은 분주分州·도산導山(산길을 냄)·도수導水(물길을 엶)·오복 등 몇몇 주제를 구성하고 있는데 이런 주제를 서술하면서 많은 사항을 언급하고 있다. 호위胡渭는 『우공 추지禹貢錐指』에서 「우공」의 내용을 12 항목의 주요 내용으로 총괄한 바 있는데, 그 내용은 다음과 같다: 지역지분地域之分·수토지공水土之工·강리지치疆里之治·세렴지법稅斂之法·구주지공九州之貢·사해지공四海之貢·달하지도達河之道·산천지제山川之祭·육부지수六府之修·토성지사土姓之賜·무위지분武衛之奮·성교지거聖敎之擧. 「우공」의 문장 길이는 길지 않아 겨우 1193자이지만 담고 있는 내용은 이처럼 풍부하다.

혼돈에서 질서로

지역지분이란 천하를 구주로 구분한 것이고 수토지공이란 물과 땅을 평안케 하는 것이고 강리지치는 토지와 주민을 안배하는 것이다. 세렴지법과 구주지공은 공부貢賦의 체계를 말한 것인데, 이는 「우공」의 핵심 내용으로 「우공」의 '공貢'이 여기서 나온 것이다. 진공進貢의 방향은 '중국'쪽으로이다. 사해지공은 사해와 구주의 구별을 둔 것으로 구주는 화하이고 사해는 중국 족류族類가 아니다. 달하지도는 공물을 바치는 노선을 설명한 것으로 공물은 수운을 위주로 했으므로 말하고 있는 대부분이 수로다. 사방의 수로가 모두 황허 강에 닿도록 방법을 강구했고 나아가 중국까지 도달하도록 했다. 산천지제는 순수하게 사상적인 것으로 정신문화에 속하고 명산대천에 제사 드리는 것을 말한다. 육부지수의 '부府'는 재물을 저장하는 곳이다. 「우서·대우모」에 따르면 육부는 수·화·금·목·토에 곡穀이 더해진 여섯 종류의 재무다. 토성지사는 영지를 하사해 봉하는 것이고 무위지분은 군軍에 관한 일이고 성교지거는 문화와 예교禮敎로, 문화적 통일을 강조한 것이다. 이상의 모든 것을 한데 모았으니 대지역의 왕조를 형성하는 기본강령을 제정했다고 할 수 있다. 12항목 중 하나만 잘못해도 왕조는 안정될 수 없다. 후세의 왕조지리학 전개는 기본적으로 이 12항목의 주요 내용을 벗어나지 않는다.

「우공」편이 만들어졌을 무렵에는 통일된 왕조가 아직 출현하지 않았다. 통일 왕조 사상에 관한 이론적 준비는 이미 상당히 성숙한 단계에 와 있었다. 주목할 것은 이런 중요한 강령들이 모두 지리적 측면에서 선양되었다는 점이다. 지리 속에 치국의 도리가 포함되어 있는 것은 중국 고대 지리학의 중요한 특징이다. 「우공」으로 대표되는 중국 고대 주류 지리학은 치국평천하를 핵심 목표로 삼고 있다. 단순하고 객관적으로 대지의 사물을 묘사하는 것은 지리사상의 기본노선이 아니다. 「우공」의 내용은 알게 하는 것뿐만이 아니라 더 나아가 그렇게 되도록 이끌어가는 것이다.

개인의 행위를 단서로 지리의 서술을 전개하는 고대 기행문의 일반적인 글과 비교할 때 「우공」의 주인은 단순히 지리세계 속을 지나는 사람이 아니라 지리세계를 다스리는 사람이다. 「우공」이 서술하고 있는 것은 단순히 외재적으로 지나가는 세계가 아니라 통치의 의미가 있는 영토다. 「우공」은 평범치 않은 인문지리의 의의가 있게 되었고 사회 통치계급도 중시했다. 「우공」이 서술하고 있는 원칙 또한 역대 대지역 왕조의 통치자에게 쉽게 인정을 받았다. 『위서魏書』 「지형지地形志」에 "「하서 우공」과 『주례』 「직방職方」 편은 구주를 구분하고 밖으로는 사해에 이르게 했다. 생산되는 물건과 토지에 따라 강역을 정했으니 이것이 하·상·주 제왕이 정한 규모다"[61] 라고 했다.

춘추전국의 역사에서 대지역 왕조를 향한 흐름의 추세는 이미 시작되었다. 「우공」 문헌의 형성은 이런 시대의 반영이자 이런 추세의 흐름을 촉진시키는 힘이기도 했다. 「우공」을 알고자 할 때 지리사상에서 이런 역사의 역할도 알아야 한다. 「우공」은 어지러운 시대에 만들어졌다. 어지러운 시대에는 반드시 구세救世의 사상이 나타나기 마련이다. 어지러운 시대일수록 질서를 호소하게 된다. 「우공」 내용이 '누적'의 방향으로 흐른 것은 그것이 대지의 이상적인 질서이기 때문이고 질서에는 반드시 원칙이 있다.

구주의 구성, 오복의 등급, 지역 분할의 위치, 중앙의 존귀함, 중심을 향한 구조 등, 모두 「우공」이 제창한 사회 공간질서의 원칙이다. 이런 원칙들이 중앙의 통일된 사회 관리의 국면을 형성했다. 춘추전국의 역사가 진행되는 과정에서 통일성의 사회적 가치는 점차 높아졌다. 『논어』「요왈堯曰」은 요의 이름을 빌려 '사방의 정치四方之政'와 '천하의 백성天下之民'에 관심이 있는 정치윤리를 제창했다. 사실상 「우공」의 경전화는 이런 지리 원칙의 경전화로서 영토의 법적 정통 속성을 강화시켰다. 이런 원칙들로 확정된 토지의 법적 정통성은 그 누구도 도전할 수 없는 궁극의 가치이며 대지역 정권의 형성과 안정에 중대한 의미가 있다.

중심을 향한 성질은 「우공」의 천하질서 가운데 분명한 원칙이다. 구주에 관한 서술에서 달하지도는 특색 있는 내용으로 「우공」 지리지식의 가치의 추세를 보여준다. 달하지도는 '중국'의 핵심으로 통하는 통로인데 각 주에서 중국으로 통하는 경로를 전문적으로 묘사해 '중심'으로 모이는 힘을 느끼게 한다. 연주의 "제수濟水와 타허漯河 강에서 배를 타서 황허 강에 도달한다"[62]는 것과 같이 일부 통로는 자연의 수로를 이용했다. 형주의 "창장 강·퉈허沱河 강·첸수이潛水 강·한수이漢水 강에서 배를 타고 뤄허洛河 강을 넘어 난허南河 강에 이른다"[63]와 같이 일부 통로는 인위적으로 설치했다. 한수이 강에서 뤄허洛河 강은 '뤄허洛河 강을 넘어' 갔음에 주의해야 한다. 한수이 강과 뤄허洛河 강은 창장 강 수계와 황허 강 수계로 나뉘어져 연결되어 있지 않다. 먼저 한수이 강에서 상륙해 육로로 일정 거리를 간 다음 분수령을 넘어(逾는 넘는다는 뜻) 다시 뤄허洛河 강으로 들어간다. 이는 온전한 '자연'의 통로가 아니라 인위적인 설계다. 여기서의 지리지식은 임의적이거나 객관적인 것이 아니고 분명한 사회적 목적을 머금고 있다.

주나라는 덕을 공경한다. 『상서』「소고召誥」에 말했다: "나는 하나라에서 거울삼아 보지 않을 수 없으며, 또한 은나라에서 거울삼아 보지 않을 수 없습니다. 나는 감히 알 수 없습니다, 하나라가 천명을 받들어 긴 역사를 누린 것처럼 될 수 있다고 말하게 될지를. 나는 감히 알 수 없습니다, 천명을 연장하지 못하고 오직 마음가짐을 조심하지 않아서 일찍 명을 떨어뜨렸다고 말하게 될지를. 나는 감히 알 수 없습니다, 은나라가 천명을 받아 긴 역사를 누린 것처럼 될 수 있다고 말하게 될지를. 나는 감히 알 수 없습니다. 천명을 연장하지 못하고 오직 마음가짐을 조심하지 않아서 명을 떨어뜨렸다고 말하게 될지를."⁶⁴ 왕궈웨이는『은·주 제도론殷周制度論』에서 말했다: "은나라과 주나라의 흥망은 덕이 있고 없음의 흥망이다." 아울러 주공이 집권한 종지는 "상하가 다 도덕을 받아들여 천자·제후·경대부·사士·서민을 아울러서 도덕으로 하나 되는 단체가 되는 것이다. 주공이 제도를 만든 본뜻은 사실 여기에 있다." "주나라의 제도, 전례典禮는 사실상 모두 도덕을 위해 만들어졌다."⁶⁵『국어』와『춘추좌씨전』에 보이는 서주의 법령제도에 관한 후세 사람의 추억은 도덕과 연관되어 있다.

덕을 공경하는 시대에서 대우의 공적은 당연히 큰 덕으로 해석된다.「우공」은 주를 나누고 산과 하천을 다스리는 여러 공적 뒤에 대동의 세계를 그려냈다. "구주가 하나가 되니 사방의 오지까지 사람이 살 수 있게 되었다. 구주의 산이 나무를 베어 길을 내고 구주의 하천의 근원을 깊이 파내며 구주의 못이 제방을 만들었으니 사해에 모여 하나가 되었다. 육부의 관직이 크게 정리되고 모든 땅이 서로 안정되니 재정과 조세를 신중하게 처리하되 모두 세 등급의 토지로 분류해 중국에 조세제도를 만들었다. 땅과 성姓을 내리고 '내 덕을 공경해 먼저 하니'……."⁶⁶ 시대가 비교적 이른 선공수의 명문에 이미 대우의 물 다스리기와 덕의 관계가 보인다. 그 청동기 명문의 작자 머릿속에도 틀림없이 '덕德' 자가 들어 있었을 것이다. 문장 전체가 100자에 이르지 않는데 거의 10여자에 한 번 꼴로 '덕'이 나와서 전체적으로 모두 6번이 출현한다.

'덕'은 주나라가 강조해 선양하는 정신적 숭배의 대상으로 모든 사물에 대해 정통성이 있는지 여부를 가리는 잣대다. 대우의 물 다스리기와 '덕'의 연결은 '우적'과 '구주' 같은 부가적 관념들도 모두 '덕'과 같은 숭고한 지위를 가졌음을 설명해준다. 이런 사상의 흐름은 후세에 '구주'를 대표로 하는 대통일 지리관념에 흔들리지 않는 지위가 있도록 기초를 다졌다.

물을 다스린 결과 도덕사회가 출현했으니 물을 다스린 사람이 비범한 인물인 것은 당연하다. 주회와 여조겸呂祖謙의 『근사록近思錄』의 기록은 대표적 성격이 있다. "물 다스리기는 천하의 큰일이다. 지극히 공정한 마음으로 자신을 버리고 다른 이를 좇아서 천하의 의론을 다하지 않으면 그 공을 이룰 수 없다."[67] 도덕의 범위 안에서는 인품과 성취가 같은 것이다.

「우공」이 말하는 대질서와 큰 틀에는 산천의 틀도 있고 사회질서도 있는데 두 종류 틀의 질서가 서로 잘 맞아떨어져서 일체를 이루고 있다. 강산이 사회고 사회가 강산으로, 후세의 황제가 말하는 '강산'은 곧 자신이 통치하는 사회다. 「우공」이 만들어진 때는 열국이 다투던 시대였으나 「우공」이 서술하는 전반적인 정세는 열국을 또 하나의 지리적 단계로 말하지 않고 그를 뛰어넘었다. 그런 근본적인 대원칙들로 영원한 화하 세계가 확립되었다. 열국의 강역은 변화가 많아 영구적이지 않는데 「우

사진 2007년 봄, 홍콩 다위산大嶼山 어느 마을 어귀에서 촬영.
가운데서 조금 아래의 작은 종이에 '북망신주北望神州'라고 쓰여 있다.

공」의 편자가 그 차이를 잘 간파해서 열국의 틀을 뛰어넘는 것은 쉬운
일이 아니다.

수많은 정치·군사·경제의 원칙들과 마찬가지로 지리원칙도 점차 이
데올로기로 전환되면서 문화의 영역으로 확산되었고 사람들 마음속 깊
이 자리 잡았다. 송나라 사람은 "오직 구주가 하나 됨을 보지 못함이 슬
프구나但悲不見九州同"라는 시구를 남겼다. 지금도 홍콩 다위산大嶼山의
마을 사람들은 제사를 드릴 때 '북망신주北望神州'라는 글을 붙인다.

## 「우공」을 추앙하는 뜻

「우공」은 『상서』의 한 편이었는데 문인들이 신봉해 읽고 풀이하는 경전이 되었다. 「우공」이 가진 고상한 원칙과 풍부하고 진실하며 간단명료한 지리지식의 묘사는 학자들에게 상세하게 밝히고 조사해 변별할 드넓은 공간을 제공했고 자신은 장구한 생명력이 있도록 만들었다.

『상서대전尚書大傳』 제5권에 『상서』에 대한 공자의 생각을 전하고 있다: "여섯 「서誓」는 의義를 볼 수 있고 다섯 「고誥」는 인仁을 볼 수 있고 「보형甫刑」은 경계함을 볼 수 있고 「홍범」은 법도를 볼 수 있고 「우공」은 일을 볼 수 있고 「고요모」는 다스림을 볼 수 있으며 「요전」은 아름다움을 볼 수 있다."[68] 「우공」은 일을 기록한 것이지 말을 기록한 것이 아니다. 『상서』의 다수를 차지하는 고誥나 서誓와 달리 '일을 볼 수' 있다. 지리는 '일'이라는 재미있는 생각이 여기에 묘사되어 있다. 당시에는 '지리'라는 이름을 단 지식은 분류가 명확하지 않았다. 『주역』 「계사 상」에 '지리'라는 어휘가 나오지만 여전히 광범위하고 모호하다. 사람들은 「우공」과 같은 내용에 대해 '지리'라는 말로 총괄할 생각을 미처 하지 못하고 애매하게 '일事'이라고 하는 부류에 넣었다. 유가의 가치 기준에 따른 「우공」의 '볼 만한' '일'들은 자질구레한 일이 아닌 왕도와 관련된 대단한 일이다. 「우공」의 지리는 일반 지리가 아니라 '사방의 정치四方之政' '천하의 백성天下之民'과 관련된 왕도의 지리임이 명백하다. 이것이 「우공」의 핵심적인 가치이며 그 '대의大義' 또한 이것이다.

『사기』 「평준서平準書」에 "「우공」의 구주는 각기 토지의 적당한 바와 백성들의 많고 적음에 따라 공부를 내었다"[69]고 했다. 사마천도 「우공」

**449**

「우공」의 경전화

의 서사성에 주목했던 것이다. 후세에 「우공」과 연결해 가장 많이 서술된 것은 물 다스리기의 '일'이다. 강을 다스리는 일은 사직의 안정과 관계된 천하의 대사다.

피석서皮錫瑞의 『경학 역사經學歷史』 3 「경학의 번성 시대經學昌明時代」는 말했다: "전한의 금문학今文學은 의리와 훈고의 장점이 모두 있다. 무제와 선제宣帝 사이에 경학이 크게 번성했는데 각 가家가 아직 여럿으로 나뉘지 않아 순정하고 잡되지 않았으므로 그 학문이 지극히 정밀하고 유용했다. 「우공」으로 황허 강을 다스리고 「홍범」으로 변화를 살피며 『춘추』로 판결을 하고 삼백오 편(『시경』을 말함—옮긴이)을 간언하는 글로 삼으니 경 하나를 익히면 그 경의 유익함을 얻을 수 있었다."[70] 이는 금문학의 입장으로 피석서는 금문을 중시했다.

한漢나라의 유학자는 "경전에 통달해서 실천에 응용通經致用"하고 "경학으로 관리의 다스림을 장식하기以經術緣飾吏治"를 제창했는데 「우공」으로 하천을 다스린다는 말은 그 의의를 취하고 기치를 드러낼 따름인 것이지 실용적 기술 참고를 할 수는 없다. 류치위는 「우공」으로 황허 강을 다스릴 수 있다는 말을 믿지 않았다. "'「우공」으로 황허 강을 다스린다'는 것은 황당한 말이다. 「우공」은 원래 그 기록이 간결하다. 한대처럼 황허 강의 재해가 자주 발생하는 상황에서 실제적인 산천의 지리 형세를 생각하지 않고 억지로 「우공」에 기록된 하도河道로 황허 강을 다스려서 이른바 '대우 시대의 황허 강禹河'를 회복하고자 한다면 이는 어리석은 일이다."[71]

「우공」이 기술적인 면으로 황허 강을 다스릴 수는 없지만, 상징적인 의미로서 「우공」은 황허 강을 다스리는 법전이다. "후세에 물을 안다고 하는 사람은 반드시 우를 근거로 삼았고 물을 다스리는 법과 자취를 구하자면 반드시 「우공」이어야 한다."72 후한의 왕경王景이 황허 강을 다스린 것으로 이름이 났는데 "영평永平 12년, 변거汴渠의 수리를 의논을 하는데 왕경을 불러 물을 다스리는 지리의 형세와 편익을 물었다. 왕경이 그 이로움과 해로움을 아뢰는데 응대함이 영민하고 신속해 황제가 그를 좋게 여겼다. 또한 그가 일찍이 준의濬儀를 수리했는데 공이 있었으므로, 『산해경』 『하거서河渠書』, 「우공도禹貢圖」 및 돈과 비단과 의복 등을 하사했다. 여름에 마침내 병졸 수십만을 징발해서 왕경과 왕오王吳를 파견해 배수로와 둑을 쌓게 했는데 허난 성 심양滎陽에서 천승해구千乘海口73까지 천 여 리나 되었다."74 한 명제明帝가 왕경에게 「우공도」를 하사한 것은 표창하고 격려하는 뜻이었고, 왕경도 절대로 「우공도」를 가지고 현장에서 배수로와 둑 쌓는 것을 지휘하지 않았다.

소식蘇軾이 적절한 말을 했다: "옛날에 물길을 트거나 막는 일을 하고자 하면 반드시 경학에 통해 잘 아는 신하를 시켜 그 이익과 폐해를 헤아리고 또 물을 다루는 장인匠人에게 지세를 살펴보게 했다. 장인을 얻지 못하면 일을 이룰 수가 없다."75 물을 다스리게 되면 '경학'에 통달한 대신이 「우공」의 원칙을 이용해 '이익과 폐해를 헤아려' 대의大義를 밝힌다. 구체적인 물 다스리기 사업은 실제 경험이 있는 '물을 다루는 장인'도 필요하다. 그렇지 않으면 제대로 물을 다스릴 수 없다.

고대의 「우공」의 학문은 물 다스리기 외에도 중요한 항목이 하나 더 있는데 「우공」이 서술한 지리 내용의 고증과 시정이다. 「우공」은 경전적인 화하 땅의 계보인 산·하천·지역 등의 체계를 제공했다. 후대의 거의 모든 지리의 서술이 모두 「우공」으로부터 시작되었다. 「우공」에서 당대

當代에 이르기까지 이런 역사 서술방식은 연혁지리학沿革地理學의 발전을 촉진시켜 중국 고대 지리학의 한 전통이 되었다.

> 당대 『원화76 군현도지元和郡縣圖志』 제1권, 「관내도 1 경조부關內道一京兆府」: 「우공」의 옹주雍州 지역이다. 순 임금이 12목을 두었는데 옹雍이 그중 하나다. 주 무왕 때 풍豊과 호鎬에 도읍했다가 평왕平王 때 동쪽으로 옮기면서 기岐와 풍 땅을 진秦 양공襄公에게 하사했다. 진 효공孝公에 이르러 처음으로 함양咸陽에 도읍했다. 진이 천하를 통일하자 내사內史를 두어 관중關中을 다스렸다. (…) 수隋 개황開皇 3년에 장안長安의 옛 성에서 용수천龍首川으로 천도했는데 지금의 도성이다. (…) 당唐 개원開元 원년에 경조부京兆府로 고쳤다.[77]
>
> 청대 『대청일통지大淸一統志』 「저장 통부浙江統部」: "설치 연혁: 「우공」 양주揚州의 동쪽 경계다. 춘추 시기에는 오·월 두 나라에 속했다가 나중에 월나라에 합병되었다. 전국 시기에는 초나라에 속했다. 진秦나라 때는 회계군會稽郡이었다. (…) 명 홍무洪武 원년에 저장 행성浙江行省을 설치하고 항저우杭州에 두었다. 현 왕조(청 왕조)에서는 이를 따라 저장 성이 되었다."[78]

「우공」을 기점으로 해 산하를 판단하고 강역을 살피는 것은 중국 고대 지리학술의 기본적인 특징이다. 우적과 구주 등의 관념은 화하 지리세계의 주체적 인식이라는 위치를 확고하게 자리 잡았다. 이는 역사에 근거한 법통이고 귀속이며 승인이다. 「우공」을 벗어난 지리는 근본을 잃게된다. 중국의 전통에서 사람의 조상은 오제五帝이고 땅의 조상은 구주다. 『사기』와 『한서』 이 두 역사 경전은 모두 「우공」의 전문全文을 옮겨 실고 있는데 그 문헌의 문구는 이미 정형화 되었다. 『사기』는 하대 강역의 개척을 서술하는 것으로 하나라 역사의 일부를 삼았다. 『한서』는 「우공」을 확실하게 「지리지」안에 넣어 못을 박았다. 이로써 「우공」이라는 문헌의 지리적 속성이 분명해졌다.

전한 때에는 「우공도」가 이미 그려졌을 것이다. 후한 초, 명제가 왕경에게 황허 강을 다스리도록 명을 내리고 비부祕府(고대의 도서 소장 장소―옮긴이)에서 소장하고 있던 「우공도」를 주었는데, 그것은 전한에서 전해졌을 것이다. 이때부터 「우공」이 보여주는 산천과 강역의 면모는 지도학의 경전적인 내용이 되었다. 진晉 배수裴秀의 지도제작 '6체'설은 고대 지도학 이론의 최고봉인데 이 6체설은 「우공지역도禹貢地域圖」의 서序에 나온다.

배수裴秀가 또한 지관地官의 직책에 있었는데 「우공」의 산천 지명의 유래가 오래되어 변한 것이 많았다. 후세에 이를 강설하는 사람 가운데 어떤 이들은 견강부회해 사람들이 점차 모르게 되었다. 이에 옛 문헌을 살피고 선별해 의심스러운 것은 비워두고 예전에는 이름이 있었으나 지금은 없는 것은 모두 그 일에 따라 주를 달아 「우공지역도」 18편을 지어 올려 비부祕府에 소장했다. 그 서문에 말하기를 (…) 지도를 제작하는 데는 6가지 체제가 있다. 첫째는 분율分率로, 통일된 비율에 따라 축소하는 것이다. 둘째는 준망準望으로, 피차간에 지리 방위를 분별하는 것이다. 셋째는 도리道里로, 도로 간 거리의 이수里數다. 넷째는 고하高下, 다섯째는 방사方邪, 여섯째는 우직迂職인데, 이 셋은 각 지형에 따라 적절하게 평탄하고 험난함 등을 구별하는 것이다.[79]

배수의 「우공지역도」는 이미 전해지지 않는다. 당대 가탐賈耽이 지은

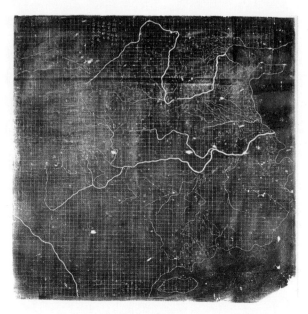

송宋「우적도禹跡圖」

『해내화이도海內華夷圖』 중 '화華' 부분은 배수의 「우공지역도」를 참고한 것이다. 『해내화이도』는 크다. 송나라 사람이 이 지도에 근거해 축소해서 「우적도」를 만들고 돌에 새겨 영원토록 보존코자 했다. 이 「우적도」 비석은 현재 시안西安의 비림박물관碑林博物館에 소장되어 있다.

「우공」의 지리 내용은 풍부하지만 문장이 간략해 후세 학자들이 지리적인 명칭을 확정할 때마다 각자 자신의 의견을 내세워 논쟁이 그치지 않았다. 배수가 편찬한 「우공지역도」는 "산천 지명의 유래가 오래되어 변한 것이 많았다. 후세에 이를 강설하는 사람 가운데 어떤 이들은 견강부회해 사람들이 점차 모르게 된" 문제를 해결하기 위한 것이었다. 송대에 이르자 「우공」의 산천은 더욱 시비의 초점이 되었다. 『사고총목四庫總

目』『일강 서경 해의日講書經解義』제요提要는 말했다: "『서경』에서 한대 이래로 시비가 집중된 것은 「홍범」의 오행을 넘는 것이 없고 송대 이래로 시비가 집중된 것은 「우공」의 산천을 넘는 것이 없으며 명대 이래로 시비가 집중된 것은 금문今文과 고문의 진위를 넘는 것이 없다."⁸⁰ 「우공」이 기록하고 있는 내용을 그토록 중요시한 것은 그것이 이미 경의經義의 근거로 인식되었으므로 명백히 하지 않을 수 없었던 까닭이다. 모황毛晃의 『우공지남禹貢指南』, 정대창程大昌의 『우공론禹貢論』, 부인傅寅의 『우공 새로운 설禹貢新說』 등은 모두 「우공」을 연구한 송나라 사람들의 명저다.

청대에 이르러 호위가 『우공추지』를 지었는데 쩌우이린鄒逸麟은 이렇게 말했다: "제설諸說을 수집하고 옛것으로 현재를 증명했는데 고증이 치밀해서 한유漢儒의 견강부회함과 송유宋儒의 어지럽게 만드는 구습을 일소하고 자신의 견해로 판단했다. 실로 천 년간 「우공」을 연구한 것들을 집대성한 명저다."⁸¹ 「우공」의 의미에 대한 호위의 논술은 그 연구가 전면적이기 때문에 다층적이다.

「우공」의 가장 큰 의의는 황허 강을 다스리거나 산천의 구체적인 이름에 대한 기록이 아니라, 그 속에 대지역 왕조 판도의 구조적 가치와 화하 전체의 관념 및 영토의 정치문화, 예교 등의 의의를 드러내고 있음을 알아야 한다. 「우공」이 기록하고 있는 산천·물길·토양·산물은 모두 인문의 계통에 속한 것들로 사회가치체계 안에 든다. 그들은 더 이상 자연 형태의 사물이 아니라 교통·공물·전세田稅의 성질을 부여 받았다. 「우공」을 자세하게 설명하는 것은 지리 사물 전반의 사회 역사적 의의를 설명하는 것이다.

물론 「우공」이 그 시대 역사의 모든 목표를 다 설명하는 것은 아니다. 하나로 통일된 왕조가 아직 출현하지 않았으니 '땅과 성姓을 하사'하는 문제는 역시 분봉 시대의 특징으로 남겨두어야 할 것이다. 통일된 왕조가 출현한 뒤 중국 고대 지리학은 보다 성숙한 단계로 들어섰는데 더 성숙해진 단계의 대표적인 문헌은 『한서』「지리지」다.

제12장

# 왕조지리학

진秦이 세워지자 강력한 통일 왕조가 나타난 것은 수백 년의 역사가
만들어 낸 결과다. 중앙집권적인 왕조의 수립과 흥성에 따라 중국인의
세계관에는 변화가 나타났다. 막연했던 '천하'가 분명하고 확실한 '왕조'
로 변했으므로 천하관이 왕조관으로 바뀌었다.

세상의 모든 사물은 강력한 통일 왕조의 구조 속에서 새로 정립되었
다. 왕조 질서는 통제력을 갖춘 핵심 질서가 되었으며 중국인들은 왕조
질서 속에서 생활하는 것에 점차 익숙해져 갔다.

지리학은 왕조 체제의 창건과 진전이라는 역사의 한 부분이자 단면이
며 성과로서 점차 성숙한 단계로 나아갔다. 왕조의 흐름과 동전의 양면
같은 관계를 이루는 지리학을 왕조지리학이라고 부른다.

왕조지리학이 성숙했다는 것은 주도적인 지리 서술 체계가 확립되었
다는 표시이며 그 핵심은 왕조의 사회 공간 질서에 대한 설명과 해석,
그 질서를 지키는 데에 있었다. 왕조지리학이 설명하고자 하는 대상은

자연의 산천이나 대지가 아니고 자유롭게 형성된 마을이나 촌락도 아니다. 광활하고 안정적이며 풍요롭고 근엄한 왕조의 지역구조다. 왕조의 견해와 가치는 대지의 모든 것에 영향력을 미쳤으며 높은 산과 큰 강도 왕조의 '강산'으로 변할 수밖에 없었다.

왕조지리학의 근거가 되는 대표적인 문헌은 『한서』 「지리지」인데 이 문헌에서 보이는 지리의 서술 체계는 2000년 동안의 중국 고대 지리학을 지배했다.

## 영토에 대한 정치질서

분봉 시대의 영토에 대한 정치형태는 불균형 그 자체였다. 크기도 거리도 다르고 빠진 것이 많았다. 통일 왕조 시대에 이르자 영토체계는 군현제로 변했다. 이는 조밀하게 맞닿은 형태로(최소한 개념상으로는) 영토간의 긴밀성이 크게 증가했다. 권력 통제의 관점에서 지리는 환경이 아니라 질서 그 자체였다.

군현제도는 왕조 공간질서 흐름의 최고봉이며 주동적인 책략이었다. "전국에 군현을 두었고 법령은 하나로 통일되었으니 옛날부터 지금까지 이런 적이 없었다."[1] 중국 역사의 전개가 여기까지 이르자 한편으로는 '과인寡人' '고가孤家'라 칭하는, 권력이 한 몸에 집중된 황제가 나타났고 다른 한편으로는 광대한 왕조의 통치영토가 만들어졌는데 이는 사회구조의 양극이다. 한 사람이 어떤 방식으로 만리에 이르는 영토를 통치할 것인가? 이것은 대단히 중요한 과제가 되었으며 왕조의 지리는 이 문제에 대처하기 위해 탄생되었다. 군현방식은 춘추전국 시대에 이미 있었으나 진시황에 의해 지역의 정치체제로 채택되었다.

황제의 권력은 무소부재한 것으로 통일 왕조의 정치목표 중 하나다. 전국적인 행정구역 구획제도는 그 왕조의 전 지역에서 효과적으로 황권의 존재를 보장하는 극히 중요한 수단이며 이것이 왕조지리학의 중요한 핵심내용이다. 「우공」의 십이의十二義가 방안을 제기한 적이 있으나 실제적인 해결책은 아니었다. 진秦과 한 왕조의 위정자들은 대규모 지역에 효과적인 사회기제, 지방이 천하통일에 대항하는 과도기적 문제, 다양한 문화지역에서 성공적으로 통일정치체제를 적용하는 것 등의 결정적인 역사 과제를 구체적으로 완성했다. 이 왕조가 조직되는 과정이 중국 역사상 대단히 중요한 역사 지리의 과정이다. 이 점에서 중국은, 역사는 있지만 영토가 그다지 크지 않은 일부 작은 나라들과는 큰 차이가 있다. 그 후로 중국은 통일을 강조했으며, 전국 지도를 대부분 '일통도一統圖' '혼일강리도混一疆理圖'라고 칭했으며, 전국 지리서를 대부분 '일통지一統志'라고 칭했다.

왕조지리학에서의 지리는 수동적 기록이 아니라, 주동적인 계획이었으므로 군현 지리의 본질은 공간 정치의 방책이었다. 저우전허가 종합한 바에 따르면 그 계획의 원칙은 주로 다음의 다섯 가지 문제에 대해 이루어졌다. 이급 행정구역과 삼급 행정구역에 대한 조정, 행정구역 영토의 구획은 융통성 있게 할 것, 들쭉날쭉한 곳에 대해서는 산천의 형세대로 적용하기, 행정구역의 서열 변화, 군軍이 관리하는 특별 행정구역 설치 등이다.[2]

'들쭉날쭉한 곳'을 예로 들어 본다. 행정구역을 구획할 때 의도적으로 자연지리의 경계를 허물고 자연지리적인 단위를 무너뜨리는 방법이다.

서로 인접한 자연지리적인 단위 사이에서는 행정범위 안에 서로의 영역이 들쭉날쭉한 교차 현상을 보여준다. "고염무는 말했다: 허베이河北와 허난河南은 황허 강을 경계로 해서는 안 되며 후난과 후베이는 퉁팅洞庭 호로 경계를 삼아서는 안 된다. 이러한 행정구역의 구획은 자연지리적인 산과 강의 형세대로 경계선을 긋는 방식과는 다르다. 산의 양측과 강의 양안을 끼고 지리적으로 근접한 두 지역의 주민을 한 단위로 묶은 행정조치를 오랫동안 시행하자, 혼란한 시기에 지형의 험준함을 믿고 토지를 분할해서 자치를 기도했던 군정 집단에 생각지 못한 골칫거리를 가져다주었다." "원래 같은 행정구역에 속해 있던 주민들의 공동생활은 산이나 강의 양쪽이 모두 하나라는 습관을 낳는다. 민족의 이런 결합 작용은 자명한 사실이다."[3]

영토에 대한 관념의 변화로 인해 영토의 관리 방안에 대해 많은 생각을 하게 되었다. 분봉 시대의 주나라 '천자'는 각 지역에 대한 권력의 명의는 있으나 실질적인 행정조치는 취할 수 없었으며 위협은 줄 수 있으나 점거할 수 없기 때문에 그 지역들은 진정한 행정 구역이 아니다. 통일 왕조 시대에 이르자 황권은 각 지방에 직접적으로 영향을 미치게 되어 "통치권이 미치지 않는 지역이 없었다." 최고 권력의 공간적 분포 형태가 변함으로, 기존의 『춘추』의 뜻은 재조정이 필요했다. 『한서』 「종군전終軍傳」에 한 사건에 대한 기록이 있다. 전한의 원정元鼎 연간에 박사 서언徐偃이 사신으로 지방에 나가 풍습을 살폈는데 거짓 왕명을 전했다. 그는 『춘추』의 뜻에 근거해 "대부가 국경을 벗어나면" 왕명을 전할 수 있다고 여겼다. 종군은 "옛날에는 제후의 국가들이 다르고 풍습이 달라서 100리 사이에는 서로 통하지 않았으며 때로 조빙이나 회맹할 일이 있으면 안위의 기세가 숨을 내쉬고 들이마시는 짧은 시간에도 변하기 때문에 조서를 받지 않고도 임의로 왕명을 행사함에 타당함이 있었습니다. 지금은 천하가 하나로 통일되어 만 리의 풍습이 같으니, 그러므로 『춘추』는 '왕에게는 밖이 없다'라고 했습니다. 서언은 강역 내에서 순시한 것인데 국경을 벗어났다는 것이 무슨 말입니까"[4]라고 하면서 반박했다. 서언이 말한 "국경을 벗어났다"라는 말은 성립되지 않으니 왕명을 임의로 행사할 수 없는 것이다. 한대의 체제에서 관원은 모두 황제가 파견한 신하이므로 지방에 있는 신하도 황제의 경계 밖에 있는 것이 아니다.

"종교와 제국의 통치권이 결합하면서 정치적 동기는 종교의 원시적 모습을 크게 바꿔 놓았다."[5] 강력한 통일 왕조가 안정된 전개를 이룸에 따라 사상은 새 정권에 접근해 새로운 정치 목표에 순종하게 된다.

일찍이 동주 시대에 천하가 "하나로 정해진다"는 사상은 이미 생겨났다. 「우공」의 편찬은 이런 사상을 반영하고 있는데 맹자는 보다 더 분명하게 설명하고 있다. 『맹자』「양혜왕 상」을 보면 맹자가 양혜왕을 알현하고 나와서 사람에 말했다: "그를 바라보니 군왕 같지 않고 가까이 갔더니 위엄이 보이지 않았다. 그가 갑자기 '천하는 어디로 정해질까요'라고 묻기에 나는 '하나로 정해질 것입니다'라고 대답했다. '누가 하나로 할 수 있을까요'라고 묻기에 '사람 죽이는 것을 즐기지 않는 사람이 하나로 할 수 있을 것입니다'라고 대답했다. ……."[6] 맹자의 "하나로 정해지는 것"은 단지 사상일 뿐 정치적 현실이 아니다. "하나로 정해지는 것"을 정치적으로 실현한 사람은 오히려 맹자가 반대했던 "사람 죽이는 것을 즐기는 사람"이었다. 진秦나라는 흉포한 군대와 무자비하게 사람을 죽이는 그런 전공을 격려하는 전략으로 여섯 나라를 멸하고 천하를 통일

했다.

진정으로 성숙한 대통일 사상은 성숙한 통일 왕조를 근거로 하는 까 닭에 전한에 이르러서야 나타났다. 그 당시 대통일 사상을 대표하는 주 요 사상은 전한의 공양학公羊學이다.[7] 동중서는 공양학의 대가로 말했다: "『춘추』가 말하는 대통일이라는 것은 하늘과 땅의 원칙이며 보편적인 고금의 진리다. 오늘날 선생마다 말하는 도가 다르니 사람들의 주장도 서로 다르고 제자백가들의 연구 방향이 서로 달라 주장하는 뜻이 서로 다릅니다. 이 때문에 위의 군왕은 통일의 기준이 없어 법제가 여러 번 바뀌었고 아랫사람들은 준수해야 할 바를 모릅니다. 신은 육예六藝의 과 에 속하지 않거나 공자의 학술에 속하지 않는 것은 모두 폐해서 공자의 도와 함께 전개해서는 안 된다고 생각합니다. 사특한 학술이 소멸되어야 학술의 체제가 통일되고 법령제도가 분명해져서 백성들도 따라야 할 바 를 알 것입니다."[8] 대통일의 추진과 유가만 떠받드는 것은 같은 것이다.

지리학에서 가장 구체적이고 중요한 대통일의 표현은 군현제의 행정 구획 체제다. 현실 정치에서 군현제도는 황제의 권한이 광대한 영토에 효과적으로 미치게 하는 정치 책략이다. 지역에 대한 중앙집권은 군현 설치로 나타나고 정치 조직에서는 대규모의 지방 관리官吏로 나타난다. 지역의 통제가 관리의 통제로 전환되었다. 또는 지방 관리를 잘 관리管 理하는 것이 지역을 안정시키는 방법이라 하겠다. 분봉 시대의 제후들이 명분상으로는 천자를 위해 "국토를 지킨다고" 했으나 분봉제는 제후·백 성·토지·자원 등을 하나로 엮는 제도이기 때문에 사실상 제후들의 영토 는 독립성이 강한 지역정치의 실체가 되었다. 도덕은 정치 앞에서 무력 할 수밖에 없다. 제후들은 이익의 부추김으로 쉽게 도덕규범을 무너뜨렸고 정치적 독립의 형식으로 최대한의 이익을 얻고자 했다. 패권을 외치는 많은 제후 앞에서 단지 도덕적 우세만 가진 천자는 나약했다. 군현제도 아래에서의 백성과 토지는 여전히 하나로 엮어 있었으나 관리는 그들에게서 유리되었다. 그들에 대한 관리 개인의 권한은 일시적인 것이다. 관리들이 지역에 대해 권력을 행사하도록 하면서도 또 한편으로는 유리되게 만들었으니 조정은 고단수의 지방 관리 제도를 제정한 것이다.

신더융辛德勇의 연구에 따르면 수·당 이후로 넘어오면 군현 관리들은 이제 일반적으로 '다른 지역 사람他郡人'을 임용했다고 한다. 이미 수대 이전에 군현의 수령에 외지인을 기용한 경우가 있었으나 군현의 '좌관佐官'(정부 실무자)은 일반적으로 현지 사람이 맡았다. "개황開皇 3년(583)에 수 문제는 구제도를 개혁해 군현 좌관을 더 이상 수령이 임의대로 임용하지 못하게 하고 일률적으로 이부吏部에서 제수토록 했으며 4년에 한 번씩 전근시켰다(군현의 수령은 3년에 한 번 전근시켰다). 이에 맞춰 좌관의 지역 출신지가 따라 바뀌기는 했으나, '가능한 한 타 지역 출신을 임용'하는 것을 원칙으로 했다. 당대 이후에도 기본적으로 이 방법을 계승했다."9 이처럼 철저하게 타 지역 출신을 임용하는 방법은 관리들의 권력 독점이나 지방 세력을 키우는 기회를 현저하게 감소시켰다.

기층부는 여전히 자급자족하는 사회에서 기층민들은 여전히 분산되어 있다. 통일된 것은 단지 상층부일 뿐이다. 관리들은 유동적이지만 그들은 또 유사성을 가지고 있었다. 후난의 백성은 허베이의 백성과 달랐으나 두 지역의 관리는 대체적으로 비슷하다. 이것이 통일 체제가 요구하는 점이다. 관리의 유사성은 사회 안정의 중요한 요소다. 관리들 간의 유동성은 각 지역 간의 정치 문화의 교류와 동화라는 의미가 있다. 기층

민이 관리의 길에 들어서 상류층에 들어오면 이 통일 체제에 드는 것이다. 후난 청년과 허베이 청년이 상층부의 관계官界에 들게 되면 그들은 비슷한 관리가 된다. 각 행정 구역마다 되도록 비슷하고자 했기에 관리의 이미지가 정치의 이미지였고 지방 관리의 유사성은 지역 간에 원래 있었던 차별성을 약화시켰다. 원래의 사회 세력이 강했던 지역에서 통일은 정치적 압박이었으며 원래 세력이 약했던 곳에서의 통일은 일종의 승격이었다. 이런 것들 모두가 군현 행정 구획의 효능이며 황권과 대세에 유리했다.

지리학에서 대통일이 표현하는 가장 중요하고 주도적인 의미는 행정 구획 체제에 있다. 지리지식을 서술하면서 반영된 군현제도는 단번에 지리 서술의 핵심 내용이자 주요 강령이 되었다. 이전에 산천(「우공」 같은 것)이나 열국(「화식열전貨殖列傳」 같은 것)을 주로 다루었던 서술방식은 부차적인 형식으로 물러났다. 군현을 중심으로 산천·성읍·인구·특산물 등을 항목으로 하는 서술체계가 조정 문헌의 규범이 되었으며 관에서 출판하는 거의 모든 지리 문헌이 모두 이 서술 체계를 채용했다. 서술 단계는 수도에서 주변으로 높은 단계에서 낮은 단계로 주종과 경중이 분명했다.

왕조지리학이 통일을 강조함에 따라 한편으로는 지역 특성에 대한 관심이 무시될 수밖에 없었다. 행정 구역에 대한 서술에서 기본적으로 뚜렷한 지역 차이를 느낄 수가 없다. 지역을 기록함에서는 산 지역이나 평원을 막론하고 상류층 관 주도의 사실(연혁·사당·관아·인구)을 위주로 서술했기 때문에 단지 수량적으로만 다를 뿐 구조적인 차이가 없다.

지역에 대한 관념에서 행정 구획(부·주·군·현)은 주요한 지리 지역의 단위인데 자연적이나 경제적 단위 등의 지역 식별 방식은 거의 채택되지 않았다. 자연에 대한 것은 다른 행정 구획으로 나뉘어 서술되었다.[10]

정치는 지역을 결정짓는 요소이며 이것이 왕조지리학의 특징이다. 정치적 안정은 지역을 안정시킨다. 자연지리 요소는 정치의 영향을 받지 않지만 인문지리의 요소들은 모두 정치판도에 따르는 추세를 보인다. 저우전허 등은 문화지리 지역과 행정 구획의 관계에 대한 연구에서 행정 지역이 문화 지역에 대해 미친 영향이 적지 않음을 밝혔다. 그들은 "장기적으로 안정된 행정 구획은 필연적으로 언어와 풍속 등의 문화 요소들이 같아지게 만든다. 일반적으로 행정 구역의 범위가 클수록 일치성이 약하고 범위가 작을수록 일치성은 크다. 강약에 상관없이 이런 영향을 과소평가해서는 안 된다"고 했다.[11]

고대 왕조지리학은 행정 구획 이외의 기타 지역의 속성에 대해서는 별로 강조하지 않았다. 사실상 중국의 동서남북 지역의 차이는 크다. 사람들은 실제적인 사물을 처리함에서는 이들을 구별해서 다루었지만 이념적인 면에서는 가능한 한 지역의 차이를 제거했다. 이와는 대조적으로, 고대 그리스인들의 시야는 국가의 제한을 받지 않았으며(그들에게 있어 '천하'는 하나의 국가가 아니다) 통일 사상이 없었다. 객관적으로 지구의 지역적 성질을 관찰해 진작부터 한대·온대·열대의 관념이 있었다. 중국 옛사람은 이 문제들을 다루지 않았다. 통일적 성격의 왕조지리학에서 정치적 가치는 자유로운 관찰에 방해가 되었으며 지역 특성에 대한 기록은 부차적이고 대략적이었다.

수·당 이후, 타 지역 출신의 관리를 임용하는 제도로 인해 신임 관료는 지방 관리에 필요한 지식을 신속하게 습득해야 했다. 이 때문에 지방지地方志의 편찬은 빠르게 전개하게 되었고 이는 통일에 대한 사고의 보충자료가 되었다. 이 밖에 개인적인 지리 기록 역시 관 주도 지리 문헌의 보충자료인데 보충하는 내용은 주로 지역 간의 차이에 대한 지식이다. 개인적인 지리 기록은 명조 후기의 수준이 가장 높은데 왕사성王士性의 『광지역廣志繹』과 서홍조徐弘祖의 『서하객유기徐霞客游記』 등이 대표적이다.

왕조의 제약에서 벗어날 기회가 가장 많았던 것은 개인 저술이었으나 사회의 기타 조건들이 무르익기를 기다려야 했다. 명조 후기의 여행가 중 지리 사물 자체를 탐색해보는 목적으로 한 사람이 나타난 것은 왕조 지리의 규범에서 벗어난 중대한 혁신이라 할 수 있다.[12]


**역사 해석**

왕조지리학의 서술 체제에는 명확한 특징이 있는데 행정구역의 설치를 역사적으로 회고하듯 서술하는 것이다. 예를 들면 『한서』 「지리지」는 이렇게 말했다. "선왕의 발자취가 멀고 지명 또한 여러 번 바뀌었다. 이에 예전부터 전해지는 말들을 채집하고 『시』와 『서』의 자취를 살피고 산천의 모양을 헤아려 「우공」과 「주서周書·주관周官」과 『춘추』를 지었으며, 아래로는 전국 시기와 진秦·한까지 미쳤다"[13]라고 했다. 두 가지 예를 본다.

하남군 낙양현: "주공이 은나라 백성을 옮기니 이것이 성주成周다. 『춘추』

소공召公 32년 진晉나라가 적천에서 제후를 모았는데 그 땅의 크기가 성주의 성만 했으므로 경왕이 기거했다. 왕망은 의양이라 했다."[14]

제음濟陰군 정도定陶현: "옛 조曹나라이며 주 무왕의 동생 숙진탁叔振鐸이 봉해진 곳이다. 「우공」의 도구陶丘가 서남에 있다."[15]

중국의 전통 사회관에는 역사 개념을 포함하고 있다. 역사는 단순한 연대의 전환만을 의미하는 것이 아니고, 가정사·인간사·세상사로 연장되며 전개되는 순서다. 과거는 조상들의 업적을 의미하고 미래는 자손들의 성심성의를 의미한다. 역사에 대한 강조는 조상에서 자손에 이르는 통일을 강조하는 것이다. 서주 금문에서 흔히 보이는 "자자손손 영원히 귀하게 여기며 사용하라"[16]는 말과 같다. 역사를 계승하는 정신은 그런 중후한 청동 예기와 같다.

고대 조상들의 관념을 전승하는 것은 혈통을 잇는 것보다 다양해 그들의 업적·도덕·훈계·법통 등을 포함하고 있다. 역사학도 조상들의 관념에서 형성되었다고 할 수 있다. 최초의 역사학자는 조손祖孫의 관념에 따라 역사의 계통을 세웠다. 사마천이 『사기』를 편찬하면서 다섯 가지 체제 중에 황제를 본기本紀라 불렀고 귀족은 세가世家로 불러 가계를 중요시했다. 사마천 이전에 『세본世本』이라고 하는 중요한 문헌이 있는데 제왕들의 가계를 전문적으로 다루었다. 사마천은 『사기』를 저술할 때 『세본』은 중요한 참고서였다. 리링은 "사마천이 『사기』를 저술할 때 그 큰 틀은 『세본』과 『제계帝系』를 참조했다. 이것은 선인들이 역사를 기술하는 방법이다. '본기本紀'는 '근본'을 의미하며 이는 『세본』의 『제왕세본

帝王世本』에 해당한다. '세가'와 '열전'은 '세대'를 의미하며 『세본』의 「제후세가」와 「경대부세가」에 해당한다. '본本'은 근본이고 '세世'는 지엽枝葉(世자는 옛날에는 葉자와 통했다)을 뜻하는데 사실상 종법계보宗法系譜다"라고 했다.[17] 이 밖의 연구에 따르면 '제帝'는 원래 조상의 의미를 가지고 있으며 특히 세상을 떠난 조상을 지칭한다. 중국인은 조상들의 후세 순서에 따라 역사관을 만들었으며, 수많은 사회 현상을 인식하는 사유방법도 그렇게 형성되었다. 사회지리에 대한 인식에서도 조상이라는 역사적 사고의 특색을 반영하고 있다.

고대의 수많은 기본적인 「지리지」가 모두 역사서 안에 편입되었으며 사서에 둔 지리지는 대부분 연혁을 따랐다. 여러 상황과 마찬가지로 지리의 역사를 설명하려면 역사로 그 대세를 밝혔다. 지리연혁사의 기본 출발점은 보통 천문 분야와 제왕들의 계보, 주州의 구분에서 시작해 그곳의 법적 정통성place identification의 소속을 밝히는 데 있다. 그다음은 행정 구획의 전개와 변화 과정이다. 언제 군현이 설치되었고 언제 어떻게 줄어들고 합쳐졌는지와 지방 관청의 변화 등이다. 이런 일들은 모두 왕조의 건설 및 확대와 불가분의 관계가 있다. 지리연혁은 지방사의 자리매김에 대한 메모리 파일이라고 할 수 있다. 해당 지역을 왕조 체계에 넣는 과정을 설명한 것이며 왕조 체계에 넣는다는 것은 그곳의 지리적 신분과 가치의 표현이다.

11장에서 들었던 두 가지 예를 다시 본다.

당대 『원화 연간 군현도지元和郡縣圖志』 제1권, 「관내도 1 경조부關內道一京兆府」: "「우공」의 옹주雍州 지역이다. 순 임금이 12목을 두었는데 옹雍이 그

중 하나다. 주 무왕 때 풍豐과 호鎬에 도읍했다가 평왕平王 때 동쪽으로 옮기면서 기岐와 풍豐 땅을 진秦 양공襄公에게 하사했다. 진 효공孝公에 이르러 처음으로 함양咸陽에 도읍했다. 진이 천하를 통일하자 내사內史를 두어 관중關中을 다스렸다. (…) 수隋 개황開皇 3년에 장안長安의 옛 성에서 용수천龍首川으로 천도했는데 지금의 도성이다. 경조윤京兆尹을 폐하고, 다시 옹주를 설치했는데 수 양제煬帝 때 경조군京兆郡으로 고쳤다. 당 무덕武德 원년에 다시 옹주로 되었다가 당 개원 원년에 경조부京兆府로 고쳤다."[18]

청대 『가경 연간 중수 일통지嘉慶重修一統志』 제28권, 「저장 통부1浙江統部一」: "「우공」 양주揚州의 동쪽 경계다. 춘추 시기는 오·월 두 나라에 속했는데 나중에 월나라에 합병되었다. 전국 시기는 초나라에 속했다. 진秦나라 때는 회계군會稽郡이었다. (…) 명 홍무洪武 원년에 저장 행성浙江行省을 설치하고 항저우杭州에 두었다. 홍무 9년에 저장 등지에 승선포정사사承宣布政使司로 고쳐서 설치했다. 현 왕조(청 왕조—옮긴이)에서는 이를 따라 저장 성이 되었다."[19]


「우공」의 구주는 보통 지방 역사 지리의 근원을 밝히는 출발점이다. 고전 문헌을 이어서 그 지방의 중요한 정통적 배경을 설명하는데 그 의의가 있다. 구주 안은 화하 문명에 속하는 오랜 지역이므로 당연히 왕조 체계의 일부로 포함된다. 왕조의 전체 영토가 우적과 구주의 계승이기 때문이다.

지리의 역사적 연혁을 말할 때 역사는 해석이며 증명이다. 이때는 역사를 위해 지리가 존재하는 것이 아니라 지리를 위해 역사가 존재한다. 흔히 연혁지리학을 역사학에 종속하는 것은 역사 사건을 구체적으로 설명하기 위해서 만들어진 보조 학문이라고 생각한다. 이 두 학문은 서로를 보완하고 있다. 인식 대상이 지리일 때는 역사가 보조적 설명이 되고 인식 대상이 역사일 때는 지리가 보조적 설명이 된다. 역사로 지리를 설명하는 것에 대해 지금은 역사지리학이라고 하는 정식적인 학술 명칭이 있다.

역사는 종합적인 학술 영역이다. 넓은 의미로 말해서, 역사적 전개 과정을 가진 모든 사회 문제가 다 역사학의 검토 대상이다. 왕조지리학의 분명한 정치적 속성과 서술 방식으로 인해 고대 도서분류법(사고전서의 분류법)에서 그 문헌을 사부史部에 넣었다는 사실을 이해하기는 그리 어렵지 않다. 역사 자체가 정통이니, 역사는 의의를 증명한다고 말할 수도 있겠다. '예로부터自古以來' '우임금 이래로禹以來'라는 표현은 옛사람(지금의 많은 중국인을 포함해)이 습관적으로 사용했던 긍정적인 서술 방식이다. 그 말을 뒤이어 말하려는 것은 흔들리지 않고, 뒤바뀔 수 없는 진리이며 가치다. 왕조 사회에서 기층의 안정은 백성들이 자자손손 한 곳에서 장기적으로 살게 했다. 사람들은 그 곳을 자신들의 '뿌리'라고 여겼다. 이 뿌리 관념은 역사학 범주에 속하는 동시에 지리학 범주에도 속한다.

역사에 대한 느낌은 이미 전통이 되어 중국인들은 이러한 시간(가계家系)적 속성을 지닌 지리의 틀 속에서 생활하고 있다. 그들은 본관本貫을 대단히 중시한다. 고향이나 본관은 중국인에게 있어서 정체성正體性 indentification을 느끼게 하는 자원이다. 고대 관리들은 은퇴하거나 죽은 뒤에는(시신이) 고향으로 돌아가고자 했다. 베이징 성에는 보통 은퇴한 관리가 거주하는 곳이 없었고 은퇴한 뒤에는 모두 본관으로 돌아갔다.

조상이 시간적 관념을 지닌 어휘라면 본관은 장소에 시간을 더한 개념으로 이 둘은 함께 연결되어 있다. 오늘날 중국인의 생활 방식에서도 이런 틀의 그림자가 보인다. 고향과 본관에 대한 관념은 여전히 중시되는데 일종의 호소력이라 하겠다. 해외에 거주하는 중국인과 화교들은 자신의 고향에 무슨 일이 일어났다는 소식을 듣기만 하면 흥분해서 지갑을 턴다. 정신적인 것이 물질로 변하는 것이다. 본관은 중국 지리 문화에서 시간과 공간의 표준적 양식이다. 고향의 관념이 연장되어 지리 문화가 만들어진 것은 모든 중국인의 마음속에 깊이 자리하고 있다.

## 성왕聖王의 다스림이 요원한 지역까지는 미치지 않는다

전통적인 중국인의 세계관에서 왕조는 온 '천하'를 다 차지 통치하는 것은 아니다. 황제는 '천하'를 지배한다는 말에서 '천하'는 단지 천하독존의 지위를 표현하는 것이지 정확하게 지리에 초점을 맞춘 것이 아니다. 세상에는 중국 왕조 이외에도 끝을 알 수 없는 만이蠻夷의 세계가 있음을 그들은 알고 있었다. 다만 이 만이의 세계에 대해 중국 사대부들은 거들떠보려고 하지 않았다. '이적들을 상대하지 않는 것'이 왕조 사람들의 명확한 입장이다.

"신臣은 의관을 갖추지 않는 미개한 나라는 「우공」이 기록한 바나 『춘추』가 다스림을 논하는 바가 모두 잠시 상대하지 않아도 되는 것이라 생각합니다."[20]
"명망과 교화를 받아들이고자 하면 다스리고 받아들이려 하지 않으면 억지로 다스리지 않는다."**21**

"왕도로 다스리는 군주는 이적을 상대하지 않는다."**22**

"문학**23**이 말했다: (…) 공자는 "사람을 섬기지도 못하는데 어찌 귀신을 받들겠는가"라고 말했다. 가까운 곳도 이르지 못하는데 어찌 큰 바다를 알겠는가? 고로 쓰임에 도움되지 않으면 군자는 이를 하지 아니하고 다스림에 이익되지 않으면 군자는 행하지 않는다.**24**

"나라를 다스리는 성인의 법은 참으로 요원한 곳에는 미치지 않는다."**25**

중국 사람들의 관념에서 이적은 의관을 갖추지 않는 나라라 상대할 필요가 없었다. 실제 상황에서도 이적이 거주하는 곳은 요원한 곳이기에 하는 일이 무엇이든 경비와 노동력이 많이 들어 가치가 없었다. 하물며 "가까운 곳도 이르지 못하거늘 어찌 큰 바다를 알겠는가?" 이와 같은 상황이니 우선 자신의 일이나 하자는 것이다.

주대에 형성된 "화華와 이夷를 구분"하는 생각은 줄곧 중원 사대부의 생각을 지배해 화와 이의 대비는 세상을 이해하는 기본 사고방식이 되었다. 화하 세계에 대한 인식이 갈수록 인문 도덕화가 되어 가면서 이적의 나라에 대해서는 여전히 귀신이나 금수의 세계로 그들을 대했다. 화하 세계가 전개되고 거대해짐에 따라 이 귀신의 부류는 부단히 배척되었다. 화하는 성현의 국가이니 요괴들은 모두 서역의 길에서나 존재하는 것이다.**26**

화하로 인정하는 데에는 귀신이 필요 없다. 서왕모·곤륜신산崑崙神山 등과 같이 원래 서역에는 귀신에 관한 전설이 많다. 장건이 서역과 통해 한나라가 하서4군河西四郡(우웨이武威·장예張掖·주취안酒泉·둔황敦煌)을 설치한 뒤, 서역에 관한 지식은 현실적이고 인문적으로 변해 그들을 인정하게 되었다. 사마천이 「대원열전」을 편찬할 때 의도적으로 신화 전설 부분을 배제함으로, 서역에 대해 갖고 있던 신화적 인식은 끝이 났다. 현실적인 지식은 중국이 서역을 인정하는 데 도움되어 서역은 더 이상 신성한 세계가 아닌 현실세계가 되었다. 전설 속의 곤륜이 끊임없이 서쪽으로 이동했다는 구제강의 말[27]은 화하의 범위가 확대된 것이며 신기한 사물은 끊임없이 변방으로 밀려남을 반영하고 있다.

요컨대 화하 왕조 사대부들의 인식에서 변경 및 그 이외의 지역은 단지 개념적이고 모호한 지대에 불과했다. 그곳의 군중 사회는 낙후되었으며 품행이 좋을 때는 중국에 조공을 바치고 품행이 나쁠 때는 국경을 침략해 약탈을 하는 그런 정도였다. 중국인이 숭상했던 가치(도덕, 예교禮敎, 시와 서詩書)의 측면에서 그들은 쓸모가 없었다. 중국인은 모두 도성을 향했고 외부 오랑캐에게 등을 돌렸다. 근대가 되자 중국인의 배후에 있던 세계에 변화가 일어났으나 중국인은 아무런 준비가 되어 있지 않았다. 사상뿐만 아니라 지식적인 준비는 더욱 없었다. 서양 사람들은 중국에 들어오면서 처음에는 지식을 가져왔다. 중국의 전통 지식과 무척 큰 차이가 있어서 중국인들은 거의 받아들이지 않았다. 나중에는 총과 대포를 가지고 왔으므로 중국인들은 그때서야 깜짝 놀라 세상을 보기 시작했다. 이 과정은 우리 모두 익숙한 역사다.

왕조 지리지를 보면 마지막 부분에 사이四夷에 대한 부분이 몇 단락 있기는 하지만 말이 확연히 달라 독자들은 반신반의하게 된다. 실제 행위에서부터 생각에 이르기까지 왕조 사대부들은 사이의 지역을 진지하게 대할 필요를 느끼지 않았다. 그들의 지리학도 그들의 행위와 생각과 보조를 같이해 중국의 변경지대에 이르러서는 멈추고 말았다.

## 물의 이익과 폐해

왕조지리학에서 두드러지는 것은 물의 문제다. 왕조지리학의 인식에서 물의 문제는 주로 이용에 관한 것이지 물의 변화나 운동에 대한 것이 아니다. 똑같이 하천과 호수를 대하고도 인식이 달랐기 때문에 선택된 문제와 사고의 방향이 달랐다. 고대 중국인이 관심을 두었던 것은 수리공사水利工事였다. 수리공사는 인문에 관한 것이므로 사람에게 주는 이익을 기준으로 이야기된다. 사마천은 호자瓠子의 황허 강 둑이 터져서 이를 막는 일에 참여한 후 "황허 강의 사나움이 정말 대단하다"는 감회를 밝히고 이 때문에 『사기』에 「하거서河渠書」를 썼다. 반고는 『한서』에 「구혁지溝洫志」를 써 그의 뜻을 밝혔는데 "나라의 이해와 관련되므로 그 일을 논해서 대비해야 한다"[28]고 했다.

수리 문제 중에서 관개·수재·조운의 세 항목이 가장 중요하다. 이 문제들에 대한 왕조의 역사 문헌은 상당히 많다. 「우공」은 물을 다스려 큰 명성을 얻었으나 구체적이지 않다. 수리를 비교적 구체적으로 기술한 이른 시기의 문헌은 『사기』의 「하거서」와 『한서』의 「구혁지」다. 기술한 내용을 보면 지리를 기본으로 했으나 지리와는 다르다. 『사기』의 사마천이나 『한서』의 반고는 주로 수리 프로젝트工程를 다루었다. 장학성章學誠은 말했다:

사마천이 「하거서河渠書」를 쓰고 반고가 「구혁지溝洫志」를 쓸 때 지리를 씨

줄로 하고 물길을 날줄로 했다. 지리는 고정되어 있으나 물은 물길이 바뀌어 일정하지 않으므로 이에 반고는 「구혁지」를 「지리지」와 구별했다. 강河은 하늘이 만든 것이고 수로渠는 사람이 만든 것이다. 사마천이 「하거서」로 책 이름을 정한 것은 자연의 험한 것과 사람이 하는 일의 뜻을 겸한 것이다. 반고가 「구혁지」라고 명명한 것은 물과 땅의 법을 잘 살펴서 정전井田제의 봇도랑과 밭도랑을 만들었는데 오로지 장인匠人에게 속하는 일이다. 네 자의 도랑이 혁洫이고 혁의 갑절이 구溝인 것을 모르면서 호자瓠子에서 황허 강 둑이 터지고 갈석碣石에서 바다로 드는 뜻을 과연 감당할 수 있겠는가?[29]

장학성은 '구혁溝洫'과 '지리'의 구별을 언급했는데, 「하거서」는 "하늘이 지은天設' 자연적으로 형성된 강도 언급했으나 「구혁지」의 주요 내용은 "물과 땅의 법을 잘 살펴 공사하는 것", 즉 '지리'와는 다르다. 장학성의 마지막 단락에 주목할 필요가 있다. 그는 물 다스리기의 기술과 대의大義라는 두 개념을 제시하고 기술이 없으면 대의를 밝힐 수 없다고 생각했다. 기술은 "물과 땅을 잘 살펴 공사하는 것"이며 대의는 "호자에서 황허 강 둑이 터지고 갈석에서 바다로 드는 것"의 당위성이다. "호자에서 황허 강 둑이 터진 사건"은 한 무제 때 황허 강의 수재水災를 말하며 한대의 상징적인 대사건이었다. "갈석에서 바다로 든다"는 말은 「우공」에 기재된 황허 강이 바다로 들어가는 위치를 가리키는데 이것이 황허 강의 전형적인 물길로서 흔히 '우하禹河'로도 불린다. '우하'는 대표적인 우의 물 다스리기 성과인데 강이나 물을 다스리는 기술이 '우의 경지'에 달한다는 말은 최고의 성취를 이뤘다는 뜻이다. 우의 경지와 성취는 물 다스리기의 대의가 구현된 것이다.[30]

사대부들이 물 다스리기에 참여한 것은 주로 물을 다스리는 대의를 밝히는데 있었고 실제로 물을 다스리는 작업을 한 사람은 공사 경험이 있는 장인들이다. 장학성이 말한 것처럼 "물과 땅의 법을 잘 살펴서 정전제의 봇도랑과 밭도랑을 만들었는데 오로지 장인에게 속하는 일이다." 지리학 역사의 시각에서 생각해보면, 물을 다루는 장인들이 쌓아왔던 실질적인 지식에서, 보다 심도 있고 체계적인 수문학으로 나아갈 수도 있었는데 그렇지 못했다. 사람들은 대부분 눈앞에 있는 문제의 해결에만 급급했지, 보다 광범위하고 개괄적인 탐색은 하지 않았다. 다른 한편으로는 광범위하게 탐색할 수 있는 능력이 있는 지식인들이 고상하게 물을 다스리는 대의만을 언급할 뿐 기층들의 경험과 지식을 수집하지 않았으며 물 흐름의 구체적인 현상이나 법칙을 단순히 종합 정리하는 일은 더욱 하지 않았다.

물길의 확장, 침식, 단구段丘, 계단식 지형, 우각호牛角湖의 잔류 등과 같은 자연법칙에 대한 수문水文 문제는 왕조 인사들의 관심 밖이었다. 고대 중국 지리학에는 '수리'의 기록이 많이 보인다. 그렇다고 고대 중국은 수문학이 크게 발달했을 것이라고 생각해서 '수문학'이라고 쓴다면 그것은 정확한 개념이 아니다. 수문학과 수리가 연관은 있지만 방향과 목표가 다르다. 수문은 자연지리학에 속하고 수리는 경제사회 문제에 속한다. 고서 중에 수문에 관한 지식들이 단편적으로 산재되어 있기는 하지만 하나의 체계를 이루지 못했고 특히 전문적인 텍스트codified textbook를 만들지 못했다. 그것을 성숙한 '학문'이라 할 수는 없고 여전히 경험적 지식일 뿐이다. 실천 속에서 경험적 지식을 얻는 것은 당연한 일이다. 어느 민족이나 집단, 개인조차도 많건 적건 이런 지식들이 있다.

자연 문제를 해석함에 중국 고대 지식층은 주로 음양오행설이나 이와 유사한 '이론'을 선택했다. 물의 성질에 대한 다음과 같은 해석을 흔히 볼 수 있다.

　『춘추설제사春秋說題辭』에 말하기를, 하河는 하荷로 즉 싣는다는 말이다. 정기를 싣고 두루 퍼져서 오행에서 음에 속하는 물을 품고 이끌어서 흐르게 한다. 『석명釋名』에 말하기를, 河는 下이다. 땅 아래쪽을 따라 통하며 흐른다. 『고이우考異郵』에 말하길, 하河는 물의 기氣로서 사독四瀆의 정수精髓가 흐르며 변해 생긴 것이다. 『원명포元命苞』에 말하기를, 오행의 시작이며 만물이 여기에서 생겨나며 원기가 모여 이루어진 것으로 살 속의 혈액 같은 것이다. 『관자』에 말하기를, 물은 땅의 혈기로 마치 핏줄이 온몸을 관통해 흐르는 것과 같다. 그러므로 물은 그 자체가 재물을 갖추고 있는 것과 같다.[31]

　이 말은 유명한 『수경주』에서 온 말이다. 역도원酈道元이 『수경水經』의 하수河水에 주석을 달기에 앞서, 하河와 수水의 본질을 말한 제가諸家의 내용을 모은 것인데 이 내용들을 수문학에 넣기는 어렵다.

　일찍이 왕조의 이데올로기가 많든 적든 음양오행설의 영향을 받기는 했으나 두 가지 체계에 속해 있다. 역사 속 각양각색의 인사들이 음양오행설을 빌어 지나치게 자의적이고 황당한 '이론'으로 전개시켰다. 사람이 거주하는 환경문제에서 역사적으로 큰 영향을 미친 풍수설이 탄생했고 수많은 풍수서가 모두 '지리'라는 이름을 덧붙였다. 풍수설은 왕조지리학에 속하는 것이 아니다. 풍수의 길흉 의식과 수단은 왕조의 치국평천하 의식과는 다르다.

이러한 풍속문화 현상에 대해 사마천의 아버지 사마담은 자신의 견해를 밝힌 적이 있다. "내가 개인적으로 음양의 술법을 관찰해봤는데 조짐을 중시하고 꺼리는 것이 많아 사람들을 구속하고 두렵게 만든다. 사계절의 큰 순서를 놓쳐서는 안 된다."[32] 길흉화복에 대한 이치가 "사람들을 구속하고 두렵게 한다"는 뜻이다. "꼭 그런 것은 아니기 때문에 '사람들을 구속하고 두렵게 한다'"고 뒤에 설명했다. 길흉을 따지는 말들이 다 맞는 것은 아니지만 사람들은 두려워하고 구속을 받게 된다. "봄에 싹터서 여름에 자라고 가을에 거두어 겨울에 저장하는 것은 하늘의 큰 법도다. 이에 순응하지 않으면 천하는 기강이 없게 되므로 사계의 큰 순서는 '놓쳐서는 안 된다.'"[33]고 했다. '음양술' 가운데 계절현상과 관련한 이치는 마땅히 주의해야 한다. 사마담이 그처럼 이른 시기에 이렇게 분명하고 예리한 견해를 가졌음은 칭찬할 만하다.

고대 중국인들의 수계水系에 대한 인식은 지리적 원인과 수재水災의 정도, 대우의 물 다스리기 관념에 대한 영향으로 인해 황허 강이 가장 중요한 위치에 있다. 황허 강을 다스리는 것은 고대 중국의 '수리의 이해利害'에서 가장 중요한 문제다. 「우공」에 보이는 천하 물길 교통의 종착지는 "황허 강에 이르는 것"이다. 『수경』의 물에 관한 서술도 황허 강에서 출발한다. 실제적이든 관념적이든 왕조 인사들의 마음속에 황허 강은 가장 중요한 강이었다. 황허 강의 수해 문제가 원천적으로 해결되지는 않았지만 그 지위는 여전히 높았다.

물과 결부된 문제로 범위를 좀 더 넓혀 본다. 환경과학을 발전시킬 수 있었던 고대의 실천적 활동들을 관찰함으로, '현인'과 '군자'들이 그런 활동에 대해 어떤 태도를 보여 주었는지 살펴본다.

『맹자』「등문공 상」에 "신농의 학설을 연구하는 허행許行이라는 이가 있다"[34]고 했다. 허행은 농가로 주장하기를 "현자는 백성과 더불어 밭을 갈아 먹는다"[35]고 했다. 이는 군신과 백성은 모두 경작을 해야 한다는 주장이다. 맹자는 "천하를 다스리는 것만 유독 농사지으면서 할 수가 있는가. 대인의 일이 있고, 소인의 일이 있다"[36]라고 반박했다. 여기에서 맹자는 유명한 말을 했다. "그러므로 어떤 사람은 정신을 쓰고 어떤 사람은 힘을 쓰는데 정신을 쓰는 사람은 백성을 다스리고 힘을 쓰는 사람은 다른 사람에게 다스림을 받는다. 다스림을 받는 사람은 다른 사람을 부양하고 다스리는 사람은 다른 사람에게 부양을 받는 것이 천하의 공통 원칙이다."[37] 맹자가 중요시했던 것은 정신을 쓰는 사람이고 성인이 바로 정신을 쓰는 사람이다. "성인이 사람들을 위해 걱정하는 것이 있는데聖人有憂之", 성인이 마음을 쓰는 것은 "인륜을 가르치는 것이다. 아버지와 자식 사이에는 친애함이 있게 하고 임금과 신하 사이에는 의가 있게 하고 남편과 아내 사이에는 내외의 분별이 있게 하고 어른과 아이의 사이에는 상하의 순서가 있게 하고 친구 사이에는 믿음이 있게 하는 것이다."[38] "성인들이 백성을 걱정하는 것이 이와 같은데 농사지을 겨를이 어디 있겠는가?"[39] 천하의 인륜대사에 마음을 쓰고 있는데 무슨 시간이 있어 농사를 짓겠냐는 말이다. "100무畝의 땅을 잘 다루지 못함을 자신의 걱정으로 삼는 사람은 농부이다."[40] 농부나 그 얼마 안 되는 100무 정도의 땅에 마음을 쓰는 것이다.

선진 시대의 '제자諸子'들 절대다수가 맹자처럼 도로 천하를 바꾸고자 해 입만 열면 천하와 강산을 외쳤지만 구체적인 환경이나 100무의 땅을 위해서는 근심하지 않았다. 또한 밭에서 일하는 농부들은 토지 환경에 대한 지식은 있었으나 '천하의 공통 원칙'이 없는 한계 때문에 양식만 생산할 수 있을 뿐 문헌지식은 생산하지 못했다.

고대 중국은 농본 사회였다. 절대 다수의 지식층은 맹자처럼 농업 문제의 사회적·도덕적·정치적 측면만을 생각했지 농업의 기술적 측면에는 관심이 없었던 까닭에 농업의 환경적 측면에도 관심이 없었다. 선진 제자들의 견해 중 거시적인 강산에 대한 언급이 종종 보이고는 있으나 구체적인 환경문제에 대한 언급은 거의 보이지 않는다. 그들의 견해 중에 구체적인 환경의 어떤 상황을 언급한다 해도 그것을 '도'나 '덕'과 연관된 예증으로 삼을 뿐, 환경 문제 자체에 그 목적을 두지 않았다. 이런 서술에서 외재적 세계는 사실상 내재적 세계의 투영인데 외재적 세계 자체에 대한 설명은 하려 들지 않았다.

사회적 실천자들 사이에는 누적된 환경 지식이 다량 있었을 것이다. 그들의 지식은 체계적이고 보다 전개된 총체적 이론이 부족했던 까닭에 사회 지식의 구조까지는 올라가지 못했고 지식과 사상의 체계에서 뚜렷한 지위를 확보하지 못했다. 왕조 사상가들은 자연을 경시했으나 인문은 중시해 사회 문제와 각종 문화 현상의 문제에 대해서 세밀하고 많은 생각을 했다. 세 사람 사이에도 『논어』「술이述而」편에 이런 말이 있다. "세 사람이 함께 길을 가면 반드시 내가 스승 삼을 만한 사람이 있다."[41] 자연과 사물 사이의 관계에 대해서는 그렇게 세심하지 않았다.

왕조 이데올로기라는 큰 배경 아래에서 지리학의 전개는 인문이 중심이 되었고 사람과 땅의 관계에서는 인간의 이익이 핵심 내용이 되었다. 자연과 관계가 밀접한 '생산을 위한 싸움'에서 어떤 사람들은 관념적인 측면에서 자신들의 주장을 펼쳤고 어떤 사람들은 실천적 측면에서 자신의 일을 했기에 이 양자는 달랐다. 황허 강을 예로 들면 관념적인 황허 강은 위대해 온갖 하천의 으뜸이 되었기에 진시황은 황허 강을 '덕수德水'로 바꾸어 불렀다. 진晉의 성공수成公綏는 「대하부大河賦」에서 "온갖 강물의 넓고 장엄함을 보았으나 황허 강보다 더 아름다운 것은 없다네. (…) 선철先哲들이 탄식함을 헤아려보니 황허 강의 덕을 측량하기 어려웠음이라."[42] 사회생활의 경험적 측면에서 일반 백성들이 볼 때 "황허 강은 해악으로 가득하다"[43] 재미있는 사실은 고대에 말로 주장하는 이와 몸으로 직접 일하는 이들은 각각 달랐지만 서로에게 아무런 방해가 되지 않았다.

## 『한서』「지리지」

「우공」이 통일 왕조에게 사상 기초를 마련해 주었다면 『한서』「지리지」는 통일 왕조가 걸었던 실천적 실제 모습을 기록했다. 『한서』「지리지」를 펼쳐보면 현실 속의 통일 왕조가 군현을 핵심으로 국토를 구성했음을 볼 수 있는데 왕조 사회의 공간 질서라 할 수 있다. 전국 토지를 군현의 등급에 따라 분할한 방식, 각 행정 구역의 인구수, 어느 곳에 공상工商의 관아를 두었는지, 주요 지방의 역사와 연혁, 명산대천의 사당이 있는 위치 등을 담고 있다. 『한서』「지리지」는 성숙하고 대표적인 왕조 지리학의 문헌이다.

『한서』「지리지」는 공간 질서와 규모라는 시각에서 대규모 지역 왕조 지리의 성대함을 보여준다.

효평제孝平帝 때에 이르자, "군은 130개, 현은 1314개, 도가 32개, 제후국이

241개에 이른다. 영토는 동서 방향으로 9302리에 이르고 남북 방향으로는 1만3368리에 이른다. 강역 내의 모든 농지가 1억4513만6405경頃에 이른다. 그중 1억252만8889경은 마을과 도로, 산천과 숲과 못澤이라 모두 개간할 수 없다. 그중 3229만947경은 개간해도 되는 것도 있고 개간할 수 없는 것도 있으며 이미 개간된 농지는 827만536경에 이른다. 민호民戶는 1223만3062호이며, 인구는 5959만4978명이다. 한나라는 극성 시기를 맞았다."[44]

『한서』「지리지」는 왕조지리학의 경전으로서 왕조지리를 기록하는 문헌의 모델을 세웠다. 『한서』「지리지」는 「우공」과 서로 결합해(『한서』「지리지」는 「우공」의 전문을 싣고 있다), 왕조 시대 지리학의 주류가 되었다. 후세에 왕조지리학을 연구하는 학자들은 모두 「우공」을 숭배해 『한서』「지리지」의 앞에 두어 연결했으며, 수많은 지리 문헌이 『한서』「지리지」의 형식을 그대로 따랐다.

『한서』「지리지」는 중국 역사상 '지리'를 서명書名으로 삼은 첫 번째 문헌이다. 『주역』「계사」에 이미 '지리'라는 어휘로 널리 지상의 사물을 지칭하기는 했으나 내용적으로 아직 체계가 이뤄지지 못했다. 사마천의 『사기』에 진시황의 능묘를 묘사하면서 "위로는 천문을 갖추고, 아래로는 지리를 갖췄다"[45]라고 말했으나 이 외에는 더 이상 '지리'라는 어휘를 쓰지 않았다. 『사기』에는 지리에 관한 내용이 사실 적지 않다. 『사기』는 「하본기夏本紀」 중에 「우공」을 전부 옮겨 적었을 뿐만 아니라 「대원열전」과 「화식열전」 등에서 많은 지리 문제를 다루고 있다. 허우런즈는 「화식열전」이 고대 경제지리를 서술한 대표작이라고 한다.[46] 지리지식과 지리 문제에 대한 논평에서 『사기』의 공은 대단히 크고 지역에 대한 사마천의 인식은 예리해서 대지역에 대한 그의 기록은 뛰어나다.

사마천의 기술은 통일된 형식 지역의 경계를 정하는 기준이 사용되지 않았다. 예를 들어 「화식열전」은 때로는 "홍구鴻溝 이동以東에서 망산芒山과 탕산碭山 이북까지"[47]라고 해 산하를 사용했고 때로는 "초나라와 월나라의 지역은 땅은 넓은데 사람이 적다"[48]라고 해 열국의 이름을 사용했으며 때로는 "헝산衡山·주장九江·장난江南·위장豫章·창사長沙는 남초南楚다"[49]라고 해 행정구역의 명칭을 사용했다. 이렇게 임의로 지역 경계의 기준을 바꾸는 서술방식은 경험이나 습관에 의해 기록했던 당시 사람들의 서술 방식을 반영한 것이다. 이런 서술 방식은 구역이 가리키는 곳을 대체적으로는 알 수 있으나 세밀함과 엄격함은 부족하다.

『한서』「지리지」가 처음으로 전국적으로 통일된 군현이라는 행정 구역의 서술 형식(지역의 위치 기준)을 사용했다. 이런 서술방식은 『사기』보다 더 세밀하고 엄격하고 완전해, 뒤를 잇는 장구한 역사에서 가장 많이 채용된 인문지리의 서술 방식이 되었다. 왕조 시대의 지리 서술 방식은 산맥·수로·전통 열국·행정 구역·여행 노선 등에 따라 각기 다른 형식으로 이뤄진다. 이런 서술 방식은 각자의 특색이 있지만 완전성과 정확성에서는 행정 구역 형식의 서술 방식이 가장 뛰어나다.

지리학에 대한 연구에서 고대 여행기는 중요하게 다뤄진다. 여행기에는 지리에 관한 내용이 많고 순도純度는 떨어진다. 서술형식 자체부터 일치하는 지리적 요소가 아니다. 강으로 갔다가는 산으로 가고 도시로 갔다가 시장으로 가는 등, 그 여정은 합리적인 교통노선이 아닐 경우도 있다. 여행 기록은 경험적 지식이지 학문적 지식이 아니다. 산맥이나 하천에 대한 서술만도 못하다. 고대 그리스의 헤로도토스는 초기의 지리학사에서 주목받는 인물이나 지리에 대한 그의 기록 역시 경험적인 서술이다. 사마천은 헤로도토스와 비슷하다. 고대 중국에서 「우공」, 『사기』, 『한서』 「지리지」는 지리 문헌에 관한 세 가지 유형을 보여 주고 있으며 또한 세 가지 전개 단계를 보여주기도 한다. 「우공」은 '천하'라는 예비적인 지리의 틀을 제시하려는 이념이 있었다. 『사기』는 광범위한 기록으로 실제 지역의 실제적인 사실을 전하는 양식을 보여주었다. 『한서』 「지리지」는 명확한 왕조 지리의 체계를 만들었다.

행정 구역 체계에 대한 서술은 왕조 정치와 왕조의 관리 개념이 성숙했음을 보여준다. 『한서』 「지리지」의 행정 구역 체계 자체는 반고가 만든 것이 아니다. 행정 구역이든 인구든 간에 완비된 왕조의 기록이 그보다 앞 시기에 이미 출현했다. 저우전허는 이 문제에 관해 심도 있게 연구했다. 그는 전대흔錢大昕의 기초 위에서 한 걸음 더 나가 "『한서』 「지리지」는 사실상 두 가지 자료를 혼합한 것이다. 하나는 한 평제平帝 원시元始 2년의 각 군국郡國의 호적이고 다른 하나는 한 성제成帝의 원연元延과 수화綏和 사이의 각 군국의 판도(소속 현 목록)였다"[50]고 했다. 반고는 『한서』 「지리지」를 편찬하면서 왕조의 기록들을 병합해 행정 구역을 핵심 형식으로 한 뒤에 자신이 중요하다고 생각하는 내용을 더해서 '지리'라는 총체적인 명칭을 붙였다. 체계적인 구조를 세우고 지리라는 총체적 명칭의 사용은 반고가 만들었다. 반고의 지리학 개념은 왕조의 관리라는 이념에서 나온 것이며, 이를 기본 배경으로 당시의 지리학과 왕조의 관계는 긴밀해졌다.

『한서』 「지리지」에서 말하는 대지는 자연의 대지가 아니라 왕조의 대지다. 주대의 "드넓은 하늘 아래 왕의 땅 아닌 곳이 없다"는 말은 왕권이 이미 전 국토에 미치고 있다는 뜻으로 더 이상 자연적인 천하가 아니다. 『한서』「지리지」는 왕조의 땅이라는 속성을 분명하게 밝혔고 거기에 군현이라는 특색을 하나 더했다. 후대의 고대 문헌에서 "그곳을 군현으로 했다"는 말은 영토가 왕조 체계에 편입되었다는 표시이며 "군현으로 할 수 없다"는 말은 그곳을 포기해 문명이 닿지 않는 외지라는 표시다. '군현'은 왕조의 강역을 의미하는 또 다른 대명사가 되었다. 『한서』「지리지」가 군현을 중심으로 왕조 지리를 해설한 것은 왕조의 이런 특징을 반영하며 강조한 것이다.

왕조지리학은 왕조 정치가 그 배경이므로 능동적인 성질을 가졌다. 일반적으로 지식은 수동적으로 받아들여지며 학문에는 사상적으로 가공된 요소가 들어 있다. 학문은 능동적으로 운용하는 힘을 제공하며 이는 객관세계에 영향을 미친다. 왕조지리학은 우리가 일반적으로 말하는 지리지식이 아니라 세상에 대해 강력하게 간섭하고 개조할 수 있는 기능을 가졌다. 학문의 왕조지리학은 사람들이 기대하는 환경 질서를 이끌고 세워야 한다. 왕조지리학은 고대 정치가들이 특정한 사회 환경을 만드는 수단이자 유용한 도구였다. 왕조지리학은 왕조 시대 지리학의 패러다임paradigm을 세워 왕조 시대 전체의 지리사상을 주도했다. 그런 시대에 『한서』「지리지」는 소홀히 할 수 없는 본보기가 되는 문헌이었다.

한대에 '지리'라는 어휘의 사용과 일반적으로 오늘날 알고 있는 '지리'의 의미 차이를 알았다. 능동적으로 운용한다는 의미를 나타낼 때의 지리는 "지제地制(제왕의 분봉하는 봉지제도)"와 같은 말이다. '지제'는 가의價誼가 제후국의 세력이 지나치게 컸던 문제 해결을 위한 서술에서 자주 사용했던 말이다. 전한 초, 제후국은 세력이 강하고 소유한 토지가 거의 국토의 반을 차지했다. 가의는 중앙 왕조에 불리한 이런 상황을 겨냥해서 "제후들을 많이 봉해 그 세력을 약화하는"[51] 방법을 제시함으로, 제후 왕들의 인구와 토지를 감소시키고자 했다. 이렇게 제후들의 토지를 제한하고 분할하는 방법이 '지제'다. 가의는 『신서新書』「오미五美」에서 "(제후국의) 토지를 나누는 제도를 정하는 것은 제나라를 몇 개의 나라로, 조趙나라와 초나라를 몇 개의 나라로 나누는 것인데, 봉지제도가 그렇게 되면 각자 질서정연하게 정리될 것이다"[52], "토지를 나눠 제도를 정한다"는 것은 제후들의 토지를 분할해 토지제도를 확정하는 것이다. 그는 "봉지제도가 한 번 정해지면 황제의 도가 다시 밝아지고 신하의 마음이 다시 바르게 된다"[53]고 했고 또 "봉지제도가 한 번 정해지면 (…) 천하가 어지럽지 않고 사직이 오래 안정되며 종묘가 길이 받들어지고 후세에 전해져 그 다함을 알지 못할 것이다"[54]라고 했다. 가의가 '지제'를 명확하게 할 것을 건의한 것은 중앙이 지방보다 더 강력한 왕조 영토 체제를 확립하려는 것이다. 그는 "천하의 형세는 마치 몸이 팔을 부리고 팔이 손가락을 부리는 것과 같이 체계를 따르지 않음이 없다"[55]고 했다. 질서란 마치 몸·팔·손가락의 관계와 같아서 몸이 팔을 부리고 팔이 손가락을 부리는 것이다. 가의는 이 문제를 논의하면서 때로는 '지제'를 '지리'로 바꿔 말하기도 했다. "고황제(한 고조 유방)는 밝은 성덕과 위엄으로 천하를 평정해 천자의 자리에 오르셨다. 대신들이 모반을 일으킨 것이 수십 번이요, (…) 회음후淮陰侯·한왕신韓王信·진희陳豨·팽월彭越·경포黥布·노관盧綰은 모두 공신들로 일찍이 한 고조의 사랑과 신임을 받았던 사람들이었으나 사랑하던 사람들이 변해 원수가 되고 신임하던 사람들이 도리어 도적이 되었으니 참으로 괴이한 일이 아닌가? 지리(봉지 제도)가 일찍 정해졌다면 어찌 이런 변란이 있었겠는가!"[56] 유방劉邦같이 그렇게 위엄이 있는 황제도 공신들이 반역해 원수가 되고 도적이 되는 일이 발생했는데 '지리'가 일찍이 정해졌다면 이런 일이 발생하지 않았을 것이라는 것이다. 여기서 말하는 '지리'는 앞에서 말한 '지제'이며 토지 관리 정책으로 능동적으로 만든 제도다. 가의의 어휘 사용을 통해서 한대 사람 중에서도 특히 정치가들이 '지리'라는 용어를 사용할 때는 흔히 봉지 제도나 토지 행정이라는 뜻이었음을 알 수 있다. 이런 종류의 '의미'가 왕조지리학의 사상적 특징이다.[57]

다른 시각으로 말하자면, 토지나 백성은 국가의 가장 기본적인 통치 대상으로, 정치는 반드시 사람과 땅의 관리라는 두 문제에 주목해야 한다. 『전국책』「진책·진1秦策秦一」에서 장의張儀는 진秦 혜왕惠王에게 말했다: "구정九鼎을 손에 넣고 지도와 호적을 근거로 천자의 명을 끼고 천하를 호령하면 천하가 감히 명을 듣지 않을 수 없을 것이니 이것이 바로 왕업입니다."[58] 여기서 지도와 호적이 사람과 땅에 관한 기록이며 '왕업'에 실제적인 의미가 있다(구정九鼎은 단지 상징물에 불과하다). 그 밖에 더욱 유명한 것은 소하蕭何가 진秦 왕조의 도서 기록을 수집한 일이다. 『사기』「소상국세가蕭相國世家」에 이런 기록이 있다. "패공沛公이 함양咸陽에 이르자 여러 장수는 다투어 금은보화가 있는 창고로 달려가 그것들을 나누었으나 소하는 홀로 먼저 궁에 들어가 진秦나라 승상과 어사御使들의 율령律令과 도서들을 거두어 감추었다. 패공은 한의 왕이 되자 소하를 승상으로 삼았다. 항왕項王과 제후들은 살육을 하고 함양을 태운 뒤 떠났다. 한의 왕이 천하의 험지와 요새가 어디며 호구가 얼마나 되는지 강하고 약한 곳 등이나 백성들의 고충을 모두 알 수 있었던 것은 소하가 진秦나라의 도서들을 모두 얻었기 때문이다."⁵⁹ 험지와 요새의 소재, 호구의 수, 강한 곳과 약한 곳, 백성들의 고충 등은 통치자가 반드시 알아야 하며 반드시 이에 상응하는 제도적인 것을 만들어야 함을 소하는 인식하고 있었기에 제일 먼저 관심을 두었던 것이다.

왕조 토지의 정치적인 관리는 왕조지리학이 만들어지게 된 직접적인 배경이다. 여러 왕조의 관념이나 제도처럼 왕조지리학의 원칙과 체계는 갈수록 전 사회적으로 인정받았다. 사회적으로 수많은 문인이 있었으나 왕조의 가치관은 보편적으로 수용되거나 찬양받는 대상이 되었다. 왕조의 한 일원으로서 왕조 지리 체계 잘 알아야 하고 도외시할 수 없는 '환경'이며 '질서'다.

『한서』「지리지」의 마지막 부분은 영천潁川의 주감朱贛이 풍속에 관해 기록한 것을 모아 논평했다. 나중에 『한서』「지리지」를 연구하는 학자들은 관심을 주로 군현 부분에 두었으나 『한서』「지리지」의 전체 의미, 즉 반고의 머릿속에 있는 완전한 지리 개념을 이해하려면 풍속부분을 소홀히 해서는 안 된다. 규모가 큰 왕조 국가에서 옛 풍속을 애써 바꾸려는 것은 통일의 다른 한 면이다. 고고학적 유물을 살펴보면 한대의 물질문화는 고도의 일치성을 보여주고 있다. 네이멍구內蒙古·광저우廣州·산시陝西 등 어느 박물관을 가보더라도 한나라 때의 많은 문물이 모두 비슷한 형태다.⁶⁰ 이토록 광활한 범위 안에 통일된 문화를 한대에 이루었다는 것은 이 대지역 왕조가 문화를 통일시키기 위해 막대한 힘을 쏟았고 또 큰 성과가 있었음을 설명해준다. 이는 정치가 통일된 후 나타난 문화 통일 추세이다. 반고는 지방 문화와 풍속을 지리학 범주에 포함시킴으로, 그 내용을 풍부하게 만들었으며 또한 풍속을 통일하는 것 역시 왕조의 사명이자 목표임을 설명하고 있다. "성스러운 군왕이 높이 계시어 인륜을 통일되게 다스림에, 그 근본을 바꾸고 지엽적인 것을 고쳐서 천하가 하나가 되어 고루 조화됨에 이르는데 그런 뒤에야 왕의 교화가 이루어진다"[61]고 반고는 말했다. "그 근본을 바꾸고 지엽적인 것을 고치는 것"이 공자의 '습관을 바꾼다'는 말이다.

『한서』「지리지」가 끼친 영향은 역대 역사 지리지의 서술 형식에만 국한된 것이 아니다. 그 내용면에서도 계승되어 나중에 지리 연혁을 연구하는 학자들은 『한서』「지리지」를 고증의 기초로 삼았다. 역도원이 편찬한 『수경주』가 겉으로는 『한서』「지리지」와 달라 보인다. 돤시중段熙仲은 「'수경주' 육론六論」에서 역도원을 이렇게 말했다. "비록 반고의 『한서』「지리지」 입장을 견지하고 있으나 땅은 움직이지 않고 물은 움직인다. 자연의 상태가 다르므로 『수경』은 형태적인 면에서 『한서』「지리지」와 다르다. 『한서』「지리지」가 평면적이고 정태적인 기록이라면 『수경』은 움직임이 있는 동태적 기록이다. 『한서』「지리지」는 땅을 위주로 했고 『수경』은 물을 위주로 해 그 근본이 다르다. (…) 움직이지 않는 것은 구역의 분할을 중시하고, 움직이는 것은 원류에 대한 탐구를 중시한다."[62] 여기서 주목해야 할 것은 앞머리의 "『한서』「지리지」의 입장을 견지했다"는 부분이다. 양서우징楊守敬은 『수경주소水經注疏』에서 역도원이 『한서』「지리지」의 입장을 '견지'했다고 몇 차례 말했다. 그가 말하는 "『한서』「지리지」의 입장을 견지했다"는 것은 체제를 가리키는 것이 아니라 내용을 가리킨다. 역도원은 지역마다 모두 지리 연혁을 서술하면서 『한서』「지리지」를 기준으로 삼아 거기에 따랐다. 그 밖에 지리 요소를 선택함에서도 『수경주』는 『한서』 「지리지」의 규범을 따랐다. 원래 『수경주』는 물길에 대한 책이지만 왕조 지리의 내용이 상당히 포함되어 있다. 『수경주』에 누수漯水(지금의 융딩 강永定河)가 계성薊城(현 베이징 성의 전신前身)을 경유하는 과정에 대한 서술이 있다.

누수는 또 동으로 광양현廣陽縣 옛 성의 북쪽을 지나간다. 사승謝承은 『후한서』에서 말했다: 세조世祖와 조기銚期가 지薊에서 나와 광양에 이르자 남쪽으로 가고자 했는데 이 성城이며 이곳을 소광양小廣陽이라 부른다. 누수의 동북으로 흘러 지현薊縣의 옛 성 남쪽을 지나간다. 『위토지기魏土地記』는 계성 남쪽 7리에 청천하淸泉河가 있는데 이 강은 성의 북쪽을 지나지 않으니 『수경』의 오류인 듯하다. 옛날 주 무왕은 요堯의 후예를 지薊에 봉했으며 지금의 성 안 서북 모퉁이에 지추薊丘가 있다. 그 언덕의 이름을 따 성의 이름으로 정한 것은 노나라의 취푸曲阜와 제나라의 영구營丘와 같은 것이다. 이곳은 무왕이 소공召公에게 봉한 옛 나라다. 진시황 23년에 연나라를 멸하고 광양군廣陽郡으로 했다. 한 고조가 노관盧綰을 연왕으로 봉하고 연국燕國으로 이름을 바꾸었다. 왕망王莽이 광유廣有라 고쳤으며 현의 명칭은 다이청代成이다. 성에는 만재궁萬載宮과 광명전光明殿이 있으며 동액문東掖門 아래가 옛날 모용준慕容儁이 말의 동상을 세웠던 곳이다. (…) 다이청大城 동문 안의 길 왼쪽에 위魏 정북장군건성향경후征北將軍建成鄕景侯 유정劉靖의 비碑가 있다. 진晉 사예교위司隷校尉 왕밀王密이 유정이 백성에게 공이 있으니 제사를 받도록 함이 마땅하다는 표를 올려 원강元康 4년 9월 20일 돌에 새겨 비를 세움으로, 후세에 이름을 날렸다. 누수는 다시 동으로 흘러 세마구洗馬溝의 물과 합류하여 성城 서쪽의 대호大湖로 들어간다. 호수는 수원이 둘인데

모두 현 서북의 평지에서 흘러 나와 모여서 호수가 된다. 호수는 동서가 2리
이고 남북이 3리인데 연燕의 옛 연못이다.[63]

이 내용을 보면 역도원은 왕조지리학 범주를 벗어나지 않았다.

## 지방지地方志

지방지地方志는 고대 중국에서 발달했다. "후한 광무 때 처음으로 남양
군南陽郡에 조서를 내려 풍속지風俗志를 만들라고 했다. (…) 군국郡國을
기록한 사서가 이로써 만들어 졌다."[64] 장귀간張國淦의 『중국 옛 지방지
고찰中國古方志考』에 따르면 송·원대 이전의 옛 지방지는 2,175 종에 이
른다.[65] 명·청 이후의 지방지 수량은 더욱 방대하다. 지방지의 발달은 주
로 지방의 관청들이 지방을 관리하기 위한 필요 때문이었으나 이 역시
왕조지리학의 한 부분이다.

『주례』가 배정하고 있는 대소 관리들의 직무 가운데 지방의 사물과 관
련된 것이 적지 않은데 장학성은 "상세해 이르지 않음이 없다"고 했다.
이렇게 세밀하게 나눠진 업무와 소상한 책임은 사회 관리를 철저하게
하겠다는 정부의 이념을 반영하고 있다. 장학성은 그 예를 다음과 같이
들었다.

사회司會는 이미 교외에 있는 현縣과 도都의 계약문서書契와 호적과 지도
의 부본을 관장한다. 당정黨正은 "소속된 백성을 모아 법을 읽어 주고 그들
의 덕행과 학문과 기술들을 적는다." 여서閭胥와 비중比衆은 "그들 가운데
몸가짐을 조심스럽게 가지고 남을 잘 구제하는 사람을 기록한다." 송훈誦訓

은 "각지의 지방道方에 있는 기록을 설명하고 직접 사실을 살펴보고 아뢰는 일을 관장한다. 각지의 지방에 있는 나쁜 것을 설명하고 피하고 꺼리는 일을 아뢰어 지방의 풍속을 알게 한다." 소사小史는 "나라의 『지志』를 관장하고 세계世系를 엮어 소목昭穆을 변별한다." 훈방訓方은 "사방의 정사를 말해서 위아래의 의지가 함께 하도록 하는 일을 관장하며 사방에서 대대로 전해진 도를 외운다." 형방形方은 "나라의 지역을 제어하는 일을 관장하며 그들이 봉해진 강역을 바로잡는다." 산사山師와 천사川師는 "산림, 내와 못의 이름을 관장하고 산림, 내와 못에서 나는 사물과 사물이 이로운지 해로운지 변별한다." 원사原師는 "사방의 지명을 관장하며 언덕, 물가나 평지, 늪이나 습지의 이름을 변별한다." 이것은 시골부터 도회 사이의 산천과 풍속, 물산과 인륜을 크든 작든 남기지 않는 것이다.[66]

위에서 언급한 교외 부락의 계약문서와 호적과 지도, 지방의 풍속, 사방의 정사, 각 국의 토지, 산림과 강의 이름, 각 지역의 이름, 구릉과 습지의 이름, 산천과 풍속, 산물과 인륜 등 가운데 많은 것이 기층적인 것들이다. 이 같은 사물에 대한 기록은 원래 각 제후국의 역사에 속했으나 군현제가 설립된 뒤에는 지리학자의 기록으로 바뀌면서 군현의 지방지가 되었다. 이것이 지방지의 기원에 대한 장학성의 생각이다. 지방지의 편찬은 관에서 관리하는 데 필요했기 때문이다.

앞서 언급한 신더융辛德勇의 연구에 따르면 좌관佐官은 타 지역 출신을 뽑아 임명했다. 이것은 왕조 정치가 지리를 관리하는 중요한 조치로써 이 조치가 당대의 지방지 전개에 직접적인 영향을 미쳤다. 타 지역 출신의 관원에게 현지의 정무와 관련된 상황들을 집중적으로 소개할 참고자

혼돈에서 질서로

료가 절박했기 때문이다. 수대 이전에는 지방지의 전개가 아직 초기 단계였다고 신더융은 지적했다. "지방지는 주로 이물지異物志(주변지역이나 나라의 새롭고 신기한 사물을 기록했던 서적으로 한과 당 사이에 유행함—옮긴이), 산수기山水記, 풍토기風土記, 풍속전風俗傳 등의 형식을 띠었으며, 그 내용은 기이한 일이나 풍속을 기록해보는 색채가 강했다. 주현州縣 도농都農의 설치, 길의 이수里數와 역 사이의 거리, 요충지, 나루터의 위치, 농경지와 산림의 넓이, 인구 수, 지세의 평탄하고 험한 정도 등 사회적 내용은 거의 기록하지 않았다"고 했다.[67] 확실히 초기의 지방지는 정무와의 관계가 아직 미약해서 왕조지리학의 체계 속에 들지 못했다. 당대에 이르러 군현의 좌관 제도가 변함에 따라 지방지 내용에 중대한 전환적 전개가 일어났다. 이것은 지방지와 왕조 정치 문화가 밀접한 관계였음을 보여주는 한 예다.

왕조지리학에서는 전국적 성격의 관 주도 지리지가 주요 골간이며 지방지는 보충적 성격이다. 지방지는 기본적으로 행정구역을 단위로 해, 성급省級, 부府와 주급州級, 현급縣級 등이 모두 있으며, 지방에 관한 각종 지식들을 수집했다. 지방지의 내용은 상당히 잡다하다. "그 책이 관에서 지키는 방식의 제도가 없어지고 남의 말을 듣고 제멋대로 하니, 지방지의 범례도 들쭉날쭉해져서 중요한 전거가 될 수 없다"[68]고 했다. 이는 지방지 편찬에 종종 규범이 부족했음을 말해준다. 지방지가 선정한 사회문제는 인문 윤리에 대한 상벌로서 모두 왕조 정치와 왕조 윤리를 기준으로 삼았다. 그 기능은 각 지역에 대해 왕권의 실효성을 드러내고 유지하는데 있으며 본질상 왕조지리학 범주에 속한다.

## 나머지 논의

왕조지리학이 중국 고대 지리학의 주류이기는 했으나 지리에 대한 다른 견해가 활동할 수 있는 공간이 있었음도 부인할 수 없다. 고대 중국인의 의식형태는 학술을 포함해서 크게 두 진영으로 나뉜다. 하나는 관 주도 견해이고 하나는 백가百家의 견해다. 양측의 관계는 가까울 때도 있고 멀 때도 있어서 관계가 수시로 변한다. 한마디로 요약하면 관 주도의 이데올로기가 주축이 되어 다른 견해의 문화적 흐름을 이끌었다.

실제적인 책임이 있었기 때문에 관학官學은 실무적이다. 사학私學의 특징은 생각이 열려 있어서 비교적 자유롭다는 것이다. 학자는 정부 관리가 아니기 때문에 정부 일을 하거나 정부측 책임을 질 필요가 없다. 사학 중에는 추연鄒衍의 대구주설大九州說과 같이 지리의 자유분방한 견해가 많다. 몇몇 정치가는 자신의 세력을 이용해 사학자들을 모집한 뒤, 각 유파의 견해를 모아 혼합한 책을 공동으로 편찬하기도 했다. 사회에는 백가들의 지리에 대한 견해가 간혹 있기도 했는데 조정의 지리에 대한 딱딱한 견해와는 달랐다. 관학은 주류로서 황제의 지지를 받으며 강력하게 나아가며 학계를 주도했으므로 백가의 견해가 종종 관학의 낙인을 스스로 찍는 결과를 초래했다. 남조 때에는 지극히 '고결하다'고 일컬어지는 사람들이 '조정에 은둔'하기도 했다.

왕조 지리를 강조할 때 개념의 지리는 통상적으로 이해하고 있는 역사적 환경이나 역사의 무대가 아니라 질서 그 자체다. 지리적 특징이나 공간적 특징이라는 것은 사회 역사의 한 속성으로 중국 고대 문명을 이해하는 데 있어서 중요한 시각 중 하나다.

왕조지리는 사회 역사의 변화과정이며 그것은 일련의 역사 사건과 관념의 구조를 포함하고 있다. 본질상 왕조 지리는 중국 고대 문명을 구성하는 일부다.

왕조 지리 체제의 틀이 성숙되자 중국인에게는 안정된 인간 세상의 세계가 나타났다. 갈수록 익숙해지는 이 세계에서 중국인은 자신의 삶을 살았다. 세속에 뜻을 둔 이는 치국평천하와 국가건설 및 경영, 입신양명을 하고 세속에 뜻이 없는 이는 산수를 찾아 술 마시고 시를 쓰며 유유자적하면서 각자 자신이 원하는 바를 얻었다. 서양인들이 지리의 새로운 견해를 들고 중국에 들어오고 나서야 중국인들은 놀라 깨닫고는 만국의 건설 과정 및 지구의 형성 이치를 관찰하기 시작했다.

서양인에게 있는 지리에 대한 견해는 중국인에게 있던 왕조 세계관의 외재적인 형태를 크게 무너뜨렸다. 왕조 지리 견해의 내재적 기제는 여전히 오랫동안 상당한 활력과 원동력을 유지했다. 왕조가 무너져 외형적인 정치 형태는 해체되었으나 많은 것이 사회 문화 형태로 변환되어 여전히 그 가치 속성을 지니고 있다. 중국이라는 거대하고 오래된 사회적 인문 환경 속의 전통적인 지리관념은 마치 보이지 않는 공간 인식의 틀과 같아서 오랜 기간 사람들의 공간 선택을 여전히 지배하고 있다.

# 후기

　이 책은 내 학문적 흥미에 대한 설명인 셈이다. 돌이켜보면 지리사상
이라는 주제를 선택한 데에는 일련의 과정이 있었다.

　나는 문화대혁명 기간에 중학교를 다녔다. 나라에 정치적으로 무슨 사
건이 터지면 친구들은 한데 모여 '의식 있는' 친구에게, "넌 이 일을 어
떻게 생각하니?" 하고 묻곤 했다. 나는 대부분 옆에서 듣는 쪽이었는데,
들으면서 한편으로는 자신에게 물었다. "나는 어쩌면 이렇게 주관이 없
을까?" 그러면서 점차 사건 자체는 부차적인 것이고 사건에 대한 견해
가 먼저라는 인식의 습관이 생겼다. 옛말을 빌어 표현하자면 '머리로 서
는 것'과 같은 좋지 않은 버릇이다.

　나중에 고고학을 배우면서 양사오仰韶 문화에 대해서 알게 되었는데,
도기의 파편·문양·고분 등의 세세한 사항을 늘 제대로 기억하지 못했
다. 그러나 『고고考古』와 『문물文物』 등의 잡지에서 양사오 문화의 사회
적 성격에 대해 토론한 내용을 볼 때면, 그 '견해'들에 대해 상당한 흥미

를 느꼈다. 고고학이라는 사실적인 학문이 내 머릿속에서는 모두 추상적인 생각과 견해라는 다른 이름으로 저장되었다.

1970년대 중반에 네이멍구 대학에서 고고 연구에 관한 일을 시작하면서, 네이멍구와 관련된 고고학 문헌들을 열심히 읽게 되었다. 네이멍구는 광활한 지역이라 고고 자료가 매우 풍부해서, 뒷부분의 자료를 읽을 때면 자주 앞부분을 기억하지 못해 흥미를 느끼기 아주 힘들었다. 허우런즈侯仁之 선생의 사막고고에 관한 글을 보고 난 뒤에야 비로소 네이멍구 지역 고고학 연구에 대해 '생각'이 있는 새로운 사고의 길을 찾았고, 대단히 흥분했었다.

나중에 정식으로 허우 선생의 학생이 되어 역사지리학을 전문적으로 연구하고 배울 기회를 갖게 되었다. 그의 역사지리학 연구는 문제에 대한 토론을 중시했으며 글을 쓸 때 사고思考가 돋보였는데, 그 예로 베이징 성에 관한 연구가 대표적이다. 그 연구에서 베이징 성 평면 구도의 중요한 특징은 복원을 통해 나온 것이 아니라, 사고를 통해 나온 것이다. 나는 베이징 성에서 20여 년을 생활하여 베이징의 지도가 머릿속에 또렷하게 새겨져 있었지만 그 도형이 갖고 있는 심오한 뜻을 줄곧 이해하지 못했는데, 허우 선생의 연구는 내게 많은 깨우침을 주었다.

그밖에 「고공기考工記」의 "장인이 도성을 건설한다匠人營國"는 유명한 말에 관해, 처음으로 "그것은 고대 중국의 이상 도시"라는 우량융吳良鏞 선생의 정곡을 찌르는 의견을 들었다. 이는 내게 고대인들이 토목 공사로서의 도시만이 아니라, 사상적 도시도 함께 건설했다는 의식을 일깨워줬다.

1980년대 중반 나는 미국에 가서 인문지리학을 계속 공부했다. 미국의 학문은 사상을 대단히 중시한다. 많은 지리학자가 부지런히 움직이는 것은 발이 아닌 머리다. 그들은 대학원생을 가르칠 때 사상·이론·개념 등 생각을 가다듬는 것을 중시한다. 공부하는 동안 그 번잡한 개념들의 꼼꼼함에 짜증이 났으나, 배우고 난 뒤에는 확실히 머리가 융통성 있고 많이 가벼워진 느낌이었다. 무슨 일을 만나도 기꺼이 앞으로 나아가게 되었다.

제임스 덩컨James Duncan 교수는 지리사상사를 가르치며 이런저런 말을 많이 했으나, 중국에 관해서는 말을 하지 못했다. 그는 "많은 것이 중국이라는 문 앞에 이르면 멈춰버린다"고 했다. 중국인의 지리사상에 관한 학문적 문헌은 확실히 매우 적다. 나는 수업 중에 어설픈 영어로 「중국인의 삼각(고향-도시-근무지) 장소성place sense 패턴」이라는 글을 써서 격려를 받았다. 나중에 박사학위 논문을 쓸 때도 사상사적 색채의 제목을 선택하게 되었는데, 제목은 「왕조지리에서 역사지리로: 고대 중국의 지리에 대한 시각 변화의 검토From Dynastic Geography to Historical Geography: a change in the perspective towards the geographical past of China」였다. 한 미국 교수가 "거의 다 왔다You are almost there"라 했는데, 대략 통과할 수 있겠다는 뜻이다. 'there'는 지리사상사를 가리킨다. 그렇다. 나는 지리사상사에 대해 진정으로 흥미를 느낀 것이다.

베이징대에 돌아와 양우양楊吾揚 선생이 이미 지리사상사를 강의하고 있으며, 1988년에 수업자료인 『간추린 지리사상사地理學思想簡史』를 출판했음도 알게 되었다. 양 선생은 본래 내가 무척 존경했으며, 베이징대에서 이 과목을 개설한 것은 학문과 학업에 있어서 중요한 결정이었다고 생각한다. 양 선생이 은퇴한 뒤로 내가 그 수업을 이어 받았는데, 이 책 내용 가운데 많은 부분이 수업을 준비하고 진행해나가며 내가 느꼈던 것이다.

베이징의 지리학계에 지리사상을 좋아하는 일군의 젊은 학자가 있다. 그들은 베이징대, 베이징사범대, 중앙과학원 지리연구소, 상무인서관 출판사 등지에서 온 이들로, 뜻이 맞는 친구들과 교류하게 된 것은 큰 수확이다. 더 중요한 것은 이들 모두가 절차탁마하고 서로 격려하며 도우려는 정신을 가졌다는 점인데, 이는 현 학계에서는 찾아보기 힘든 분위기다.

고고학에서 시작해 다시 역사지리를 배우고, 그렇게 공부하다보니 지리사상사라는 주제에 이르게 되었다. 내가 이런 주제를 정한 것은 흥미 때문이지만 아무래도 켕기는 바가 없지 않다. 고고학을 배우는 것은 본래 가장 실제적인 것이다. 유물을 하나 발굴하면 그 실제의 유물로 얘기하므로 충분히 믿을 만하다. 당시 나는 후허하오터呼和浩特(네이멍구 자치구 성도)에서 고고 발굴 작업을 했는데, 종종 문물팀의 톈광진田廣金과 술을 마시며 '문헌을 연구하는 이'들을 비웃었다. "우리가 발굴해서 그들 앞에 턱 내놓으면 눈이 휘둥그레질 거야" 하며 웃었다. 그런데 내가 지금 그 입장에 처하게 될 줄은 생각지도 못했다. 누가 뭔가를 발굴해 앞에 내놓으면 내가 눈을 휘둥그레 뜰지 모른다.

사상사는 현실적이지 못한 학문이다. 다원성·융합성·추측성·개괄성(사실상 논리를 경시하고) 의문 논리를 중시하는 것 등으로 인해 비평을 받는다. 버트런드 러셀은 다음과 같은 말로 자신이 깨달음을 토로했다. "거시적으로 고찰하는 사람은 각 분야의 전문가 앞에서 항상 부족한 점이 드러나게 마련이다. 구체적인 문제에 대한 상세함에서 그런 전문가들에게 미치지 못한다." 그렇다고 '신중한 침묵'만 지키고 있을 수는 없다. 그렇다면 아무도 이런 종류의 주제를 다루려고 하지 않을 것이다. 사실상 그런 종류의 주제를 다루는 것도 학문적으로 필요하다. 왜냐하면 고서에 기록된 사실적 내용은 많아야 절반 정도이고, 나머지 절반은 사상이기 때문이다. 사실만을 골라 연구하고 사상적인 면은 피하여 언급하지 않는다면, 역사 학문의 절반만 연구하는 셈이 된다.

지난 수년 간 여름방학, 겨울방학마다 홍콩에 가서 머물렀는데, 홍콩 중원대 옆에 있는 츠니핑赤泥坪 마을에서 지냈다. 그곳의 생활은 베이징의 복잡한 생활과는 달리 아주 단순했다. 이 책의 대부분을 그곳에서 썼다. 홍콩은 비가 자주 와 내릴수록 쾌적함을 느꼈고 마음은 더욱 안정되어 책을 보거나 쓰는 것이 만족스러웠다.(마오쩌둥은 책을 보는 것이 돼지를 잡는 것보다 더 쉽다고 했는데, 그때는 확실히 그랬다.) 지금도 그날들이 많이 그립다.

이 책은 내가 중요하다고 생각한 것을 다루었다. 그러나 중국 고대 지리사상은 대단히 풍부하여 미처 언급하지 못한 부분이 아직 많음을 인정할 수밖에 없다. 그밖에 내가 다루고 있는 문제는 기본적으로 상고上古 즉 선진先秦 시대의 것이다. 선진 시기의 학문은 원래 매우 어렵다. 내 능력의 한계로 빠트리고 잘못된 곳도 있을 것이다. 이 부분들은 여러 학자의 지도편달을 청하는 바다.

끝으로, 이 책이 출판되기까지 중화서국 쉬쥔徐俊 선생의 지지와 리징李靜 박사의 도움을 받았다. 대학원생 주지핑朱繼平·톈톈田天·류인춘劉寅春 등이 역사 문헌과 대조하는 작업을 도왔다. 이에 모두에게 감사를 표한다!

2009년 3월 25일
베이징대 중관위안

地　理　學

思　想　史

주

## 서론

1　이 글은 저자의 지리학 수업을 기록하여 책의 서론으로 가다듬은 것이다.−편집자

2　원문은 '思想'이다. 우리말에서 '사상' '견해' '생각' '이데올로기' 등이 '思想'의 역어로 대응해 문맥에 따라 골라 썼다―옮긴이

3　프레스턴 제임스Preston E. James, 리쉬단李旭旦 옮김, 『지리사상사地理學思想史』, 商務印書館, 1982. (영문 원제는 *All Possible Worlds: a History of Geographical Ideas* 프레스턴 제임스(1899~1986)는 시러큐스 대학에서 1945년부터 1970년까지 봉직했다―옮긴이)

4　최근 제프리 마틴Geoffrey Martin이 펴낸 제4판(청이눙成一農·왕쉐메이王雪梅 옮김, 上海世紀出版集團, 2008)에서는 『가능한 모든 세계: 지리사상사所有可能的世界: 地理學思想史』라고 하여 번역 제목에 원저의 완전한 뜻을 그대로 살렸다.

5　Gary Backhaus and John Murungi(ed.), *Earth Ways: framing geographical meanings*, Lanham: Lexington Books, 2004.

6　리처드 하트숀Richard Hartshorne, 예광팅葉光庭 옮김, 『지리학의 성질: 당대 지리사상 평설地理學的性質: 當前地理學思想述評』, 商務印書館, 1996. (영문 원제는 *The Nature of Geography: A Critical Survey of Current Thought in the Light of the Past*―옮긴이)

7　「우공禹貢」은 『상서尙書』라고도 하는 『서경書經』의 편명 「하서夏書·우공禹貢」이다.―옮긴이

8　콜링우드R. G. Collingwood, 허자오우何兆武 등 옮김, 『역사의 관념歷史的觀念』, 中國社會

科學出版社, 1996, 247쪽. (영문 원제는 *The Idea of History*—옮긴이)

**9**　양우양楊吾揚,『간추린 지리사상사地理學思想簡史』, 高等教育出版社, 1988, 3쪽.

**10**　五百里甸服, 百里賦納總, 二百里納銍, 三百里納秸服, 四百里粟, 五百里米.『상서尙書』「하서·우공」 구제강顧頡剛의 해석에 따르면 총總은 수확한 곡물의 이삭에 벼줄기까지 달린 것을 함께 납부하는 것이고, 질銍은 짧은 낫으로 곡물을 베는 데 쓰는데 곡물의 이삭만 납부하는 것을 비유한 것이고, 갈복秸服은 곡물의 알갱이를 납부하는 것이고, 속粟은 현미이고 미米는 백미다. 구제강,「우공 주석」, 허우런즈侯仁之 엮음,『중국 고대 지리 명저 선독中國古代地理名著選讀』, 제1집, 科學出版社, 1959, 1~54쪽.

**11**　프레스턴 제임스, 리쉬단 옮김,『지리사상사地理學思想史』, 商務印書館, 1982, 140쪽.

**12**　장타이옌,「무신론無神論」,『장타이옌 전집章太炎全集』제4권, 上海人民出版社, 1985, 395~403쪽. 인용문은 396에 보임.

**13**　R. J. 존스턴, 차이윈룽蔡運龍·장타오江濤 옮김,『철학과 인문지리학』, 商務印書館, 2000. (영문 원제는 *Philosophy and Human Geography, An Introduction to Contemporary Approaches*—옮긴이)

**14**　미셸 푸코Michel Foucault, "Of Other Spaces," *Diacritics* Vol.16, No.1, 1986, 22~27쪽, translated from the French by Jay Miskowiec; Michel Foucault, "Space, Knowledge, and Power: Interview of Michel Foucault," Sylvère Lotringer(ed.) tr. Lysa Hochroth and John Johnston, *Foucault Live: Interviews, 1961~1984*, New York: Semiotext(e), 1996. 335~347쪽.

**15**　양우양,『간추린 지리사상사地理學思想簡史』, 高等教育出版社, 1988, 8쪽.

**16**　앵거스 찰스 그레이엄Angus Charles Graham,「음양과 상관적 사유의 본질陰陽與關聯思維的本質」, 세라 앨런Sarah Allan·왕타오王壽·판위저우范毓周 등 엮음,『중국 고대 사유의 패턴과 음양오행설 원류 탐구中國古代思維模式與陰陽五行說探源』, 上海古籍出版社, 1988, 1~57쪽. 원서는 97쪽의 영문 소책자 *Yin-Yang and the Nature of Correlative Thinking*, Singapore: Institute of East Asian Philosophies, 1986.

**17**　天陽地陰. 春陽秋陰. 夏陽冬陰. 晝陽夜陰. 大國陽, 小國陰. 重國陽, 輕國陰. 有事陽而無事陰. 伸者陽而屈者陰. 主陽臣陰. 上陽下陰. 男陽女陰. 父陽子陰. 兄陽弟陰. 長陽少陰. 貴陽賤陰. 達陽窮陰. 娶婦生子陽, 有喪陰. 制人者陽, 制於人者陰. 客陽主人陰. 師陽役陰. 言陽默陰. 予陽受陰. 국가문물국國家文物局 고문헌연구실古文獻研究室 엮음,『마왕두이 한묘백서馬王堆漢墓帛書』一, 文物出版社, 1980, 83쪽.

**18**　故頭之圓也象天, 足之方也象地. 天有四時, 五行, 九解, 三百六十六日, 人亦有四肢, 五臟, 九竅, 三百六十六節. 天有風雨寒暑, 人亦有取與喜怒. 故膽爲雲, 肺爲氣, 肝爲風, 腎爲雨, 脾爲雷, 以與天地相參也, 而心爲之主. 是故耳目者, 日月也, 血氣者, 風雨也.『회남자』「정신훈精神訓」

**19**　로널드 존스턴Ronald J. Johnston 엮음, 차이옌웨이柴彦威 외 옮김,『인문지리학사전人文地

理學辭典』, 商務印書館, 2005, 602쪽. (영문 원제는 *The Dictionary of Human Geography*—옮긴이)

**20** 쩌우전환鄒振環, 『중국 만청의 서양지리학晩淸西方地理學在中國』, 上海古籍出版社, 2000；귀솽린郭雙林, 『격동하는 서양물결 속의 만청지리학西潮激蕩下的晩淸地理學』, 北京大學出版社, 2000 등 참고.

앙드레 메이니에André Meynier, 차이쭝샤蔡宗夏 옮김, 『프랑스 지리사상사法國地理學思想史』, 商務印書館, 1999, 2쪽. (불문 원제는 *Histoire de la Pensée Géographique en France(1872~1969)*—옮긴이)

**22** 存妓一體, 于地理之學未嘗無補也. 『사고전서 총목제요四庫全書總目提要』 제71권 「사부史部27 지리류地理類4」

**23** 王知夫苗乎? 七八月之間旱, 則苗槁矣. 天油然作雲, 沛然下雨, 則苗浡然興之矣. 其如是, 孰能禦之? 今夫天下之人牧, 未有不嗜殺人者也. 如有不嗜殺人者, 則天下之民皆引領而望之矣. 誠如是也, 民歸之, 由水之就下, 沛然孰能禦之? 『맹자』 「양혜왕 상」

**24** 클래런스 글래큰Clarence J. Glacken, *Trace on the Rhodian Shore: Nature and Culture in Western Thought from Ancient Times to the End of the Eighteenth Century*, Berkeley: University of California Press, 1967.

**25** 斧斤以時入山林.

**26** 공자가 동쪽으로 유람을 가는데 두 어린이가 말다툼하고 있었다. 왜 그러는지 물어보자 한 어린이가 대답했다: "저는 해가 갓 떠오를 때는 사람들에게 가깝고, 중천에 솟을 때는 멀리 있다고 했어요." 다른 어린이가 말했다: "해가 갓 떠오를 때는 멀고, 중천에 솟을 때는 가까이 있어요." 먼저 말한 어린이가 다시 말했다: "해가 갓 떠오를 때는 수레 위의 일산日傘만 하고 중천에 솟을 때는 쟁반만 해져요." 다른 어린이가 말했다: "해가 갓 떠오를 때는 썰렁하다가 중천에 솟을 때는 끓는 물에 손 넣는 듯하니, 이것은 가까운 것은 뜨겁고 먼 것은 서늘하기 때문이 아니겠어요?" 공자가 결판을 짓지 못하고 있자 두 어린이가 웃으며 말했다: "누가 당신을 아는 게 많다고 했어요?" 孔子東游見兩小兒辯鬪. 問其故一兒曰: "我以日始出時去人近'而日中時遠也." 一兒以日初出遠而日中時近也. 一兒曰: "日初出大如車蓋及日中則如盤盂'此不爲遠者小而近者大乎?"一兒曰: "日初出滄滄涼涼' 及其日中如探湯此不爲近者熱而遠者涼乎?" 孔子不能決也. 兩小兒笑曰: "孰爲汝多知乎?" 『열자列子』 「탕문湯問」

**27** 聲敎訖于四海. 『서경』 「우공」

**28** 허우런즈侯仁之 엮음, 『간추린 중국 고대 지리학사中國古代地理學簡史』, 科學出版社, 1962.

**29** 탄치샹譚其驤 엮음, 『중국 역대 지리학자 평전中國歷代地理學家評傳』, 山東敎育出版社, 제1·2권, 1990；제3권, 1993.

**30** 조지프 니덤Joseph Needham, 『中國科學技術史』 번역팀 옮김, 『中國科學技術史』, 科學出版社, 제1권, '총론總論', 1975；제5권, '지학地學', 1976.

**31** 조지프 니덤Joseph Needham, 천리푸陳立夫 옮김, 『중국의 과학과 문명中國之科學與文明』, 商務印書館, 1971~1976. 이 타이완 판의 책이름에는 '문명'이 보인다.

**32** 제1권 '총론', 제1분책, 3~4쪽.

**33** 자오룽趙榮, 『지리사상사강地理學思想史綱』, 陝西科學技術出版社, 1995.

**34** 그 밖의 책으로는 류성자劉盛佳 엮음, 『지리사상사地理學思想史』, 華中師範大學出版社, 1990. 이 책은 자료수집이 비교적 상세해 중국 근현대 지리학의 발전에도 영향을 미쳤다.

**35** 클래런스 글래큰, 『로도스 해안의 흔적』, Berkeley: University of California Press, 1967.

**36** 로널드 존스턴Ronald J. Johnston, 탕샤오펑唐曉峰 외 옮김, 『지리학과 지리학자: 1945년 이후의 영미 인문지리학地理學與地理學家: 1945年以來的英美人文地理學』, 商務印書館, 1999. (영문 원제는 *Geography and Geographers: Anglo-American Human Geography since 1945*—옮긴이)

**37** 로널드 존스턴, 차이윈룽蔡運龍 외 옮김, 『철학과 인문지리학哲學與人文地理學』, 商務印書館, 2000. (영문 원제는 *Philosophy and Human Geography, An Introduction to Contemporary Approaches*—옮긴이)

**38** 로널드 존스턴 엮음, 차이옌웨이柴彥威 외 옮김, 『인문지리학사전人文地理學辭典』, 商務印書館, 2005.(영문 원제는 *The Dictionary of Human Geography*—옮긴이)

**39** 에드워드 렐프Edward Relpf, 『장소와 장소 상실Place and Placelessness』, London: Pion, 1976. 렐프가 자신의 1973년 캐나다 토론토대 박사학위논문을 가필해서 낸 책이다. 한국·일본 번역서 모두 300페이지가 훌쩍 넘어간다. 렐프는 캐나다 한인 타운이 장소 탄생인지 장소 상실인지 질문을 던진 적이 있다.—옮긴이

**40** 최근에 서양에서 말하는 지리사상 책 두 권이 중문으로 번역되어 출판되었는데 각기 다른 특색이 있다. 폴 클라발Paul Claval, 정성화鄭勝華·류더메이劉德美·류칭화劉清華·롼치샤阮綺霞 옮김, 『지리사상사地理學思想史』, 北京大學出版社, 2007. 리처드 피트Richard Peet, 저우상이周尙意 외 옮김, 『현대지리사상現代地理學思想』, 商務印書館, 2007.

## 제1장. 중국 고대 개벽신화

**1** 邃古之初,誰傳道之, 上下未形, 何由考之?

**2** 九天之際, 安放安屬? 『초사』 「천문」

**3** 天何所沓? 十二焉分? 日月安屬? 列星安陳? 『초사』 「천문」

**4** 존 메이저John S. Major, 「신화, 우주관과 중국과학의 기원神話宇宙觀與中國科學的起源」, 세라 앨런Sarah Allan·왕타오汪壽·판위저우范毓周 등 엮음, 『중국 고대 사유의 패턴과 음양오

행설의 원류 탐구中國古代思維模式與陰陽五行說探源』, 江蘇古籍出版社, 1998, 101~117쪽.

**5** 以觀天地開闢, 知萬物所造化 , 見陰陽之終始 , 原人事之政理.『귀곡자鬼谷子』「본경음부칠술本經陰符七術 실의법등사實意法騰蛇」

**6** 위안커袁珂,『중국신화사中國神話史』, 上海文藝出版社, 1988, 9쪽.

**7** 『민족학연구소집간民族學研究所集刊』, 제8호, 1959, 47~76쪽에 수록.

**8** 장광즈張光直,『중국의 청동시대中國靑銅時代』, 中文大學出版社, 1982.('청동시대'는 '청동기시대'와 같은 말이다—옮긴이)

**9** 道生一, 一生二, 二生三, 三生萬物.『노자』제42장.

**10** 鍾山之神, 名曰燭陰, 視爲晝, 瞑爲夜, 吹爲冬, 呼爲夏, 不飮, 不食, 不息, 息爲風, 身長千里. 在無脊之東, 其爲物, 人面, 蛇身, 赤色, 居鍾山下.

**11** 위안커,『중국신화사』, 上海文藝出版社, 1988.

**12** 天傾西北, 地不滿東南.

**13** 세상 전체의 창조가 음양설 속에 포함된 이후에도 부분적인 지형의 형성은 신이 창조했다는 설이 주요한 위치를 차지하고 있는데, 거의 모든 지역에 이런 민간 옛이야기가 있다.

**14** 天地混沌如鷄子, 盤古生其中, 萬八千歲, 天地開闢, 陽淸爲天, 陰濁爲地. 盤古在其中, 一日九變, 神於天, 聖於地. 天日高一丈, 地日厚一丈, 盤古日長一丈, 如此萬八千歲. 天數極高, 地數極深, 盤古極長. 後乃有三皇.

**15** 남조 양梁의 임방任昉이 편찬함. 임방은 분량이 많은 지리서를 편찬한 적도 있어서『수서隋書』「경적지經籍志」에, 남북조 시기에 학자들이 자신이 보고 들은 바에 근거해 편찬한 지리서가 많았으나 "일가一家를 이루지는 못했다"고 했다. "제나라 때, 육징陸澄이 160가의 설을 모아 선후와 원근에 따라 편집해 책을 만들어서『지리서』라 했다. 임방이 또 육징의 책에 84가를 더해『지기地記』라 했다"고 한다. 이 방대한 책이 실전되지 않았다면『수경주水經注』외에 남북조 시기의 다른 중요한 지리 저작을 볼 수 있었을 것이다.

**16** 샤쩡유夏曾佑,『중국 고대사中國古代史』, 商務印書館, 1933.

**17** 쉬쉬성徐旭生,『중국 고대사의 전설 시대中國古史的傳說時代』증보수정판, 文物出版社, 1985.

**18** 有神十人, 名曰女媧之腸, 化爲神, 處栗廣之野.

**19** 往古之, 時四極廢, 九州裂, 天不兼覆, 地不周載, 火爁炎而不滅, 水浩洋而不息, 猛獸食顓民, 鷙鳥攫老弱, 於是女媧煉五色石以補蒼天, 斷鼇足以立四極. 殺黑龍以濟冀州, 積蘆灰以止淫水. 蒼天補, 四極正, 淫水涸, 冀州平, 狡蟲死, 顓民生. 背方州, 抱圓天, 和春陽夏 ,殺秋約冬, 枕方寢繩, 陰陽之所壅沈不通者, 竅理之. 逆氣戾物, 傷民厚積者, 絶止之.

**20** 『이아爾雅』「석지釋地」의 해석에 따르면, "동으로는 태원에 이르고, 서로는 빈국에 이르고, 남으로는 복연에 이르고, 북으로는 축율에 이르는데 이를 사극이라 한다東至於泰遠, 西至於邠國, 南至於濮鉛, 北至於祝栗, 胃之四極."『이아』가 말하는 이 네 극점의 이름은 이

상하지만, 여와가 하늘을 보수하는 이야기에서 이 네 극점은 모두 하늘을 바치고 있는 큰 기둥임을 상상할 수 있다.

21 古未有天地之時 惟像無形 (…) 有二神混生 …….

22 쉬쉬성, 『중국 고대 전설 시대』 증보수정판, 文物出版社, 1985, 237쪽.

23 존 메이저, 「신화, 우주관과 중국과학의 기원」, 세라 앨런 등 엮음, 『중국 고대 사유 패턴과 음양오행설 원류 탐구』, 江蘇古籍出版社 참고.

24 漢 應劭 『風俗通』曰 俗說天地開闢未有人民 , 女媧摶黃土作人. 『태평어람太平御覽』 제78권 「황왕부3 여와씨皇王部三 女媧氏」, 한나라 응소應劭의 『풍속통의風俗通義』(『풍속통風俗通』은 약칭)를 인용했다.

25 위안커, 『중국신화사』, 25쪽.

26 苗人臘祭曰報草, 祭用巫, 設女媧伏羲位.

27 쉬쉬성, 『中國古史的傳說時代』增訂本, 237쪽에서 전재.

28 루이이푸芮逸夫, 「먀오족 홍수·복희·여와의 전설苗族洪水故事與伏羲女媧的傳說」, 중앙연구원 역사어언연구소, 『인류학집간人類學集刊』 제1권 제1호, 1938, 155~194쪽에 수록.

29 이 이야기는 위안커, 『중국신화사』, 415쪽에 보인다. 그 외의 전설로는 수이족水族·와족佤族의 전설로, 하늘과 땅이 아직 나눠지지 않았는데 신이 하늘과 땅을 나누었다. 뤄바족珞巴族의 전설은 하늘과 땅이 저절로 나뉘었다. 하니족哈尼族, 누족怒族은 거대한 짐승이 천지를 창조했다는 전설이 있다.

30 유정섭兪正燮, 『계사존고癸巳存稿』 제11권에 보인다. 전하는 말에는 커자客家에는 아직도 정월 스무날을 '천천일天穿日'로 하는 풍습이 있다고 한다.

31 羲和者, 帝俊之妻, 生十日.

32 鍾山之神, 名曰燭陰, 視爲晝, 暝爲夜, 吹爲冬, 呼爲夏, 不飮, 不食, 不息, 息爲風,, 身長千里.

33 夫道, (…) 自本自根, 未有天地, 自古以固存. (…) 豨韋氏得之, 以挈天地.

34 提挈天地. 『회남자』 「숙진훈俶真訓」

35 竅領天下. 『회남자』 「숙진훈」

36 陰陽之所壅沈不通者, 竅理之. 『회남자』 「남명훈覽冥訓」

37 『산해경』 「서산경西山經」에도 보인다. "……다리는 여섯에 날개가 넷이며, 혼돈은 얼굴이 없으며 가무를 알았는데 실은 제강이다 (…) 六足四翼, 渾敦無面目, 是識歌舞, 實惟帝江也"라고 해 '혼돈'을 얼굴이 없는 것으로 상상했는데 아직 일곱 구멍을 뚫지 않았다는 뜻이다.

38 『회남자』는 여와의 부분을 이야기하며 다소 정리를 한 듯 보인다. 그 정리는 단지 간단하게 여러 가지 것을 여와의 공으로 돌린 정도일 뿐, 여와의 이야기와 나머지 신화를 연관 지어 보다 넓고 깊은 신화의 체계를 형성하고, 더 나아가 이데올로기로까지 전개하지는 못했다.

39 儒書言, 共工與顓頊爭爲天子, 不勝, 怒而觸不周之山, 使天柱折, 地維絕, 女媧鎭煉五色石以補蒼天, 斷鼇足以立四極, 天不足西北, 故日月移焉, 地不足東南, 故百川注焉, 久遠之文, 世間是之言也. 文雅之人, 怪而無以非, 若非易無以奪, 又恐其實然, 不敢正議.

**40**  然則天地亦物也, 物有不足, 故昔者女媧氏練五色石以補其闕, 斷鼇之足以立四極. 其後共工氏與顓頊爭爲帝, 怒而觸不周之山, 折天柱, 絶地維, 故天傾西北, 日月辰星就焉, 地不滿東南, 故百川水潦歸焉.

**41**  伏羲氏崩, 群臣推女媧氏卽位, 號爲女皇, 建都于中皇之冊. 명明 주유周游, 『개벽 연의 소설開闢演義』 제11회, 齊魯書社, 1988.

**42**  데이비드 하비David Harvey, 가오융위안高泳源 외 옮김, 『지리학 속의 해석地理學中的解釋』, 商務印書館, 1996, 18쪽. 영문 원제는 *Explanation in Geography*

**43**  프레스턴 제임스, 리쉬단 옮김, 『지리사상사』, 商務印書館, 1982, 69쪽.


## 제2장. 세상을 구하는 영웅과 천지창조 사상

**1**  天降災布祥. 並有其職. 『여씨춘추呂氏春秋』「유시람有始覽」

**2**  然則天地亦物也, 物有不足. 故昔者女媧氏練五色石以補其闕.

**3**  天雨血, 夏有冰, 地坼及泉, 靑龍生於廟, 日夜出, 晝日不出. 『통감외기通鑑外紀』 제1권 주에서 「기년紀年」을 인용.

**4**  '가뭄'의 한자어 '한발旱魃'에서 발魃은 가뭄의 신이다. 『시경』「대아大雅·운한雲漢」: "가뭄귀신 날뛰어 타는 듯하네旱魃爲虐, 如惔如焚."

**5**  "昔者十日幷出, 萬物皆照." 『장자』「제물론齊物論」

**6**  "天有妖孼, 十日幷出." 『통감외기通鑑外紀』 제2권 주에서 「기년紀年」을 인용.

**7**  "湯谷上有扶桑, 十日所浴." 『산해경』「해외동경海外東經」

**8**  "十日代出." 『초사』「초혼招魂」

**9**  "逮至堯之時, 十日幷出, 焦禾稼, 殺草木, 而民無所食. 猰貐'鑿齒'九嬰'大風'封豨'修蛇皆爲民害. 堯乃使羿誅殺捉致於疇華之野, 殺九嬰於凶水之上, 繳大風於靑丘之澤, 上射十日而下殺猰貐, 斷修蛇於洞庭, 禽封豨於桑林, 萬民皆喜, 置堯以爲天子. 於是天下廣狹'險易'遠近, 始有道裏." 『회남자』「본경훈本經訓」

**10**  어떤 학자는 "윤갑이 하서에 있었는데, 하늘에 요괴가 있어 열 개의 태양이 한꺼번에 나타났다胤甲居於河西, 天有妖孼, 十日幷出"는 「기년紀年」의 기록에 근거해, 이 신앙은 중국 서부지역에서 나왔는데 그곳은 가뭄과 무더위가 많으므로 이런 신화가 나왔다고 생각한다. 주톈순朱天順, 『중국 고대 종교 예비적 탐구中國古代宗教初探』, 上海人民出版社, 1982.

**11**  舜之時, 共工振滔洪水, 以薄空桑, 龍門未開, 呂梁未發, 江淮通流, 四海溟涬, 民皆上丘陵, 赴樹木, 舜乃使禹疏三江五湖, 開伊闕, 導瀍澗, 平通溝陸, 流注東海, 鴻水漏, 九州幹, 萬民皆寧其性, 是以稱堯舜以爲聖.

**12** 洪水橫流, 氾濫於天下.

**13** 往古之時, 四極廢, 九州裂, 天不兼覆, 地不周載, 火爁炎而不滅, 水浩洋而不息, 猛獸食顓民, 鷙鳥攫老弱.

**14** 장광즈, 『중국 청동시대』, 三聯書店, 1983, 251~287쪽. '상·주 시대 신화의 분류商周神話之分類' 참고.

**15** 萬民皆寧其性. 『회남자』 「본경훈」

**16** 維吉凶不僭在人, 維天降災祥在德. 『서경』 「함유일덕咸有一德」

**17** 天災流行, 國家代有, 救災恤隣, 道也. 行道, 有福. 『춘추좌씨전』 희공僖公 13년.

**18** 有此觀之, 有賢聖之名者, 必遭亂世之患也." "世無災害, 雖神無所施其德, 上下和輯, 雖賢無所立其功. 『회남자』 「본경훈」

**19** 堯水湯旱, 聖世不能無災. 『문사통의文史通義』 「외편3外篇三」, '천문현지 오행고 서天門縣志五行考序'.

**20** 炎帝爲火災, 故黃帝擒之, 共工爲水害, 故顓頊誅之. 敎之以道, 導之以德而不聽, 則臨之以威武. 臨之威武而不從, 則制之以兵革. 『회남자』 「병략훈」

**21** 음우淫雨: 장맛비, 80여 일까지도 이어진 적이 있음. 복요服妖: 여러 장군이 부인의 옷을 입듯이 의복을 풍속과 법도대로 입지 않음. 계화鷄禍: 암탉이 수탉으로 변함. 옥자괴屋自壞: 집이 저절로 무너짐. 낭식인狼食人: 이리가 사람을 잡아먹음. 재화災火: 불이 남. 초요草妖: 밑둥이 다른 오이가 한데 붙어 자람 등. 우충얼羽蟲孼: 뜻밖의 새가 출현함. 양화羊禍: 양이 새끼를 낳았는데 머리는 하나지만 몸통은 둘임. 수변색水變色: 못이 피처럼 붉게 변함. 동뢰冬雷: 겨울에 우레가 침. 산명山鳴: 산이 소울음처럼 울림. 지진地震. 산붕山崩: 산이 무너짐. 지함地陷: 땅이 꺼짐. 대풍발수大風拔樹: 큰 바람에 나무가 뽑힘. 일식日蝕. 홍관일虹貫日: 빛깔이 흰 무지개가 해에 걸림—옮긴이

**22** 승상에 해당하는 사도 왕윤이 조정 경비 지휘관인 중랑장 여포를 시켜 천자(헌제)의 스승인 태사 동탁을 죽이게 했다司徒王允使中郎將呂布殺太師董卓. 『후한서』 「오행지」

**23** 長安宣平城門外屋無故自壞. 『후한서』 「오행지」

**24** 百川沸騰, 山冢崒崩. 『시경』 「소아小雅·시월지교十月之交」

**25** 고종이 융제를 지내는 날에 꿩이 날아와 울었다. 조기가 말하기를, "먼저 왕을 바로잡고 나서 이 일을 바로잡겠다"고 했다高宗肜日, 越有雊雉, 祖己曰, 惟先格王, 正厥事. 『서경』 「상서商書·고종융일高宗肜日」

**26** 天者群物之祖也. 『한서』 「동중서전董仲舒傳」

**27** 天地生之, 聖人成之. 『순자』 「부국富國」

**28** 大哉堯之爲君也, 巍巍乎, 唯天爲大, 唯堯則之. 『논어』 「태백」

**29** 天地者, 生之始也; 禮義者, 治之始也; 君子者, 禮義之始也. 『순자』 「왕제王制」

**30** 天地生君子, 君子理天地. 君子者, 天地之參也, 萬物之總也, 民之父母也. 無君子則天地不

理, 禮義無統. 上無君師, 下無父子, 夫是之謂至亂. 君臣, 父子, 兄弟, 夫婦, 始則終, 終則
始, 與天地同理, 與萬歲同久, 夫是之謂大本.『순자』「왕제」

31 當堯之時, 天下猶未平, 洪水橫流, 氾濫於天下, 草木暢茂, 禽獸繁殖, 五穀不登, 禽獸逼人, 獸
蹄鳥跡之道交於中國. 堯獨憂之, 舉舜而敷治焉. 舜使益掌火, 益烈山澤而焚之, 禽獸逃匿. 禹疏
九河, 瀹濟漯而注諸海, 決汝漢, 排淮泗而注之江, 然後中國可得而食也.『맹자』「등문공 상」

32 古者包犧氏之王天下也, 仰則觀象於天, 俯則觀法於地, 觀鳥獸之文與地之宜, 近取諸身, 遠
取諸物, 於是始作八卦, 以通神明之德, 以類萬物之情. 作結繩而為網罟, 以佃以漁.『주역』
「계사繫辭 하」

33 包犧氏沒, 神農氏作, 斲木為耜, 揉木為耒, 耒耨之利, 以教天下, 日中為市, 致天下之民, 聚
天下之貨, 交易而退, 各得其所.『주역』「계사 하」

34 神農氏沒, 黃帝堯舜氏作, 通其變, 使民不倦, 神而化之, 使民宜之.『주역』「계사 하」

35 黃帝堯舜垂衣裳而天下治.『주역』「계사 하」

36 刳木為舟, 剡木為楫, 舟楫之利, 以濟不通, 致遠以利天下. 服牛乘馬, 引重致遠, 以利天下.
重門擊柝, 以待暴客. 斷木為杵, 掘地為臼, 臼杵之利, 萬民以濟. 弦木為弧, 剡木為矢, 弧矢
之利, 以威天下.『주역』「계사 하」

37 刳木為舟, 剡木為楫, 舟楫之利, 以濟不通, 致遠以利天下. 服牛乘馬, 引重致遠, 以利天下.
重門擊柝, 以待暴客. 斷木為杵, 掘地為臼, 臼杵之利, 萬民以濟. 弦木為弧, 剡木為矢, 弧矢
之利, 以威天下.『주역』「계사 하」

38 上古之世, 人民少而禽獸眾, 人民不勝禽獸蟲蛇, 有聖人作, 搆木為巢以避群害, 而民悅之, 使
王天下, 號曰有巢氏. 民食果蓏蚌蛤, 腥臊惡臭而傷害腹胃, 民多疾病, 有聖人作, 鑽燧取火以
化腥臊, 而民說之, 使王天下, 號之曰燧人氏. 中古之世, 天下大水, 而鯀禹決瀆. 近古之世,
桀紂暴亂, 而湯武征伐.『한비자』「오두五蠹」

39 靈王二十二年, 穀洛鬪, 將毀王宮. 王欲壅之, 太子晉諫曰: "不可. 晉聞古之長民者, 不墮山,
不崇藪, 不防川, 不竇澤. 夫山, 土之聚也, 藪物之歸也, 川氣之導也, 澤水之鍾也. 夫天地成
而聚于高, 歸物于下. 疏為川穀, 以導其氣, 陂塘污庳, 以鍾其美. 是故聚不阤崩, 而物有所歸;
氣不沈滯, 而亦不散越. 是以民生有財用, 而死有所葬. 然則無夭昏札瘥之憂, 而無飢寒乏匱之
患, 故上下能相固, 以待不虞, 古之聖王唯此之慎. 昔共工棄此道也, 虞于湛樂, 淫失其身, 欲
壅防百川, 墮高堙庳, 以害天下. 皇天弗福, 庶民弗助, 禍亂并興, 共工用滅. 其在有虞, 有崇
伯鯀, 播其淫心, 稱遂共工之過, 堯用殛之于羽山. 其後伯禹念前之非度, 釐改制量, 象物天地,
比類百則, 儀之于民, 而度之于群生, 共之從孫四岳佐之, 高高下下, 疏川導滯, 鍾水豐物, 封
崇九山, 決汨九川, 陂鄣九澤, 豐殖九藪, 汨越九原, 宅居九隩, 合通四海."『국어』「주어 하」

40 美哉禹功, 明德遠矣. 微禹, 吾其魚乎.『춘추좌씨전』소공 원년.

41 上善若水.『도덕경』

42 水為大災, 天之常運.『십삼경주소十三經註疏』의『상서정의尚書正義』「요전堯典」공소孔疏.

**43** 천멍자陳夢家, 『은허 복사 총론殷墟卜辭綜述』, 科學出版社, 1956.

**44** 筆削不廢災異. 『문사통의』 「내편1·역교 하易敎下」

**45** 春爲靑陽, 夏爲朱明, 秋爲白藏, 冬爲玄英. 四氣和, 謂之玉燭. 春爲發生, 夏爲長嬴, 秋爲收成, 冬爲安寧. 四時和爲通正, 謂之景風. 甘雨時降, 萬物以嘉, 謂之醴泉. 祥. 『이아爾雅』 「석천釋天」

**46** 此釋太平之時, 四氣和暢以致嘉祥之事也.

**47** 穀不熟爲饑, 蔬不熟爲饉, 果不熟爲荒, 仍饑爲荐. 災.

**48** 此釋歲凶災荒之名也. 『십삼경주소』의 『이아 주소爾雅註疏』 「석천釋天」 '형병邢昺 소疏'.

**49** 風而雨土爲霾, 陰而風爲曀. 天氣下地不應曰雺, 地氣發天不應曰霧, 霧謂之晦. 『이아』

**50** 暴雨謂之涷, 小雨謂之霡霂, 久雨謂之淫. 淫謂之霖. 『이아』

**51** 案'太史公書'自'春秋'以前, 所有國家災眚, 賢哲占候, 皆出於'左氏'·'國語'者也. 『사통史通』 「외편」 '한서 오행지 착오漢書五行志錯誤'.

**52** 蜀無史職, 故災祥靡聞.

**53** 유지기는 이 이치에 따라 촉나라에는 사관이 없는 것이라 추정했으나, 그래도 촉나라의 재해와 상서로움에 관한 기재가 있다고 했다. "누런 기운이 자귀에 나타나니 새의 무리가 창장長江 강에 떨어졌다. 성도에 경성이 나타나고 익주에는 재상의 기가 없다. 만약 사관을 두지 않았다면 이런 일들을 어찌 알고 썼겠는가黃氣見於姊歸, 群鳥墮於江水, 成都言有景星出, 益州言無宰相氣, 若史官不置, 此事從何而書? 『사통』 「내편」 '곡필曲筆'. 여기서 유지기가 열거한 "재해와 상서로움"은 사실상 참위류의 것으로 이미 단순한 자연재해가 아니다.

**54** 上帝是依, 無災無害. 『시경』 「노송魯頌」

**55** 惟吉凶不僭在人, 惟天降災祥在德. 『서경』 「상서·함유일덕咸有一德」

**56** 天道福善禍淫, 降災於夏, 以彰厥罪. 『서경』 「탕고湯誥」

**57** 天毒降災荒殷邦. 『서경』 「미자微子」

**58** 夫國必依山川, 山崩川竭, 亡之徵也. (…) 是歲也, 三川竭, 岐山崩, 十一年, 幽王乃滅, 周乃東遷. 『국어』 「주어周語 상」

**59** 大雨雹, 季武子問於申豐曰, 雹可禦乎, 對曰, 聖人在上, 無雹, 雖有不爲災. 『춘추좌씨전』 소공昭公 4년.

**60** 夫人不制, 邃淫二叔, 陰氣盛, 故明年復水也. 『춘추공양전 주소春秋公羊傳注疏』 장공 제8권 (18~27년) '24년二十有四年 대수大水'.

**61** 釋災多濫者, 其流有八, 一曰商榷前世, 全違故實. 二曰影響不接, 牽引相會. 三曰敷演多端, 準的無主. 四曰輕持善政, 用配妖禍. 五曰但信解釋, 不顯符應. 六曰考覆雖讜, 義理非精. 七曰妖祥可知, 寢默無說. 八曰不循經典, 自任胸懷. 『사통』 「외편外篇」 '한서 오행지 착오漢書五行志錯誤'.

**62** 臣謹案'春秋'之中, 視前世已行之事, 以觀天人相與之際, 甚可畏也. 國家將有失道之敗, 而天

乃先出災害以譴告之, 不知自省, 又出怪異以警懼之, 尙不知變, 而傷敗乃至. 『한서』「동중서전董仲舒傳」

63　至如春秋已還, 漢代而往, 其間日蝕·地震·石隕·山崩·雨雹·雨魚·大旱·大水, 犬豕爲禍, 桃李冬花, 多直敍其災, 而不言其應. 此乃魯史之'春秋' '漢書'之帝紀耳, 何用復編之於此志哉! 『사통』「외편」'한서 오행지 착오漢書五行志錯誤'.

64　如星野·疆域·沿革·山川·物產, 俱地理志中事也; 戶口·賦役·征榷·市糴, 俱食貨考中事也; 災祥·歌謠·變異·水旱, 俱五行志中事也; 朝賀·壇廟·祀典·鄕飮·賓興, 俱禮儀志中事也. 『문사통의』「외편3外篇三」'答甄秀才論修志第二書'.

65　山川之神, 則水旱癘疫之災, 於是乎禜之. 日月星辰之神, 則雪霜風雨之不時, 於是乎禜之. 『춘추좌씨전』 소공 원년.

66　天地之大災, 類社稷宗廟, 則爲位. 『주례』「소종백小宗伯」

67　天子旣已封泰山, 無風雨災. 『사기』「봉선서封禪書」

68　命虞人掠林除藪, 以爲百姓材. 『목천자전穆天子傳』 제5권.

69　公劉雖在戎狄之間, 復修后稷之業, 務耕種, 行地宜, 自漆沮渡渭, 取材用, 行者有資, 居者有畜積, 民賴其慶. 『사기』「주본기周本紀」

70　不違農時, 穀不可勝食也, 數罟不入洿池, 魚鼈不可勝食也, 斧斤以時入山林, 材木不可勝用也. 穀與魚鼈不可勝食, 材木不可勝用, 是使民養生喪死無憾也. 『맹자』「양혜왕 상」

71　備物致用, 立(功)成器, 以爲天下利." (고형高亨에 의거해 '공功'을 보충함.) 『주역』「계사 상」

72　'漢書'貨殖傳於是辯其土地川澤丘陵衍沃原濕之宜, 敎民種樹畜養, 五穀六畜及至魚鼈鳥獸蘿蒲材幹器械之資, 所以養生送終之具, 靡不皆育. (…) 然後四民因其土宜, 各任智力, 夙興夜寐, 以治其業, 相與通功易事, 交利而俱贍, 非有徵發期會, 而遠近咸足. 故'易'曰"后以財成輔相天地之宜, 以左右民" "備物致用, 立成器以爲天下利, 莫大乎聖人", 此之謂也.

73　制天命而用之. 『순자』「천론天論」

74　天有其時, 地有其財, 人有其治, 夫是之謂能參. 『순자』「천론」

75　天定勝人, 人定亦能勝天. 『문사통의文史通義』「내편3」'천유天喩'.

76　我聞吾子達於至道, 敢問至道之精. 吾欲取天地之精, 以佐五穀, 以養民人, 吾又欲官陰陽, 以遂群生. 爲之奈何? 『장자』「재유在宥」

77　雲氣不待族而雨, 草木不待黃而落. 『장자』「재유」

78　佞人之心翦翦者. 『장자』「재유」

79　黃帝退, 捐天下, 築特室, 席白茅, 閑居三月. 『장자』「재유」

80　天氣不合, 地氣鬱結, 六氣不調, 四時不節. 今我願合六氣之精, 以育群生. 『장자』「재유」

81　亂天之經, 逆物之情, 玄天弗成, 解獸之群而鳥皆夜鳴. 災及草木, 禍及止蟲. 意, 治人之過也. 『장자』「재유」

82　何必曰利? 『맹자』「양혜왕 상」「고자 하告子下」

1 地天通.『서정』「주서周書·여형呂刑」,『국어』「초어 하楚語下」 등에 보임.

2 장타이옌,「중국문화의 근원과 근대 학술의 발전中國文化的根源與近代學術的發展」,『장타이옌 학술문화 수필章太炎學術文化隨筆』, 中國靑年出版社, 1999, 11쪽. 장타이옌은 노자가 공자보다 앞이라고 여겼기에 이렇게 말했다. "노자와 공자 선후先後에 관해서는 학계는 여전히 토론 중이다. 두 사람 모두 귀신을 중시하지 않았다는 점은 논란이 없다."

3 至'禹本紀''山海經'所有怪物, 余不敢言之也.『사기』「대완열전大宛列傳」

4 존 메이저John S. Major,「신화, 우주관과 중국과학의 기원神話, 宇宙觀與中國科學的起源」, 새러 앨런Sarah Allan 등 엮음,『중국 고대 사유 패턴과 음양오행설 원류 탐구中國古代思維模式與陰陽五行說探源』, 江蘇古籍出版社, 1998, 101~117쪽. 인용문은 107쪽에 보임.

5 마숙馬驌,『역사繹史』제12권.

6 有物混成, 先天地生, 寂兮寥兮, 獨立不改, 周行不殆, 可以爲天下母. 吾不知其名, 字之曰道.『노자』제25장.

7 道生一, 一生二, 二生三, 三生萬物.『노자』제42장.

8 道始於一, 一而不生, 故分而爲陰陽, 陰陽合和, 而萬物生. 故曰, "一生二, 二生三, 三生萬物."『회남자』「천문훈天文訓」

9 泰初有無, 無有無名, 一之所起, 有一而未形. 物得以生, 謂之德, 未形者有分, 且然無閒, 謂之命. 留動而生物, 物成生理, 謂之形, 形體保神, 各有儀則, 謂之性.『장자』「외편·천지天地」

10 其道自然, 非聖人之所通也.『열자』「탕문湯問」

11 大禹曰, 六合之間, 四海之內, 照之以日月, 經之以星辰, 紀之以四時, 要之以太歲. 神靈所生, 其物異形, 或夭或壽, 唯聖人能通其道. 夏革曰, 然則亦有不待神靈而生, 不待陰陽而形, 不待日月而明, 不待殺戮而夭, 不待將迎而壽, 不待五穀而食, 不待繒纊而衣, 不待舟車而行. 其道自然, 非聖人之所通也.『열자』「탕문」

12 昔之得一者, 天得一以淸, 地得一以寧, 神得一以靈, 谷得一以盈, 萬物得一以生, 侯王得一以爲天下正.『노자』제39장.

13 所謂無形者, 一之謂也. 所謂一者, 無匹合於天下者也. 卓然獨立, 塊然獨處, 上通九天, 下貫九野.『회남자』「원도훈原道訓」

14 道者, 一立而萬物生矣.『회남자』「원도훈原道訓」

15 구제강,「삼황고三皇考」,『구제강 고대사 논문집顧頡古史論文集』제3책, 中華書局, 1996, 1~253쪽. 인용문은 56쪽에 보임.

16 太一出兩儀, 兩儀出陰陽.『여씨춘추』「중하기仲夏紀」

17 萬物所出, 造於太一, 化於陰陽.『여씨춘추』「중하기」

18 有物混成, 先天地生, 寂兮寥兮, 獨立不改, 周行不殆, 可以爲天下母. 吾不知其名, 字之曰

道, 吾強爲之名曰大. 『노자』 제25장.

**19**  道也者, 至精也, 不可爲形, 不可爲名, 強爲之謂之太一. 『여씨춘추』 「중하기」

**20**  고대 문헌에서 '태일太一'은 별, 신과 궁극적 물질까지 이 세 가지 의미를 다 포함하는 개념이다. 이 세 가지 개념에서 첸바오충錢寶琮은, 선진 시대는 '태일太一'이 철학적 개념이었는데 한대에 이르러 별의 이름으로 변화되었고, 그 뒤에 다시 천신天神 중 지존인 천제天帝로 발전되었으며, 아울러 그와 관련된 각종 규범들이 파생되었을 것으로 추측하고 있다. 리링李零은 근년에 출토된 고서에 근거해, '태일太一'의 삼중적 속성은 한대부터가 아니라 선진 시대에 이미 별과 신과 궁극적 물질의 삼중적 속성을 구비했으며 "서로 바꾸어 풀이하는 같은 것의 다른 이름"으로 생각한다. 여기서 서술하는 '태일太一'은 단지 우주 본체와 창조력의 의미로서만 다루는 것으로, 별과 신의 속성에 관해서는 논의하지 않는다. '태일太一'에 관한 연구: 구제강, 「삼황고三皇考」, 『구제강 고대사 논문집』 제3책, 中華書局, 1996, 1~253쪽; 첸바오충錢寶琮, 「태일고太一考」, 『옌징학보燕京學報』 제12호, 1932, 2449~2478쪽. 리링李零, 「'태일太一' 숭배의 고고학적 연구太一崇拜的考古研究」, 『중국방술 후속연구中國方術續讀』, 中華書局, 2006, 158~181쪽.

**21**  펑유란馮友蘭, 『간추린 중국 철학사中國哲學簡史』, 北京大學出版社, 1996, 229쪽.

**22**  易有太極, 是生兩儀. 『주역』 「계사 상」

**23**  '태극太極'이라는 말은 『장자』 「내편·대종사大宗師」에서 처음 보이는데 『주역』 「계사」가 그대로 이어서 사용했다. 송대 유가사상 중 '태극'은 기본적인 개념이다.

**24**  濂溪先生曰, "無極而太極. 太極動而生陽, 動極而靜. 靜而生陰, 靜極復動, 一動一靜, 互爲其根, 分陰分陽, 兩儀立焉. 陽變陰合, 而生水火木金土, 五氣順布, 四時行焉."五行一陰陽也, 陰陽一太極也. 太極本無極也, 五行之生也, 各一其性, 無極之眞, 二五之精, 妙合而凝. 乾道成男, 坤道成女, 二氣交感, 化生萬物, 萬物生生, 而變化無窮焉. 惟人也, 得其秀而最靈, 形旣生矣, 神發知矣, 五性感動而善惡分, 萬事出矣, 聖人定之以中正仁義, 而主靜. 立人極焉. 故聖人與天地合其德, 日月合其明, 四時合其序, 鬼神合其吉凶. 君子修之吉, 小人悖之凶. 故曰, "立天地道, 曰陰與陽, 立地之道, 曰柔與剛, 立人之道, 曰仁與義." 又曰, "原始反終, 故知死生之說, 大哉'易'也, 斯其至矣." 주희朱熹·여조겸呂祖謙, 『근사록近思錄』 제1권.

**25**  蓋黃帝考定星曆, 建立五行, 起消息, 正閏餘, 於是有天地神祇物類之官, 是謂五官. 各司其序, 不相亂也. 『사기』 「역서曆書」

**26**  天有六極五常. 『장자』 「외편·천운天運」

**27**  앵거스 그레이엄Angus Charles Graham은 주요 저작 『음양과 상관적 사유Yin-Yang and the Nature of Correlative Thinking』에서 구조주의적 방법으로 음양오행설을 분석해 주목을 받았다─옮긴이

**28**  앵거스 그레이엄, 「음양과 상관적 사유의 본질陰陽與關聯思維的本質」, 새러 앨런 등 엮음, 『중국 고대 사유의 패턴과 음양오행설 원류 탐구中國古代思維模式與陰陽五行說探源』,

江蘇古籍出版社, 1998, 1~57쪽. 인용문은 1~2쪽에 보임. 영어 원문: Cosmological speculation, which is at the beginnings of Greek philosophy, entered the main current of Chinese thought only at the very end of the classical period. It is possible to spend a long time studying the philosophers from Confucius (551~479 BC) to Han Fei (died 233 BC) without ever having to come to terms with it. One more step however, into the Lu-shi chun-chin (c 240 BC) and the appendices to the Changes, and one must find an entry into a vast system relating community to cosmos in an order which juxtaposes the harmonious and separates the conflicting, starting from chains of pairs with contrasting members correlated with the Yin and Yang, branching out into fours and fives correlated with the Five Phases, and down through successive divisions correlated with the Eight Trigrams and Sixty-four Hexagrams.

**29** 왕아이허王愛和, 「중국 우주관 연구와 서양 이론 패턴中國宇宙觀硏究與西方理論模式」, 류샤오간劉笑敢 엮음, 『중국철학과 문화中國哲學與文化』 제1집, 廣西師範大學出版社, 2007, 218~238쪽.

**30** 木勝土, 土勝水, 水勝火, 火勝金, 金勝木, 故禾春生秋死, 菽夏生冬死, 麥秋生夏死, 薺冬生中夏死. 『회남자』 「지형훈墬形訓」

**31** 宋人有爲其君以玉爲楮葉者, 三年而成, 鋒殺莖柯, 毫芒繁澤, 此人遂以巧食宋國. 子列子聞之, 曰 "使天地之生物, 三年而成一葉, 則物之有葉者寡矣. 故聖人恃道化而不恃智巧." 『열자』 「설부說符」

**32** 天地自高, 地之自厚, 日月之自明. 『장자』 「전자방田子方」

**33** 則天地固有常矣, 日月固有明矣, 星辰固有列矣, 禽獸固有群矣, 樹木固有立矣. 『장자』 「천도天道」

**34** 南海之帝爲儵, 北海之帝爲忽, 中央之帝爲混沌. 儵與忽時相與遇於混沌之地, 混沌待之甚善. 儵與忽謀報混沌之德, 曰人皆有七竅以視聽食息, 此獨無有, 嘗試鑿之, 一鑿一竅, 七日而混沌死. 『장자』 「응제왕應帝王」

**35** 옛사람들의 말에 "천하를 소통하고 다스리다" "혼돈이 아직 뚫리지 않다" 등이 있는데, 혼돈에 구멍을 뚫는다는 것은 문명세계 창설의 의미가 있다.

**36** 一者, 形變之始也. 淸輕者上爲天, 濁重者下爲地, 冲和氣者爲人, 故天地含精, 萬物化生. 『열자』 「천서天瑞」

**37** 淸陽者, 薄靡而爲天, 重濁者, 凝滯而爲地. 淸妙之合專易, 重濁之凝竭難, 故天先成而地後定. 『회남자』 「천문훈」

**38** 天地萬物與我並生, 類也. 『열자』 「설부」

**39** 天地與我並生而萬物與我爲一. 『장자』 「제물론」

40  장다이녠張岱年, 『중국철학대강中國哲學大綱』, 中國社會科學出版社, 1982.

41  爲人者天. 人生有喜怒哀樂之答, 春秋冬夏之類也. 『춘추번로春秋繁露』 제11권.

42  通天下一氣耳. 『장자』 「지북유知北游」

43  천구잉陳鼓應, 『노장 신론老莊新論』, 上海古籍出版社, 1992, 174쪽.

44  팡둥메이方東美는 서양 자연관의 특징을 이렇게 지적했다: "후기 그리스철학에서 자연은
    가치 의미가 없거나 또는 가치 의미를 부정하는 '물질적 소재'를 가리킨다. 중국철학은 그
    자연 범위에 집착하지 않아서, 단순히 실제적인 상태로 볼 뿐만 아니라 또한 끊임없이 초
    월한다는 논점을 밝히고 있다. 도가로 말하자면 초월해 예술세계를 이루고, 유가로 말하
    자면 초월해 도덕우주를 이루었다. 근대 유럽인들로 말하자면 이 물질세계는 가치중립적
    인 것으로 가치의 유무가 상관없다. 따라서 가치를 논하고자 하면 우선 이 물질세계는 한
    쪽으로 밀어두고, 종교철학자나 예술가처럼 따로 초월적 영역을 형성해야만 가치가 의지
    할 곳이 생긴다." 팡둥메이方東美, 평후샹馮滬祥 옮김, 『중국인의 인생관中國人的人生觀』,
    臺北幼獅公司出版, 1980; 『생생지덕生生之德』, 臺北黎明公司, 1987.

45  궈모뤄郭沫若, 『장자와 루쉰莊子與魯迅』 『모뤄 문집沫若文集』 제12권, 人民文學出版社,
    1959, 59쪽.

46  "Human knowledge has two forms: it is either intuitive knowledge or logical
    knowledge; knowledge obtained through the imagination or knowledge ob-
    tained through the intellect; knowledge of the individual or knowledge of the
    universal; of individual things or of the relations between them: it is, in fact,
    productive either of images or of concepts." 크로체 생전에 교유한 더글러스 아인슬
    리Douglas Ainslie의 영역본(1909)에서 인용했다—옮긴이

47  베네데토 크로체Benedetto Croce, 주광첸朱光潛 옮김, 『미학원리美學原理』, 上海世紀出版
    集團, 2007, 6쪽.

48  萬物與我竝生, 萬物與我爲一.

49  以神遇而不以目視.

50  침상 앞 비추는 밝은 달빛에床前明月光, 땅 위에 서리가 내렸나 싶다疑是地上霜. 머리를
    들어 밝은 달을 보고擧頭望明月, 고개를 숙여 고향을 생각한다低頭思故鄕. 이백李白, 「정
    야사靜夜思」

51  當是時也, 山無蹊隧, 澤無舟梁, 萬物群生, 連屬其鄕, 禽獸成群, 草木遂長. 是故禽獸可系羈
    而游, 鳥鵲之巢可攀援而窺.

52  足跡接乎諸侯之境, 車軌結乎千里之外. 『장자』 「거협胠篋」

53  制天命而用之.

54  人定勝天.

55  不知常, 妄作, 凶. 『노자』 제16장.

**56** 不開人之天, 而開天之天.『장자』「달생達生」

**57** 自而治天下, 雲氣不待族而雨, 草木不待黃而落, 日月之光益以荒矣, 而佞人之心翦翦者, 又
奚足以語至道.『장자』「재유在宥」

**58** 亂天之經, 逆物之情, 玄天弗成, 解獸之群, 而鳥皆夜鳴, 災及草木, 禍及止蟲. 意, 治人之過
也.『장자』「재유」

**59** 앨도 레오폴드Aldo Leopold,『사막 마을 연감沙郷年鑑』, 吉林人民出版社, 1997. 이 번역본
은 '토지의 윤리'라고 했는데, 저자 생각에는 '대지의 윤리'가 더 나을 듯하다. 영문 원제
는 *Sand County Almanac*(1949).

**60** 천구잉陳鼓應,『노장 신론老莊新論』, 上海古籍出版社, 1992.

**61** 1998년 6월 5~8일 하버드대 세계종교연구센터Center for the Study of World Religions 개
최 '도가와 생태' 포럼에서 발표된 논문을 모아 '세계 종교와 생태학 총서Religions of the
World and Ecology Series' 10권 중 1권으로 간행했다. 지라르도N. J. Girardot·밀러James
Miller·류샤오간劉笑敢 엮음,『도가사상과 생태학: 우주경관적宇宙景觀的 내재內在의 도
Daoism and Ecology: Ways within a Cosmic Landscape』, Cambridge: Harvard University
Press, 2001.(서명 번역은 제임스 밀러James Miller 홈페이지 www.jamesmiller.caJames
Miller's CV 수록 중문번역 서명 참고—옮긴이)

**62** 子貢曰, 敢問畸人. 曰, 畸人者畸於人而侔於天. 故曰, 天之小人, 人之君子, 天之君子, 人之
小人也.『장자』「대종사大宗師」통행본通行本(흔히 널리 통용되는 판본)에는 뒤의 두 구
句를 "사람의 군자는 하늘의 소인이다人之君子, 天之小人也"라고 해 앞의 문장과 중복된
다. 왕선겸王先謙이 "중복된 말로 별 뜻이 없으며 마땅히 '하늘의 군자는 인간의 소인天之
君子, 人之小人'이라 해야 한다"고 지적했다. 천구잉陳鼓應 주석,『장자금주금역莊子今注今
譯』, 中華書局, 1990, 197쪽.

**63** 서양에서는 학자들이 제기한 '디프 에콜로지deep ecology'의 개념이 있는데, 행동을 제창
하는 '환경주의environmentalism'와 사상연구를 하는 '생태학적 철학, 에코소피ecosophy'
로 구분한다. '디프deep'는 사상의 심도와 역사의 심도를 가리킨다. 생태 문제를 체계적
으로 사상화하고 철학화하는 것은 사실 오늘날의 사상적 성취다. 서양의 현대 생태신학
生態神學과 녹색신학綠色神學도 기독교가 자연을 아꼈다는 전통을 강조하고 있는데, 미국
전 부통령 고어Gore가 이런 관점을 지지했다. 이 역시 현대적 해석이다.

**64** 清陽者, 薄靡而爲天, 重濁者, 凝滯而爲地.『회남자』「천문훈」

**65** 天地自高, 地之自厚, 日月之自明.『장자』「전자방」

**66** 則天地固有常矣, 日月固有明矣, 星辰固有列矣, 禽獸固有群矣, 樹木固有立矣.『장자』「천
도天道」

**67** 부인이 법도를 지키지 않고 두 시동생과 사통하니, 음기가 성하므로 내년에 또 홍수가 날
것이다夫人不制, 遂淫二叔, 陰氣盛, 故明年復水也.『춘추공양전주소春秋公羊傳注疏』장공 제8

권(18~27년) ‘24년二十有四年 대수大水’.

68 道家論自然, 不知引物事以驗其言行, 故自然之說未見信也. 왕충王充,『논형論衡』「자연自然」

69 不托飛馳而致千里, 不由舟楫而渡孟津. 서광계徐光啓,「벗과 더불어 아와 속을 구별하는 글與友人辨雅俗書」,『서광계집徐光啓集』제11권, 上海古籍出版社, 1984.

70 人之生也柔弱, 其死也堅強. 萬物草木生之柔脆, 其死也枯槁. 故堅強者死之徒, 柔弱者生之徒.『노자』제76장.

71 天地之行也, 故聖人取象焉.『장자』「천도天道」

72 천중환Chung-Hwan Chen陳忠寰(천캉陳康),「노자에서 ‘도’는 무엇을 의미하는가What does Lao-tzu Mean by the Term ‘Tao’?」,『칭화학보清華學報Tsing Hua Journal of Chinese Studies』제4권 제2호, 1961. 류샤오간劉笑敢 엮음,『중국철학과 문화中國哲學與文化』제1집, 廣西師範大學出版社, 2007, 28쪽에서 전재.

73 君先而臣從, 父先而子從, 兄先而弟從, 長先而少從, 男先而女從, 夫先而婦先. 夫尊卑先後, 天地之行也, 故聖人取象焉. 天尊地卑, 神明之位也. 春夏先, 秋冬後, 四時之序也. 萬物化作, 萌區有狀, 盛衰之殺, 變化之流也. 夫天地至神, 而有尊卑先後之序, 而況人道乎. 宗廟尚親, 朝廷尚尊, 鄉黨尚齒, 行事尚賢, 大道之序也.『장자』「천도」

74 語道而非其序者, 非其道也.『장자』「천도」

75 甚僻違而無類, 幽隱而無說, 閉約而無解.『순자』「비십이자非十二子」

76 량치차오梁啓超,「음양오행설의 유래陰陽五行說之來歷」, 구제강 엮음,『고사변古史辨』제5책, 上海古籍出版社, 1982, 343~378쪽.

77 今夫地, 一撮土之多, 及其廣厚, 載華岳而不重, 振河海而不泄, 萬物載焉. 今夫山, 一卷石之多, 及其廣大, 草木生之, 禽獸居之, 寶藏興焉. 今夫水, 一勺之多, 及其不測, 黿鼉蛟龍魚鱉生焉, 貨財殖焉.『예기禮記』「중용中庸」

78 孔子觀於東流之水, 子貢問於孔子曰: “君子之所以見大水必觀焉者, 是何?” 孔子曰: “夫水遍與諸生而無為也, 似德. 其流也埤下, 裾拘必循其理, 似義. 其洸洸乎不淈盡, 似道. 若有決行之, 其應佚若聲響, 其赴百仞之谷不懼, 似勇. 主量必平, 似法. 盈不求概, 似正. 淖約微達, 似察. 以出以入以就鮮絜, 似善化. 其萬折也必東, 似志. 是故見大水必觀焉.”『순자』「유좌宥坐」(‘主量必平’에서 ‘主’는 ‘注’와 같다.『강희자전康熙字典』참고―옮긴이)

79 民溼寢則腰疾偏死, 鰌然乎哉？木處則惴慄恂懼, 猨猴然乎哉？三者孰知正處?『장자』「제물론」


## 제4장. 신석기시대 세계 질서 관념의 증거

1 쑤빙치,『중국 문명 기원 새로운 연구中國文明起源新探』, 生活讀書新知三聯書店, 2000.

2 중국과학원 고고연구소中國科學院考古研究所・반포박물관半坡博物館,『시안 반포西安半

坡』, 文物出版社, 1963.

3  궁치밍鞏啓明·옌원밍嚴文明, 「장자이 이른 시기 촌락 배치를 통한 거주민의 사회조직 구조 탐구從姜寨早期村落布局探討其居民的社會組織結構」, 『고고와 문물考古與文物』 제1호, 1981.

4  엘리아데M. Eliade, 『영원회귀의 신화The Myth of the Eternal Return』, Routledge & Kegan Paul, 1955. 세라 앨런, 왕타오汪濤 옮김, 『거북의 비밀—상대의 신화, 제사, 예술과 우주관 연구龜之謎—商代神話祭祀藝術和宇宙觀研究』, 四川人民出版社, 1992, 108쪽에서 재인용.

5  장쉐하이張學海, 「청쯔야와 중국문명城子崖與中國文明」, 『청쯔야유적 발굴 60주년 기념 국제학술토론 논문집紀念城子崖遺址發掘60周年國際學術討論論文集』, 齊魯書社, 1993.

6  장츠張弛, 『창장 강 중하류지구 선사 시기 취락 연구長江中下游地區史前聚落研究』, 文物出版社, 2003.

7  첸후이평錢輝鵬, 베이징대 박사학위논문『중국 선사 시대 성터 연구中國史前城址研究』, 1999.

8  장츠張弛, 『창장 강 중하류지구 선사 시기 취락 연구長江中下游地區史前聚落研究』, 197쪽.

9  장츠, 『창장 강 중하류지구 선사 시기 취락 연구』, 197쪽.

10  장츠, 『창장 강 중하류지구 선사 시기 취락 연구』, 176쪽.

11  폴 휘틀리Paul Wheatley, 『사방의 극: 중국 고대 도시의 기원과 특징의 예비적 탐구The Pivot of Four Quarters: A Preliminary Enquiry into the Origins and Character of the Ancient Chinese City』, Chicago: Aldine Publishing Company, 1971.

12  첸후이평錢輝鵬, 『중국 선사시대 성터 연구中國史前城址研究』, 123쪽.

13  첸후이평, 『중국 선사시대 성터 연구』, 123쪽.

14  舜一徙成邑, 再徙成都, 三徙成國, 『여씨춘추』「귀인貴因」

15  폴 휘틀리Paul Wheatley, 1971 참고.

16  랴오닝성 문물고고연구소, 「랴오닝 뉴허량 훙산문화 '여신묘'와 적석총군 발굴 보고서」, 『문물』 제8호, 1986, 1~17쪽.

17  중앙축선中軸線: 물건의 한가운데를 가로지르는 축선.—옮긴이

18  랴오닝성 문물고고연구소, 「랴오닝 뉴허량 훙산문화 '여신묘'와 적석총군 발굴 보고서遼寧牛河梁紅山文化女神廟與績石塚群發掘簡報」, 『문물』 제8호, 1986, 2~3쪽.

19  랴오닝성 문물고고연구소, 「랴오닝 뉴허량 훙산문화 '여신묘'와 적석총군 발굴 보고서」, 『문물』 제8호, 1986, 16~17쪽.

20  푸양시 문물관리위원회濮陽市文物管理委員會 외, 「허난 푸양 시수이포 유적 발굴 보고서河南濮陽西水坡遺址發掘簡報」, 『문물』 제3호, 1988, 1~6쪽; 푸양 시수이포 유적 고고대濮陽西水坡遺址考古隊, 「1988년 허난 푸양 시수이포 유적 발굴 보고서1988年河南濮陽西水坡遺址發掘簡報」, 『고고考古』 제12호, 1989, 1057~1066쪽.

21 친젠밍秦建明·장짜이밍張在明·양정楊政,「산시성에서 발견된 한대 장안성을 중심으로 하는 전한의 남북 방향으로 매우 긴 건축 기준선陝西發現以漢長安城爲中心的西漢南北向超長建築基線」,『문물』제3호, 1995, 4~15쪽. 인용문은 15쪽에 보임.

22 예를 들어, 필라델피아를 20년간이나 계획했던 미국 건축가 에드먼드 N. 베이컨Edmund N. Bacon은『도시의 디자인Design of Cities』에서 베이징을 소개할 때, "지상에서 인류의 가장 위대한 단일 공사는 아마도 베이징성일 것이다. 이 중국 도시는 봉건 제왕이 살고자 설계된 것으로 이곳이 우주의 중심임을 표시하려는 의도였다. 도시 전체가 예의규범과 종교의식 속에 깊이 잠겨 있다. (…) 그 (평면)설계는 그토록 뛰어나다. 이는 오늘날의 도시(건설)에 풍부한 사상을 제공하는 보고다." 허우런즈侯仁之,「베이징 옛성 도시 디자인의 리모델링北京舊城城市設計的改造」,『허우런즈 옌위안 논문집侯仁之燕園問學集』, 上海敎育出版社, 1991, 131~164쪽. 인용문은 144쪽에 보임.

23 허우런즈侯仁之,「원의 대도성과 명·청의 북경성元大都城與明淸北京城」;「북경 옛성 평면 디자인의 리모델링北京舊城平面設計的改造」;「톈안먼 광장: 궁정광장에서 인민광장으로의 변천과 리모델링天安門廣場:從宮廷廣場到人民廣場的演變和改造」등 참고. 허우런즈,『역사지리학의 이론과 실천歷史地理學的理論與實踐』, 上海人民出版社, 1979에 수록.

24 繩居中央. 子午卯酉爲二繩.『회남자』「천문훈」

25 辛卯, 天子北征, 東還, 乃循黑水. 癸巳, 至於群玉之山, 容成氏之所守, 曰群玉田山, 口知, 阿平無險, 四徹中繩.『목천자전穆天子傳』제2권.

26 沃野墳腴, 膏壤平砥. 淸洛濁渠, 引流激水. 遐阡繩直, 邇陌如矢.『진서晉書』제55권「반악전潘岳傳」

27 聖人一以仁義爲準繩, 中繩者謂之君子, 不中繩者謂之小人.『문자文子』「상의上義」

28 權與物鈞而生衡, 衡運生規, 規圜生矩, 矩方生繩, 繩直生準, 準正則平衡而鈞權矣. 是爲五則. (…) 準者, 所以揆平取正也. 繩者, 上下端直, 經緯四通也.『한서』「율력지律曆志 상」

29 夫規矩準繩鈞衡, 此昔者先王之所以爲天下也. 小以成大, 近以知遠.『대대례기大戴禮記』「사대四代」

30 左準繩, 右規矩, 載四時, 以開九州, 通九道, 陂九澤, 度九山.『사기』「하본기夏本紀」

31 上下端直, 經緯四通.『한서』「율력지 상」

32 以蒼璧禮天, 以黃琮禮地.『주례』「대종백大宗伯」

33 천주진陳久金·장징궈張敬國,「한산 출토 옥편 도형의 검토含山出土玉片圖形試考」,『문물文物』제4호, 1989, 14~17쪽. 인용문은 14쪽에 보임.

34 天地之間, 九州八極.『회남자』「지형훈」

35 위웨이차오兪偉超,「한산 링자탄의 옥기가 반영하고 있는 신앙 상황含山凌家灘玉器反映的信仰狀況」, 장징궈張敬國 엮음,『링자탄 문화 연구凌家灘文化硏究』, 文物出版社, 2006, 14~17쪽, 인용문은 16쪽에 보임. 원래『문물연구文物硏究』제5집에 수록.

**36** 천주진陳久金·장징궈張敬國, 「한산 출토 옥편 도형의 검토含山出土玉片圖形試考」, 『문물』 제4호, 1989, 14~17쪽.

**37** 라오쭝이饒宗頤, 「문자가 나타나기 전에 '방위'와 '수리적 관계'를 표시하는 옥판未有文字 以前表示方位與數理關係的玉版」, 장징궈張敬國 엮음, 『링자탄 문화 연구凌家灘文化硏究』, 文 物出版社, 2006, 18~21쪽. 인용문은 18쪽에 보임.

**38** 리쉐친李學勤, 「한산 링자탄의 옥 거북과 옥판을 논함論含山凌家灘玉龜, 玉版」, 장징궈 엮음, 『링자탄 문화 연구』, 文物出版社, 2006, 32~37쪽. 원래는 『중국문화中國文化』 제6호, 1992에 수록.

**39** 自古聖王將建國受命, 興動事業, 何嘗不寶卜筮以助善. 唐虞以上, 不可記已. 自三代之興, 各 據禎祥. 塗山之兆從而夏啓世, 飛燕之卜順故殷興, 百穀之筮吉故周王. 王者決定諸疑, 參以 卜筮, 斷以蓍龜, 不易之道也. 『사기』 「귀책열전龜策列傳」

**40** 數之法, 出於圓方, 圓出於方, 方出於矩. (…) 平矩以正繩, 偃矩以望高, 覆矩以測深, 臥矩以 知遠, 環矩以爲圓, 合矩以爲方. 方屬地, 圓屬天, 天圓地方. 『주비산경周髀算經』 「상권 1」

**41** 천주진·장징궈, 「한산 출토 옥편 도형의 검토」, 『문물』 제4호, 1989, 14~17쪽. 인용문은 17쪽에 보임.

**42** 數者, 一·十·百·千·萬也, 所以算數事物, 順性命之理也. 『한서』 「율력지律曆志 상」

**43** 形然後數. 『사기』 「율서律書」

**44** 프레스턴 제임스, 리쉬단 옮김, 『지리사상사』, 商務印書館, 1982, 438쪽.

**45** 프레스턴 제임스, 『지리사상사』, 438쪽.

**46** 프레스턴 제임스, 『지리사상사』, 438쪽 재인용.

**47** 프레스턴 제임스, 『지리사상사』, 438쪽.

**48** 뤼시앵 레비브륄Lucien Lévy-Bruhl, 딩유丁由 옮김, 『원시 사유原始思維』, 商務印書館, 2007, 202쪽.

**49** 버클랜드A. W. Buckland, "신성한 수 4 Four as a Sacred Number," *The Journal of the An-thropological Institute of Great Britain and Ireland*, Vol. 25, 1896, 96쪽. 뤼시앵 레비브륄, 『원시 사유』, 205쪽 재인용.

**50** 뤼시앵 레비브륄, 『원시 사유』, 212쪽.

**51** 잔인신詹鄞鑫, 「원시 수의 관념과 중국 전통문화原始數觀念與中國傳統文化」, 『화하고─잔인신 문자 훈고 논문집華夏考─詹鄞鑫文字訓詁論集』, 中華書局, 2006, 39~52쪽.

**52** 天一·地二, 天三·地四, 天五·地六, 天七·地八, 天九·地十. 天數五, 地數五. 五位相得而 各有合, 天數二十五, 地數三十, 梵天地之數五十有五. 此所以成變化而行鬼神也. 『주역대전 周易大傳』 「계사繫辭 상」

**53** 『주역본의周易本義』 제1권에 보이는데, 고증에 따르면 북송北宋 시기 무당산武當山 도사 진단陳搏이 전한 것이다.

**54** 天一生水於北, 地二生火於南, 天三生木於東, 地四生金於西, 天五生土於中. 陽無偶, 陰無配, 未得相成. 地六成水於北, 與天一幷, 天七成火於南, 與地二幷, 地八成木於東, 與天三幷, 天九成金於西, 與地四幷, 地十成土於中, 與天五幷也. 『십삼경주소』의 『예기정의』 「월령月令」 소疏.

**55** 오귀스트 콩트Auguste Comte, 황졘화黃建華 옮김, 『실증정신을 논함論實證精神』, 商務印書館, 1996.

**56** 뤼시앵 레비브륄, 『원시 사유』, '저자의 러시아어판 서문', 3쪽.

**57** 프레스턴 제임스, 리쉬단 옮김, 『지리사상사』, 商務印書館, 1982, 441쪽.

**58** "삼대三代 이전에는 모든 사람이 다 천문을 알았다. '7월이면 화火가 움직인다'(날씨가 서늘해진다)는 농부의 말이다. '삼성三星이 하늘에 있다'(신혼이다)는 부녀자의 말이다. '달이 필畢에 든다'(필수畢宿는 황소자리 참고. 큰 비가 오려 한다)는 변경을 지키는 군졸이 한 말이다. '용미龍尾가 보이지 않는다'(용미인 기수箕宿는 7, 8월 여름철 별자리 궁수자리 참고. 키 모양 별이 보이지 않는다)는 아이들의 노래다. 후세의 문인이나 학자에게 이를 물어도 막연해 알지 못하는 사람들이 있다." 고염무顧炎武, 『일지록日知錄』 제30권, 「천문天文」

**59** 리처드 하트손Richard Hartshorne, 예광팅葉光庭 옮김, 『지리학의 성질―당대 지리사상의 술평地理學的性質―當前地理學思想述評』, 商務印書館, 1996, 28쪽.

**60** 옌윈밍嚴文明, 「링자탄 옥기에 대해凌家灘玉器淺議」, 장징궈張敬國 엮음, 『링자탄 문화 연구凌家灘文化研究』, 文物出版社, 2006, 50~52쪽. 인용문은 50쪽에 보임.


### 제5장. 하늘은 둥글고 땅은 네모나다: 천하 질서의 큰 틀

**1** 祭天曰燔柴. 『이아爾雅』 「석천釋天」

**2** 柴於上帝. 『예기』 「대전大傳」 柴于上帝. 『공총자孔叢子』 「순수巡守」 柴于上帝. 『공총자孔叢子』 「문군례問軍禮」

**3** 帝臺之棊. 『산해경』 「중산경中山經」

**4** 중국 고대의 길이 단위로 시대에 따라 다르며 사람마다 주장도 다르다. 8척尺, 7척尺, 4척과 5척 6촌寸설이 있다.―옮긴이

**5** 『설문해자』에 따르면 인仞은 양팔을 벌린 길이로 1인은 1심尋이며 8척으로 길이가 같다. 그러나 이에 대해서도 이견이 있다.―옮긴이

**6** 海內崑崙之虛, 在西北, 帝之下都. 崑崙之虛, 方八百里, 高萬仞. 上有木禾, 長五尋, 大五圍. 面有九井, 以玉爲檻. 面有九門, 門有開明獸守之, 百神之所在. 『산해경』 「해내서경海內西經」

**7** 南望崑崙, 其光熊熊, 其氣魂魂. 『산해경』 「서산경西山經」

**8** 天子昇於崑崙之丘, 以觀黃帝之宮. 『목천자전穆天子傳』 제2권.

9 　黃帝巡遊四海, 登崑崙山, 起宮室於其上.『목천자전』제2권, 天子昇於崑崙之丘, 以觀黃帝之宮. 곽박郭璞 주.

10 　十七年, 王西征崑崙丘, 見西王母.『죽서기년竹書紀年』「목왕穆王」

11 　禹乃以息土壇洪水以爲名山, 掘崑崙虛以下地, 中有增城九重, 其高萬一千里百一十四步二尺六寸. 上有木禾, 其修五尋, 珠樹·玉樹·璇樹·不死樹在其西, 沙棠·琅玕在其東, 絳樹在其南, 碧樹·瑤樹在其北. 旁有四百四十門, 門間四里, 裡間九純, 純丈五尺. 旁有九井玉橫, 維其西北之隅, 北門開以內不周之風, 傾宮·璇室·縣圃·涼風·樊桐在崑崙閶闔之中, 是其疏圃. 疏圃之池, 浸之黃水, 黃水三周復其原, 是謂丹水, 飮之不死. 河水出崑崙東北陬, 貫渤海, 入禹所導積石山, 赤水出其東南陬, 西南注南海丹澤之東. 赤水之東, 弱水出自窮石, 至於合黎, 餘波入於流沙, 絕流沙南至南海. 洋水出其西北陬, 入於南海羽民之南. 凡四水者, 帝之神泉, 以和百藥, 以潤萬物. 崑崙之丘, 或上倍之, 是謂涼風之山, 登之而不死. 或上倍之, 是謂縣圃, 登之乃靈, 能使風雨. 或上倍之, 乃維上天, 登之乃神, 是謂太帝之居.『회남자』「지형훈」

12 　구제강顧頡剛,「우공」주석, 31쪽.

13 　崑崙虛在其東, 虛四方.『산해경』「해외남경海外南經」

14 　乃以爲衆帝之臺, 在崑崙之北, 柔利之東.『산해경』「해외북경海外北經」

15 　'爾雅釋地云: 三成, 爲昆侖丘.'是 '昆侖'者, 高山皆得名之. 청淸 필원畢沅,『산해경 신교정山海經新校正』

16 　初, 天子封泰山, 泰山東北阯古時有明堂處, 處險不敞. 上欲治明堂奉高旁, 未曉其制度. 濟南人公玉帶上黃帝時明堂圖. 明堂圖中有一殿, 四面無壁, 以茅蓋, 通水, 圜宮垣爲複道, 上有樓, 從西南入, 命曰崑崙, 天子從之入, 以拜祠上帝焉. 於是上令奉高作明堂汶上, 如帶圖.『사기』「효무본기孝武本紀」

17 　사마정司馬貞,『사기색은索隱』「효무본기孝武本紀」: "누각이 있으며 서남쪽으로 들어가는 데 그 길을 곤륜이라 부른다. 그것은 곤륜산의 5성 12누각과 비슷한 까닭에 그렇게 이름 지은 것이다."

18 　嗟乎, 吾誠得如黃帝, 吾視去妻子如脫躧耳."『사기』「효무본기」

19 　마장馬絳,『신화, 우주관과 중국 과학의 기원神話, 宇宙觀與中國科學的起源』, 103쪽.

20 　乃維上天, 登之乃神.『회남자』「지형훈」

21 　建木在都廣, 衆帝所自上下.『회남자』「지형훈」

22 　崑崙有柱焉, 其高入天, 所謂天柱也, 圍三千里, 圓如削, 下有仙人九府治, 與天地同休息.『예문유취藝文類聚』제78권,『영이부 상靈異部上』

23 　崑崙山爲天柱, 氣上通天, 崑崙者地之中也. 地下有八柱, 柱廣十萬里, 有三千六百軸, 互相牽制, 名山大川, 孔穴相通.『초학기初學記』제5권『지리 상地理上』

24 　然則天地亦物也. 物有不足, 故昔者女媧氏練五色石以補其闕, 斷鼇之足以立四極. 其後共工氏與顓頊爭爲帝, 怒而觸不周之山, 折天柱, 絕地維, 故天傾西北, 日月辰星就焉, 地不滿東

혼돈에서 질서로

南, 故百川水潦歸焉.『열자』「탕문湯問」

25 在登葆山, 群巫所從上下也.『산해경』「해외서경」

26 海內崑崙之虛, (…) 帝之下都, (…) 非仁羿莫能上岡之岩.『산해경』「해내서경」

27 華山靑水之東有山, 名曰肇山, 有人名曰柏子高, 柏高上下於此, 至於天.『산해경』「해내경」

28 山川之靈, 足以紀綱天下者.『국어』「노어 하魯語下」

29 能爲百神之主, 德合山天之靈, 是周之所以受天命由此也.『십삼경주소』의『모시정의毛詩正義』제19권.

30 山川有能潤于百里者, 天子秩而祭之.

31 『서경』「요전堯典」에 '사악四岳'이 나온다. 사악에 관한 연구: 구제강,「'사악'과 '오악'四岳與五岳」, 구제강,『사림잡지 제1편史林雜識初編』, 中華書局, 1963, 34~45쪽.('잡지雜識'는 수필 형식의 글一옮긴이)

32 言天子時巡至於方岳, 犕考諸侯之功德而行賞罰也. 손이양孫詒讓,『주례정의周禮正義』제43권,「춘관 대사악春官大司樂」정의正義, 39쪽의 우右.

33 則九重, 孰營度之?『초사楚辭』「천문天問」

34 文信侯曰: 嘗得學黃帝之所以誨顓頊矣, "爰有大圜在上, 大矩在下, 汝能法之, 爲民父母". 蓋聞古之淸世, 是法天地.『여씨춘추』「계동기季冬紀·서의序意」

35 天如鷄子, 地如鷄中黃, 孤居於天內, 天大而地小.『진서』「천문지 상天文志上」에서 '혼천의 주혼천의주渾天儀注' 인용.

36 장샤오위안江曉原·뉴웨이싱鈕衛星,『중국 천문학사中國天文學史』, 上海人民出版社, 2005.

37 장광즈,「'종琮'과 중국 고대 역사에서 그 의의에 대해 논함談琮及其在中國古史上的意義」, 『중국 청동시대』제2집, 三聯書店, 1990, 70~71쪽.

38 리링,『중국 방술고中國方術考』, 人民中國出版社, 1993, 82쪽. 제2장「'식'과 중국 고대의 우주 형식式與中國古代的宇宙模式」

39 式卽杙也. 旋, 轉也. 杙之形, 上圓象天, 下方法地. 사마정司馬貞,『사기색은索隱』「일자열전日者列傳」

40 리링,『중국 방술고』, 人民中國出版社, 1993, 150쪽.

41 리링,『중국 방술고』, 人民中國出版社, 1993, 122쪽.

42 子午卯酉爲二繩, 丑寅辰巳未申亥爲四鉤. 東北爲報德之維, 西南爲背陽之維, 東南爲常羊之維, 西北爲蹏通之維.『회남자』「천문훈」

43 日冬至, 日出東南維, 入西南維. 至春秋分, 日出東中, 入西中. 夏至, 出東北維, 入西北維. 『회남자』「천문훈」

44 用之則轉天綱加地之辰. 사마정司馬貞,『사기색은』「일자열전」

45 嘗竊觀陰陽之術, 大祥而衆忌諱, 使人拘而多所畏.『사기』「태사공자서太史公自序」

46 리링,『중국 방술고』, 人民中國出版社, 1993, 150쪽.

47 리링, 『중국 방술고』, 人民中國出版社, 1993, 166쪽.

48 木, 東方 (…) 出入有名, 使民以時. 『한서』「오행지 상五行志上」

49 火, 南方, 揚光輝爲明者也. 『한서』「오행지 상」

50 土, 中央, 生萬物者也. 『한서』「오행지 상」

51 金, 西方, 萬物旣成, 殺氣之始也. 『한서』「오행지 상」

52 水, 北方, 終藏萬物者也. 『한서』「오행지 상」

53 萬物出乎震, 震東方也. 齊乎巽, 巽東南也, 齊也者, 言萬物之絜齊也. 離也者, 明也, 萬物皆相見, 南方之卦也. 聖人南面而聽天下, 嚮明而治, 蓋取諸此也°坤也者'地也, 萬物皆致養焉, 故曰: "致役乎坤." 兌, 正秋也, 萬物之所說也, 故曰: "說言乎兌." 戰乎乾, 乾, 西北之卦也, 言陰陽相薄也. 坎者, 水也, 正北方之卦也, 勞卦也, 萬物之所歸也, 故曰: "勞乎坎." 艮, 東北之卦也. 萬物之所成終而所成始也. 故曰: "成言乎艮." 『주역』「설괘說卦」

54 大楡河又東南流, 白楊泉水注之, 北發白楊溪, 望离, 右注大楡河. 又東南, 龍芻溪水自坎注之. 『수경주』제14권「포구수鮑邱水」

55 自坎注之. 『수경주』제14권「포구수」

56 北川水有二源, 幷導北山, 東南流, 合成一水, 自乾注巽, 入於穀. 『수경주』제16권「곡수穀水」

57 碑稱靑陵, 在縣坤地." 『수경주』제21권「여수汝水」

58 袁公水東出淸山, 遵坤維而注洭." 『수경주』제26권「술수洫水」

59 大哉乾元. 『주역』「단전象傳·건乾」

60 至哉坤元. 『주역』「단전·곤坤」

61 元建國曰大元, 取大哉乾元之義也. 建元曰至元, 取至哉坤元之義也. 殿曰大明, 曰咸寧. 門曰文明, 曰健德, 曰雲從, 曰順承, 曰安貞, 曰厚載, 皆取諸乾坤二卦之辭也. 『일하 구문고日下舊聞考』제30권.

62 乾者健也, 剛陽之德吉.

63 허우런즈侯仁之 엮음, 『북경도시역사지리北京城市歷史地理』, 北京燕山出版社, 2000. 제4장.

64 以天爲蓋, 以地爲輿, 四時爲馬, 陰陽爲御. 『회남자』「원도훈原道訓」

65 故以天爲蓋, 則無不覆也, 以地爲輿, 則無不載也, 四時爲馬, 則無不使也, 陰陽爲御, 則無不備也. 『회남자』「원도훈」

66 둥추핑董楚平, 「지문地問: 천원지방고天圓地方考」, 라오쭝이饒宗頤 엮음, 『화학華學』제4집, 紫禁城出版社, 2000, 188~206쪽.

67 蔡邕所謂『周髀』者, 卽蓋天之說也. (…) 其言天似蓋笠, 地法覆槃, 天地各中高外下. 北極之下爲天地之中, 其地最高, 而滂沱四隤, 三光隱映, 以爲晝夜. 『진서』「천문지 상」

68 地方如棋局. 『진서』「천문지 상」

69 둥추핑董楚平, 「지문: 천원지방고」, 라오쭝이 엮음, 『화학』제4집, 紫禁城出版社, 2000, 188~206쪽.

**70** 첸스충錢實琮, 「개천설 원류고蓋天說原流考」, 『과학사집간科學史集刊』 제1호, 1958, 北京科學出版社, 32쪽; 『중국천문학사中國天文學史』 제1책, 上海人民出版社, 1980, 136쪽.

**71** 單居離問於曾子曰, "天圓而地方者, 誠有之乎?" 曾子曰, "離, 而聞之, 云乎!" 單居離曰, "弟子不察, 此以敢問也." 曾子曰, "天之所生上首, 地之所生下首, 上首之謂圓, 下首之謂方, 如誠天圓而地方, 則是四角之不揜也." 『대대례기』 「증자 천원曾子天圓」

**72** 둥추핑董楚平은 『대대례기』 『주비산경』 『여씨춘추』 『초사』 「천문天問」 「대언부大言賦」(송옥宋玉) 『장자』 등의 문헌 중 천원지방과 관련된 기록을 살펴보고 구분지었다. 특히 천원지방설에 존재하는 허점에 주의를 기울였다. 그는 '지방地方'의 개념이 원래는 없어서 천원天圓에는 아무 문제가 없었는데, 이 사람 저 사람 여러 사람이 말하면서 사실인 것처럼 와전된 것으로 생각한다.

**73** 物有圓方, 數有奇耦, 天動爲圓, 其數奇也. 地靜爲方, 其數耦也. 此配陰陽之義, 非實天地之體也. 天不可窮而見, 地不可盡而觀. 豈能定其圓方乎?

**74** 정원광鄭文光, 『중국천문학원류中國天文學源流』, 科學出版社, 1979, 203쪽.

**75** 진쭈밍金祖孟, 『중국 옛 우주론中國古宇宙論』, 華東師範大學出版社, 1991.

**76** 예수셴葉舒憲, 『중국신화철학中國神話哲學』, 中國社會科學出版社, 1997, 31쪽.

**77** 둥추핑은 "하늘은 둥글고 땅은 네모나다"는 것이 주대 예악禮樂 문명에서 연유한 것이라고 생각한다. 이는 중시할 만한 관점이다. 둥추핑, 『지문―천원지방고』, 라오쭝이 엮음 『화학』 제4집.

**78** 天道圓, 地道方. 聖王法之, 所以立上下. 何以說天之圓也. 精氣一上一下, 圓周復雜, 無所稽留, 故曰天道圓. 何以說地道之方也. 萬物殊類殊形, 皆有分職, 不能相爲, 故曰地道方. 主執圓, 臣處方, 方圓不易, 其議乃昌. (…) 先王之立高官也. 必使之方, 方則分定, 分定則下不相隱. 『여씨춘추』 「계춘기・환도季春紀圜道」

**79** 以此治國, 國無不利矣. 『여씨춘추』 「계춘기・환도季春紀圜道」

**80** 궈모뤄郭沫若, 『은계수편殷契粹編』, 1222쪽.

**81** 今滕, 絶長補短, 將五十里也. 『맹자』 「등문공 상」

**82** 今秦地, 折長補短, 方數千里. 『한비자』 「초견진初見秦」

**83** 西周之地, 絶長補短, 不過百里. 『사기』 「초세가楚世家」

**84** 人法地. 『노자』

**85** 『태평어람太平御覽』 제9권 「천부9天部九」

**86** 惟王建國, 辨方正位, 體國經野, 設官分職, 以爲民極.

**87** 上下四旁均齊方正, 而天下平矣. 『사서장구집주四書章句集註』 「대학장구大學章句」

**88** 明主者, 有法度之制, 故群臣皆出於方正之治而不敢爲姦. 『관자』 「명법해明法解」

**89** 邪曲之害公也, 方正之不容也. 『사기』 「굴원가생열전屈原賈生列傳」

**90** 割不正, 不食. 『논어』 「향당鄕黨」

91  割肉不方正者不食, 造次不離於正也. 주희, 『논어집주』「향당」

92  푸시녠傅熹年, 「중국 고대 도시계획 건축군 분포와 건축 설계방법 연구中國古代城市規劃建築群布局與建築設計方法研究」, 中國建築工業出版社, 2001.

93  구제강, 「장자와 초사 속의 곤륜과 봉래 두 신화체계의 융합莊子和楚辭中的崑崙和蓬萊兩個神話系統的融合」, 『중화 문화 논총中華文化論叢』, 제2호, 1979.

94  秋水時至, 百川灌河. 涇流之大, 兩涘渚崖之間, 不辨牛馬, 於是焉河伯欣然自喜, 以天下之美爲盡在己. 順流而東行, 至於北海, 東面而視, 不見水端, 於是焉河伯始旋其面目, 望洋向若而嘆曰: "野語有之曰 '聞道百, 以爲莫己若'者, 我之謂也." 『장자』「추수秋水」

95  儒者所謂中國者, 於天下乃八十一分居其一分耳. 中國名曰赤縣神州. 赤縣神州內自有九州, 禹之序九州是也, 不得爲州數. 中國外如赤縣神州者九, 乃所謂九州也. 於是有裨海環之, 人民禽獸莫能相通者, 如一區中者, 乃爲一州. 如此者九, 乃有大瀛海環其外, 天地之際焉. 『사기』「맹자순경열전孟子荀卿列傳」

96  渤海之東不知幾億萬里, 有大壑焉, 實惟无底之谷, 其下无底, 名曰歸墟. 八紘九野之水, 天漢之流, 莫不注之, 而无增无減焉. 其中有五山焉: 一曰岱輿, 二曰員嶠, 三曰方壺, 四曰瀛洲, 五曰蓬萊. 其山高下周旋三萬里, 其頂平處九千里. 山之中閒相去七萬里, 以爲鄰居焉. 其上臺觀皆金玉, 其上禽獸皆純縞. 珠玕之樹皆叢生, 華實皆有滋味, 食之皆不老不死. 所居之人皆仙聖之種; 一日一夕飛相往來者, 不可數焉. 而五山之根, 无所連箸, 常隨潮波上下往還, 不得蹔峙焉. 『열자』「탕문」

97  天柱折, 地維絶. 『회남자』「천문훈」

98  故水潦塵埃歸焉. 『회남자』「천문훈」

99  渤海之尾. 箕畚運於渤海之尾. 『열자』「탕문」

100  『회남자』 『여씨춘추』 모두 곤륜에 대한 언급은 있으나, 봉래蓬萊에 관해서는 보이지 않는다.

101  루윈盧云, 「진·한시대 해안 지구의 방사 문화秦漢時代濱海地區的方士文化」, 탕샤오평唐曉峰·황이쥔黃義軍 엮음, 『역사지리학 독본歷史地理學讀本』, 北京大學出版社, 2006, 401~412쪽.

102  蓬萊山在海中. 『산해경』「해내북경海內北經」

103  齊人徐市等上書, 言海中有三神山, 名曰蓬萊·方丈·瀛洲, 僊人居之. 『사기』「진시황본기秦始皇本紀」

104  클래런스 글래큰, 『로도스 해안의 혼적』, 1967, 75쪽, 주 115.

105  버트런드 러셀Bertrand Russell, 허자오우何兆武·리웨써李約瑟 옮김, 『서양 철학사西方哲學史』상, 商務印書館, 1963, 27쪽.

106  地之所載, 六合之間, 四海之內, 照之以日月, 經之以星辰, 紀之以四時, 要之以太歲. 『산해경』「해외남경」

107  四海之齊謂中央之國, 跨河南北, 越峎東西, 萬有餘里. 『열자』「주목왕 제3周穆王第三」

혼돈에서 질서로

108 九夷·八狄·七戎·六蠻, 謂之四海. 『이아』「석지釋地」

109 海, 晦也. 『석명釋名』「석수釋水」

110 觀於海者難爲水, 遊於聖人之門者難爲言. 『맹자』「진심 상盡心上」

111 曾經滄海難爲水, 除却巫山不是雲. 당나라 원진元稹, 「이사離思」


## 제6장. 분야이론: 천명의 구역화

1 칸트Immanuel Kant, 『실천이성비판實踐理性批判 Kritik der praktischen Vernunft』「맺음말 Beschluß」, 리추링李秋零 엮음, 『칸트 저작 전집康德著作全集』 제5권, 中國人民大學出版社, 2007. 3~171쪽. 인용문은 169쪽에 보임.

2 在天成象, 在地成形, 變化見矣. 『주역』「계사 상」

3 衆星列布, 體生於地, 精成於天, 列居錯時, 各有所屬, 在野象物, 在朝象官, 在人象事. 『사기 史記』「천관서天官書」 정의正義.

4 『송본역대지리지장도宋本歷代地理指掌圖』, 傷害, 上海古籍出版社影印本, 1989년.

5 在天成象, 在地成形. 『주역』「계사 상」

6 天垂象, 見吉凶. 『주역』「계사 상」

7 장샤오위안江曉原, 『역사의 점성학歷史上的星占學』, 上海科技教育出版社, 1995, 1쪽.

8 天下山河兩戒.

9 天下山河 (…) 兩戒. 『신당서』「천문지天文志」

10 掌天星, 以志星辰日月之變動, 以觀天下之遷, 辨其吉凶. 以星土辨九州之地, 所封封域, 皆有 分星, 以觀妖祥. 『주례』「춘관종백春官宗伯」

11 越得歲而吳伐之, 必受其凶. 『춘추좌씨전』 소공昭公 32년.

12 董因迎公於河, 公問焉, 曰吾其濟乎? 對曰歲在大梁, 將集天行. 元年始受, 實沈之星也. 實沈 之墟, 晉人是居, 所以興也. 今君當之, 無不濟矣. 『국어』「진어4晉語四」

13 昔武王伐殷, 歲在鶉火. (…) 歲之所在, 則我有周之分野也. 『국어』「주어 하周語下」

14 周之分野也. 『한서』「오행지 하五行志下」

15 周之興也, 鸑鷟鳴於岐山." 『국어』「주어 상」

16 데이비드 팬케니어David W. Pankenier, 「천명과 오행 교체이론 중의 점성학 기원天命和五行 交替理論中的占星學起源」, 세라 앨런 등 엮음, 『중국 고대 사유의 패턴과 음양오행설의 원류 탐구』, 上海古籍出版社, 1988, 161~195쪽.

17 班固取三統曆, 十二次配十二野. 『진서』「천문지」

18 天有九野, 地有九州. 『여씨춘추』「유시람有始覽」

19 上以考七曜之宿度, 下以配萬方之分野. 『구당서』「천문 하」

20 占而識焉. 이순풍, 『을사점』 제3권.

21 取其地名國號而分配焉. 이순풍, 『을사점』 제3권.

22 在天二十八宿, 分爲十二次, 在地十二辰, 配屬十二國°至於九州分野, 各有攸系, 上下相應, 故可得占而識焉. 州郡國邑之號, 並劉向所, 載於『漢書』 「地理志」, 其疆境交錯, 地勢寬窄, 或有未同, 多因春秋已後, 戰國所據, 取其地名國號而分配焉. 이순풍, 『을사점』 제3권.

23 角·亢·氐, 兗州. 房·心, 豫州. 尾·箕, 幽州. 斗·江·湖. 牽牛·婺女, 揚州. 虛·危, 青州. 營室至東壁, 并州. 奎·婁·胃, 徐州. 昴·畢, 冀州. 觜觿·參, 益州. 東井·輿鬼, 雍州. 柳·七星·張, 三河. 翼·軫, 荊州. 『사기』 「천관서」

24 昔唐人都河東, 殷人都河內, 周人都河南. 夫三河在天下之中, 若鼎足, 王者所更居也. 『사기』 「화식열전貨殖列傳」

25 진난晉南은 산시성山西省 서남부지역. 위베이豫北은 허난 성 경내 황허 강 이북 지역. 위시豫西는 허난 성 내 정저우鄭州 이서 지역—옮긴이

26 『진서』 「천문지 상」의 분야 규칙은 이순풍의 손에서 나왔다.

27 州郡躔次. 『진서』 「천문지 상」

28 東郡, 入角一度. 『진서』 「천문지 상」

29 東平·任城·山陽, 入角六度. 『진서』 「천문지 상」

30 泰山, 入角十二度. 『진서』 「천문지 상」

31 濟北·陳留, 入亢五度. 『진서』 「천문지 상」

32 濟陰, 入氐二度. 『진서』 「천문지 상」

33 東平, 入氐七度. 『진서』 「천문지 상」

34 陳卓·范蠡·鬼谷先生·張良·諸葛亮·譙周·京房·張衡幷云. " 『진서』 「천문지 상」

35 '洛書'分二十八宿於左: 岍, 角. 岐, 亢. 荊山, 氐. 壺口, 房. 雷首, 心. 太嶽, 尾. 砥柱, 箕. 析成, 斗. 王屋, 牛. 太行, 須女. 恆山, 虛. 碣石, 危. 西傾, 室. 朱圉, 畢. 鳥鼠, 奎. 太華, 婁. 熊耳, 胃. 外方, 昴. 桐柏, 畢. 陪尾, 觜. 塚, 參. 荊山, 東井. 內方, 輿鬼. 大別, 柳. 岷山, 七星. 衡山, 張. 九江, 翼. 敷淺原, 軫. 이순풍, 『을사점』 제3권.

36 구제강은 부천원이 대별산大別山의 일부라고 생각했다. 구제강, 「우공」 주석에 보임.

37 星官有'二十八宿山經', 其山各在十二次之分. 分野有災, 則宿與山相感, 而見祥異. 이순풍, 『을사점』 제3권.

38 그러나 이런(별과 산이 감응하는) 분야 체계는 점성학을 실행하는 동안 거의 사용되지 않았다. 장샤오위안江曉原, 『역사상의 점성학歷史上的星占學』, 上海科技教育出版社, 1995, 303쪽.

39 차오완루曹婉如·정시황鄭錫煌·황성장黃盛璋·뉴중쉰鈕仲勛·런진청任金城·쥐더위안鞠德源 엮음, 『중국 고대지도집: 전국—원中國古代地圖集: 戰國—元』, 文物出版社, 1990.

40 『지리지』에 이르길, 「우공」의 북조 형산은 풍익, 회덕현의 남쪽에 있고, 남조 형산은 남군 임저현의 동북에 있다. 이는 예로부터 삼조의 설이 있는 것이다. 그런 까닭에 마융, 왕숙이 모두 삼조라 했다. 도견은 북조이고, 서경은 중조이고, 파총은 남조다. 정현은 사열이

혼돈에서 질서로

라 했는데, 도건이 음렬이고, 서경은 차음렬, 파충은 차양렬, 민산이 정양렬이다地理志´云, ´禹貢北條荊山, 在馮翊懷德縣南, 南條荊山, 在南郡臨沮縣東北. 是舊有三條之說也. 故馬融, 王肅皆 爲三條, 導岍北條, 西傾中條, 嶓冢南條. 鄭玄以爲四列, 導岍爲陰列, 西傾爲次陰列, 嶓冢爲次陽列, 岷山爲正陽列.『십삼경주소十三經註疏』의『상서정의』제6권.

**41** 저우전허周振鶴 엮음,『왕사성 지리서 3종王士性地理書三種』전언前言, 上海古籍出版社, 1993. 곤륜 용맥설崑崙龍脈說은 원래 당대 감여가堪輿家의 것으로, 웡원하오翁文灝의「중 국산맥고中國山脈考」에 보인다. 웡원하오,「중국산맥고」,『과학科學』제9권 제10호, 1925; 웡원하오翁文灝,『추지집錐指集』, 北平地質圖書館, 1930, 229~262쪽.

**42** 而一行以爲, 天下山河之象存乎兩戒. 北戒, 自三危·積石, 負終南地絡之陰, 東及太華, 逾河, 幷雷首·底柱·王屋·太行, 北抵常山之右, 乃東循塞垣, 至濊貊·朝鮮, 是謂北紀, 所以限戎狄 也. 南戒, 自岷山·嶓冢, 負地絡之陰, 東及太華, 連商山·雄耳·外方·桐柏, 自上洛南逾江· 漢, 携武當·荊山, 至于衡陽, 乃東循嶺徼, 達東甌·閩中, 是謂南紀, 所以限蠻夷也. 故『星傳』 謂北戒爲´胡門´, 南戒爲´越門´. 河源自北紀之首, 循雍州北徼, 達華陰, 而與地絡相會, 並行 而東, 至太行之曲, 分而東流, 與涇·渭·濟瀆相爲表裏, 謂之´北河´. 江源自南紀之首, 循梁州 南徼, 達華陽, 而與地絡相會, 并行而東, 及荊山之陽, 分而東流, 與漢水·淮瀆相爲表裏, 謂 之´南河´.『신당서』「천문지」

**43** 왕모王謨,『한당지리서초漢唐地理書鈔』영인본影印本, 中華書局, 1961.

**44** 最得天象之正. 왕모,『한당지리서초』영인본, 中華書局, 1961, 43쪽.

**45** 往往議其疏謬. 왕모,『한당지리서초』영인본, 中華書局, 1961, 46쪽.

**46** 竊以爲, 戒者界也. 서문정徐文靖,『천하 산하 양계고天下山河兩戒考』『서위산 육종徐位山六 種』제1~4책, 광서光緖 2년(1876) 보각본補刻本에 수록. 서문정의 자字는 위산位山.

**47** 戒, 又與界同義. 오임신吳任臣,『자휘보字彙補』「과부戈部」

**48** 而一行則以爲天下山河之象, 存乎南北兩界.『명사明史』「천문지」

**49** 月南入牽牛南戒.『성전星傳』

**50** 南河三星, 北河三星, 分夾東井南北, 置而爲戒.『사기史記』「천관서天官書」정의正義.

**51** 南戍爲越門, 北戍爲胡門.『한서漢書』「천문지」

**52** 南河南戒, 一曰陽門, 亦曰越門. 北河北戒, 一曰陰門, 亦爲胡門. 兩戒間, 三光之常道也.『사 기史記』「천관서」정의正義.

**53** 南河曰南戍, 一曰南宮, 一曰陽門, 一曰越門 (…) 北河一曰北戍, 一曰北宮, 一曰陰門, 一曰 胡門 (…) 兩河戍間, 日月五星之常道也.『수서隋書』「천문지」

**54** 朝鮮之拔, 星茀于河戍.『사기』「천관서」, 중화서국中華書局 표점본標點本(금릉서국본金陵 書局本).

**55** 朝鮮之拔, 星茀于河戍.『사기』「천관서」, 상무인서관商務印書館 백납본百納本(송대 경원慶 元연간 황선부黃善夫 간본刊本).

**56** 南北山脈皆會於太華. 왕사성王士性,「광지역廣志繹」, 저우전허 엮음,『왕사성 지리서 삼종王士性地理書三種』, 上海古籍出版社, 1993, 240쪽. (『왕사성 지리서 삼종王士性地理書三種』은「광지역」「오악유초五嶽遊草」「광유지廣遊志」등으로 구성되고 총 691쪽이다. 낱권『광지역廣志繹』이 합본으로 책의 일부가 되었다—옮긴이)

**57** 北紀山河之曲爲晉代, 南紀山河之曲爲巴蜀, 皆負險用武之國也.『신당서』「천문지」

**58** 北紀之東, 至北河之北, 爲邢趙. 南紀之東, 至南河之南, 爲荊楚.『신당서』「천문지」

**59** 僧一行謂: "天下河山之象, 存乎兩戒." 왕사성王士性,「광지역」, 저우전허 엮음,『왕사성 지리서 삼종』, 上海古籍出版社, 1993, 239쪽.

**60** 且懸象在上, 終天不易, 而郡國沿革, 名稱屢遷, 遂令後學難爲憑準. 貞觀中, 李淳風撰法象志, 始以唐之州縣配焉. 至開元初, 沙門一行又增損其書, 更爲詳密.『구당서』「천문지 하」

**61** 그 밖에 금본今本『위서魏書』「천상지天象志」중에도 일행 선사의 분야 사상에 관한 내용이 다소 보인다. 원래의『위서』「천상지」제3·4권은 진작 산일되었고, 금본『위서』「천상지」제3·4권은 송대 사람이 당대 장태소張太素의『위서』로 보충한 것임.『구당서』제191권「승일행열전僧一行列傳」에, "처음에 일행의 종조부인 동대사인 태소가『후위서』일백권을 편찬했다. 그중「천문지」를 완성하지 못했는데, 일행이 이어서 천문지를 완성했다初, 一行從祖東臺舍人太素, 撰後魏書一百卷, 其天文志未成, 一行續而成之", 이를 근거로 그 내용에 일행 선사의 것이 포함되었을 것으로 추측함.

**62** 近代諸儒言星土者, 或以州, 或以國, 虞·夏·秦·漢, 郡國廢置不同. 周之興也, 王畿千里. 及其衰也, 僅得河南七縣. 今又天下一統, 而直以鶉火爲周分, 則疆場舛矣 (…) 其州縣雖改隸不同, 但據山河以分爾.『신당서』「천문지」

**63** 杓, 自華以西南 (…) 衡, 殷中州河濟之間.『사기』「천관서」

**64** 웡원하오翁文灝,「중국산맥고中國山脈考」,『과학』제9권 제10호, 1925; 웡원하오翁文灝,『추지집錐指集』, 北平地質圖書館, 1930, 229~262쪽.

**65** 프리드리히 라첼Friedrich Ratzel은 산의 체계가 민족을 갈라놓는다는 지리 법칙을 논증하려고 시도했던 적이 있다. 리처드 하트손, 예광팅 옮김,『지리학의 성질—당대 지리사상의 술평』, 商務印書館, 1996, 121쪽 참고. 중국 신석기문화구계區系의 분포는 하천을 경계로 나누는 것이 거의 없다. 필자는 산둥 다원커우大汶口 유적을 가 본적이 있는데, 이 유명한 신석기문화유적이 다원허大汶河 강 양안에 걸쳐 있다.

**66** 프레스턴 제임스, 리쉬단 옮김,『지리사상사』, 商務印書館, 1982, 419쪽.

**67** 觀兩河之象, 與雲漢之所終始, 而分野可知矣.『신당서』「천문지」

**68** 臣召南按, 一行山河兩戒之說, 下晰山川脈絡, 上應雲漢始終. 自古言分野者擧莫之及. 然其義實原本於史遷天官書曰中國山川東北流, 其維首在隴蜀, 尾沒於渤碣. 此卽兩戒之說所自也. 雲漢起於東井, 訖於尾箕, 故曰尾得雲漢之末流. 제소남齊召南,『구당서 율력천문 고증舊唐書律曆天文考證』,『이십오사二十五史』, 上海古籍出版社·上海書店(연합 영인), 1986,

3649쪽.

69 天垂象, 地成形.

70 故知華夏者, 道德禮樂忠信之秀氣也, 故聖人處焉, 君子生焉. 彼四夷者 (…) 豈得與中夏皆同日而言哉. 이순풍, 『을사점』 제3권.

71 分野配以九州, 而環海四夷槪不與焉. 완규생阮葵生, 『차여객화茶餘客話』 제13권.

72 昴·畢間爲天街. 其陰, 陰國; 陽, 陽國. 『사기』 「천관서」

73 占曰, 畢·昴間天街也. 街北, 胡也. 街南, 中國也. 『한서』 「천문지」

74 南戍爲越門, 北戍爲胡門. 『한서』 「천문지」

75 고대의 북악인 항산恒山. 북악 항산의 명칭은 전한 시기에 붙여졌다고 하고 한漢 문제文帝 유항劉恒을 피휘해야 했기 때문에 항산은 상당한 기간 상산常山이라고 불렸다. 북악의 원래 위치는 허베이의 취양曲陽이었는데 명·청 시기에 산시山西의 훈위안渾源으로 바뀌었다. 본문 참고―옮긴이

76 왕융王庸, 『중국지리학사中國地理學史』, 商務印書館, 1938. 중국문화사총서中國文化史叢書 제2집의 하나로 구제강·스넨하이, 『중국 강역 연혁사中國疆域沿革史』에 이어 같은 해 다음 달에 간행되었다.―옮긴이

77 至於衡陽. 『신당서』 「천문지」

78 晝參諸日中之景, 夜考之極星. 『주례』 「고공기 장인考工記匠人」

79 南北地隔千里, 影長差一寸.

80 大率三百五十一里八十步, 而極差一度. 『신당서』 「천문지1天文志一」

81 왕조 관官 주도의 총지지總地志. 『대원일통지大元一統志』 『대명일통지大明一統志』 『대청일통지大淸一統志』 등이 있다―옮긴이.

82 데이비드 팬케니어David W. Pankenier, 「천명과 오행의 교체 이론 중 점성학의 기원天命和五行交替理論中的占星學起源」, 앨런 등 엮음, 『중국 고대 사유의 패턴과 음양오행설 원류 탐구』, 江蘇古籍出版社, 1998, 161~195쪽. 인용문은 161쪽에 보임.

83 分野配以九州, 而環海四夷槪不與焉, 前人多以爲疑. (…) 星紀北而吳越南, 井鬼南而秦居西. 虛危在北, 齊表東海. 降婁屬西, 魯宅曲阜. 或又以受分之始, 歲星所在爲說. 然有絶而復續者, 封日旣異, 前星又豈可據乎. 夫春秋·戰國地域變遷, 三晉未分, 晉當何區. 秦拓西河, 魏當何屬. 周末東遷, 何故已直鶉火. 陳滅於楚, 何自而入韓分. 且中國幾何, 蠻夷戎狄豈日星所不臨哉. 天道在西北而晉不害, 越得歲而吳受其凶, 皆以歲星所在言之也. 然家韋實衛, 晉何以吉. 吳·越同野, 吳何以凶. 衛旣水屬, 何故與宋·陳·鄭同火, 而裨竈先知之. 且顓頊之虛, 姜氏·任氏實守其祀, 是又齊, 薛之分矣此皆不可曉者, 前哲要自有見也. 陸子靜嘗謂分野之說難通. 按天文家言天之一度, 當地二千九百餘里. 天大地小, 安得以東南一隅應之. 晉人以一度當一千四百六里, 唐人以一度當四百餘里, 將安所從耶. 완규생, 『차여객화』 제13권.

84 吳伐越, 歲在越, 故卒受其凶. 符秦滅燕, 歲在燕, 故燕之復建不過一紀. 二者信矣. 『일지록日

知錄』제30권, '세성歲星'.

**85** 慕容超之亡, 歲在齊, 而爲劉裕所破, 國遂以亡. 豈非天道有時而不驗邪. 『일지록』제30권, '세성'.

**86** 是以天時不如地利. 『일지록』제30권, '세성'.

**87** 蔽於天而不知地. 홍매洪邁, 『용재삼필容齋三筆』제3권.

**88** 十二國分野, 上屬二十八宿, 其爲義多不然, 前輩固有論之者矣. 其甚不可曉者, 莫如晉天文志, 謂自危至奎爲娵訾, 於辰在亥, 衛之分野也, 屬幷州. 此衛本受封於河內商虛, 後徙楚丘. 河內乃冀州所部, 漢屬司隷, 其他邑皆在東郡, 屬兗州, 於幷州了不相干, 而幷州之下所列郡名, 乃安定·天水·隴西·酒泉·張掖諸郡, 自繫涼州耳. 又謂自畢至東井爲實沈, 於辰在申, 魏之分野也, 屬益州, 且魏分晉地, 得河內·河東數十縣, 於益州亦不相干, 而雍州爲秦, 其下乃列雲中·定襄·雁門·代·太原·上黨諸郡, 蓋又自屬幷州及幽州耳. 謬亂如此, 而出於李淳風之手, 豈非蔽於天而不知地乎. 홍매, 『용재삼필』제3권.

**89** 天垂象, 見吉凶. 『주역』「계사 상」

**90** 에른스트 카시러Ernst Cassirer, 황룽바오黃龍保·저우전쉬안周振選 옮김, 『신화적 사유神話思維』, 中國社會科學出版社, 1992, 128쪽.

**91** 『명사明史』「천문지1」직례 13포정사의 부, 주, 현, 위 및 요동 도사의 별의 구역直隷十三布政司府州縣衛及遼東都司分星"과 많은 '침범凌犯'의 현상을 상세히 기록했다. 저자 역시 "역대의 사지史志들이 많은 침범을 사건과 연결해 영험하다고 하지만 견강부회가 아니면 우연의 일치일 따름歷代史志凌犯多繫以事應, 非附會卽偶中爾"이라고 여겼다. '침범' 현상은 천문의 법칙에 속한 것이어서 "횟수를 미리 예측할 수 있다數可豫定." 그렇다면 일부 천체가 황도를 넘는 것은 "거의 빈 날이 없는데 어찌 그 모두가 길흉을 점치는 것이겠는가殆無虛日, 豈皆有休咎可占?"

**92** 명 왕조는 처음에 도성을 난징南京에 두었다가 베이징北京으로 옮겼다─옮긴이

**93** 今始斗, 牛者, 以星紀爲首也. 『명사明史』「천문지1」, '분야分野'.

**제7장. 하늘과 땅의 통함을 끊다: 지리사상 흐름의 독립**

**1** 쉬쉬성, 『중국 고대사의 전설 시대』수정본, 文物出版社, 1985; 천라이陳來, 『고대 종교와 윤리: 유가사상의 근원古代宗教與倫理: 儒家思想的根源』, 三聯書店, 1996; 리링李零, 「하늘과 땅이 통함을 끊다: 이른 시기 중국 종교의 세 가지 시각 연구絕地天通: 硏究中國早期宗教的三個視覺」, 『중국 방술 속고中國方術續考』, 中華書局, 2006, 362~375쪽; 장샤오위안江曉原, 『점성학과 전통문화星占學與傳統文化』, 廣西師範大學出版社, 2004.

**2** 未能事人, 焉能事鬼? 『논어』「선진先進」

**3** 乃命重黎, 絕地天通, 罔有降格. 『서경』「주서周書·여형呂刑」

**4** '周書'所謂重·黎寔使天地不通者, 何也? 若無然, 民將能登天乎?『국어』「초어楚語 하」(여기서 「주서周書」 대목은 『서경』 「주서·여형」의 것을 가리킨다 —옮긴이.)

**5** 及少皞之衰也, 九黎亂德, 民神雜糅, 不可方物. 夫人作享, 家爲巫史, 無有要質, 民匱於祀, 而不知其福. 烝享無度, 民神同位, 民瀆齊盟, 無有嚴威, 神狎民則, 不蠲其爲. 嘉生不降, 無物以享. 禍災薦臻, 莫盡其氣. 顓頊受之, 乃命南正重司天以屬神, 命火正黎司地以屬民, 使復舊常, 無相侵瀆, 是謂絕地天通.『국어』「초어 하」

**6** 리쉐친李學勤 엮음,『중국 고대 문명과 국가 형성 연구中國古代文明與國家形成研究』, 雲南人民出版社, 1997, 198~199쪽.

**7** 쉬쉬성,『중국 고대사의 전설 시대』, 75쪽.

**8** 양샹쿠이楊向奎,『중국 고대사회와 고대 사상 연구中國古代社會與古代思想研究』상, 上海人民出版社, 1962.

**9** 쉬쉬성,『중국 고대사의 전설 시대』, 76~84쪽.

**10** 거자오광葛兆光,『7세기까지 중국의 지식, 사상과 신앙세계: 중국사상사 제1권七世紀前中國的知識, 思想與信仰世界: 中國思想史 第一卷』, 復旦大學出版社, 1998.

**11** 『십삼경주소』의『예기정의禮記正義』「예운禮運」정현 주.

**12** 大甲賓于帝.

**13** 下乙賓于帝.

**14** 舜尙見帝 (…) 迭爲賓主.『맹자』「만장萬章 하」

**15** 天子賓於西王母.『목천자전』제3권.

**16** 장광즈張光直,「상·주 신화의 분류商周神話之分類」,『중국 청동시대』, 三聯書店, 1999, 251~287쪽.

**17** 三苗復九黎之德.『국어』「초어 하」

**18** 堯復育重黎之後. 不忘舊者, 使復典之.『국어』「초어 하」

**19** 重黎氏世叙天地, 而別其分主資也.『국어』「초어 하」

**20** 리쉐친 엮음,『중국 고대 문명과 국가 형성 연구』, 雲南人民出版社, 1997, 204쪽에서 "전욱의 시대가 기원전 약 2600년부터 시작하는 이 시대의 후기晩期, 즉 룽산龍山 시대의 초기와 서로 대응될 수 있다'고 생각했다.

**21** 주원 갑골周原甲骨에 관한 서술은 차오웨이曹瑋 편저,『주원 갑골문周原甲骨文』, 世界圖書館出版公司, 2002 참고.

**22** 리쉐친,「다신좡 갑골 복사의 예비적 검토大辛莊甲骨卜辭的初步考察」,『문사철文史哲』제4호, 2003; 주평한朱鳳瀚,「다신좡 거북 복갑 각사 추의大辛莊龜腹甲刻辭芻議」,『문사철文史哲』제4호, 2003. 참고.

**23** 세라 앨런, 양민楊民 등 옮김,『이른 시기 중국의 역사, 사상과 문화早期中國歷史思想文化』, 遼寧敎育出版社, 1999 참고.

24 리링李零,「하늘과 땅이 통함을 끊다: 이른 시기 중국 종교의 세 가지 시각 연구絶地天通: 硏究中國早期宗敎的三個視覺」,『중국 방술 속고』, 中華書局, 2006 참고.

25 앙리 마스페로 견해는 조지프 니덤, 천리푸 옮김,『중국의 과학과 문명』제2책『중국 과학 사상사 상』,臺灣商務印書館, 1973 초판, 1980 수정 제3판에서 인용했다.

26 帝令重獻上天, 令黎邛下地.『산해경』「대황서경大荒西經」

27 言重能擧上天, 黎能抑下地, 令相遠, 故不復通也.

28 "구름으로 기록以雲紀"하거나 "불로 기록以火紀"하거나 "물로 기록以水紀"하거나 "용으로 기록以龍紀"하거나 "새로 기록以鳥紀"했다.

29 自顓頊以來, 不能紀遠, 乃紀於近.『춘추좌씨전』소공 17년.

30 爲民師而命以民事.『춘추좌씨전』소공 17년.

31 쉬쉬성,『중국 고대사의 전설 시대』, 84쪽.

32 쉬쉬성,『중국 고대사의 전설 시대』, 76쪽.

33 明於天人之分, 則可謂至人矣.『순자』「천론天論」

34 양샹쿠이楊向奎 강술, 리샹잉李尙英 정리,『양샹쿠이 학술楊向奎學述』, 浙江人民出版社, 2000.

35 吳伐越, 墮會稽, 獲骨焉, 節專車. 吳子使來好聘 (…) 客執骨而問曰: "敢問骨何爲大?" 仲尼曰: "丘聞之, 昔禹致群神于會稽之山, 防風氏後至, 禹殺而戮之, 其骨節專車. 此爲大矣." 客曰: "敢問誰守爲神?" 仲尼曰: "山川之靈, 足以紀綱天下者, 其守爲神, 社稷之守者, 爲公侯, 皆屬于王者."『국어』「노어魯語 하」

36 山川之神足以綱紀天下, 其守爲神, 社稷爲公侯, 皆屬於王者.『사기』「공자세가」

37 防風王芬氏之君, 守封嵎之山者也, 於周亦有任宿須句顓臾, 實祀有濟. 蓋此諸侯類此者衆, 不守社稷而亦不設兵衛. (…) 故知神國無兵, 而皂牢亦不選具, 封嵎小山也, 禹時尙有守者, 然名川三百, 合以群望, 周之守者亦多矣, 春秋所見財一百四十餘國, 自幽平以上滅宗黜地者雖時有, 慮不過十去二三, 非十三而亡十二也. 以神守之國, 營於禨祥, 不務農戰, 亦鮮與公侯好聘, 故方策不能具, 及其見幷, 蓋亦摧枯拉朽之勢也.,「봉건고封建考」,『장타이옌 문록 제1편太炎文錄初編』제1권 영인본, 上海書店, 1992, 76쪽 앞면.

38 우루이吳銳,「'신이 지키는 나라'를 논함論'神守國'」,『제로학간齊魯學刊』제1호, 1996.

39 『궈모뤄 전집 고고편郭沫若全集考古篇』제1권, 科學出版社, 1982, 213~215쪽.

40 양샹쿠이,『자연철학과 도덕철학自然哲學與道德哲學』, 濟南出版社, 1995, 319쪽.

41 양샹쿠이,『중국 고대사회와 고대 사상 연구中國古代社會與古代思想硏究』상책上冊, 上海人民出版社, 1962, 164쪽.

42 守山川之祀者爲神, 謂諸候也.

43 昔禹致群神於會稽之山.『국어』「노어 하」

44 群神, 謂主山川之君, 爲群神之主, 故謂之神也.

45 諸侯之君.『한비자』「식사飾邪」禹朝諸侯之君會稽之上, 風之君後至而禹斬之.

46 우루이吳銳,『신이 지킴과 사직이 지킴의 분화로부터 중국 국가 기원의 상한선을 탐색하다從神守 社稷守的分化探索中國國家起原的上限』미간행 원고.

47 其神句芒.『예기』「월령月令」"맹춘의 달에 해는 28수 중 영실에 있고 (…) 그 신은 구망이다孟春之月日在營室, (…) 其神句芒."

48 致其社稷羣神.『시경』「대아大雅·황의皇矣」모전毛傳 주.

49 "本或作群臣." 是神猶臣也.『석문釋文』

50 山川之守, 足以紀綱天下者, 其守爲神.『후한서』「장형열전張衡列傳」이현李賢 주.

51 靈巫也, 以玉事神, 從玉, 靈聲.『설문說文』

52 古之所謂巫, 楚人謂之曰靈 (…) 其詞謂巫曰靈, 謂神亦曰靈. 蓋群巫之中必有象神之衣服·形貌·動作者, 而視爲神之所憑依, 故謂之曰靈, 或謂之靈保. 왕궈웨이王國維,「上古至五代之戲劇」,『송·원 희곡고宋元戲曲考』, 觀堂遺書刊行會, 1928.

53 우루이吳銳,『신이 지킴과 사직이 지킴의 분화로부터 중국 국가 기원의 상한선을 탐색하다從神守, 社稷守的分化探索中國國家起原的上限』미간행 원고. 이 글은 '신이 지키는 나라'가 가장 이른 국가형태라고 생각하고 있다.

54 古之王者, 以神道設敎, 草昧之世, 神人未分, 而天子爲代天之官, 因高就丘, 爲其近于穹蒼是故. 封泰山禪梁父代後以爲曠典, 然上古視之至恒也.,『타이옌 문록 초편太炎文錄初編』제1권『관제색은官制索隱』, 上海書店, 1992, 56쪽.

55 然則天子居山, 其意在尊嚴祕神, 而設險守固之義, 特其後起者也.,『타이옌 문록 초편』제1권『관제색은』, 上海書店, 1992, 59쪽 뒷면.

56 양상쿠이와 우루이는 신이 지키는 것과 사직이 지키는 것의 변화를 "하늘과 땅이 통함을 끊는" 것의 변화와 결합시켜 자세하게 서술했는데, 참고할 만하다.

57 존 메이저,「신화, 우주관과 중국과학의 기원」, 세라 앨런 등 엮음.『중국 고대 사유 패턴과 음양오행설 원류 탐구』, 江蘇古籍出版社, 1998, 101~117쪽.

58 폴 라파르그Paul Lafargue, 왕쯔예王子野 옮김,『종교와 자본宗敎與資本』, 三聯書店, 1963, 2쪽.

59 諸侯祭名山大川之在其地者.『예기』「왕제」

60 而修虞祀.『춘추좌씨전』희공僖公 5년.

61 乃望祭群神, 請神決之, 使主社稷.『사기』「초세가」

62 陰與巴姬埋璧於室內.『사기』「초세가」

63 竟續楚祀, 如其神符.『사기』「초세가」

64 任·宿·須句·顓臾, 風姓也, 實司大皞與有濟之祀, 以復事諸夏.『춘추좌씨전』희공 21년.

65 昔金天氏有裔子曰昧, 爲玄冥師, 生允格·台駘. 台駘能業其官, 宣汾洮, 障大澤, 以處大原. 帝用嘉之, 封諸汾川, 沈·姒·蓐·黃實守其祀.『춘추좌씨전』소공昭公 원년.

66 『춘추좌씨전』소공 원년, 두예杜預 주.

**67** 『시경』「대아大雅·황의皇矣」: "이미 하늘의 복을 받았으니旣受帝祉"에서 정현의 전箋은 "제는 하늘이다帝, 天也"라고 했다. '제帝'의 원래 의미는 꽃자루(화체花蒂)이고 종족신宗族神이다. 흔히 하늘의 사당에 모시기 때문에 또한 하늘의 의미가 있게 되었다. 참고: 리링李零,「고고 발견과 신화전설考古發現與神話傳說」,『리링 자선집』, 廣西師範大學出版社, 1998, 58~84쪽; 주평한朱鳳瀚,「상·주 시기의 천신 숭배商周時期的 天神崇拜」,『중국사회과학中國社會科學』제4호, 1993, 191~211쪽.

**68** 天陰不可升也, 地險, 山川丘陵也. 王公設險以守其國, 險之時用大矣哉.『주역』「상경上經」

**69** 和順以寂漠, 質眞而素樸, 閒靜而不躁, 推移而無故. (…) 其言略以循理, 其行侻而順情, 其心愉而不僞, 其事素而不飾, 是以不擇時日, 不占卦兆, 不謀所始, 不議所終, 安則止, 激則行, 通體於天地, 同精於陰陽, 一和於四時, 明照於日月, 與造化者相雌雄.『회남자』「본경훈」

**70** 小國寡民, 老死不相往來.『노자』제80장.

**71** 鐫山石, 鍥金玉, 擿蚌蜃, 消銅鐵, 而萬物不滋, 剖胎殺夭, 麒麟不游, 覆巢毁卵, 鳳凰不翔. 鑽燧取火, 構木爲臺, 焚林而田, 竭澤而漁. 人械不足, 蓄藏裕餘, 而萬物不繁兆, 萌牙卵胎而不成者, 處之太半矣. 積壤而丘處, 糞田而種穀, 掘地而井飮, 疏川而爲利, 築城而爲固, 拘獸而爲畜, (…) 乃至夏屋宮駕, 縣聯房植, 橑檐榱題, 彫琢刻鏤, 喬枝菱荷, 芙蓉芰荷, 五采爭勝, 流漫陸離, 修掞曲挍, 夭矯曾橈, 芒繁紛挐, 以相交持, 公輸·王爾無所錯其剞劂削鋸, 然猶未能澹人主之欲也.『회남자』「본경훈」

**72** 分山川谿谷, 使有壤界, 計人多少衆寡, 使有分數, 築城掘池, 設機械險阻以爲備.『회남자』「본경훈」

**73** 王公設險以守其國, 險之時用大矣哉.『주역』「상경上經」

**74** 凡兵主者, 必先審知地圖. 轘轅之險, 濫車之水, 名山·通穀·經川·陵陸·丘阜之所在, 苴草·林木·蒲葦之所茂, 道里之遠近, 城郭之大小, 名邑·廢邑·困殖之地, 必盡知之. 地形之出入相錯者, 盡藏之, 然後可以行軍襲邑, 擧錯知先後, 不失地利, 此地圖之常也.『관자』「지도地圖」

**75** 구제강,『오장산경 시탐五藏山經試探』, 北京大學濟社,『사학논총史學論叢』, 제1호, 1934.

**76** 又東三百七十里, 曰杻陽之山, 其陽多赤金, 其陰多白金. 又獸焉, 其狀如馬而白首, 其文如虎而赤尾, 其音如謠, 其名曰鹿蜀, 佩之宜子孫. 怪水出焉, 而東流注於憲翼之水. 其中多玄龜, 其狀如龜而鳥首虺尾, 其名曰旋龜, 其音如判木, 佩之不聾, 可以爲底.『산경』(또는 『산해경』)「남산경」

**77** 凡首陽山之首, 自首山至于丙山, 凡九山, 二百六十七里. 其神狀皆龍神而人面, 其祠之, 毛用一雄鷄瘞, 糈用五種之糈. 堵山, 冢也. 其祠之, 小牢具, 羞酒祠, 嬰毛一璧瘞. 騩山, 帝也. 其祠羞酒太牢具, 合巫祝二人儛, 嬰一璧."『산경』「중산경中山經」

**78** 天地之東西二萬八千里, 南北二萬六千里, 出水之山者八千里, 受水者八千里, 出銅之山四百六十七, 出鐵之山三千六百九十. 此天地之所分壤樹穀也, 戈矛之所發也, 刀鐵之所起也, 能者有餘, 拙者不足. 封於太山, 禪於梁父, 七十二家, 得失之數, 皆在此內, 是謂國用.

『산경』「중산경」

79  위안커, 『산해경 교역山海經校譯』, 上海古籍出版社, 1985, 149쪽.

80  천라이, 『고대 사상 문화의 세계: 춘추 시대의 종교, 윤리와 사회사상』, 三聯書店, 2002, 27쪽.

81  『산경』은 서술 과정에서 다섯 방위의 틀을 제시했는데 이점이 중요한 의의를 갖는다. 다섯 방위 관념의 내원來源은 여전히 좀 더 다뤄 볼 필요가 있다. 다섯 방위는 단순한 경험적 성질의 지식이 아니다. 중국 고대 지리 사상사에서 다섯 방위의 관념은 경전經典관념에 속하는 것이라 그 의의가 여기서 다루는 문제의 범위를 넘어선다.

82  『수서』「경적지經籍志」 외에도 『구당서』「경적지經籍志」, 『숭문총목崇文總目』 등이 있다.

83  景陳其利害, 應對敏給, 帝善之. 又以嘗修浚儀, 功業有成, 乃賜景山海經河渠書禹貢圖及錢帛衣物. 夏, 遂發卒數十萬, 遣景與王吳修渠築堤, 自滎陽東至千乘海口千餘里. 『후한서』「순리열전循吏列傳」 卷76.

84  『한서』의 저자 반고班固도 후한 사람이다. 비록 『한서』 안에 「지리지」를 한 편 써서 중국 고대에 처음으로 '지리'를 편명篇名으로 사용한 문헌이 되었으나 유향의 도서분류법을 참고해 쓴 『한서』「예문지」에는 '지리'류를 두지 않았다. 『산해경』을 형법가류形法家類에 귀속시켰다.

85  道裏山川, 率難考據, 案以耳目所及, 百不一眞. 諸家幷以爲地理書之冠, 亦爲未允. 核實定名, 實則小說之最古者耳. 『사고제요四庫提要』

86  與益·夔共謀, 行到名山大澤, 召其神而問之山川脈理·金玉所有·鳥獸昆蟲之類, 及八方之民俗·殊國異域·土地里數: 使益疏而記之, 故名之曰'山海經'. 『오월춘추吳越春秋』「월왕무여외전越王無余外傳」

87  大禹行而見之, 伯益知而名之, 夷堅聞而志之. 『사고전서』

88  陟其高山, 墮山喬嶽, 允猶翕河. 『시경』「주송周頌·반般」

89  獸, 圖. 『석언釋言』

90  君是周邦而巡守, 其所至則登其高山而祭之, 望秩於山川. 小山及高嶽, 皆信案山川之圖而次序祭之. 『십삼경주소十三經註疏』의 『모시정의』「주송周頌·반般」 정전鄭箋.

91  地域之分·水土之功·疆理之政·稅斂之法·九州之貢·四海之貢·達河之道·山川之奠·六府之修·土姓之錫·武衛之奮·聲敎之訖. 호위胡渭, 『우공추지禹貢錐指』

92  荊·河惟豫州. 伊·洛·瀍·澗旣入于河. 滎波旣豬, 導河澤, 被孟豬. 厥土惟壤, 下土墳壚. 厥田惟中上, 厥賦錯上中. 厥貢漆·枲, 絺·紵, 厥篚纖·纊, 錫貢磬錯. 浮于洛, 達于河. 『서경』「우공」

93  中國以禹貢爲首, 外夷以班史發源. 가탐賈耽, 『원화군현지元和郡縣志』

94  『사기』에는 「대원열전大宛列傳」「서남이열전西南夷列傳」「흉노열전匈奴列傳」이 있고 『한서』에는 「서남이양월조선전西南夷兩粵朝鮮傳」「서역전西域傳」 등이 있다.

**95** 導岍及岐, 至于荊山, 逾于河. 壺口 · 雷首, 至于太岳. 底柱 · 析城, 至于王屋. 太行 · 恒山, 至于碣石, 入于海.『서경』「우공」

**96** 西傾 · 朱圉 · 鳥鼠, 至于太華. 熊耳 · 外方 · 桐柏, 至于陪尾.『서경』「우공」

**97** 導嶓冢, 至于荊山. 內方, 至于大別.『서경』「우공」

**98** 岷山之陽, 至于衡山, 過九江, 至于敷淺原.『서경』「우공」

**99** 自岍山, 爲北條. 自西傾, 爲中條. 自嶓冢, 爲南條.

**100** 九州攸同, 四隩旣宅, 九山刊旅, 九川滌源, 九澤旣陂, 四海會同. 六府孔修, 庶土交正, 厎愼財賦, 咸則三壤. 成賦中邦, 錫土 · 姓, 祇台德先, 不距朕行.『서경』「우공」

**101** 禹疏九河, 瀹濟 · 漯而注諸海, 決汝 · 漢, 排淮 · 泗而注之江, 然後中國可得而食也. 當是時也, 禹八年於外, 三過其門而不入.『맹자』「등문공 상」

**102** 言九州山川, 尚書近之矣.『사기』「대원열전大宛列傳」

**103** 쉬쉬성,『중국 고대사의 전설 시대』, 21쪽. 거자오광은 서양의 인문 사상, 추상적인 철학과 실용적인 과학이 천지 · 사람 · 신이 한데 어우러져 구분할 수 없는 체계에서 점차 분화되어 그들 토양의 '주축 시대'와 멀어진 것과 대비해 고대 중국은 이런 분리가 그리스나 로마처럼 철저하게 이뤄지지 않아서 인문 사상과 추상적인 철학과 실용적인 과학이 여전히 상당 부분에서 인간과 신이 뒤섞인 시대의 사상과 연결되어 있다고 생각한다. 거자오광,「사상의 또 다른 형식인 역사思想的另一種形式的歷史」,『독서讀書』제9호, 1992. 거자오광과 쉬쉬성이 생각이 서로 다른 것은 고대 중국의 이데올로기에 대한 보다 광범위한 검토, 특히 방기方技와 술수術數의 사상 배경에 대한 검토에서 기인했을 것이다. 중국 사회가 복잡하기에 이데올로기도 복잡해질 수밖에 없는데 각기 다른 영역에서는 각자 다른 색채를 띠게 마련이다.


## 제8장. 갑골문에 보이는 국가 정치적 공간 질서의 예비적 형성

**1** 라오쭝이饒宗頤 · 선젠화沈建華 엮음,『갑골문 통검甲骨文通檢』, 제2책, 中文大學出版社, 1994. 통계에 따르면 복사卜辭에 기록된 지명은 1027개다. 지명은 장소에 대한 기록인데 많은 장소가 기록되었다는 것은 상대 사람들의 활동범위가 이미 상당히 넓었음을 설명하고 있다.

**2** 殷紂之國, 左孟門, 右太行, 常山在其北, 大河經其南.『사기』「손자오기열전孫子吳起列傳」

**3** '샤오툰 남지小屯南地'는 갑골문 출토지 허난 성 안양 샤오툰촌小屯村 남부 지방을 약칭한 것이다─옮긴이.

**4** □申卜, (…) 四土 (…) 宗.『합집合集』33272. 귀모뤄郭沫若 엮음,『합집合集』, 中華書局, 1978~1982.

**5** 壬申卜, □四土于□□.『합집』21091.(壬申卜, □(求)四土于□□.

**6**  己巳王卜, 貞: 〔今〕歲商受〔年〕王口(占)曰: 吉. 東土受年. 〔吉〕. 南土受年. 吉. 南土受年. 吉. 北土受年. 吉. 『갑골문 합집甲骨文合集』36975.

**7**  以牧田任遠郊之地. 『주례』「재사載師」

**8**  郊外謂之牧. 『이아』「석지釋地」

**9**  維王克殷國, 君諸侯, 乃厥獻民徵主九牧之師, 見王于殷郊. 『일주서逸周書』「도읍해都邑解」

**10**  쑹전하오, 「상대의 정치적 지리 구조를 논함論商代的政治地理架構」, 중국사회과학원中國社會科學院 역사연구소학간歷史研究所學刊 편집위 엮음, 『중국사회과학원 역사연구소학간中國社會科學院 歷史研究所學刊』 제1집, 社會科學文獻出版社, 2001, 6～27쪽. 쑹전하오의 '대對'에 대한 해석은 리샤오딩李孝定의 관점과 비슷하다. 위싱우于省吾 엮음, 『갑골문자고림甲骨文字詁林』 제2책, 中華書局, 1996, 911쪽.

**11**  甲子卜 王从東戈口侯. 乙丑卜 王从南戈口侯. 丙寅卜 王从西戈口侯口. 丁卯卜 王从北戈口侯口.

**12**  東方曰析, 風曰口. 南方曰因, 風曰口. 西方曰口, 風曰彝. 〔北方曰〕伏, 風曰口. 『합집合集』14294.(역문은 통용되는 것을 따랐다 — 옮긴이)

**13**  辛亥卜, 內貞: "帝于北方曰伏, 風曰口, 口〔年〕." 辛亥卜, 內貞: "帝于南方曰口 風尸 口年." 貞: '帝于東方曰析, 風曰劦, 口年. 貞: "帝于西方曰彝, 風曰丰, 口年." 『갑골문 합집甲骨文合集』14295.(역문은 양동숙梁東淑, 『갑골문 자전 字典을 겸한 갑골문 해독甲骨文解讀』, 月刊 書藝文人畵, 2005를 참고하여 통용되는 것을 따랐다 — 옮긴이)

**14**  후허우쉬안胡厚宣, 「갑골문 사방 바람의 명칭 고증甲骨文四方風名考證」, 『갑골학 상나라 역사 논총甲骨學商史論叢』, 제1집, 齊魯大學國學研究所, 1944; 롄샤오밍連劭名, 「상대의 사방 바람 이름과 팔괘商代的四方風名與八卦」, 『문물文物』, 제11호, 1988, 40～44쪽.

**15**  후허우쉬안胡厚宣, 「은대 사방과 사방의 바람에게 풍년을 비는 제사에 대한 풀이釋殷代求年於四方和四方風的祭祀」, 『후단학보復旦學報』, 제1호, 1956, 49～86쪽. 인용문은 61쪽에 보임.

**16**  천멍자陳夢家, 『은허 복사 종술殷墟卜辭綜述』, 中華書局, 1988, 589쪽.

**17**  데이비드 케이틀리David N. Keightley, 마바오춘馬保春 옮김, 「만상의 대지 및 지리관념晚商的方輿及其地理觀念」, 탕샤오펑唐曉峰 엮음, 『구주九州』 제4집, 商務印書館, 2007, 133～175쪽. 인용문은 146쪽에 보임.

**18**  其自西來雨. 其自東來雨. 其自北來雨. 其自南來雨. 『갑골문 합집』12870 갑甲.

**19**  帝令雨. 『갑골문 합집』14142.

**20**  帝不其令雨. 『갑골문 합집』14135 정正.

**21**  후허우쉬안, 「은나라 복사에 보이는 사방위 수확과 오방위 수확 검토殷卜辭中所見四方受年與五方受年考」, 深圳大學國學研究所 엮음, 『중국문화와 중국철학中國文化與中國哲學』, 東方出版社, 1986, 54～61쪽.

22  데이비드 케이틀리David N. Keightley, 「만상의 대지 및 지리관념晚商的方與及其地理觀念」, 143쪽.

23  데이비드 케이틀리, 「만상의 대지 및 지리관념」, 143쪽.

24  데이비드 케이틀리, 「만상의 대지 및 지리관념」, 145쪽.

25  뤼시앵 레비브륄, 딩유丁由 옮김, 『원시 사유』, 商務印書館, 2007, 205쪽.

26  商邑翼翼, 四方之極. 『시경』 「상송商頌·은무殷武」

27  "중앙에 세웠는데 바람이 없다立中亡風"는 갑골문에 한 번 나온 말이 아니다. 어떤 학자는 이것이 땅에 세워놓은 장대에 바람이 불어 술이 날리는 방향이라고 고증했다. 장대가 세워진 곳이 어떤 곳의 중앙으로 이것으로 방향을 측량하는데 점차 '中'의 의미가 형성되었다고 추측한다. 어떤 학자는 中이 '일중日中'에게 제사드릴 때 쓰는 장대이며 위에 깃발의 끈이 있기는 하지만 원래 의미가 바람을 측량하는 용도는 아니라고 생각했다. 이 글자에 바람에 나부끼는 끈을 그려 넣은 것은 단지 제사의 장대 모양을 그린 것일 뿐이다. 제사 중의 장대에는 항상 술이 있기 때문에 그린 것이다. 장대의 술이 움직이지 않는다면 사방의 바람이 모두 그쳤음을 설명하며 조화로운 상태로서 쉽게 얻어지는 것이 아니므로 "중앙에 세웠는데 바람이 없다"라고 기록한 것이다.

28  揆之以日, 作于楚室. 『시경』 「용풍鄘風·정지방중定之方中」

29  樹八尺之臬, 而度日出之景, 以定東西, 又參日中之景, 以正南北也. 주희 집주朱熹集注 『시집전詩集傳』(『시경』 「용풍·정지방중」).

30  土圭之法測土深, 正日景, 以求地中. 『주례』 「지관·사도地官司徒」

31  쑹전하오, 『하夏와 상商의 사회생활사夏商社會生活史』, 中國社會科學出版社, 1994, 475쪽.

32  鄭司農云, 土圭之長尺有五寸, 以夏至之日, 立八尺之表, 其景適與土圭等, 謂之地中. 今潁川陽城地爲然. 『주례 주소註疏』 「대사도大司徒」 정현 주.

33  "하짓날에 여덟 자의 표表를 세워서 그 그림자가 토규와 똑같다"는 땅 중앙의 표준은 고대에 성행했던 견해다. 사실은 양성陽城뿐만 아니라 위도가 같은 장소는 다 그렇다. 지구의 지식이 불충분했던 선인들은 이 점에 대한 주의가 부족했다. 그밖에 이 비례숫자의 확립은 먼저 (사람이 모색해) 땅의 중앙을 선택하고 땅 중앙의 위치를 골라서 표와 그림자의 비례가 맞도록 측량을 한 것이지, 표와 그림자의 비례가 먼저 있고 그 뒤에 이 비례에 따라 땅의 중앙을 찾았을 리가 없다. 표와 그림자의 비례가 귀신이 꾀하기라도 하듯 선험적일 리가 없다. 강영江永은 이 문제를 분명하게 말하고 있다. "땅의 가운데라는 것은 구주의 이정里程과 형세를 더해 아는 것이지, 한 자 다섯 치의 토규를 먼저 만들고 하지의 그림자를 측량해 토규와 같게 한 뒤에 땅의 중앙이라고 한 것이 아니다. (…) 그림자가 땅의 가운데로 정해진 것이지, 땅의 가운데가 그림자로 인해 얻어진 것이 아니다." 순이랑孫詒讓, 『주례정의周禮正義』, 제18권 「대사도大司徒 소疏」, 中華書局, 1987, 725쪽.

34  天地之所合也, 四時之所交也, 風雨之所會也, 陰陽之所和也. 『주례 주소』 「대사도大司徒」

**35** 日出東方, 而入于西極, 萬物莫不比方.『장자』「전자방田子方」

**36** 태양과 지표면의 관계에 따라 대지의 방위체계를 세우는 것은 인류가 가장 쉽게 사용하는 방법이다. 고대 그리스에는 2지점에 따라 지리 구역을 확정하는 방법이 있었다. "이오니아인은 보통 지평선의 유추를 통해 세계를 이해했다. 겨울과 여름에 태양이 뜨고 지는 곳이 동남과 동북이고, 서남과 서북의 몇몇 극점이 사람이 살 수 있는 세계의 경계를 표시한다고 생각했다." 폴 페드슈Paul Pédech, 차이중샤蔡宗夏 옮김,『고대 그리스인의 지리학』, 商務印書館, 1983, 32쪽.

**37** 惟受命之王乃可立國城于地之中.『주례 주소』제1권 가공언賈公彦 소疏.

**38** 岐鎬之域, 處五岳之外, 周公爲其于政不均, 故東行于洛邑, 合諸後, 謀作天子之居. 정현鄭玄 주.

**39** 岳鎮方位當準皇都.『청사고淸史稿』「서원공전徐元珙傳」이 문제에 관해서는 탕샤오핑唐曉峰, 「왕도와 오악의 범위王都與岳域: 중국 고대 왕조 변경 도성의 정통성 문제一個中國古代王朝邊疆都城的正統性問題」, 탕샤오핑 엮음,『구주九州』제4집, 商務印書館, 2007, 203~213쪽에서 전재.

**40** 쑹전하오는『합집』22536에 기록된 "甲午卜, 口, 𠂤中. 六月."의 글 중 땅의 중앙을 구하는 기록이 있을 것으로 생각한다.『하나라와 상나라의 사회생활사商社會生活史』, 475쪽.

**41** 갑골문에 '대읍상'『갑골문 합집』36482와 '천읍상天邑商'『영국 소장 갑골집英國所藏甲骨集』2529가 있다.

**42** 뤼시앵 레비브륄,『원시 사유』에서는 어떤 원시 민족 가운데는 사방위 외에 다시 '상上' '하下'를 더해 6방위가 되고 다시 '이곳'을 더해 일곱 개 방위가 된다고 소개했다.

**43** 商邑翼翼, 四方之極.『시경』「상송商頌·은무殷武」

**44** 匠人營國, 方九里, 旁三門, 國中九經九緯, 經涂九軌, 左祖右社, 面朝後市, 市朝一夫.『주례』「고공기考工記」

**45** 신체와 자기 자신은 인간의 근본이다. 서양 현대 문화지리학 이론은 '신체body'라는 개념을 제시해 인문 세계관에서 신체의 기본적인 위치와 가치를 강조했다. 미국 학자 마크 루이스Mark Lewis는『이른 시기 중국의 공간 구성The Construction of Space in Early China』, Albany: State University of New York, 2006라는 책에서 '신身' '체體' '내업內業' 등의 관념이 대사회에서 갖는 의의를 달리 서술했다.

**46** 成湯革夏, 俊民甸四方.『상서』「다사多士」

**47** 其在商邑, 用協于厥邑, 其在四方, 用丕式見德.『상서』「입정立政」

**48** 古帝命武湯, 正域彼四方.『시경』「상송商頌·현조玄鳥」

**49** 쑹전하오宋鎭豪,「상대 정치 지리의 틀을 논함論商代的政治地理架構」,『中國社會科學院歷史研究所學刊』제1집, 2001, 27쪽.

**50** 추시구이裘錫圭,『갑골 복사에 보이는 '전田' '목牧' '위衛' 등 관직 연구甲骨卜辭中所見的

'田'·'牧'·'衞' 等職官的研究」『문사文史』 제19집, 中華書局, 1983, 1~13쪽.

51 내복內服에 속한 농업관은 '소적신小耤臣'『갑골문 합집』 5603, '소중인신小衆人臣'『갑골문 합집』 5579, '소예신小刈臣'『은허문자 을편殷墟文字乙編』 2813, 2815 등이 있다.

52 후허우쉬안胡厚宣, 「은대 봉건제도고殷代封建制度考」, 『갑골학상사논총 초집甲骨學商史論叢初集』 1책, 成都齊魯大學國學研究所, 1944.

53 장빙취안張秉權, 『갑골문과 갑골학甲骨文與甲骨學』

54 "[은대 농업구역의 분포 범위가] 동으로는 오늘날 산둥 성 쯔보淄博(린쯔 구) 경계에 이르고 서로는 산시陝西 성 싱핑 경계에 이르며 남으로는 장쑤 성 쑤이닝睢寧 경계에 이르고 북으로는 산시山西 성 위안취垣曲에 이르러 현재의 허난·산시陝西·산시山西·산둥·안후이 등 약 6성의 지역에 달하는데 이는 최소한의 추측이고 고증할 수 없는 지명과 비교적 고증이 가능한 지명을 고려하면 3배가 넘을 것으로 생각한다." 장빙취안, 『갑골문과 갑골학甲骨文與甲骨學』, 449쪽.

55 相土烈烈, 海外有截.『시경』「상송·장발長發」

56 凡二十七征, 而德施于諸侯焉.『태평어람太平御覽』이『제왕세기帝王世紀』를 인용함.

57 古帝命武湯, 正域彼四方. 方命厥后, 奄有九有.「상송·현조玄鳥」

58 昔有成湯, 自彼氐羌, 莫敢不來享, 莫敢不來王.「상송·은무殷武」

59 漢南之國聞之曰, 湯之德及禽獸矣, 四十國歸之.『여씨춘추』「이용異用」

60 自成湯咸至于帝乙, (…) 越在外服, 侯·甸·男·衛·邦伯, 越在內服, 百僚·庶尹·惟亞·惟服·宗工·越百姓里居, 罔敢湎于酒.『상서』「주고酒誥」 피시루이皮錫瑞, 『금문상서 고증今文尙書考證』, 中華書局, 1989, 324~325쪽.

61 왕구이민王貴民은 갑골문의 만기晚期에 '王其令宓' '有宓' '亡宓' 등이 있는데 宓자가 '服'자의 초문初文일 것이라고 생각한다. 『상·주 제도 고신商周制度考信』, 明文書局, 1989, 133쪽. 차오푸린晁福林은 복사의 '입入'은 내內로 입복入服이고 '복卜'은 외外로 복복卜服이라고 생각한다. 『하·상·서주의 사회 변천夏商西周的社會變遷』, 北京師範大學出版社, 1996.

62 殷邊侯田(甸)䢔(與)殷正百辟, 率肆于酒, 故喪師.『대우정大盂鼎』 명문.

63 湯武非徒用其民也, 又能用非己之民. 能用非己之民, 國雖小, 卒雖少, 功名猶可立.『여씨춘추』「이속람離俗覽」

64 장시 성 장수樟樹 우청吳城의 유적은 상商대의 방국方國인 '단斷' 땅이다.

65 [辛]未卜 王令口以子尹立帛. 壬申卜 王令㦰以子尹立于帛. 壬申卜 王令㦰以疫立于㦰. 壬申卜 王令㦰以疫立于㦰. 壬申卜 王令壴以束尹立于教. 甲戌卜 于宗㺇. 于庭㺇.『툰남』 341.

66 옌이핑嚴一萍, 『석병釋竝』 『중국문자中國文字』 제4책, 藝文印書館, 1961. 중보성鍾柏生, 「'임관 복사'를 논함論'任官卜辭'」 『台北中研院第二屆國際學會議論文集』, 1989, 895~912쪽.

67 쑹전하오宋鎭豪, 「상대 정치 지리의 틀을 논함論商代的政治地理架構」, 『中國社會科學院歷

혼돈에서 질서로

史研究所學刊』 제1집 , 2001.

68  쑹전하오宋鎭豪, 「상대의 도로 교통제도商代的道路交通制度」 미정고未定稿(완성하지 못한 원고), 『역사연구歷史研究』 제11호, 1989, 26~31쪽.(中國社會科學網 http://www.cssn. cn/ 참고— 옮긴이)

69  추시구이裘錫圭, 『갑골 복사에 보이는 '전' '목' '위' 등의 관직 연구甲骨卜辭中所見田' '牧' '衛' 等 職官的研究』, 12쪽.

70  데이비드 케이틀리David N . Keightley, 『만상晚商 시기 대지 및 지리관념晚商的方興及其地 理觀念』, 135쪽.

71  湯武革命, 順乎天而應乎人. 『주역』 「하경下經」

72  弗敬上天, 降災下民. 『상서』 「태서泰誓」

73  商罪貫盈, 天命誅之. 『상서』 「태서」

74  有民有命.

75  肅將天威.

### 제9장. 망망한 우禹의 발자취, 구주를 구획하다: 경전經典적 향토의식의 탄생

1  기원전 1046년은 하상주 단대 프로젝트 연구보고夏商周斷代工程研究報告에서 무왕이 주 紂를 벌한 것과 관련해 가장 유력하게 선택된 연대다. 하·상·주 단대공정 전문가 그룹, 『하·상·주 단대 프로젝트 1996~2000년 단계 성과 보고夏商周 斷代工程1996~2000年階段 成果報告』 약본, 世界圖書出版公司, 2000.

2  華夷之辨.

3  『상서』 「주서周書·입정立政」

4  '화'와 '이'는 합쳐 부르기도 한다. 『상서』 『춘추좌씨전』 『국어』 등에 이미 보인다. 어떤 학 자는 이 두 글자가 갑골문에 이미 나타났다고 한다. 잔인신詹鄞鑫, 「화하고華夏考」, 『화하 고: 잔인신 문자훈고논집華夏考: 詹鄞鑫文字訓詁論集』, 中華書局, 2006, 315~354쪽.

5  데이비드 스티David Stea, 「인지 지도의 측정: 개념 공간 연구를 위한 실험적 모델The Measurement of Mental Maps: an experimental model for studying conceptual spaces」, 데니 스 우드Denis Wood, 왕즈훙王志弘 외 옮김, 『지도 권력학地圖權力學The Power of Maps』, 時報文化, 1996, 48쪽.

6  天地設險, 以限華夷. 왕푸지王夫之, 『독통감론讀通鑒論』, 제21권.

7  內, 諸夏, 外, 夷狄. 두예杜預, 『춘추좌씨전』 문공文公 18년 주.

8  內冠帶, 外夷狄. 『사기』 「천관서天官書」

9  九夷·八狄·七戎·六蠻謂之四海. 『이아』 「석지釋地」

10  夷夏之大防. 왕부지王夫之, 『독통감론讀通鑒論』, 제26권.

11 德以柔中國, 刑以威四夷. 『춘추좌씨전』 희공僖公 25년.

12 子孫或在中國, 或在夷狄. 『사기』「진본기秦本紀」 비슷한 내용이 『사기』「위세가魏世家」에도 있다. "그 후대는 분봉의 작위가 끊어져 평민庶人이 되었는데 중원에 살기도 하고 이적夷狄 지역에 살기도 한다."

13 生不食之地, 天所賤而棄之, 無增宇之居, 男女之別, 以廣野爲閭里, 以穹廬爲家室, 衣皮蒙毛, 食肉飮血, 會市, 行牧, 堅居, 與中國之豪鹿耳. 『염철론鹽鐵論』「비호備胡」

14 『십삼경주소』의 『주례주소周禮註疏』「추관사구秋官司寇・이례夷隷」 정사농鄭司農은 말했다: "이적夷狄의 사람 중 어떤 이는 새와 짐승의 말鳥獸之言을 안다."

15 저우전허, 「세상의 첫째를 바로보기: 서계여徐繼畬 탄생 200주년 기념正眼看世界的第一人: 紀念徐繼畬誕辰二百周年」, 『중국연구월간中國研究月刊』, 1996, 1월호. 저우전허, 『학랍 19세學臘一十九』, 山東教育出版社, 1999, 195~217쪽.

16 大秦國, (…) 地方數千里, 有四百餘城. 小國役屬者數十. 以石爲城郭. (…) 所居城邑, 周圍百餘里. 城中有五宮, 相去各十里. 宮室皆以水精爲柱, 食器亦然. 其王日游一宮, 聽事五日而後遍. (…) 其人民皆長大平正, 有類中國, 故謂之大秦. 『후한서』「서역전西域傳」

17 夷狄遠服, 聲教益廣. 『정관정요貞觀政要』 제1권.

18 夷狄各以其賄來貢. 『회남자』「요략훈要略訓」

19 古公乃貶戎狄之俗, 而營築城郭室屋. 『사기』「주본기」

20 『사기』「천관서」

21 『사기』「제태공세가齊太公世家」

22 『사기』「초세가」

23 是生后稷, 降之百福. (…) 奄有下土, 纘禹之緒. 『시경』「노송魯頌・비궁閟宮」

24 信彼南山, 維禹甸之. 『시경』「소아・신남산信南山」

25 奕奕梁山, 維禹甸之. 『시경』「대아・한혁韓奕」

26 豐水東注, 維禹之績. 『시경』「대아・문왕유성文王有聲」

27 其克詰爾戎兵, 以陟禹之迹, 方行天下, 至于海表, 罔有不服. 『서경』「주서周書・입정立政」

28 在昔后稷, 惟上帝之言, 克播百穀, 登禹之績[迹]. 『일주서逸周書』「상서해商誓解」

29 秦公曰: 不(丕)顯朕皇且(祖), 受天命, □(鼏)宅禹責(迹). 『집성集成』 4315.1. 중국사회과학원 고고연구소 엮음, 『은・주 금문집성殷周金文集成』 수정증보판, 中華書局, 2007. 약칭 『집성集成』

30 □□(赫赫)成唐(湯), 又(有)敢(嚴)才(在)帝所, 尃(溥)受天命, □伐夏司, □厥靈師, 伊少(小)臣惟補(輔), 咸有九州, 處瑀(禹)之堵. 『집성』 275.2, 276.1.

31 鼏宅禹迹.

32 賞宅受國.

33 鼏宅禹迹.

34 리링, 「고고의 발견과 신화전설考古發現與神話傳說」, 『리링 자선집』, 58~84쪽.

35 芒芒禹迹, 畫爲九州. 『춘추좌씨전』 양공襄公 4년.

36 咸有九州, 處堣(禹)之堵.

37 궈모뤄郭沫若, 『양주 금문사 대계 도록 고석兩周金文辭大系圖錄考釋』, 上海書店出版社, 1999.

38 水中可居曰州. 『설문說文』

39 水中可居者曰洲. 『이아』 「석수」

40 八荒之內有四海, 四海之內有九州, 天子處中州而制八方耳.

41 「용성씨容成氏」의 구주 명칭은 리링李零·천웨이陳偉의 고증 참조.

42 류치위劉起釪, 「'우공'이 쓰인 연대와 구주 기원의 제 문제 탐구禹貢寫成年代與九州來源諸問題探硏」, 탕샤오펑唐曉峰 엮음, 『구주九州』 제3집, 商務印書館, 2~13쪽.

43 襲破走東胡, 東胡卻千餘里. 『사기』 「흉노열전」

44 口澹潛流, 禹親執畚耜, 以陂明都之澤, 決九河之阻, 於是乎夾州涂州始可處. 禹通淮與沂, 東注之海, 於是乎竟州莒州始可處也. 禹乃通蔞與易, 東注之海, 於是乎蓏州始可處也. 禹乃通三江五湖, 東注之海, 于是乎荊州陽州始可處也. 禹乃通伊洛幷瀍澗, 東注之河, 于是乎叙州始可處也. 禹乃通涇與渭, 北注之河, 于是乎且州始可處也. 초나라 죽간 「용성씨容成氏」

45 리링, 「'용성씨' 석문과 고석'容成氏'釋文考釋」, 마청위안馬承源 엮음, 『상하이박물관 소장 전국 시대 초나라 죽서 2上海博物館藏戰國楚竹書 二』, 上海古籍出版社, 2002, 247~293쪽. 천웨이陳偉, 「죽서 '용성씨'에 보이는 구주竹書'容成氏'所見的九州」, 『중국사연구中國史硏究』, 제3호, 2003, 41~48쪽. 옌창구이晏昌貴, 「죽서 '용성씨' 구주 고략竹書 '容成氏'九州考略」, 산시사범대陝西師範大學 서북 역사 환경과 사회발전연구 센터西北歷史環境與社會發展硏究中心 엮음, 『역사적 환경과 문명의 진보: 2004년 역사지리 국제학술 토론회 논문집歷史環境與文明演進: 2004年歷史地理國際學術硏討會論文集』, 商務印書館, 2005, 44~52쪽.

46 天有九野, 地有九州, 土有九山, 山有九塞, 澤有九藪, 風有八等, 水有六川. (…) 何謂九州? 河漢之間爲豫州, 周也. 兩河之間爲冀州, 晉也. 河濟之間爲兗州, 衛也. 東方爲靑州, 齊也. 泗上爲徐州, 魯也. 東南爲揚州, 越也. 南方爲荊州, 楚也. 西方爲雍州, 秦也. 北方爲幽州, 燕也. 『여씨춘추』 「유시람」

47 天地有始, 天微以成, 地塞以形, 天地合和, 生之大經也. 以寒暑日月晝夜知之, 以殊形殊能異宜說之. 夫物合而成, 離而生. 知合知成, 知離知生, 則天地平矣. 平也者, 皆當察其情, 處其形. 『여씨춘추』 「유시람」

48 天地者, 萬物之父母也, 合則成體, 散則成始. 『장자』 「달생達生」

49 天有九野, 地有九州. 『여씨춘추』 「유시람」

50 천라이陳來, 『고대 사상 문화의 세계古代思想文化的世界』, 三聯書店, 2002.

51 是故天生神物, 聖人則之. 天地變化, 聖人效之. 天垂象, 見吉凶,聖人象之. 河出圖, 洛出書, 聖人則之.『주역』「계사 상」

52 是以聖人處無爲之事, 行不言之敎.『노자』제2장.

53 天地生之, 聖人成之.『순자』「부국富國」

54 三分天下有其二, 以服事殷. 周之德, 可謂至德也已矣.『논어』「태백」

55 『십삼경주소』『논어주소論語註疏』「태백」, 형병邢昺 소疏.

56 但悲不見九州同.

57 成王在豐, 使召公復營洛邑, 如武王之意. 周公復卜申視, 卒營築, 居九鼎焉. 曰此天下之中, 四方入貢道里均.『사기』「주본기」『서경』「소고召誥」「낙고洛誥」『일주서逸周書』「도읍해都邑解」

58 『집성集成』6014.

59 위싱우于省吾,「중국을 해석함釋中國」,『중화 학술논문집中華學術論文集』, 中華書局, 1981.

60 "中國之文, 與四方相對, 故知中國謂京師, 四方謂諸夏. 若以中國對四夷, 則諸夏亦爲中國. 言各有對, 故不同也."『모시정의』

61 왕얼민王爾敏,「중국이라는 명칭의 기원 탐구 및 그 근대적 해석中國名稱溯源及其近代詮釋」,『중국문화부흥월간中國文化復興月刊』제5권 제8호, 臺灣, 1972. 논문의 통계에 따르면 선진先秦 고적 중 '중국'이라는 말이 172번 나타났는데, 그 의미를 구분하면 수도, 국경의 안, 제하 영역, 국력이 중간 정도 되는 나라(중등국은 우리가 서술하는 '중국'의 개념과는 다르다), 중앙 지역에 위치한 나라 등 다섯 가지이다. 그밖에 후아상胡阿祥,「'중국' 명칭의 검토와 서술中國名號考述」,『역사지리歷史地理』제17집, 上海人民出版社, 2001, 82~97쪽.

62 『국어』「주어 상」도 오복을 말하고 있다. "선왕의 제도에 나라 안은 전복이고 나라 밖은 후복이다. 후와 위 사이는 빈복이고, 만과 이가 사는 곳은 요복이며, 융과 적이 사는 곳은 황복이다. 전복에 사는 사람들은 제祭를 공급하고, 후복에 사는 사람들은 사祀를 바치며, 빈복에 사는 사람들은 향享을 드리고, 요복에 사는 사람들은 공貢을 바치며, 황복에 사는 사람들은 왕을 한다夫先王之制,邦內甸服,邦外侯服,侯衛賓服,蠻夷要服,戎狄荒服.甸服者祭,侯服者祀,賓服者享,要服者貢,荒服者王.' '빈복'과 우공의 '수복綏服'만 다를 뿐이다.

63 "五百里甸服, 百里賦納總, 二百里納銍, 三百里納秸服, 四百里粟, 五百里米."「우공」

64 "五百里侯服, 百里采, 二百里男邦, 三百里諸侯."「우공」

65 "五百里綏服, 三百里揆文敎, 二百里奮武衛."「우공」

66 "五百里要服, 三百里夷, 二百里蔡."「우공」

67 "五百里荒服, 三百里蠻, 二百里流."「우공」

68 구제강顧頡剛,「우공」주석, 2쪽.

69 有服在百僚.『상서』「다사多士」

혼돈에서 질서로

70　尙爾事, 有服在大僚. 『상서』「다방多方」

71　更虢城公服.「반궤班簋」명문銘文.

72　冊令(命)異更(賡)厥祖考服.「이치異觶」

73　于入中侯, 出, 徵都,刑(荊), 方服.「사산반士山盤」

74　차오푸린晁福林,「사산반을 통해 본 주대의 '복' 제도從士山盤看周代服制」,『중국 역사 문물中國歷史文物』제6호, 2004, 4~9쪽.

75　구제강,「우공」주석, 2쪽.

76　普天之下, 莫非王土.

77　堯都冀州, 冀之北境幷雲中·涿·易亦恐無二千五百里, 藉使有之, 亦皆沙漠不毛之地, 而東南財富所出則反棄于要·荒, 以地勢考之殊未可曉. 구제강顧頡剛,「우공」주석, 2쪽.

78　古者以九州之內地制爲五服, 甸侯綏方三千里爲中國, 要荒方二千里爲四夷. 五服之外, 所有餘地, 亦屬九州.

79　四海之內卽是九州, 九州之中爰有五服, 五服之地不盡九州. 호위胡渭, 저우이린鄒逸麟 정리,『우공추지禹貢錐指』, 657쪽.

80　구제강,「우공」주석, 3쪽.

81　이는 저자가 직접 본 것이다.

82　遠方之所觀赴.

83　聖人疆理之制, 固不在荒遠矣. 이길보李吉甫,『원화 연간 군현도지元和郡縣圖志』서序.(원화는 당나라 헌종憲宗 때의 연호. 806년부터 820년까지—옮긴이)

84　궈모뤄,「중국 고대사회 연구中國古代社會硏究」,『궈모뤄전집郭沫若全集』역사편歷史編 제1권, 人民出版社, 1982. 인용문은 262쪽에 보임.

85　四方之極.

86　臣聞之, 中國者, 聰明叡知之所居也, 萬物財用之所聚也, 賢聖之所敎也, 仁義之所施也, 詩書禮樂之所用也, 異敏技藝之所試也, 遠方之所觀赴也, 蠻夷之所義行也.『전국책戰國策』「조책趙策 조趙 2」

87　或曰孰爲中國. 曰五政之所加, 七賦之所養, 中于天地者爲中國. 양웅揚雄의『법언法言』「문도問道」

88　蓋其神皐形勝, 天府膏腴, 扼四塞以居中, 處上游而馭遠, 郁鍾王氣, 龍盤鳳舞之祥. 俯視侯封, 棋布星羅之勢.

89　千百國朝宗之盛. 우민중于敏中,『일하구문고日下舊聞考』표문表文, 北京古籍出版社, 1981, 11쪽.

90　分州必以山川定經界.「우공」

91　名山升中于天.

92　山岳則配天.『춘추좌씨전』장공莊公 22년.

93 정초鄭樵, 『통지通志』 제14권, 「지리 1」

94 『원화 연간 군현도지元和郡縣圖志』 제17권, 「하북도河北道 2」(원화는 당나라 헌종憲宗 때의 연호. 806년부터 820년까지―옮긴이)

95 저자 미상, 『소방호여지 총초小方壺輿地叢鈔』 「항산기恒山記」 명대에는 훈위안渾源의 현악玄岳을 북악으로 했으나 예법에 맞춰 제사를 지내는 것은 예전처럼 취양曲陽에서 했는데 청조 순치順治 17년에 처음으로 훈위안에서 제사를 지내도록 바꿨다.

96 自恒山至於南河, 千里而近, 自南河至於江, 千里而近, 自江至於衡山, 千里而遙.

97 신장웨이우얼 자치구와 간쑤 성 사이에 있는 바이룽두이白龍堆 사막 지대.―옮긴이

98 西不盡流沙, 南不盡衡山, 東不盡東海, 北不盡恒山.

99 廣關, 以常山爲限.

100 『주례』 「대사악大司樂」: '사진오악四鎭五岳', 4진은 회계산會稽山·기산沂山·곽산霍山·의무려산醫無閭山이다. 또는 진鎭이 악岳보다 조금 낮은 것이라고도 한다.

101 鎭, 名山, 安地德者也.

102 북악인 항산에는 지금도 '덕봉德峯'이라고 새긴 것을 볼 수 있다.

103 東岱南霍西華北恒中泰室, 王者之所以巡狩所至. 『설문』 구하九下.

104 夫岳者, 以會諸侯.

105 必擇其地近之岳而朝焉. 요내姚鼐, 「오악설五岳說」, 『소방호여지총초小方壺輿地叢鈔』

106 저우샹이周尙意·쿵샹孔翔·주훙朱竑 엮음, 『문화지리학文化地理學』, 高等敎育出版社, 2004, 229쪽.


## 제10장. 국가 경영: 정치 영토 의식(질서)의 성숙

1 老死不相往來. 『노자』 제80장: "작은 나라에 백성 수가 적어, 열 명이나 백 명이 쓰는 편리한 도구가 있어도 아무도 쓰지 않고 생명을 소중히 여겨 위험하게 멀리 가지 않게 한다. 배와 수레가 있어도 탈 일이 없고 갑옷과 병기가 있어도 펼칠 일이 없다. 백성이 결승문자를 되살려 쓰게 한다. 그 음식을 달게 여기고 그 옷을 아름답게 여기며 그 사는 곳을 편안히 여기고 그 풍속을 즐거워하게 하니 이웃 나라가 서로 바라보이고 닭 우는 소리와 개 짖는 소리가 서로 들려도 백성은 늙어 죽을 때까지 서로 오가지 않는다小國寡民. 使有什伯之器而不用; 使民重死而不遠徙. 雖有舟輿, 無所乘之, 雖有甲兵, 無所陳之. 使民復結繩而用之, 甘其食, 美其服, 安其居, 樂其俗. 鄰國相望, 雞犬之聲相聞, 民至老死, 不相往來."

2 受天有大令(命). 甸(撫)有四方. 서주 「우정盂鼎」 명문銘文. 『집성集成』 2837. (중국사회과학원 고고연구소 엮음, 『은·주 금문 집성殷周金文集成』 수정증보판, 中華書局, 2007. 약칭 『집성』)

3 丕顯文武 膺受大令(命) 甸(撫)有四方. 『집성集成』 4467.

혼돈에서 질서로

4 　諸侯之於天子, 曰某土之守臣某.『예기』「옥조玉藻」

5 　리링,「서주 금문 중의 토지제도西周金文中土地制度」,『리링 자선집』, 廣西師範大學出版社, 1998, 85~111쪽.

6 　부족과 지역의 이름이 같은 상황은 상대의 갑골문 자료에 많아서, 장빙취안張秉權의 연구에 따르면 173개나 된다. 장빙취안,「갑골문 중 인명과 지명이 같은 사례 검토甲骨文中所見人地同名考」,『리지 선생 고희 축하 논문집慶祝李濟先生七十歲論文集』하책, 台北淸華學報社, 1967.

7 　『영국 소장 갑골집英國所藏甲骨集』1105.

8 　啓以夏政, 疆以戎索.『춘추좌씨전春秋左氏傳』정공定公 4년.

9 　쉬줘윈許倬雲,『서주사西周史』증정본增訂本, 三聯書店, 1994.

10　『집성集成』4320.

11　리링李零,「서주 금문 속의 토지제도西周金文中土地制度」참고.

12　分魯公以大路, 大旂, 夏后氏之璜, 封父之繁弱, 殷民六族, 條氏・徐氏・蕭氏・索氏・長勺氏・尾勺氏, 使帥其宗氏, 輯其分族, 將其類醜, 以法則周公. 用卽命于周. 是使之職事于魯, 以昭周公之明德. 分之土田陪敦・祝・宗・卜・史, 備物・典策, 官司・彝器, 因商奄之民, 命以伯禽而封於少皞之虛.『춘추좌씨전春秋左氏傳』정공定公 4년.

13　分唐叔以大路・密須之鼓・闕鞏・沽洗, 懷姓九宗, 職官五正. 命以唐誥而封於夏虛, 啓以夏政, 疆以戎索.『춘추좌씨전』정공定公 4년.

14　諸侯之於天子, 曰某土之守臣某.『예기』「옥조玉藻」

15　衛不能脩方伯連率之職.『시경』「모구旄丘」서序.

16　千里之外設方伯, 五國以爲屬, 屬有長. 十國以爲連, 連有帥. 三十國以爲卒, 卒有正. 二百一十國以爲州, 州有伯.『예기』「왕제王制」

17　周之所封四百餘, 服國八百餘.『여씨춘추』「관세觀世」

18　武王追思先聖王, 乃褒封神農之後於焦, 黃帝之後於祝, 帝堯之後於薊, 帝舜之後於陳, 大禹之後於杞.

19　有土嘉之曰褒, 無土建國曰封.『춘추공양전春秋公羊傳』은공隱公 원년, 하휴何休 주.

20　因燕山薊丘爲名, 其地足自立國. 薊微燕盛, 乃幷薊居之, 薊名遂絶焉.『사기』「주본기周本紀」정의正義.

21　王令(命)虞(虎)侯矢曰, 囗(?)侯于宜, 賜囗(囗)鬯一卣, 商瓚一囗, 彤弓一, 彤矢百, 旅(囗)弓十, 旅(囗)矢千, 賜土__, 厥川(囗)三百囗, 厥囗百又卄, 厥宅邑卅又五, 〔厥〕囗百又卌(四十), 賜在宜王人十又七生(姓), 賜奠(甸)七伯, 厥盧囗又五十夫, 賜宜庶人六百又囗六夫……『집성集成』4320. 리링李零은 "〔厥〕囗百又冊"의 구절이 도로를 가리키며, '盧'는 '虜'인 것으로 추정했다.

22　리링李零,「서주 금문 속의 토지제도西周金文中土地制度」

23 司空執度度地, 居民山川沮澤, 時四時, 量地遠近, 興事任力.『예기』「왕제王制」

24 凡居民, 量地以制邑, 度地以居民. 地·邑·民居, 必參相得也. 無曠土, 無游民, 食節事時, 民咸安其居, 樂事勸功, 尊君親上, 後興學.『예기』「왕제王制」

25 帥履裘衛厲田四田, 迺舍寓(宇)于厥邑.「오사위정五祀衛鼎」『집성』2832.

26 차오진옌曹錦炎,『상주금문선商周金文選』, 西泠印社, 1990, 27쪽.

27 무샤오쥔穆曉軍,「산시 창안현서 출토된 서주 오호정陝西長安縣出土西周吳虎鼎」; 리쉐친李學勤,「오호정 고석吳虎鼎考釋」『고고와 문물考古與文物』제3호, 1998.

28 疆場翼翼.『시경』「소아小雅·신남산信南山」

29 正經界. "경계가 바르지 않으면 정지는 균등하지 않고 곡록도 공평하지 않다經界不正, 井地不均, 穀祿不平" "경계가 이미 바르게 되면, 전지를 나누고 녹을 제정하니, 앉아서도 정해질 수 있는 것이오經界既正, 分田制祿, 可坐而定也."『맹자』「등문공 상」

30 『십삼경주소十三經註疏』중『이아주소』「석구釋丘」형병邢昺 疏. "허숙중이 말하길, 승랄은 논의 두둑이다. 날은 밭두둑이다許叔重云, 塍埒, 稻田畦隄. 埒, 畔也."

31 리링李零,「서주 금문 속의 토지제도西周金文中土地制度」

32 地者政之本也, 是故地可以正政也, 地不平均和調, 則政不可正也. 政不正, 則事不可理也.『관자』「승마乘馬」

33 厥受(授)圖矢王于豆新宮東廷.「산씨반散氏盤」

34 궈모뤄郭沫若,「양주 금문사 대계 도록 고석兩周金文辭大系圖錄考釋」, 上海書店出版社, 1999, 131쪽.

35 方六里, 爲一乘之地也.『관자』「승마」

36 산시 성陝西省 치산岐山 아래—옮긴이

37 리링李零,「서주 금문 속의 토지제도西周金文中土地制度」

38 今以草茅之地, 徙三晉之民, 而使之事本. 此其損敵也, 與戰勝同實.『상군서商君書』「내민來民」

39 昔五經·諸子, 廣書人物, 雖氏族可驗, 而邑里難詳. 逮太史公始革妓體, 凡有列傳, 先述本居. 至於國有馳張, 鄉有幷省, 隨時而載, 用明審實.『사통사通』「읍리邑里」

40 뤼스몐呂思勉,『사통평사通評』「읍리邑里」, 太平書局, 1964, 34쪽.

41 體國經野.『주례』「천관·총재天官冢宰」외.

42 惟王建國, 辨方正位, 體國經野, 設官分職, 以爲民極.『주례』「천관·총재天官冢宰」외.

43 한대에『주례』를 정리할 때에 원래「동관冬官」부분을 구하지 못했다. 이에「고공기考工記」로 충족했기 때문에 그 말이 없다.

44 令五家爲比, 使之相保. 五比爲閭, 使之相受. 四閭爲族, 使之相葬. 五族爲黨, 使之相救. 五黨爲州, 使之相賙. 五州爲鄉, 使之相賓.『주례』「대사도大司徒」(『주례周禮』「지관·사도地官司徒」).

45 制農田百畝. 百畝之分, 上農夫食九人, 其次食八人, 其次食七人, 其次食六人, 下農夫食五

혼돈에서 질서로

人. 『예기』「왕제王制」

46 地方百里者, 山陵處什一, 藪澤處什一, 溪谷流水處什一, 都邑蹊道處什一, 惡田處什二, 良田處什四. 以此食作夫五萬, 其山陵, 藪澤, 溪谷, 可以給其材, 都邑蹊道, 足以處其民, 先王制土分民之律也. 『상군서商君書』「내민來民」

47 子子孫孫永保.

48 王室而旣卑矣, 周之子孫日失其序. 『춘추좌씨전』은공隱公 6년.

49 秦自孝公已下, 用商君之法, 其政酷烈, 與周官相反. 『십삼경주소』『주례주소周禮註疏』「서주례폐흥序周禮廢興」

50 '禮經三百, 威儀三千.' 及周之衰, 諸侯將踰法度, 惡其害己, 皆滅去其籍. 『한서』「예문지」

51 王者之迹熄而詩亡, 詩亡然後春秋作. 조기趙岐 주: "왕자는 성인을 말한다. 태평의 도가 쇠해 성인의 자취가 사라지고 송頌의 노래가 불리지 않았으므로 『시』가 망했다고 한 것이다. 『춘추』는 어지러운 세상을 바로잡기 위한 것으로 난세에 지어졌다王者謂聖人也. 太平道衰, 王迹止熄, 頌聲不作, 故詩亡. 春秋撥亂, 作於衰世也." 『십삼경주소』 중 『맹자주소孟子註疏』「이루장구 하離婁章句下」

52 王曰何以利吾國? 大夫曰何以利吾家? 士庶人曰何以利吾身? 『맹자』「양혜왕 상」

53 以力假仁者霸, 霸必有大國. 以德行仁者王, 王不待大. 湯以七十里, 文王以百里. 『맹자』「공손추 상」

54 然則王之所大欲可知已. 欲辟土地, 朝秦楚, 莅中國而撫四夷也. 『맹자』「양혜왕 상」

55 地數可得聞乎? 『관자』「지수地數」

56 地之東西二萬八千里, 南北二萬六千里, 其出水者八千里, 受水者八千里, 出銅之山四百六十七山, 出鐵之山三千六百九山, 此之所以分壤樹穀也. 矛之所發, 刀幣之所起也, 能者有餘, 拙者不足. 『관자』「지수」

57 太史公曰: (…) 齊桓公用管仲之謀, 通輕重之權, 徼山海之業, 以朝諸侯, 用區區之齊顯成霸名. 魏用李克, 盡地力, 爲彊君. 自是之後, 天下爭於戰國, 貴詐力而賤仁義, 先富有而後推讓. 故庶人之富者或累巨萬, 而貧者或不厭糟糠. 有國彊者或并群小以臣諸侯, 而弱國或絶祀而滅世. 『사기』「평준서平準書」

58 請問天財所出, 地利所在. 『관자』「지수」

59 山上有赭者其下有鐵, 上有鉛者其下有銀. 一曰上有鉛者其下有鉒銀, 上有丹砂者其下有鉒金, 上有慈石者其下有銅金. 此山之見榮者也. 苟山之見榮者, 謹封而爲禁. 有動封山者, 罪死而不赦. 有犯令者, 左足入左足斷, 右足入右足斷. 然則其與犯之遠矣. 此天財地利之所在也. 『관자』「지수」

60 地之守在城, 城之守在兵, 兵之守在人, 人之守在粟. 『관자』「권수權修」

61 下七十餘城, 盡郡縣之, 以屬燕. 『전국책』「연책燕策 연燕2」

62 地險, 山川丘陵也. 王公設險以守其國, 險之時用大矣哉. 『주역』「상경上經」

63 大矣哉.

64 저苴는 마른 풀, 초草는 생풀로 봐서 저초苴草를 '풀밭' 정도로 번역했다.『초사』에서는 마른 풀로 쓴 사례가 있다 — 옮긴이

65 轘轅之險, 濫車之水, 名山·通谷·經川·陵陸·丘阜之所在, 苴草·林木蒲葦之所茂, 道里之遠近, 城郭之大小, 名邑·廢邑·困殖之地, 必盡知之. 地形之出入相錯者, 盡藏之. 然後可以行軍襲邑, 舉錯知先後, 不失地利. 此地圖之常也.『관자』「지도」

66 『용재수필容齋隨筆』제1권「지험地險」

67 三晉已破智氏, 將分其地. 段規謂韓王曰'分地必取成皐.' 韓王曰'成皐石溜之地也. 寡人無所用之.' 段規曰'不然. 臣聞一里之厚而動千里之權者, 地利也. 萬人之衆而破三軍者, 不意也. 王用臣言, 則韓必取鄭矣.' 王曰'善.' 果取成皐. 至韓之取鄭也. 果從成皐始.『전국책』「한책韓策 한韓1」

68 『검론檢論』「원교原教」, 양샹쿠이楊向奎,『종주 사회와 예악 문명宗周社會與禮樂文明』수정판, 人民出版社, 1997, 202쪽에서 전재.

69 東其畝.

70 使齊之封內盡東其畝.

71 戎車是利.『춘추좌씨전』성공成公 2년.

72 無縱橫相銜, 但一直向東, 戎馬可以長驅而來矣.『주자어류朱子語類』제86권「예3禮三」

73 동주 시기에 3가家가 진晉을 나눈 것이 그 교훈이다. "진晉나라가 봉읍을 세습함으로, 결국 주군의 힘이 약해지고 나라가 어지럽게 되는 상황을 초래한다는 경종을 울렸으므로, 새로 건국된 조趙나라는 그런 전철을 밟으려하지 않았다." 선창원沈長云·웨이젠전魏建震·바이궈훙白國紅·장화이퉁張懷通·스옌보石延博,『조국사고趙國史稿』, 中華書局, 2000년, 301쪽. 3가는 분봉제의 이해의 속사정을 잘 알고 있었으므로, 다른 사람이 같은 방법으로 자신을 해치는 것을 방지하고자 적극적으로 군현제를 실행했다. 위魏나라의 영토가 가장 불규칙하다고 스녠하이史念海가 말했다. 위나라는 영토가 복잡했지만 여전히 안정적이었는데, 이는 국가 조직력이 강할수록 영토에 대한 통제력이 강해짐을 설명해주고 있다.

74 子皮曰, 仲虺之志云, 亂者取之, 亡者侮之. 推亡, 固存, 國之利也.『춘추좌씨전』양공 30년.

75 兼弱攻昧, 取亂侮亡. 推亡固存, 邦乃其昌.『서경』「상서商書·중훼지고」

76 仲虺陳此者, 意亦言桀亂亡, 取之不足爲愧.『십삼경주소十三經註疏』『상서정의』「중훼지고」공영달孔穎達 소疏.

77 선공宣公 12년, 양공襄公 14년과 30년에 보인다.

78 衛鞅說孝公曰: "秦之與魏, 譬若人之有腹心疾, 非魏幷秦, 秦卽幷魏. 何者? 魏居領阨之西, 都安邑, 秦界河而獨擅山東之利. 利則西侵秦, 病則東收地. 今以君之賢聖, 國賴以盛. 而魏往年大破於齊, 諸侯畔之, 可因此時伐魏. 魏不支秦, 必東徙. 東徙, 秦據河山之固, 東鄕以制

혼돈에서 질서로

諸侯, 此帝王之業也."孝公以爲然, 使衛鞅將而伐魏. 魏使公子卬將而擊之. 軍旣相距, 衛鞅
遺魏將公子卬書曰,"吾始與公子驩, 今俱爲兩國將, 不忍相攻, 可與公子面相見,盟,樂飲而罷
兵,以安秦魏."魏公子卬以爲然. 會盟已, 飮, 而衛鞅伏甲士而襲虜魏公子卬, 因攻其軍, 盡破之
以歸秦. 魏惠王兵數破於齊秦, 國內空, 日以削, 恐, 乃使使割河西之地獻於秦以和. 而魏遂去安
邑, 徙都大梁.『사기』「상군열전商君列傳」

**79** 變法修刑.

**80** 衛鞅說孝公變法修刑, 內務耕稼, 外勸戰死之賞罰, 孝公善之.『사기』「진본기秦本紀」

**81** 春秋之中, 弑君三十六, 亡國五十二, 諸侯奔走不得保其社稷者不可勝數.『사기』「태사공자
서太史公自序」

**82** 崇明祀, 保小寡.『춘추좌씨전』희공僖公 21년.

**83** 興滅國, 繼絕世, 擧逸民.『논어』「요왈堯曰」

**84** 古者天子爲諸侯受封, 謂之采地, 百里諸侯以三十里, 七十里諸侯以二十里, 五十里諸侯以
十五里. 其後子孫雖有罪而絀, 使子孫賢者守其地, 世世以祠其始受封之君, 此之謂興滅國,
繼絕世也.『한시외전韓詩外傳』제8권.

**85** 爭地以戰, 殺人盈野, 爭城以戰, 殺人盈城, 此所謂率土地而食人肉, 罪不容於死. 故善戰者服
上刑, 連諸侯者次之, 辟草萊任土地者次之.『맹자』「이루離婁 상」

**86** 辟, 開墾也. 任土地, 謂分土授民, 使任耕稼之責, 如李悝盡地力, 商鞅開阡陌之類也. 주희,
『사서장구 집주四書章句集註』「맹자집주」제7권.

**87** 則見以爲迂遠而闊於事情. 當是之時, 秦用商君, 富國彊兵, 楚魏用吳起, 戰勝弱敵, 齊威王宣
王用孫子田忌之徒, 而諸侯東面朝齊. 天下方務於合從連衡, 以攻伐爲賢, 而孟軻乃述唐虞三
代之德, 是以所如者不合.『사기』「맹자순경열전孟子荀卿列傳」

**88** 春秋時猶尊禮重信, 而七國則絕不言禮與信矣. 春秋是猶宗周王, 而七國則絕不言王矣. 春秋
時猶嚴祭祀, 重聘享, 而七國則無其事矣. 春秋時猶論宗姓氏族, 而七國則無一言及之矣. 春
秋時猶宴會賦詩, 而七國則不聞矣. 春秋時猶有赴告策書, 而七國則無有矣. 邦無定交, 士無
定主, 此皆變於一百三十三年之間, 史之闕文, 而後人可以意推之也, 不待始皇之幷天下, 而
文武之道盡矣. 고염무顧炎武,『일지록日知錄』제13권「주대 말 풍속周末風俗」

**89** 凡兼人者有三術, 有以德兼人者, 有以力兼人者, 有以富兼人者. 彼貴我名聲, 美我德行, 欲爲
我民, 故辟門除涂以迎吾入, 因其民, 襲其處, 而百姓皆安, 立法施令莫不順比. 是故得地而權
彌重, 兼人而兵兪强, 是以德兼人者也. 非貴我名聲也, 非美我德行也, 彼畏我威, 劫我執, 故
民雖有離心, 不敢有畔慮, 若是則戌甲彟衆, 奉養必費, 是故得地而權彌輕, 兼人而兵兪弱, 是
以力兼人者也. 非貴我名聲也, 非美我德行也, 用貧求富, 用飢求飽, 虛腹張口來歸我食. 若是
則必發夫掌窌之粟以食之, 委之財貨以富之, 立良有司以接之, 已期三年, 然後民可信也. 是
故得地而權彌輕, 兼人而國兪貧, 是以富兼人者也. 故曰以德兼人者王, 力兼人者弱, 以富兼
人者貧, 古今一也.『순자荀子』「의병議兵」

90  '書'曰: "湯一征, 自葛始." 天下信之, 東面而征, 西夷怨; 南面而征, 北狄怨. 曰, "奚爲後
我?" 民望之, 若大旱之望雲霓也. 歸市者不止, 耕者不變. 誅其君而弔其民, 若時雨降, 民大
悅.『여씨춘추』「맹동기孟冬紀」

91  湯之德及禽獸矣.

92  邾庶其以漆閭丘來奔.『춘추경春秋經』양공襄公 21년.

93  庶其非卿也, 以地來, 雖賤, 必書, 重地也.『춘추좌씨전』

94  夏, 莒牟夷以牟婁及防·玆來奔.『춘추경』소공昭公 5년.

95  夏, 莒牟夷以牟婁及防·玆來奔. 牟夷非卿而書, 尊地也.『춘추좌씨전』

96  冬, 黑肱以濫來奔.『춘추경』소공昭公 31년.

97  賤而書名, 重地故也.『춘추좌씨전』

98  以地叛, 雖賤, 必書地, 以名其人.『춘추좌씨전』소공 31년.

99  夫有所名, 而不如其已.

100  양보쥔楊伯峻,『춘추좌전주春秋左傳注』수정본, 中華書局, 1990, 1513쪽.

101  원元 조방趙汸,『춘추집전春秋集傳』제11권; 명 담약수湛若水,『춘추정전春秋正傳』제33권
등 참고.

102  如其以土地爲可重而得書於春秋, 是教天下爲利也. 송나라 대계戴溪,『춘추강의春秋講義』
제4권 상.

103  懲戒不義, 斥責無禮.

104  仲孫蔑會晉欒黶·宋華元·衛寧殖·曹人·莒人·邾人·滕人·薛人圍宋彭城.

105  자오보슝趙伯雄,『춘추학사春秋學史』, 山東敎育出版社, 2004.

106  카이펑은 금나라 때는 남경南京, 원나라 때는 남경로南京路로 불렸고 카이펑의 남경南京
은 지금은 쓰지 않기에 '남경'으로 읽었다. 난징南京과는 다른 곳이다—옮긴이

## 제11장. 「우공」의 경전화

1  禹平水土, 主名山川.『상서』「여형呂刑」

2  洪水芒芒, 禹敷下土方.『시경』「상송商頌·장발長發」

3  禹疏九河, 瀹濟·漯, 而注諸海, 決汝·漢, 排淮·泗, 而注之江, 然後中國可得而食也.『맹자』
「등문공藤文公 상」

4  昔者禹之湮洪水, 決江河而通四夷九州也. 名山三百, 支川三千, 小者無數.『장자』「천하」

5  리링李零,「수공수 발견의 의의를 논함論㳞公盨發現的意義」, 바오리保利 예술박물관 엮음
『수공수: 대우의 물 다스리기와 덕의 정치㳞公盨: 大禹治水與爲政以德』, 線裝書局, 2002,
65~81쪽. 인용문은 75쪽에 보임.

6  왕궈웨이王國維,『고대사 새로운 증거古史新證』, 淸華大學出版社, 1994, 6쪽.

7   허우런즈侯仁之 엮음, 『중국 고대 지리 명저 선독中國古代地理名著選讀』 제1집, 1~2쪽.

8   뤼쓰몐呂思勉, 『선진사先秦史』, 太平書局, 1968, 73쪽.

9   저우쿤수周昆叔, 「중국문명 형성 시기의 자연환경中國文明形成時期的自然環境」, 중국사회
    과학원 고대문명연구센터 엮음, 『중국 고대 문명 기원과 이른 시기의 전개 국제학술토론
    회中國古代文明起源與早期發展國際學術討論會 논문집』, 2001. 8.

10  중미 환허 강 유역 고고대中美洹河流域考古隊, 「환허 강 유역 지역 고고연구 예비적 보고
    洹河流域區域 考古硏究初步報告」, 『고고考古』 제10호, 1998.

11  차오빙우曹兵武, 「허난 성 후이현 및 그 부근 지역의 환경고고학적 연구河南輝縣及其附近
    地區環境考古硏究」, 『화하고고華夏考古』 제3호, 1994.

12  「톈진 고고 50년天津考古五十年」, 『새로운 중국 고고 50년新中國考古五十年』, 文物出版社,
    1999.

13  차오빙우曹兵武, 「양사오에서 룽산까지: 역사 이전 중국문화 변천의 사회생태학 검토從仰
    韶到龍山: 史前中國文化演變的社會生態學考察」, 저우쿤수周昆叔·쑹위친宋豫秦 엮음, 『환경
    고고학적 연구環境考古硏究』 제2호, 科學出版社, 2000. 홍수에 관해서는 다른 견해도 있
    는데, 양사오 시기 모 지역에 과도적인 개발이 있어서 물과 흙이 유실되었으므로 계절적
    인 강우가 홍수의 재해를 야기했다고 생각한다. "많은 지역에서 룽산 유적은 일반적으로
    양사오 문화보다 지리적으로 더 높은 위치에 자리하고 있으며, 하천 중상류 및 산간의 하
    천 계곡과 분지 등에서 더욱 뚜렷하다." 이런 견해는 홍수에 대해, 홍수가 평원 지역의 천
    연재해가 아니라 산간 하천계곡 사람들에 의한 인재人災라는 완전히 다른 성격으로 규
    정하고 있다. '물 다스리기治水'란 사실상 계절성 홍수에 대한 도피다. 「민허라자民和喇家
    유적에서 발견된 지진과 홍수의 새로운 증거民和喇家遺址發現地震和洪災神證據」, 『중국문
    물보中國文物報』, 2002.

14  샤정카이夏正楷, 「위시—진난 지역 화하 문명 형성 과정의 환경 배경적 연구豫西~晉南地
    區華夏文明形成過程環境背景硏究」, 베이징대 중국고고학연구센터北京大學中國考古學硏究
    中心·베이징대 고대문명연구센터北京大學古代文明硏究中心 엮음, 『고대문명古代文明』 제3
    권, 文物出版社, 2004, 101~114쪽.

15  한마오리韓茂莉, 「중국 북방 목축업 생산과 환경의 상호관계를 논함論中國北方畜牧業産生
    與環境的互動關系」, 『지리연구地理硏究』 제1호, 2003; 탕샤오핑唐曉峰, 「선진 시기 진산 북
    부의 융적과 고대 북방의 삼원 인문지리 구조先秦時期晉陝北部的戎狄與古代北方的三元人文
    地理結構」, 『지리연구地理硏究』 제5호, 2003, 618~624쪽.

16  鯀則殛死, 禹乃嗣興, 『서경』 「주서周書·홍범洪範」

17  父不得而子得之, 所以彰禹之聖當於天心, 故舉鯀以彰禹也. 『십삼경주소十三經註疏』 『상서
    정의』 「홍범洪範」 공영달 소.

18  箕子乃言曰, "我聞在昔, 鯀堙洪水, 汩陳其五行. 帝乃震怒."

19 聖人之治民, 民之道也. 禹之行水, 水之道也. 造父之御馬, 馬之道也. 后稷之藝地, 地之道也. 莫不有道焉, 人道爲近. 是以君子以人道之取先.『궈뎬 초묘 죽간郭店楚墓竹簡』「존덕의尊德義」

20 民可導也, 而不可强也. 리우자오劉釗,『궈뎬 초간 교석郭店楚簡校釋』, 福州人民出版社, 2005.

21 洪水滔天. 鯀竊帝之息壤以堙洪水, 不待帝命. 帝令祝融殺鯀於羽郊. 鯀復生禹. 帝乃命禹卒布土以定九州.『산해경』「해내경海內經」

22 禹乃以息土壤洪水, 以爲名山.『회남자』「지형훈地形訓」

23 龍門河濟相貫, 以息壤堙洪水之州, 東至於碣石.『회남자』「시칙훈時則訓」

24 뤼쓰몐呂思勉·퉁수예童書業가 편찬한『고사변古史辨』제7책 하, 上海古籍出版社, 1982, 142~195쪽.

25 장린창江林昌,「선공수燹公盨 명문 고석燹公盨銘文考釋」, 라오쭝이饒宗頤 엮음,『화학華學』제6집, 紫禁城出版社, 2003, 35~49쪽.

26 殛鯀於羽山, 四罪而天下咸服, 誅不仁也.『맹자』「만장 상」

27 舜登用, 攝行天子之政, 巡狩. 行視鯀之治水無狀, 乃殛鯀於羽山以死. 天下皆以舜之誅爲是.『사기』「하본기夏本紀」

28 『국어』「오어吳語」

29 추시구이裘錫圭,「선공수 명문 고석 燹公盨銘文考釋」,『중국역사문물中國歷史文物』제6호, 2002. 추시구이는 원래는 우禹도 막고 메우는 방법을 썼다고 생각했다. 고문헌에서 곤과 우가 물을 다스린 방법을 분명하게 대립시킨 것은『국어』「주어周語 하」다. "유우有虞씨 때에 숭백崇伯 곤이 있었는데 음란한 마음을 마구 행해 공공共工의 잘못을 그대로 답습하자 요 임금이 우산羽山에서 죽였다. 그 뒤에 백우伯禹가 과거의 잘못된 법을 생각하고 법도를 수정해 고쳐서 천지의 물상을 본뜨고 여러 사물의 법칙을 비교해 본받아 백성의 준칙이 되게 했으며 어떤 만물도 상해를 입지 않고 생활하게 했다. 공공共工의 종손 사악四岳이 보좌해 높은 산은 높아지게 하고 낮은 곳은 낮게 만들어 내川를 소통시키고 막힌 곳에 물길을 터주어서……"

30 뤼쓰몐,『선진사先秦史』, 太平書局, 1968, 73쪽.

31 류치위劉起釪,「우공이 씌여진 시기 및 그 저자禹貢的寫成時期及其作者」, 탄치샹譚其驤 엮음,『중국 역대 지리학자 평전中國歷代地理學家評傳』, 류치위劉起釪,『고대사속변古史續辨』, 中國社會科學出版社, 1991, 602~606쪽.

32 리링李零,「선공수燹公盨 발견의 의의를 논함論燹公盨發現的意義」

33 류치위劉起釪,『상서학사尚書學史』수정증보판, 中華書局, 1989.

34 장린창江林昌,『선공수燹公盨 명문 고석의 학술 가치 총론燹公盨銘文的學術價值綜論』,「우공」이 책으로 만들어진 연대에 관한 종합적 서술했다.

**35** 天命禹敷土 隨山濬川 迺差地設征 降民監德 酒自作配饗…….

**36** 禹敷土, 隨山刊木, 奠高山大川.

**37** 禹別九州, 隨山浚川, 任土作貢.

**38** 추시구이裴錫圭와 주펑한朱鳳瀚은 '征'은 '正'이며 관원을 설치한다는 뜻이라고 생각했다. 관원을 설치한다는 뜻이라면 관원은 보다 광범위한 관리의 직책으로 공부貢賦도 당연히 그 안에 포함된다.

**39** 祗台德先.

**40** 바오리保利예술박물관 엮음,『선공수: 대우의 물 다스리기와 덕의 정치豩公盨: 大禹治水與 爲政以德』, 線裝書局, 2002. 리쉐친李學勤·추시구이裴錫圭·주펑한朱鳳瀚·리링李零 등의 선공수豩公盨 명문에 관한 연구.

**41** 추시구이裴錫圭·차오펑曹峰,「고사변」과, '이중증거법' 및 그 관련 문제: 추시구이 방문 대화록'古史辨','二重證據法'及其相關問題: 裴錫圭先生放談錄」,『문사철文史哲』제4호, 2007, 5~16쪽. 추시구이는『시경』『입정立政』『여형呂刑』이 우가 신성이 있음을 말한다고 생각했다.『산해경』『초사』『회남자』는 우를 완전히 신화적으로 말하고 있다. 선공수豩公盨 명문은 "하늘이 우에게 명해"라고 해「우서虞書·요전堯典」에서 요·순이 우에게 명을 한 것과는 다르다.「우서·요전」과「하서·우공」이『춘추』보다 빠를 리 없다.

**42** 구제강顧頡剛,「우공 주석註釋」

**43** 『사기』「공자세가孔子世家」: "공자께서 (…) 차례에 따라『서전書傳』을 편집하고 정리하셨다."

**44** 子曰 "巍巍乎! 舜禹之有天下也而不與焉."『논어』「태백泰伯」

**45** 卑宮室, 而盡力乎溝洫. 禹, 吾無間然矣.『논어』「태백」

**46** 至禹本紀山海經所有怪物, 余不敢言之也.『사기』「대완열전大宛列傳」

**47** 去嵩高五萬里, 地之中也.『수경주』「하수河水」

**48** 『회남자』「지형훈地形訓」에 우禹와 곤륜崑崙에 대한 이야기가 있다. "사해의 안을 총합하면 동서의 길이가 2만8000리이고 남북의 길이가 2만6000리다. 하천은 길이가 8000리고 큰 골짜기와 이름난 큰 하천이 600리며 내륙 강이 3000리다. 우가 태장太章에게 동극에서 서극까지 걸음으로 측량하게 하니 길이가 2억3만3500리 75보였다. 수해竪亥에게 북극에서 남극까지 걸음으로 측량하게 하니 길이가 2억3만3500리 75보였다. 큰 호수와 연못 늪은 그 깊이가 세 길 이상인 곳이 2억3만3559이다. 우가 이에 식토息土로 홍수를 메움으로, 큰 산들을 만들었다. 곤륜산을 파서 저습한 곳을 메우는데 산 속에 9층의 성이 있었다. 그 높이가 1만1000리에 두께가 114보 2척 6촌이었다[四海之內, 東西二萬八千里, 南北二萬六千里, 水道八千里, 通谷其名川六百, 陸徑三千里. 禹乃使太章步自東極, 至于西極, 二億三萬三千五百里七十五步. 使竪亥步自北極, 至于南極, 二億二萬三千五百里七十五步. 凡鴻水淵藪, 自三百仞以上, 二億三萬三千五百五十里, 有九淵. 禹乃以息土壞洪水以爲名山, 掘崑崙虛以下地,

中有增城九重, 其高萬一千里百一十四步二尺六寸." 이 글은 『우본기』에서 나왔을 것인데, 이렇게 과장된 내용이니 당연히 사마천이 "감히 말하지 않는 것"이다.

49  夏書曰禹抑鴻水, 十三年, 過家不入門…….

50  류치위劉起釪, 『상서학사尚書學史』

51  中國以禹貢爲首, 外夷以班史發源.

52  『구당서舊唐書』「가탐전賈耽傳」

53  墨子稱道曰, 昔者, 禹之湮洪水, 決江河而通四夷九州也. 名山三百, 支川三千, 小者无數. 禹親自操橐耜而九雜天下之川, (…) 置萬國. 禹大聖也, 而形勞天下也如此. 『장자』「천하」

54  禹之治水土也, 迷而失塗, 謬之一國. 濱北海之北, 不知距齊州幾千萬里. 其國名曰終北.

55  古者禹治天下, 西爲西河漁竇, 以泄渠孫皇之水. 北爲防原㴇, 注后之邸嘑池之竇, 灑爲底柱, 鑿爲龍門, 以利燕代胡貉與西河之民. 東方漏之陸, 防孟諸之澤, 灑爲九澮, 以楗東土之水, 以利冀州之民. 南爲江漢淮汝, 東流之, 注五湖之處, 以利荊楚干越與南夷之民. 『묵자墨子』「겸애兼愛」

56  此堯時事, 而在夏書之首, 禹之王以是功. 『서경』「하서」

57  三代之善, 千歲之績譽也. 『회남자』「무칭훈繆稱訓」

58  구제강, 「전국·진·한 사이 사람들의 위조와 변위戰國秦漢間人的造僞與辨僞」, 뤼쓰몐·둥수에 엮음, 『고사변』, 7책 상, 上海古籍出版社, 1982, 1~64쪽. 인용문은 39쪽에 보임.

59  라오쭝이饒宗頤, 「고대사의 중건과 지역 확장 문제古史重建與地域擴張問題」, 탕샤오펑 엮음, 『구주九州』 제2집, 商務印書館, 1999, 21028쪽.

60  리링李零, 「고고 발견과 신화 전설」, 『리링 자선집』, 58~84쪽, 인용문은 74쪽에 보임.

61  夏書禹貢周氏職方中畵九州, 外薄四海, 析其物土, 制其疆域, 此蓋王者之規摹也. 『위서魏書』「지형지地形志」

62  浮于濟漯, 達于河.

63  浮于江沱潛漢, 逾于洛, 至于南河.

64  我不可不監于有夏, 亦不可不監于有殷. 我不敢知曰, 有夏服天命, 惟有歷年. 我不敢知曰, 不其延, 惟不敬厥德, 乃早墜厥命. 我不敢知曰, 有殷受天命, 惟有歷年. 我不敢知曰, 不其延. 惟不敬厥德, 乃早墜厥命.

65  왕궈웨이王國維, 「은殷·주周 제도론殷周制度論」, 『관당집림觀堂集林』, 中華書局, 1959, 431~480쪽. 인용문은 479, 454, 477쪽에 각각 보임.

66  九州攸同, 四隩旣宅. 九山刊旅, 九川滌源, 九澤旣陂, 四海會同. 六府孔修, 庶土交正, 底愼財賦, 咸則三壤成賦中邦, 錫土姓, 祇台德先…….

67  治水, 天下之大任也, 非其至公之心, 能舍己從人, 盡天下之議, 則不能成其功.

68  六誓可以觀義, 五誥可以觀仁, 甫刑可以觀誡, 洪範可以觀度, 禹貢可以觀事, 皋陶謨可以觀治, 堯典可以觀美.

**69** 禹貢九州, 各因其土地所宜, 人民所多少而納職焉.『사기』「평준서平準書」

**70** 피석서皮錫瑞,『경학역사經學歷史』, 中華書局, 1959, 90쪽.

**71** 류치위劉起釪,『상서학사尙書學史』 수정증보판, 中華書局, 1996, 80~81쪽.

**72** 後世之言知水者, 必本於禹, 求所以治之之法與其迹者. 必於禹貢. 구양수歐陽脩,「남성시진사책문南省試進士策問三首」,『구양수전집歐陽脩全集』, 이일안李逸安 점교點校, 中華書局, 1986, 220쪽.

**73** 황허 강이 바다와 만나는 곳. 산둥 성 리진利津에 있다.―옮긴이

**74**『후한서』「순리열전循吏列傳」왕경王景.

**75** 古者將有決塞之事, 必使通知經術之臣, 計其利害, 又使水工行視地勢, 不得其工, 不可以濟也. 소식蘇軾,「잡책오수 우지소이통수지법雜策五首禹之所以通水之法」,『소식문집蘇軾文集』, 공범례孔凡禮 점교點校, 中華書局, 1986, 220쪽.

**76** 당나라 헌종憲宗 때의 연호. 806년부터 820년까지―옮긴이

**77** 京兆府: 禹貢雍州之域, 舜置十二牧, 雍其一也. 周武王道豐鎬, 平王東遷, 以岐豐之地賜秦襄公, 至孝公始都咸陽. 秦兼天下, 置內史以領關中. (…) 隋開皇三年, 自長安故城遷都龍首川, 卽今都城是也. (…) 開元元年, 改爲京兆府.

**78** 建置沿革: 禹貢揚州東境. 春秋時屬吳越二國, 後幷于越. 戰國屬楚. 秦爲會稽郡. (…) 明洪武元年, 置浙江行省於杭州. 本朝因之爲浙江省.

**79** (裴秀)又以職在地官, 以禹貢山川地名, 從來久遠, 多有變易. 後世說者或強牽引, 漸以闇昧, 於是甄摭舊文, 疑者則闕, 古有名而今無者, 皆隨事注列, 作禹貢地域圖十八篇, 奏之, 藏於祕府. 其序曰, (…) 制圖之體有六焉. 一曰分率, 所以辨廣輪之度也. 二曰準望, 所以正彼此之體也. 三曰道里, 所以定所由之數也. 四曰高下, 五曰方邪, 六曰迂直, 三者各因地而制宜, 所以校夷險之異也.『진서』「배수전裴秀傳」

**80** 尙書一經, 漢以來所聚訟者, 莫過洪範之五行, 宋以來所聚訟者, 莫過禹貢之山川, 明以來所聚訟者, 莫過今文古文之僞.『사고총목四庫總目』『일강 서경 해의日講書經解義』제요提要.

**81** 호위胡渭, 쩌우이린鄒逸麟 엮음,『우공 추지禹貢錐指』「머리말前言」, 上海古籍出版社, 1996, 1쪽.


### 제12장. 왕조지리학

**1** 海內爲郡縣, 法令由一統, 自上古以來未嘗有.『사기』「진시황본기秦始皇本紀」

**2** 저우전허,『중국 역사 행정 구역의 변천中國歷代行政區劃的變遷』, 商務印書館, 1998.

**3** 리바오천李寶臣,「예법사회의 정치 질서禮法社會的政治秩序」,『베이징 사회과학北京社會科學』제1호, 1996, 48~56쪽. 인용문은 56쪽에 보임.

**4** 古者諸侯國異俗分, 百里不通, 時有聘會之事, 安危之勢, 呼吸成變, 故有不受辭造命顯己之

宜. 今天下爲一, 万里同風, 故春秋'王者無外'. 偃巡封域之中, 稱以出疆何也?『춘추』

5 　버트런드 러셀Bertrand Russell. 허자오우何兆武·리위에서李約瑟 옮김, 『서양철학사西方哲學史』상, 商務印書館, 1963, 26쪽.

6 　望之不似人君, 就之而不見所畏焉. 卒然問曰天下惡乎定? 吾對曰定于一. 孰能一之? 對曰不嗜殺人者能一之……. 『맹자』「양혜왕 상」

7 　자오보슝趙伯雄, 『춘추학사春秋學史』, 山東敎育出版社, 2004.

8 　大一統者, 天地之常經, 古今之通誼也. 今師異道, 人異論, 百家殊方, 指意不同, 是以上亡以持一統, 法制數變, 下不知所守. 臣愚以爲諸不在六藝之科孔子之術者, 皆絶其道, 勿使並進. 邪僻之說滅息, 然後統紀可一而法度可明, 民之所從矣. 『한서』「동중서전董仲舒傳」

9 　신더융辛德勇, 「당대의 지리학唐代的地理學」, 리샤오충李孝聰 엮음, 『당대 지역 구조와 공간 운용唐代地域結構與運作空間』, 海辭書出版, 2003, 439~463쪽. 인용문은 442쪽에 보인다.

10 　다른 국가의 역사를 보면, 정치 구획이 주요 관심 대상이 되면 그 정치 구획으로 지리를 인식하는 주요 공간의 틀을 삼는다. "중부 유럽(독일과 이탈리아)의 정치 지도는 수백 개의 나라가 이리저리 합병될 때 지리교사가 만든 것으로, 당시는 '자연 지역'을 고려할 시간적 여유가 없었다."(리처드 하트숀, 예광팅葉光庭 옮김, 『지리학의 성질: 당대 지리사상 평설地理學的性質: 當前地理學思想述評』, 商務印書館, 1996, 21쪽.) 이런 습관의 영향을 받아서인지 칸트는 1756부터 1796년까지 쾨니히스베르크대에서 자연지리학 과목을 강의하면서 정치 단위의 조직 자료를 따랐다.(프레스턴 제임스, 리쉬단 옮김, 『지리사상사地理學思想史』, 商務印書館, 1982.) 이런 상황 아래에서, 행정 지역을 자연 지역으로 전환한 것은 지리학 근대사 전개의 중요한 도약이다.

11 　저우전허周振學, 『중국 역사 문화지역 연구中國歷史文化區域研究』, 復旦大學出版社, 1997, 43쪽.

12 　저우전허, 「서하객과 명대 후기 여행가집단徐霞客與明代後期旅行家群體」, 『저우전허 자선집周振學自選集』, 廣西師範大學出版社, 1999, 289~297쪽.

13 　先王之迹旣遠, 地名又數改易, 是以采獲舊聞, 考迹詩書, 推表山川, 以綴禹貢周官春秋, 下及戰國秦漢焉. 『한서』「지리지」

14 　河南郡雒陽縣: "周公遷殷民, 是爲成周. 春秋召公三十二年, 晉合諸侯於狄泉, 以其地大成周之城, 居敬王, 莽曰宜陽."

15 　濟陽郡定陶縣: "故曹國, 周武王弟叔振鐸所封. 禹貢陶丘在西南."

16 　子子孫孫永寶用.

17 　리링李零, 「출토물의 발견과 고서 연대의 재인식出土發現與古書年代的再認識」, 『리링 자선집』, 23~57쪽. 인용문은 50쪽에 보인다.

18 　唐朝元和郡縣圖志卷一'關內道一·京兆府': "禹貢雍州之地, 舜置十二牧, 雍其一也. 周武王道豊鎬, 平王東遷, 以岐豊之地賜秦襄公, 至孝公始都咸陽. 秦兼天下, 置內使以領關中. (…)

隋開皇三年, 自長安故城遷都龍首川, 即今都城是也. 廢京兆尹, 又置雍州, 煬帝改爲京兆郡. (唐)武德元年, 復爲雍州. 開元元年, 改爲京兆府." 당대『원화 연간 군현도지元和縣圖志』 제1권,「관내도 1 경조부關內道一京兆府」

19 清朝嘉慶重修一統志卷二八一'浙江統部一'講建置沿革: "禹貢揚州東境. 春秋時屬吳越二國. 後幷于越. 戰國屬楚. 秦爲會稽郡. (…) 明洪武元年, 置浙江行省處于杭州. 九年, 改爲浙江 等處承宣布政使司. 本朝因之爲浙江省. 청대『가경 연간 중수 일통지嘉慶重修一統志』제28 권,「저장 통부1浙江統部一」

20 臣愚以爲非冠帶之國, 禹貢所及, 春秋所治, 皆可且無以爲.『한서』「가연지전賈捐之傳」

21 欲與聲敎則治之, 不欲與者不強治也.『한서』「가연지전」

22 王者不理夷狄.『후한서』「악회전樂恢傳」주『동관기東觀記』

23 여기서 문학文學은 승상사丞相史 같은 관명의 하나 — 옮긴이

24 文學曰 (…) 孔子曰"未能事人, 焉能事鬼神?" 近者不達, 焉能知瀛海? 故無補于用者, 君子 不爲, 無益于治者, 君子不由.『염철론鹽鐵論』「논추論鄒」

25 則聖人疆理之制, 故不在荒遠矣. 이길보李吉甫,『원화 군현도지元和郡縣圖志』「서序」

26 아득한 미지의 세계에 대해 옛사람이 기괴한 상상을 가진 것은 보편적인 현상이다. 고대 서양인들도 바다 깊은 곳에는 괴수가 있다고 상상해서 그들이 그린 세계지도에는 바다를 뚫고 나온 괴수의 머리를 종종 볼 수 있다.

27 구제강顧頡剛,「우공 주석禹貢註釋」

28 國之利害, 故備論其事.『한서』「구혁지溝洫志」

29 史遷爲河渠書, 班固爲溝洫志, 蓋以地理爲經, 而水道爲緯. 地理有定, 而水則遷徙無常, 此班 氏之所以別溝洫於地理也. 顧河自天設, 而渠則人爲, 遷以河渠定名, 固兼天險人工之義. 而 固之命名溝洫, 則考工水地之法, 井田澮畎所爲, 專隸於匠人也. 不識四尺爲洫, 倍洫爲溝, 果 有當於瓠子決河碣石入海之義否乎?『문청현지 수도서례永淸縣 志水道圖序例』, 예잉葉瑛,『문사통의 교주文史通義校註』, 中華書局, 1985, 741쪽.

30 '갈석에서 바다로 드는 뜻'이란 옛사람이 대우가 물을 다스리는 경지에 올랐다는 뜻을 취 한 것이지, 무턱대고 황허 강이 갈석에서 바다로 들어가기를 반드시 원했던 것은 아니다.

31 春秋說題辭曰: 河之爲言荷也. 荷精分布, 懷陰引度也. 釋名曰: 河, 下也, 隨地下處而通流也. 考異郵曰: 河者, 水之氣, 四瀆之精也, 所以流化. 元命苞曰: 五行始焉, 萬物之所由生, 元氣 之腠液也. 管子曰: 水者, 地之血氣, 如筋脉之通流者, 故曰, 水具財也.『수경주水經注』

32 嘗竊觀陰陽之術, 大祥而衆忌諱, 使人拘而多所畏. 然其序四時之大順, 不可失也.

33 『사기』「태사공자서太史公自序」

34 有爲神農之言者許行.

35 賢者與民並耕而食.

36 然則治天下獨可耕且爲與, 有大人之事, 有小人之事.

37 故曰或勞心, 或勞力, 勞心者治人, 勞力者治於人. 治於人者食人, 治人者食於人, 天下之通義也.

38 敎以人倫, 父子有親, 君臣有義, 長幼有序, 朋友有信.

39 聖人之憂民如此, 而暇耕乎?

40 夫以百畝之不易爲己憂者農夫也.

41 三人行必有我師焉. 『논어』 「술이述而」

42 覽百川之弘壯兮, 莫尙美於黃河. (…) 思先哲之攸嘆, 何水德之難量. 서견徐堅, 『초학기初學
記』 제6권, 中華書局, 1962, 122쪽.

43 黃河百害.

44 凡郡國一百三, 縣邑千三百一十四, 道三十二, 侯國二百四十一. 地東西九千三百二里. 南北
萬三千三百六十八里. 提封田一萬萬四千五百一十三萬六千四百五頃, 其一萬萬二百五十二
萬八千八百八十九頃, 邑居道路, 山川林澤, 群不可墾, 其三千二百二十九萬九百四十七
頃, 可墾不可墾, 定墾田八百二十七萬五百三十六頃. 民戶千二百二十三萬三千六十二, 口
五千九百五十九萬四千九百七十八. 漢極盛矣.

45 上具天文, 下具地理.

46 허우런즈侯仁之, 『간추린 중국 고대 지리학사中國古代地理學簡史』, 科學出版社, 1962.

47 自鴻溝以東, 芒碭以北. 『사기』 「화식열전貨殖列傳」

48 楚越之地, 地廣人希. 『사기』 「화식열전」

49 衡山九江江南豫章長沙, 是南楚也. 『사기』 「화식열전」

50 저우전허, 『전한의 정치구역 지리西漢政區地理』, 人民出版社, 1987, 23쪽.

51 衆建諸侯少其力.

52 割地定制, 齊爲若干國, 趙楚爲若干國, 制旣有理矣.

53 地制一定, 則帝道還明而臣心還正.

54 地制一定, (…) 而天下不亂, 社稷長安, 宗廟久尊, 傳之後世, 不知其所窮.

55 海內之勢, 如身之使臂, 臂之使指, 莫不從制.

56 以高皇帝之明聖威武也, 旣撫天下, 卽天子之位. 而大臣爲逆者, 乃幾十發. (…) 淮陰侯韓信
王陳豨彭越黥布及盧綰皆功臣也, 所嘗愛信也, 所愛化而爲仇, 所信反而爲寇, 可不怪乎? 地
理蚤定, 豈有此變!

57 한대의 '지리'라는 어휘가 사상가들에게는 또 다른 의미가 있다. 『회남자』 「태족훈泰族訓」
에 "천도에 밝고, 지리에 대해 밝으며, 인정에 통달하다明於天道, 察於地理, 通於人情"고 했
는데, 여기의 지리는 지역 정치에 국한된 것이 아니다. 지리지식만을 가리키는 것은 더욱 아
니며, 지상의 큰 도리를 가리키는 것이다. 천도, 인정과 서로 대응하는 추상적인 개념이다.

58 據九鼎, 按圖籍, 挾天子以令天下, 天下莫敢不聽, 此王業也.

59 沛公至咸陽, 諸將皆爭走金帛財物之府分之, 何獨先入收秦丞相御史律令圖書藏之. 沛公爲漢
王, 以何爲丞相. 項王與諸侯屠燒咸陽而去. 漢王所以具知天下阨塞, 戶口多少, 强弱之處, 民

所疾苦者, 以何具得秦圖書也.

**60** 전형적인 문화의 의미가 있는 전실묘磚室墓를 예로 들면 "전실묘가 나타난 뒤 따르게 보편화되어, 중원 지역에서는 점차 구멍 있는 벽돌 묘를 대체했고, 창장長江 강 유역 및 남방과 북방의 변경 지역에서는 그때까지도 내려오던 목곽토분木槨土墳을 대체했다. 후한 시기에 이르자 전실묘는 전국 각지에 유행해 가장 흔히 보이는 묘가 되었다." 왕중수王仲殊, 『한대 고고학 개설漢代考古學槪說』, 中華書局, 1984, 88쪽.

**61** 聖王在上, 統理人論, 必移其本, 而易其末, 此混同天下一之乎中和, 然後王敎成也. 『한서』 「지리지」

**62** 돤시중段熙仲, 「'수경주水經注' 육론六論」, 양서우징楊守敬·슝화이전熊會貞, 『수경주소水經注疏』 부록, 江蘇古籍出版社, 1989, 3387~3453쪽. 인용문은 3417쪽에 보임.

**63** 㶟水又東, 逕廣陽縣故城北. 謝承後漢書曰, 世祖與銚期出薊, 至廣陽, 欲南行, 即此城也. 謂之小廣陽. 㶟水又東北, 逕薊縣故城南. 魏土地記曰, 薊城南七里有淸泉河, 而不逕其北, 蓋經誤證矣. 昔周武王封堯后于薊, 今城内西北隅有薊邱, 因邱以名邑也, 獲魯之曲阜, 齊之營邱矣. 武王封召公之故國也. 秦始皇二十三年滅燕, 以爲廣陽郡. 漢高帝以封盧綰爲燕王, 更名燕國. 王莽改曰廣有, 縣曰代成. 城有萬載宮光明殿, 東掖門下, 舊慕容俊立銅馬像處. (…) 大城東門内道左, 有魏征北將軍建城鄕景侯劉靖碑. 晉司隸校尉王密表建功加于民, 宜在祀典, 以元康四年九月二十日刊石建碑, 揚于后協矣. 㶟水又東, 與洗馬溝水合, 水上承薊城西之大湖, 湖有二源, 水俱出縣西北平地導泉. 流結西湖, 湖東西二里, 南北三里, 蓋燕之舊池也. 『수경주』 제13권.

**64** 後漢光武始詔南陽撰作風俗 (…), 郡國之書由是而作. 『수서隋書』 「경적지經籍志」

**65** 장궈간張國淦, 『중국 옛 방지고中國古方志考』, 中華書局, 1962.

**66** 司市旣于郊野縣都掌其書契版圖之貳. 黨正屬民讀法, 書其德行道藝. 閭胥比衆, 書其敬敏任恤. 誦訓掌道方志, 以詔觀事, 掌道方慝, 以詔避忌, 以知地俗, 小史掌邦國之志, 奠系世, 辨昭穆. 訓方掌導四方之政事, 與其上下之志, 誦四方之傳道. 形方掌邦國之地域, 而正其封疆. 山師川師各掌山林川澤之名, 辨物與其利害. 原師掌四方之地名, 辨其邱陵墳衍原隰之名. 是于鄕遂都鄙之間, 山川風俗, 物産人倫, 亦已巨細無遺矣. 『문사통의文史通義』 제6권 「주현청입지과의州縣請立志科議」, 『문사통의교주文史通義校註』, 587쪽.

**67** 신더융辛德勇, 「당대의 지리학唐代的地理學」, 리샤오충李孝聰 엮음, 『당대 지역구조와 운용 공간唐代地理結構與運作空間』, 上海辭書出版社, 2003, 439~463쪽. 인용문은 439쪽에 보임.

**68** 且其書無官守制度, 而聽人之自爲, 故其例亦參差而不可爲典要. 『문사통의文史通義』 제6권 「외편1」

## 옮긴이의 말

지리란 땅 위에 존재하는 것들에 대한 탐구다. 공간 감각이 떨어져 길눈이 어둡던 내게 지리는 막막하고 신기한 영역이었다. 새로운 곳으로 이사를 하면 처음 다녔던 길로만 다니고, 혹시 있을지도 모르는 지름길이나 걷기에 더 좋은 길을 찾아보는 일은 생각도 해본 적이 없었다. 인문지리나 국토지리 등의 수업을 들을 때도 교과서에 나오는 항목을 외우는 단편적인 상식 수준이었다. 공부를 위해 오랜 기간 외국에서 지내며, 자신의 의지와 상관없이 수시로 낯선 환경에 처하게 되어서야 지형에 따른 기후 변화와 주변 환경, 거리距離, 동선動線 등 실생활과 직접 관련된 사항들에 다소 관심을 갖게 되었지만 그들을 지리와 관련지어 생각해본 적은 없었다. 그나마 귀국한 뒤에는 그런 관심조차 사라지고 말았다. 내게 있어 지리는 생활이지 학문이 아니었다.

처음 이 책을 받았을 때 '혼돈에서 질서로'라는 제목으로 인해 호기심이 생겼고, 각 시대별로 지리 관념의 변화를 담고 있는 차례를 살펴보는 동안 학문적인 흥미를 느꼈다. 이 책은 창세신화부터 『한서』「지리지」까지의 내용을 담고 있다. 저자가 주로 탐구하고자 하는 내용은 『한서』「지리지」 이전의 '지리사상사'다. 하늘과 사람이 나뉘지 않았던 시대에서 하늘과 사람이 나뉘고, 사람이 중심이 되는 지리 관념의 변화를 시대별로 나누어 다루고 있는데, 중국 자신의 관념으로 지리사상을 말하고 나서 서양의 관념이나 체제와는 어떤 차이가 있는지 살펴보고자 했다.

서론은 지리와 사상의 관계에 대해 설명하고 있는데, '지리지식'은 '지리학'이 아니라고 저자는 말한다. '지리地理'에 '학學'을 붙이려면 관념과 방법이 있어야 한다. 그는 옛사람의 생각이 아무리 비과학적이라 해도 그들 자신의 개념으로 묘사하는 것이 가장 바람직하다고 생각한다. 이 책에는 우의 발자취禹迹, 중국, 천하, 네 방위四方, 오악五岳, 구주九州, 사해四海, 오복五服 등과 같은 옛사람의 관념들이 많이 보이는데, 바로 이들이 고대의 생각을 표현하는 어휘들이다.

제1장은 반고와 여와의 창세신화를 다루고 있는데, 반고의 창세가 바로 '혼돈에서 질서'를 창조한 것이다. 공공이 화가 나서 불주산을 들이받아 세상을 파괴하자 여와가 이를 보완했고, 이로부터 중국 지형의 특징인 서북은 높고 동남은 낮아서 대부분의 하천이 서북에서 동남으로 흐른다는 옛사람들의 표현이 만들어졌다.

제2장은 영웅과 성인이 세상을 구하는 이야기들을 통해 질서의 재창조를 다룬다. 재해는 수재, 한재, 화재, 지진, 해일 등의 자연재해뿐만 아니라 '이異'와 '요妖' 같이 신비의 색채를 띤 기괴한 현상까지 포함한다. 이異와 요妖는 모두 '점의 응험'을 암시하는 것으로 재해의 상황과 인간 세상의 온갖 일을 한데 엮어 서로 검증한다.

제3장은 선진 제자의 우주론인데 특히 도가의 우주론을 말한다. 유가는 '인仁'을 강조했는데 이는 사람을 중심으로 삼는 사상체계라 천지는 약화되었다. 도가는 사람이 하늘과 땅 사이에 있는 만물의 으뜸인 창조물임을 강조한다. 중국의 우주론은 주로 도가와 관련이 있으나 유가가 득세한 뒤로 중국의 모든 것은 다 사람을 중심으로 한다.

제4장은 신석기시대의 발견으로 시작하는데, 상고 신화와 선진 제자의 철학을 벗어나 역사의 영역으로 들어섰다. 신석기시대 고고 유적지는 공간 개념의 증거로써, 이른 시기의 농업 거점의 공간 배치를 반영하고 있으며 도시의 발생도 이를 기초로 한다. 중국의 옛사람들은 아주 일찍부터 중심, 축선과 대칭, 하늘은 둥글고 땅은 네모반듯하다는 등의 관념이 있었다.

제5장은 네 가지 문제에 대해 말하고 있는데, 그것은 신령스런 산, 식반式盤, 하늘은 둥글고 땅은 네모반듯하다天圓地方는 관념, 그리고 바다다. 신령스런 산은 곤륜산과 오악이다. 저자는 곤륜산이 하늘과 땅의 축이라고 했다. 식반이 대표하는 우주의 형태는 개천설蓋天說로 하늘은 둥글고 땅은 네모반듯하다. 천원지방은 두 종류의 형상이 아니라 두 종류의 질서다. 한 질서는 둥글고 움직이며 순환하고, 다른 한 질서는 네모반듯하고 조용하고 안정적이며 두텁고 고정적이다. 하늘은 역사이고 땅은 사회다. 고대 중국에서 바다의 효용은 격리이지 연계가 아니다. 저자는 중국에서 해도문화가 육지문화를 앞서는 일은 불가능했으며, 해양은 발전의 요람이 아니라 세계의 끝이었다고 말한다.

제6장은 하늘과 땅의 대응관계인 분야分野에 대해 말하고 있다. 분야는 지상의 산천, 군현郡縣과 하늘의 12차次, 28수宿를 대응시킨 것이다.

옛사람은 하늘과 땅이 하나인 좌표로 땅의 특정 지역을 연결시켰다. 이런 사고의 대표작이 일행一行 선사의 '천하 산하 양계설'이다. 그는 중국의 산맥과 하천을 남북의 양대 구역으로 나누었는데, 고대의 별 지도를 모방한 것이다.

제7장은 하늘과 땅이 통함을 끊는 것인데, 이것이 천관天官과 지관地官으로 분화되는 직관의 기원이라고 생각된다. 천문과 지리가 나뉘지 않은 과거 역시 혼돈이었다. 저자는 천문天文은 천문으로 귀속되고 지리는 지리로 귀속될 때 비로소 지리가 독립할 수 있다고 말한다.

제8장은 갑골문을 이용해 상나라의 정치 공간 질서에 대해 얘기하고 있다. 중심은 대읍 상이고 밖은 사방四方이다. 또 하나는 내복과 외복인데, 내복은 상나라 사람들이 직접 통제하는 왕기이고, 외복은 왕기 이외에 직공과 조복의 형태를 띠는 간접 통제지역이다. 내복과 외복은 여러 층으로 다시 나뉘는데, 옛사람들은 큰 방형이 작은 방형을 품어 안는 동심형태로 층을 표시하는 방법을 썼다.

제9장은 '우의 발자취'에 대해 말하고 있다. 우의 발자취는 후대 사람들이 말하는 '화華' '하夏' 혹은 '화하華夏'의 개념이다. 중국, 우적, 구주, 오복, 구복九服, 오악, 사독四瀆과 같은 서주의 인문지리 관념에 대해 설명하고 있으며, "화華와 이夷의 구분은 정치적이나 국경, 종족의 구분이 아니라 문화의 구분"이라고 했다.

제10장은 '국가 경영'에 대한 것으로, 『주례』에 의거하여 국야제도와 같은 주대 지역관리의 총 원칙을 말하고 있다. 다만 주례는 직접적인 제도를 말할 뿐 지리는 이야기하지 않는다.

제11장은 『우공』에 관한 것이다. 『우공』은 우의 치수治水에 관한 기록

으로, 진秦과 한漢의 통일에 밑그림을 제공했다. 구주의 구성, 오복의 등급, 분역의 위치 결정, 중앙의 존귀함, 안을 향하는 구조 등과 같이 『우공』이 제창한 공간질서는 후세 지리학의 기본 원칙이 되었다.

제12장은 '왕조지리학'이다. 이 장은 진秦 이후의 지리 관념에 대해 말하고 있다. 진 제국은 군현제로 봉건제를 대체하고 편호제민編戶齊民을 실시하여 진정한 통일을 이루었다. 이로부터 '천하관天下觀'이 '왕조관王朝觀'으로 바뀌었다고 저자는 말한다. 그가 말하는 천하관은 진 이전의 지리 관념이고, 왕조관은 진 이후의 지리 관념이다.

왕조지리학의 특징은 군현제를 바탕으로 한 정치 지역사(토지사와 인구사를 포함)를 강조한다. 지리를 역사로 수용함으로써 자연지리가 아닌 역사지리를 강조하며, 사이四夷를 말하지 않고 화하華夏를 위주로 하며 수리水利를 중시한다.

이 책은 창세신화에서부터 왕조지리학에 이르기까지 예전에 내가 알던 지리의 내용과는 사뭇 다른 중국 전통 지리의 여러 개념을 다루고 있다. 첫 대면의 좋은 느낌으로 선뜻 번역에 동의는 했으나 수업의 중압감으로 학기 중에는 전혀 시간을 낼 수 없었고, 방학이 되어야 겨우 작업을 할 수 있었다. 더구나 다루는 내용이 신화·고고·천문·고문자古文字 등 다방면에 걸쳐 있고, 『시경』『상서』『춘추』『주례』와 같은 경서經書는 물론 『사기』『한서』와 같은 역대 사서史書와 각종 지리서 등 인용된 자료들의 양도 매우 많아 쉽지 않은 작업이었다. 번역하는 동안 낯선 분야에 발을 들여서 겪는 어려움도 많았으나 새로운 영역을 알아가는 즐거움도 컸다.

이러저러한 이유로 당초의 약속과는 달리 시간이 아주 많이 지체되었는데 끝까지 참고 기다려주신 글항아리 출판사와 세밀하게 살펴주신 노영식 님께도 감사드린다.

2015년 10월
옮긴이

# 찾아보기

# 혼돈에서 질서로

초판인쇄 2015년 10월 29일
초판발행 2015년 11월 9일

지은이 탕샤오펑
옮긴이 김윤자
펴낸이 강성민
기획 노승현
편집 이은혜 이두루 곽우정
편집보조 이정미 차소영 백설희
마케팅 정민호 이연실 정현민 지문희 양서연
온라인마케팅 김희숙 김상만 한수진 이천희

펴낸곳 (주)글항아리
출판등록 2009년 1월 19일 제406-2009-000002호

주소 413-120 경기도 파주시 회동길 210
전자우편 bookpot@hanmail.net
전화번호 031-955-8897(편집부) | 031-955-8891(마케팅)
팩스 031-955-2557

ISBN 978-89-6735-266-0 93910
글항아리는 (주)문학동네의 계열사입니다.

이 도서의 국립중앙도서관 출판예정도서목록(CIP2015028651)은
서지정보유통지원시스템 홈페이지(http://seoji.nl.go.kr)와
국가자료공동목록시스템(http://www.nl.go.kr/)에서 이용하실 수 있습니다.